Das MEISTER Stück

Meine Jahre in einer Mysterienschule

Nisha Jacobi

CONTEXT VERLAG

CIP-Kurztitelaufnahme der Deutschen Bibliothek
Jacobi, Nisha
Das MEISTERstück - Meine Jahre in einer Mysterienschule,
Nisha Jacobi
1. Auflage, Bielefeld, Context Verlag, 1988
Einheitsacht.: Das MEISTERstück -Orginalausgabe
ISBN 3-926257-02-4

1. Auflage 1988, 1.-10.Tsd.

Harald Gries, Uta Bodewig, Joachim Kamphausen GbR
Postfach 1750, D-4800 Bielefeld 1, Tel.: 0521-67179

Umschlaggestaltung: Priya Jagoda, Regensburg
Satz: satzbau, Bielefeld
Druck: Clausen & Bosse, Leck

ISBN 3-926257-02-4

Für alle,
die am Ende
ihrer Weisheit sind.

Ein Meister verkörpert keinesfalls d i e Wahrheit.
Seine Existenz manipuliert lediglich auf das VERSTEHEN zu.
Seine Existenz lehnt jede Wahrheit ab, jeden Weg, durch den man von einer bestimmten Wahrheit abhängig ist, von Erfahrungen, von sogenannten Freiheiten und Freuden.

Er ist ein Verführer, ein Idiot, ein Witzereißer, ein Liberaler, ein Narr, ein Moralist, einer der die Wahrheit spricht, einer der Erfahrungen macht, ein unumwundener Bastard, ein Fürst, ein Kind, ein alter Mann, ein Asket, ein Gott.

Er zeigt den Unsinn von allem auf. Er zeigt auf, daß VERSTEHEN die einzige Möglichkeit ist.

Und VERSTEHEN schafft keine Trennung, außer, daß es die Realität ist, die sowieso schon da war.

Frei nach:
Da Free John
The Knee of Listening
DAWNHORSE PRESS, CA

Am Ende ist immer ein Anfang

Wie ein Spinnennetz, eine Blume, eine Wolke mit Worten beschreiben? Worte sind wie geworfene Steine - man hört den Aufprall, doch nicht den Flug. Wie über einen Meister, eine Mysterienschule schreiben? Warum können Worte nicht wie Vögel sein. Leicht wie Flügel, die sachte eine Wange streicheln. Töne, die das Sein durchdringen. Schneeflocken, die in der Glut des Herzens schmelzen. Warum ist mit Worten kein Wunder zu beschreiben?

Wo ist der Anfang? Beginnt diese Geschichte mit mir oder lange vor mir. Vor mir, das gibt es nicht, denn ich bin ewig. Ich bin so alt wie die Welt, ja - so alt wie das Universum. Denn nichts geht verloren im Ganzen. Alles wird wiederverwendet, kommt in neuer Form. Am Anfang war ich - und auch das Ende werde ich sein.

Achim und die Kinder sind im Vogelsberg, in unserem wunderschönen alten Fachwerkhaus. Sonnengelb mit tiefbraunen Balken. Ich bin allein in der riesigen Stadtwohnung. Um mich herum ist alles ästhetisch, wertvoll. Musik, Bücher, Möbel - kurz, Besitz, der das Leben schön macht. Die Freude, es zu sammeln, zu erwerben, zu besitzen. Be-sitzen.

An diesem Wochenende, das ich unüblicherweise alleine verbringe, ist meine Stimmung absolute Resignation. Ich habe mir Rosen gekauft und Champagner. Trübe starre ich vor mich hin. Mein Blick bleibt an dem Stuckoval hängen: Die selig lächelnde Mutter mit ihrem prallen Kinde auf dem Arm. Was sonst mit liebevollem Blick bedacht wird - heute sehe ich gleichgültig darüber hinweg.

Ich bin seit einem Jahr Sannyasin. Seit zwei Monaten bin ich aus dem berühmt-berüchtigten Poona zurück. Jetzt ist mein Leben festgefahren. Ich habe kein Ziel mehr. Was nun? Ich weiß nicht mehr weiter. Die Kinder wachsen heran. Eine Tochter nach der anderen marschiert durch diese schrecklichen pubertären Phasen. Tja, meine Ehe mit Achim - auf keinen Fall kann man es mehr eine harmonische Beziehung nennen. Besonders jetzt, da wir beide Sannyasins sind, wird deutlich, daß wir getrennte Wege gehen. Auch mit Vanda, der Frau, die ich seit vielen Jahren liebe - eine Sackgasse! Überall renne ich mir nur noch Kopf und Herz an. Meine Zukunft sieht rabenschwarz aus. Das erste Mal in meinem Leben verspüre ich tiefe Hoffnungslosigkeit.

Politik, Philosophie, Feminismus, Elternbeirat, Startbahn-West, § 218 - der Kampf um Selbstbestimmung, alles leere Schalen.

Landleben, Stadtleben - was für ein Leben. Nach dem zweiten Glas Sekt beschließe ich gottergeben, die nächste Runde auf einer abgegrasten Wiese zu drehen. Hier ein Hälmchen, dort ein dürres Gräslein.

Seitdem ich Bhagwan begegnet bin, sehe ich alles durch eine Lupe vergrößert, oft so überdimensional, daß es sich einfach auflöst, nicht mehr vorhanden ist. Das, was das Leben lebenswert und liebenswert gemacht hat, ist plötzlich verschwunden. Nicht gerade sehr angenehm.

Es ist Ende August 81. Von Bhagwan weiß man nur, daß er Indien verlassen hat. Der Ashram in Poona ist aufgelöst. Er hält sich in Amerika auf, irgendwo in einem Schloß bei New York. Wie man hört, plant er, mit wenigen Schülern eine Kommune zu gründen. Andererseits gibt es Gerüchte über die Entstehung einer ganzen Stadt.

Unsere Wohnung in Frankfurt ist so zentral gelegen, daß einige Altvorderen, alte Poona-Sannyasins, bei uns Halt machen. Recht verstört kommen sie nach der Vertreibung aus dem indischen Paradies, in dem sie einige Jahre mit dem Meister lebten, bei uns an. Jetzt sind sie verunsichert, das westliche Leben nicht mehr gewöhnt. Dazu die Ungewißheit, ob man wohl zu den ‚Auserwählten' gehören wird, die ihm nach Amerika folgen dürfen.

Diese unerwartete Entwurzelung ist auch für die Ashram-Therapeuten ein Schock, der sie aus ihren Träumen reißt. Ich höre ihren Klagen interessiert zu. Ärger und Enttäuschung prägen ihre Erzählungen. Mir tut es leid, keinen Anlaß mehr zu haben, ins bunte Indien zu reisen. Die Auflösung des Poona-Ashrams läßt mich kalt. Und auch, was aus den Sannyasins wird. Ich weiß wenig bis gar nichts über das Verhältnis von Meister und Jünger. Das ist ein Gebiet, mit dem ich mich nie beschäftigt habe.

Mein Blick streift den Barocksekretär, auf dem das Licht spielt, wandert weiter zu den Scherenschnitten aus dem 18. Jahrhundert - Köpfe von Achims schottischen Ahnen - bleibt kurz an der prachtvollen Stuckdecke haften und verschwindet im Baumkronendschungel des Parks. Meine Gedanken wandern ein Jahr zurück, zum Herbst 1980.

Wir sind einigermaßen normale Leute. Wie so oft, möchte ich mit Vanda, der Frau meines Herzens, ein Wochenende verbringen. Und wie immer fühle ich mich schuldig, wenn ich Achim alleine zurücklasse. An der Tür drehe ich mich noch einmal nach ihm um. Das gewohnte Bild. Festgeschweißt auf dem Biedermeiersofa, einen Turm Bücher vor sich. Er winkt mir kurz zu, wünscht viel Spaß.

Vandas Wohnung ist ganz in der Nähe. Auf dem Weg zu ihr fängt mein Herz an, schneller zu schlagen. Ich freue mich auf sie, auf die zwei Tage mit ihr. Vanda ist im Bad, sie wäscht sich die Haare. Ich laufe durch die Wohnung, die ein kleines Chaos ist. Kopfschüttelnd ziehe ich unter einem Knäuel Kleider ein orangefarbenes Buch hervor. „Ganz entspannt im Hier und Jetzt", murmle ich. Seltsamer Titel, denke ich, während ich es flüchtig durchblättere.

„Woher hast du dieses Buch?" rufe ich in das Badezimmer. Durch das Rauschen des Wassers höre ich eine undeutliche Antwort. Vermutlich auf der Buchmesse in die Hand gedrückt, rate ich.

„Kann ich es Achim rüberbringen? Vielleicht interessiert es ihn."

Sie taucht aus dem Bad auf, rubbelt sich die Haare, nickt ihr Einverständnis. Ich betrachte sie liebevoll, wie sie da so ungeschminkt steht, widerstehe dem Wunsch, sie zu küssen und mache mich auf den Weg. Schicksalschwer, ohne es zu wissen. Erstaunt nimmt Achim mich und das Buch zur Kenntnis. Er durchblättert es flüchtig und meint:

„Na gut, laß es da. Mal sehen, was es ist."

Zwei Tage später betrete ich schuldbewußt unsere Wohnung. Diesmal gilt das Schuldbewußtsein Vanda, die ich zurückgelassen habe. Achim sitzt noch immer oder schon wieder auf dem Sofa, das grellfarbene Buch leuchtet mir entgegen. Gleichzeitig fragen wir beide: „Na, wie wars?" Ich deute dabei auf das Buch. Seine Augen haben eine ungewöhnliche Klarheit, Wachheit. Er erhebt sich leicht vornübergebeugt und erklärt mit fester Stimme:

„Ich fahre in sechs Wochen nach Poona. Wenn das stimmt, was in diesem Buch steht, dann ist das ein Jahrtausendereignis. Ich möchte Bhagwan sehen und hören."

Fassungslos starre ich ihn an. Mein erster Gedanke: Indien? Wo liegt Indien? Mein zweiter Gedanke: Er ist übergeschnappt. Die Festigkeit seiner Stimme und die Entschlossenheit seines Blicks widersprechen meiner Vermutung. Ich bin, ob ich will oder nicht, beeindruckt. Allein die Tatsache, daß er eine Entscheidung trifft, ohne mich zu fragen, ist sehr ungewöhnlich.

In den kommenden Wochen hat Achim es nicht leicht. Wir, die vier Frauen in dieser Familie, können ihn einfach nicht ernst nehmen. Ein beinahe 60jähriger Mann, der beruflich eine hervorragende Position hat. Ein Mann, dessen Passion die Malerei ist, paßt nicht in das Bild, das wir von der ‚roten Sekte' haben. Diesen Halleluja-Heiligen mit dem Verzückungsblick. Wenn man so liest, was über diesen Verein in der Zeitung steht, dann muß ich den Mann an meiner Seite nachdenklich betrachten. „Sex-Guru", „Sex-Orgien", „Sex-Therapien". Ob das der Grund seiner Reise ist?

Bis zu seiner Abreise, hat Achim mit unser aller Spott zu leben. Er verbringt noch Weihnachten mit uns, danach fahren wir ihn zum Flughafen. Sechs Wochen, seinen ganzen Urlaub, will er in Poona verbringen. In mir gärt es. Nicht nur über die Tatsache, daß er diesen Schritt wagt. Auch Vanda zieht es nach Indien.

Wir haben uns über die Aussichtslosigkeit unserer Beziehung zum x-ten Mal getrennt. Mit ihren letzten Worten teilt sie mir mit, daß sie mit ihrem neuen Liebhaber im März nach Poona fahren wird. Aus meinem Gären wird ein Schäumen, ein Toben.

Ich habe nichts von Bhagwan gelesen. Mir reicht's, was ich aus der Presse entnehme und mir selber zurechtbastle: Mit Sex und einer von-allem-etwas-Philosophie die Leute leimen.

Zu meinem Erstaunen erhalte ich von Achim regelmäßige Berichte. Briefe, die in gefühlvollen Liebeserklärungen enden. In denen er sich für unser gemeinsames Leben bedankt. Ich bleibe äußerst mißtrauisch. Nach beinahe 20 Jahren zeigt er so offen seine Gefühle? Er, dem es gelungen ist, sie unter Kontrolle zu halten? Zu spät, mein Lieber, leider zu spät. Aber ich kann nicht umhin, von der Echtheit seiner Worte berührt zu sein. Auch seine Schilderungen über die Gruppen, die verschiedenartigen Therapien, geben mir zu denken. Meine Haare sträuben sich allerdings, wenn er über Bhagwan schreibt, den er für sehr ungewöhnlich hält. Das Leben im Ashram gefällt Achim. Die meisten Leute seien zwischen 20 und 30 und ungewöhnlich schön. Auf keinen Fall würde er die Holzkette als sichtbares Zeichen seiner Anhängerschaft nehmen. Mit der Mala, wie diese Kette genannt wird, ist gleichzeitig die Disziplin verbunden, nur noch rote Kleider zu tragen. Was er entschieden ablehnt. Ich atme jedesmal auf, wenn ich am Ende seiner Briefe diese Beteuerung lese. In seinem letzten Brief an mich teilt er mir mit, daß er eine Gruppe mit dem berühmten Therapeuten Teertha mache. Danach komme er nach Hause. Erleichtert nehme ich das zur Kenntnis. Der Spuk wird ein Ende haben.

Achims Mutter stirbt in diesen Tagen. Ich informiere ihn mit einem Telegramm über ihren Tod - weiß, daß ich ihn damit störe. Die Beziehung zu seiner Mutter liegt tiefverschüttet. Er reagiert nicht einmal auf diese Nachricht. Was mir wieder einmal beweist, wie gefühlskalt er ist. Ich werde immer angespannter, ja wirrer, je näher seine Ankunft rückt.

Die Töchter und ich erwarten ihn am Flughafen. Wieviele Male habe ich ihn dort abgeholt, von seinen Geschäftsreisen kommend. Strahlend, mit klopfendem Herzen, sah ich ihn. Sportlich-elegant gekleidet, die Pfeife im Mund. Ein ungewöhnlich gutaussehender Mann mit einem markanten Gesicht, das sich bei meinem Anblick zu breitem Lachen verzog. Seine starken Arme drückten mich freudig an sein Herz: Er, der Mann meines Lebens, Vater meiner Töchter.

Wie anders ist das Wiedersehen nun. Langsam, beinahe zögernd kommt er auf uns zu. Lächelt verhalten. Mein Blick umfaßt ihn blitzschnell. Den Pullover habe ich ihm gekauft. Beige-Braun. Auch die Hose - braun. Beruhigt will ich ausatmen, als ich die kleinen runden Erhebungen u n t e r dem Pullover sehe. Er hat Sannyas genommen! Die Perlen der Mala sind schmerzlich fühlbar als er mich umarmt. Ich werde stocksteif. Ich kann nicht reden. Mit aufgerissenen Augen betrachte ich ihn. In mir geht es drunter und drüber. Für die Kinder hat sich nichts geändert. Mit ihrer fröhlichen Liebe hängen sie um ihn herum, den besten Vater, den es gibt.

Das Wochenende liegt vor uns. So fahren wir zu unserem Landhaus. Alle paar Kilometer muß ich den Wagen anhalten, aussteigen und am Straßenrand kotzen oder pinkeln. Herz und Innereien sind in Aufruhr. Das ist das Ende einer langen Liebe. Achim versucht betreten, eine Unterhaltung in Gang zu bringen. Mit einer so scharfen Reaktion hat er nicht gerechnet. Ich ziehe mich ganz in mich zurück. So bleibt ihm das muntere Geplauder mit den Töchtern, die wohlweislich das Thema ‚Mala' und ‚Bhagwan' vermeiden.

Die mollige Wärme des vorgeheizten Hauses empfängt uns. Die Kinder stürzen sich über die reichlichen und ungewöhnlichen Mitbringsel. Sehr schnell verkrümeln sie sich. Nichts ist ihnen unangenehmer als dicke Luft zwischen den Eltern. Und davon ist der Raum voll. Wir sitzen in der holzvertäfelten Eßecke. Zwischen uns steht der große massive Eichentisch. Über ihn hinweg versucht Achim mich zu erreichen. Allein bei der Erwähnung des Wortes ‚Ashram' verliere ich an Farbe. Irgendwie schafft er es, einige Schilderungen über meine Mauer zu werfen. Was ihn in diese Richtung getrieben hat. Aber ich will nichts davon hören. Aber als er berichtet, daß Bhagwan in einer morgendlichen Rede gegen Mao-Tse-Tung gewettert hat, horche ich auf. Wie hat er ihn genannt? Einen Mörder und Zerstörer? Mao, den Mann, den ich verehre, dort wird er in den Dreck gezogen! Bissig frage ich Achim:

„So, so. Das hast du dir ruhig angehört. Warum bist du nicht aufgesprungen und gegangen?"

Verlegen versucht Achim mir zu erklären, daß dies nicht möglich war:

„Da sitzen Hunderte von Menschen eng zusammen. Mit gekreuzten Beinen auf der Erde. Da kann man nicht einfach gehen."

Meine Wut wächst bei seiner Verteidigung. Er versucht, mich mit einfachen Erzählungen aus dem indischen Leben zu besänftigen - aber jedes seiner Worte ist ein Stich ins Wespennest. Verächtlich mustere ich ihn.

„Klar, der Bhagwan kann ja reden, was er will. Ihr seid schon alle so hypnotisiert, daß ihr keine eigene Meinung mehr habt." Ich werde immer spitzer, immer gemeiner.

Er gibt auf. Als ich kreischend die Scheidung verlange, nickt er müde. Als ich ihm erkläre, daß ich Haus, Geld, Kinder, ja alles will, gibt er sein Einverständnis. Traurigen Blicks verläßt er mich, geht in sein Atelier.

Ich falle auf mein Riesen-Fellbett. Mit nichts kann ich ihn erpressen. Selbstmitleid überflutet mich. Ich schluchze schmerzerfüllt in die Kissen. Mein jämmerliches Geheule wird übertönt vom Schnarchen des Hundes, der zusammengerollt vor dem Ofen liegt. Wenigstens der Hund hat Charakter. Nach sechs Wochen Abwesenheit hat er seinen Herrn kaum begrüßt. Alter, guter Max. Ich bedenke ihn mit einem liebevollen Blick.

Nun, da das Objekt meiner Wut feige verschwunden ist, male ich mir mein Leben ohne ihn aus. Zu allem hat er ja gesagt. Mit nichts kann ich ihn mehr treffen. Selbst bei den Kindern hat er genickt.

Welch eine miese Memme ist doch der Mann, den ich so gut zu kennen glaubte. Ich steigere mich in den Rausch meiner Gefühle. Bis die Erkenntnis mich blitzartig trifft: Ich bringe ihn um. Setze diesem Irrsinn ein Ende. Er muß zum Pinkeln das untere Bad benutzen. Sobald ich ihn auf der Treppe höre, werde ich ihn vernichten, auslöschen.

Bis zum Morgengrauen muß ich warten. Sobald meine finstere Absicht schwächer wird, steht die Holzkette vor meinen Augen. Sofort bin ich wieder in Mordstimmung. Als ich ihn tatsächlich die Treppe heruntertappen höre, springe ich auf, eile in die Küche und ziehe das gewaltige Brotmesser aus der Schublade. Frischgeschliffen, eine lange blitzende Klinge an einem braunen Holzgriff. Ein altes Stück aus der Frühzeit des Hauses. Ich sehe mich, beobachte mich. Ich, mit diesem Messer in der Hand. Ich, mit dem Wunsch, den Mann meines Lebens zu töten. In mir steigt ein leises Gluckern auf, schüttelt mich, ich lache. Erst leise, dann prustend. Welch ein Bild bin ich doch in meiner wunderlichen Absicht.

Am nächsten Tag einigen Achim und ich uns, die Trennung freundschaftlich zu regeln.

In den nun folgenden Tagen bringt er mir den Tee ans Bett, seine Liebenswürdigkeit läßt mich etwas schmelzen. Auch, daß er die Mala meinetwegen nicht trägt, stimmt mich milder. Es scheint noch nicht alle Hoffnung verloren. Aber seltsamerweise werde ich nach einigen Tagen unruhig. Die Mala gehört schließlich zu seinem ungewöhnlichen Schritt. Wir reden von nichts anderem mehr als seinen Beweggründen, Sannyas zu nehmen. So fordere ich ihn auf, die Mala wieder zu tragen:

„Ich kann daran nichts ändern. Sie drückt das aus, was du fühlst. Deine Wahrheit." Unsere Streitgespräche werden ruhiger.

Aber als er dann zum ersten Mal in seine Firma geht, bricht sich die Wut wieder Bahn. In einem orangefarbenen Cordanzug, den er sich in Poona hat machen lassen, verläßt er die Wohnung. Die

Mala wippt auf seinem Schlips. Mit überschlagender Stimme schreie ich ihm vom Balkon aus nach:

„Weißt du, wie du aussiehst? Wie ein alternder Homo." Meine Zunge ist ein Schlachtschwert. Der Mann, dessen äußerstes Zugeständis es war, zu einem braunen Tweed-Anzug eine Schottenkrawatte zu tragen, läuft nun daher wie ein Alarmsignal.

Vor ihrer Abfahrt nach Indien schaut Vanda noch einmal herein. Reißt meinen Abschiedsschmerz genüßlich ans Licht. Ja, ich wünsche ihr alles Gute, neues Leben, neues Glück. Oh Gott, wie verabscheue ich diese ganze rote Mischpoke. Erst der Mann, nun die Frau. Das ist einfach zu viel. Ich werde fahren. Ja, ich werde nach Poona fahren und diese Schwindelgeschichte entlarven. Ich werde für eine Zeitung einen Artikel schreiben gegen Bhagwan und seine rote Horde. Diese Ansammlung von wachsweichen und rückgratlosen Schwächlingen. Was sage ich zu meinen Kindern: „Urteilt niemals über etwas, das ihr nicht kennt."

Einige Wochen später, von Achim sehr unterstützt, bin auch ich in meinen Reisevorbereitungen.

Immer wieder höre ich die Kassette, die Vanda mir aus Poona geschickt hat. Sie erzählt mir von ihrem Leben dort, das so anders ist als das bisherige. Die vegetarische Kost läßt fleischliche Gelüste aufkommen. Sie bittet mich, Leberwurst in Dosen und Bauernbrot mitzubringen. In Anerkennung, daß sie noch klar im Kopf zu sein scheint, stopfe ich zwei Dosen in meine Reisetasche. Unter den ‚Roten' in Frankfurt hat sich herumgesprochen, daß wieder jemand nach Poona reist. Jede Gelegenheit wird genutzt, für Freunde, Schwestern und Brüder kleine Geschenke überbringen zu lassen. Mit allergrößter Selbstverständlichkeit wird mir von einer stattlichen blonden Frau in einem rosa Spielanzug ein ‚kleines Päckchen' von mindestens fünf Pfund überreicht. Kalt mustere ich sie. „Nein". Das Goldkind wirft sich zu meiner Überraschung auf den braunen Teppichboden. Die Füße trommeln, die Zähne suchen Halt im Teppich, die Fäuste wirbeln Staub auf. „Dafür sollen sie Dich in Poona hängen", stößt sie außer Kontrolle geraten hervor.

Angewidert betrachte ich sie.

Achim, der Gute, klaubt sie auf. Mit schrägem Seitenblick auf mich - vorwurfsvoll - verspricht er der Schluchzenden, das Paket auf seine Kosten mit der Post nach Indien zu schicken. Sie hängt gebrochen an seiner Schulter, würdigt mich keines Blickes mehr. Jahre später lachen Halima und ich herzlich über unsere erste Begegnung.

Ihr Fluch bleibt einige Zeit als Drohung in meinem Ohr. Natürlich verschlechtert diese Begebenheit meine Meinung über die Roten, wenn das überhaupt noch möglich ist. Aber ich werde diese faule Geschichte entlarven, davon bin ich überzeugt. Denn für Wahrheit und Lüge habe ich ein sehr feines Gespür.

Festentschlossen reise ich los. Erst im Flugzeug komme ich ins Schwanken. Worauf lasse ich mich da bloß ein?

Eine erste Antwort auf meine Frage ist meine Ankunft in Bombay. Ich werde überwältigt von der Hitze und Hunderten von Menschen, die mich umdrängen. Mit einem einzigen gemeinsamen Anliegen: Geld. Gutversorgt mit Ratschlägen habe ich diese Reise angetreten. Wieviel ein Taxi nach Poona kostet, wie ich den Taxistand finde. Den billigsten wie den einfachsten Weg.

Ich gehe durch Massen von Bettlern jeden Alters. Durch eine Hecke von Händen werfe ich mich in die Sicherheit eines Taxis. Bereitwillig vergesse ich eigene Vorstellungen, lasse mich zum Bahnhof fahren. Ich weiß nicht, was mich erwartet. Nach Meinung des Fahrers bezahle ich zu wenig. Aufgeregt kreischend bleibt er auf meinen Fersen, bis das Gewoge, Geschiebe, Gewimmel uns trennt. Der Lärm, das Geschnatter Tausender von Menschen, übertönt jeden Zug. Die göttliche Vorsehung schiebt mich in die richtige Ausgangsposition. Jemand drückt mir einen Fahrschein in die Hand. Ich zahle 10 Rupies. Eine rostige Blechtafel läßt wissen, das dies der Bahnsteig für Poona-Reisende ist. „Poona?" vergewissere ich mich nach rechts, „Poona?" frage ich nach links. Von allen Seiten ein Nicken. Meine Tasche zwischen den Füßen, werde ich von Minute zu Minute mehr eingekeilt. Unerklärlicherweise fühle ich mich sehr wohl. Einige neugierige Blicke streifen mich im Vorbeischieben. Niemand möchte etwas von mir, ich bin Teil der Masse. Die Menschen, hauptsächlich wohl Bauern, sind beschäftigt, einen Stehplatz zwischen Bündeln, Säcken und Kindern zu finden. Seit meiner Ankunft sehe ich in all der Armut die Schönheit. Diese Menschen strahlen etwas aus: Leben.

In Qualmwolken gehüllt läuft der Zug ein. Aus den Fenstern hängen winkende, laut brüllende Menschen. Auf dem Zugdach sitzen sie mit flatternden Saris, an die Haut gepreßten Lungis - Wickelschals, die zwischen den Beinen verknotet sind. Farbenprächtiges Leben. Mit einem letzten Rucken und Zucken hält der Zug. Durch Fenster und Türen quillt gleichzeitig der menschliche Wille von rein und raus. Gewinner sind immer die Männer mit den zinnoberroten Turbanen, die Gepäckträger, die im Laufe der Jahrzehnte einsgeworden sind mit der Mentalität der Reisenden. Sie nutzen die Zehntelsekunde ebenso wie den freien Millimeter, um ihrer Aufgabe gerecht zu werden: Gepäck hinein- und herauszubefördern. Auf all meinen späteren Reisen bin ich ein Bewunderer ihrer Kunstfertigkeit. Ihre Art zu feilschen und aus der Not Anderer Profit zu schlagen, gefällt mir weniger.

Noch stehe ich aber erst zwei Stunden auf indischem Boden. Überwältigt von allem, was auf mich ein- und zustürzt, versuche ich einige vorwärtsstrebende Trippelschritte. Eine kraftvolle Woge erfaßt mich. Ich brauche nichts zu tun. Ich befinde mich im Zug. Festgeklebt an einer Wand. Dem Geruch nach, ist gegenüberliegend das WC. Mit den Augen verfolge ich den Weg meiner Reisetasche, die über den Köpfen vorwärtsschaukelt und in einem Abteil meinen Augen entschwindet. Ich empfinde nicht die geringste Angst oder Mißtrauen. Auf unerklärliche Weise fühle ich mich zugehörig, bin Teil.

Neben mir, auf mir, unter mir, über mir - Menschen. Kinder und Alte. Ein Jüngling steht unbeweglich an mich gepreßt, einen schweren Ballen Stoff auf seinem Kopf.

Sechs Stunden auf den Zehenspitzen ist kaum erträglich. Die Fersen haben Halt an der Wand. Bei einer falschen Bewegung ist es unausweichlich, daß ich dem Baby, das eine junge Mutter vor sich liegen hat, auf den Kopf trete.

Abgelenkt von meiner schmerzhaften Position werde ich durch meine Beobachtungen. Tatsächlich gelingt es Notdürftigen, mit schlangengleichen Bewegungen das WC zu erreichen und anscheinend auch zu benutzen. Alle Mitreisenden haben sich so gut es geht eingerichtet und keiner nimmt diese Störungen übel. Schnelle Worte werden gewechselt, die immer in schallendes Gelächter übergehen.

Als ich in Poona ankomme, sind meine Zehen abgestorben, aber das Baby lebt. Unter Lachen werde ich hinausgeschoben. Die Tasche folgt durch Zauberei. Fröhlich schreit und winkt man mir zu: „Bhagwan, Bhagwan." Jeder Europäer, der nach Poona will, wird richtig eingeschätzt.

Wie die Heuschrecken überfallen mich die Rikshafahrer. Für

wen soll ich mich entscheiden? Ich folge meiner Tasche, die in einem dieser praktischen Kleinfahrzeuge verschwindet. Wütend folgt mir eine Prozession von Fahrern. Fäusteschüttelnd. Einer zieht mich in seine Riksha, neben meine Tasche. Verfolgt von indischen Flüchen und Beschimpfungen braust er knatternd davon. Ein Kabinen-Motorroller mit drei Rädern. Vorne sitzt der Fahrer, hinten haben zwei Personen Platz.

Vorsorglich hat Achim mir ein Zimmer in seinem Hotel gebucht. Im ‚Apeksha' am Sampatshi Park. Ohne Widerspruch bezahle ich erschöpft den vierfachen Preis für die Riksha, als wir vor dem Eingang halten. Der Hotelbesitzer lacht mir zu: „Akim, yes, Akim." Er führt mich zu meinem Zimmer im ersten Stock. Ein großes Papierherz ist an der Tür angebracht: „Willkommen". Mein Herz macht Freudensprünge. Wie schön von der Frau, die ich liebe. Ich öffne die Tür. Sofort nimmt mein Auge das lange rote Kleid auf dem Bett wahr. Ein Zettel ist angeheftet: „Ich komme nach der Gruppe." Glücklich sehe ich mich im Zimmer um. Es ist zartgrün gestrichen. Die zwei Betten nehme ich wohlgefällig zur Kenntnis. Ein Mangobaum vor dem Fenster mildert die Kraft der Sonne. Eine Dusche gibt es auch. Lange stehe ich unter dem lauwarmen Wasserstrahl. Bei der Hitze wird es nie kaltes Wasser aus den Leitungen geben. Ich wasche ausgiebig mein altes Leben von mir ab. Ich schlüpfe in das bequeme rote Kleid. Mein Herz ist wie ein Pfirsich, so samtig, so weich. Wie freue ich mich, Vanda wiederzusehen. Als sie mir endlich Stunden später in die Arme fällt, vergesse ich unsere Schwierigkeiten und daß wir uns getrennt haben. Wir sind beide erfüllt von diesem Wiedersehen. Wir lachen, erzählen - wie immer, wenn es uns gut geht.

Ihre Affäre ist beendet. Tiefbefriedigt öffne ich ihr eine Dose Leberwurst. Ich schneide mir dabei heftig in den Finger. Das Blut beschäftigt uns eine ganze Weile. Als Vanda mir später von den Gruppen erzählt, wirkt sie fahrig, nervös. Sie ist in einer Streßsituation. Neben der Therapie hat sie ihren fünfjährigen Sohn zu betreuen. Spät in der Nacht verabschiedet sie sich. Sie bleibt nicht. Etwas traurig macht es mich schon.

Die Geräusche des Hotels wecken mich früh. Allein, auf mich gestellt, werde ich den Ashram besichtigen. Ohne zu überlegen, ziehe ich das rote lange Kleid an. Mit der Riksha durch die Stadt am frühen Morgen. Schon wimmelt es auf den Straßen - Menschen, Fahrzeuge und Tiere aller Arten sind unberechenbare Verkehrsteilnehmer.

Von der Mahatma Gandhi Road habe ich schon gehört. Hier hat sich beinahe jedes Geschäft, jedes Lädchen auf die neue Kundschaft, Sannyasins aus aller Welt, eingestellt. Für die ‚Reichen' aus Amerika und Europa gibt es Kleider und Stoffe in allen Rot-Schattierungen. Ich bin ein riesiges Auge. Welch ein farbenfrohes Gedränge. Schwaden ungewohnter, unbekannter, aber herrlicher Gerüche ziehen in schneller Folge an meiner Nase vorbei. Meine größte Begeisterung ist die Schönheit der Menschen, ihre ausdrucksvollen Gesichter, ob alt oder jung. Ungewöhnlich weiße Zähne lachen mich an, Augen glänzen in Brauntönen, von Kastanie bis Bernstein.

Wir scheinen uns dem Ashram zu nähern. Auf meine Frage deutet der Rikshafahrer nachdrücklich in die Ferne. Schon in der Stadt fielen mir rotgekleidete Menschen auf. Jetzt aber ziehen sie vom ‚Blue Diamond', dem Hotel der Begüterten, in einer Prozession dahin. Menschen aller Rassen und Nationalitäten. Sie laufen an den gewaltigen Lianenbäumen vorbei, unter denen Dutzende von Händlern mit ihren Waren stehen. Teppiche, Kleider, Tücher hängen auf Ästen. Schmuck, der in der Sonne funkelt, ist auf dem Boden ausgebreitet. Teebuden, Karren mit Melonen und Papayas. Der Fahrer biegt rechts ab. Eine ähnliche Prozession kommt uns entgegen. Es ist 10.30 Uhr, die Lecture, der morgendliche Vortrag Bhagwans, ist zu Ende. Man geht zum Frühstück, bevor um 11.00 Uhr die Therapiegruppen beginnen.

Ich steige vor einem geschnitzten Holztor aus und stehe in der roten Menge, die hinein- und herausgeleitet. Die langen Gewänder, die Männer und Frauen gleichermaßen tragen, lassen einen fußlosen Eindruck entstehen. Über dem Tor hängt bemerkenswerterweise ein Kristall-Lüster - absurd in der flimmernden Sonne. Neben dem pompösen Tor sitzt auf einem Gartenstuhl ein magerer Wachtposten, der mit strengem Blick die Vorüberziehenden mustert. Sein steifer Zeigefinger fordert Einzelne zum Halten auf. Ein kurzes Gespräch und mit hoheitsvollem Kopfnicken wird Einlaß gewährt. Seine langen Haare sind zu einem Pferdeschwanz zusammengebunden. Alles Hippies! denke ich verächtlich. Ein weißhaariger Europäer mit edlem Gesicht geht an mir vorbei. Auch er rotgewandet, aber keinesfalls ein ‚Blumenkind'.

In einem schattigen Gärtchen neben dem Tor drängen sich die

Raucher, die im Ashram diesem Laster nicht frönen dürfen. Ich suche nervös meine Zigaretten, beeile mich, einen freigewordenen Platz zu besetzen. Mir ist elend. Mein Magen rebelliert unter der ungeheuren Spannung. Angst? Unsicherheit? Krampfhaft versuche ich einer Zigarette nach der anderen Geschmack abzugewinnen. Um mich herum kein anderes Thema als die eben gehörte Lecture. Die Begeisterung wird mit hocherhobenen Händen und himmelwärts gedrehten Augen untermalt. Manna scheint vom Himmel zu fallen. Mir geht dieses exaltierte Getue auf die Nerven. Sobald ich Anstalten mache mich zu erheben, versagen meine Beine. Aber ich will, muß durch dieses verdammte Tor. Mit zittrigen Knien schaffe ich es, darauf zuzugehen. Ein Swami, so werden die Männer angesprochen, beugt sich zu seiner Freundin und meint lachend:

„Das Leben ist Tanz, Spiel und Theater."

Ich verharre im Schritt, lausche dem Klang der Worte nach, die sich in mir ausbreiten, durch die Blutbahn mein Herz erreichen. Mit diesem Satz bin ich aufgewachsen. „Das Leben ist Tanz, Spiel und Theater!" - wie oft lachte meine Großmutter ihn mir vor.

Blutleer, kalt, zitternd sitze ich wieder im Rauchertempel.

Mein Gott, wo bin ich hier hingeraten? In meiner Starrheit, meiner Ablehnung ist ein erster Riß.

Der Ashram ist ein dschungelartiger Garten, in dem auf engstem Raum mehrere Gebäude stehen. In einem kleineren Garten, abgetrennt von dem geräuschvollen Geschehen, steht das Haus Bhagwans. Dort lebt er in Abgeschiedenheit, die einige ‚Superjünger' mit ihm teilen. Es ist eine besondere Ehre, so nah bei ihm leben zu dürfen. Oft hört man in einem Gespräch die ehrfurchtsvolle Feststellung: „Der da, der lebt auch in *Lao-Tsu*."

Alle Häuser haben hier Namen, die ich mir nicht merken kann. Sie sind nach verschiedenen Erleuchteten benannt. Scheußlich finde ich auch diese indischen Namen, die aus Hans Sarvananda und aus Inge Prembodhi machen. Lange Zeit bekam jeder Schüler einen neuen Namen. Heute kann man sich entscheiden. Ich bin froh, daß Achim seinen Namen behalten hat. Ich jedenfalls würde meinen Namen, den ich sehr liebe - Barbara - auf keinen Fall eintauschen. Bei dieser Überlegung zucke ich leicht zusammen. Wieso mache ich mir darüber Gedanken?

In der Mitte des Ashrams steht ein Marmorbau, in dem sich das Büro befindet. Die gesamte Organisation des Ashrams ist hier untergebracht. Von zwei Seiten verglast, ist das Geschehen dort zu beobachten. Wer Sannyas nehmen möchte, muß es hier beantragen. Die Schuhe bleiben wie beim Betreten aller Gebäude auf der Treppe zurück. Hinter einem Schreibtisch winkt eine geschäftige Sekretärin die Wartenden zu sich. Sie fragt nach den Wünschen. Meist ist es die Frage nach Sannyas. Einige Formulare müssen ausgefüllt werden. Wie bei jeder Bewerbung die Fragen nach Name, Alter, Beruf, Nationalität. Zwei Paßbilder. Jetzt darf man das Büro der berühmten ‚Lakshmi' betreten, der indischen Sekretärin von Bhagwan. Sie strahlt Distanz und Würde aus. Zuviel Würde. Eine junge Ma - die Anrede für Frauen - massiert ihr hingebungsvoll die Füße. Neben Lakshmi posiert ein weiteres Denkmal. Arup. Neben der zierlichen Inderin wirkt sie wie ein Gebirgsmassiv - wie die Alpen. In jedem Fall solide.

Täglich fällt mein Blick in das Büro. Mehrere Male am Tag schaue ich hinein. Nach dem Motto: Es ist so schön, wenn der Schmerz nachläßt. Denn die dort herrschende Hierarchie finde ich als Sozialistin zum Kotzen. Intelligente Menschen, die sich so bereitwillig ein- und unterordnen, sind mir unverständlich, machen mich aber auch neugierig. Meine Kritik am Ashram wird täglich schärfer. Vanda bemüht sich, meiner Energie eine andere Richtung zu geben.

„Mach doch wenigsten einmal Kundalini", fleht sie. Zugesehen habe ich schon. Diese Meditation findet um 6.00 Uhr abends in der Weitläufigkeit der *Buddha-Halle* statt, in der auch die morgendlichen Lectures gehalten werden. Mit geschlossenen Augen schütteln die Leute sich wie beim Veitstanz. Ich gebe Vandas Wunsch widerwillig nach. Damit sie mich nicht sehen kann, suche ich mir einen abgelegenen Platz in der Halle.

Da stehe ich nun in der Ruhe dieses friedlichen, schönen Gartens. Unbekannte Vögel zwitschern auf Bäumen, die Blüten wie Flammen tragen. Eine wilde Musik setzt ein, die zum Schütteln zwingt.

Steif, unwillig lasse ich mich auf Bewegung ein. Auf unbegreifliche Weise packt mich die Musik am Schlafittchen, treibt mich an. Ich spüre meine Steifheit, meine Unfähigkeit, mich locker zu bewegen. Ich bin ein nasses Stück Holz. Morsch. Die Musik wird schneller und wilder, sie sprengt meine Starrheit. Ich werde warm von Kopf bis Fuß. Und dann bin ich nicht mehr zu halten. Ich verliere jede Kontrolle über meine Muskeln. Die körperliche Gelöstheit läßt mich erkennen: Ich hetze, hetze hinter einem abfahrenden Zug her. Panische Angst, ihn nicht mehr zu erreichen, seine

Schlußlichter zu sehen. Besessenheit packt mich. Ich muß diesen Zug erwischen. Wieviele Jahre bin ich nun schon hinter ihm her. Eile, renne, keuche. Versuche ihn auf vielen Wegen zu erreichen. Springe über Abgründe, schwimme durch Flüsse. Haste bergauf, bergab, vor und zurück. Was will ich, wohin will ich? Der Zug wird mich an mein Ziel bringen. Abrupt bricht die Musik ab. Erschöpft falle ich auf den kühlen Marmorboden. An mir ist kein trockener Faden mehr.

Verwundert versuche ich über das Geschehene nachzudenken. Die Musik setzt neu ein - weiche Traumtöne aus dem All schmeicheln sich in mein Herz. Frieden, ich bin zu-Frieden gekommen. Selig habe ich meine Augen nach innen gerichtet. Aus der Ferne taucht lächelnd das Gesicht Bhagwans in mir auf. Entsetzt schrecke ich hoch, reiße die Augen auf. Nein, nein, nein. Nicht ich auch. Ein zweiter Riß sprengt meine Rüstung.

Sehr still, sehr nachdenklich verlasse ich die Halle. Weiche Arme umschlingen mich. Lachen und Weinen fallen auf mich, in mich. Vanda ist glücklich, daß ich endlich mal etwas Unvernünftiges gemacht habe. Sie lädt mich zum Shrimps-Essen im Chinahaus ein. Danach in ihre Wohnung. Sie lebt in einem primitiven Appartmenthaus, das schnell aus der Erde gestampft wurde, um sich am Geschäft mit Sannyasins zu beteiligen. Im Flur beleuchtet eine karge Nachtfunzel die ganze Häßlichkeit. In ihrem Zimmer liegt auf dem Bett eine nackte Frau. Sie bewohnt mit Vanda dieses Zimmer, wenn sie sich in Poona aufhält. Ihr Geld verdient sie mit reichen Männern in Bombay. Es ist eindeutig, was sie treibt. Mir ist das ein Greuel. Ich lasse sie meine Verachtung spüren. Ich übersehe sie.

Der kleine Sohn Vandas schläft auf zerwühlten Kleidern auf dem schmalen Balkon. Der Zustand der Wohnung entsetzt mich. Heruntergekommen. Ich bitte Vanda eindringlich, in mein Hotel zu ziehen, da diese Umgebung für die zarte Gesundheit des Jungen nicht ungefährlich ist. Ein Wort gibt das andere und schon sind wir im schönsten Streit. Ich kann wenig dagegen sagen, daß die Gesundheit des Jungen für mich nur ein Vorwand ist, sie in mein Hotel zu locken, sie in meiner Nähe zu haben. Sie aber möchte, egal wo und wie, ihr eigenes unbeobachtetes Leben führen. Wutentbrannt verlasse ich diesen Stall. Im Vorübergehen nehme ich einige Büffel wahr, die träge den Ansturm der Fliegen abwehren. Ärgerlich warte ich auf eine Riksha.

In Poona halten die wenigsten Beziehungen. Der Freiheitsdrang bricht sich mit Macht seine Bahn. Dazu die Selbstbespiegelung in den Gruppen, die ersten Selbsterfahrungen, eine wirkliche Selbstsicherheit wächst.

Meine sehr ungewöhnliche Liebe zu Vanda ist schon immer sehr belastet. Seit Jahren entzündet sich unser Kampf daran, daß ich Achim nicht verlasse. Ihn nicht verlassen kann. Ich bin sicher, daß das nicht der einzige Grund unserer Schlachten ist, aber es ist jedenfalls ein guter Vorwand für sie, das Mißverständnis auf mich abzuschieben. Seit Jahren lebe ich mit einem ständigen Schuldbewußtsein - ihm gegenüber, ihr gegenüber. Und immer noch hoffe ich auf den Gleichklang *einer* Liebe.

Enttäuschte Erwartungen, meine übersteigerte Kritik an allem, was sich mir in Rot zeigt. Ich beschließe, das zu tun, was alle hier tun: Therapie. Natürlich lehne ich Psychologie für mich ab, aber was soll ich den ganzen Tag machen, wenn jeder, selbst in meinem Hotel, nur über Bhagwan und die Gruppen spricht. Dazu kommt, daß sich die erwartete Gemeinsamkeit mit Vanda nicht einstellen will.

So sitze ich am nächsten Morgen wie alle anderen im Büro. Warte lange, bis die Sekretärin mir zuwinkt.

Arup wird entscheiden, welche Gruppen gut für mich sind. Als ich vor ihr sitze, mustert sie mich kurz. Meinen Wunsch, die Gruppe mit Teertha, dem großen Therapeuten, von dem Achim so begeistert erzählt hat, zu buchen, lehnt sie mit Kopfschütteln ab.

„Das ist zu hart für Dich!"

Woher will sie das wissen? Ihre Bevormundung ruft meinen Unwillen hervor. Ärgerlich nehme ich zur Kenntnis, daß ich ‚Centering' und ‚Innere Reise' machen soll. Von den Therapeuten, die diese Gruppen leiten, habe ich noch nie gehört.

Arup entläßt mich. Ich werfe ihr einen herausfordernden Blick zu, den sie unbeeindruckt zur Kenntnis nimmt.

‚Centering' beginnt am nächsten Morgen. Beinahe 40 Leute treffen sich auf dem Dach des *Krishna-Hauses*. Rundum die Wipfel der Bäume mit ihren roten Blüten. Ein leichter Wind macht hier oben die Hitze erträglich. Über die Brüstung gelehnt, beobachte ich die Frauen auf der Terrasse, die die Modelle für die Boutique entwerfen, zuschneiden, nähen. Lachend, singend, schweigend - sie sind ein Bild voller Harmonie.

Prasad, ein Deutscher, leitet die Gruppe, die den Neuankömmling entspannt und ihn Vertrauen fassen läßt zu dem Neuen und

Ungewöhnlichen. Für mich wird diese Spielgruppe eine Offenbarung, sie bewegt mich in die andere Richtung.

Spiele, die den Kopf verwirren, das gewohnte Denkschema stören, Tänze, die die Schwere nehmen, monotone Gesänge, die innere Spannungen lösen. Das alles bewegt Saiten in mir, von denen ich nichts ahnte. Ständig bin ich in Tränen gebadet, liebevoll werden mir Papiertücher zugeschoben, in die ich mich aufgelöst schneuze. Immer wieder Prasad, der mir ein altbekannter Freund zu sein scheint, der diese drei Tage nur für mich gestaltet. Die Lösung für die unerklärliche Vertrautheit kommt am letzten Tag. Er erscheint morgens in kurzen Hosen. Seine nackten Beine setzen in mir Erinnerungen frei.

Vor zehn Jahren hatte ich einen meiner bedeutungsvollen Träume, die mir in wichtigen Momenten meines Lebens Kraft und Halt geben. Es sind Träume, die keiner Erklärung bedürfen, ihre Essenz nährt mein Bewußtsein. Aus Ahnung wird wortloses Wissen:

Ich befinde mich in einer staubig-weißen Hügel-Landschaft, ohne jedes Leben. Ich wandere dahin, auf der Suche nach einer Unterkunft. Ein gewundener, steiniger Pfad führt mich zu einem verfallenen Schloß, das sich farblich kaum von der puderzuckrigen Landschaft abhebt. Nichts deutet auf Bewohner hin. Ein mürber Turm, mit Resten von Zinnen. Ich nähere mich einem Stallgebäude. Ich bin müde. Ein Strohhaufen scheint zum Schlaf geeignet. Verwundert bleibt mein Blick auf einem herausragenden Bein haften. Ein vollkommenes Bein. Bronzehaut, kräftige Muskulatur, kurze goldene Locken, die Zehen ebenmäßig wie Klaviertasten. Behutsam ziehe ich am großen Zeh - schlaftrunken taucht der ganze Mann auf. Er schüttelt sich das Stroh vom Körper. Seine durchdringenden blauen Augen ruhen nachdenklich auf mir. Ich bin verwirrt. Sprachlos. Wie schön er ist.

In meine Betrachtungen hinein steht er auf. Nimmt mich bei der Hand. Es ist mir kein Wunder mehr, daß draußen vor dem Stall ein weißes Pferd auf uns wartet. Der ‚Ritter von der goldenen Gestalt' schwingt sich mühelos auf den Pferderücken, mit der rechten Hand hilft er mir hinauf. Wir reiten durch eine horizontlose Weite, der jedes Leben fehlt. Ich genieße die wohlige Wärme des Reiters.

Lange Zeit traben wir dahin. Da hält er an. Mit einer Geste bedeutet er mir, mich auf den Pferderücken zu stellen und davonzufliegen. Verlegen lächle ich ihm zu. Ich kann nicht fliegen - ich weiß, daß ich nicht fliegen kann. Bedauernd schüttle ich den Kopf. Er lacht herzlich. Leicht schnellt er aus dem Sattel. Umgeben von einer strahlenden Aura, steht er ohne zu schwanken auf dem Pferd, lächelt mir ermunternd zu und hebt schwerelos ab. Es sieht so leicht, so einfacht aus. Mit beiden Händen winkt er mir zu, ihm zu folgen.

Plump, ungraziös, schaffe ich es auf dem Pferd zu stehen. Nehme allen Mut zusammen, strecke mich: siehe da, ich schwebe. Vor Schreck will ich zurückfallen, aber schon ist er neben mir.

„Komm, komm“, höre ich seine zärtliche Stimme. Meine Bewegungen werden kräftiger, ich steige in die Höhe, werde schwerelos, ich fliege. Schlagartig ist der Himmel ins Abendrot getaucht. Die Erde ist verschwunden. Der rote Himmel ist voller jauchzender Menschen, die wie ich fliegen. In allen Positionen, auf dem Rücken, auf dem Bauch, sie schlagen Purzelbäume und Salti. Sie tanzen, lachen, singen. Die Erde fällt von mir ab - ich bin zu Hause.

Mein Blick löst sich von Prasad. Er ist es. Der Ritter von der goldenen Gestalt. Da ist nicht der geringste Zweifel. Jahre später werde ich einige Leute aus dem Himmelsballett wiedertreffen.

Die Spielgruppe hat meinen Zusammenbruch bewirkt. Verwirrt und vor allen Dingen voller Zweifel über das Geschehene, suche ich ein Gespräch mit Prasad, den ich für recht normal und intelligent halte. Außer Gruppen kann man auch Einzelsitzungen mit den Therapeuten buchen. Das ist es, was ich jetzt brauche.

Prasad sitzt in einem leeren Raum auf der Erde. Er öffnet die Augen, als ich eintrete, grinst und meint:

„Ach, da kommt ja Atlas, der die ganze Welt auf seinen Schultern trägt.“ Nach einer kleinen Kunstpause folgt spöttisch: „Mir ist aber nicht bekannt, daß er sich im Ashram angemeldet hat.“

Der freundliche Spott durchbohrt mein Herz. Die Treffsicherheit dieses Satzes läßt mich bitterlich weinen. Mein ganzes Leben habe ich versucht, dieser Menschheit zu helfen. Immer davon ausgehend, daß der Mensch im Grunde gut ist und daß man nur die Umstände ändern muß, damit er es auch sein kann. Paradiesische Zustände, und wir haben wieder die Unschuld von Adam und Eva. Wieviel Kraft hat mich das gekostet, wie erschreckend unergiebig waren alle meine Versuche. Eine einmal verlorene Unschuld ist nicht wieder herzustellen.

Es gibt nichts, was ich nicht begeistert auf meine ‚kraftvollen' Schultern packe. Die Probleme meiner Freunde, wie die meiner Putzfrauen, die Schwierigkeiten der Kinder meiner Freunde ebenso wie die meiner Nachhilfeschüler. Die Beziehung zu meinen Nachbarn ist mir so wichtig, wie eine freundliche Beziehung zu meinen politischen Gegnern. Es gibt nichts, was ich nicht zu ändern versuche. Ich scheue nicht einmal davor zurück, eine jahrelange Dreier-Beziehung ins Lot bringen zu wollen.

Prasad läßt mich weinen. Nachdem ich mich etwas gefaßt habe, kippe ich meinen ganzen Ärger, meinen Zweifel über Bhagwan, seine ‚Scharlatanerie' über ihm aus.

„Wie können intelligente Menschen auf so etwas reinfallen?"

Prasad lacht fröhlich: „Barbara, du mußt einfach sehen, daß dies alles nichts für dich ist. Sannyas hat keinen Platz in deinem Leben. Also brauchst du dich doch gar nicht damit zu befassen."

Verdutzt betrachte ich ihn. Wie kommt er denn darauf, daß Sannyas nichts für mich ist? Verärgert verabschiede ich mich sehr kurz von ihm. An der Tür ruft er mir mit heiterer Stimme nach:

„He, du, gib doch endlich der Welt einen Tritt in den Arsch!"

Ich fahre zurück ins Hotel. Prasads Worte in Ohr und Herz werfe ich mich aufs Bett. In mir rumort es.

Am Abend treffe ich mich mit Vanda. Sie ist hektisch, aufgekratzt. Sie teilt mir mit, daß sie morgen Abend Sannyas nehmen wird.

„Waaas?" blaffe ich sie an. Sie nickt schweigend. Meine Vorwürfe, meine Bedenken, meine Zweifel an ihrem Verstand - sie nickt zu allem. Ich kann sie nicht davon abhalten.

Am nächsten Abend erwarte ich sie nach dem Darshan am Gartentor. Darshan, das ist die persönliche Begegnung mit dem Meister. Von ihm empfängt man die Holzkette, die Mala. Und, so man will, einen neuen Namen, mit dem ein neues Leben beginnt. Das Leben eines Schülers. Vandas Blondheit fällt mir überall auf. Sie eilt auf mich zu. Aufgelöst, aufgeweicht, weint sie wie immer ihre Wimperntusche an meine Schulter.

Ihre Freunde aus den Gruppen umringen sie. Ihr kleiner Sohn reicht ihr einen Strauß weißer, süßduftender Blumen.

Dies ist noch schlimmer als die Erstkommunion der Katholiken, denke ich angewidert. Die Verzückungsschreie der Umstehenden schüren meine Abneigung.

Aber seltsamerweise fühle ich Vandas Wesen sehr klar. Es ist die gleiche Schwingung, die ich bei ihr in der Liebe fühle, in ihrer Hingabe. Etwas Unverfälschtes, Echtes.

Sie wurschtelt sich aus meinen Armen.

„Ja, wie heiß' ich denn nun?"

Sie dreht die Urkunde in ihren Händen. Es ist typisch für sie, daß sie es nicht behalten hat.

„Na, nun sag doch schon", dränge ich.

Langsam buchstabierend liest sie den indischen Namen vor: „Anand Vanda". Ich muß lachen. Sie hat tatsächlich einen Namen mit vielen a's, wie sie es immer wollte.

„Und was heißt das?" frage ich sie.

„Glückseliges Gebet", übersetzt Sangit, ihre alte Freundin.

„Eher Gebetsmühle", necke ich Vanda. Wir lachen.

Vanda lädt uns zum Essen ein. Ihre bevorstehende Abreise macht uns friedlicher und somit den Abend sehr vergnüglich. Gemeinsam sind wir für unsere Freunde ein schwererträgliches Paar. Sobald wir in Gesellschaft sind, nehmen wir beide, Vanda wie auch ich, eine Verteidigungshaltung ein, die im sofortigen Angriff deutlich wird. Insgeheim wären wir froh, wenn sich diese Beziehung schmerzlos auflösen würde. Versuche haben wir genug unternommen, uns zu trennen. Sobald ich mich von ihr abwende, kommt sie weich und zärtlich auf mich zu. Bin ich nur für sie da, läuft sie davon. Unsichtbare Fäden verbinden uns. Eine starke unerklärliche Energie führt uns immer wieder zusammen.

Vanda ist abgereist. Für mich beginnt eine herrliche Zeit - allein. Achim schickt mir genügend Geld. Kurz vor meiner Abreise wurde in unserer Stadtwohnung eingebrochen und der Familienschmuck geklaut - meine erste Lektion im Loslassen. Eine hohe Versicherungssumme verlängert meinen Indienaufenthalt und läßt mich sorglos leben. Obwohl Indien billig für Europäer ist, gilt das nicht für den Ashram. Ein längerer Besuch mit Therapien kostet einiges. Die Preise im Ashram, ob Essen, Meditationen oder Lectures, für alles zahlt man nicht zu knapp.

Zu einer Lecture bin ich immer noch nicht bereit. In den zwei Monaten habe ich Bhagwan nicht gesehen. Es passiert soviel mit mir und um mich herum, daß ich für ihn kein Interesse habe. Ich bin ein Gruppenfan. Ich liebe die Therapiegruppen und die Arbeit der Therapeuten. ‚Innere Reise' mit Krishnadeva. Zu sehen, was in den Menschen steckt, täglich, stündlich damit konfrontiert zu werden. Unterdrückter Sex, unterdrückte Wut, Haß, Neid, Ärger - zu sehen, wie krank die Menschheit ist. Voller Gift und eitriger Geschwüre. Die Therapeuten sind Artisten mit dem Skalpell. Sie schneiden die Wunden auf, damit der Schmutz ausfließen kann. Ich beobachte sie, mit welcher Liebe, Klarheit, mit welch einer Präzision sie die verstecktesten Keime aufspüren. Vor ihrem unbestechlichen Auge gibt es kein Entrinnen. Die Krankheit wird diagnostiziert, auf den Höhepunkt getrieben, bricht aus. Danach die Heilung.

Und ich sehe mich. Glücklich mit mir selbst. Fröhlich, traurig, zornig, alle Emotionen rauf und runter. Ich, ich, ich.

In dieser Gruppe lerne ich Simon kennen. Er ist Rechtsanwalt, hochintelligent. Ein Jesuitenschüler, der wie ein Bilderbuch-Zigeuner auftritt. In ihm habe ich einen Partner gefunden, der, wie ich, Bhagwan gründlich mißtraut. Wir wetzen gemeinsam unsere Zungen und übertreffen uns in der Schärfe brillanter Einwände gegen das Sannyasleben. Täglich spielen wir den ‚advocatus diaboli'. Ich werde so scharfzüngig, daß viele Leute mich meiden. Ich fühle mein Gehirn wachsen, sich ballonartig blähen. Ich benutze Winkel meines Verstandes, die mir bislang verborgen blieben. Meine grauen Zellen scheinen sich mit Windeseile zu vermehren. Es gibt nichts, was ich nicht kritisiere - unbehelligt bleiben die Therapiegruppen.

Gemeinsam sind Simon und ich auf Lästertour. Auf's Korn genommen haben wir diesmal die abendliche Musik-Gruppe, die nach dem Darshan in der *Buddha-Halle* spielt. Hunderte von Menschen tanzen zu aufpeitschenden Rhythmen. Simon und ich beobachten vom Rand aus das Toben der Leute.

Heute sind es zehn Minuten Halleluja, zehn Minuten Gloria und zehn Minuten Olala mit durchdringendem Jodeln.

Verständnisvolle Blicke zwischen Simon und mir. Der religiöse Wahn ist uns bewiesen. Beim Nachhausegehen sind wir einer Meinung - keine Sekte kann schlimmer sein. Hier entsteht ein Kult - um einen Mann, den wir beide ablehnen.

Der Ashram vibriert. Sexenergie liegt spürbar in der Luft. Ich kann nicht umhin, festzustellen, daß hier die schönsten Menschen versammelt sind. Die Neuankömmlinge sind leicht herauszufinden, an ihren grauen, verspannten Gesichtern. An ihrem aufgescheuchten Blick. Aber die, die schon einige Wochen, Monate oder gar Jahre hier leben, leuchten von innen heraus. Sie haben eine andere Intelligenz als die eines strategisch-militärischen Kopfes, wie z.B. meines Kopfes.

Krishnadeva, den ich spontan Krishna-Devil nenne, ist bekannt für seine Hypnose-Sitzungen. Ich bin neugierig auf alles Unbekannte, zumal dieses Abenteuer ‚Therapie' mich entzückt. Ich möchte mehr erfahren. Viele Frauen buchen Krishnadevas Sitzungen. Er ist wunderschön, mit langen schwarzen, blauschimmernden Haaren und himmelblauen Augen. Er hat etwas Diabolisches. Es ist bekannt, daß die Frauen ihn nicht nur der Hypnose wegen aufsuchen. Er muß ungewöhnliche Fähigkeiten als Liebhaber besitzen.

Ich buche eine Hypnosesitzung. Zu gegebener Zeit finde ich mich in seinem Zimmer ein. Klein, hell, freundlich. Blick in den Garten. Er deutet auf die Matratze auf der Erde. Ich lege mich verkrampft aber voll neugieriger Erwartung hin. Er spielt Sphärenmusik, die mich nach einer Weile entspannt. Aufmerksam höre ich ihm zu, als er anfängt, langsam und monoton zu sprechen:

„Du bist vier Jahre alt, lernst deine Schuhe zu binden. Da sind die Schnüre, ganz lange Schnüre, du hast kleine Finger, Finger, die die ganz langen Schnüre.....". Ob ich will oder nicht, meine Habachtstellung sinkt in die Matraze, der Zeuge verschwindet. Ich falle ins Schwarze. Aus weiter Ferne höre ich eine Stimme:

„.....und bist eine weiße Wolke, die am Himmel zieht."

Mit einem Ruck, schaffe ich es, die Schwere zu durchbrechen. Das geht mir zu weit.

Benommen blaffe ich Krishnadeva an:

„Ich will aber keine weiße Wolke sein!" So willenlos, denke ich für mich. Krishnadeva betrachtet mich verblüfft. Dann platzt er los. Er wiehert. Er lacht noch, als ich ihn verlasse.

Die Gruppe ‚Innere Reise' geht über zehn Tage. Sie läßt alle Türen in mir weit aufspringen. Ich bin entzückt von den Spielen, die eine ungeahnte Wirkung haben. Die Menschen werden durchsichtig wie Glas und auch so fein, so zerbrechlich.

Unter jedem Misthaufen steckt ein Schatz. Die Schönheit des Hasses, des Zorns, die Ausdruckskraft der Eitelkeit, ja der Lüge zu sehen, ist für mich etwas ganz Neues. Daß Häßlichkeit eine eigene Schönheit hat. Ich bin berauscht von neuen Einsichten. Am Ende der Gruppe läßt meine kindliche Enttäuschung, daß die Spiele vorbei sind, Krishnadeva schmunzeln.

„Also gut, Barbara, was möchtest Du denn gerne?"
„Noch ein Spiel", bitte ich ihn.
Er lacht. Dann gibt er jedem von uns eine Rolle, die auf den ersten Blick absurd erscheint. Für einen ganzen Abend werden wir sie spielen. Unter keinen Umständen aus dieser Rolle fallen. Wir sollen zu dem werden, was wir darstellen. Er macht mich zum Katatoniker.
„Für dich ist das Schlimmste, still zu sein", meint er verschmitzt.
Simon wird zum Mafiaboß, mein Begleiter, ja mein Liebhaber. Linda wird zur Nymphomanin, die ein Auge auf Simon wirft, Ute, eine dralle junge Frau, zur Nutte. Wir gehen zusammen essen. Ich sabbere schweigend vor mich hin. Die Augen starr, bewegungslos. Jede menschliche Regung ist von mir abgefallen. Simon wischt mir die Spucke vorsichtig und liebevoll aus den Mundwinkeln. Er hält mir ein volles Glas Orangensaft mit einem Strohhalm hin, schiebt ihn zwischen meine Lippen. Die beiden Frauen machen Simon an. Mit saftigen Reden, mit eindeutigem Streicheln. Sie wollen ihn für sich gewinnen. Ich reagiere mit keinem Muskel. Simon hält meine leblose, kalte Hand. Tätschelt sie unbeirrt. Ist besorgt um diesen lebenden Leichnam. Völlig in das Spiel versunken, fährt Ute Simon zornig an:
„Mensch, Simon, was findest Du an dieser blöden Kuh?"
Ohne meine Hand loszulassen, antwortet Simon kühl:
„Du kennst eben die Geheimnisse eines Katatonikers nicht."
Da ist es um mich geschehen. Ich breche lachend über dem Tisch zusammen. Die Komik dieses Satzes bleibt mir unvergeßlich.

Am nächsten Tag verabschieden wir uns von der Gruppe. Lange Zeit haben wir miteinander verbracht, haben uns lieben gelernt. Abneigung, Vorurteile, Unsicherheiten sind wie Schnee in der Sonne geschmolzen, Vertrauen und Liebe füreinander gewachsen. Wir alle sind Menschen, die ihre Visiere hochgeklappt haben. Wir sehen uns.
Ein letztes Spiel kommt unerwartet. Jeder hat eine Papprolle, die er dem zuwerfen soll, den er am meisten liebt in der Gruppe. Ein Hagel Rollen trifft mich. Fassungslos betrachte ich diese Menschen, die mir so ihre Liebe bezeugen.
Gleichzeitig lachend und weinend bin ich tiefberührt. Soviel Liebe von Menschen, die ich nur kurz kenne.
Ist Liebe vielleicht noch etwas anderes als das, was mir bekannt ist? Hoher Einsatz - eventueller Gewinn?

Überwältigt und aufgewühlt von der mir entgegengebrachten Zuneigung, suche ich das Alleinsein. Ich schlendere über die Straße, die in die Felder führt.

Ein Fahrrad hält neben mir. Es ist Krishnadeva. Warm, leuchten seine Augen. Seine Hand berührt meine Schulter, Worte fallen in mich wie Regentropfen:

„Du bist stark und weich, du bist wild und sanft, du bist schön. Aber das Schönste an dir ist, daß du es weißt." Ich lächle ihn zärtlich an. Ein Verstehen ist zwischen uns, auf einer anderen Ebene. Er fährt davon. Ich habe ein Pusteblumenherz. Wie schön ist doch das Leben. Dieses Leben. Zum ersten Mal bin ich allein und ohne jedes Schuldbewußtsein.

Wen oder was ist mir gleichgültig geworden: Ich liebe - das ist meine Stärke.

Noch durchdrungen vom Geschehen der letzten Tage, beginne ich anderntags sofort die nächste Gruppe. Eine Fortsetzung der ‚Inneren Reise' mit Turiya. Eine Pause erscheint mir unnötig. Obwohl mir ein jeder dazu rät. Ich bin in Eile, kopfüber stürze ich mich in neue Abenteuer. Der Auftakt ist ein Paukenschlag. Ich habe mich etwas verspätet. Die Gruppe hat sich bereits um Turiya versammelt. Bei meinem Eintreten blickt Turiya auf. Ein schnelles Abschätzen. Unerwartet trifft mich das Resultat:

„Du hast so viel Sexenergie. Du braucht drei Männer für eine Nacht." Angeschossen bleibe ich stehen.

Nun werde auch ich nicht verschont von dem Sexrummel hier, denke ich benommen. Mein Blick schweift über die kleine Runde. Zwölf Männer, fünf Frauen. Ein zweites Mal mustere ich die Männer. Blaß, grau, leblos, langweilig. Ich schüttle entschieden den Kopf, erwidere Turiyas forschenden Blick. „Nein!"

Alle starren mich an. Welch ein Unterschied zu der Gruppe, die ich gestern verließ.

„Nein", wiederhole ich bestimmt.

„Aha, Du bist also feige?" meint Turiya geringschätzig.

Feige? Ich und feige? Ich lasse mich nicht von ihr herausfordern.

„Nein, ich bin bisexuell." Ich versuche einen müden Scherz: „Vielleicht zwei Männer und eine Frau?"

Turiya läßt sich darauf nicht ein.

„Wer möchte mit der Barbara schlafen?"

Entsetzt schaue ich in die Runde. Die Entscheidung bleibt den

Männern überlassen. Die fadesten und häßlichsten Typen melden sich.

Ich betrachte sie angeekelt.

„Niemals. Wenn es drei Wilde aus dem Busch wären, dann ja“, höre ich mich sagen.

Damit ist für Turiya das Thema erledigt. Nicht für mich. Ich bin überrascht von den drei Wilden, die mir da entschlüpft sind. Mit denen würde ich also. Sieh an. Ich habe in meinem Leben nur mit einem Mann und einer Frau geschlafen. Ohne eine tiefe Liebesbeziehung, eine grenzenlose Vertrautheit ist Sexualität für mich undenkbar. Aber offensichtlich habe auch ich verborgene Wünsche.

In dieser Gruppe basiert alles auf Sex. Spannungen, Ängste, Unsicherheiten, Abneigungen werden mit Sex gelöst. Atemlos sehe ich Menschen von morgens bis abends ihre Sexualität ausdrücken. Zu Beginn sehe ich nur die Häßlichkeit des Vorgangs. Die Plumpheit, die fehlende Eleganz von Liebe und Erotik. Hier gibt es keine Vor- und Nachspiele, hier kommt man sofort zur Sache. Die unterdrückte Sexualität explodiert mit einer Urkraft, die den Raum zittern und beben läßt. Tagelang fallen die Menschen übereinander her. Erst zögernd, dann fordernd. Ein Damm ist gebrochen. Von den Fluten an die Wand gepreßt, beobachte ich fasziniert diese Urgewalt.

Welch ein Verbrechen am Menschen, wenn er seine natürliche Sexualität nicht leben darf. Wenn er seinen Urtrieb, der sein Leben transformieren kann, unterdrücken muß. Eine künstliche Gesellschaft zerstört seine Natürlichkeit. In welch einer Welt leben wir! Aus meiner engen Sichtweite wird ein Kaleidoskop. Viele meiner Fragen finden eine Antwort.

Nach den Tagen der Exzesse kommt die Ruhe nach dem Sturm. Weich, gelassen, friedlich liegen sich alle in den Armen. Zärtlichkeit ist im Entstehen, Wärme breitet sich aus, belebt die Herzen. Turiya hat mich in diesen Tagen nicht aus den Augen gelassen. Sie versucht meine Sexualität aufzustacheln. Herausfordernd kuschelt sie sich in herumliegende Männer. Streichelt ohne Scheu die Penisse, die je nach Laune reagieren.

„Sind sie nicht das Wahrhaftigste auf der Welt? Sie können nicht lügen. Sie wollen oder sie wollen nicht.“ Ihre Katzenaugen schillern.

Ich betrachte Turiya und frage mich, wer hier Probleme hat. Obwohl, das muß ich zugeben, ihre Aussage eine Philosophie beinhaltet, die nicht ‚von der Hand‘ zuweisen ist.

Eindeutig, daß Turiya Männer bevorzugt. Ihre Welt ist männlich orientiert. Dort bekommt sie alles, was sie möchte: Bestätigung. Mit Frauen hat sie die alte Geschichte, die Frauen so oft miteinander haben. Eine kaum versteckte Rivalität. Frauen, die die Rolle der Frau übernommen haben, sind Meister darin. Frauen, die wirklich Frauen sind, machen keinen Unterschied. Ihre Liebe kommt aus der Mütterlichkeit, die keine Bevorzugung der Geschlechter kennt. Meine Beziehung zu Vanda ist Turiya offensichtlich ein Dorn im Auge. Kein Tag vergeht ohne ihre Feststellung:

„Von dem Trip mußt Du runterkommen!"

Wenn sie wüßte, denke ich, daß Vanda nicht von drei Männern ersetzt werden kann.

Ihre beharrlichen Angriffe auf diesen Teil meines Lebens, sowie ihre Härte und Kälte den Frauen aus der Gruppe gegenüber, lassen mich ahnen, daß bei Turiya einiges im Argen liegt.

Die Zeit gibt mir recht. Jahre später erlebe ich ihre Leidenschaft zu einer Frau, die sich zu einer tiefen Verbindung entwickelt.

Noch immer habe ich einen sturen Widerstand gegen Bhagwan. Mein Ärger auf ihn ist aber nicht ganz so schlimm wie bei Grant, einem drahtigen kleinen Australier. In seiner Wut, ja seinem Haß gegen Bhagwan, der sich in der Gruppe bei ihm herausschält, schafft er es, eine Wand hochzuklimmen und ein Bhagwanbild herunterzureißen.

Meine Widerstände kommen aus dem Kopf. Vom Gefühl her ist schon lange alles klar. Aber ich lasse mich von meinem Kopf beherrschen. Die Argumente gegen Sannyas sind einwandfrei. Außerdem bleibt Spiritualität ein Fremdwort für mich. Ich suche die Wahrheit, die Freiheit. Täglich fühle und schmecke ich sie in der Gruppe. Das heißt aber nicht, daß ich einem Mann folgen werde. Dazu die Erleuchtungstheorie. Mein Lebtag habe ich mich nicht damit beschäftigt, wußte nicht, daß so etwas zu erreichen ist.

Nietzsches Gedankenflüge, die sich vom Herkömmlichen himmelhoch abheben, Epikurs Lehre vom natürlichen Leben, die Energieerkenntnisse von Wilhelm Reich, das zieht mich an, geleitet mich durchs Leben. Aber Erleuchtung, die über all das hinausgeht? Eine universelle Freiheit, Wahrheit?

Ich sehe zu diesem Zeitpunkt nur Leute im Ashram, die diesem Erleuchtungszustand mit Vehemenz nachjagen. Überall wird das Wann, Wie und Wo diskutiert. Die Fortgeschrittenen bemühen sich, diesen Seinszustand durch schweigende Distanz zu erwekken. Mit Augen, die sogar Freunde übersehen. Sie sitzen in den ersten Reihen bei der Lecture, wohnen in speziellen Häusern, haben herausragende Aufgaben, kümmern sich um das leibliche Wohl Bhagwans. Besonderheiten, die mir aus der Politik vertraut sind. Das Geschäft mit der Erleuchtung scheint sehr ähnlich abzulaufen.

Ein Meister, was ist das? Buddha, Jesus - ich kenne nur die beiden - das waren ungewöhnliche Menschen mit ungewöhnlichen Einsichten, sie führten ein ungewöhnliches Leben. Bhagwan? Wer ist das? Er ist anders. Er fährt mit einem Rolls Royce die hundert Meter zur *Buddha-Halle*, lebt abgeschirmt von uns, hat mehrere Sekretärinnen und Leibwächter. Sicherlich entspricht er nicht dem Bild, das man, wenn überhaupt, von einem Meister hat.

Die kritischen Gespräche mit Simon haben ihren Höhepunkt überschritten. Wir wiederholen uns nur noch mühsam. Es wird langweilig wiederzukäuen. Drei Monate lebe ich bereits in Poona. Es geht mir so gut, wie in meiner fröhlichen, geliebten Kinderzeit. Ich bin sehr viel weicher geworden. Die Leute zucken nicht mehr bei meinem Blick zusammen oder fallen, von der Schärfe benommen, in Ohnmacht, so, wie es zweimal in den Gruppen passiert. Nicht gerade schmeichelhaft für mich. Der Gedanke, Sannyas zu nehmen, taucht zwar auf, wird aber kraftvoll in die Ecke gedrängt. Das fehlt mir noch. Die Therapien Ja - Bhagwan Nein!

Ein Traum bringt Klarheit: Ganga, eine Therapeutin, mit der ich die Gruppe ‚Wer bin ich?' gemacht habe, versucht, mir in einem Weizenfeld das Fliegen beizubringen. Sobald ich mich in die Lüfte schwingen will, drückt mich der Gedanke an Achim und die Kinder nieder. Ich versuche es wieder und wieder - wie eine angeschossene Ente falle ich zu Boden. Entschlossen fliege ich auf Achim und die Kinder zu, die in der Nähe auf mich warten. Ich nehme sie in meine Arme und fliege mit ihnen durch eine rote Wolke. Ich bringe sie in Sicherheit. Erleichtert nehme ich meine Flugübungen wieder auf.

Ohne den Ballast meiner Gedanken steige ich höher und höher. Ganga winkt mir zu, eine Pause zu machen. Wir sitzen auf einem Hügel. Vor mir eine weiße sanftbergige Landschaft ohne jedes

Leben. Wir schweigen. Ich drehe meinen Kopf und sehe: Auf einem schwarzen, abgestorbenen Baum sitzen hunderte von roten Pelikanen. Ihre Köpfe unter die Flügel gesteckt. Sie schlafen. In einiger Entfernung wächst ein gewaltiger Atompilz in den Himmel.

Für mich gibt es keine Überlegung mehr. Ich eile in den Ashram, beantrage Sannyas.

Arup ist wenig beeindruckt.

„Seit wann weißt du, daß du Sannyas nehmen möchtest?“ forscht sie.

Wahrheitsgemäß antworte ich: „Seit heute früh.“

Sie nickt. „Aha. Na, dann komm in einer Woche wieder. Überleg es Dir noch einmal!“

Wieder mit mir allein, bin ich froh, daß ich noch Zeit habe, diesen Schritt zu bedenken. Mein Kopf rattert los, macht meine kleine innere Stimme völlig nieder, hackt nach ihr wie ein bösartiger Vogel. Klein aber oho überlebt sie die ausdauernde Attacke. Ein Abendessen mit Simon macht meine Entscheidung deutlich. Ihm fällt bei der Mitteilung, daß ich Sannyas nehmen werde, die Melone von der Gabel. Entgeistert starrt er mich an.

„Du meinst das doch nicht im Ernst?“ Er versucht zu lächeln.

„Doch“, ich nicke entschlossen. „Und ich will Dir auch sagen warum: Was immer hier passiert, es ist die Wahrheit. Ob es vernachlässigte aggressive Kinder sind, Frauen, die auf den Strich gehen, Männer, die keine sind, oder Schein-Heilige auf dem Erleuchtungstrip. Ob es Wut, Haß und Zorn sind, die sich durch Schreie entladen - wir alle sind krank. Hier wird kein Pflaster auf die Wunden geklebt, nein, hier wird der Teufel mit dem Belzebub ausgetrieben. Nur so können Verletzungen heilen. Zaghaft steigt das Lachen wieder aus dem Bauch. Der Mensch wird wieder ein Mensch, der das Leben als das sieht, was es ist: Tanz, Spiel und Theater. Wenn Sannyas ein Weg aus einer kranken Welt ist, dann ist das auch mein Weg.“

Ich lehne mich zurück. Auf meine intensive Rede folgt keine übliche Debatte. Ich betrachte den schönen, intelligenten Mann. Ich sehe so viel von mir selbst. Aber gefangen in seinem Kopf wird er nie diesen abenteuerlichen Schritt wagen.

Überglücklich über den Sieg meiner inneren Stimme, der ich letztlich immer folge, verlasse ich Simon, der nachdenklich zurückbleibt. Er weiß, daß er seinen besten Kumpel im Widerstand verloren hat.

In den nächsten Tagen mache ich mich noch ein wenig verrückt, doch die Erinnerung an den Traum bleibt nachdrücklich. Daß ich Bhagwan noch nicht gesehen habe, ist unwichtig. Was um ihn, durch ihn geschieht, ist nicht mit herkömmlicher Betrachtungsweise zu erklären. Alle meine Neins zu ihm kommen aus der Angst vor den Konsequenzen. Denn keiner, das sehe ich, kann nach all dem, was ihm hier widerfährt, zurücktauchen in das alte Leben.

Ich bin in Frage gestellt. Ich beginne zu fühlen, daß die Freiheit, die ich über meine Aktivitäten suche, die ich in Idealen, Weltverbesserungsideen, sozialem Kampf zu finden glaube, nicht dort zu finden ist. Meine Kämpfe gegen einengende, aufgedrängte Lebensformen kann ich nicht gewinnen. Denn Freiheit kommt nicht von außen, Freiheit kommt von innen. Noch ist dieses Wissen nur ein Blitz in meiner Dunkelheit. Ein unsicher aufflackerndes Licht.

Es ist Mitte Juni. Es ist so weit. Ich habe meinen Kopf überwunden. ‚Nichts mehr zu machen, mein Lieber.' Mein Herz drängt wie eine Taube aus dem schmalen Flugloch.

An diesem Abend trage ich ein kostbares, altrosafarbenes Seidenkleid. Wir sind sechs Sannyas-Kandidaten. Wir sind rechtzeitig am Tor. Auch der Übersetzer, den ich angefordert habe, wartet, denn mein Englisch beschränkt sich auf wenige Worte. Diese Sprachbehinderung hat sich für mich, die ich gerne mit Worten spiele, als sehr gut erwiesen. Ohne Worte muß ich nach anderen Ausdrucksmöglichkeiten suchen. Jedoch an diesem Abend, der ersten Begegnung mit Bhagwan, möchte ich übersetzt haben, was er mir zu sagen hat. Das Tor öffnet sich. Wir werden von zwei Mas abgeschnüffelt. Unter den Armen, am Hals. Fingernägel und Füße müssen vorgezeigt werden. Oberstes Gebot ist, sauber vor Bhagwan zu erscheinen. Uns Neue ärgert das, wie Kinder behandelt zu werden.

Ich bin ein Raucher. Meine Haare riechen nach Nikotin. Ich bekomme ein knallrotes Tuch eng um den Kopf gebunden. Wenig vorteilhaft.

Eine Stunde bevor der Darshan beginnt, sitzen wir in Bhagwans Garten. Ich bin versunken in die Betrachtung meiner Entscheidung, Sannyas zu nehmen. Noch könnte ich ja.....

Sehnsüchtig betrachte ich das schmiedeeiserne Tor. Führt wirklich kein Weg zurück?

Langsam schreiten wir zu der kleinen, rundum offenen Marmorhalle. Ich schätze, zweihundert Sannyasins haben diesen Darshan gebucht. Für die Ashram-Arbeiter ist es ein kostenloses Vergnügen, eine zusätzliche Freude, den Meister noch einmal am Abend zu erleben.

Mit gekreuzten Beinen sitze ich in der vordersten Reihe - eine Qual für mich. Erwartungsvoll schaue ich zur Tür, durch die er kommen muß. Ein schlichter Sessel steht für ihn bereit.

Ein seliges Seufzen der Menge, als er erscheint. In einem weißen langen Gewand. Die Hände sind zum indischen Gruß gefaltet, dem *Namaste.* Sein Kopf ist wahrhaftig herausragend. Eine endlose Stirn, nicht von Haaren begrenzt. Der Haarwuchs hat sich auf den Bart konzentriert, der ungewöhnlich schön ist. Ein weißer Weihnachtsmannbart.

Gebannt hängen meine Augen an dem Mann, der meinem Leben einen so kräftigen Stoß versetzt hat. Das ist er also! Die wichtigsten Momente meines Lebens ziehen an mir vorüber. Der Tod meiner Großmutter, die Ehe mit Achim, die Geburt meiner Kinder, der erste Kuß einer Frau. Alles wichtige Phasen meiner Entwicklung. Ich fühle, Bhagwan wird mein größter und wichtigster Schritt. Leicht wie eine Feder bewegt er sich. Lächelt vergnügt. Ein Hauch setzt sich in den Sessel. Schlägt ein Bein über das andere. Schlüpft aus einer Sandale. Plötzlich ernst, blickt er über unsere Köpfe. Welche Augen hat dieser Mann!

Ich bekomme nicht mehr mit, was um mich herum geschieht, bin aufgesogen von seiner Präsenz, sehe nur ihn, seine Bewegungen, ja seine Stimme sehe ich. Wer ist das? hämmert es in meinem Gehirn. Ich werde aufgerufen, bewege mich wie in Trance auf ihn zu, knie vor ihm nieder. Der Dolmetscher rückt neben mich.

Bhagwan schaut mir in die Augen - ohne mich anzuschauen. Niemals ist mir etwas Ähnliches geschehen. Augen, die aus der Leere leuchten. Ein Blinder, der mir auf den Grund meiner Seele blickt? Mit beiden Händen legt er mir die Mala, die ihm von Arup gereicht wird, um den Hals. Kurz preßt er seinen Daumen auf meine Nasenwurzel, zwischen den Augenbrauen. Ein Druck auf das ‚Dritte Auge' - von dessen Vorhandensein ich nichts weiß. Ich höre, wie er zu mir spricht:

„Dein Name ist Veet Barbara. Das heißt Jenseits von Fremde." Er macht eine winzige Pause. Spricht weiter. „So intelligente Leute wie du......"

Mir setzt beinahe das Herz aus. Seine Worte versetzen mich in hellen Aufruhr. Wie kann er denn das wissen? Befriedigt sehe ich mich erkannt. Da höre ich ihn den Satz vollenden:

„.......müssen ihr negatives Bild von Religion aufgeben."

Die Vervollständigung des Satzes läßt mich ahnen, wie sich ein Gehängter fühlt, wenn ihm der Stuhl unter den Füßen wegrutscht. Ich hänge. Jede Form von Religion erfüllt mich mit Abscheu und Widerwillen. Was habe ich mit Religion zu schaffen? Ich versuche, den Rest der Rede zu verstehen. Einige Wortfetzen lassen auf ‚große Bäume' und ‚Sterne' schließen. Das ist aber auch alles, mehr verstehe ich nicht.

Ich sauge mich an Bhagwan fest. Bohre mich in seine Augen, folge seinen Gesten, jeder Bewegung des Bartes - ich w i l l verstehen. Nirgendwo finde ich ‚persönliches' an ihm. Nichts zum Festhalten. Er schweigt. Ich erhebe mich. Zurück auf meinen Platz.

Veet Barbara - Jenseits von Fremde.

Wie eine Fremde habe ich mich unter den Menschen gefühlt. Ob ich jetzt wohl zu Hause bin?

Die Musik setzt mit Getöse ein. Erschreckt zucke ich zusammen. Energie-Darshan. Minuten größter Ekstase für viele Sannyasins. Umringt von Medien kniet der Schüler vor dem Meister. Bhagwan preßt das ‚Dritte Auge', bis der Schüler in Verzückung gerät. Dazu tobt die Musik, wiegen sich die Anwesenden mit erhobenen Armen, singen oft ein „Halleluja".

„....müssen ihr negatives Bild von Religion aufgeben." Wenn ich das hier sehe, gebe ich es nie auf. Mir wird der Lärm, der Rummel, zu viel. Ich halte die Hand vor den Mund, täusche Husten vor. Sofort hilft mir ein Wächter, mich aus der Sitzreihe zu lösen. Er führt mich behutsam durch die Menge. In Anwesenheit von Bhagwan ist es auf keinen Fall erlaubt zu husten. Wegen seiner Anfälligkeit für Infektionen, vermutlich.

Ich suche meine Schuhe unter Hunderten heraus. Gemächlich laufe ich durch Bhagwans Garten. Die Musik wird leiser. Das Tor wird für mich geöffnet. Ich schaue mich suchend um. Noch ist keiner meiner Freunde eingetroffen, um mich zu feiern. Ich gehe zum Rauchertempel. In der Dunkelheit der Sträucher und Bäume komme ich zur Ruhe. Die Zigarette glimmt. Über mir der Mond, die Sterne. Unter mir eine abstehende sperrige Mala. Eine widerspenstige Mala.

Ich seufze schwer. Bhagwans rätselhafte Worte drehen sich in meinem Kopf. Der neue Name, d.h. der alte im neuen Gewand. Das Unbekannte, Bhagwan. Das Nichtwissen.

Ich warte, bis die Show beendet ist. Ich sehe meine Freunde am Gartentor stehen. Die Leute streben durch das Tor.

Der Darshan ist zu Ende. Ich fische mir meinen Dolmetscher aus dem Trubel. Er befindet sich noch in der Verklärungsphase.

„Komm schon“, dränge ich ihn. „Was hat denn Bhagwan nun zu mir gesagt?“ Ich hoffe auf Klärung meiner konfusen Gedanken. Der große Swami birgt seinen Kopf auf meiner Schulter und weint und schluchzt:

„Es war so schön, es war so wunderschön. Du wirst schon selbst wissen, was er gesagt hat. Ich kann es Dir einfach nicht sagen. Es war so unglaublich schön!“

Vorsichtig hebe ich ihn von meiner Schulter, lehne ihn sachte gegen meine Nachbarin. Hier ist es egal, an welcher Schulter man weint. Lachend machen meine Freunde und ich uns auf den Weg. Wofür habe ich einen Dolmetscher bezahlt?

Wir feiern im China-Restaurant, genießen die irdischen Dinge des Lebens. Ich bin überdreht, als die Riksha mich ins Hotel bringt. Mitleidig betrachtet der Besitzer mich und meine Mala. Nach drei Monaten also doch schwach geworden, entnehme ich seinem Blick.

In meinem Zimmer bricht es aus mir hervor. Ich bäume mich auf, wüte mit mir, mit der Mala. Schmeiße sie quer durch das Zimmer, diese Hundekette, mit dem Bild eines Mannes. Immer wieder betrachte ich das Konterfei. Wie konnte ich nur? Schon fliegt die Holzkette unter das Bett. Ich krieche hinterher, zerre sie hervor, starre auf das Bild. Meister, Meister, Meister! Was ist denn das überhaupt? Ich bin gemeistert. Welche Kraft hat er, daß ihm das gelungen ist. Schmerzlich heule ich auf - „Bruhaahaaa“ - wie soll ich das bloß meinen Freunden in Deutschland erklären? Mein Kampf dauert einige Stunden. Erschöpft schlafe ich endlich gegen Morgen ein.

Beim Aufwachen fällt mein erster Blick auf die Mala, die unter meinem Kopfkissen hervorlugt. Oh, Scheiße, da ist sie. Sichtbares Zeichen meiner Schwäche. Sofort steigt mein Adrenalin. Rasch ziehe ich mich an. In die Sonne, in mein Gartenlokal, in das Vogelgezwitscher, in das Lärmen der Händler will ich mich stürzen. Mich vergraben unter Spiegeleiern, Buttermilch, Papayas und vor allen Dingen Strömen von Kaffee. Bloß weg von mir und dem Holzding. Auf halbem Weg stürme ich zurück. So geht es nicht. Ich zerre die Mala unter dem Kissen hervor, hänge sie mir um den Hals. Ich kann nicht mehr davonlaufen. Gottergeben mache ich mich auf den Weg zum Gartenfrühstück. In diesem Stadtteil Poonas halten sich nur wenige Sannyasins auf. Hier lebt hauptsächlich die indische Mittelschicht.

Der Kellner, dem ich wohlvertraut bin, stutzt bei meinem Anblick. Verlegen schaut er zur Seite. Anscheinend ist ihm mein ‚Fehltritt' peinlich.

Ein junger Mann bittet, an meinem Tisch Platz nehmen zu dürfen. Natürlich, warum nicht. Heute morgen ist mir nach freundlicher Gesellschaft. Er ist ein glühender Kommunist. Eh' ich mich versehe, bin ich in ein Gespräch verwickelt über die Zustände in Indien. Unüberhörbar ist seine Meinung über die Sannyasins, die aus der Sattheit und Frustration des Reichtums ihre Langeweile mit Spiritualität zu beleben versuchen. Bhagwan, ein Erfolg aus Übersättigung!

Gott bewahre: Nicht heute morgen. Das sind doch meine Worte aus den Debatten mit Simon. Ich protestiere kraftlos. Dunkle, wache Augen funkeln mich an. Er beugt sich über den Tisch und fragt:

„Ja, dann sag mir doch mal, warum hast du Sannyas genommen?"

Ich lasse mir Zeit mit meiner Antwort. Betrachte diesen jungen Menschen, der wie ich das Elend Indiens sieht. Wir essen Toast im Blumenduft, der uns umgibt, Vögel tschilpen aufgeregt. Eine freundliche Atmosphäre, die seinen Ärger nicht mildert.

Endlich antworte ich ihm:

„Ich weiß es nicht. Ich weiß nur, daß es hier" - ich tippe auf mein Herz - „stimmt."

Er steht auf, macht eine kurze Verbeugung und geht.

Ich brauche wieder eine Sitzung mit meinem ‚goldenen Ritter'. Prasad erwartet mich im Gemüsegarten des Ashrams. Dort sind die Zimmer für die Einzelsitzungen. Mitten in den Stangenbohnen steht er. Als er mich sieht, stutzt er. Die Mala! Er kippt brüllend vor Lachen vornüber, muß sich an der Stange stützen.

„Das kann doch nicht wahr sein! Doch nicht D U!"

Etwas verlegen lache ich mit. Eine solche Reaktion habe ich ja nun nicht erwartet.

Wir setzen uns in sein Zimmer. Wie immer schließt er die Augen, wenn ich ihn mit meinen Zweifeln, meiner Kritik an allem und jedem überfalle. Er läßt mich an meinem Gitter rütteln. Hört ruhig meine Argumente. Sein Lächeln zwischendurch zeigt mir, daß er nicht schläft. Er hört mir wirklich zu. Ich lege ihm ein Knäuel aus Gefühlen und Gedanken vor die Füße. Ich kann das alles nicht mehr entwirren, was in mir vorgeht. Dieses Drunter und Drüber, seit ich Sannyas genommen habe. Endlich schweige ich. Mehr weiß ich nicht zu sagen. Das Summen einer Fliege ist das einzige Geräusch im Raum. Die Zeit tropft langsam. Da öffnet Prasad seine Augen träge, in die Stille fallen seine Worte:

„Für Dich wird es Zeit für LSD."

Ich schüttle mich benommen. Die Hitze des Nachmittags macht schläfrig. Ich muß ihn nicht richtig verstanden haben.

„Was?" krächze ich mit unsicherer Stimme.

Ruhig nickt er. „Ja, Du brauchst LSD!"

Verstört betrachte ich ihn. Versuche einen Sinn zu sehen. Eine Droge soll mich entwirren helfen? Soweit glaube ich zu begreifen. Aber ich - Drogen? Das ist ja wohl ein Witz. Zigaretten und Alkohol sind mir vertraut. Aber LSD? Ich verabscheue Drogen dieser Art. Ebenso Marihuana und Hasch. Niemals würde ich so etwas über meine Lippen bringen. Ich bin im Elternbeirat und mit großer Wortgewalt ein Gegner dieser Rauschmittel. Das schwirrt und flattert durch mein Gehirn wie ein aufgescheuchter Taubenschwarm. Lächelnd hört Prasad meiner Abwehr zu. Zweifel an seiner Normalität steigen in mir auf. Ich verabschiede mich von ihm. Aber die Risse in meiner Rüstung sind schon zu breit. Die Worte setzen sich fest in mir.

Meine Zeit in Poona geht dem Ende zu. Noch zwei Tage und die alte Welt hat mich wieder. Tatsächlich?

Eine einzige Lecture möchte ich wenigstens besuchen. Ich stehe also früh auf, warte in der Schlange mit anderen Sannyasins. Abgeschnüffelt, ein Kopftuch auf, werde ich an die hinterste Säule, die ‚Stinkerecke', geschoben. Überraschenderweise bekomme ich mit, daß Bhagwan über Mao spricht. So freundlich, so sanft, ja zärtlich spricht er über ihn, daß ich mich wundere, was Achim damals gehört hat, als er mir von der ‚Verbrecherseele' Maos berichtete. Als ich nach der Lecture einer Freundin irritiert davon erzähle, schaut sie mich betreten von der Seite an:

„Bhagwan hat nicht von Mao geredet, er hat von Tao gesprochen."

Obwohl ich nicht weiß, was Tao ist, ist mir klar, daß Bhagwan davon eine sehr viel bessere Meinung hat als von dem ehemaligen chinesischen Staatsoberhaupt.

Der krönende Abschluß meiner dreimonatigen inneren Reise wird der Abschieds-Darshan. Ich möchte nicht gehen, ohne eine letzte kurze Begegnung mit Bhagwan. Meine Dankbarkeit ist um vieles größer als meine Zweifel. Ich knie vor ihm, die Augen geschlossen. Ich spüre die trockene Wärme seines Daumens, der auf meiner Stirn liegt. Ich fühle einige Medien um mich herum, die mich halten, meine Hände nehmen. Ich weiß nicht, warum sie es tun. Körperlich spüre ich nur den Daumen Bhagwans, der immer kräftiger einen bestimmten Punkt auf der Stirn reibt. Dahinter verschwinden die Namen Achim und Vanda in einem Nebel. Nur noch kleine Zacken der Buchstaben kann ich erkennen.

Die Medien lassen mich los. Ich öffne die Augen. Versuche aufzustehen. Sofort sind zwei kräftige Swamis zur Stelle, heben mich auf, tragen mich davon. Behutsam legen sie mich in den Hintergrund. Ich versuche, meine Beine zu bewegen. Sie sind ohne jedes Gefühl. Ein Gedanke geht mir durch den Kopf: Wie die Klara, in ‚Heidi.' Ich muß losgluckern, das Lachen perlt in mir hoch, quillt unbeherrscht aus mir heraus, überflutet mich, löst mich auf, bis nicht mehr ich lache, ich bin das Lachen.

Lachen. Das beste Geschenk der Existenz an die Menschen. Etwas, was sie von der gesamten Schöpfung unterscheidet - das Lachen. Wann werden wir endlich lernen, es zu gebrauchen. Ein lachender Mensch ist eins mit dem gesamten Universum.

Am nächsten Tag verlasse ich Poona rundum glücklich. Ich bin wieder ganz. Nicht mehr gespalten. Ich bin eins mit mir. Wieviel Kraft habe ich in den Versuch gesteckt, einszuwerden mit den von mir Geliebten, dem Mann, der Frau - eine verzweifelte, ergebnislose Anstrengung, das Einswerden in der Liebe zum Anderen. Hartnäckig habe ich dies Ziel verfolgt. Um jeden Preis will ich die Verschmelzung. Erst jetzt begreife ich: Ein Mensch, der eins wird mit sich, findet in sich die Ergänzung.

Wieviel Leid wäre dem Menschen erspart, wenn er ganz wäre. Die Erfüllung in sich selbst zu finden - wieviel Freude und Glück könnte dann Leben und Liebe sein. Frei, ungebunden, nicht begrenzt auf einen Menschen oder einige wenige. Dann wäre die

Liebe ein Schmetterling, der von Blüte zu Blüte tanzt. Der keine Wünsche kennt und keine Hoffnung. Dem die Süße des Moments genügt.

Ich fliege zurück nach Deutschland. Ich muß die Kinder in Sicherheit bringen. Wie, das weiß ich nicht, aber ich werde ihnen, die im Teenageralter sind, die Möglichkeit geben, Bhagwan zu treffen. Noch sind sie gesund, eine kranke Umwelt hat sie noch nicht verdorben. Ihre Natürlichkeit, ihr Lachen, ihre Abenteuerlust sollen nicht im Laufe der Zeit schrumpfen.

Sie sollen leben mit einem Ja zu ihrer Vitalität, zu ihrer Natur. Bei Achim und Vanda, da kommen mir Bedenken. Wie werde ich mich lösen? Von einem, von beiden? In die alten Kleider gesteckt, kommen auch alte Gewohnheiten. Wir sind alle Drei Sannyasins, merkwürdig genug, aber von friedlicher Koexistenz sind wir weit entfernt. Befreit von meinem Schuldgefühl, sehe ich manches anders. Zwei Menschen gleichzeitig mit einer solchen Kraft zu lieben ist Anlaß zur Freude und sicher keine Schuld.

Eigentlich ist alles umgekehrt

Zurück aus Indien verlebe ich schöne Wochen mit den Menschen, die ich liebe. Ich bin so erfüllt von dem Erlebten, daß mich das Abrücken alter Freunde nicht stört. Sie haben sich so viele Jahre von meiner Begeisterung über dies oder jenes anstecken lassen, haben die empfohlenen Bücher gelesen, die richtige Partei gewählt, nach meinen Ratschlägen gehandelt, daß sie nun wohl müde geworden sind. Wieder etwas Neues?

Jetzt geht es mir wie Alexis Sorbas, der viele Jahre später, seinem ‚Boß' Kazantzakis, der inzwischen ein berühmter Schriftsteller ist, ein Telegramm schickt: „Grünen, herrlichen Stein gefunden, komm sofort!" Aber der kommt nicht. Er folgt nicht diesem „göttlichen Schrei", sondern, „der kalten menschlichen Stimme der Vernunft".

Das Hoch meiner Stimmung hält wenige Wochen. Die neue Kraft, die mich erfüllt, erschöpft sich. Vertröpfelt. Meine Situation hat sich nicht verändert. Im Gegenteil, sie hat sich verschärft.

Jeder von uns, Achim, ebenso wie ich, hat eine neue Sicherheit für sich selbst gewonnen, die uns voneinander abrücken und entschiedener auftreten läßt, die die eigenen Wünsche und Bedürfnisse in den Mittelpunkt stellt. Das Zusammensein mit Achim wird für mich zum Reiben offener Wunden. In blitzartigen Attakken treffen wir uns schmerzhaft.

Ich ziehe in den Vogelsberg. Am Wochenende kommt Achim mit den Kindern. Aber selbst diese zwei Tage mit ihm sind kein ‚Treffpunkt'. Nun, wo wir beide mit dem Meister gehen, trennen sich unsere Wege.

In mir verstärkt sich die Bereitschaft für den LSD-Trip. Zwar schiebe ich den Gedanken beiseite, doch je mehr ich ihn verdränge, um so häufiger beschäftigt er mich. Nach einigen Wochen ist meine Vernunft geschmolzen. Die Neugier und mein Vertrauen zu einem Freund siegen. Ich schreibe ihm von meiner Absicht. Um mich einzustimmen, ein wenig vorzubereiten auf das, was mich erwartet, schickt er mir einige Bücher von Castaneda. Diese bunte, geheimnisvolle Welt fasziniert mich. Weibliche und männliche Pflanzen, Vollmond, das fünfmalige Drehen im Kreis, das Über-die-Schulter-Spucken oder gar Eidechsenmäuler zunähen, sowie die ‚einjährige Vorbereitung' usw. beschäftigen mich Tag und Nacht.

Mescalito, die heilige Droge. Wow!

Die Sommermonate vergehen. Dann ist es soweit. Der mir unbekannte ‚Reiseführer' lädt mich unerwartet ein, zehn Tage mit ihm zu verbringen. Er ist der Freund meines Freundes. Ohne zu überlegen, nehme ich die Einladung an. Ich packe eine kleine Reisetasche mit dem Nötigsten. Verabschiede mich, bin plötzlich in Eile. Mit dem Zug fahre ich in die äußerste Ecke Deutschlands.

Marks Erstaunen ist sichtbar, als ich vor ihm stehe. Eine üppige 40jährige in Rot und mit Mala. Er begrüßt mich distanziert. Auch ich bin nicht auf Anhieb von ihm begeistert. Ein kleiner, magerer Mann - karg, verschlossen.

Er führt mich in den Wintergarten. Ein sehr alter Whiskey, den ich als Gastgeschenk auspacke, lockert ein wenig seine Zurückhaltung. Wir sprechen über den gemeinsamen Freund, den wir beide sehr lieben. Das sollte eigentlich eine Brücke zueinander sein. Aber wir bleiben auch in einem langen Gespräch jeder an seinem Ufer. Mark stellt mir Fragen über Poona, den Ashram und die Therapien. Nichts mache ich lieber, als von meinen Erfahrungen zu berichten. Er hört mir interessiert zu. Auch als ich über meine schreckliche Angst vor Drogen spreche. Nachdenklich betrachtet er mich. Ich habe Bedenken, ob er wirklich mit mir dieses Experiment machen will, denn es besteht nicht unbedingt Sympathie zwischen uns.

Mark erhebt sich.

„Komm, ich zeig dir jetzt die Wohnung."

Es ist eine großräumige, weitläufige Altbauwohnung. Auffallend schöne, gesunde Pflanzen leben hier. Überhaupt ist in dieser Wohnung wenig Übliches. Der Blick wird angezogen von Steinen in allen Formen und Größen, Götterbildern, Statuen, Drachen, Muscheln, Hölzern, seltenen Teppichen, Tüchern mit Symbolen, die ich nicht kenne. Alle Zimmer sind sehr harmonisch, mit besonderem Ausdruck. In Marks Arbeitszimmer steht auf dem Schreibtisch ein großes Bild von Bhagwan. Überrascht frage ich ihn:

„Oh, du magst Bhagwan?“

Er nickt mehrmals.

„Warum nimmst du nicht Sannyas?“

Knapp antwortet er mir: „Ich habe Angst.“

Ich bin beeindruckt von dieser ehrlichen Antwort.

Wir gehen in die Küche. Er zeigt mir die Vorräte. Bittet mich, in den nächsten Tagen zu kochen. So wie ich das sehe, wird es zu den Mahlzeiten nur Fisch geben. Ich mag Fisch.

Wir bereiten uns ein kleines Abendessen zu. Belegte Brote und Wein. Er hat Karten für den Grand Magic Circus besorgt. Ich freue mich sehr, das ist ein schöner Einstieg in mein beginnendes Abenteuer. Während des Essens versuche ich mich näher an Mark heranzutasten. Er ist in meinem Alter, da muß es doch Gemeinsamkeiten geben. Ich schwätze gerne, bin offen, mache keinen Hehl aus mir. Er ist zurückhaltend, schweigsam, rätselhaft.

Der Wein macht mich fröhlich. Mark lacht unerwartet auf, als ich den simplen Satz fallen lasse:

„Eigentlich ist immer alles umgekehrt.“

Aufmerksam starrt er durch mich hindurch und meint:

„Warum willst du eigentlich LSD nehmen?“

Er steht auf und schreibt meine Feststellung auf die weiße Fläche des Kühlschranks. Nun ist es an mir, verblüfft zu sein. Ich weiß ja auch nicht, warum ich LSD nehmen soll. Und was hat das mit meinem Satz zu tun?

Es wird Zeit für das Theater. Wir treffen dort einige seiner Freunde, gehen nach einer phantastischen Theatervorstellung ein Bier trinken. Ich genieße die Leichtigkeit des Abends mit intellektuellen Wortgefechten. Marks Freunde sind akademische Kopffüßler, die höflich genug sind, ihre Ablehnung gegen Bhagwan und Sannyas für sich zu behalten. Mark selbst ist Dozent an der Uni. Aber er ist auch Therapeut, mit sehr vielen Patienten, wie ich bald feststelle.

Am nächsten Tag geht er seiner Arbeit nach. Ich mache mir schöne Stunden in der historischen Kleinstadt, versuche die aufsteigende Angst vor dem Kommenden kleinzuhalten.

Zum Abendessen bin ich zurück. Ich bereite die erste Fischmahlzeit zu. Unsere Unterhaltung plätschert beim Essen mühsam dahin.

„Hast du schon einmal Drogen genommen?“ fragt er beim Abwaschen.

Ich schüttle den Kopf: „Nicht richtig. Ich habe mal Hasch versucht, aber mir ist sofort übel geworden."

Er lächelt: „Dann mußt du auf eine andere Marke umsteigen."

Wir gehen in die Bibliothek. Ich kuschle mich in einen weichen Sessel. Mir gegenüber nimmt Mark Platz. Vor sich hat er einen Beutel mit getrockneten Blättern. Er dreht Zigaretten. Schiebt sie mir hin. Die Reise beginnt. Ich halte mich nicht lange auf. Eine nach der anderen ziehe ich in mich rein. Mit Kopfsprung ins Unbekannte.

Mit jeder Zigarette werde ich vergnügter. Grundloses Kichern steigt in mir hoch. Mark beobachtet mich zurückgelehnt. Der ‚Tabak' ist ihm ausgegangen. Ohne Pause habe ich zwölf von diesen Spezialzigaretten inhaliert. Die Wirkung läßt nicht lange auf sich warten. Ich platze vor Heiterkeit. Egal, was Mark sagt oder auch nicht sagt, es ist von einer überwältigenden Komik für mich. Ich betrachte ihn mit ganz anderen Augen. Wie konnte ich übersehen, daß dieser Mann vor Witz sprüht? Ich bin voller Sympathie für den auf dem Sofa kauernden Mann, der mich still im Auge behält. Aber nicht nur er ist der Anlaß meines sich steigernden Lachens.

Mein Blick schweift über Tausende von Büchern. Eine plötzliche Erkenntnis läßt mich wiehern: Worte sind meine Brüder und Schwestern! Was sind denn Worte? Nutzlose aneinandergereihte Buchstaben bilden nutzlose Worte, nutzlose Worte formen nutzlose Sätze. Mit diesem Un-Sinn lebe ich, davon lasse ich mich leiten, stopfe ihn in mein Gehirn, schleppe diesen Ballast mit mir herum. Die Traurigkeit dieser Entdeckung bremst mein Lachen.

„Mark, kannst du mir sagen, warum Wörter nicht wie Noten sind? Die durch das Ohr ins Herz fallen?"

Er lacht amüsiert. „Ich weiß es nicht."

Ich brauche seine Antwort nicht. Ich bin schon mit etwas anderem beschäftigt. Unvermutet frage ich ihn: „Was hältst du eigentlich von Nostradamus?"

Da bricht er in lautes Lachen aus, eilt in die Küche. Meine Frage kommt wieder auf den Eisschrank.

Ein vergnügter Abend. Das Lachen hat mich so erschöpft, daß ich ins Bett falle. Habe ich noch Angst vor Drogen?

Am kommenden Wochenende findet eine Gestalttherapie-Gruppe in Marks Wohnung statt. Einige Leute haben sich dafür bereits angemeldet. Er lädt mich ein, mitzumachen.

Warum nicht. So lerne ich ihn besser kennen. Außerdem bin ich neugierig auf die westlichen Therapie-Methoden. Es wird ein interessantes Wochenende.

Welch ein Unterschied zu den Ashram-Therapeuten, deren Liebe zu Bhagwan sie zu Werkzeugen macht. Therapeuten, die ihre Eigenarten mit den Schuhen vor der Tür lassen. Sie sind nicht der Arzt, sie sind die Medizin. Ist ihre Arbeit beendet, ziehen sie mit den Schuhen auch wieder ihre Persönlichkeit an, werden Menschen wie alle anderen auch. Oft sehr viel eitler und aufgeblähter als ihre Patienten. Denn es ist schwierig, Distanz zu halten zur Dankbarkeit und Bewunderung, mit der der Therapeut als Hilfeleistender überschüttet wird. In erster Linie sind Sannyas-Therapeuten Schüler Bhagwans, die lernen, ihr Ego zu beobachten. Je fetter ein Ego, umso weniger kann es sich verstecken. Eine Erkenntnis, die ich zu dieser Zeit sicher nicht habe.

Mark ist ein westlicher Therapeut. Er ist der Arzt, nicht die Medizin. Zügig zeigt er uns mit intelligenten Spielen unsere ungeahnten Fähigkeiten. Zum Beispiel Hellsehen. Kein Geisterkult, nein, es sind Bilder, die aus der Tiefe steigen. Entspannung und Offenheit für den Partner ist Voraussetzung.

Meine Partnerin ist Lotte. Eine Frau, die mir ungemein gefällt.

Wir sitzen uns im Halbdunkel gegenüber. Wir schweigen lange. Lotte hat sich ganz auf mich konzentriert. Endlich spricht sie. Monoton, aber ich spüre, daß sie schildert, was sie sieht; sie hat Abstand, ist nicht persönlich beteiligt.

„Du liegst in einem leeren Raum auf einem hohen Bett. Du trägst ein rotes, weichfallendes Kleid. Den rechten Arm hast du über die Augen gelegt. Du scheinst zu schlafen. Nein, doch nicht. Du erhebst dich, läufst durch den Raum. Öffnest eine Tür, die in einen Gang führt. Du tauchst ein. Seidentücher in allen Rottönen schiebst du zur Seite. Die Tücher umspielen dich, umwehen dich bis zum Ende des Ganges. Im plötzlichen Licht zwinkerst du mit den Augen. Jetzt kannst du sehen. Vor dir liegt ein Dorf. Eine Menge Leute warten auf dich, lachen, winken, kommen dir entgegen. Ja, jetzt erreichen sie dich. Sie greifen vorsichtig nach dir, werfen dich begeistert zärtlich in die Luft. Eine Frau überreicht dir eine große weiße Blume. Eine wunderbare Blume. Eine Mischung aus Aster und Nelke. Du riechst daran während des Weitergehens. Du läßt die Menschen hinter dir, den Ort. Du gehst auf einem

Pfad, der durch grüne Hügel führt ins Alleinsein." Nach einer winzigen Pause fährt Lotte fort: „Du hast dich in die Wiese gelegt, inmitten der Hügel, neben dir ein Buch, in der Hand die weiße Blume. Alles an dir ist Harmonie und Glück." Lotte ist berührt. Sie weint. Mir gefällt ihre Schilderung sehr. Aber Hellsehen? Jahre später wird sich ihre Vision sehr deutlich erfüllen.

Das Wochenende vergeht schnell mit solchen Spielen. Energieaustausch, Phantasiereisen, Hypnose, Wünsche-Realisieren. Ein Spiel mit der Kreativität.

Die Leute sind freundlich, obwohl auch sie ihre Abneigung gegen meine rote Kleidung und die Mala überwinden müssen. Nicht allen gelingt es, selbst wenn sie nicht umhin können, mich als intelligenten, liebenswürdigen Menschen zu sehen. Vorurteile zerstören schnell.

Der krönende Abschluß der Gruppe wird eine überaus fröhliche und intensive Haschparty. Eine Überraschung für mich, nicht für die anderen. Es wird ein be-rauschendes Fest für mich. Mein erstes.

Alle Gruppenteilnehmer stürzen sich in phantasievolle Papierkostüme. Masken, Körpermalereien. Schon während dieser Vorbereitungen tauchen Schüsseln mit sehr gutschmeckenden Plätzchen auf. Ich bin hungrig, so zögere ich nicht lange. Drei gutgewürzte Kekse stillen meinen Appetit. Schwindel packt mich. Zwingt mich auf einen Stuhl an einem runden Tisch. Einige Leute sitzen um ihn. Ich versuche benommen, meine Sehstörungen in den Griff zu bekommen. Mein Gleichgewicht ist verlorengegangen. Es dauert eine Weile, bis ich erkenne, was um mich herum geschieht.

Lotte verhält sich weiß Gott seltsam, denke ich. Sie stößt mich an, fragt, ob ich auf ihrem Kahn mitfahren will.

„Was soll ich denn auf deinem Kahn?"

„Gut", meint sie „wenn du nicht mitkommen willst, dann nehme ich all diese kleinen grünen Männchen mit, die eben so tapfer durch die Butter gelaufen sind." Herausfordernd schaut sie mich an.

Ich bedenke, ob ich ihrer Aufforderung nicht doch nachkommen soll. Es ist zu spät. Sie ist auf einer Eingeboreneninsel gelandet, teilt sie uns mit. Sie jauchzt vor Vergnügen. Auf der Stelle macht sie uns zu Stammesältesten, Dorfhuren, Medizinmännern. Wir sind gerührt. Nun bedaure ich doch, daß ich nicht mitgefahren bin.

Da schmeißt es mich in meinen eigenen Zirkus. Fasziniert beobachte ich mich. Ich werde langsam, immer langsamer. Ich bewege mich im Zeitlupentempo. Jede Phase der Bewegung kann ich verfolgen. Meine Teetasse zum Mund zu führen, dauert Minuten. Aber nicht nur das, die Tasse ist Teil der Bewegung, Teil von mir geworden. Die Tasse ist nicht mehr abzustellen. Sie ist mit mir verwachsen. Qualvolle Versuche, in der gedehnten Zeit die Tasse auf dem Tisch loszulassen. Ich gerate in Panik. Ich kann mich niemandem mitteilen.

Ich höre Mark sagen: „Und diese Frau will nichts von Trance verstehen".

Trance? Bin ich in Trance? Was nutzt mir das Wissen. Dies ist meine Realität. Die Tasse ist mit meiner linken Hand verschmolzen. Kein Willensakt trennt mich von ihr. Ich fange an zu weinen, ja, ich versuche zu schreien. Aber ich habe keine Worte.

Eine Frau streichelt mich angstschlotterndes Bündel:

„Komm, Barbara, gib mir die Tasse!"

Vorsichtig versucht sie, sie mir aus der Hand zu nehmen. Ganz starr werde ich. Gespannt. Noch einmal versucht sie, die Tasse zu entwenden. Da kommen die Worte zurück. Ich zische, fauche sie an:

„Du blödes Weib, nimm die Finger von meinem Täßchen!"

Mit schmalen Augen stiere ich die Erschrockene an.

„Ein für alle Mal, mein Täßchen bleibt mein Täßchen!"

Sie ist zurückgewichen. Es gelingt mir, die Tasse auf dem Tisch abzustellen. Ich sehe schweigende, aufmerksame Gesichter um mich herum. Sofort reiße ich das Täßchen wieder an mich, presse es an mein Herz, fließe über vor Liebe:

„Mein Täßchen, meine Seele, mein Glück", flüstere ich immer wieder, mittlerweile tränenüberströmt. Ich reibe meine Wange am kühlen Porzellan und schluchze: „Wie lieb hab ich dich, du allerliebstes Täßchen." Neben mir ist ein Stuhl frei. Behutsam setze ich die Tasse ab. „So, mein Täßchen, mein Liebes, jetzt hast du einen Platz neben mir."Voller Zärtlichkeit umfange ich es mit meinen Augen. Ein warnender Blick in die Runde, der jedem klar macht: Finger weg von dieser Tasse.

Wie sagte doch Krishnadeva in der Gruppe zu mir:

„Wo du liebst, da ist kein Platz mehr."

Ein schmerzhafter Weg liegt vor mir. Doch davon weiß ich an diesem Abend nichts.

Meine Stimmung wechselt schnell. Das ‚Stammesfest' hat nur noch fröhliche Höhepunkte. Manege frei für meinen Clown. Ich jodle, lache, „hehe, haha, hihi, hoho".

Immer wieder fallen einzelne Worte aus meinen Sätzen, verändern die Bedeutung. Ich finde alles mehr als komisch. Ich bin so ohne Erwartung, daß alles, was geschieht, mich in den Zustand der Verzückung versetzt.

Ich mache mich auf den Weg und rudere auf einem Floß zu Lottes Insel. Sie lacht und weint in einem.

„Immer werde ich verarscht. Nimmt mich denn keiner ernst?"

Von meinem Floß aus brülle ich ihr zu:

„Mensch Lotte, immer wenn sie dich ernst nehmen, dann verarschen sie dich. Wenn sie dich aber verarschen, dann nehmen sie dich ernst!"

Die Tiefgründigkeit dieses Satzes läßt uns losjohlen. Am lautesten Lotte, die versucht, diesen verwirrenden Satz zu behalten.

Mark erkennt mich damit als gleichwertig an. Tief schaut er in meine Augen und meint bedeutungsvoll: „Kuckuck-da-da."

Ich sehe zum ersten Mal im Leben einen Sinn. Es ist so herrlich unsinnig, sinn-los. Ich muß lachen über meine Ängste, meinen Fanatismus in Sachen Drogen. Welch eine Leichtigkeit ist in allem. Das sprudelt nur so aus jedem. Kein Kopf, der analysiert und katalogisiert, nur Freude und Spaß am Da-Sein.

Mark bereitet mich sehr sorgfältig auf die ‚Große Reise' vor. Die nächsten Tage läßt er mich Spezialzigaretten rauchen und ‚Plätzchen' essen. Die Wirkung ist beim zweiten Mal viel sanfter. Lokkert, macht gelassen. Was sehr viel wichtiger wird für mich, ist das Buch, das Mark mir zum Einstimmen gibt.

‚Eiland', von Huxley.

In meinem ganzen Leben sind mir immer die richtigen Bücher zum richtigen Moment in die Hände gefallen. Die Großen, die Starken, die Geraden und Ehrlichen haben mich auf meinem Weg unterstützt. Ich war nie allein. Die Besten haben mich erzogen.

Pala, die Insel der Träume. Auf der die Bewußtseinserweiterung durch Drogen Teil der Erziehung ist. Langsam und bedächtig schlucke ich ‚Eiland' als neue Nahrung. Kraft und Sicherheit, ja Zuversicht erhalte ich daraus. Ich fange an, mich auf den Trip zu freuen.

Leider ist die Spannung zwischen mir und Mark nicht verschwunden. Wir sind so unterschiedlich. Meine Spontaneität, seine Ernsthaftigkeit. Eine unsichtbare Last verlangsamt seine Schritte. Es stellt sich keine Intimität ein. Wir bleiben Fremde. Umso mehr überrascht mich, daß er tatsächlich all diese Vorbereitungen auf sich nimmt, um mich an etwas Unbekanntes heranzuführen, von dem nur er weiß wie.

Morgens beim gemeinsamen Frühstück trägt er mir auf, die Wohnung mit frischen Blumen zu schmücken. Am Abend werden wir ‚reisen'. Castanedabewußt eile ich auf den Markt. Nichts ist mir zu teuer. Aber die Jahreszeit entspricht nicht meinem Blumengeschmack. Es ist Oktober, die Zeit der Totenblumen. Astern, Crysanthemen, Hortensien, Laub. Ich kaufe, soviel ich tragen kann. Blumen für meine eigene Beerdigung.

Ich lasse mir Zeit, die Sträuße in der Wohnung zu verteilen. Schiebe sie von einem Platz zum anderen. Mehrere Bündel Radieschen ragen aus einem Glas, geben dem Ganzen eine heitere Note. Ich liebe Radieschen mehr als Crysanthemen.

Ich bin nervös. Mit jeder Stunde werde ich nervöser. Es ist Mittag. Mark hat mir Lesen, Ausgehen und Telefonieren untersagt.

„Entspann dich vollkommen. Besinn dich auf dich selbst."

Ich sitze im Wintergarten. Lese die letzten Seiten über Pala.

Dann sehe ich dem Abend mit ‚Ruhe' entgegen. Ich springe auf, schau auf die Uhr, schiele nach der Cognacflasche, lese Vandas Telegramm zum zigsten Mal: „Ich liebe Dich." - Wie immer, wenn ich nicht da bin! Ja, ich fange an, Nägel zu kauen, Zwiegespräche zu führen, „Hasch, Marihuana, LSD - was dann?" Ich muß einer alten Freundin recht geben, die mich vor einigen Wochen anrief: „Kannst du nicht mal zur Ruhe kommen - und damit wir alle auch?"

Von d e r Ruhe bin ich weit entfernt. Noch gibt es zuviel zu erleben.

Ich friere, renne zur Toilette - ich habe Schiß.

Ronny fällt mir ein, dem ich von meiner Angst erzählt habe. Die Wärme seiner brüderlichen Umarmung: „Wo du hingehst, mein Herz, wie sollte da Angst sein!" zitiert er. Schon, schon, aber erst muß ich mal dort sein. Ich bin ein solcher Feigling, jeder unbekannte Schritt versetzt mich ins Schlottern, es kostet soviel Mühe, mich zu überwinden, etwas zu tun, das ich nicht überblicken kann. Doch die Neugier treibt mich voran - es gibt soviel, von dem ich nichts weiß. Unbekannte Flecken auf meiner Bewußtseinslandkarte, auf die ich gerne meine Fähnchen stecken möchte. Ergreift mich auf dem Weg das blanke Entsetzen, hilft mir die Erkenntnis der Unausweichlichkeit - so wie jetzt. Feuer ist Feuer und Lawine ist Lawine.

Diese Einsicht zwingt mich zum Handeln. Es beginnt zu dämmern. „Mark", seufze ich schweren Herzens - „wo bist du?" Während ich zittere und bebe vor Aufregung, höre ich aus seinem Arbeitszimmer die Schreibmaschine rattern. Mein stilles Rufen scheint ihn zu erreichen. Er kommt und bringt mir Ausschnitte aus dem Tibetanischen Totenbuch zum Lesen. Seine Anwesenheit beruhigt mich sofort. Während er sich einen Cognac eingießt, schiebt er mir ein Haschplätzchen zum Entspannen zu.

„Heute abend möchte ich mit dir ins Kino gehen. ‚Erotische Geschichten' von Pasolini. Kennst du die schon?"

Ich verneine. Aber warum sich einen solchen Film ansehen? Ob das irgendeine Bedeutung hat? Ich betrachte ihn mißtrauisch. Er läßt mich allein. Ich blättere in den Auszügen des Tibetanischen Totenbuches. Ich verstehe kein Wort von dem, was ich da lese - ‚Klares Licht' oder „Würde das Licht das Böse bannen, wenn du es im Auge behalten könntest? Oder wärest du dazu nicht in der Lage?" Ich überlegte mir die Frage ein Zeitlang. Endlich antwortete ich:

„Vielleicht könnte ich das, aber nur, wenn jemand da wäre, der mir von dem ‚Klaren Licht' erzählt. Man kann dies nicht alleine tun. Das ist, wie ich vermute, der Schwerpunkt des tibetanischen Rituals - daß jemand dort sitzt, die ganze Zeit lang und dir sagt, was geschieht."

Aha, das erklärt mir Marks Begleitung. All diese geheimnisvollen Aussagen stärken meine Neugier.

Ich gehe in die Küche und bereite unseren täglichen Fisch vor. Mittlerweile ist mir klar, daß diese Fischmahlzeiten bei der Einnahme von Drogen wichtig sind. Sie sind leicht, belasten den Körper nicht.

Die ‚Erotischen Geschichten' nett, aber nicht aufregend. Meine Gedanken kreisen um das Bevorstehende. Werde ich wirklich den Mut aufbringen, das Zeug zu schlucken? Ist es wirklich ungefährlich? Schaudernd erinnere ich mich, daß Lotte mir auf der Party von einem Mann erzählte, der auf einem LSD-Trip war. Er sah sich im Spiegel, zertrümmerte ihn mit den Händen und verlor dabei seine Identität. Ich nehme mir fest vor, in keinen Spiegel zu schauen. Es ist 9 Uhr abends, als wir wieder zu Hause sind. Die

Wohnung liegt in herbstlichem Schmuck. Die Farben Gelb, Braun, Rost sind verhalten, dezent.

Wir ziehen uns in den Wintergarten zurück. Klein, überschaubar, eine grüne Oase zwischen Möbeln und Bildern. Ein sehr schöner Platz. Ich sitze in einem Korbsessel. Mark kocht Tee. Auf dem Tisch liegt eine Silberdose, die meinen Blick magisch anzieht. Ich weiß, fühle, daß darin der Schlüssel zu verschlossenen Türen liegt. Zögernd ergreife ich die Dose. Öffne sie sehr behutsam - da liegen sie. Kaum sichtbare Plättchen, winzige Schuppen. Ich atme tief durch.

Mark lächelt, als er mich mit der Dose sieht. Er gießt uns Tee ein, nimmt in dem anderen Sessel Platz. Wir schweigen. Ich trinke schnell mehrere Tassen. Zu spät denke ich an meine Blase. Ich möchte ‚es' hinter mich bringen. Ich bin entschlossen. Ich beuge mich zu Mark hinüber, öffne meinen Mund. Beinahe zärtlich legt er die Plättchen auf meine Zunge. Sofort schlucke ich. ‚Die heilige Kommunion', zuckt es durch mein Gehirn. Und genau das wird es.

Ich habe geschluckt. Obwohl ich weiß, daß dies mein Tod sein wird, habe ich mich überwunden. Jetzt gibt es kein Zurück mehr. Mark bittet mich, ihm die Veränderung zu schildern. Ich werde langsam, langsamer. Jede Pore meines Gesichts prickelt. Ich verliere die Kontrolle über meinen Körper. Entsetzliche Angst packt mich. Mit flauen Lippen kann ich Mark noch anflehen:

„Bitte, bitte, gib mir deine Hand!"

Er reicht sie mir, hält meine Hand, aber ich verliere den Kontakt zu seiner Wärme. Meine entsetzten Empfindungen verändern sich im Zeitraffer. Gelassenheit ist mein letztes Gefühl. Ich werde schwerer, noch schwerer, versinke im Sessel, keine Angst mehr - ich sterbe. Ich ziehe mich ins Dunkel zurück. Das Eintauchen in die absolute Leere ist gegen 22 Uhr - das Auftauchen um Mitternacht, wie mir Mark später erzählt.

Meine erste körperliche Empfindung ist ein leichter Schlag. Ich bin aus dem Sessel gerutscht, auf den Boden gefallen. In der Gegenwart gelandet. Sofort setzt die Erinnerung ein: Ich bin lange, sehr lange durch das Weltall gekreiselt. Mit ausgebreiteten Armen und weitgespreizten Beinen. Jede Pore meines Körpers ist eine Rhombe, in der bunte Pflanzen in allen Farben schillern. Mit großer Geschwindigkeit rausche ich auf mein Ziel zu, die Erde. Ich fühle die endlose Weite des Universums. Ich bin vom Himmel gefallen. Zitternd, frierend liege ich auf dem Teppich. Die Erinnerung wird Wissen. Meine Neugier regt sich. Ich hebe den Kopf, werfe einen Blick ins Wohnzimmer. Tatsächlich, auf einem Regal schlägt eine bunte Echse Purzelbäume. Überwältigt schließe ich die Augen. Nicht zu fassen, Barbara im Wunderland. Mit geschlossenen Augen liege ich auf dem Boden. Ich möchte mich von der langen Reise und den unglaublichen Eindrücken erholen. Ich höre Marks Stimme:

„Barbara, komm doch, schau doch mal. Ich bin hier. Mark."

Ach ja, Mark. Ich möchte ihn schon sehen. Unsicher, wackelig, erhebe ich mich auf die Knie, öffne die Augen. In der Ferne wedeln mir ein paar Pflanzen zu. Ich hebe den rechten Arm und – ich bin ein schwarzer Panther. Elegant, geschmeidig bewege ich mich auf allen Vieren aus dem Wintergarten ins Wohnzimmer. Atemlos offenbart sich mir das Geheimnis. Alles lebt. Die Blumen spreizen ihre Blütenblätter, das Laub läßt alle Farben ineinanderfließen. Die Moosröschen sind alt, sie lassen müde ihre Köpfchen hängen, die Radieschen wedeln sachte mit ihren Würzelchen. Die Farne sind in Hochstimmung. Unermüdlich springen die zwei Echsen. Ich kauer mich wieder auf den Boden. Diese Wunderwelt ist zu unerwartet für mich. Glücklich lächelnd fühle ich mich schrumpfen. Was macht denn Mark mit mir? Er spielt mit mir.

„Barbara, es ist so kalt, du frierst entsetzlich."

Schon klappern mir die Zähne, eine Gänsehaut nach der anderen überläuft mich.

„Jetzt bist du in der Wüste, welch eine Hitze."

Sofort wische ich mir den triefenden Schweiß von der Stirn, die Zunge klebt am Gaumen. Ich höre ihn herzlich lachen:

„Soooo, jetzt bist du winzig, liegst auf einem Blatt."

Schon fühle ich mich klein, rolle mich zufrieden auf einem Blättchen zusammen. Ich mag Marks Verwandlungsspiele. Ich mag sein Lachen. Der Tee macht sich bemerkbar. Es ist besser, ich stehe auf. Mark bleibt unsichtbar. Zögernd bewege ich mich. Die Pflanzen strecken ihre Blätterarme nach mir aus, kraftvoll ziehen sie mich an. Der Wintergarten platzt in plötzlicher Üppigkeit. Wer ist aus einem Schlaf erwacht, die Pflanzen oder ich?

„Eigentlich ist immer alles umgekehrt."

Ich bin im Banne ihrer Anziehungskraft. Versonnen bleibe ich in einiger Entfernung stehen. Es ist eindeutig, sie locken mich. Ich horche, lausche. Ein immer stärker werdendes Geräusch. Ein sattes Plopp, Plopp. Ein saugender, schmatzender Ton. Die Bewegungen der Pflanzen werden ein gemeinsamer Tanz. Ich bin wenige Schritte von ihnen entfernt. Ich kann mich nicht mehr bewegen. Ich stehe, starre auf dieses Fest, diesen Urrausch. Meine Erleuchtung beginnt. Das Erkennen. Die Pflanzen sind in ein strahlend gelbes Licht getaucht. Der Wintergarten ist davon überflutet. Unermüdlich tanzen und schwingen die Pflanzen, sie saugen, sie schmatzen reine helle Energie. Sie nehmen mit Lust und Behagen. Sie leben aus dieser unerschöpflichen Lichtquelle. Und ich? Scheu, klein, zitternd, ja verlegen stehe ich an der Schwelle.

Eindringlich höre ich Marks Stimme aus weiter Ferne:

„Laß los, Barbara, laß los."

Ich zögere. Meint er mich? Ich gehöre doch nicht zu diesem Fest, zu dem es mich hinzieht. Die Pflanzen strecken lockend ihre Blätter nach mir aus. Mich, meinen sie wirklich mich? Ich kann mich der überschäumenden Vitalität nicht mehr entziehen. Ich mache einen Schritt in das Leben, in das Licht. Ich lasse los. Und gehöre dazu. Alles was ich bin, fällt von mir ab. Ich werde eins mit dem hellen Licht. Meine Energie strömt in die Erde, kommt zurück, durchfließt mich, ist Licht. Ich sauge und schmatze mit jedem Atemzug die Energie, die unser aller Leben ist.

Ich bin nicht mehr ICH. Ich bin reines glückseliges Bewußtsein. Ohne Persönlichkeit, ohne Ego. Ich bin Ekstase. Ein hohles Bambusrohr. Barbara wird eins mit der Existenz. Es gibt keine Barbara mehr. Nur noch ein von tiefem Glück erfülltes Leben, das fließt, einatmet, ausatmet - Energie, die gemeinsame Nahrung aller Lebewesen. Jenseits von Fremde - ich bin DAHEIM. Die wahre, einzige Kommunion. Ich weiß nicht, wie lange ich in dem Zustand der Gnade bin.

Der Drang auf die Toilette zu gehen, bringt mich zurück in die Realität meines Körpers. Selig, erfüllt von dem Erlebten, sitze ich auf dem Klo. Ich habe hinter den Vorhang, ich habe die wahre Natur des Menschen gesehen - den egolosen Zustand. Ich habe erkannt, daß das Ich der Vorhang ist, der das wirkliche Leben verbirgt. Den Kopf in die Hände gestützt, fühle ich immer noch das Wunder der Einsicht.

Meine Augen sind mit dem Bad beschäftigt. Ein schlauchartiger Raum. Unter dem Fenster die Toilette, auf der ich immer noch versonnen sitze. Die Wanne neben mir. Die Tür weit entfernt gegenüber. Ein goldener Kleiderhaken ist daran befestigt. Das eben noch so nichtssagende Bad füllt sich unerwartet mit zauberhaftem

Charme. Die Tür wölbt sich weit nach innen, auf mich zu. Von allen Seiten dringt das gelbe Licht. Die Türklinke verzieht sich zu einem breiten Lachen. Der Kleiderhaken wird zum ‚K' für Kinderzimmer. Das Badezimmer ist gefüllt mit Zärtlichkeit und Wärme. Verschmitzt lockt die Türklinke: „He, du, komm mal her, komm schon!" Wieder das unsichere Gefühl von „die kann doch nicht mich meinen." Die Tür wölbt sich mehr und mehr vom goldenen Glanz. Die weiche Stimme schmeichelt: „Nun komm doch schon!" Ich starre bolzengerade auf die Tür. Ich bekomme keine Luft mehr. Meine Augen drängen aus den Höhlen. Aus meinen Urtiefen spüre ich Fruchtwasser aufsteigen, höher, höher bis es mit einem kindlichen Rülpsen salzig über meine Lippen quillt. Ganz tief hole ich Luft. Ja, ich atme, atme, atme. Der Jubel des Lebens erfaßt mich. Ich falle auf die Knie, schiebe mich durch den Geburtskanal. Wasser von allen Seiten. Tappsig erreiche ich die Tür, aus der das Licht quillt. Mein Kopf drückt gegen das Holz.

„Barbara, bitte, mach auf!" Es ist Marks Stimme.

Unbeholfen öffne ich kniend die Tür. Ich falle ins goldene Licht. Es ist ein sonniger Morgen. Mark hält das Neugeborene warm in den Armen. Lange hält er mich so. Er sieht müde und sehr erschöpft aus. Eine schwierige Geburt.

Irgendwann sitzen wir wieder im Wintergarten. Meine Erlebnisse fließen ineinander, verändern sich, aber ich bleibe reine Glückseligkeit. Mark und ich halten uns an den Händen. Alle Formen und Konturen, die mich zusammenhalten, sind gesprengt. Ich bin außer mir. Marks Blick verschmilzt mit dem meinen. Wir sehen den schnellen Wechsel von Leben und Tod, von Kindheit und Alter, von Gegenwart und Vergangenheit. Unser Blut fließt in einer Ader. Fasziniert sehe ich unsere Hände in schneller Folge die Form verändern. Flügelhände, Dinosaurierklauen, Vogelkrallen, Flossen, Patschhändchen, Greisenhände. Als ich den Blick hebe, geschieht das gleiche mit seinem Gesicht. Ich sehe ihn im Zeitraffer von einem Jahrhundert ins andere wechseln. Mal als Bauer, Ritter, König, Maler, Jäger, jung oder alt - Mark, die ganze Skala menschlicher Möglichkeiten, Staunend betrachte ich diese Reise durch die Geschichte und das damit verbundene Gefühl von Vertrautheit, Sich-Kennen, ja einer Verbundenheit, die aus früheren Leben mit ihm zu kommen scheint. Eine ganz neue Erfahrung für mich. Gemeinsame frühere Leben? Marks Gesicht eben noch so jung und glatt, wechselt ins Greisenhafte. Zerfällt im Tod. Die Haut löst sich, zerkrümelt, legt blaue Adern frei, weiße Knochen. Schon pulsiert das Blut wieder, die Haut setzt sich zusammen. Mark in neuer Form. Ein schnelles Auf und Ab von Leben und Zerfall.

Ich friere. Wir haben nicht nur ein Leben. Wir sind der Ausdruck eines ewigen Lebens in immer neuen Formen. Bis wir unsere Bestimmung erfüllt haben. Bis aus der rohen Form des Körpers nur noch die feine Energie des Bewußtseins bleibt. Mir klappern die Zähne. Mark und ich setzen uns auf die Erde, ziehen einige Decken um uns herum.

Plötzlicher Szenenwechsel. Wir sind zwei fröhliche Eidechsen. Über uns der Pflanzendschungel, durch den warm die Sonne dringt. Leichter Sprühregen tropft uns auf die Nasen. Ein genüßliches Leben, eine Eidechse zu sein. Bewundernd betrachte ich Marks schmalen buntschuppigen Echsenkopf. Wie schön ist er, wie klein und heiter in dieser unkomplizierten Existenz. Er ist mein Eidechsenkönig. Zutraulich kuscheln wir uns aneinander. Wispern uns mit kleinen Stimmchen die Drolligkeiten unserer Pflanzenschwestern zu. Wie komisch sie sind in ihrer Bewegung, wie wichtig und breit sie sich machen. Wir können nicht aufhören zu lachen. Eng aneinandergeschmiegt wird es e i n Lachen. Nichts trennt uns mehr. Wir sind verschmolzen mit dem Leben, denn alles ist das Ganze und nicht zu trennen. Wir sind eins mit dem Pulsschlag des Universums, dem Kosmos, der Existenz. In dem Gefühl dieser Einheit wachse ich, eine neue Stärke dehnt mich ins Unermeßliche. Ich werde grenzenlos. Ich bin ein geschlechtsloser Gott, aus dem die Liebe strömt. Ich bin Liebe. Ich bin Sein. Mark liegt zu meinen Füßen, tränenüberströmt. Der ganze Schmerz seines Lebens fließt sichtbar aus ihm heraus, vereint sich mit meiner ozeanischen Liebe, löst sich auf in mir. Es ist eine Liebe ohne Mitleid, die ihn umspült. In einem endlosen Strom aus einer unerschöpflichen Quelle spüre ich die Liebe fließen, die alles umfaßt, alles einschließt, ohne jede Beurteilung von Gut oder Böse. Es ist die Liebe, die der Existenz die Schönheit gibt, sie göttlich macht. Marks Tränen sind geweint. Er kniet vor mir, mit ausgebreiteten Armen. Ein kraftvoller Gesang füllt den Raum: „Om Mani Padme Hum."

Ich bin leer und sehr erschöpft. Wir sitzen uns in den Korbsesseln gegenüber. Im Wintergarten ist alles zur Ruhe gekommen. Ich möchte schlafen. Aber Mark läßt mich nicht in meiner Lethargie.

„Laß uns spazieren gehen. Die Sonne scheint. Bewegung wird uns guttun."

Widerwillig, träge erhebe ich mich aus dem Sessel. Das Fenster ist vereist. Ich hauche ein kleines Guckloch hinein, es ist sommerlich warm in diesem Oktober. Jetzt kann ich hinaussehen. Bäume, die kraftstrotzend Energie atmen, ihre knorrigen Äste recken und strecken sich, ihre Blätterhäupter schütteln sich, alte, alte Baummänner, die die Straße säumen. Betroffen sehe ich die Menschen, Frauen wie Spinnen, sie laufen mit weitausholenden dünnen Fangarmen, die winzigen Köpfe lauernd zwischen die buckligen Schultern gezogen. Bedrohung geht von ihnen aus. Die Männer, kugelige Gestalten, deren Fortbewegung durch einseitige Sprünge geschieht. Quasimodo. Welch eine merkwürdige Welt da draußen. Was ist nun die Wirklichkeit?

Mark drängt mich: „Laß uns gehen."

Ich setze mich in den Korbsessel. Ruhe und Zufriedenheit erfüllt mich. Ich möchte nichts mehr sehen, erobern, tun oder gar handeln. Da ist keine Neugier auf neue Abenteuer. Zu meinem Erstaunen höre ich mich sagen:

„Nein, Mark. Laß die Jungen mal machen."

Welch ein befreiender Satz. Für mich gibt es nichts mehr zu tun. Eine Königin dankt ab. Mein Herbst kann beginnen. Wie schön ist das Altern mit heiterer Gelassenheit. Von der inneren Fülle lebend, ist die äußere nicht mehr nötig.

Ich spüre, daß meine Reise dem Ende zugeht. Noch einmal mache ich einen Rundgang durch meine Welt. Zu meiner Überraschung zeigt sie sich von ihrer erotischen, bisexuellen Seite. Götter enthüllen heiter-schamlos ihre Männlichkeit. Holzfiguren, Steinstatuen lassen sich mit ihrer Pracht nicht lumpen. Spitz und drall besticht der Penis durch Lebendigkeit. Ich muß meine Verlegenheit, meine Scheu überwinden, um den Spaß und das Vergnügen der Show zu sehen. Nicht nur der Penis entzückt das Auge, hingerissen von dem Zauber der Muscheln bleibe ich stehen - die Vagina in ihrer unvergleichlichen Schönheit. Von zartem Rosa wechselt sie zu purpurrot, öffnet ihre pralle Fleischlichkeit. Ich versinke in ihrer feuchten Tiefe. Penis und Vagina - eigenständig, losgelöst. Kraftvoll, anmutig, fest und saftig, fröhlich und ungeniert, bereit, die gesamte Existenz zu vögeln - ein göttlicher Tanz.

Mein Herz platzt vor Zärtlichkeit für die beiden Schelme, die in dieser Welt nicht ihresgleichen haben. Wie bezaubernd ist der Charme der Natur.

Ich kann kaum noch auf meinen Beinen stehen. Eine Nacht, ein Tag sind vorüber. Endgültig klappen meine Augen zu. Ich fühle, wie Mark mich in mein Zimmer führt. Bäuchlings falle ich in die Breite des Bettes. Traumnebel hüllt mich ein. Schwaden und Fetzen meiner Glückseligkeit durchdringen meinen leichten Schlaf. Noch kann ich die andere Welt nicht loslassen. Mühevoll schüttle ich die Müdigkeit ab, zwinge mich aufzustehen. Mache mich auf die Suche nach einer Welt, die am verschwinden ist. Da zuckt noch einmal ein Kobold, da zwinkert matt ein Gott, winkt müde eine Pflanzenschwester. Der Vorhang ist gefallen. Weinend versinke ich im Schlaf, der mich lange, lange nicht losläßt.

Als ich auftauche aus der Dunkelheit, bin ich ein neugeborenes Kind. Ich habe mein Paradies gesehen. Meine Dankbarkeit für Mark ist grenzenlos. Alles Trennende ist verschwunden. Bei meinem Abschied falle ich vor seine Füße. Unter Tränen sehe ich noch einmal seinen buntgeschuppten Kopf.

„Auf Wiedersehen, mein Eidechsenkönig“, flüstert mein Herz. Marks Eidechsenaugen blinzeln mir zu. Lächelnd blinzle ich zurück. Das Zwinkern der Wissenden.

Ich fahre in mein altes Leben. Ich weiß nicht, wie ich mit diesem Wissen leben werde. Im Talmud gibt es eine sehr traurige Geschichte:

Immer wenn ein Kind geboren wird, geht ein Engel durch das Zimmer, streicht dem Kind über die Augen, damit es die Wahrheit vergißt. Ist das das Schicksal der Menschen - die eigene Wahrheit zu vergessen? Dann wird es Zeit, sich zu erinnern.

Die Reise ins Nichts

Ich habe keine Ahnung, und das ist ungewöhnlich. Mein Leben hat eine unerwartete, ungeplante, unvorhergesehene, ja ungewollte Wendung genommen. Alles, was ich mir aufgebaut habe, alles, was ich gelebt habe, kam ins Wanken und stürzte nach und und nach ein. Ein Gebäude nach dem anderen. Es ist schmerzlich, in den Trümmern zu sitzen, staubumnebelt, tränenblind, schlottrig und mit wehem Herzen. „Erst muß man wissen, wie man ein Haus baut, bevor man es einreißt." Die Weisheit dieses Satzes ist mir nicht mehr verborgen.

Es ist Anfang November 1981. Ich sitze im Flugzeug nach Amerika, um aus unerklärbaren Gründen in Oregon auf einer Ranch zu leben, deren Mittelpunkt ein Mann ist, mit dem ich in meinem ganzen Leben noch keinen einzigen Satz gesprochen habe. Ein Mann, der schon damals sehr umstritten ist - Bhagwan Shree Rajneesh.

Ich folge meinem Herzen, auch wenn es dabei bricht. Von Schluchzen geschüttelt, denke ich an den Abschied. Die letzten Umarmungen von Mann, Frau und Töchtern. Alles, was ich liebe, lasse ich zurück. Ich schaffe es, durch die Paßkontrolle zu gehen, den schmalen Gang, der mich den wehmütigen Blicken meiner Lieben entzieht. Wann und ob ich sie wiedersehen werde, ist fraglich.

Kein Mensch weiß, was in Oregon vor sich geht. Gerüchte, daß der Meister sich dort mit einigen wenigen zurückziehen möchte zu einer Intensivphase, Gerüchte, daß eine Riesenkommune im Entstehen ist. Beides sagt mir nichts. Ich bin ein neuer Schüler Bhagwans, ohne viel über das Verhältnis Meister-Schüler zu wissen. Nur eines weiß ich, ich folge dem starken, übermächtigen Drang meiner inneren Stimme, gegen die alles andere machtlos ist.

Neben mir sitzt meine jüngste Tochter, vierzehnjährig, der Trost. Sie bebt vor Abenteuerlust. Wir fliegen über Grönland. Das angefangene Buch fällt mir ein über die Entdeckung des Südpols. Ich habe es in der Wohnung liegen lassen. Eine neue Welle

Schmerz überflutet mich. Ich habe schon lange keine Tränen mehr. Aber das, was ich ausdrücke, läßt die Stewardeß vor mir niederknien, den Arm um mich legen:

„Na, na, na." Wie ein Kind schuckelt sie mich. „Nichts auf dieser Welt kann sooo schlimm sein."

Justine wird der Anblick ihrer ständig schluchzenden Mutter peinlich. Sie legt ihre kräftige, rauhe Hand mit tröstendem Druck auf mein Knie. Einige Reihen vor mir sitzt Latifa. Beunruhigt dreht sie sich nach mir um. Ihre Aufgabe ist es, Justine und mich sowie den Italiener Swarupo, der dumpf vor sich hinbrütend neben ihr sitzt, auf die Ranch zu bringen - unsere neue Heimat. Auch Swarupo befindet sich in einem schockähnlichen Zustand. Er ist in meinem Alter, hat vor vier Wochen Sannyas genommen. Er erfuhr auf der Stelle, daß er nach Oregon eingeladen ist. Ohne Bhagwan gesehen zu haben, ohne ein Wort Englisch zu können, hat er seinen Besitz in kürzester Zeit verkauft und der Kommune übergeben. Ein italienischer Landadeliger, dessen sensibles Gesicht mir gefällt.

Latifas Unruhe hängt allerdings nicht nur mit uns zusammen. Hauptsächlich hat die ihre Wurzel in einem Koffer voller Uhren, eine besondere Neuheit aus Italien - Bhagwans Bild kommt und geht auf dem Ziffernblatt - die sie zollfrei über die Grenze schmuggeln möchte. Latifa wirkt so solide wie meine Tante aus Krefeld. Ich würde nie ein solches Vorhaben hinter ihr vermuten.

Ich liege erschöpft in meinem Sitz. Es wird eine sehr lange Zeit nötig sein, um den Abschiedsschmerz milder zu machen. Mein Herz ist roh und wund.

Warum habe ich alles verlassen? Ich erreiche den Zustand zwischen Wachen und Traum. Meine Gedanken sind zusammengepreßt wie Mikadostäbchen in der Faust. Im Halbschlaf lockert sich der Griff, schon purzeln sie durcheinander, bleiben liegen in schwer greifbaren Positionen: Das Wochenende allein, die Erinnerung an Poona, an die Reise mit Mark, meine Verzweiflung, meine Ausweglosigkeit. In die Resignation hinein klingelt damals das Telefon. Das Kölner Center.

„Der Achim und du, ihr sollt heute noch nach Köln kommen! Sushila möchte mit euch reden."

Ohne zu verstehen, stimme ich zu. Das ist mein erster Kontakt mit der Organisation. Was mag das bedeuten? Sushila ist eine der Top-Frauen, soviel weiß ich. Mir schwant nichts Gutes, denn ich bin sehr massiv gegen das Frankfurter Center und seinen Leiter vorgegangen. Das Center strotzt vor Scheinheiligkeit, es ist schwer erträglich, sich dort aufzuhalten, sei es auch nur, um einige Informationen zu bekommen.

Achim und ich halten uns aus diesem schnellwachsenden Zusammengehörigkeitsgefühl der ‚Roten' völlig raus. Sannyas hat etwas mit unserem Leben zu tun, ist ein Weg, den man alleine gehen muß. Mich irgendwo einzufügen, besonders in eine Ansammlung von Pseudo-Heiligen, ist für mich ganz und gar unmöglich. Eigentlich ist die Aufforderung, nach Köln zu kommen, schon ein Eingriff. Wer ist Sushila, daß sie uns ohne jede Erklärung nach Köln zitieren kann?

Doch die Gefühle des vorangegangenen Tages, dieses Nichtwissen, wie es mit mir weitergehen soll, läßt mich entscheiden, der Aufforderung zu folgen. Ob ich hier nun weitergrüble oder mich ins Auto werfe - warum nicht!

Ich rufe Achim im Vogelsberg an. Er ist sofort neugierig, was man von uns will. Er wird mich abholen. Auch Vanda rufe ich an, frage, ob sie mitkommen mag. Ich fühle, ich brauche Verstärkung. Es ist schon Abend, als wir Drei in Köln eintreffen. Die angegebene Adresse zu finden, ist nicht ganz einfach. Wir finden endlich einen kargen Saal, in dem sich beinahe hundert Sannyasins versammelt haben. Es hat sich mit Windeseile herumgesprochen, daß Arup und Sushila Neuigkeiten aus Oregon überbringen. Vanda und Achim haben bekannte Gesichter getroffen, die sie herzlich begrüßen. Ich ziehe mich zurück in die hinterste Ecke des Saales. Halte Abstand. Arup erscheint, ist im Nu umringt von der ‚Menge'. Bhagwans Gesundheit ist Thema Nummer Eins. Arup informiert. Sein Rückenleiden hat sich, seitdem er sich in Amerika aufhält, sehr verbessert. Auch sein Allgemeinzustand kräftigt sich. Er geht täglich spazieren, fährt seinen Rolls-Royce, genießt die Ursprünglichkeit der Landschaft. Das alles wird mit lebhaftem Jubel zur Kenntnis genommen.

Arup erzählt weiter von dem Land, das Sheela, die neue Sekretärin Bhagwans, die Lakshmi abgelöst hat, mit ihrem Mann nach intensiver Suche in Oregon gefunden und gekauft hat. Für acht Millionen Dollar. Ein Stück Wüste mit vielen Bergen. Ein Staunen geht durch die ‚Menge'. Arup fügt hinzu, daß das Gelände so groß ist wie die Stadt San Francisco. Und daß bisher nur fünfzig Sannyasins auf der Ranch leben, es aber mehr werden sollen. Eine neue Kommune! Wieder großer Jubel. Arup wird mit ehrfürchtigen Blicken bedacht.

Bhagwan, Oregon, acht Millionen Dollar. Irgendwie rührt mich der kleine Haufen Leute, der so begeistert vor einem unvorstellbaren Projekt steht. Ich trinke nachdenklich das bestellte Bier.

Welch eine Phantasterei, denke ich. Die ‚Brüder und Schwestern' fangen an zu singen und zu tanzen. Voller Abneigung betrachte ich die Fröhlichkeit, mit der sie ihre Halleluja-Gesänge anstimmen. Die religiösen Untertöne, diese klebrige Süße sind mir zuwider. Aber als sie dann das Lied anstimmen „Yes, Bhagwan, yes", kann ich nicht widerstehen. Es reißt mein Herz mit. Verlegen spüre ich Tränen aufsteigen.

Ich mache mich auf die Suche nach Sushila. Unübersehbar thront sie klein, rund, in grelles Pink gezwängt, auf einem Schreibtisch, die kurzen Beine baumeln. Sushila ist gedrungen wie eine Dynamitkapsel. Ihre graublauen Augen blitzen mir aufmerksam entgegen. Zögernd gehe ich auf sie zu. Meint ihr Blick mich? Als ich vor ihr stehe, erkläre ich sofort:

„Ich bin Barbara", damit sie nicht in Verlegenheit gerät. Sie lacht herzlich: „Yes, I know. And you are going to Oregon!"

Ich muß erst innerlich übersetzen: „Ja, ich weiß, und du gehst nach Oregon." Schock, Schock, Schock - in drei Etappen dringt die Bedeutung des Satzes in mich. Ich bin in wachem Zustand bewußtlos.

Ein einziges Mal ist mir dies zuvor passiert. Als Achim mir in einem dieser Gott-und-die-Welt-Gespräche gesteht, daß er auf einer Geschäftsreise mit einer Barfrau geschlafen hat. Das kam so unerwartet, wie eben Sushilas klare Bestimmtheit, daß ich nach Oregon gehen werde. Ein Lastwagen Kies wird über mir abgeladen. Die Ladung rutscht erst langsam, dann mit einem Ruck, ich bin begraben. Ohne Luft sitze ich in totaler Finsternis. Aber irgendwo bin ich noch. Ich schüttele unter Schock den Kopf. Ganz langsam. Dazu höre ich meine Stimme: „No, no, no, no!"

Sushila beobachtet mein blankes Entsetzen, das mir als erstes Lebenszeichen in die Augen steigt. Sie fixiert ihren Blick mit meinem, zieht mich heraus aus meiner Abwehr, saugt mich auf. Energiewellen, die ineinanderfließen. Ihre Augenfarbe verändert sich von grau zu blau, von hell zu dunkel. Ich bin im Banne dieser Augen. Ein wortloser Kampf auf einer unsichtbaren Ebene, den sie noch nicht gewonnen hat. Still wehre ich mich. Sushila springt vom Tisch. Mit behender Schnelligkeit packt sie mich, umarmt mich. Ihre Stimme flüstert hastig mit eindringlicher Intensität die Worte in mein Ohr, die den Kampf sofort beenden:

„Bhagwan möchte, daß du um ihn bist! Er hat nicht viel Zeit."

Und laut und bestimmt, mich aus ihrer Umarmung schiebend: „In sechs Wochen bist du in Oregon. Ich sehe dich morgen früh mit Achim in meinem Büro!"

Die Unterhaltung zwischen uns geht so schnell wie eine Hinrichtung. ("Das wars?" - „Ja, nicken Sie mal!")

Ich stehe in einer Vakuumglocke. Allein. Der Rest der Menschheit ist draußen. Bei aller Verstörtheit, Angst, Entsetzen - ich weiß, das ist mein Weg. Im Zeitlupentempo drehe ich mich um. Vandas Augen sind weit aufgerissen. Ohne ein Wort verstanden zu haben, weiß auch sie. „Du gehst nach Oregon?" Ich nicke traumverloren. Sie bebt wie unter einem Elektroschock. Auf der Stelle beginnt sie mit dem Abschied. Ihre Wimperntusche löst sich an meiner Schulter.

Achim kommt auf uns zu.

„Na, was hat Sushila von dir gewollt?"

Knapp meine ich: „Ich soll nach Oregon. Morgen früh will sie mit uns beiden reden."

Er lacht ungläubig: „Ach was! Erst mal sehen, was Sushila morgen sagt."

Ja, geht mir durch den Kopf, ein Mann denkt, eine Frau weiß.

Ich lasse ihn stehen. Packe Vanda bei der Hand und ziehe sie hinter mir her. Wir laufen in Samudro hinein, eine Frau, die wir beide mögen. Ein Ozean von Lachen und guter Laune. Sie ist genau die Richtige für diese Situation. Die Neuigkeit begeistert sie. Immer wieder knallt sie mir die Hand auf den Rücken:

„Mensch, Barbara, du und der Alte zusammen in Amerika!"

Bis der Satz endlich an die richtige Stelle rutscht - da muß auch ich lachen. Sie schiebt Vanda und mich ins Auto.

„Leute, das muß gefeiert werden! Ihr könnt doch nicht so die Köpfe hängen lassen." Liebevoll betrachtet sie uns. „Wo wollt ihr denn hin?"

„In die Disco", höre ich mich sagen.

Vanda schaut mich überrascht an. Sie weiß, wie sehr ich es verabscheue, auch nur ihretwegen dorthin zu gehen. Aber mir ist nach Trubel, nach Lärm, nach Schütteln. Damit mein Inneres übertönt wird. Ich will nicht nachdenken, bloß nicht nachdenken, was ab morgen auf mich zukommt.

Samudros forsche Heiterkeit bleibt im buchstäblichen Sinne auf der Strecke. Unsere Nervosität muß sich auf sie übertragen haben. Sie findet den Weg nicht mehr. Als wir auf dem Weg nach Wuppertal zum vierten Mal den Kölner Dom umkreisen, ist es an uns, ihr Mut zuzusprechen, ihr, der gebürtigen Kölnerin. Unübersehbar ist das Skurrile der Situation. Der Kölner Dom ist eine Realität, der Ruf nach Oregon eine andere. Ich bin in Kirmesstimmung. Ich fühle mich wie nach dem Genuß von Popcorn, Zuckerwatte, Fischbrötchen, Bratwurst und Achterbahn. Mehr Durcheinander ist nicht möglich.

In der Disco hämmert die Musik, der Rauch beißt in den Augen, mischt sich mit dem Schweiß tobender Menschen. Eine letzte Wahrnehmung - mir schwinden die Sinne. Aufwachen am Straßenrand. Über mir die Sterne Wuppertals, der Mond blaß wie das besorgte Gesicht Vandas, das sich über mich beugt.

Ich flüstere: „Geh ich nach Oregon?“

Sie nickt. Gerne würde ich wieder ins Dunkel tauchen.

Die Nacht verbringen wir bei Samudro. Sie stellt uns ihren Meditationsraum zur Verfügung. Jeder Sannyasin, der auf sich hält, hat einen solchen. Ich liege auf der Matratze, alles ist unwirklich. Arup, Sushilas Schlange-Ka-Augen, Vanda, der Dom, die Ohnmacht, Oregon, Bhagwan. Ich schlafe ein mit dem Wissen, daß mir mein Leben aus der Hand geglitten ist.

Am nächsten Morgen erwartet mich Achim gleichmütig zur verabredeten Zeit vor dem Center. Mir ist kalt im August. Eine steile Treppe führt in die Büroräume. Freundlich beflissen empfängt uns Turiya. Sie scheint die Kammerfrau Sushilas zu sein. Wie sie mir erzählt, ist sie im Moment für deren persönliche Belange zuständig.

Ein kleines freundliches Zimmer mit prallen Pflanzen. Wir setzen uns auf die Erde. Vor uns ein niedriger Glastisch, auf den Turiya den Remy Martin und Gläser stellt. Jeder kennt Sushilas Vorliebe für diesen Cognac, den sie zu allen Tageszeiten trinkt. Mir gefällt Turiya in der Rolle des Dienstmädels. Nachdem sie in Poona so auf den Frauen herumgehämmert hat, gönn ich ihr’s wohl.

Sushila sprengt das Zimmer mit ihrer Vitalität und einem knallengen rosa Frotteeanzug, der nichts anderes mehr zuläßt als den Vergleich ‚Marsh-Mallow auf Tournee‘.

Ich folge ihrer Aufforderung gern, kippe einen Cognac. Heiß rinnt er in meinen Magen, verteilt etwas Wärme an meine Glieder.

Sushila wendet sich Achim zu. Von nun an bin ich nicht mehr vorhanden. Ich ziehe mich in mich zurück, entfernte Satzfetzen, „... verkauft ihr das Haus..." „Wieviel ist es wert, habt ihr Schulden?" Achims Antworten sind ein gleichmäßiges Gemurmel. Die Zeit vergeht.

„... ihr habt Kinder?" Kinder - Kinder, das holt mich in die Wirklichkeit zurück. Ich tauche an die Oberfläche.

Ja, ich habe drei Kinder. Prem Aruna, wie stolz geht mir der Name über die Lippen. Sonne der Liebe, siebzehn Jahre, war in diesem Sommer drei Monate in Indien, hat glücksstrahlend Sannyas genommen. Babette ist sechzehn, ein Punk mit entschiedener Antihaltung gegen alles, was Rot ist, ausgenommen ihre Familie, die sie nun einmal liebt. Und Justine, die vierzehn ist.

„Sie alle lieben das Abenteuer!" höre ich mich sagen.

Sushila lacht: „Ja, genau das ist Sannyas."

Ob die Kinder wohl mit mir kommen? Auf alle Fälle nehme ich die Jüngste mit. Sie kann noch nicht auf eigenen Beinen stehen. Plötzlich ergreift mich ein Schwindel. Mir wird übel. Die Wucht meines Vorhabens trifft mich in den Magen. Verlassen, alles verlassen, ohne zu wissen, was mich erwartet. Oder doch - Wüste und Arbeit, soweit ich das verstanden habe. Bin ich wahnsinnig?

Ich stoße hervor: „Bitte Sushila, nimm unser Geld, unser Haus, alles, was wir besitzen, aber laß mich hier!"

Flehend schaue ich in ihre Augen, die mich ruhig reden lassen.

Wie soll ich die Kraft aufbringen, mein bisheriges Leben in sechs Wochen zu beenden?

Sushila schüttelt den Kopf. Mit eindringlichem Ernst antwortet sie: „Barbara, sehr viele Sannyasins möchten auf die Ranch. Sie verkaufen alles, was sie haben und stellen es zur Verfügung. Sie können noch nicht kommen." Sie lächelt mir leicht zu: „Du hast bis Ende Oktober Zeit, aber dann bist du dort!"

Weiß der Himmel, wie man auf mich verfallen ist. Ende Oktober, das sind wirklich nur noch sechs Wochen.

Sushilas Bestimmtheit macht mich ruhiger. Etwas aus ‚ihr' spricht zu ‚mir', ohne daß ‚wir' es sind. Es verwirrt mein Gehirn, aber ich fühle, daß alles seine Richtigkeit hat. Nur wenn ich anfange, darüber nachzudenken, bricht der Boden unter meinen Füßen, ich sehe in den Abgrund. Jede Zelle meines Hirns brüllt Nein!, und jede Faser meines Herzens drängt zum Sprung.

Wir verabschieden uns mit einem letzten Cognac. Das Geschäft ist abgeschlossen. In der Schnelligkeit des Abschieds beantwortet sie meine Frage, ob Justine mitkommen kann, mit einem kurzen „Ja,ja".

Auf der Heimfahrt sind wir schweigsam. Auch Achim hat jetzt die Bedeutung des morgendlichen Gesprächs erreicht. Alles verkaufen, er bleibt in der Stadtwohnung zurück - ich gehe. Jeder kaut an einem tüchtigen Brocken. Bhagwan, was ist er, wer ist er? Wie kann er einen solchen Einfluß auf mein Leben nehmen, auf unser aller Leben? Aber mir ist klar, daß ich am Ende angekommen bin, damit ein neuer Anfang möglich ist. Daß ausgerechnet ich es bin, die nach Oregon gerufen wird, verwirrt mich zutiefst, denn ich entspreche in keiner Weise dem Bild eines hingegebenen Schülers. Ich bin das ganze Gegenteil, widerspenstig und voller Zweifel.

Ich stürme die Treppe hoch, um den Kindern schonend die Neuigkeiten beizubringen. Aruna öffnet auf mein heftiges Klingeln. Keuchend stehe ich vor ihr:

„Rate?" Sie betrachtet mich kurz, lacht, fällt mir in die Arme: „Du gehst nach Oregon."

In den nächsten Wochen werden wir alle von einer ungeheuren Druckwelle geschoben. Anzeigen in vielen Zeitungen, Telefonanrufe, Käufer, Termine, Besichtigungen des Hauses, Preisverhandlungen.

Dazu das plötzliche Nein Sushilas zu Justine, die allerdings das Mitkommen zur Ranch nicht eine einzige Sekunde bezweifelt.

Nächtliche Telefongespräche mit Oregon. Kinder sind dort nicht erwünscht. Es gibt keine Möglichkeit, sie zur Schule zu schikken. Ich will aber nicht ohne Justine gehen. Aruna und Babette haben nicht den Drang, auf der Ranch zu leben, aber Justine lockt das Cowboy-Leben. Außerdem hat sie noch nicht begonnen, sich in natürlicher Weise von mir abzunabeln.

Latifa, beeindruckt von meiner Zähigkeit und Liebe, übernimmt die Verhandlungen mit der Ranch. Zu den Aufregungen des Verkaufs dieses herrlichen Landbesitzes kommt die innere Angst, ohne Justine gehen zu müssen. Daß ich gehen muß, hat mich mittlerweile durchdrungen, auch wenn es ohne sie sein sollte. Aber ich halte es nicht für richtig, sie zurückzulassen. Meine ganze Energie geht in dieses Wissen: Sie muß mit! Ich bekomme durch einen Anruf die Botschaft von Sushila: „Don't push the river!" Das ist genau das, was ich mache.

Ich setze alles daran, daß meine Kinder Bhagwan treffen. Aruna hat den Anfang gemacht, nun folgt Justine. Eines Tages wird die Zeit sein für Babette, das steht in meinem Herzen als Gewißheit.

Doch dieses Hin und Her, die ganze Situation ist schrill und überspitzt. Als ob es um Kopf und Kragen ginge. Die Spannung ist kaum noch zu ertragen. Die mitternächtlichen Telefonate mit der Ranch, unverständliche Antworten, Auskünfte. Keiner weiß Bescheid. Verzweifelt heule ich mich in den Schlaf. Ich träume, daß Sushila mich zärtlich in die Arme nimmt: „Aber ja, natürlich kann Justine mitkommen." Ein warmes Glücksgefühl durchzieht mich. Der erste tiefe Schlaf seit Wochen.

Am Mittag ruft Latifa an, daß Justine mitdarf. Aus mir bricht ein Schrei, der Urschrei der Mutter, die das Leben schützt. Der gleiche Schrei, mit dem in Bewußtheit gezeugt und geboren wird.

Nun bleibt nur noch das Haus mit den alten wunderschönen Möbeln. Nicht nur, daß die Zeiten schlecht sind für den Verkauf zu einem guten Preis. Erschwerend ist die Hast, mit der verkauft werden muß. Nicht jeder Käufer kann so viel Geld sofort auf den Tisch legen, aber das ist die Bedingung. Und das Wichtigste, der Käufer muß mir gefallen, er muß das Haus ebenso lieben wie ich.

Sich von Besitz zu trennen wird einfach, wenn man die Sackgasse sieht, in die er führt, ganz besonders, wenn man ihn liebt.

Denn alles, was man liebt, zwingt zu Zugeständnissen. Wie lange dauert es, bis man erkennt, daß sie der langsame Tod eines aufrichtigen Lebens sind.

Ich finde einen Käufer, der mir zusagt. Nur kann er weitaus weniger zahlen. Gern würde ich mich noch einige Monate mit dem Verkauf aufhalten, die Zeit mit meinen Lieben genießen und einen wirklich guten Preis erzielen. Unter Wert zu verkaufen, ist nicht besonders befriedigend. Doch legt Sushila auf meine Befriedigung wenig Wert. „Verkaufe! du hast nur noch wenig Zeit!" Das stimmt - zwei Wochen bleiben mir. Schweren Herzens stimme ich dem Handel zu. Auch Achim schiebt mich mit Macht in Richtung Oregon. Die Auflösung, das Chaos, meine Emotionen erschlagen ihn.

Weit unter dem Preis geht das Landhaus an einen neuen Besitzer über. In der Nacht vor der Übergabe wird meine Pendeluhrensammlung aus dem Haus gestohlen. Eine hübsche Versicherungssumme wird mein Trostpflaster. Ich werde offenbar immer im richtigen Moment beklaut.

Auflösung in allen Bereichen - Besitz, Familie, Beziehungen und Freundschaften. Für einige Tage fahre ich mit Vanda in den Süden. Ein letztes Mal Strand, Sonne, Wasser. Aber jede Stunde ist ein stilles Abschiednehmen. Die Tage verrinnen schwermütig, wir verstecken uns hinter unserer Traurigkeit, wappnen uns vor der letzten Umarmung.

Wie anders sind da Mann und Kinder, deren Gelassenheit die Richtigkeit meiner Schritte bestätigt. Justine hat schon seit Wochen ihren Besitz an Freunde und Schwestern verteilt. Auch den so sehr geliebten Vogel hat sie entschlossen in gute Hände gegeben. Sie ist fertig mit ihrem Leben in dieser Stadt, in diesem Land. Sie sitzt wartend auf den gepackten Koffern. Aruna und Babette wissen, daß sie mich wiedersehen werden, mehr als ich. Ihre Sicherheit kommt aus der Vergangenheit. Sie stehen auf dem festen Boden der Liebe, aus der sie hervorgegangen sind. Sie kann nichts erschüttern. Um Aruna mache ich mir keine Sorgen, sie geht den Weg mit ihrem Meister. Aber Babette? Hinter ihrer Aufsässigkeit verbirgt sich ein so zartes Pflänzchen.

Die letzten Tage versinken im Trubel. Feste sind angesagt. Meine Freunde und ich nehmen Abschied. Aus allen Zeiten meines Lebens haben sie sich eingefunden, vertraute Gesichter, gemeinsam verlebte Jahre. Keiner von ihnen begreift diesen Ausverkauf meines Lebens. Irritiert, verständnislos nehmen sie Abschied. Erklärungen kann ich keine geben. Die Kinder meiner Freunde, die so viele Ferien mit uns verbracht haben, ja, sie umarmen mich von Herzen, ihre Augen leuchten vor Begeisterung. In ein anderes Land zu ziehen, ist bei ihnen allen ein Traum, den sie sich eines Tages auch erfüllen möchten.

Der königliche Höhepunkt ist ein Feuerwerk im November, im nächtlichen Park. Ein Geschenk von Vanda, die stets das Richtige zu schenken weiß. Vom Balkon aus verfolgen wir das Platzen der Raketen am Nachthimmel. Champagner und Tränen fließen in Strömen. Das Haus ist erfüllt von Wiener-Walzerklängen. Ein geliebtes Leben geht erschöpft zu Ende.

Ich höre die Stimme meiner Großmutter: „Du wirst einem alten Mann über das große Meer folgen." Ich lehne mich über ihre Schulter und starre wie sie in den braunen Kaffeesatz. Sie zieht mich auf ihren Schoß, wir bersten vor Lachen. Ich bin zehn Jahre alt.

Das Flugzeug rüttelt mich aus meiner Rückschau. Wir werden gleich landen. Ich schüttele die Erinnerungen von mir ab. Ein Blick aus dem Fenster: Eine amerikanische Großstadt bei Nacht. Los Angeles - ein überwältigender Anblick. Gefunkel und Geflimmer in allen Farben. Perlenschnüre, bunte Ringe, Diademe - ich kann mich nicht sattsehen an dem Geglitzer dieses Piratenschatzes, bis wir darin untertauchen.

Das Flugzeug kommt zum Stehen. Amerika - das wirklich letzte, was ich mir gewünscht habe. Es empfängt uns freundlich. Latifa schmuggelt nicht. Wir haben für uns bestellte Zimmer in der besten Gegend LA's in einem luxuriösen Hotel am Yachthafen. Weiche Teppiche, große Fenster, Blick auf den Hafen. Ein gutes Abendessen mit köstlichem Fisch, dazu Chablis aus Kalifornien. Für einige Stunden sieht meine Welt etwas freundlicher aus.

Später im Bett genießen Justine und ich die Buntheit des amerikanischen Fernsehens bis in die frühen Morgenstunden. Wir verstehen beide kaum ein Wort dieser Donald-Duck-Sprache. Am nächsten Morgen fliegen wir weiter. Leider. Ich hätte gerne den Luxus länger genossen.

Gegen Mittag landen wir auf dem kleinen Flughafen in Redmont. Wir sind in Oregon. Mein erster Eindruck ist der scharfe, durchdringende Geruch von Kiefern. Niemand empfängt uns, holt uns ab. Latifa telefoniert mit der Ranch. Sie ist sichtlich ärgerlich, als sie zurückkommt.

„Wir müssen warten. Sie schicken jemand los." Wenig später entfährt es ihr mißmutig: „Ja, wenn wir Sushila oder Sheela wären, dann müßten wir nicht warten."

Tja, so sind es leider nur wir. Ein kleiner Vorgeschmack auf das Kommende. Wir verkürzen die lange Wartezeit mit Kartenspielen - dank Justines Voraussicht, nie ohne Karten aus dem Haus zu gehen. Swarupo und ich erfinden ein Kauderwelsch, das ein wenig Verständigung möglich macht. Es ist Abend, dunkel, als ein Swami fröhlich auftaucht. Wir packen unsere Koffer in den Jeep. Justine sitzt vorne, in der Hoffnung, etwas zu sehen. Es ist stockdunkel. Kein Mond, keine Sterne. Eine Tankstelle blitzt kurz auf, ein Supermarkt, ein paar Häuser am Straßenrand. Danach stundenlang wieder Nichts.

Mein Trennungsschmerz ist dumpfer geworden. Leise regt sich die Neugier. Ob Bhagwan uns persönlich empfangen wird? Mit uns lacht, Fragen stellt? Der Wunsch ist der Vater der Gedanken.

Der Wagen holpert vorsichtig über Schlaglöcher. Der Fahrer macht uns darauf aufmerksam, daß wir jetzt bald da sein werden. In der Schwärze der Nacht ist beim besten Willen nichts zu erkennen. Mein Herz klopft bis zum Hals. Justine und ich halten unsere feuchten Hände ineinander verschlungen. Das Auto hält. Wir sind da. Wir stehen auf einem großen Platz unter hohen, kahlen Bäumen. Aus einem Holzhaus dringt Licht und lautes Gelächter. Ohne Zögern stürmt Justine darauf zu. Ich folge langsam, steige die schmalen Holzstufen hinauf, stehe auf einer winzigen Veranda, plastikfoliengeschützt von allen Seiten. Sechzig, siebzig Leute schieben sich in eine Richtung. Hauptsächlich Männer, zwischen 25 und 35, schätze ich. Ohne den Ansturm auf die riesigen Töpfe und Pfannen zu unterbrechen, werden wir schnell gemustert. Die Teller turmhoch gefüllt, drängt man ins Freie, wo wenige Bänke und Tische stehen. Obwohl es draußen feucht, kalt und dunkel ist, wird gescherzt und gelacht. Die Leute hier scheinen glücklich zu sein, nehme ich erleichtert zur Kenntnis. Jedenfalls nicht unglücklich, verbessere ich mich. Trostlos esse ich ein Brot mit verschiedenen Salaten, denn ich sehe nichts anderes. Es sieht so aus, als ob es hier nur Vegetarisches gäbe. Das Kochbuch, die ‚Kulinarische Weltreise', das in meinem Gepäck steckt, wird nicht von großem Nutzen sein.

Justine kundschaftet aus, wo wir untergebracht sind. Sie, ein zurückhaltendes, beobachtendes Kind ist ohne Überlegung in die Kommune gesprungen. Nicht ein einziges Mal wird sie Heimweh haben, die Veränderung bedauern. Tatkräftig übernimmt sie in den nächsten Tagen die Führung. Ich bin gelähmt.

Um die provisorische Küche herum - das Hauptgebäude ist im Aufbau - befinden sich einige noch kleinere Häuser, ein weiß-grün gestrichenes Holzhäuschen, die *Chinese Laundry*, die Wäscherei. Ganz in der Nähe stehen drei Wohnwagen. In einer dieser eiskalten Behelfsunterkünfte werden Swarupo und Mutter mit Tochter untergebracht. Das Erschrecken ist gegenseitig. Womöglich ist seines größer. Ein homosexueller italienischer Graf konfrontiert mit einer Kleinfamilie. Ich dagegen nur mit einem italienischen Grafen.

Wir fallen alle drei sofort in einen tiefen Schlaf. Ich komme nicht einmal dazu, einen Gedanken ‚nach Hause' zu schicken.

Im Morgengrauen weckt mich eine junge Frau. Sie schüttelt mich. Ich schrecke hoch.

„Bist du Barbara?" Noch schlaftrunken nicke ich. „Du fängst in einer halben Stunde bei uns in der Wäscherei an!"

Sofort verkrieche ich mich unter die Bettdecke.

Du lieber Gott, wo bin ich hier gelandet?

Bevor der Schmerz sich festkrallen kann, springe ich aus dem Bett, die Neugier regt sich. Justine und ich frühstücken gemeinsam. Haben unsere erste Begegnung mit der Volksnahrung Erdnußbutter, sowie ‚fried eggs sunny side up'. Spiegeleier am Morgen nehmen dem Tag das Drohende. Rundum werden wir von den Swamis und Mas diskret beäugt.

Keiner der alten Poona-Leute kennt mich: Frau-im-Mittelalter-mit-Nichtsannyasin-Tochter. Justine in blauen Jeans und weitem weißen Pullover ist in den nächsten Wochen Anlaß zu vielen Fragen. Auch Hoffnungen, denn sie verheißt, daß bald auch die eigenen Angehörigen zu Besuch kommen dürfen. Von Anbeginn weiß ich, daß Justines Sannyasnahme nur eine Frage der Zeit ist - und die soll sie haben.

Nicht gerade gut gelaunt, doch gut gestärkt melde ich mich in der Zwergenwäscherei, in der acht Maschinen das ganze Haus erzittern lassen. Berge roter Wäsche vermitteln mir das bekannte Bild ‚Familie'. Niharika, die junge Frau, die mich geweckt hat, und Vani, eine Deutsche, die größenmäßig in das Häuschen paßt, weisen mich in die anfallenden Arbeiten ein.

Beide sind ebenfalls vor kurzem eingetroffen, aber eine lange Poona-Zeit macht sie selbstsicher im Umgang mit Neulingen. An Niharika fällt mir auf, daß ihre Augen die gleiche Farbe haben wie ihr Haar, rotbraunglänzend wie die Kastanien der ersten Herbststürme. Sie hat die angenehme Bedächtigkeit der Norddeutschen, die mir aus meiner Kindheit vertraut ist. Gemächlich kommt sie mit mir ins Schnacken, erzählt von sich, fragt nach meinem Woher. Vani unterbricht uns in zackig-preußischem Ton. Von daher weht ein anderer Wind. Sie gibt Niharika schnelle Anweisungen, bewegt sich dabei energisch zwischen den Maschinen, die sie füllt oder leert. Vani nimmt im Stechschritt die Parade. Im Vorbeigehen weist sie auffordernd auf einen überquellenden Korb mit einzelnen Socken: „Das ist Arbeit für dich, Barbara!"

Das Schicksal holt mich ein. Wieviele Jahre habe ich versucht, das ‚Geheimnis der verschwundenen Socke' zu ergründen? Ergebnislos. Ich sitze vor dem Korb, der sicher mehr als hundert dieser Einzelgänger beinhaltet, die auf Zusammenführung warten.

Gekennzeichnet sind sie meist unleserlich mit Filzstift auf der Sohle, mit Namen, die noch nicht einmal eine Ahnung bei mir hinterlassen: Devagarba, Bodhidharma, Indradanu. Warum heißen die Eigentümer nicht Mary und John? Der Kopf dröhnt vom Lärmen der Maschinen, platzt beinahe in der feuchten Hitze.

Zwölf Uhr dreißig. Endlich ist Mittagszeit. Herrliches Wetter, Wind und Sonne, ein Novemberwetter, wie ich es nicht kenne. Im Wohnwagen stärke ich mich mit einem ordentlichen Schluck Remy, der ein Geschenk für Sushila sein sollte. Aber wie ich die Lage einschätze, wird er mir eine wertvolle Hilfe sein.

Justine stürmt herein, rotglühende Backen und blitzende Augen. Sie arbeitet bei der Müllabfuhr mit einem ‚Millionär', wie sie mir aufgeregt mitteilt. Ihre Schilderungen brechen über mich herein. Ich höre kaum zu. Sie ist glücklich, das genügt mir vorerst. Sie zwingt mich, mit ihr zum Essen zu gehen. Ich bin nicht wild auf fremde Menschen und fremde Sprache. Das Gedränge der Hungrigen schiebt mich vorwärts. Salate, Käse, Suppe, Brot, ich packe mir einiges davon auf den Teller und balanciere damit ins Freie. Justine habe ich aus den Augen verloren. So suche ich mir einen Platz unter den Bäumen. Während ich langsam kaue, ohne Hunger, ohne Freude, schaue ich mich im neuen Leben um. Typische amerikanische Holzhäuser mit Veranda, einige alte Ställe aus der Cowboy-Zeit. Ich kippe meine Salate in den Kompost und schlendere über die Ranch. An *Mahakashyap* vorbei, einem verwitterten Scheunengebäude, das Informationszentrum ist für alles, was Beine und Räder hat. In den Anfängen der Kommune ist dort der Pulsschlag des täglichen Lebens. Die Hauptstraße ist eine primitive Schotterstraße. Auf einem Hügel steht ein weißer runder Holzturm, der ins Auge fällt. Ihn zu renovieren, ihn geschmackvoll einzurichten, würde mir sicher Freude machen.

Ich trödele die Straße entlang, vorbei an kleinen provisorischen Handwerksbetrieben, die an beiden Seiten stehen. Eine Autowerkstatt, eine Schreinerei, ein Werkzeug- und Teilelager, überall hochgestapelte Rohre in allen Größen und Längen für die zukünftigen Installationen.

Soweit das Auge reicht - Berge, Berge und nochmals kahle Berge. Nur wenige alte Wacholderbäume deuten eine Vegetation an. In den vergangenen Jahrzehnten haben Schafe jeden Ansatz von Grün sofort gefressen. Nicht ein Grashalm ist mehr zu sehen. Traurigkeit würgt mich im Hals. Schwerseufzend setze ich mich auf einen Felsen, dort, wo die Straße sich kreuzt und ein Brückenprovisorium über einen kraftvoll sprudelnden Bach führt. Von hier aus kann ich das Treiben um mich herum betrachten. Lärmen und Lachen. Die Leute sind mit Begeisterung und Schwung bei einer Arbeit, die ich nicht einordnen kann, nicht erkenne, was sie bezweckt. Autos rumpeln vorbei, hüllen mich in Staubwolken. Ein Truck legt sich in die Kurve. Justine ruft und winkt mir zu, eingekeilt zwischen schwankenden Mülltonnen. Die Aufbauarbeiten sind in vollem Gange. Ich schluchze vor mich hin. Alle scheinen fröhlich zu sein in diesem neuen Leben. Ich aber bin nutzlos, heimatlos, lieblos - ach, welch ein Los! Das Selbstmitleid beutelt mich. Ich schlage die Hände vors Gesicht und überlasse mich für den kurzen Rest der Mittagspause dem heulenden Elend.

Von sieben bis sieben Uhr Arbeitszeit. Eine Stunde Mittag, zwei kurze Teepausen. Alle drei Wochen einen halben Tag frei, aber bald ist auch der gestrichen. Zwölf Stunden jeden Tag. Warum habe ich mich darauf eingelassen? Zurück zu den verhaßten Socken und der schmutzigen Wäsche. Neues Leben?

In den nächsten Tagen stelle ich mich Wind und Wetter. Hänge die Bettwäsche im Freien auf. Kämpfe mit dem Wind um die flatternden Laken. Für einige Sekunden lüftet er mein schweres Herz.

Vani ist freundlicher geworden. Ich teile meine Trauer mit. Die Frauen hören mir zu, ohne nachempfinden zu können. Sie haben weder Mann, Frau noch Kinder verlassen.

„Ihr habt es leicht gehabt, Bhagwan zu folgen", seufze ich.

Vani lacht auf: „Wenn du wüßtest. Ich habe schon Blasen an den Händen vom vielen Loslassen."

Mir ist nicht klar, warum ich loslassen soll, was ich liebe. Ist Liebe nicht das Wertvollste und Beständigste im Leben? Nachdenklich hole ich die Cognac-Flasche aus dem Wohnwagen. Bei einigen Gläsern versuchen wir zu ergründen, was Bhagwan mit uns vorhat. Was hier entstehen soll, warum wir hier sind. Niharika und Vani sind weniger daran interessiert. Wo immer Bhagwan ist, dort ist für die beiden das Paradies, so versichern sie mir. Auch der Cognac läßt meine Fragen unbeantwortet.

Ich versuche, meiner Arbeit etwas Schönes abzuringen, doch meine Abneigung wird täglich größer. Habe ich mein angenehmes Leben verlassen, um hier die dreckige Wäsche für 100 Leute zu waschen und zu falten?

In weiteren Gesprächen finde ich heraus, daß die Ranch ebenso wie der Ashram in Poona von Frauen organisiert wird. An der Sonderbehandlung ihrer Wäsche erkenne ich, daß Sheela das Haupt der Organisation ist. Sie hat Lakshmi abgelöst. Sie hat die neue Ära ‚Oregon' von Bhagwan übertragen bekommen. Lakshmi hat den Entzug der Macht nicht verkraftet und hat nach kurzem Aufenthalt die Ranch verlassen. Sheela ist die Sekretärin Bhagwans, sein Sprachrohr. Denn der Meister ist seit Mai 1981 verstummt. Nicht mehr Worte sind wichtig, nur noch die Kommunikation von Herz zu Herz. Eine Sprache, die ich am besten verstehe, schließt sie doch Mißverständnisse aus. Mich haben nicht Bhagwans Reden, seine Worte überzeugt, ja, ich habe ihn nur einmal ‚Mao-Tao' gehört. Mehrere Male am Tag sehe ich Sheela an der Wäscherei vorbeistapfen. Eine indische Märchenschönheit in Cowboyhut und Lederstiefeln. Zart - knallzart. Sie wohnt in *Jesus Grove*, das, ebenso wie Bhagwans Haus weit hinter den Hügeln, eines der ersten neuerstellten Gebäude ist - Fertighäuser mit einfachem Komfort. *Jesus Grove* ist das organisatorische Hauptquartier, von hier aus werden die Geschicke der Ranch geleitet. Bhagwans Vision in die Tat umgesetzt. Sheela zur Seite steht Vidya, so blond wie Sheela dunkel. Von Haltung und Gebaren erinnern mich beide an den Alten Fritz. Während Sheela täglich strategische Gespräche mit Bhagwan führt, ihn über den Werdegang informiert, ist Vidya zuständig für die Arbeitsverteilung, die Verwirklichung der Anweisungen und den Kontakt zu uns. Mehrere Frauen sind eingesetzt, dafür Sorge zu tragen, daß die hohen Anforderungen erfüllt werden. Dolma, zum Leben erwachte Mona Lisa, ist zuständig für den Konstruktionsbereich *Chuang Tsu*, der für den blitzartigen Aufbau von Unterkünften verantwortlich ist. Patipadas Lebendigkeit läßt auf ihre italienische Herkunft schließen, sie leitet temperamentvoll den Küchenbereich *Magdalena*. Padma beaufsichtigt mit verhaltener Wärme die Sauberkeit der Ranch, sie ist das Haupt von *Raidas*. Beide, *Magdalena* und *Raidas*, sind noch kleine Ressorts, die sich täglich vergrößern. Wie ich bald am eigenen Leib erfahre, ist den Anordnungen dieser Frauen ohne Widerspruch, Debatte oder Diskussion Folge zu leisten. Das Wachsen und Werden der Ranch liegt in den Händen von Frauen. Hinter der weiblichen Phalanx steht Bhagwan mit seinem Wissen. In ihre Hände hat er unser Leben gelegt. Ich vertraue ihm und seinem Vorhaben, was immer das ist.

Nach dem fünften Tag Wäscherei habe ich genug. Endgültig. Ich stürme aus der *Chinese Laundry*, lasse Verblüffung zurück. Entschlossen strebe ich durch Wind und Nieselregen. Auf meinem Weg ohne Ziel kommt mir Padma entgegen. Ich bleibe stehen, spreche sie an. In unbeholfenem Englisch erzähle ich von meiner Abneigung gegen die Wäscheberge, wobei sicher weniger die Worte sie überzeugen, als mein offensichtlicher Widerwille. Sie mustert mich durchdringend, mit schrägen Mandelaugen.

„Gut. Melde dich in der Küche!" Sie lächelt mir unpersönlich zu und läßt mich stehen.

Küche. ‚Na ja', denke ich wenig erfreut. Auch diese Gefilde habe ich zur Genüge genossen. Aber jede Veränderung ist mir recht, wenn sie mich nur aus der Wäscherei entläßt. Frohgemut teile ich Vani und Niharika den Wechsel mit. Gelassen nehmen sie es zur Kenntnis. Eine große Hilfe war ich wohl nicht. Auf dem Weg zur Küche begegne ich Justine, die mir ihren Kollegen Karmayogi vorstellt. ‚Millionär', flüstert sie immer noch ehrfurchtsvoll. Er ist ein deutscher Strahlemann, dessen Witz und Sprachgewandtheit mir gefallen. Er hat Stil. Begeistert erzählen mir die beiden von ihrer Arbeit. Wie sie den Abfall sortieren, in verschiedene Kategorien einteilen, damit eine Wiederverarbeitung möglich wird. Die Müllabfuhr ist zweifelsohne ihr Leben.

Oft treffen Karmayogi und ich fortan am Abend zusammen, sitzen in der Dämmerung auf einem Stein. Vom ‚Kompost der Reichen', dem Luxusmüll von *Jesus Grove*, bringt er die feinsten Flaschen mit, in denen sich Reste von Chivas oder ein Schluck Remy befinden. Allein der Geschmack läßt unser altes Leben auferstehen. Die Weine, die Steaks, der Lachs, das Hühnchen. Wir lassen hochleben, was Herz und Magen einst erfreute. Wie sehr versteht er, daß ich mich nach der Liebe sehne, die ich verließ. Meine Tränen rühren ihn. Mit einem tiefen Seufzer vertraut er mir an, daß sein letzter Wunsch in diesem Leben eine ‚Frau für 24 Stunden' wäre. Verständnisvoll nicke ich. Ja, das ist die Totalität, die ich kenne und schätze. Allerdings habe ich Bedenken, ob er die Frau und die dazugehörige Zeit hier finden wird. Hier ist eine Frau für eine halbe Stunde schon rar.

Ich verabschiede mich von Justine und Karmayogi, mich ziehts neugierig zu meiner neuen Arbeit.

Ich betrete die provisorische Küche, in der eine notgedrungene Enge kaum Schritte zuläßt. Patipada läßt mich nicht lange warten.

Sie nimmt mich zur Kenntnis. Ihre Vitalität, ihr Lachen, ihre Anweisungen lassen keinen Zweifel aufkommen - die Küche ist ihr Reich. Doch hinter ihrer Leichtigkeit fühle ich die Schärfe ihres Blickes, der mich durchdringt. Ein beinahe körperlich spürbarer Vorgang - sie speichert mich. Diese Frau ist eine Mischung aus Anna Magnani und Gina Lollobrigida, ein Vulkan, denke ich, als mir der ‚Vulkan' eine große Kiste Tomaten in die Hände drückt.

„Wasch sie erst", bestimmt sie. „Weißt du, wie man Tomaten schneidet?"

Ich nicke ergeben. Wie sollte ich das nicht wissen, nach zwanzig Jahren Haushalt? So lange wie möglich halte ich mich bei der Gemüsewaschanlage auf. Ob ich in der Küche glücklicher werde als in der Wäscherei, bezweifle ich. Das eine wie das andere hängt mir gründlich zum Hals raus. Ich fülle die Tomaten in mehrere Schüsseln, begebe mich ins Freie. In die Sonne, die die Kraft des Frühlings hat. Wie anders ist das Wetter hier als bei uns in Deutschland. Nichts ist vom Totenmonat November zu spüren, von seiner Mattigkeit, seiner Nebelhaftigkeit. Seewetter herrscht hier vor, so wie ich es liebe. Windig und frisch.

Ich sitze an einem großen Tisch, an dem einige Menschen damit beschäftigt sind, Gemüse für das Abendessen zu schneiden. Ich viertele versunken Tomaten. Mit einer schnellen Handbewegung werfe ich die Stücke in eine Schüssel. Ein Messer saust durch die Luft und bleibt knirschend in meinem Zeigefinger stecken. Erschrocken starren mich alle an. Ein fünfjähriger Bub, in der Handhabung eines scharfen Küchenmessers ungeübt, hat sein Ziel, eine Riesenkartoffel, um ein beträchtliches verfehlt. Entsetzt preßt er seine Hand auf den Mund. Ich ziehe das Messer aus dem Finger. Das Blut schießt heraus. Der Finger zeigt in eine ungewohnte Richtung. Besorgnis und Mitleid in den Augen der Mitarbeiter. Ich habe das Gefühl, daß man mich zum ersten Mal wirklich sieht. Zwei Mas nehmen mich in ihre Mitte und führen mich in einen Nebenraum. Sie versuchen, mit Watte das Blut zu stillen. Im Nu ist der Wattebausch durchtränkt, tropft auf die Erde. Sie erklären mir, wie ich zu *Pythagoras* komme, der Krankenstation.

Den blutenden Finger anklagend von mir gestreckt laufe ich über die Hauptstraße. Verwunderte Blicke treffen mich. In der Ferne sehe ich ein einsames Haus. Das muß es sein.

Auch *Pythagoras* ist eines dieser Einheitshäuser. Fertighäuser des Typs ‚Schnelles Wohnen', wie es in Amerika üblich ist. Häuser für die Ewigkeit sind es nicht. Auf keinen Fall sprechen sie den Schönheitssinn an - es sind Häuser ohne jeden Charme. Nüchtern. Über eine Holzveranda geht es in den Warteraum.

Ein Arzt sitzt auf dem Sofa und liest. Es ist Devaraj, der Leibarzt Bhagwans. Lange graue Locken fallen ihm auf die Schulter, lassen ihn aussehen wie einen der berühmten zwölf Jungs. Er löst den Blick von seiner Lektüre. Kühl-sachlich betrachtet er mich und den immer noch tropfenden Finger. Ich folge ihm in einen blitzenden Behandlungsraum mit verschiedenen medizinischen Geräten. Die Kommune ist mit dem Notwendigsten versehen. Er betäubt den Finger mit einer Spritze, näht die Wunde mit kleinen Stichen. Er spricht kein Wort mit mir. Ich empfinde seine Distanz als überheblich, arrogant. Sehr bald mache ich die Erfahrung, daß die meisten Leute, die in engem Kontakt zu Bhagwan stehen, ein ‚absonderliches' Verhalten an den Tag legen. Da Bhagwan schweigt, schweigen auch sie, verschanzen sich hinter ihrer Sonderstellung. Tragen ihr ‚Auserwähltsein' zur Schau.

Als Devaraj seine Arbeit erledigt hat, fordert er mich auf, auf der Terrasse zu sitzen und den Finger in Sonne und Wind zu halten. Diese Weisung beeindruckt mich tief. Welcher Arzt in Deutschland würde ein solches Heilmittel empfehlen? Ich befolge seinen Rat. Sitze zwischen kahlen Bergen in der Fremde, ohne Freunde, ohne Liebe, ohne ein warmes Wort. Die Berge versinken im Nebel, mir fallen die Augen zu. Ich schlafe ein, den Finger hocherhoben im lauen Wind.

Ich träume: Ich sitze in meinem roten Biedermeier-Backensessel, die Füße auf dem glänzenden Kirschholztisch. Die Kinder lärmen auf der Treppe. Sie kommen aus der Schule. Freude erfüllt mein Herz. Gleich werden sie mir lachend in die Arme fallen, Aruna und Babette. Der Kopf fällt mir auf die Brust, der Finger schlägt gegen die Stuhlkante - ich bin wieder wach. Mit aufgerissenen Augen sehe ich die Wirklichkeit. Berge, nichts als Berge. Ich springe entsetzt auf, stoße einen kurzen Schrei aus, den Stuhl um, stolpere wenige Schritte und falle in Ohnmacht.

Als ich wieder zu mir komme, liege ich im Warteraum auf dem Teppich. Devaraj sitzt unbeteiligt vor der menschlichen Tragödie und liest. Stoßweise bricht aus mir das Weinen. Der Schmerz wütet in mir wie ein gefährliches Tier. Er reißt am Herzen, am Magen, an der Kehle. Ja, auch hinter den Augen fühle ich einen stechenden Druck. Mein gesamtes Wesen ist in diesem Schmerz zusammengepreßt, sucht sich Erleichterung zu verschaffen im Gestammel schnell hervorgestoßener Worte. Der Verlust der Kinder, die Sehnsucht nach der Frau. Das Heimweh nach der Vergangenheit, nach Bekanntem und Vertrautem rüttelt und schüttelt mich. Ohne ein Anzeichen von Mitleid hört Devaraj zu. Nur einmal hebt er den Kopf von der Lektüre und meint: „Ich kenne diesen Schmerz. Ich habe meinen kleinen Sohn verlassen. Ich weiß auch nicht, ob ich ihn wiedersehe.“ Er liest weiter, zu seinen Füßen die schmerzzerflossene Frau. Ich glaube ihm nicht. Kein Mann kennt die Erbarmungslosigkeit des Schmerzes, der seine Wurzeln in der Liebe hat. Doch der Ausbruch hat den Druck in mir gelindert. Ich fühle mich leichter.

Gemächlich wandere ich zurück zur Ranch. Wie immer erstaunt mich das Gewimmel, das ein paar Menschen durch Geschäftigkeit entstehen lassen können. Ein Kommen und Gehen, ein Fahren und Laufen in alle Himmelsrichtungen. Die roten Ameisen, die emsig das zigfache ihres Körpergewichts schleppen. Straßenmaschinen schieben majestätisch an mir vorbei. Zwei Damen lenken die Giganten: Makima und Anuradha. Ihre konzentrierten Gesichter lassen die Verantwortung ahnen, mit der sie betraut sind. Bei ihrem Anblick schlägt mein Herz höher - Amazonen. Mit vereinten Kräften wuchten Männer wie Frauen Stahlrohre auf die Schultern, hieven Kunststoffplatten mit Schwung auf die Ladefläche wartender Trucks. Das alles geschieht mit Witz und Lachen. Sind die Hände frei, reicht die Zeit immer für eine Umarmung, oft auch für einen Kuß, der nicht enden will.

Die Liebe im Moment wird am Abend fortgesetzt. Ein zustimmendes Kopfnicken und die Verabredung ist bestätigt. Der eben Auserkorene verschwindet mit schweren Werkzeugtaschen um die nächste Ecke.

Für mich bleibt das Tun, das Geschehen beim Aufbau unentwirrbar. Es gleicht dem Chaos der Termiten, in dem die höchste Disziplin und Ordnung liegt. Aus dessen Undurchsichtigkeit prachtvolle Burgen entstehen, sichtbare Zeichen ihres Fleißes, an denen Elefanten ihre tonnenschweren Körper reiben. Sind die Burgen Sinn und Zweck ihres Daseins oder ist es die Gesellschaftsform, die Kommune, deren ganzes Wirken darauf angelegt ist, das Geheimnis ihrer Tätigkeit zu verschleiern? Ein Staat, in dem jede Termite eine Funktion im Ganzen hat. Eine Funktion, die ablenkt vom wahren Geschehen. Die Gärtchen, die sie bebauen, die Pilzzuchten, die sie zur Nahrung verarbeiten, die Soldaten, die sie zum Schutz ausbilden, die Burgen, die sie aus Sekret und Erde bauen, die kein Elefant zum Einsturz bringt - warum, wozu, weshalb? Die Termiten sind winzige, stecknadelköpfige Insekten. Einer ist nichts - alle zusammen sind eine geheimnisvolle Kraft, die mit Windeseile aufbaut, aber ebenso schnell zerstören kann. Einmal im Jahr geschieht ein noch größeres Wunder, als das sichtbare Zeichen ihrer Ordnung, die bizarren, meterhohen Burgen. Durch einen speziell gesicherten und bewachten Ausgang fliegt ein Schwarm Termiten, denen in besonderer Pflege und Abgeschiedenheit Flügel gewachsen sind - die Atlaten. Aus den flügellosen Reihen hervorgegangen, erheben sie sich in die Lüfte. Sie, nur sie, die mit den Flügeln, sind fähig, eine neue Kommune zu gründen.

In meine faszinierenden Gedanken poltert Justine. Sie zerrt mich am Ärmel. „Wir ziehen um, Mami! Mach schnell, wir ziehen auf den Berg, Haus *Heraklit* 4."

Unsicher frage ich sie: „Wir bleiben doch zusammen?"

Sie lacht beruhigend: „Ja, ja, ich hab' meine Sachen schon oben."

Erleichtert atme ich auf. Noch brauche ich meine Tochter als Bindeglied zu einer Welt, die mir entglitten ist. Auf meinem Weg zum Wohnwagen hält Padma mich an, den Cowboyhut ins Genick geschoben. Sie betrachtet meinen bandagierten Finger, schüttelt lachend den Kopf:

„Na, du stellst allerhand an, um der Küche zu entrinnen." Ihre Augen funkeln mich an: „Ich habe einen tollen Job für dich." Aufgeregt winkt sie einer Frau auf der anderen Straßenseite zu. Eine kleine Ma in meinem Alter gesellt sich zu uns.

„Premmati, dies ist Barbara. Sie wird mit dir und Sudipo arbeiten."

Ein lachendes Raubtiergebiß und blitzblaue Augen sind mein erster Eindruck. Ihre Fröhlichkeit ist ansteckend. Wir müssen alle Drei grinsen. Sie gefällt mir sofort. Padma umarmt Premmati liebevoll und stapft davon. Ich schaue ihr dankbar nach. Was für eine schöne Frau, denke ich. Lebendig, intelligent, warmherzig - das macht jeden Menschen schön. Dazu kommt ein Selbstbewußtsein, das zu ungeahnter Größe wächst, wenn Entscheidungen auf keinen Widerspruch mehr stoßen.

Das Matriarchat, geht mir durch den Kopf. Bhagwan bedient sich der stärksten Kraft des Universums.

Premmati zieht mich mit sich. „Erst trinken wir einen Kaffee zusammen."

Wir sitzen unter den Bäumen, der Kaffee dampft. Wie schön, mal wieder deutsch schwätzen zu können! Sie erzählt mir von dem Leben hier, von ihrer Arbeit. Ab morgen werde ich mit ihr in der Trailer-Crew arbeiten, das heißt, wir werden gemeinsam mit Sudipo die anfallenden Innenarbeiten in den Fertighäusern machen. Premmati ist begeistert von der Ranch, von der Arbeit, von ihrem Leben. Nachdenklich betrachte ich die quicklebendige kleine Person. Ob ich jemals auch so empfinden werde? Ich freue mich darauf, mit ihr zusammenzuarbeiten. Sie hat etwas Gerades, Frisches, Unverdorbenes.

Meinen Umzug vor mir, verabschiede ich mich von ihr. „Bis morgen!" Wir lachen uns beide an. Schnell erklärt sie mir noch, wo meine neue Behausung liegt.

„Immer geradeaus, dann links über die Brücke, steil hoch. Halte dich dann mehr rechts, da ist eine Abkürzung, ein kleiner Trampelpfad."

„Aha", nicke ich verständnislos.

Eine Tasche steht noch im Wohnwagen, alles andere ist schon zum Haus gefahren worden. In der Dämmerung mache ich mich auf die Suche. Ich bin glücklich dran, hat mir Premmati versichert. Noch vor ganz kurzer Zeit haben die Helden der ersten Stunden in einer Zeltstadt geschlafen. Jetzt, da die ersten Häuser fertig sind, möchte jeder gerne den bevorstehenden Winter im Warmen verbringen.

Deshalb die Eile, denke ich.

Mitte November 1981 gibt es keinen Transportverkehr, keine Busse, die die einsetzende Kälte, den Regen, die Entfernungen erträglicher machen. Wenn man Glück hat, wird man von einem Truck aufgeladen. Doch meistens müssen wir laufen. Ich trabe die Straße entlang. Aus dem leichten Sprühregen wird ein kräftiger Guß. Im Nu ist der Schlamm knöcheltief. Ich bemühe mich, Grund unter den Füßen zu haben, der in der Dunkelheit schwer zu erraten ist. Ein Auto fährt vorbei. Für den Bruchteil einer Sekunde flammt Bhagwans Gesicht im Scheinwerferlicht auf. Ich lasse meine Tasche in den Dreck fallen, reiße beide Arme hoch und winke hinter ihm her. Mehr als eine Woche bin ich auf der Ranch, das ist meine erste Begegnung mit dem Meister.

Wie schön, wenn er mich mitgenommen hätte, träume ich naßgeregnet. Neben ihm zu sitzen. „Gehts gut, hm?" würde er fragen. In diesem Moment würde ich sicher ein ehrliches Ja fühlen und glücklich nicken. Seufzend nehme ich meine durchweichte Tasche auf. Jeder Sannyasin wünscht sich eine solche Begegnung. Später beobachte ich, daß man Bhagwan nicht wild zuwinkt, sondern ihn mit gefalteten Händen grüßt. Das indische *Namaste* ist feiner als unser Händeschütteln. Lange Zeit fällt mir das Händefalten schwer, ruft es doch meine katholische Erziehung ins Gedächtnis. Und alles, was mich an Religion erinnert, ruft meinen Abscheu hervor.

Es ist mittlerweile stockdunkel geworden. Die provisorische Brücke, die über den Wildbach führt, erkenne ich am Gluckern und Gurgeln des Wassers, doch dann wird die Suche nach dem Haus Gefühlssache. Hoch oben, in weiter Ferne sehe ich einen Lichtschimmer. Ein Gummistiefel bleibt im Schlamm stecken. Mühsam stehe ich auf einem Bein, taste mit dem anderen nach dem Schuh, der Regen rauscht auf mich nieder. Als ich den Stiefel finde, hineinschlüpfe, erfüllt mich ein solches Glücksgefühl, wie in den höchsten Momenten meines Lebens. Hineinschlüpfen und sich wohlfühlen. Ich muß kichern, als mir dieser alte Spruch aus meiner Vergangenheit einfällt - wie oft haben Achim und ich darüber gelacht.

Durchdrungen von neuem Lebensmut erreiche ich den Gipfel, *Heraklit* 4. Eines der üblichen Plastikhäuser - die Wände, die Küche, die wenigen Möbel, die Matratzen - alles aus Kunststoff, ja selbst die Gläser.

Während Justine ihre ‚Reliquien' - synthetische Stoffreste von Bhagwans Unterkleidung, die sie aus dem Sondermüll gefischt hat, über ihrem Bett befestigt, mache ich alles mies. Barackenatmosphäre! Lager Friedland!

„Eine Übergangslösung, bis wirkliche Häuser gebaut sind." Justine läßt sich von meinem Mißmut nicht beirren. Sie hat nichts auszusetzen. Alles ist prima. Auch daß wir ein Zimmer gemeinsam haben, ist kein Problem für sie. Ich muß zugeben, daß ich froh darüber bin. Besser sie als einen Fremden, wenn ich schon ein Zimmer teilen muß. Oft genug leben sogar noch mehr Personen in einem solchen Raum.

Bei näherer Besichtigung stellt sich das Haus als praktisch, ja beinahe komfortabel heraus. Das Zimmer hat zwei Matratzen - es ist üblich, auf der Erde zu schlafen - zwei Leselampen und einen eingebauten Schrank. Das Haus hat sieben Zimmer, ein Wohnzimmer, eine offene Küche, zwei Bäder. Vierzehn Menschen leben zusammen, d.h. sie schlafen hier. Vor neun Uhr abends erlebt man selten ein Gespräch. Privatleben gibt es nicht. Arbeiten, essen, schlafen - diese drei Grundbedürfnisse bestimmen unser Leben. Acht Monate werde ich in diesem Haus wohnen. Auf dem Berg, umgeben von Bergen. Eingeschlossen in ihrer Ruhe und Stille. Täglich, stündlich werde ich daran denken, die Ranch zu verlassen; meine Tränen werden den kargen Boden unter manchem Wacholderbaum netzen. Und doch werde ich wissen, daß es für mich keinen Schritt zurück gibt. Selbst wenn das Leben hier mich umbringt.

Für mich hat, ob ich es will oder nicht, das größte Abenteuer meines Lebens begonnen. Ich bin ein Bach, münde in den Fluß, der kraftvoll zum Ozean strebt. Ich werde mich aufbäumen, kämpfen, mich mit ganzer Kraft auflehnen. Mit diesem Aufbegehren, mit dem Austoben aller Widerstände wird Stück für Stück die innere Einsicht kommen. Doch zuvor wird der Meister mich zerschmettern. Gut, daß ich nicht weiß, was mich erwartet. Ich würde in die falsche Richtung laufen.

Der erste Abend in dem neuen Haus wird der Beginn einer Freundschaft. Auf der Veranda treffe ich eine ältere, hagere Frau, deren Gesicht gelebtes Leben ausdrückt. Anubodhi. Sie lacht herzlich über mein unbeholfenes Englisch, von dem sie auf der Stelle so entzückt ist, daß sie mir beinahe verbietet, mehr von dieser Sprache zu lernen.

„Behalte dein magisches Englisch!“ bittet sie mich, während ihr die Lachtränen über die Wangen laufen. Beim Kettenrauchen auf der Veranda skizziert sie ihre ‚Reise‘. Sie ist bereits in Poona aufgefordert worden, sich sofort in die neue Kommune zu begeben. Nach einem Kurzurlaub mit Freunden in den kalifornischen Bergen, ist sie vor ein paar Tagen angekommen. Mir fällt auf, daß Anubodhi sicher nicht ihrer Muskelkraft wegen hier ist. Sie hat einen zarten, zerbrechlichen Körperbau, ist Mitte fünfzig. Aber ihre Ausstrahlung ist stark. Eine kraftvolle Persönlichkeit, die intelligent und eigenständig gelebt hat. Auf unerklärliche Weise kommt sie mir sehr vertraut vor. Altbekannt. Gemeinsam werden wir viele Stunden schwer seufzen: „Bhagwan Ja - Kommune Nein!“ Die gleiche Abneigung gegen Regeln, Zusammenleben, Arbeiten und Disziplin empfinden. Für uns beide unerträglich - die Aufgabe unserer ‚Freiheit' und ‚eigenen' Entscheidungen. Ein Klosterleben - uns schaudert.

Am nächsten Morgen, beim frühen Aufwachen mit schrillem Weckerklang fällt mein Blick auf einen bizarren Felsen, der vor meinem Fenster in die Höhe ragt. Ein eindrückliches Mahnmal, das mich sofort in die Gegenwart wirft - und aus dem Bett. Rasch ziehe ich mich an. Eile den Berg hinunter, den gewundenen, steinigen Pfad. Schon von weitem erkennt man die Emsigkeit um das Entstehen *Magdalenas.* Die Bauarbeiten sind in vollem Gang. Der Bauch der Kommune, die Küche dehnt sich und wächst. Bis Mitte Dezember, Bhagwans Geburtstag, muß *Magdalena* fertig sein.

Es ist frostig morgens. Wohin ich auch schaue - Natur. Übermächtige, gewaltige Ursprünglichkeit. Ein dramatischer Wolkenhimmel, bewegt von der Kraft des Windes. Ich fühle mich klein, schmächtig, ein Strichmännchen in der Endlosigkeit der Berge.

Ich warte an der Straße. Ein Auto hält. Dankbar kraxle ich auf die Ladefläche, auf der bereits einige Swamis sitzen. Keiner hilft. Stumm und verschlafen schützt sich jeder mit gekreuzten Armen vor dem scharfen Fahrtwind. Ich umklammere die eiskalte Blechkante einer Seitenwand, um Halt zu finden. Nicht nur die schmerzhaften Stöße der Schlaglöcher erschüttern mich. Ist das nun mein Leben? Nichts eigenes mehr, nur noch ein Teil der Kommune. Mir graust. Nichts, aber auch gar nichts entspricht meinen Erwartungen in diesem neuen Leben. Mein Herz vertraut Bhagwan, aber mein Kopf birst vor Zweifeln. Da hocke ich zusammengekauert, kralle mich fest in schneidender Kälte. Habe die Schönheit von Biedermeier und Barock eingetauscht für die Ewigkeit von Plastik.

Bevor ich mich weiter in meine Betrachtungen verlieren kann, hält der Wagen. *Mahakashyap* - Endstation. Ich rutsche von der Ladefläche. Premmati springt armefuchtelnd auf mich zu. Das breite Gebiß blitzt am frühen Morgen, die Augen strahlen. Ihre positive Grundhaltung ist die von ‚Packen wirs an!'. Sie hat einen goldblonden Hünen im Schlepptau, auf den sie schnell einredet, zwischendurch auf mich zeigt. Als sie vor mir steht, kommt aus der Tiefe ihres Herzens mit dem Stolz der Frau, die liebt: „Das ist Anugraha!" Er lächelt mir zu, umarmt Premmati heftig, sie verpaßt ihm viele kleine Prasselküsse. Mit großen Schritten enteilt er. Ein kraftstrotzender Australier, der mit Sicherheit schon bei der Erschaffung der Erde dabei war.

Ich folge Premmati. Zwischen Plaudern und Kichern kitzelt sie im vorbeigehen Männer, springt ihnen auch mal ins Kreuz, reißt ihnen die Mütze von den Ohren. Ein Kobold, der keine Ruhe gibt. Ein seltsames Verhalten für eine Frau, die einige Jahre älter ist als ich. Die Reaktionen auf ihren Schabernack sind nicht immer heiter.

Wieder nimmt uns ein Truck mit, schüttelt unsere Knochen zu *Desiderata.* Dort, fernab vom Ranch-Geschehen, entstehen vier neue Häuser, dringend benötigt für die täglich eintreffenden Neuankömmlinge. Die Landschaft ist überwältigend. Ein Bach plätschert stürmisch durch Wacholderbäume, Salbeibüsche. Auf weichen Hängen wachsen Tannen. Eine kräftige, würzige Luft erfreut die Nase. Unter den aufgebockten Häusern liegen muskelstrotzende Tarzane und stämmige Wikingerfrauen. Gemeinsam wuchten sie zentnerschwere Blöcke hin und her, die die Trailer stabilisieren sollen. Mir wird ganz elend bei diesen Kraftakten. Flehend suche ich Premmatis Blick. Sie beruhigt mich:

„Nein, nein. Wir arbeiten drinnen."

Über Geröll, Balken, Gerätschaften, Planen und Rohre erklimmen wir die Innenräume. Auf einem Stuhl steht Sudipo. Auch sie eine Wikingerfrau mit langen, blonden Haaren, einen gewaltigen Arsch in eine rote Latzhose gezwängt. Nägel zwischen den Lippen, schwingt sie zielbewußt den Hammer. Als sie uns wahrnimmt, hält sie im Schwung inne. Durchdringend trifft mich ihr blaukalter Blick.

„Neu?" brummelt sie durch die Nägel.

Ich nicke beeindruckt. Die Crew der blauen Augen hat zusammengefunden. Wo immer wir Drei zusammen auftauchen, beschäftigt die Leute die Farbe unserer Augen. Eis-, himmel- und meerblau. Auch wir haben Freude am blauen Gefunkel. Mir bleibt keine Zeit, mich umzuschauen. Sudipo übernimmt auf der Stelle. Denn Sudipo kann nur übernehmen, wie ich sehr schnell bemerke. Was immer sie macht - sie übernimmt. Eine Amazone aus dem Geschlecht der Herrscher. Ob jagen, töten oder lieben - ihre Kraft kommt aus den Wurzeln des Sieges. Unvorstellbar, daß sie sich jemals unterwirft. Sie weist mich in die Arbeit ein. Überläßt mich mit einem Zollstock meinem Schicksal. Es braucht geraume Zeit, bis ich herausfinde, daß die amerikanischen ‚inch' nicht mit Zentimetern gleichzusetzen sind. Ein Berg Leistenverschnitt zeugt von meiner Unwissenheit. Premmati hilft mir, schnell zu retten, was zu retten ist. Ich passe Winkel in die Ecken ein. Aber die dünnen Leisten brechen leicht, zersplittern bei jedem Hammerschlag. Dazu steigert Sally Oldfield meine Leiden mit ihrem Gesang: „You are the morning of my life". Vandas und mein Lieblingslied klingt durch den Raum. Ich verliere die mühsam zusammengehaltene Fassung. Ich heule sprudelnd vor mich hin, inmitten meiner unvollkommenen Arbeit. Sudipo mustert mich und den Abfall unwillig. Stirnrunzelnd hebt sie die verdorbenen Leisten hoch.

„Ja", stoße ich schluchzend hervor, „ich weiß, ich bin kein Handwerker."

Achim hat solche Arbeiten verrichtet, ich hatte die Ideen, und er führte sie aus. Sudipos Blick läßt mich endgültig zusammenbrechen. „Bruhahaha!" falle ich in eine Ecke auf einen Haufen Teppichreste. Ich will keine neue Welt, ich will die alte. Mit meinen Freunden, mit all dem, was ich liebe. Wo Wärme und Zärtlichkeit aus Vertrautheit kommen. Ich will heim, in Vandas Armen liegen und weiter vom neuen Menschen träumen.

„Und schon gar nicht will ich die Anweisungen Sudipos, die sich als Boß aufspielt", heule ich unter dem mitleidigen Getätschel Premmatis auf, die neben mir kniet und mir beruhigend auf die Schulter klopft. Verblüfft über meinen heftigen Ausbruch starren mich die beiden Frauen an. Sudipo fällt neben mich, wir kuscheln uns alle Drei eng zusammen und weinen ausgiebig gemeinsam. Das tut gut.

Sudipo beginnt, von sich zu erzählen. Von ihrem Leben, von ihren Wünschen. Eindeutig ist sie, ohne jeden Zweifel.

„Ja, ich will der Boß sein. Ich bin immer der Boß. Ich will Macht, schöne Kleider, eleganten Schmuck."

????? denke ich, ohne sie zu unterbrechen. Unaufhaltsam informiert sie weiter.

„Ich bin intelligent, sehr intelligent. Diese Intelligenz möchte ich für die heranwachsende Kommune einsetzen." Sie wischt sich energisch die Tränen von der Backe. Sehr bestimmt erklärt sie uns: „Ich möchte nicht im Dreck stehen und Nägel in die Wand dreschen. Das kann doch jeder Dummi. Ich möchte mein Auto fahren, das ich der Kommune zur Verfügung gestellt habe. Ich möchte in der Ranch-Organisation mitarbeiten."

Bei diesen Worten hat sie sich aufrecht gesetzt, das Kinn in die Höhe gereckt, der Blick entschlossen.

So liebe ich es. Das ist Wahrhaftigkeit. Premmati und ich nicken uns bewundernd zu. Sudipo weiß, was sie will. Im Gegensatz zu mir, die es ins alte Leben zieht und nur weiß, was sie nicht will: Wäsche, Küche und Winkelmesser. Premmatis bekennt sich mutig dazu, einer dieser ‚Dummis' zu sein, sie liebt das Handwerk, den Hammer, die Nägel. Wir müssen lachen. Sudipos klare Rede hat uns nähergebracht. In neuer Kenntnis um den anderen, weiht mich Sudipo geduldig in das Geheimnis der ‚hängenden Tür' ein. Verfällt sie in die alte Barschheit, genügt es zu wispern: „Sudipo, bitte bossi mich nicht!" Gleich wird ihr Ton geschmeidig.

In den ersten Häusern gibt es Einbauschränke, in denen das letzte Hab und Gut der Bewohner verstaut wird. Jeder Schrank hat zwei Schiebetüren, die auf Rollen laufen. Ein Fußbodenstopper hält die Richtung. Jede dieser Türen wird für mich zur Intelligenzprobe. Sie müssen justiert werden, um im Gleichgewicht zu hängen. Ich schraube und drehe stundenlang an einer Tür, für die Premmati eine halbe Stunde braucht. Geduldig lassen mich die Frauen werkeln, lassen mir die Zeit, mein eigenes Gleichgewicht zu finden.

Für einen Schwatz zwischendurch haben wir immer Zeit. Gespannt hören wir zu, was eine jede aus der Vergangenheit berichtet.

Sudipo war Dozentin an der Universität, ist mit einem französischen Koch verheiratet, mit dem sie auf der Ranch in einem eigenen Miniwohnwagen lebt. Premmati war Innenarchitektin, verheiratet mit einem Architekten, von dem sie zwei Kinder im Alter der meinen hat. Überrascht betrachte ich die kindliche Frau. Etwas so Erwachsenes wie Kinder habe ich ihr nicht zugetraut.

Sie erzählt, wie sie die Familie überraschend verlassen hat. In einer Buchhandlung sieht sie ein Bild Bhagwans. Seine Augen bremsen ihren Schritt. In der gleichen Nacht träumt sie einen der Träume, die mehr Realität haben als ein Schnitt in den Finger. Das Wort SURRENDER - Hingabe - steht in Großbuchstaben die Nacht über vor ihrem inneren Auge. Sie informiert sich, wo sie Bhagwan treffen kann, fährt nach Poona, nimmt Sannyas, geht nach München zurück, reicht die Scheidung ein. Der Versuch, die Kinder zugesprochen zu bekommen, scheitert am Haß ihres Mannes sowie an der Auffassung des Gerichts, daß die Mutter einer Sekte angehöre. Sie bringt die Kraft auf, Deutschland zu verlassen, lebt in der Kommune. Ich kann nicht umhin, die Entschlossenheit dieser Frau zu bewundern. Premmati und ich, wir haben fortan ein gemeinsames Thema - unsere Kinder.

Ich mache mir Sorgen um meine sechzehnjährige Tochter Babette. Mit Sicherheit hat sie die plötzliche Auflösung der Familie nicht verkraftet. Allein mit dem - wenn zwar auch sehr geliebten - Vater in einer Fünfzimmerwohnung voller Erinnerungen zu leben, überfordert jeden empfindsamen Menschen. Besonders, seitdem auch Aruna in ein Sannyas-Center gezogen ist, zeigt sich bei Babette eine Neigung zu Alkohol und Hasch. Bei mir schrillen alle Alarmglocken.

Ratschläge erhalte ich genug. „Laß sie laufen, sie muß ihre eigenen Erfahrungen machen. Sie muß da durch. Es ist ihr Leben."

Mich überzeugen diese Sprüche nicht. Bis die Kinder fliegen können, bin ich verantwortlich für sie, in besonderer Weise mit ihnen verbunden. Ich habe sie bewußt in diese Welt gesetzt, umso mehr ist es meine Aufgabe, ihnen mit Liebe und Sorgfalt das zu geben, was sie brauchen. Über Tausende von Meilen spüre ich Babettes Schmerz, ihre Trauer und ihren Trotz, der aus der Verlassenheit kommt. Von heut auf morgen ohne die Fahrrinne des mütterlichen Widerstands. Ohne ein schützendes Selbstbewußtsein, das gerade anfängt sich zu entwickeln. Fern von jeder Selbsterkenntnis. Also noch das Fehlen all dessen, was die eigenen Schritte im Leben lenkt. In der kurzen Zeit, die ich auf der Ranch bin, habe ich zweimal mit Babette telefoniert. Ihre kleine Stimme, die noch nicht einmal den Versuch zum Aufplustern macht, trifft mich ins Herz.

Zu einer solchen Telefonfahrt nach Antelope - auf der Ranch gibt es nur eine Leitung für Geschäftsgespräche - lade ich Premmati ein. Sie hat schon lange nicht mehr mit ihren Kindern gesprochen, ihr fehlt das Geld dazu. Ich habe zwar auch nicht mehr sehr viel, doch um Geld mache ich mir keine Sorgen. Das Büro in Antelope ist die Verbindung zur Welt. Alle Besucher müssen sich hier anmelden, ehe sie zur Ranch fahren dürfen. Antelope selbst ist ein kleines, unbedeutendes Nest in der Wüste, das durch die Ansiedlung der Sannyasins plötzlich Aufsehen erregt. In dem sonst so toten Ort wird es lebendig.

Als ich Premmati mit ihren Kindern sprechen höre, gewinnt sie mein ganzes Herz. Alles kindische ist von ihr abgefallen. Ihre Augen leuchten, ihre Stimme kommt aus der Tiefe, aus der Liebe einer Mutter, die ihre Wurzeln im Universum, in der gesamten Existenz hat.

Liebe ist Leben. Ein Mensch, der liebt, kann nicht zerstören. Denn Liebe ist ein Seinszustand. Wir leben nicht Liebe. Unsere Welt ist eine Welt der ständigen Zerstörung und Vernichtung. Selbst die sogenannte Liebe zwischen zwei Menschen vernichtet jedes individuelle Wachstum. Anpassung ist der Preis für eine künstliche Harmonie. Liebe ist Leben. Leben ist einzigartig. Kein Gedanke, keine Philosophie, keine Erfindung ist neu. Alles, was ausgedrückt werden kann, ist bereits vorhanden. Jeder Künstler, sei er noch so genial, schafft nur Plagiate - allein das Leben kreiert.

Ich warte in Gedanken versunken auf Premmati. Ich liebe es, nachzudenken, von einem Gedanken zum anderen zu kommen, von Sprosse zu Sprosse zu klettern in schwindelnde Höhen, um oft genug in die Tiefe zu stürzen. Es schmerzt, immer wieder an die Grenzen zu stoßen. Ich möchte alles wissen. Denn erst, wenn ich alles weiß, werde ich zu dem Schluß kommen können, daß ich nichts weiß.

Ein Schatten fällt auf mich. Vor mir steht Krishnadeva, der Therapeut aus Poona. Seine blauen Augen blitzen immer noch diabolisch. Er grinst mich vergnügt an und meint:

„Wie schön, daß du verrückte Frau auch hier bist. Herzlich willkommen."

Ich bin gerührt, so liebevoll begrüßt zu werden.

Er fügt hinzu: „Weißt du auch, wer auf der Ranch leben darf?" Er gibt gleich die Antwort: „Die Leute mit dem dicksten Ego." Er winkt mir lachend zu und verschwindet im Büro.

Verdutzt blicke ich ihm nach. Was habe ich mit einem dicken Ego zu schaffen? Und überhaupt, wieso hält er mich für verrückt? Ich halte mich für einen sehr normalen Menschen, auch wenn das, was ich tue, nicht unbedingt dafür steht.

Premmati hat ihre Gespräche beendet. Wir nehmen uns viel Zeit für den Rückweg zur Ranch. Sie ist erfüllt von Tochter und Sohn.

In *Desiderata* erwartet uns ungeduldig Sudipo. Ohne uns macht ihr die Arbeit keinen Spaß. Die Dummis fehlen ihr.

Zarathustra

Meine Rückenschmerzen verschärfen sich. Ich bin verspannt im ‚Hier und Jetzt'. Seit drei Wochen bin ich auf der Ranch und noch immer habe ich mich nicht eingelebt. Es ist ein kalter, sonniger Morgen. Ich marschiere über frostige Wege, gefrorene, unverdorbene Natur - Ursprünglichkeit. Die Begegnung mit einer intakten Umwelt wird für uns zivilisationskranke Menschen ein wichtiger Teil unserer Heilung. Ich puste Rauchwölkchen aus dem hochgestellten Kragen meines langen Daunenmantels. Welche Arbeit erwartet mich wohl. Es tut mir leid, nicht mehr mit Sudipo und Premmati zusammenzusein, aber meine Schmerzen im letzten Rückenwirbel machen mich noch unbeweglicher. Ich halte die beiden Frauen mehr auf, als daß ich sie in der Fertigstellung der Räume, die so dringend benötigt werden, unterstütze. So bin ich fast erleichtert, als mir in der Teepause mitgeteilt wird, daß ich für die nächste Zeit in *Zarathustra* arbeiten werde, eine leichte Arbeit. Alle Gebäude auf der Ranch sind nach erleuchteten Meistern benannt, von denen ich noch nie gehört habe. *Zarathustra* ist ein grau-grünes Wellblechgebäude. Eine Lagerhalle für Tausende von Bhagwan-Büchern, die aus Poona nach Oregon verschifft wurden. Es ist kalt und unwirtlich in diesem Lagerraum. Grelles Neonlicht, Kerosinöfen fauchen Wärme, Gabelstapler wuchten Kisten von einem Platz zum anderen. Dazwischen Menschen, die die übliche Geschäftigkeit zeigen. Ein Klarinettenkonzert versucht den Lärm zu durchdringen, jedenfalls erreichen Fetzen bekannter Töne mein Ohr.

Ich bewege mich auf die Packtische zu, an denen Frauen arbeiten.

Man nimmt mich freundlich zur Kenntnis, ohne die Arbeit zu unterbrechen. Jeweils 40 Bücher werden in einen Karton umgepackt, geprüft, ob sie unbeschadet die Reise überstanden haben. Dann, mit einem Klebestreifen verschlossen, in Regale gestapelt. Eine Arbeit, die viel Heben erfordert und somit für mich zu schwer ist.

Am Nachbartisch werden die Kartons gefaltet, eine Beschäftigung, die ich mir zutrauen kann, einfach, leicht. Wie immer fasziniert mich nie die Arbeit, es sind die Menschen um mich herum.

Aradhana, das ewig späte Mädchen, der ‚Gartenlaube' just entsprungen. Sich ihrer Betulichkeit zu entziehen, ihre Belehrungen unerwidert hinzunehmen, ist für jeden eine täglich hoffnungslose Bemühung. Sie umschwirrt uns wie eine Fliege, die nur ein kräftiger Schlag für Sekunden vertreibt, doch bald hört man das Summen wieder. Ich bin ein leichtes Opfer, ich lasse mich umkreisen, denn Geschichten haben öfters ihren Preis. Jeder Mensch ist ein Abenteuerbuch, und ich liebe es, darin zu blättern. Bereitwillig läßt Aradhana sich öffnen. Eine Kostprobe ihrer Beharrlichkeit - ihre Anwesenheit auf der Ranch. Obwohl jeder der hier lebt, eingeladen wurde, ist sie die Ausnahme. Sie lebte in Spanien, hörte vom Kauf der Ranch, und daß um Bhagwan in Oregon eine neue Kommune entsteht. Sie verkauft ihren Besitz und steht eines Tages vor der Tür. Begehrt Einlaß, erhält ihn. Ja mehr noch, sie bekommt einen Darshan mit Bhagwan.

Solche Erzählungen, persönliche Begegnungen mit dem Meister, liebe ich besonders. Mit weitaufgerissenen Augen frage ich Aradhana gespannt:

„Und? Wie war es?"

Sie schildert mir das kahle Zimmer, den Sessel auf dem er sitzt, das leise Lächeln als er sie fragt:

„Wie gefällt es dir hier?" und ihre verlegene Antwort:

„Es gibt viele Rehe."

Danach einige Minuten Schweigen. Sie erhebt sich grüßend und wird von Sheela hinausgeleitet.

Aradhana darf bleiben. Ihre Erzählung hat mich berührt. Ich ahne, wie einfach alles sein könnte mit Bhagwan. Bei mir ist immer alles schwierig, kompliziert. Mir fehlt die Leichtigkeit. Meine schwerfällige Bodenständigkeit läßt mich nicht abheben. Wohin ich trete, stecke ich gleich bis zum Hals. Und ich, ausgerechnet ich, muß in Poona hören: „Du bist ein Schmetterling. Flieg!"

Zwei Raupen kriechen durch das Gras. Über ihnen schaukelt ein Schmetterling. Flüstert eine Raupe der anderen ängstlich zu:

„Nicht für eine Million würde ich mich in eines dieser Dinger setzen."

Die Leichtigkeit anderer zieht mich magnetisch an. Leichtfüßigkeit, Leichtherzigkeit, Leichtlebigkeit gefallen mir, sind das

Geheimnis meiner Liebe zu Vanda. Sie bleibt immer an der Oberfläche, kennt keinen Tiefgang.

Nationalität ist ein Stempel, der uns bei unserer Geburt aufgedrückt wird. Es dauert lange, bis er verblaßt. In den Deutschen, die mit mir arbeiten, erkenne ich mich wieder - ob ich will oder nicht. Ihre Absicht in den Himmel zu tanzen wird gründlich geplant und organisiert.

Die Atmosphäre um die Bücher gefällt mir besser als die bisherigen Arbeiten. Ich falte zehn Stunden am Tag Kartons, halte mich für willig. Doch in mir rumort es. Um mich herum Deutsche, die wie ich Schwierigkeiten mit dem Reglement haben. Gata in der Rolle des Dompteurs. Ihre ewige Jugend bekommt in *Zarathustra* einen entscheidenden Knacks.

Unter ihrer Anleitung sind die Bücher in Poona eingepackt worden, nun leitet sie das Auspacken. Gewohnt, daß wiederspruchslos ihren Anweisungen gefolgt wird, macht ihr unser offensichtlicher Widerstand zu schaffen, zermürbt sie. Ich bin in einer Hab-acht-Stellung, die unübersehbar ist. Dipam ist ein Mann in den 50ern, klein, drahtig. Er ist ein bekannter Architekt aus Deutschland, war als einer der ersten mit Bhagwan in Amerika. Sein Traum, für den Meister einen Bungalow zu bauen, ist wie ein Kartenhaus zusammengefallen. Zwar hat er die Pläne mit Bhagwan besprochen, aber nie wieder etwas davon gehört. Dipam ist ein Mann von seltener Vitalität. Um ihn herum brodelt und zischt es. Besonders in diesen Tagen, denn Niharika, die ich aus der Wäscherei kenne, hat sich nach sieben Jahren von ihm getrennt. Seine schweigende Wut macht das Arbeiten mit ihm unmöglich, seine Energie stößt ab. Nicht Aradhana. Ihre tantenhafte Betulichkeit, ihre belehrenden Ratschläge, ihre beharrlichen Annäherungen lassen Dipam vor Haß, Wut und Zorn Funken sprühen. Die Stimmung in *Zarathustra* ist dynamitgeladen. Bei jedem von uns knallen Sicherungen durch.

Eben hat Dipam eine Attacke Aradhanas abgewehrt, da fordert Gata ihn auf, seinen Packtisch mehr in Ordnung zu halten. Buchstäblich geht er Gata an die Gurgel. Nervös sucht sie das Weite, kommt an Aradhanas Tisch zum Stehen. Ihr Blick fällt auf die Kartons, die unübersehbar mit riesigen Phalli verziert, eine künstlerische Gestaltung Aradhanas sind. Gata verbietet ihr entschieden die weitere Bemalung. Doch mit der ihr eigenen ‚Sanftmut' besteht

Aradhana auf einer Fortsetzung der ‚Schmetterlinge'. Da verliert Gata ihre Beherrschung. Kreischend schlägt sie mit beiden Händen auf den Packtisch: „Hör sofort auf mit dieser Schweinerei!"

Tiefbefriedigt über Gatas Ausbruch läßt Aradhana sich nicht von der sonderbaren Bemalung abbringen. Außer sich ruft Gata uns alle zu Zeugen auf. Schmetterlinge oder Schwänze ist die Frage. Unser einstimmiges Urteil läßt Gata wieder zu sich selber finden.

Ich bin überrascht, welches Entsetzen die ‚Schwänze' bei Gata hervorrufen, denn Sannyasins sind alles andere als prüde. Ihre Erklärung macht ihren Wutausbruch verständlich - die Boxen werden außerhalb der Ranch in einem gemieteten Lagerhaus untergebracht. Sie möchte einfach keine Vorurteile gegen uns bestätigt sehen.

Täglich geht es hoch her in *Zarathustra.* Auch meine Haltung wird wie so oft, durch eine Kleinigkeit erschüttert. Gata fordert mich auf, mit einem Stäbchen einen Klebstift auszukratzen, damit nichts ‚verschwendet' wird. Die Druckwelle meiner Explosion schleudert die Fassungslose an ein Regal. Lavagleich ergießen sich meine Worte über sie:

„Hör zu, meine Liebe! Ich hab nicht meinen gesamten Besitz verkauft und das Geld an die Kommune gegeben, damit eine pingelige Beamtenseele mir vorschreibt, wieviel Klebstoff in der Hülle zurückbleiben darf." Drohend schwenke ich den Stift vor ihrem bleichen Gesicht: „Ich lebe aus der Fülle und nicht aus der Enge eines Hinterhofs. Das überlasse ich dir."

Nun zittern wir beide, Gata vor Schreck und ich vor Wut. Genügend Anlaß für Aradhanas Auftreten. Sie versucht, mir den Arm um die Schultern zu legen und säuselt:

„Bhagwan und ich wollen doch nur Liebe geben."

Wie eine Viper schüttle ich sie ab. Die Frau muß krank sein.

„Du alte Betschwester, versuche nicht, noch einmal ein Wort mit mir zu sprechen. Ich hab' für den Rest meines Lebens genug von dir."

Betreten wendet sie sich ab, was ich als Erfolg betrachte.

Zarathustra ist ein Hochofen. Ein jeder kocht und schmurgelt im Saft seiner Persönlichkeit. Die ständige Konfrontation mit dem anderen zwingt zur Betrachtung seiner selbst. Der andere ist Auslöser, die Reaktion das Bild. Es gibt kein Entrinnen, ich m u ß mich anschauen. Ich habe feste Vorstellungen von mir. Ich bin eine Frau, die das Leben liebt und lebt. Ich liebe meine Kinder, meine Freunde, ja die gesamte Menschheit. Ich habe Vorlieben und Abneigungen. Ich mag etwas oder mag es nicht. Besonders aber mag ich alles, was meinen Vorstellungen entspricht. Die Vision Bhagwans, ‚der neue Mensch', ist mir ein großes Anliegen, ein Herzensbedürfnis. Obwohl ich ein Gleichheit-Freiheit-Brüderlichkeit-Anhänger bin, teile ich nicht die Ansicht Marx, daß erst die Verhältnisse geändert werden müssen, damit sich auch der Mensch ändert. Erst muß sich der Mensch ändern, denn nur ein veränderter Mensch kann die Welt nach seinen natürlichen Bedürfnissen gestalten. Revolutionen haben unsere Welt nie menschlicher gemacht. Sie verändern nur das Gesicht der Macht.

Aber wie den Menschen davon überzeugen, daß er sich ändern muß. Und nicht nur abstrakt ‚der Mensch', sondern i c h. Das Bild, das ich von mir habe, ist eine Illusion. Es ist frustrierend nach einer Freiheit zu streben, die sich immer wieder als Fata Morgana erweist.

„Nicht durch Ideale wird unser Potential verwirklicht, sondern durch die Erkenntnis der eigenen Realität." (Bhagwan Shree Rajneesh)

Je mehr Mauern in mir zusammenfallen, umso echter werde ich - beginne, mich in einer Vielfalt zu sehen, die mein Ganzes ist.

Ja „Der neue Mensch kann nicht von irgendwo kommen, er hat durch dich zu kommen." (Bhagwan Shree Rajneesh)

Das Wie erfahre ich schmerzlich am eigenen Leib. Da wo's wehtut, da sitzt das Ego, und aus nichts anderem scheine ich zu bestehen.

Bhagwans geduldiger Arbeit ist es zu verdanken, wenn einer Horde intellektueller Idioten, selbstgefälliger Malaträgern, eingebildeter Heiligen, aufgeblasener Revoluzzern, hartnäckiger Geldsäcke, introvertierter Künstlerseelen, kurz gesagt, der sogenannten ‚Elite' mit unüblichen Mitteln die innere Einsicht vermittelt wird. Die Spreu vom Weizen zu trennen, das Unechte zu zerstören ist seine Arbeit in den nächsten Jahren.

Mit Bhagwan zu leben, heißt in einem Buddhafeld zu stehen.

Für mich ein Fegefeuer - ein Reinigungsprozeß, Heilung.

Meine Leidensjahre haben begonnen. Schmerzgebadet, haßgeschüttelt, peingefoltert, giftdurchdrungen bäume ich mich auf. Ausgeliefert unbekannten Mächten, Seelen- und Körperqualen. Wer ist Ich, was ist Ich? Stück für Stück verliere ich meine mir bekannte Identität. Ich gehöre zu den vom Meister Geschlagenen:

„Ich schlage nicht jeden. Ich schlage nur bestimmte Leute. Ich schlage nur, wenn ich sehe, daß ein Potential da ist und daß der Schlag dich weckt. Am Anfang ein schmerzhafter Prozeß, ein Blitz aus dem Himmel, so unerwartet.“ (Bhagwan Shree Rajneesh)

Es dauert Jahre, bis ich verstehe.

Auch die längste Reise beginnt mit dem ersten Schritt: In *Zarathustra* kommt zu meiner Verzweiflung der Selbstzweifel, neu für mich. Der Streß, uns zur disziplinierten Arbeit anzuhalten, zermürbt Gata. Dipam verschwindet täglich für einige Stunden in den Bergen, Aradhana setzt heimlich ihre Penisbilder fort, ich ziehe mich um 5 Uhr nachmittags, zweieinhalb Stunden vor Arbeitsende, in meine Häuslichkeit zurück - der Rücken verlangt nach Ruhe. Auch der Rest der Crew versucht, sich Gatas Anweisungen zu entziehen, möchte den Arbeitsrhythmus selbst bestimmen. Man nimmt sich Zeit für Freunde, für einen Tee zwischendurch und immer wieder für Auseinandersetzungen, denn die Reibungsfläche ist groß und ergiebig. Gatas Welt ist nicht in Ordnung. In Poona war sie ein ‚Boß‘, dem keiner zu widersprechen wagte, so habe ich gehört. Aber nicht mit mir. Ich bin alt genug, das Wann, Wie und Wo meiner Arbeit selbst zu bestimmen. Entnervt, fahrig, tränenüberströmt sucht Gata nach einem erneuten Zusammenstoß mit Dipam den Rat und die Hilfe Vidyas. Kurz danach läuft sie mir draußen am Plumpsklo in die Arme. Schluchzend erzählt sie mir von der Begegnung.

„Ich habe Vidya angefleht, mir eine andere Arbeit zu geben. Mich nicht mehr in eine leitende Position zu setzen. Ich habe ihr von meinen Schwierigkeiten mit Euch erzählt, daß ich damit nicht fertig werde.“

Gespannt frage ich sie: „Was hat Vidya dir geantwortet?“

Gatas Tränen purzeln mit den Worten: „Gata, du bist verantwortlich für den reibungslosen Ablauf in *Zarathustra.* Du hast Power, nutze sie!“

Das sind ungewohnte Töne für mich: „Du hast die Power, nutze sie.“

Mitleidig tröste ich Gata. Ich möchte uns Querköpfe auch nicht zum Arbeiten bringen. Gatas Kopf sinkt an meine Schulter, sie weint in meinen Mantelkragen:

„Ich will nicht auf der einen Seite stehen und ihr auf der anderen.“

Das kann ich gut verstehen.

„Ach, Mädel“, tröste ich, „wir sind doch alle Teile eines Spiegels.“

Täglich lerne ich, es so zu sehen. Die Penetranz Aradhanas, die Aggressionen Dipams, die Faulheit Bodhiprems, die prahlerische Arbeitswut von Thomas, der Befehlston Gatas - ich sehe es, weil ich es kenne - sie alle spiegeln mich. Wenig später kommt Gata an meinen Packtisch. Lächelnd hält sie mir die geschlossene Hand unter die Nase.

„Rate mal, was da drin ist?“

Ich zucke die Achseln, wie soll ich das wissen. Sie öffnet die Hand. Eine Spiegelscherbe funkelt auf ihrer Handfläche. Wir lachen uns verständnissinnig zu.

Die Endlosigkeit der Kartons beginnt mich zu langweilen. Ich spiele mit ihnen, baue ein riesiges Karton-Tor. Die eine Seite beschrifte ich mit ‚Paradies‘, die andere mit ‚Hölle‘. Jeder lacht, tanzt fröhlich von einer Seite zur anderen, stellt pantomimisch dar, wo er sich befindet.

Da erscheint Vidya. Man verstummt, geht sofort an die Arbeit. Mich macht diese Feigheit wütend. Betont langsam falte ich meine Kartons, werde noch langsamer als Vidya sich neben mich stellt. Wer ist diese blonde Frau? Ich kenne sie vom Sehen, weiß von anderen, welch wichtige Funktion sie hat. Vidya beobachtet mich. Längst vergangene Zeiten steigen in mir hoch: Schule, Lehrer, Klassenarbeit. Ich werde unsicher. Ärgerlich. Sie spricht mich in stockendem Deutsch an:

„Zeig mir doch mal, wie man diese Kartons faltet.“

Sofort hat mein Ärger ein Ventil. Ich blaffe zurück:

„Na, dazu brauchts ja wohl keine Intelligenz.“

Vidya betrachtet mich ruhig. Ich ärgere mich über meinen Ärger, meine Patzigkeit. Ungeschickt beginnt sie mit dem Falten.

„Verstehst du mein Deutsch?“ fragt sie. Ich nicke. Während sie faltet, erzählt sie nach Worten suchend von sich. Ihre Eltern waren deutsche Juden, sind vor dem Krieg nach Südafrika ausgewandert. Sie lächelt:

„Und immer, wenn wir Kinder etwas nicht hören sollten, sprachen meine Eltern Deutsch. So haben meine Geschwister und ich es etwas gelernt.“

Ich fühle, daß sie sich mir nähert. Ihre selbstverständliche Art gefällt mir. Als sie mich fragt, ob ich gerne hier bin, platze ich mit einem ehrlichen „Nein!“ heraus. Für Sekunden sind wir beide verdutzt, dann lachen wir. Ich mag das kühne Raubvogelgesicht. Ihre gebogene Nase, die scharfen hellen Augen, die Intelligenz und Wachsamkeit zeigen. Ich fühle, daß diese Frau unbestechlich ist, wahrhaftig. Eine bedeutsame Feststellung für die Zukunft.

Die wenigen deutschen Sätze haben eine Brücke zwischen ihr und mir geschlagen. Es freut mich, als sie mit Dipam Englisch spricht.

Am nächsten Tag ist die Begeisterung lautstark - Gata teilt uns mit, daß wir Bhagwans Privat-Bücherei umpacken werden. Die Stimmung in *Zarathustra* ist wie durch Zauberei verändert. Es wird heller, freundlicher und wärmer in der Halle. Jeder möchte die Kisten auspacken, in denen er die geheimen Schätze vermutet, aus denen der Meister seine Weisheit schöpft. Wir werden lange beschäftigt sein, denn es sind hunderte von Kisten, die beinahe 40.000 Bücher beinhalten. Es wird ein Vergnügen. Jeder erwischt, was ihn besonders interessiert - Architektur, Malerei, Philosophie, wissenschaftliche Studien, Religionen. Ich treffe alle meine Freunde wieder. Was ich aber insgeheim auspacken möchte, ist Bhagwans erotische Sammlung, die sehr ungewöhnlich sein soll. Und wirklich, sie fällt mir in die Hände: Erotica und Pornografie. Ich blättere mich versunken durch die Verschiedenartigkeit der Sexualität. Jugendstilsex von Bradsley und Klimt, Kamasutra, chinesische Tuschebände, Comicstrip-Sex, Fotobände aus aller Welt. Es gibt keine Variante, die sich hier nicht findet. Bildbände über Homosexualität, Lesbianismus, Sodomie, Fetischismus. Nichts ist ausgelassen, endlich kann ich meine Neugier befriedigen. Mit glühenden Backen und klopfendem Herzen habe ich mich zwischen den Regalen unsichtbar gemacht. Mich wie ein Teenager den Blikken entzogen. Mein Schweigen fällt auf. Schnell bin ich umringt von der ganzen Mannschaft. Sie schauen mir über die Schulter, ziehen Hefte aus dem Stapel, lachen und witzeln liebevoll über mich. Thomas liest laut aus den ‚Schmutzigsten Witzen der Welt', die brüllend belacht werden. Einige wissen, in welcher Lecture Bhagwan den Witz erzählt hat. Ich verabscheue schmutzige Witze, die meist in der Erniedrigung der Frau ihre Pointe haben. Für mich ist Sexualität etwas so Hinreißendes, Natürliches, daß mich das in-den-Dreck-ziehen abstößt. Natürlich ist mir unbegreiflich, warum Bhagwan seine Vorträge mit solchen Witzen würzte.

Jahre später sehe ich die geistreiche Verknüpfung von Wissen und Komik und kann von ganzem Herzen darüber lachen. Im Lachen schweigt unser Verstand. Im Lachen kann der Meister den

Schüler erreichen. Lachen und Orgasmus sind Zustände, die mich aus dem Kopf werfen. Da denke ich nicht, da bin ich.

Thomas steht auf dem Tisch, umringt von Arbeitern, die von unserem Gelächter in die Halle gezogen wurden. Er imitiert gekonnt Bhagwan und schmettert Witz um Witz in ein wieherndes Auditorium. Ich wühle weiter in meiner Schatzkiste. Mit Ehrfurcht nehme ich Bhagwans Bücher in die Hand. Er hat darin gelesen, vertikal, diagonal. Er ist als Schnell-Leser bekannt, er liest täglich mehrere Bücher. Liebevoll blättere ich die Seiten um, die auch er umgeblättert hat. Es freut mich, daß wir so viele gemeinsame Freunde haben. Oft finde ich wirklich Komisches in den Kisten. Bücher, die mich schmunzeln lassen. Wie zum Beispiel ‚Wie tranchiere ich ein Huhn?' oder ‚Wie bastle ich einen Stuhl?' Das sind echte Höhepunkte. Bhagwan der Vegetarier als Hobbywerker. Er befaßt sich mit allem, ist an allem interessiert. Seine alten Bücher aus seiner Studienzeit in Jabalpur sind von ihm mit Bleistift signiert. Später entwickelt er die Signatur zu kleinen Kunstwerken, die unsere Bewunderung hervorrufen. Mit Tusche, Tinte, Filzstiften, Wasserfarben wird seine Unterschrift schwungvoller, größer, farbiger. Oft nimmt sie beide Seiten ein.

Ich stelle mir Bhagwan vor, wie er da so sitzt, wie ein Kind, das immer prachtvoller seinen Namen malt.

Das Eindringen in die Privatsphäre Bhagwans hat uns nähergebracht, sanfter miteinander gemacht. Ich wärme mich an einem feuerspuckenden Kerosin-Drachen, der immer nur einen Teil des Körpers erhitzt. Sawita, sonst englisch-kühl distanziert, legt mir den Arm um die Schulter und schiebt mich durch die Halle. Im Marschschritt singen wir: „Wir sind Bhagwans kleine Soldaten".

Irritiert betrachte ich mein Unterbewußtsein. Was habe ich mit Soldaten zu schaffen? Eine so kleine Szene bringt Unerwartetes in mir hoch. Sawita ist Jüdin. Jeder zweite auf der Ranch ist und wird Jude sein. Juden aus der ganzen Welt haben Bhagwan als ihren Meister erkannt. Es gibt sogar italienische Juden, erfahre ich erstaunt. Ich werde solange mit Juden konfrontiert, bis sich mein deutsches kollektives Schuldbewußtsein endlich auflöst. Ein Leben lang ruhten 5 Millionen tote Juden auf meinen Schultern. Peiniger und Opfer - die Juden auf der Ranch müssen sich täglich mit dem verhaßten Deutschtum auseinandersetzen, denn Juden und Deutsche bilden die Mehrheit der Kommune. Sie haben miteinander ins Reine zu kommen. Der neue Mensch kann nicht mit alten Kleidern geboren werden. Es wird Zeit brauchen und eine ständige Gegenüberstellung, bis ich bei der Erwähnung ‚Jude' nicht mehr schuldbewußt zusammenzucke.

Es ist Anfang Dezember. Mittagspause. Wie immer gibt es Gefrorenes und Halbgefrorenes im Freien. Spaghetti knirschen zwischen den Zähnen, der ‚Eis'-Salat zerspringt bei Berührung, der Wind weht die Suppe vom Löffel auf die Jacke meines Gegenüber. Latifa findet mich.

„Du sollst nach der Pause zu *Jesus Grove* kommen. Sushila möchte mit dir reden." Fragend schaue ich Latifa an.

„Was will sie denn von mir?" Latifa zuckt die Achseln. „Ich komme auch, ich werde für dich dolmetschen."

Sie wendet sich von mir ab, sucht einen freien Platz zum Essen. Unbehagen beschleicht mich. Die alte Schulangst ist da. Längstvergessene Bilder steigen an die Oberfläche: Gänge, Hallen, das Hinaufhasten breiter Treppen, der Zusammenstoß mit dem alten Lateinlehrer, ein Stapel Hefte auf den Stufen, eine Eichentür öffnet sich - ich stehe vor IHR. Auf einem Schreibtisch ein mächtiger Busen. Brillengläser funkeln Macht. Frau Direktorin Weber. Aus ihrer Hand ragt mein schmächtiges Heft. Die tiefe Stimme spricht: „......deine Leistungen, ...deine Schrift, ...dein Widerspruch, ...kein Einfügen, ...nicht tragbar für diese Eliteschule..., ...wenn man keinen Vater hat." Zerschmettert verlasse ich den Raum.

Welche Geister quellen aus der Flasche? Das ist doch dreißig Jahre her. Ich ziehe den Mantel enger um mich. Was hat *Jesus Grove* mit der Elisabethen-Schule zu tun?

Entschlossen mache ich mich auf den Weg. Einmal war ich schon dort, habe Sushila eine Menge Geld in Reiseschecks hingeblättert. Damals hat sie mich mit seltsam stillen Augen angesehen und gemeint: „Ich möchte dir meinen Respekt aussprechen für deine Courage." Es wird der einzige anerkennende Satz bleiben.

Latifa wartet schon auf mich. Sie muß ihr Mittagessen schnell getaut haben. Wir ziehen unsere Schuhe aus, stellen sie in das Regal auf der überdachten Veranda. Wir betreten eine andere Welt. Seit Tagen ist mein Blick an die Häßlichkeit *Zarathustras* gewöhnt. Es braucht nicht allzuviel, um mir Komfort und Luxus vorzugaukeln, weiche Teppiche, breite Sessel, Vorhänge, Couchtische. Und vor allem, der Duft von echtem Kaffee. Nicht diese dünne bittere Brühe, die die Amis ständig in sich hineinkippen und die mit deutschem Kaffee nichts gemein hat. Es ist ein Gebräu, das mich sehnsüchtig an Tschibo und Jacobs Krönung denken läßt.

Sushila spricht erregt auf eine Frau ein, die zusammengesunken in der Sofaecke kauert, den Mund geöffnet, bereit zu antworten. Vergeblich. Sushila ist nicht aufzuhalten. Ich verstehe weniger die Worte als den Inhalt dieses Redeflusses. Die Ma wird beschuldigt, sich mit falschen Angaben und Zusagen Zugang zur Ranch verschafft zu haben. Sushilas Ärger überschwemmt die Frau, deren schwache Versuche, sich zu rechtfertigen mit kurzen Handbewegungen unwillig weggewischt werden. Mit scharfer Stimme beendet Sushila das ‚Gespräch':

„Rita, du hattest schon immer Probleme mit der Wahrheit."

Bei der Art dieser Beschuldigung hat mich sofort die alte Angst am Wickel. Ich habe eine Gänsehaut. Es i s t Frau Weber!

Der Raum hat sich gefüllt. Mehrere Frauen sitzen auf dem Teppich, trinken Kaffee, blättern in Akten, telefonieren, tauschen Informationen aus. Ich erkenne Vidya in einer Ecke. Ich sitze am Fenster, Sushila setzt sich neben mich, Latifa ist mein Gegenüber. Ich verstehe mittlerweile ganz gut Englisch, nur die Details entgehen mir. Sushila hält sich nicht lange auf, sofort überfällt sie mich:

„Deine Tochter ist seit drei Wochen auf der Ranch. Warum hast du mir nicht gesagt, daß sie keine Sannyasin ist? Sie trägt andere Farben als Rot. Sheela hat genug von ihr. Jeder Sannyasin würde wer-weiß-was dafür geben, mit Bhagwan zu leben. Entweder du veranlaßt, daß sie Sannyas nimmt, oder sie verläßt morgen die Ranch!"

Sushilas schnelle Rede klingt wie ein einziger Satz. Obwohl ich den Sinn verstanden habe, übersetzt Latifa Wort für Wort.

Ich bleibe ganz ruhig. Fest schaue ich in Sushilas Augen und stelle fest:

„Du lügst. Ich habe dir in Köln gesagt, daß Justine keine Sannyasin ist. Mit Sicherheit werde ich sie nicht zwingen, Sannyas zu nehmen. Wenn du ihr drohen willst, dann laß sie rufen und mach es selbst."

Latifa übersetzt. Für Sekunden ist es ganz still im Raum, selbst das Rascheln der Papiere stopt. Plötzlich dröhnt Gelächter durch das Zimmer. Am lautesten lacht Sushila. Da stimme ich mit ein. Frau Weber ist endgültig aus meinem Leben verschwunden. Justine wird gerufen, sie wird gefragt, wie sie zu Sannyas steht. Vergnügt grinst meine Tochter und meint:

„Das ist doch schon lange klar für mich. Aber es sollte eine Weihnachtsüberraschung für meine Mami werden."

Wiederum lautes Gelächter. Man sucht nach einer Mala, findet keine. Tage später hängt Geeta ihr ohne viel Aufhebens neben dem Hühnerstall die Holzkette um. Justine ist stolz, die erste Initiation auf der Ranch zu sein. Sicher ist es noch nicht die Liebe, die sie zu diesem Schritt bewegt, denn sie hat Bhagwan bisher nur in den kurzen Momenten seiner Ausfahrt erlebt. Ihr gefällt das abenteuerliche Leben auf der Ranch, in der täglich wachsenden Kommune mit fröhlichen und intelligenten Menschen zu leben und zu arbeiten. Eines Tages jedoch wird sie ihren Meister erkennen.

Ein weiterer Stein ist mir vom Herzen gefallen. Justine ist in Sicherheit. Nun bleibt nur noch Babette, dann ist meine Aufgabe erfüllt. Ich bin das Vehikel, das sie gewählt haben mit dem Wissen, daß ich sie ans Ziel bringen werde - zu ihrem Meister.

Justines neue Freunde haben zur Feier der ‚Sangit Justine' - Musik und Vertrauen - einen Käsekuchen gebacken. Wir sitzen auf Rauhreifbänken, der Kuchen kracht zwischen den Zähnen. Ein sehnsüchtiger Wunsch erfüllt uns alle, die Eröffnung *Magdalenas* in vier Tagen. Endlich wieder warmes Essen.

In den nächsten Tagen lassen Sturm und Regen die Brücke einstürzen, die zu meinem Haus führt. Ich bin begeistert, nutze die Gelegenheit, um auszuschlafen. Viel zu schnell wird der Schaden behoben. Jeden Tag kommen Neue aus allen Ecken der Erde. Die Freude, mit Bhagwan leben zu dürfen, läßt sie begeistert in die Kommune springen. Viele treffen alte Freunde und wo Freunde sind, wird die Fremde erträglich, das Eingewöhnen leichter. Doch auch bei ihnen wird nach Tagen die Begeisterung der Nachdenklichkeit weichen. Das Paradies hat Härten - schwere Arbeit, höchste Disziplin, ein uneingeschränktes JA zur Kommune.

Aber wie schön ist es, zu sehen, wie sich die zivilisationsmüden Muskeln straffen, Wind und Sonne die Backen röten, die gelungene Arbeit die Augen stolz blitzen läßt.

Und unser aller Herz lächelt, wenn Bhagwan seine tägliche Spazierfahrt in die nächstliegende Kleinstadt Madras macht.

„Er kommt, er kommt!" Wir lassen die Arbeit fallen und laufen auf die Straße. Diese Sekunde, in der er durch uns fährt, dieser kleine Hauch genügt. Er ist bei uns, er hat seine Vision, wir führen sie aus. Mir ist allerdings nicht klar, worum es geht. Seufzend mache ich mich an die Arbeit. Wie schwer fällt es mir, nicht mehr über mein Leben zu bestimmen. Die abendlichen Gespräche mit Anubodhi helfen mir sehr. Ich freue mich auf sie, wenn ich nach Hause komme. Stürmisch versichere ich ihr meine Zuneigung, um von ihr zu hören: „Wir sind nicht hier, um Freunde zu gewinnen."

Ich verstehe nicht. Wir s i n d doch Freunde!

Ein ungezügelter Rauchgenuß ist Teil unserer Gespräche. Die werden oft von Lachen unterbrochen, denn mein Englisch bewegt ihre Lachmuskeln. Ich liebe Anubodhis scharfe Intelligenz. Ein Mensch, der sein Gehirn benutzt. Wir vertrauen uns unsere Schwierigkeiten an, unsere Zweifel, das Zuviel an körperlicher Arbeit, die erdrückende Disziplin, die ständige Kontrolle und Bevormundung durch weitaus Jüngere. Sie zitiert aus dem Buch, das sie liest, natürlich von Bhagwan: „Ein gutes Pferd läuft schon beim Schatten einer Peitsche." Beeindruckt nicke ich. Wir sind gute Pferde, Schatten genügt. Wieviel tüchtige Hiebe werden notwendig sein, um mich überhaupt nur in Bewegung zu bringen. Lichtjahre trennen mich von der Erkenntnis der Realität. Meiner Realität.

Anubodhi und ich rätseln über die Notwendigkeit der Kommune. Was bezweckt Bhagwan mit diesem Arbeitslager? Mit schmerzenden Gliedern gehen wir spät zu Bett, alle Fragen bleiben unbeantwortet. Wir rufen uns ein letztes ‚ora et labora' zu.

Ich muß zu *Pythagoras.* Zu den Rückenschmerzen kommen Unterleibsschmerzen. Ich fühle mich wie ein Wrack, nein, ich b i n ein gestrandetes Wrack. Das einst so stolze Schiff - ganz schön lädiert. Einem neuen Arzt, Amrit, schildere ich meine körperliche Not, mehr mit Gesten als mit Worten, denn soweit beherrsche ich die englische Sprache nicht, daß ich ein Krankheitsbild schildern könnte. Amrit sieht mir geduldig zu, greift sich ein dickes Buch aus dem Regal. Er schlägt es auf, zeigt mir die inneren Organe des weiblichen Körpers. Er blättert, zeigt hier, zeigt dort. Ich fühle mich, wie eine Türkenfrau in Deutschland. Er fällt eine Entscheidung, gibt mir einen Beutel mit 60 Antibiotika.

„Zehn Stück jeden Tag!"

Ich nehme nie Tabletten. Und nun soviel Gift! Empört eile ich nach Hause. Anubodhi wird mir recht geben, wegwerfen werde ich das Zeug, das mehr schadet als nutzt. Anubodhi überrascht mich. Nachdrücklich fordert sie mich auf:

„Du machst, was dir Amrit sagt. Hier ist keine Zeit mehr für Kräutertabletten." Ihre Bestimmtheit überzeugt mich.

Einige Tage später erbricht Anubodhi pausenlos. Sie kotzt und würgt als ich nach Hause komme. Die Zerbrechlichkeit der Frau ist mir unheimlich. Ich schicke Justine zum Nottelefon, sie soll einen Arzt rufen. Sie kommt zurück mit der Anweisung, daß Anubodhi nicken soll. Ist das nicht mehr möglich, wird die Ambulanz sie abholen. Sie kann. In schwierigen Zeiten wird das Nicken ein ermunternder Gruß - wir leben noch.

Meine Erwartungen sind ungebrochen. Obwohl sie nicht erfüllt werden. Ich bin blind. Ich sehe nicht, daß jeder hier in neuen Schuhen steckt, daß nicht nur meine Schritte schmerzhaft sind.

Das Zusammenleben mit Justine ist mir eine Hilfe. Ihr Glücklichsein drängt mein Unglück etwas beiseite. Ihr sehnlichster Wunsch hat sich erfüllt. Sie darf in den Pferdeställen arbeiten. Zäh hat sie ihren Wunsch verfolgt. Endlich putzt sie Pferde und Sättel. Laut, trampelig, knochig und mollig an den verkehrten Stellen, ist sie selbst ein Fohlen. Sie hat keine Probleme, das Leben mit verschiedenartigen Menschen befriedigt ihren Wissensdurst. Aus der Enge der Familie ist sie in die Weite der Kommune gefallen. Gerne hätte ich etwas von ihrer Unkompliziertheit. Ich suhle mich noch immer im Trennungsschmerz. Habe das Loslassen nicht verwunden. Ob Mozart, Bach, die Beatles - jede Musik versetzt mich in die Vergangenheit. Erinnerungen sind das Salz in meinen Wunden. Ich erhalte die erste Post. Achims Briefe sind immer ‚alles-o.k.-Berichte'. Vandas dagegen, wie die meinen, voller Sehnsucht, Tränen und Schmerz. Aruna ist glücklich im Center in Gießen. Von Babette höre ich nichts, wenn ich nicht anrufe. Die Familie ist auseinandergefallen. Genau zur richtigen Zeit. Nur - die Zügel aus der Hand zu geben, fällt mir nicht leicht. Zumal wenn ich spüre, wie man mich gängelt. Die einzige Entscheidung, die ich noch treffe ist, ob ich mir heute oder morgen die Haare wasche, ob ich dusche oder nicht. Bei meiner Ankunft teilte mir Sushila mit, daß es notwendig sei, mehrere Male am Tag zu duschen. Wie trieb mir die Empörung das Adrenalin in die Höhe. Woher nimmt sie sich ein solches Recht? Je länger ich in der Kommune lebe, umso mehr stelle ich fest, daß die Neuen tatsächlich einen penetranten Geruch verströmen. Den Geruch einer kranken Welt mit sich bringen, aus der sie kommen. Ein gesunder, klarer Mensch hat keine übelriechenden Ausdünstungen.

Magdalena ist pünktlich zu Bhagwans Geburtstag am 11. Dezember fertiggestellt. Der Jubel ist groß, als wir hören, daß *Maggies*, wie wir liebevoll die Küche nennen, mit einem Darshan eingeweiht wird. Mit dem Meister schweigend sitzen, ihn zu fühlen. Für uns alle eine Begegnung nach langer Zeit.

Wir beenden die Arbeit um 4 Uhr nachmittags. Zeit genug für Körperpflege, Bügeln und Besinnung. Ich trinke einen Cognac. Justine ist aufgeregt. Endlich wird sie Bhagwan für längere Zeit sehen. Wir duschen, wählen unsere schönsten Kleider. Das Haus bebt unter der Geschäftigkeit. Mit Bhagwan eine ganze Stunde zu verbringen, ist auch neu für mich. Ist es wirklich ein so großes Erlebnis, in seiner Präsenz zu sein, wie jeder Schüler behauptet?

Von allen Seiten eilen die Leute durch die winterliche Kälte, getrieben von dem Wunsch, *Magdalena* von innen zu sehen, im Warmen zu sitzen und auf Bhagwan zu warten.

Mittlerweile leben auf der Ranch an die 250 Sannyasins. Nur wenige Gäste sind zum Geburtstag zugelassen, denn noch immer sind die Unterkünfte nicht ausreichend. So sind in dem weißstrahlenden Speisesaal ca. 400 Schüler versammelt. Jeder drängt nach vorn, möchte so nah wie möglich vor dem Meister sitzen. Ich habe mich in die Nähe der Tür gestellt, durch die er kommen muß. Ich möchte den Mann, der so drastisch mein Leben verändert hat, aus der Nähe sehen. Weiter vorne wartet Justine, sichtlich aus ihrer üblichen Gelassenheit geworfen.

Ein Sessel wird auf das Podium getragen. Ein Seufzen geht durch die Reihen. Ein vertrautes Ritual. Der Schonbezug wird entfernt. Ein schlichter grauer Sessel mit hoher Lehne, um Bhagwans labilen Rücken zu entlasten. Mein Herz klopft erwartungsvoll. Ein Blick aus dem Fenster - der Rolls Royce rollt durch die Dunkelheit. Hält. Ein Swami öffnet die Tür. Bhagwan steigt aus, rafft mit der Hand sein langes weißes Gewand. Mit kurzen Schritten, die seine indischen Sandalen zulassen, gefalteten Händen, betritt er den Raum. Er lächelt und grüßt mit *Namaste* nach allen Seiten, setzt sich, schließt die Augen. Flötenmusik schwingt durch den Raum. Da ist er - mein Meister. Der einzige Mensch, dem ich mehr traue als mir selbst. Der Mensch, der mich wie ein Magnet über Kontinente gezogen hat. Der mich aus unerklärlichen Gründen aufgefordert hat, mit ihm zu leben.

Auch wenn ich ein großes Fragezeichen bin, meine Dankbarkeit ist grenzenlos, überflutet mich, durchschwemmt jede Zelle meines Körpers. So schwer mir das Leben in der Kommune fällt, unter seiner Obhut kann nur das Richtige mit mir geschehen. Ich lehne an der Wand. Meine Augen sind geschlossen. Ich muß ihn nicht sehen. Ich bin durchdrungen von Gefühlen. Freude und Glück lösen die Dankbarkeit ab. Jeder Schmerz ist aus mir verschwunden. Wie ein Gebet strömt es aus mir: „Ich laufe auf mir unbekannten Pfaden, stolpere im Ungewissen, springe über Abgründe. Doch solange du, Bhagwan, meine Hand hältst, ich deine Liebe und Wahrheit fühle, werde ich mich vorwärtsbewegen. Auch wenn die Angst mich schüttelt und der Zweifel den Boden unter mir schwanken läßt."

Schmetternde Musik versetzt mich in die Wirklichkeit, reißt mich aus meiner sanften Stimmung. Bhagwan grüßt uns mit *Namaste* und zieht sich zurück. Justine starrt ihm an der Tür entgegen, mit aufgerissenen Augen. Sein Ärmel streift sie. Mit einem Extra-Nicken für sie verläßt er *Magdalena.* Musik, Lachen, Weinen, Tanzen. Wie immer setzt die Anwesenheit Bhagwans alle Emotionen frei. Justine und ich fallen uns in die Arme. Meine Liebe strömt in sie hinein. Welch ein gesegnetes Leben, in so jungen Jahren einem Meister zu begegnen.

Wir lassen uns zum kalten Büfett schieben. Warme Mahlzeiten gibt es ab morgen. Die Zeit der gefrorenen Spaghetti, das Auftauen der Bratkartoffeln zwischen den Zähnen wird zur Legende für die kommende Generation. Ich bin zu bewegt, als das ich essen kann. Ich verabschiede mich von Justine, mache mich auf den Heimweg. Glücklich laufe ich durch die Nacht. Welch ein Sternenhimmel. Es blitzt und funkelt über mir. Der Mond hat eine nie gesehene Größe. Die Venus, eine glamouröse Schönheit, die unübersehbar ist. Oregonische Nächte - einmalig.

Bhagwan, wer bist du? Mein Herz ist voll von dir. Auch wenn ich noch im Schmerz um das Verlorene verhaftet bin, so weiß ich doch, daß nichts mehr wichtig ist in meinem Leben als er und ich. Die Schmerzen werden eines Tages nachlassen, sich auflösen. Ich werde frei sein. Eine Freiheit, die ich ahne, wenn ich den Glanz des Himmels sehe. Noch bin ich der Affe, der ein ganzes Leben an den Stäben seines Käfigs rüttelte, den Schrei nach Freiheit auf den Lippen. Im Laufe der Jahre ist mein Rütteln mechanisch geworden, der Sinn des Rüttelns verloren gegangen, die Schreie heiser. Da geht die Tür auf. Verschreckt sitzt der alte Affe in der hintersten Ecke. Ein Loch ohne Gitter? Die Neugier siegt, ich mache einen

Schritt in die Freiheit. Doch das Rütteln und Schreien ist mir zur Gewohnheit geworden. Ich werde Zeit brauchen zu erkennen, daß ich die Freiheit nicht erkämpfen muß. Das Loslassen aller Ideale und Illusionen ist so schwer. Wie wir leben, was wir leben - Illusionen. Verzweifelt wehre ich mich gegen die Ahnung, daß auch Liebe eine Illusion ist. Die Liebe, die mein Leben bestimmt. Ich bin stark im Festhalten. Wie stark, werde ich erfahren. Nur die Kraft eines Meisters, die Kraft eines Buddhafeldes wird es schaffen, meine Taue zu kappen, die mein Segelschiff im Hafen halten. Erst dann werde ich mich in der Weite von Himmel und Erde verlieren. Noch schleppe ich schwer an meinen Lasten: Liebe, Persönlichkeit, dem zähen Willen, die Welt nach meiner Vorstellung zu gestalten und der Verurteilung all dessen, was nicht in diese Vorstellung paßt.

„Wenn du dich hingibst, wird alles göttlich." (Bhagwan Shree Rajneesh)

Von dieser Wahrheit bin ich noch weit entfernt.

Auf der Veranda erwartet mich Anubodhi mit einer Flasche Tequila. Der erste Darshan muß gefeiert werden. Unser Lachen wie auch der Schnaps ziehen die Hausbewohner an. Wir beginnen uns kennenzulernen. Anubodhi erzählt aus der Vergangenheit: Sie ist Sekretärin. Ihr Büro ist in einem Hochhaus in den Wolken. Als ihr Chef verreist, überträgt er ihr die Sorge für sein Aquarium. Bald ist Anubodhi von der Fischwelt so gelangweilt, daß sie sie kurzentschlossen in die Toilette kippt. Die Pointe ist unerwartet.

Ich sehe die Fische durch die Kanalisation eines Wolkenkratzers schwimmen, durch alle 150 Stockwerke. Ich pruste vor Lachen. Jeder stimmt ein, obwohl keiner den Grund meines Lachens kennt. Ich bewundere Anubodhi. Ich liebe Menschen, die in Kleinigkeiten Helden sind.

Weihnachten. Ein Datum, das hier keine Hektik auslöst. Karmayogi überläßt mir sein pfundeschweres Weihnachtsplätzchen-Paket aus Deutschland. Er hat dafür keine Verwendung, er fährt zurück nach Köln, Geschäfte klären. Neid ist mir ein sehr fremdes Gefühl, aber sicher empfinde ich etwas ähnliches, als er mir erzählt, was er alles in Deutschland vorhat.

„In den besten Lokalen speisen: Fisch, Shrimps, Langusten, Wein und Kerzenschimmer." Genüßlich läßt er vor meinen Augen den Lachs auf der Zunge zergehen, schlürft mir die diversen Weine vor.

„Oh, du Schuft. Aufhören, aufhören", jammere ich. Und um das Maß vollzumachen, lächelt er verklärt:

„Und eine Frau für 24 Stunden!"

Ja, es i s t Neid.

Am Weihnachtsabend lade ich Freunde ein. Wir sind festlich gekleidet, der Duft von Plätzchen füllt den Raum. Wir packen Pakete aus Deutschland aus, mit denen unsere Lieben an uns gedacht haben. Großzügig teilen wir Marzipan und Schokolade mit den Hausbewohnern - das Kennenlernen macht Fortschritte.

Vanda schickt mir alte Geschenke neuverpackt, eine Sentimentalität, die ich nicht teile. Die Brotfrau aus Limburg, einst bewundert, wirkt jetzt neben meinem Bett deplaciert. Sie paßt nicht mehr in mein Leben. Auch das jubelnde ‚Gloria' aus dem Weihnachtsoratorium treibt keine Tränen mehr in die Augen, zieht das Herz nicht zusammen. Weihnachten ist von mir abgefallen. Irgendwo muß man ja anfangen mit Loslassen.

Die Arbeit in *Zarathustra* ist lustlos. Die Bücherei ist ausgepackt, in einem Sondertrailer untergebracht. Ich falte wieder Kartons, prüfe Bücher auf ihre Makellosigkeit, so daß sie verkauft werden können. Meine Rückenschmerzen sind kaum erträglich. Meine inneren Spannungen haben sich dort versammelt und wüten.

„Was du brauchst, ist ein Kerl im Bett", meint Gata, deren Hausmittelchen immer Männer sind. Empört wende ich mich von ihr ab. Das ist wohl die letzte Medizin, die ich nehmen würde.

Ich verlasse Zarathustra immer früher, nehme die Schmerzen als einen Vorwand für meine Eigenmächtigkeit, die mir ein kleines Gefühl von Freiheit gibt. Gatas Ärger darüber bleibt mir nicht verborgen. Mein schlechtes Beispiel unterbricht ‚den Energiefluß' der gemeinsamen Arbeit, wie sie meint. Doch das hält mich nicht auf. Auf meinem Heimweg in der Dämmerung bremst ein Truck neben mir. Ich steige ein, erkenne Sue, die zu den Frauen aus der Organisation gehört. In Poona habe ich versucht, ein Interview mit ihr zu machen. Über das Matriarchat im Ashram. Damals arbeiteten sie und ihre Freundin Marga - beide bekannte Feministinnen - in der Töpferei. Sehr bestimmt lehnte sie meine Bitte ab:

„Es wird genug Unsinn über den Ashram in der westlichen Presse geschrieben." Als sie mein enttäuschtes Gesicht sah milderte sie ihre Ablehnung: „Aber wenn du heute abend mit uns ein Bier trinken willst, gerne. Dann können wir ja privat darüber reden."

Es kam nie zu diesem Treffen. Jahre später sitzen wir in einem rumpelnden Lieferwagen auf der anderen Seite der Welt.

„Na, Sue", meine ich unbefangen, „weißt du noch, daß du mir ein Bier schuldig bist?"

Irritiert, mit zusammengezogenen Augenbrauen, wirft sie einen Seitenblick auf mich:

„Ach ja, irgendwann."

Ich werde nur noch einmal persönlich mit ihr zu tun haben. Aber sie fasziniert mich, sie bleibt ein Objekt meiner Beobachtungen. Eine Spartanerin, unnahbar, stolz, kühn, ja kriegerisch. Schwarze Haare umrahmen helmartig ein weißes Gesicht. Ein schmaler Mund, den ich als grausam empfinde. Eine Grausamkeit, die mich anzieht und abstößt. Sue liebt Frauen und spielt mit Männern. Eine ‚schwarze Witwe', die frißt, was in ihr Netz fällt? Sue beschäftigt meine Phantasie. Ob ich jemals zu dem versprochenen Bier komme?

Es ist Mitte Dezember. Am Nachmittag findet eine Versammlung für die Kommunemitglieder in *Magdalena* statt. Von einem kräftigen Schneeregen durchweicht, komme ich dort an. Wir schieben die Stühle und Tische im Speisesaal beiseite, setzen uns auf die Erde. Ein Blick in die Runde, es müssen bald 300 Leute sein. Sheela und Vidya werden mit lautem Beifall begrüßt. Sie nehmen auf ineinandergestapelten Stühlen Platz. So erhöht, sind sie besser zu sehen und zu hören. Sheela erzählt wie immer zuerst von Bhagwans Gesundheit. Mit Freude nehmen wir zur Kenntnis, daß es ihm sehr gut geht. Die trockene klare Luft ist hervorragend für sein Asthma und seine Allergien. Sheela macht eine Pause. Sie läßt ihren Blick über unsere, ihr zugewandten Gesichter wandern. Sie sprudelt los:

„Ihr habt Euch sicher gefragt, was wir mit soviel Land anfangen werden? Heute hat mir Bhagwan mitgeteilt, daß er möchte, daß wir eine Stadt für 50.000 Sannyasins bauen. Er möchte, daß alle seine Leute aus der ganzen Welt um ihn herum leben."

Verblüffung. Bisher ist wohl jeder von uns davon ausgegangen, daß eine Kommune mit 1.000 Leuten schon sehr groß wäre. Nun gar 50.000? Nach kurzem Schweigen brechen die Versammelten in brausendes Gelächter aus. Yipiiiieeeeh-Schreie, Hüte fliegen durch die Luft, der Pioniergeist bricht durch. Die Mitteilung, Vidyas, daß die Arbeitszeit von zwölf auf dreizehn Stunden erhöht wird, geht im Tumult unter. Nicht bei mir. Ich sitze zusammengekrümmt an der Wand und denke: Bhagwan spinnt.

Sheelas Frohsinn kennt keine Grenzen. Sie informiert uns weiter über den nächsten Bhagwanwunsch: ein Festival im Sommer mit mindestens 10.000 Sannyasins, für die wir in wenigen Monaten Unterbringungsmöglichkeiten schaffen müssen. Dazu eine große Halle. Als Gewächshaus deklariert, hat die Kommune die Baugenehmigung dafür erhalten.

„Das größte Gewächshaus der Welt. Es wird 20.000 Menschen aufnehmen".

Ihr verschmitztes Lachen bestätigt die Vermutung eines gelungenen Schelmenstreichs. Gelächter, Beifall. Sheelas Begeisterung reißt alle mit. Ab sofort wird das geplante Festival im Sommer der Pulsschlag unseres Seins. Die Ranch wird ein Abenteuerspielplatz. Nur ich bin mißmutig und verstimmt. Nicht allein der Inhalt des Meetings hat mich geschockt. Auch die Art und Weise, die uns vor vollendete Tatsachen stellt: harte Arbeit, erhöhte Arbeitszeit.

Stadt in den Bergen, im Nirgendwo. Welch eine verrückte Idee. Die Vorbereitung eines Festivals mit zigtausend Menschen halte ich für undurchführbar, für absurd. Ich brauche mich nur umzuschauen, um meine Zweifel bestätigt zu sehen. Karges Land, steiniges Geröll, auf dem ein paar alte Scheunen stehen. Dazu eine Handvoll Menschen, die das Unmögliche möglich machen sollen. Ich bin ein einziges Kopfschütteln. Das Leben unter solchen Bedingungen erscheint mir nicht mehr lebenswert. Meine Vorstellungen vom Paradies sehen anders aus. Rundum werden in den kommenden Wochen die Ärmel hochgekrempelt. Die Männer werden täglich markiger. Den Cowboyhut lässig im Nacken stiefeln sie, sich in der Hüfte wiegend, durch den Schlamm. Sie saufen, pokern, spielen ‚fuck a duck', ein undurchsichtiges Kartenspiel, in jeder freien Minute. Rauhes Lachen, derbe Witze, kraftvolles Händeschlagen, „Give me five". Ein echtes, kerniges Männerkneipengehabe. Aus den elegischen Epheben der Poonatage, aus den Samtrobenträgern, aus den Hätschelbübchen und Honigjungens sind über Nacht harte Männer geworden. Ein jeder seine eigene Marlboro-Reklame. Frauen und Mädchen springen ihnen wieder auf den Schoß, schnurren und gurren. Welch eine verrückte Welt. Das alte Spiel von vermeintlicher Stärke und vermeintlicher Schwäche wiederholt sich. Angeekelt wende ich mich ab. Der neue Mensch? Wie will Bhagwan das schaffen?

Die Kommune kennt nur noch ein Thema. Die Stadt. Das Finanzielle scheint das kleinere Problem zu sein. Sannyasins aus der ganzen Welt unterstützen dieses Projekt. Ihre Liebe und ihr Vertrauen zu Bhagwan drücken sich in der Großzügigkeit der Spenden aus. Aber auch Sushilas Unnachgiebigkeit ist es zu verdanken, daß die Gelder fließen.

Besonders in Deutschland hat sie große Erfolge. Die Tatsache, daß sie Jüdin ist, hilft ihr dabei. Was für die Italiener Spaghetti, ist für die Juden das Geld. Dadurch, daß sie es so sehr lieben, gehen sie auch gut damit um. Was Wunder, daß alle Geschäfte, alle Gelder von jüdischen Sannyasins erfolgreich getätigt und vermehrt werden. Ein Potential wird genutzt. Sushilas Potential ist eine Geheimwaffe. Ihre Tourneen in Deutschland sind eine besondere Form der Wiedergutmachung. Vor ihrem Zugriff gibt es kein Entrinnen. Mit ihrer Hilfe läßt man Ererbtes und Erspartes los. Hartnäckigen Widerstand leisten die Amerikaner - für sie ist Geld Leben, Blut. Ich mache die Erfahrung, daß Amerikaner alles teilen, was nichts kostet: Gefühle, Bücher, eine Landschaft - ja, auch die Frau. Beim Aufbau der Stadt sind sie enthusiastisch dabei. Sie haben immer noch die Land-urbar-machen-Mentalität ihrer Vorväter. Eine Stadt bauen - ja! Eine Kommune - ja! Mein Geld - nein! Sie haben Geben zu lernen. Geben von Herzen. Wie es die Inder tun. Den deutschen Sannyasins genügt eine Schilderung Sushilas über das Wachsen der Ranch, über die Gärten, die angelegt werden müssen, Bäume, die gekauft werden sollen, daß *Magdalena* moderne Öfen benötigt, schon ziehen sie ihre Scheckbücher und den Schmuck von den Fingern. Natürlich werden darüber Witze gemacht. Warum vermeidet man, auf Versammlungen mit Sushila zu lachen? Damit sie die Goldplomben nicht sieht. Hintergründige Anspielungen, von denen es überall wimmelt. Begrüßungen wie: „Jude? In Ausschwitz wohl durch den Rost gefallen?" erschrecken mich am Anfang zu Tode. Bis ich im Umgang damit erkenne, daß bei mir, wie bei den Juden, Barrieren fallen. Der Mensch wird mit vielen Etiketten geboren. Geschlecht, Nationalität, Klasse, Rasse, Religion. Dabei ist er ‚nur' ein Mensch. Keiner der Schüler hat mit dem Judenmord zu tun, aber wieviel Schuld tragen wir herum. Wieviel Angst und Haß auf der jüdischen Seite. Im gemeinsamen Lachen über einen Witz, der all das anspricht, begegnen wir uns als Menschen, die keine Vergangenheit kennen und ein Erbe ablehnen.

Die Kommune wächst. Ende Dezember sind es 300 Sannyasins, die begonnen haben, die 50.000-Seelen-Stadt in Angriff zu nehmen. Hartnäckig wühlen sie sich durch den Schlamm, bauen Brükken, legen Rohre, ebnen Gelände, graben sich durch Geröll. Ich habe keine Erklärung für das Geschehen, das mir sinnlos erscheint. Aber ich fühle, daß Bhagwan schnell, unnachgiebig und sehr intensiv mit uns arbeitet. Das Ziel ist nicht, eine Stadt zu bauen. Das ist zu irreal. Jeder wache, intelligente Mensch muß sehen, daß die Schwierigkeiten, ein solches Projekt durchzusetzen, unüberwindbar sein werden. Wir sind ein Fremdkörper. Gleich in welchem Land wir leben, es wird versucht werden, uns schnellstens abzustoßen. Eine Erfahrung, die ich in jahrelanger politischer Arbeit machte - Wahrhaftigkeit ist überall unerwünscht. Wenn es aber nicht die Verwirklichung einer Stadt ist, was steckt dann dahinter? Was bezweckt Bhagwan? Jeder Tag auf der Ranch ist so intensiv, erschüttert mein inneres Gemäuer, daß ich nur noch den Wunsch habe, die Ranch auf schnellstem Wege zu verlassen.

Die Arbeit und die Disziplin machen mir zu schaffen, die klösterliche Abgeschiedenheit, die Einsamkeit der ‚tibetischen' Berge verdunkelt mein Gemüt. Wie der alte Maeterlinck am Geheimnis der Termiten rätselt, so versuche ich, das Geheimnis der Ranch zu ergründen. Warum, warum bloß geschieht das alles? Wird hier eine Burg gebaut, aus der die Atlaten eines Tages fliegen? Die Begeisterung der Leute reißt mich nicht mit. Unermüdlich werden die Baupläne beim Essen diskutiert. Dämme, Einkaufszentren, Gewächshäuser, Flughafen, Postamt, Kinos, Restaurants. Alles was zu einer Stadt gehört. Nichts anderes ist mehr wichtig.

Mir bleiben die abendlichen Gespräche mit Anubodhi, unser gemeinsames, zweifelndes Wiegen des Kopfes. Ich bin nicht wirklich auf der Ranch. Ich beobachte, seziere, urteile, verurteile, kritisiere bereits vor der Erfahrung. Ich reagiere. Ich sehe meine scharfen Reaktionen auf Menschen, die sich anders verhalten, als ich es möchte, auf Situationen, die nicht meiner Vorstellung entsprechen. Ich bin ein Damoklesschwert, das unaufhörlich niedersaust, ohne zu treffen. Hinzu kommt meine ständige Sehnsucht nach der Vergangenheit, die sich mit dem Abstand verklärt. Ich vergesse, daß ich am Ende angelangt war. Meine nächtlichen Tränen bestimmen meinen Tag. Wäre Vanda doch bei mir, mit tröstend-zärtlichen Armen.

Entschlossen eile ich zu *Jesus Grove*, stürme an Sushilas Schreibtisch, beuge mich zu der Erstaunten, die den Telefonhörer am Ohr hält.

„Sushila, bitte laß Vanda kommen. Gib sie mir zurück."

Ohne Unmut, beinahe liebevoll antwortet sie mir:

„Aber ja. Sie kann kommen, wenn sie ihre eigene Energie aufbringt."

Ohne zu wissen, wie sie das meint, fühle ich mich getröstet. Energie. Was ist Energie? Ein Wort wie Ego und Erleuchtung, Stammgäste im Vokabular aller Sannyasins. Ich kann damit nichts anfangen. Mir genügt „sie kann kommen" als Möglichkeit.

Am nächsten Morgen besucht mich Premmati in der Teepause. Wenn ein Mensch auf dieser Erde von einem Ohr zum anderen lachen kann, dann sie. Breitgrinsend hält sie mir ihre Mala vor die Augen. Zwischen den braunen Perlen blitzt ein silbernes Herzchen. Fragend schaue ich Premmati an.

„Ja und?"

Sie seufzt glücklich: „Das habe ich eben von Bhagwan bekommen."

Tja, denke ich, mit Speck fängt man Mäuse.

Täglich werden Geschenke an einzelne Schüler überreicht. Sehr begehrt - Kleidungsstücke von Bhagwan, wie Socken, Handschuhe, eine Robe. Aber auch Schmuck, Porzellan, Statuen, Kunstgegenstände werden verteilt. Seine Mützen zieren viele Köpfe. Bhagwan gibt an seine Schüler weiter, was er aus aller Welt geschickt bekommt. Die Freude, die er damit macht, ist wie bei Premmati sehr ersichtlich, ist vergleichbar mit der Geburt eines Wunschkindes. Ich möchte mit diesem ‚Zuckerl' für die Braven und Fleißigen nichts zu tun haben, für die es ein Ansporn ist, noch mehr zu arbeiten. Premmatis Anwesenheit versinkt im Nebel meiner Erinnerung.

Bilder steigen auf. Ich bin zehn Jahre alt, eine Gefangene der Katholischen Kirche. Ich lebe in einem Kloster, einer Schule, die von den Armen Schulschwestern geführt wird. Seit geraumer Zeit versuchen sie, mich zum Lügner und Heuchler zu formen, trimmen mir die Gottesliebe hinter vergitterten Fenstern ein. Fürs Bravsein gibt es Griffel, fürs Beichten und Beten Abziehbilder. Alles auf der Ranch erinnert mich daran. Die Abgeschiedenheit, das Frühaufstehen, die strenge Disziplin, das Verfügbarsein ohne jeden Widerspruch, der unbedingte Gehorsam.

Ein Schluchzen bricht aus mir hervor. Die Erinnerung überwältigt mich schmerzlich. Premmati umarmt mich verständnislos. Sie kann nicht ahnen, was das kleine Silberherzchen in mir auslöst. Schnell versucht sie mich aufzuheitern. Unter Tränen muß ich lachen, als sie mir von Sudipo erzählt und deren erste Schritte auf die ersehnte Karriere zu. Aber mein Lachen täuscht nicht darüber hinweg, daß ich in einem miserablen Zustand bin. Gesundheitlich, seelisch und auch geistig. Die Tage in *Zarathustra* sind eine einzige Tristesse. Die Vorstellung, daß es immer so weitergehen soll, macht mich fertig. Da fliegt ein Funke in die Dürre meines Seins.

Während ich Kartons falte, höre ich einem Gespräch über Mexiko zu. Mexiko, das Land meiner Träume. Vor zwanzig Jahren habe ich eine Versicherung abgeschlossen, die mir im reifen Alter von fünfzig meine Wunschreise ermöglichen soll. Wie alles andere, habe ich sie aufgelöst und in die Kommune eingebracht. Sicher sind davon Klebestifte für *Zarathustra* gekauft worden, zuckt es durch mein Gehirn. Mexiko - das Wort hat mich in Flammen gesetzt. Einmal ausgesprochen, höre ich es von allen Seiten. In der Teepause, in *Magdalena*, abends auf der Veranda - die Luft ist mexiko-geschwängert. Es läßt mich nicht mehr los. Beim Falten, beim Essen, ich schlafe ein damit. Ich habe keinen anderen Gedanken mehr. Und was erst wie ein Traumspiel aussieht, wird über Nacht wahr. Ein Schleier zerreißt, eine Mauer fällt ein, eine Schale platzt: Ich werde die Ranch verlassen. Ich kann hier nicht leben, ich passe nicht rein. Ich möchte reisen, so weit wie möglich weg von der Kommune. Die Schocks der letzten Monate verarbeiten. Frischer Wind vertreibt meine Finsternis. Innere Klarheit und Entschiedenheit lassen mich fröhlich den Berg hinaufhüpfen. Anubodhi soll die Erste sein, der ich von meiner Entscheidung erzähle. Die Wirkung meines Vorhabens ist auf sie ungeheuer:

„Waaas? Du willst die Ranch verlassen? Was willst du denn in Mexiko?"

Ich lache vergnügt: „Ich weiß auch nicht. Aber ich muß hier weg."

Sie nickt verständnisvoll, hat aber auch ihre Bedenken:

„Du kannst nicht so einfach die Kommune verlassen. Du mußt erst Sheela fragen."

Mir ist nicht ganz klar, warum ich es muß, doch selbstverständlich werde ich sie von meiner Absicht unterrichten.

„Klar, morgen gehe ich zu *Jesus Grove.*"

Anubodhi zerrt die Tequila-Flasche aus dem Schrank. Unter dem funkelnden Sternenhimmel sitzen wir, eingehüllt in Decken, in der Kälte einer Winternacht. ‚Cheers' stoßen unsere Gläser zusammen. Sie kann nicht fassen, daß ich wirklich die Ranch, Bhagwan verlassen werde. Mit dem Gedanken zu spielen, ist etwas anderes, als es tatsächlich zu tun. Ich spüre, daß sie nie gehen würde. Auch wenn ihr das Leben hier ebenso schwerfällt wie mir, sie kann Bhagwan nicht verlassen. Ich habe diese Bindung an ihn nicht. Wenige Wochen in Poona, keine Lecture, nur ein Buch „Die Intelligenz des Herzen". Keine Jahre mit ihm, keine Gespräche, keine Antworten auf Fragen oder sonstige Begegnungen, die eine persönliche Beziehung zu ihm schaffen konnten. Für mich ist Bhagwan nicht greifbar - und doch ist er da. Ich verlasse nicht ihn, ich verlasse die Kommune mit ihren Regeln, mit ihrer Disziplin und Arbeit, mit der ich nicht leben kann und will.

In einem Buddhafeld geschieht nur Wahrhaftiges. Meine Wahrheit ist, daß ich nach Mexiko m u ß.

Mit diesem Wissen gehe ich ins Bett. Die erste Nacht in zwei Monaten ohne Tränen. Tief und fest schlafe ich bis zum frühen Morgen, bis mich leises Klopfen weckt.

Ein Blick auf Justines Bett - sie ist schon zu den Ställen unterwegs. Bevor ich „Herein" brummeln kann, öffnet sich behutsam die Tür. Ein verhüllter Kopf schiebt sich in den Raum. In der Dämmerung erkenne ich Anubodhi, die von Kopf bis Fuß in ein weißes Laken gehüllt ist. Verblüfft sehe ich sie vor meinem Bett niederhocken. Der ungewöhnliche Kopfputz rutscht, gibt ihre goldgelben Augen frei, die mich durchdringen.

„Du wirst in Mexiko sterben", flüstert ihre Stimme.

Ich bin hellwach. Das Unerwartete trifft mich wie ein Schlag.

Was soll denn das? Fragend starre ich auf Anubodhi. Gedämpft erzählt sie mir ihren nächtlichen Traum:

„Du liegst auf einem Operationstisch, ein weißvermummter Chirurg schneidet Stück für Stück deine Gliedmaßen ab. Meine Mutter steht hinter einem Vorhang. Sie beobachtet die Szene. Das Fenster hinter ihr ist offen, Wind läßt den Vorhang wehen. Ich versuche, an ihr vorbei, durch das offene Fenster zu fliegen. Der Gedanke an dich hält mich zurück. Ich weiß, du darfst nicht sterben, denn ohne dich kann ich nicht fliegen."

Anubodhis Augen sind wie ihre Stimme eindringlich. Ihre

Angst, ja ihr Entsetzen ist körperlich spürbar. Ich verstehe - sie braucht mich für ihre eigene Freiheit.

„Geh nicht nach Mexiko", fleht sie.

Das Ungewöhnliche der Situation, ihr merkwürdiges Verhalten, ihre Erzählung mit so großer Intensität läßt Grauen in mir hochsteigen. Ich versuche ein Lachen, das als schwaches Grunzen in der Kehle steckenbleibt. Anubodhis Bernsteinaugen lassen mich nicht los. Entsetzt sehe ich, wie sich ihre Pupillen zu vertikalen Schlitzen verengen, sich öffnen, wieder schließen - die Augen einer Katze oder einer..... Ich wage den Gedanken nicht zu denken, doch dann lasse ich ihn zu:

JA, es sind die Augen einer HEXE.

Die Kraft der Erkenntnis wirft mich endgültig um. Ich zittere, schlottere, bebe. Die Angst beutelt mich. In kleinen Rinnsalen läuft Schweiß über mein Gesicht. Ich werfe mich auf der Matratze hin und her, bäume mich auf, Spucke schäumt aus dem Mund, Tränen rinnen kalt in meine Ohren. Endlich lassen mich die Augen los. Ich ringe nach Atem, der irgendwo in meinem Brustkorb steckt.

Ein epileptischer Anfall, denke ich. Anubodhi ist verschwunden, kommt zurück. Ihre kühlen Hände legen mir ein Holzkästchen aufs Herz - ihre Bhagwan-Box. Die ersten Schüler Bhagwans erhielten sie als eine Geste seiner Zuneigung. Ein Schnipsel Fingernagel, ein Haar von ihm machen das Geschenk besonders wertvoll. Bleich sitzt Anubodhi neben mir. Ihre Augen geschlossen, die Hände drücken sanft die Box auf meine Haut. Ich werde ruhig, ganz ruhig. Ich öffne die Augen, betrachte ihr abwesendes Gesicht. Wer ist diese Frau? Wie ein Stehaufmännchen ist die Neugier da. Die Box, meine starre Haltung wird mir unbequem. Ich bewege mich vorsichtig, will Anubodhis Zurückgezogenheit nicht stören. Ihre Augen blinzeln, unsere Blicke begegnen sich. Erleichtert atme ich auf. Die Pupillen sind normal.

Und dann geschieht es. Gleichzeitig wird uns beiden die Komik der Situation bewußt. Ihr Lakengewand, die ‚heilige' Box auf meinem Brustbein. Wir fallen von einem Extrem ins andere. Angst und Entsetzen verwandeln sich in ein befreiendes, brüllendes Gelächter, das die Grenzen des Erträglichen sprengt. Wir lassen uns fallen in das was ist: Irrsinn. Wahnsinn. Die Hausbewohner sind zur Arbeit gegangen. Das Haus ist leer. Unter Rockmusikklängen tanzen wir den uralten Hexentanz, der unsere Glieder zucken läßt und unser Lachen in schrille, gutturale Töne verwandelt. Solange bis Wahnsinn und Weisheit einswerden. Erschöpft fallen wir auf den Teppich. Wir brauchen Zeit, um in die Wirklichkeit aufzutauchen. Ich bringe ein Wissen mit, das aus der Tiefe kommt:

„Ich bin in einer Mysterienschule."

Bhagwan ist der Meister, der die Summe aller Meister ist.

Im 20. Jahrhundert taucht er auf - als die gesamte menschliche Zivilisation am Abgrund steht. Er fischt seine Schüler aus jedem Winkel der Erde, wirft sie in eine gigantische Waschmaschine, die jedem alles aus Mark und Knochen, Leib und Seele wäscht, was sich in Jahrhunderten, Jahrtausenden an Müll angesammelt hat. Er zerstört alles Bestehende, schafft inneres Chaos und wartet schmunzelnd ab. Jedoch weder Geschehnisse noch Erkenntnisse können mich von meinem Vorhaben abhalten. Auch nicht der zu erwartende Tod. Mein Gefühl zu gehen, ist durch nichts zu erschüttern. Ich ziehe mich an, mache mich auf den Weg zu *Jesus Grove.* Anubodhis Bewunderung folgt mir. Ich fühle mich frisch, ja neu. Ich eile den Trampelpfad hinunter. Die scharfen Silhouetten der Berge stechen in das weiche Blau des Himmels. Ein kräftiger Wind bläst mir ins Gesicht, plustert meinen Mantel auf. Es ist Anfang Januar, ein Winter ohne Schnee.

In *Jesus Grove* muß ich warten bis der zweifache Alte Fritz auftaucht. Durch das Fenster beobachte ich Sheela und Vidya aufs Haus zukommen. Vornübergebeugter Gang, hölzern. Selbst in der Kleidung unterscheiden sie sich nicht: Cowboyhüte, Parker, Cordhosen, Stiefel. Sie bringen Kälte ins Zimmer. Sie setzen sich mit gekreuzten Beinen auf die Erde. Eine indische Gewohnheit, die wir übernommen haben. Sie winken mir zu, Platz zu nehmen.

Forschend betrachten mich die Frauen. Freundlich fragt Sheela:

„Nun, was möchtest du?"

Ohne zu zögern antworte ich: „Ich möchte die Ranch verlassen."

Überraschung auf beiden Gesichtern.

„Ja, was willst du denn machen?" will Sheela verwundert wissen.

„Ich möchte in Amerika herumreisen, das Land kennenlernen, in dem ich lebe."

Die beiden nicken verständnisvoll. Über Vidyas Raubvogelgesicht geht ein winziges Lächeln. Sie meint:

„Hast du eine Vorstellung, wohin du willst?"

Prompt stoße ich hervor: „Nach Mexiko."

Die Frauen lachen schallend.

„Du bist doch erst zwei Monate auf der Ranch?" forscht Sheela.

Ich nicke eifrig. Eine kleine Stille ist im Raum. Weich ruht Sheelas Blick auf mir. Lächelnd, mit sanfter Stimme höre ich sie sagen:

„Geh." Und mit Wärme fügt sie hinzu: „Wann immer du möchtest, komm nach Hause."

Das Glück macht mich für Sekunden bewegungsunfähig. Soviel Liebe, soviel Verständnis habe ich nicht erwartet. Auf Kampf und Argumente bin ich eingestellt - stattdessen laufe ich in offene Arme. Überwältigt beuge ich mich zu Sheela, küsse sie zart auf die Wange. Das „Danke" schießt wie eine Fontäne aus mir. Meine Lippen fühlen die Glätte sonnengewärmten Marmors. Ich rutsche zu Vidya, umarme sie kurz und heftig, schnelle in die Höhe und verschwinde durch die Tür. Hinter mir herzliches Lachen. Die Schuhe in der Hand, laufe ich über den Platz. Ich spüre keine Steine, keine Nässe, keine Kälte. Ein Schrei schwingt in die Luft:

„Ich bin frei, frei, frei."

Vorübergehende winken mir zu, lachen mir zu. Keiner weiß um mein Glück, doch jeder versteht mich wortlos. Wie anders sehe ich auf einmal Land und Leute. Ich schwenke meine Schuhe über meinem Kopf, als ich Dipam begegne. Ich stürme auf den Verblüfften zu, umarme ihn heftig und sprudle hervor:

„Kannst du mir 3.000 Dollar leihen, ich gehe nach Mexiko."

Ohne Überlegung sagt er Ja. Das ist das zweite Wunder. Ich hopse und springe durch das Gelände. Verkünde jedem meine Absicht zu reisen, nach Mexiko zu fahren. Die häufigste Frage lautet: „Wie lange?" Das kann ich nicht beantworten. Was weiß ich. Vielleicht für immer. Ich bin so ausgefüllt mit dem Gehen, daß ich nicht ans Kommen denke. Keiner nimmt mich ernst. Die Absicht, die Ranch zu verlassen, ist zu unverständlich, unbegreiflich. Jeder ist froh, mit Bhagwan leben zu dürfen. Aber, daß ich fröhlich bin, gefällt allen. Die Trauerweide vom Dienst lacht endlich.

Ein Auto nimmt mich mit nach Antelope. Ich muß telefonieren. Denn natürlich möchte ich nicht alleine reisen. Vanda.

Die Fahrt auf der schlaglöcherreichen Straße dehnt mein Herz. Der Blick über die Berge, die kraftvollen Bäche, die zahlreichen Rinder- und Pferdeherden auf den Weiden - schon schmecke ich die Weite der Welt.

Im Büro in Antelope lümmelt Shantibhadra, die Füße auf dem Schreibtisch, in einem Sessel. Sie nimmt den Bleistift aus dem Mund als sie mich begrüßt:

„Hi, Mamasita, auch mal wieder da?“

Ich lache strahlend zurück. Diesmal treibt mich das Fernweh und nicht das Heimweh ans Telefon. Sudipo winkt aufgeregt aus dem Nebenzimmer. Stolz zeigt sie mir ‚ihr‘ Zimmer, ‚ihren‘ Schreibtisch, ‚ihr‘ Telefon. Sudipos Karriere in der Kommune beginnt als Einkäuferin. Sie ist durchdrungen von ihrer Aufgabe, die sie mir versucht zu erklären. Ihre eisblauen Augen strahlen in freudiger Erregung. Visionen über das Kommende lassen sie vibrieren. Doch ist sie Freund genug, meine Veränderung zu bemerken. Als sie hört, daß ich die Ranch verlasse und nach Mexiko reisen werde, schüttelt sie ungläubig den Kopf. Sichtlich hat sie Zweifel an meinem Verstand, aber meine Freude, meine Begeisterung lassen sie mich umarmen.

„Du guter Gott, was bist du für eine verrückte Frau“, kann sie sich nicht verkneifen.

Schmuck, denke ich grinsend.

Shantibi, wie sie kurz genannt wird, ruft mich. Sie hat die Verbindung mit Vanda hergestellt. Ohne jede Einleitung frage ich die Frau meines Herzens:

„Kommst du mit nach Mexiko?“

„Wann?“ fragt sie pistolenschußartig.

„In vier Tagen treffen wir uns.“

„Wo?“

„Marina del Rey, in Los Angeles.“

Mit schmerzhafter Freude höre ich ihren Jubelschrei. Ich hänge ein. Es gibt nichts mehr zu sagen. Ich rufe Achim an, bitte ihn um Geld. Erzähle ihm hastig warum, wieso, weshalb ich gehe. Er versteht nicht.

„Wie ist es möglich, daß man dich gehen läßt?“ ist für ihn die Frage.

Ich kann es ihm nicht erklären. Für mich ist das mich Gehenlassen, das beginnende Vertrauen zur Kommune. Achim wird mir das Geld für die Reise schicken. Mein Herz fließt über vor Liebe zu ihm. Auch wenn er nicht versteht, er hilft mir, einen Traum zu verwirklichen. Selbst wenn es mit Vanda ist. Er wird ihr Flugticket zahlen. Ist es Liebe, ist es Stolz, ist es Gleichgültigkeit? Wie oft habe ich mich das gefragt.

Ich verlasse das Büro. Welch ein Tag! Ich darf gehen und wiederkommen, Vanda hat Ja gesagt, Achim schickt mir das Geld, Dipam leiht mir etwas - „denn es war schon immer teurer, einen besonderen Geschmack zu haben."

Rundum benebelt vor Glück, treffe ich auf der Ranch ein.

Es ist Spätnachmittag, wir halten in *Mahakashyap*. Eine Ma winkt mir aus dem Fenster zu:

„Wo warst du, wir suchen dich überall!"

„Warum denn?" frage ich ängstlich. Es wird doch nichts meine Pläne durchkreuzen?

„Du sollst zu Asho kommen!"

„Asho?" Ich sause los, daß der Staub und meine Gedanken hochwirbeln. Asho, sie verteilt die Geschenke von Bhagwan.

Keuchend komme ich in dem kleinen Büro an. Ashos Brillengläser blitzen mich an. Ich falle auf einen Stuhl und bemühe mich, zu Atem zu kommen. Sie schiebt sich hinter dem Schreibtisch hervor, überreicht mir eine lange, flache Schachtel. Mit zittrigen Händen öffne ich sie - ein großer Kashmirschal in meiner Lieblingsfarbe Rosenholz. Ich bin überwältigt. Tränen tropfen auf den Stoff. Ich umarme Asho, ebenso alle Leute, die im Zimmer die Post sortieren. Ich bin im Gefühlsrausch. Der heutige Tag hat nichts ausgelassen, um alle meine Emotionen zu mobilisieren. Seit heute morgen um 6 Uhr schwanke ich von Gipfel zu Gipfel.

Auf dem Weg zu *Magdalena*, die Schachtel fest an mein Herz gepreßt, geht das Weinen in ein Lächeln über. Jetzt erst weiß ich, daß meine Entscheidung zu gehen, richtig ist. Sein oder Nichtsein war niemals eine Frage.

Mexiko - kein Traum mehr

Die Welt hat mich wieder. Ich sitze im Flugzeug nach Los Angeles, genieße jede Kleinigkeit. Der strengen Aufsicht entronnen, treffe ich endlich wieder meine eigenen Entscheidungen. Die Welt gehört mir. Ich kuschle mich behaglich in die weichen Sitzpolster. Lese eine deutsche Tageszeitung. Bestelle Whiskey mit Eis am frühen Mittag. Die Stewardeß lächelt beinah zärtlich. Ich bin so offensichtlich zufrieden. Hin und wieder streift mich ein neugieriger Blick der Passagiere. Rotgekleidet und mit Mala falle ich auf, reize die Neugier. Bhagwan ist kein Unbekannter mehr in Amerika. Auf meinen Reisen mache ich niemals negative Erfahrungen, werde niemals aufgrund meiner offensichtlichen Zugehörigkeit zu einer unbegreiflichen Minderheit belästigt oder ablehnend behandelt. Für mich bedeutet dieses Eintauchen in das ‚normale' Leben, Ruhe. Ich komme aus dem Schnellkochtopf *Rajneeshpuram*, wo nicht nur die Farbe Rot Leben signalisiert. Dort sind die Menschen lebendig. Ob sie lachen oder leiden, sie sind voll berstender Vitalität. Die Offenheit der Blicke, die Wachsamkeit der Augen, die das Herz widerspiegeln, ergeben eine ganz neue Lebensqualität, der sich keiner entziehen kann. Dort ist ein Energiefeld entstanden, das aus der Kraft des Herzens gespeist wird - aus der Liebe zu Bhagwan. Ich betrachte gelassen die müden, ausdruckslosen Gesichter um mich herum. Die Kleiderfarben grau, braun und blaßblau sind vorherrschend. Wie angenehm, sich als Lebendiger auf einem Friedhof zu erholen.

Los Angeles. Ich kann die Augen nicht weit genug aufreißen während der Taxifahrt, um alles in mich reinzusaugen. Die Straßenkreuzer, die großhalligen Supermärkte, die Wolkenkratzer, die menschliche Mischung von Schwarz und Weiß. Im Hotel bin ich angemeldet, werde zuvorkommend begrüßt. Es ist ein sehr teures Hotel, von extrovertierter Eleganz. Ich genieße jeden Schritt, den ich in den Teppich sinke. In meinem Zimmer werfe ich mich aufs runde Königsbett. Jeder Zoll ein äußeres und inneres Juhuuu. Der

Wüste entronnen. Dem Luxus freudig in die Arme geworfen. Vom Bett aus sehe ich den Segelyachthafen. Die Boote schaukeln behäbig auf dem Wasser. Ein Bild, das meiner Stimmung entspricht. Ich bestelle telefonisch Champagner, Krabbensalat und Geflügelsandwich. Endlich wieder Fisch und Fleisch zwischen den Zähnen.

Die Kommune ißt rein vegetarisch. Ich halte das Töten der Tiere zum Überleben der Menschheit für notwendig. Ist der Mensch nicht von Natur aus ein Jäger, lebte er nicht von Anbeginn von der Jagd? Unsere Inder schütteln sich bei dem Gedanken an Fleisch. Für sie ist es Kannibalismus, unästhetisch. Ich lasse es mir schmekken, spüle mit Champagner nach. Amerikanisches Fernsehen, bunt und unproblematisch, verkürzt die beseligende Erwartung Vandas. Alle meine Wünsche sind befriedigt. Das Telefon klingelt. Eine Nachricht von Vanda, sie kommt nach Mitternacht an. Die wenigen Stunden die uns trennen, überlasse ich mich der Erinnerung. Ich schließe die Augen, tauche in die Vergangenheit ein.

Unsere erste Begegnung. Sie kommt die Straße hoch, die zum Sportplatz führt. Ich sitze in der Sonne vor unserem Haus, lese die Zeitung. Die Kinder sind in der Schule. Ein paar ruhige Minuten gehören mir. Der Hund döst in meinem Schatten. Sie kommt näher. Sie trägt einen rostroten Wildledermantel, der eine saloppe Weite hat. Sie hält am Zaun, bittet um Feuer für die Zigarette. Unwillig stehe ich auf. Sie stört meinen Frieden. Sie beugt sich über die Flamme meines Feuerzeugs. Blonde Locken. Sie inhaliert den Rauch. Ein schräger Blick aus Nebelaugen, blau-diesig, schwarzgeschminkt, trifft mich. Ich empfinde sie als aufdringlich und oberflächlich. Von nun an wird sie Bestandteil meiner Gedanken.

Jahre später. Sie wirft mich in die Wanne. Ich trage Jeans und einen weiten Pullover. Sie dreht die Dusche an, bespritzt mich mit eisigem Wasser. Verzweifelt versuche ich, der mich niederdrückenden Hand zu entkommen.

„Sag, daß du mich liebst“, fordert sie.

Ich winde mich. Stärker dreht sie das Wasser auf.

„Sag, daß du mich liebst!“ Der Druck ihrer Hand wird schmerzhaft.

„Jaaaa, ich liebe dich.“ Wie ein Korken fliegt es aus mir heraus. Endlich. Zwei Jahre Widerstand brechen zusammen.

Sie ist die Frau eines Lehrers. Ihr Sohn ist der Freund unserer Töchter. Auf dem Höhepunkt meiner Liebe zu Achim, dem einzigen Mann meines Lebens, dem Vater meiner Kinder, bricht der Damm meiner angestauten Emotionen. Die geistig-erotische Liebe zu Achim findet ihre Balance in einer gleichgeschlechtlichen Gefühlswelt.

Achim und ich streben nach Vollkommenheit. Unter der ständigen Kontrolle und Beherrschtheit der Emotionen, entwickeln sich meine intellektuellen Fähigkeiten. Ich möchte ein gleichwertiger Partner sein, für den Mann, der zwanzig Jahre älter ist als ich, und den ich so sehr liebe. Unerschöpflich stillt er meinen Wissensdurst. Ich wachse schnell und intensiv. Nach zwölf gemeinsamen Jahren leben wir im Geiste des Ästhetizismus, im kulturellen und materiellen Wohlstand. Wir haben alles, was wir uns wünschen. Unsere Töchter entsprechen dieser Verbindung. Sie sind schön, lebendig, intelligent. Was wir anfassen, gelingt. Unermüdlich, neugierig beschreite ich neue Wege. Zu diesem Zeitpunkt ist es die linke Politik.

Nach meiner Kapitulation vor meinen Gefühlen, falle ich in Vandas Arme. Die künstliche Abwehr ist zerbrochen. Von nun an bestimmt der Rausch der Sinne, meine animalische Sexualität meinen täglichen Haushalt. Ich bin ein Schiff auf dem Meer der Leidenschaft. Dieser grausam-schönen Lust, die die Selbstaufgabe erzwingt. Leidenschaft ist eine Macht, deren Substanzen, Chemie und Energie, kraftvoll ein einziges Ziel ansteuern - die Erfüllung aller sexuellen Wünsche. Eine ständige Eruption. Ein anhaltendes Fieber. Leidenschaft ist eine Droge, die berauscht und zerstört. Vanda und ich werden zu einem Drama mit vielen Akten. Und ständigem ‚dacapo'. Ein Blick von ihr - mein Verstand fällt in kurzer Zuckung besiegt zurück. Eine Drehung ihrer Hüfte, die den Arsch in meinen Sichtwinkel bringt, und ich habe keine Mutter mehr. Ich bebe, ich glühe, ich brenne. Täglich, stündlich bricht dieser Vulkan aus, überströmt alles, was im Wege steht. Ich explodiere unter ihrem Blick, der mich aus der Menge zieht, der mich durchbohrt im Supermarkt, mich lockt beim Bachkonzert. Ihre Stimme, die durchs Telefon nach mir tastet, mich durchrieselt und zum Zittern bringt. Ich zerfalle in Atome unter ihren Händen. Bilder fallen von der Wand, Vasen zerspringen, Männer erigieren in unserem Dunstkreis. Dieser Waldbrand ist nicht aufzuhalten.

Ich versuche, Achim zu erklären. Er will nichts wissen. Alles unbeherrschte, überschwappende, aus der Fassung fallende ist ihm unangenehm. Er will sein Bild von mir behalten. Er läßt mir eine lange Leine, macht nicht den geringsten Versuch, mich zurückzuhalten. Vanda verläßt ihren Mann. Und mich. Ich kann Achim und die Kinder nicht verlassen, auch wenn ich Todesqualen leide, vor Sehnsucht nach ihr. Monatelang schlafe ich in einem Schlafsack, den Reißverschluß über dem Kopf zugezogen. Wir verkaufen das Haus und ziehen in die Stadt. Die Töchter brauchen zu ihrem Wachstum die Erfahrung der Großstadt.

Vanda und ich treffen dort wieder zusammen. Das noch schwelende Feuer wird angefacht durch frischen Wind. Vanda ist ein hinreißender Liebhaber, den meine grenzenlose Sinnlichkeit nie ermüdet. Verwirrend ist, daß ich mit ihr meine passive Seite lebe, mit Achim dagegen, die männlich-aktive. Das Leben ist ganz sicher nicht so, wie es sein sollte, ist in keine Form zu pressen. Aber auch die Süße des Beherrschens lerne ich kennen. Mit dem Gefühl der Frau. Eroberer zu sein, Macht zu haben, zu nehmen und zu besiegen. Eine Frau in ihrer Hingabe, der Anlaß ihrer Lust zu sein, der Gebende - gibt es Schöneres in der Liebe? Es ist kein Wunder, daß den Männern diese Macht zu Kopfe steigt. Ich bin dankbar, beide Seiten zu kennen. Der Kreis ist geschlossen. Ich bin das Geben und das Nehmen, das männliche und weibliche Prinzip. Das Leben mit Vanda fasziniert mich. Ich lerne mit ihr eine Welt kennen, die mir fremd ist. Sie ist ein Wirbelsturm an Unbeherrschtheit. Nichts ist fein an ihr, zurückhaltend, abwartend, beobachtend. Sie fordert, kreischt, brüllt, tobt, schlägt, spuckt, lügt und stiehlt. Sie ist ohne jede Moral, sie ist schamlos. Mit Staunen und Befremden betrachte ich diese menschliche Unterwelt, die mich fasziniert und irritiert. Vanda erschüttert das Bild von mir und den Menschen.

Ich bin sehr geliebt aufgewachsen. Sieben Kinderjahre, die durch nichts getrübt sind. Die Liebe meiner Großmutter ist eine solche Kraftnahrung, daß ich die anschließenden Jahre im Kloster unbeschadet überstehe, ja sie machen mich stark. Immer wieder kehre ich zurück an die Quelle ihrer Liebe, die mich unzerstörbar macht. Ich wachse auf mit Herz, Sinnlichkeit und Lachen. Als ich nach dem Tod meiner Großmutter in einer Blitzaktion des Universums die Verbindung mit Achim eingehe, stehe ich fassungslos vor der unveränderbaren Tatsache, daß seine Gefühlswelt nicht der meinen entspricht. Liebe ist für mich natürlich, findet ihren Ausdruck in Zärtlichkeit, Herzlichkeit, Spontaneität, Sinnlichkeit. Durch Achim lerne ich, daß Liebe eine einmal übernommene Verantwortung ist.

Mit Vanda erlebe ich die Welt der Eifersucht, des Leidens, der Seelenqualen. Fordern. Wollen. Haben. Mehr. Alles. Mehr als Alles. Ein Faß ohne Boden. Verstehen - Verständnis füreinander haben wir nur im Bett. Dort trifft sie mich ins Herz. Ich bin ihr hörig. Sie weiß um ihre Macht. Bei einem Versuch, Achim meine Abhängigkeit von Vanda zu erklären, meint er nachdenklich:

„Sie ist ein Dschinni. Sie wird erst von dir ablassen, wenn sie einen anderen Träger gefunden hat."

Vanda und ich. Wir haben uns so ineinander verstrickt, daß keine Möglichkeit der Befreiung besteht. Sie hat Affären, die mich vor Schmerz aufschreien lassen. Gleichzeitig ächze ich unter der Enge der Beziehung, fühle mich gefesselt und geknebelt. Ich sehe keinen Ausweg. Da tritt Bhagwan in unser Leben.

In einer Gruppe in Poona ziehe ich die Tarotkarte ‚Teufel'. Erschreckt betrachte ich ihn. Er breitet seine Flügel aus. Er steht auf einem Felsblock, an den ein Mann und eine Frau gekettet sind, beschäftigt mit den irdischen Dingen des Lebens. Eindringlich erklärt mir Amida, die die Gruppe leitet:

„Du hast Flügel. Der Mann und die Frau liegen in Ketten. Du aber hast die Freiheit, davonzufliegen."

Wie gerne würde ich das. Aber wie soll ich fliegen? Ich fühle mich ebenso behindert wie die beiden. Doch meine Sehnsucht nach Freiheit ist so stark. Ich möchte die Welt des Verstandes wie die Welt der Leidenschaft hinter mir lassen - obwohl ich beide liebe.

Wenige Monate später mache ich meine ersten Schritte alleine - nach Oregon. Ein Meister beginnt, meine Ketten durchzufeilen.

Ich wache auf in der Weite des Königsbettes. Weiche Arme umschließen mich, Tränen fallen auf mich nieder, Küsse bedecken mein Gesicht. Ich rieche, fühle und schmecke Vanda. Unsere Herzen verschmelzen.

„Zwei Monate habe ich dich nicht gesehen, meine Schöne. Es waren Jahre."

Wir heulen zusammen, lachen zusammen, lieben zusammen. Die Leidenschaft ist verschwunden. Die körperliche Befriedigung erfüllt sich im Beieinanderliegen, im Ineinanderliegen. Eine Veränderung der Chemie - mir wird in der sexuellen Umarmung übel. Ein Aufstand meiner Zellen.

Wir bleiben vier Tage im Bett. Fühlen, reden, küssen vom Morgen bis zum Abend, vom Abend zum Morgen. Unsere Gegenwart läßt uns nicht schlafen. Wir halten uns fest mit Worten, mit Zärtlichkeiten. Wie sehr ich sie liebe. Vor uns liegt alle Zeit dieser Erde. Endlich reißen wir uns los, aus der Geborgenheit unserer Arme und des Hotels.

Mexico-City macht wenig Eindruck auf uns. Wir fahren weiter in den Süden. Busfahrten in Mexiko sind ein holpriges Abenteuer. Und nicht ungefährlich. In jedem Bus fahren vertraute Heilige mit, die in Augenhöhe dem Fahrer Mut zulächeln. Glaubt der Fahrer, eine bedrohliche Situation nicht mehr allein meistern zu können, schaltet er mit Knopfdruck die elektrischen Kerzen um die Jungfrau Maria oder den Heiligen Christopherus ein. Die Mitreisenden reagieren sofort und unterstützen die Heiligen und den Fahrer mit hastigen Gebeten. So werden Abgründe, Schluchten kooperativ überwunden.

Ich halte Vandas Hand. In ihre Schläfrigkeit hinein erzähle ich die Geschichte von dem mexikanischen Busfahrer, dem bei einer solchen Fahrt die Bremsen versagen. Er bleibt ruhig. Der Bus kommt nach rasender Fahrt im Tal zum Stehen. Der Fahrer ist erleuchtet.

„Was ist mit den Fahrgästen?" murmelt sie. Wir müssen lachen.

Wir lassen uns Zeit auf dieser ziellosen Reise. Bleiben hier zwei Tage, dort ein paar. Wir schlendern durch Märkte, sitzen in Cafs, trinken Tequila und Kahlua, Kaffeelikör mit Sahne. Ich genieße es, nicht allein zu sein. Vandas Dasein ist mir genug. Wir haben Geld - wir haben Zeit. Alles was ich mir immer wünschte. Unsere Reise schafft eine äußere Gemeinsamkeit, aber mein Inneres ist durchdrungen von der Ranch. Ich kenne kein anderes Thema mehr. Vanda hört mir zu wie ein Außenstehender. Sie sieht die Verpakkung, aber nicht den Inhalt. Sie läßt mich reden.

Wir werden das von Ort-zu-Ort-Bummeln leid. Der Wunsch ans Wasser, ans Meer zu kommen wird stärker. Mexiko - bunt und fröhlich war mein Traum. Doch Land und Leute gefallen mir nicht. Die Realität ist Schmutz. Die Umwelt ist durch Ölbohrungen zerstört. Aus den Orangenhainen flammen Ölfeuer. Plastiktüten und Coladosen bedecken die Straßenränder. Die Menschen sind verdorben von der maßlosen Gier nach dem Dollar. Kleine Splitter der Ursprünglichkeit fallen ins Auge: Musik und Tanz auf den Straßen, eine Landhochzeit, bunte Märkte, ein blumengeschmücktes Dorf.

Wir machen uns auf die Suche nach einem verträumten Fischerdorf. Mit hübschen Kneipen, guten Fischrestaurants am Wasser, ein lauschiges Hotel. Wir finden Orte mit häßlichen Hochhäusern, lärmenden Touristen, Strände, auf denen Rohre schwarzglänzendes, stinkendes Öl ins Meer pumpen.

Wir bleiben in Los Angel am mexikanischen Golf. Mieten uns in einem teuren Hotel ein, das etwas abgelegen ist. Der Ort gefällt uns, es zieht uns zum Wasser. Nach kurzer Besichtigung des Zimmers packen wir unsere Badesachen und ziehen los. Am Strand liegen einige Hundert Menschen, zuviel für uns. Wir suchen Zweisamkeit, verbunden mit der Hoffnung auf Nacktbaden. Der Strand ist weiß, ein herrliches Wellenspiel lockt. Mit jedem Schritt sind wir mehr allein. Als niemand mehr zu sehen ist, springe ich hüllenlos in die weißen Schaumkronen. Wasser ist ein mir sehr vertrautes Element - ich bin ein guter Schwimmer. Vanda hat Angst vorm Wasser, schwimmt unsicher. Aber die Hitze und das Vertrauen zu mir läßt sie folgen. Ich schaudere vor Wonne. Die nasse Kühle auf der Haut, die kraftvolle Brandung, in die ich mich werfe. Es dauert geraume Zeit, bis ich feststelle, daß sie mit mir spielt und nicht ich mit ihr. Obwohl ich mit aller Kraft gegen die Strömung schwimme, treiben die Wellen mich ins Meer hinaus. Je mehr ich versuche, das Ufer zu erreichen, umso mehr entferne ich mich davon. Mehr Verblüffung als Entsetzen packt mich. Wo ist Vanda? Immer noch in der Nähe des Ufers tanzt ihr blonder Kopf in den Wellen auf und ab. Sie schreit gellend, übertönt die Brandung mit einem Möwenschrei. Das kann ich nicht mit ansehen - ihren Untergang. Ich drehe mich auf den Rücken. Schließe die Augen. Höre Anubodhis Stimme flüstern: „Du wirst sterben in Mexiko.“ Ich bin so sehr Ich, wie noch nie, so intensiv, so körperlich - nirgendwo fühle ich den Tod. Aber wenn es nun so ist? Ich öffne die Augen, sehe die Weite des Meeres, neue Wellen auf mich zukommen, lasse mich treiben. „O.k. Bhagwan. Denn man tau“, höre ich meine Stimme. Eine Welle dreht mich. Aufgeregt winken mir zwei Menschen vom Strand zu. Sie geben Handzeichen, parken mich ein ins Leben. Der Lebenswille schiebt mich diagonal aus dem Sog, ich verlasse die tödliche Absicht.

Vanda steht mit aufgerissenen, leeren Augen bis zur Hüfte im Wasser. Panik hat sie aufgelöst. Erschöpft schleppe ich mich an ihr vorbei zum Ufer. Die Mexikaner, ein junges Pärchen, beschimpfen uns mit einer Flut von Worten, tippen sich an die Stirn, deuten in die Ferne. Warntafeln? An mir zieht das Zetern vorbei, nichts haftet. Ich kann diesen beiden Menschen noch nicht einmal danken. Ärgerlich kopfschüttelnd entfernen sie sich.

Vanda und ich sitzen schweigend im Sand. Zwischen uns ist eine meilenweite Kluft. Ich bin allein. Ich spüre keine Nähe, keine Liebe zu ihr. Ich bin erfüllt von der Begegnung mit meinem Tod. Der Vorhang zwischen Leben und Tod fiel und für Sekunden ‚sah' ich. Ich war nicht reif. Bin mit dem Leben festverwurzelt. Ich weiß jetzt, daß jeder seine Zeit fürs Leben und seine Zeit für den Tod hat. Meine Zeit ist noch nicht gekommen. Aber einen ersten Schritt habe ich getan. Ich habe mich nicht gewehrt, das Leben loszulassen. Da läßt der Tod mich kampflos gehen. Er weiß, daß ich ihn gesehen habe. Er ist immer da, mein Tod. Er begleitet mich unsichtbar vom Tage meiner Geburt. Ist immer an meiner Seite. Wo mein Leben ist, da ist auch mein Tod. Welch ein Einblick in das Sein. Lange sitzen wir und schweigen. Jeder mit sich beschäftigt. Der Tod schafft Distanz.

Ein paar Tage später zieht es uns weiter nach Süden. In Tehuantepec sehen wir massige Frauen, an ihrer Seite zierliche, graziöse Männer. In dieser Gegend gelten noch die ursprünglichen matriarchalischen Gesetze. Die Frauen sind nicht nur berühmt für ihre Leibesfülle, auch für die gestickten Blusen, in die sie ihre mächtigen Brüste zwängen. Wo die Frauen so üppig sind, kann man kulinarische Freuden voraussetzen. Im Abstand von wenigen Metern verkaufen die Männer Krabbencocktails in einer scharfen roten Zwiebelsauce. Vanda und ich essen sie stündlich, straßauf, straßab. Dazu erzähle ich pausenlos Geschichten von der Ranch, wiederhole mich zum zigsten Mal. Geduldig hört Vanda mir zu.

Weiter fahren wir nach San Cristobal. Dort soll es Primaten geben, Frühmenschen. Wir finden nach langer Suche ein blumenumranktes Hotel, mit großem Zimmer, großem Bad und großem Bett. Ich liebe Weiträumigkeit, Großzügigkeit in allem. Umsomehr nach der räumlichen Einengung auf der Ranch. Meiner Natur entspricht ‚lieber mehr als zu wenig'. Ich bin ein unmäßiger Mensch.

Nach dem Frühstück dränge ich zur Eile. Ich möchte auf den Marktplatz, die Urmenschen sehen, die aus den Bergen kommen, um ihre Waren zu verkaufen. Auf dem Weg zum Markt überholen sie uns mit hüpfenden Schritten. Sie tragen ihre Lasten in weiße Tücher geknüpft. Früchte, Körbe, Kinder, Gemüse. Das zweifache ihres Gewichts beutelt um ihre Körper. Wir überqueren den Marktplatz, der von diesen Wesen überflutet ist.

Sind das Menschen? Sie sind kleinwüchsig, sehnig. Hände und Füße ledern, braungerunzelt. Ihre kleinen Augen sind rund, schwarzglänzend, sie streifen mich dumpf. Eine niedrige Stirn wölbt sich über einer breiten Nasenwurzel. Sie zwitschern, tschilpen, stoßen gutturale Töne aus. Ist das mein Vorfahre, mein Urahn? Ich stehe ihm entsetzt gegenüber, ich, sein Nachfahre aus einer technischen Zivilisation. Jahrtausende trennen uns und doch muß es eine Brücke geben. Ist er ein Individuum? Ein Wesen mit Geist? Ich bin sehr erregt. Diese Gegenüberstellung ist unerwartet, zerrt und reißt an meinen Nerven. Ich starre auf diesen Affenmenschen, der unfähig ist, meine stummen Fragen zu beantworten. Der Schweiß rieselt mir den Rücken entlang. Ich ergreife die Flucht. Laufe durch das Marktgedränge, schiebe die kleinen Kerle mit ihren Lasten beiseite. Bloß weg, in die Sicherheit des 20. Jahrhunderts. Vanda hat Mühe mir zu folgen. Hastig versuche ich, ihr meine Empfindungen zu erklären, mein Entsetzen. Sie begreift mich nicht.

Für zwei Tage versinke ich im Fieber, aus dem ich hochschrecke, wenn ‚sie' näherkommen, ihre geistlosen Augen über mir, ihre klauenartigen Hände ausgestreckt, um an meinen Kleidern zu zupfen. Geschwächt tauche ich auf, habe akzeptiert, daß ‚sie' und ich Menschen sind. Menschen auf einer unterschiedlichen Entwicklungsstufe. Noch einmal gehe ich über den Marktplatz, die Begegnung hat ihren Schrecken verloren, doch das Unbehagen bleibt.

Wir setzen unsere Reise fort. Nach Palenque zu den berühmten Pyramiden im Dschungel. Es wird eine sehr beschwerliche Busreise. Statt der vorgeschriebenen 63 Passagiere scheut der Fahrer vor der vierfachen Besetzung nicht zurück. Der Bus geht nur zweimal die Woche, so besteht ein jeder darauf, mitgenommen zu werden. Egal wie. Nach anfänglichen Widerständen, dem Versuch, etwas Freiraum in der Enge zu schaffen, gibt man ergeben auf. Erkennt die Unmöglichkeit zu fallen. Festgekeilt in der Masse menschlicher Körper, bleibt nur die Beweglichkeit der Augen erhalten. Nach vielen Stunden erreichen wir das Ziel.

Satter fetter Dschungel. Das 5. Element. Bäume, die in ihrer Endlosigkeit mit dem Himmel einszuwerden scheinen. Sonne, die die Kraft des dunklen Grüns nur wenig brechen kann. Bäche, die sich schlangengleich winden, Wasserfälle, in denen das Licht als Silberfaden flirrt. Geheimnisvolle Schönheit mit vogelgroßen Schmetterlingen im Lianenhaar. Aus prallen Lippen entläßt sie knalligbunte Vogelschwärme als Seufzer ihrer Fruchtbarkeit. Ihre starken Arme pressen Palenque, die Stadt der unerklärlichen Pyramiden an ihr überquellendes Herz. Nur sie kennt das Geheimnis. Dschungel ist Nahrung. Überschäumende Energie. Verschwendung. Bunter Tanz des Lebens. Wohlig dehnt sich mein Herz, fühlt mein Körper seine Üppigkeit, den eigenen Überfluß. Auch hier bin ich zu Hause.

Ein Führer erklärt uns die Bedeutung der verschiedenen Pyramiden. Wir steigen Stufen, für Riesen gemacht. Er zeigt uns Kanäle, Schächte, die das zirkulierende Luftsystem für die Konservierung der Mumien brauchte. Er berichtet von der unerlaubten Graböffnung durch einen englischen Archäologen in den 20er Jahren. Ein Gas strömte dabei aus, das nach langer Krankheit den Tod des Forschers bewirkte.

Später ruhen wir im Schatten der Urwaldriesen. Der Blick verweilt träge auf den Steinbauten, die zum Großteil pflanzen- und baumbewuchert sind. Selbst wenn die kraftvollen Fangarme häufig gekappt werden, der Urwald läßt Palenque nicht los. Eine Autokolonne nähert sich. Voraus ein Krankenwagen. Behutsam wird ein Spezialbett aus dem Sanitätswagen gehoben. Wir erkennen ein menschliches Fragment, dessen Leben an Flaschen und Schläuchen hängt. Ein amerikanischer Millionär versucht hartnäckiger als der Tod zu sein.

Satt von der Mütterlichkeit des Urwalds zieht es mich zur Ranch zurück. Vanda fühlt meinen Wunsch, sie widersetzt sich nicht. Die Entfernung verbindet uns mehr als die Nähe. Wir können unsere jeweilige Realität nicht miteinander leben. Aus der geplanten Jahres-oder gar Lebensreise werden nur sechs Wochen. Die Ranch, das Leben dort, die Menschen, aber vor allem das Geheimnis Bhagwans, die Mysterienschule, haben eine solche Anziehungskraft, daß es mich magnetisch zurückzieht. Der alte Tiger hat mich gepackt:

Ein alter Tiger beobachtet einen jungen Tiger, der mit einer Ziegenherde grast. Energisch fängt er das angstschlotternde, verschreckte Tier ein, zerrt den sich Sträubenden zu einem naheliegenden See. Er stößt das Jungtier zum Wasser, drückt es nieder, bis die Nase die Oberfläche berührt. Der junge Tiger spiegelt sich neben dem Alten im See. Wie kann aus einer Ziege ein Tiger werden? Voller Zweifel starrt er ins Wasser. Da hält der Alte ihm ein saftiges Stück Fleisch unter die Nase. Sofort brüllt der junge Tiger auf. Seine Natur bricht sich Bahn. Gierig frißt er das köstliche Fleisch.

Bhagwan, der alte Tiger, hat mich zum See gezerrt. Ich möchte nicht mehr unter Ziegen leben. Ich möchte mit meinesgleichen sein. Unter den scharfen Augen des Meisters, der mich lehrt, Verhaltensweisen und Konditionierungen abzulegen, die meiner Natur im Wege stehen.

Vanda hält mich nicht. Unsere Wege sind verschieden. Das Loslassen Vandas Körperlichkeit, ihrer Wärme und Zärtlichkeit läßt mein Herz wieder einmal brechen. Der schmerzliche Abschied wird erleichtert, durch ihr Versprechen, auf die Ranch nachzukommen. Hoffnung ist das Fundament unserer Beziehung.

Wenige Tage später sitze ich im Flugzeug. Ich blicke zurück auf die vergangenen Wochen. Sie waren bunt, abenteuerlich und außerordentlich lehrreich. Es war ein sehr notwendiges Gehen, um neu ankommen zu können.

„Anubodhi, mach dich fertig zum Flug. Ich komme!“

Premmati

Mein Herz schlägt Purzelbäume, als ich auf der Schotterstraße im Auto zur Ranch gerüttelt werde. Es ist Abend, naß und kalt, Mitte Februar. In dünnen Sommersachen keuche ich den Berg hoch. Zwei Sombreros baumeln an meiner Tasche - für Premmati und mich, statt der üblichen Cowboyhüte.

Die Freude ist überall groß, mich wiederzusehen. So früh hat man mich nicht zurückerwartet. An der Überraschung in manchen Gesichtern erkenne ich, daß sie mit meiner Rückkehr nicht gerechnet haben. Als ich mich am nächsten Morgen bei Padma zurückmelde, betrachtet sie mich wohlgefällig, denn ich strahle guten Willen aus. Erleichtert höre ich, daß ich wieder mit Premmati arbeiten werde. Die Teppichcrew braucht Leute, sehr schnell müssen die neuen Häuser in *Desiderata* bezugsfertig sein. Unterkünfte für die schnell wachsende Zahl der Schüler sind knapp.

„*Desi*", wie wir diesen Teil der Ranch liebevoll nennen, ist mir aus den Tagen mit Sudipo vertraut. Die Häuser liegen herrlich und sind bis auf den Teppichbelag bezugsfertig.

Vimal zeigt keine Gefühlsregung, als wir uns bei ihm melden. Er ist der Crewleiter. Ein englischer Schauspieler, der schnell und intensiv arbeitet und das gleiche auch von uns erwartet, denn die so eingesparte Zeit wird für ein ausgiebiges Pokerspiel vor Feierabend verwendet. Die Crew besteht aus sechs Leuten, deren Aufgabe es ist, in den Häusern die Böden zu reinigen, Farbe abzuspachteln, Löcher zu gipsen, die Fläche zu ebnen. Eine Arbeit, die Premmati und mir zugefallen ist, denn die beiden Swamis sind für die Teppichverlegung zuständig.

Um die Mittagszeit stößt Aikta zu uns, eine düstere französische Zigeunerin. Sie übernimmt das Kochen.

Desiderata ist zwanzig Minuten von *Magdalena* entfernt. So ist es einfacher, die Mahlzeiten hier draußen zuzubereiten. Eine sehr angenehme Abwechslung, denn wie sich herausstellt, ist Aikta eine exzellente Köchin, die mit dem, was wir aus den Vorratskammern *Magdalenas* organisieren, französische Überraschungen zaubert.

Das ist aber auch das einzige, wozu Aikta zu gebrauchen ist. In dunkler Schweigsamkeit ergeht sie sich in den Zwischenzeiten in der hügeligen Landschaft. Sammelt Pflanzen, Steine, Halme, Äste, um daraus in Dosen und Schachteln Zen-Gärten anzulegen, die zwischen Werkzeugen, Leimtöpfen und Teppichrollen das Auge verblüffen.

Mit anderen Worten, Aikta ist kein Freund regulärer Arbeit. Die Art und Weise, wie sie sich ihr entzieht, reizt Premmati bis aufs Blut. Ihre Abneigung steigert sich täglich. Allein der Anblick Aiktas, zwischen den Wacholderbäumen lustwandelnd, genügt, um Premmatis Augen wutfunkeln zu lassen. Sie ist auch nicht mit der hervorragenden französischen Küche zu bestechen. Ohne jede Begeisterung oder Freudenrufe mampft sie lauernd Aiktas Köstlichkeiten.

Ich versuche zu vermitteln, obwohl auch mir Aiktas Absonderung übertrieben erscheint. An einem Nachmittag ist sie ganz verschwunden. Nach Stunden finde ich sie in einem der Bäder friedlich schlafend in der Badewanne, die sie sich mit Teppichresten weich ausgepolstert hat. Bevor ich Aikta wecken kann, steht Premmati in der Tür, blau anlaufend. Ich zerre sie gewaltsam vom Anlaß ihrer Atemnot weg.

Offensichtlich haben beide Frauen ihre Schwierigkeiten miteinander, sind aber unfähig, sie zu klären. Premmatis Herabsetzungen und Beschimpfungen bleiben unhörbar durch die Lippen gezischt.

Die Männer sind von all dem unberührt. Das Essen ist prima, und Premmati und ich machen eine gute Vorarbeit. Sie freuen sich schon am Morgen auf das nachmittägliche Pokerspiel. Solange das garantiert ist, sind ihnen die unterschwelligen Querelen gleichgültig. Wir haben uns sehr schnell zu ernstzunehmenden Spielpartnern entwickelt, ausgenommen Aikta, die sich dem Kartenspielen entzieht. Haben wir kein Geld, so bleibt das Spiel auch intensiv, wenn es um Nägel geht.

Obwohl es nicht den Anschein hat - Aikta leidet unter der ablehnenden Stimmung. Sie bringt ihr Tarotdeck und statt zu pokern, ‚schlägt' sie uns allen die Karten, wie es sich für eine Zigeunerin geziemt. Ich bin sofort in ihrem Bann, lausche ihren Deutungen, die aus geheimer Einsicht kommen.

„Du“, und sie zeigt auf mich, „du hast ein Karma mit Premmati. Du hast sie in einem früheren Leben getötet.“ Pause. Dann fährt sie fort: „Du wirst es in diesem Leben wiedergutmachen.“

Ich habe keine Ahnung, was Karma ist, aber ich bin getroffen. Aikta hat eine Saite berührt, die lange zittert. ‚Ich habe Premmati getötet?‘ Mit ungewohntem Ernst begegnen sich unsere Blicke. Eigenartiges geschieht. Ich werde von einem Glücksgefühl durchströmt. Ich schnelle hoch, werfe die Arme in die Luft, tanze durch den Raum. Das Gefühl, eine alte Schuld abtragen zu können, berauscht mich. Ich empfinde die Richtigkeit von Aiktas Feststellung, kein Zweifel ist in mir, obwohl ich völlig unerfahren in dieser Art von Vergangenheitsbewältigung bin. Deshalb also stoßen Premmati und ich immer wieder zusammen. Alle sind jetzt gespannt, was die Karten zu der offensichtlichen Abneigung der beiden Frauen zu sagen haben. Gleichmütig breitet Aikta das Tarotdeck vor sich aus. Die Köpfe beugen sich darüber.

Überraschend - auch für mich - beginne ich zu sprechen. Die Worte blubbern aus mir, ohne jede Kenntnis der Symbole.

„Ihr habt Angst. Ihr möchtet einander näherkommen. Eine starke Anziehungskraft besteht zwischen euch. Aber die Angst läßt euch dagegen handeln.“

Zu Aikta gewandt erkläre ich: „Du läufst davon, entziehst dich Premmati.“ Und mit Blick auf Premmati: „Du wütest den ganzen Tag wortlos gegen Aikta.“

Sprachlos schauen mich die beiden an. Ohne nachzudenken, füge ich hinzu: „Ihr solltet miteinander ins Bett gehen.“

Was schwafele ich da vor mich hin? Wie komme ich dazu, solche Ratschläge zu geben? Betreten schweige ich, bin sicher, daß die beiden, ärgerlich über mein Geschwätz, über mich herfallen werden.

Nein. Zu meinem Erstaunen nicken sie beide einmütig.

Am nächsten Tag ist Aikta in eine andere Crew versetzt. Meine Treffsicherheit macht mich übermütig. Der Frieden zwischen den beiden Frauen ist nicht wirklich hergestellt. Mein Ratschlag reizt meine Neugier. Aber nicht nur meine. Für Premmati gibt es kein anderes Thema mehr als ‚Aikta‘.

Spätestens seit meinen detaillierten Schilderungen meiner leidenschaftlichen Beziehung zu einer Frau hat Premmati ihre Antennen neu eingestellt. Etwas Unterdrücktes, nie Eingestandenes bricht aus ihr hervor - die Neugier auf das eigene Geschlecht.

Eine neue Möglichkeit, sich selbst zu erfahren. Der erste Schritt ist ihr unmöglich. Vergnügt übernehme ich das Anbandeln und Kuppeln, stecke einen Zettel in Aiktas Postbox: „Möchte dich sehen. Premmati.“ Premmati kreischt begeistert auf, als sie davon hört. Ein sofortiger Anruf von Aikta - die zwei Frauen verabreden sich für den Abend. Eile scheint geboten. Für das tête-à-tête organisiere ich Avocados und Käse aus der Küche. Gerne würde ich Premmati Klavierkonzerte von Mozart und eine Flasche Sekt unter den Arm klemmen - so betrat einst ich den neuen Weg.

Sie ist nervös, nimmt meine Ratschläge kaum zur Kenntnis. Sie zeigt mir kurz die Zähne, ist nicht mehr da. Ich schiebe sie in die ‚vorwärtsstrebende Richtung‘, wie es so herrlich in den alten Straßenbahnen zwischen Wien und Sievering heißt, gebe ihr einen freundschaftlichen Schubs. Schmunzelnd sehe ich ihr nach, bis sie hinter dem Hügel verschwunden ist. Premmati auf Freiersfüßen.

Erstmalig, seit ich auf der Ranch bin, sehne ich den Morgen herbei. Schon vor Beginn der Arbeitszeit sitze ich aufgeregt in *Desi*, koche Ströme von Kaffee. Als Premmati endlich erscheint, platze ich vor Neugier. In allen Einzelheiten möchte ich von dem hocherotischen Abenteuer mit einer französischen Zigeunerin hören. Premmatis Augen leuchten verräterisch, als sie beginnt:

„Also, paß auf. Ich komme gestern in *Moses*, dem neuen Wohngebiet, an. Verkrampft halte ich mich an der Tüte mit den Avocados fest. Aikta hat mir ein Bad vorbereitet. Zum Entspannen. Das habe ich nötig. Meine Courage hat mich verlassen. Ich verkrieche mich in der Wanne, mach mich klein im Badeschaum. Wenig später kommt Aikta mit einem langen weißen Flanellnachthemd über dem Arm. Ich steige aus dem Wasser, sie trocknet mich ab, stülpt mir das Nachthemd über.“

Premmati macht eine Pause, läßt mich zappeln.

„Komm schon! Erzähl weiter!“ flehe ich.

Genießerisch fährt sie fort: „Ich schlüpf in das frischbezogene Bett, bin glücklich. Es ist dunkel geworden draußen. Aikta legt sich neben mich. Auch sie im Hemd. Und weißt du was?“ Ungeduldig schüttle ich den Kopf. Was soll ich wissen?

„Mach schon!“ dränge ich sie.

„Stell dir vor, alle Angst fällt von mir ab. Wie eine Wilde fahre ich ihr unters Hemd. Im Nu fallen nicht nur die Hemden. Ich bin nicht mehr zu bremsen. Ich habe keinen einzigen Gedanken mehr in meinem Hirn.“

Atemlos hänge ich an Premmatis Lippen.

„Nur noch ein Ziel", fährt sie fort, „Brüste, richtige Brüste. Ich klammere mich an ihre Fülle, ihre Weichheit, sauge, beiße, kann den Mund nicht voll genug bekommen. Ein uraltes Tabu ist in mir zerbrochen. Entzücken und sexuelle Begierde durchströmen mich. Die Lust treibt mich voran..." Pause. - „...und ob du's glaubst oder nicht, da höre ich in meinem Sinnenrausch Aikta flüstern: „Ach du Arme! Du bist wohl als Baby nie gestillt worden."

Premmati und ich starren uns an. Wortlos. Premmatis Augen blitzen, sie schüttelt ihre Locken, wirft den Kopf zurück, zeigt ihre 32 Zähne - um uns ist es geschehen. Wir fallen auf den Boden, rollen hin und her, johlen, schreien vor Lachen. Tränen laufen uns über das Gesicht. Dieses Lachen muß den Himmel erschüttern.

„Du bist wohl als Baby nie gestillt worden", wird der Satz, mit dem wir in Zukunft jede Blödheit umschreiben.

Und doch ist mehr geschehen in dieser Nacht. Aikta und Premmati sind Freunde geworden.

Die Arbeit in *Desi*, diese goldenen Tage, haben ein Ende. Mit vielen Umarmungen verabschieden wir uns von den Männern, die keine Hilfe mehr brauchen. Zum Pokern werden sie immer jemanden finden.

Wir melden uns bei Dolma, die für die handwerklichen Arbeiten zuständig ist. Zu unserer beider Überraschung werden wir eine eigenständige Crew. Wir erhalten den Auftrag, Schuhregale für die Trailer zu bauen. Ein großes Regal in jedem ‚Mudroom'. Unser Jubel ist lautstark. Ein eigenes Projekt, Verantwortung und Selbständigkeit. Wir schlagen uns begeistert auf die Schulter, sind in Windeseile von ungeheurer Wichtigkeit durchdrungen. Das Schicksal meint es gut mit uns.

Die Sombreros auf dem Rücken, schlendern wir ins Gespräch vertieft zum Holzplatz bei *Zarathustra*. Wir verbringen Stunden mit der Auswahl des Sperrholzes, von dem uns nur die dritte Wahl zur Verfügung steht. In langen Diskussionen entscheiden wir darüber, ob wir diese Platte verarbeiten wollen oder doch lieber jene, die wir mit viel Kraftaufwand aus einem Stapel hervorzerren. ‚Augen' oder ‚nicht Augen', das ist eine schwierige Frage. Wir halten uns auf, können, wollen uns nicht schnell entscheiden. Wir genießen die neue Freiheit.

Bevor wir in die Produktion gehen, gibt es weitere Debatten über die Holzbeize. Bei der Bestellung können wir uns nicht einigen. Mal Grün, mal Braun, mal Rot. Bis die Ma, die die Bestellabteilung leitet, ihren Unwillen nicht länger zurückhalten kann. Aber wir sind nicht zu erschüttern. Wir brauchen einen halben Nachmittag, bis Farben, Pinsel, Schleifpapier und Werkzeug gewählt sind. Dann ziehen wir ein ins Paradies. In Premmatis langersehntes Paradies, die Schreinerei. In Siegerpose steht die kleine Frau, Vierkanthölzer unter dem Arm, den Strohhut verwegen auf dem Kopf, bis zu den Knöcheln im Sägemehl. Sie schnuppert mit geblähten Nasenflügeln den geliebten Duft von Holz und Leim.

Nichts davon erhöht meinen Herzschlag. Aber die gemeinsame Arbeit, das gemeinsame Projekt stimmt mich heiter. Die Swamis, die in der Schreinerei arbeiten, schauen nicht einmal hoch bei unserer Ankunft. Für sie sind wir Eindringlinge in ihre Domäne. Einzelgänger und Sonderlinge sind sie, in ihre Arbeit vertieft. Unser Lachen, unsere Albernheiten, ja unsere Freude über Gelungenes springt nicht auf sie über. Knapp, unwirsch beantworten sie unsere Fragen, wenn wir Schwierigkeiten mit der Handhabung eines Gerätes haben oder nicht wissen, wo sich benötigtes Material befindet.

Die großen Maschinen röhren wie wilde Tiere. Ich habe Angst, sie zu bändigen. Nicht so Premmati. Furchtlos füttert sie die Ungetüme mit Holz. Unter ihrer Anleitung verliere ich meine Scheu. Bald stehe auch ich mit gepreizten Beinen fest im Sägemehl, mit beiden Händen zitternde Holzstücke umklammert. Das Brüllen der Kreissäge hat das Drohende verloren.

Die Beherrschung großer Maschinen gibt Selbstvertrauen, Stärke und Ansehen. Sicher ein Grund, daß nur Frauen die mächtigen Straßenmaschinen, Bagger und Kräne auf der Ranch fahren.

Wenn der Umgang mit Maschinen Stärke entwickelt, um wieviel mehr tun es dann Waffen, mit denen man den Tod gängeln kann, geht es mir durch den Kopf.

Premmati lehrt mich Vieles. Die Berechnung von Winkeln, das Abschleifen von Lacken, das unsichtbare Einlassen von Holzdübeln. Zwischendurch Rückzug an die Kaffeemaschine, die Planung unserer nächsten Schritte. Das mag ich. Vorstellungen entwickeln, die Möglichkleiten der Realisierung, die Organisation.

Unserer geballten Wucht entspringt ein erstes Schuhregal. Die Eitelkeit hat uns am Wickel. Unser Gang wird energischer, unser Kopf ist dem Himmel etwas näher, unser Auftreten ist herausfordernd selbstsicher. Wir strotzen im Bewußtsein, eine großartige künstlerische Leistung zu vollbringen. Die Regale, deren Schönheit nur uns ins Auge sticht, sind der Beweis. Premmati und ich - ein einträchtiges Bild der Selbstzufriedenheit. Sieben Schuhregale entspringen unserer Verbindung. Jedes bringt uns der Vollkommenheit näher. Ratlos aber willig suchen Freunde und Passanten die von uns beschriebene Schönheit in dem jeweiligen Kunstwerk.

Die gezielte Kreativität hat uns erschöpft. Im richtigen Moment wird uns Einhalt geboten. Unser Glück jedoch hat noch kein Ende. Wir sollen unsere ‚sieben Schönen' in verschiedenen Häusern einbauen. Um diese Arbeit zügig zu erledigen, wird uns ein Auto zur Verfügung gestellt. Premmati und ich zögern. Autofahren auf der Ranch, auf diesen Straßen?

Premmatis letzte Fahrt liegt sechs Jahre zurück, meine vier Monate, aber es scheint ewig zu sein. Nach kurzer Überlegung sind wir uns einig. Die Gelegenheit ist einmalig. Autos sind rar. Wir bekommen die Schlüssel für einen VW-Bus, ich bestärke Premmatis Absicht zu fahren.

Nach anfänglichem Gerucke brausen wir dahin. Das Glück über die lockeren Zügel läßt uns lauthals Kirchenlieder singen. „Großer Gott, wir loben dich...", schallt es durch die Berge.

Der Einbau der Regale ist vergessen. Wir folgen der Ungewißheit eines Sträßchens, fahren durch die Unberührtheit der Berge, hinter denen wir Amerika vermuten. Warum nicht ins nächste Dorf fahren, Bier trinken, Hamburger essen in einer Kneipe, mit den Farmern ein Schwätzchen halten? Warum nicht Verbote und Grenzen überschreiten?

Auf der Ladefläche rumpeln mahnend die Regale. Der Mut verläßt uns. Der Weg ist noch schmaler geworden. Führt er wirklich in ein Dorf? Vor uns nichts als die Weite einer Wildwestlandschaft.

Stumme Übereinstimmung - uns beide hat die Idee befriedigt. In Gedanken haben wir gegessen und getrunken. Wir wenden und fahren zurück. Stolz über unseren Mut, befriedigt von unserem Abenteuer. Wie schön ist doch das Leben, wenn man frei darüber verfügen kann. Unerschrocken brausen wir durch einen Wildbach, wie jeder es tut. Leider geht unsere Freiheit mit dem Auto unter. Wir müssen aus dem Bach gezogen werden. Enteignung ist die Folge. Aber es war den Ausflug wert. Wir wissen jetzt, was hinter den Bergen liegt - noch mehr Berge.

Auf der Ranch ist das Motorradfieber ausgebrochen. Sehnsüchtig fällt mein Auge auf die schnellen Flitzer, die über Nacht als alte und neue Modelle zu sehen und zu hören sind. Motorräder sind Thema Nummer eins. Täglich wird mein Wunsch, auch eines zu besitzen, stärker. Warum soll ich mir einen alten Traum nicht erfüllen?

Achim verspricht, mir das Geld, tausend Dollar, zum Geburtstag zu schicken. Zwei Wochen möchte ich nicht warten. Premmati und ich haben Pläne, wie wir die neue Beweglichkeit nutzen wollen. Kurzentschlossen suche ich Sushila auf und bitte sie, mir das Geld zu leihen. Verblüfft, daß jemand von i h r Geld erbittet, sagt sie zu.

„Hol es dir morgen in *Chaitanya*, der Buchhaltung, ab. Ich sage dort Bescheid." Übermütig vor Freude, daß es so gut klappt, eile ich zur Garage. Dort steht mein Traum: ein altes, gemütliches, sehr gut erhaltenes Motorrad zu einem günstigen Preis. Der Swami ist nicht da, der es verkauft, so werde ich morgen wiederkommen.

Am nächsten Morgen haben wir ein Meeting in *Magdalena* mit Sushila. Es sind keine Motorräder mehr auf der Ranch erlaubt.

„Bhagwan ist besorgt um euer Leben. Die Straßen sind zu gefährlich." Die Motorradfahrer sind den Tränen nahe. Besonders die, die sich die prachtvollsten Maschinen bestellt haben.

Ich bin erleichtert, daß ich den Swami gestern nicht angetroffen habe, denn Kauf ist Kauf.

Als wenig später mein Geburtstagsgeld eintrifft, weiß ich, wie ich es anlege. Telefon und Champagner - beides ein großer Luxus auf der Ranch.

Bestellungen jeder Art, ob Schokolade oder Lammfellstiefel, alle Sonderwünsche, kann man sich in *Howdeedoodee* erfüllen. Die Order wird schriftlich mit dem Geld in einem Umschlag abgegeben. Hat man Glück, erhält man das Gewünschte in wenigen Tagen.

Howdeedoodee ist das erste Warenhaus auf der Ranch. Mit Sicherheit auch das einzige Gebäude, das nicht nach einem Erleuchteten benannt ist. Obwohl man nie weiß...

Hauptsächlich ist es ein Lagerhaus, in dem sich jedes Kommunemitglied kostenlos einkleiden kann - d.h. mit Kleidern, die die jeweilige Arbeit erfordert. Eine Karteikarte gibt Auskunft darüber, was bereits ausgegeben wurde. Das Lagerhaus ist nur abends für eine Stunde geöffnet, so daß ein längerer Aufenthalt, gar während der Arbeitszeit, unmöglich ist.

Pritam und Anando teilen sich die Arbeit von Kleiderausgabe und Bestellungen. In den nächsten Monaten erscheine ich wöchentlich, gebe sieben Flaschen Champagner in Auftrag. Pritams Ärger amüsiert mich. Länger und länger läßt sie mich warten. Unsere Kommunikation beschränkt sich nur noch auf ein einziges Wort: „Champagner?" entfährt es ihr wie ein Peitschenknall. Ich nicke freundlich, schiebe den Umschlag über den Tisch. Jeden Freitag hole ich die Flaschen ab, wate oft durch Schlamm, schnaufe über den Berg. Bis das Motorrad versoffen ist, sind vier Monate vergangen.

Natürlich teile ich die tägliche Flasche mit Premmati, die sich an das neue Leben erst gewöhnen muß. Sie hat die letzten Jahre nichts Hochprozentigeres als Tee und Wasser getrunken. Die ersten Schlucke lassen sie um Jahre altern. Es ist eine echte Überwindung für sie, mir Gesellschaft zu leisten. Sie ist ein Müsli- und Körnerfreak, dem mit mir alle Körner davonschwimmen.

Unser Feierabend wird ein Fest. Obwohl streng verboten, organisieren wir unser Abendessen aus den Vorräten *Magdalenas.* Gute Freunde in der Küche unterstützen uns. Beziehungen sind gut, sollten aber nicht strapaziert werden. Auch für das Küchenpersonal ist die Beschaffung von Eßwaren nicht einfach.

So entwickeln Premmati und ich uns zu Meisterdieben. Unser täglicher Toast, den wir mit Champagner runterspülen, ist zum Muß geworden. Wir können nicht mehr ohne ihn leben, wir sind käsetoastsüchtig. Die Beschaffung der Zutaten muß ohne den Eindruck von Heimlichkeit geschehen. Wir schlendern durch die Küche, plaudern, benehmen uns zugehörig. Finden und nehmen, was wir suchen.

Bis eines Tages Premmati mit einer großen Blechbüchse in den Kühlwagen marschiert. Während sie die Dose mit Eiern, Butter, Käse, Tomaten und Pilzen füllt, stehe ich Schmiere, ohne zu bemerken, daß wir beobachtet werden.

Eine Ma fordert uns auf, bei Dassano zu erscheinen, die zusammen mit Patipada die Küche leitet. Bei unserem Anblick beherrscht Dassano sich mühsam. Die Beweise unseres Vergehens quellen zu eindeutig aus der Büchse. Vorsichtig - der Eier wegen - stellt Premmati die Dose auf den Tisch, um die Hände zur Verteidigung frei zu haben.

Ärgerlich faucht Dassano uns an, weist anklagend auf die Dose:

„Glaubt ihr, ihr seid unsichtbar? Seit Wochen klaut ihr. Ihr seid die einzigen, die sich das herausnehmen. Ihr wißt, daß keine Nahrungsmittel aus Magdalena mitgenommen werden dürfen. Ich habe euer Treiben lange genug mitangesehen, ich melde euch Sheela."

Dassanos Sommersprossen haben sich im zornroten Gesicht aufgelöst. Mir schießt ebenfalls das Blut in den Kopf. Dassanos Bemerkung -"melde ich Sheela" - löst bei mir eine heftige Reaktion aus. Auch das kenne ich zur Genüge aus meiner Schulzeit. Wie sehr verabscheue ich jede Zuträgerei!

Empört mache ich mir Luft: „Ein solches Theater wegen ein bißchen Käse! Ich hab so viel Geld an die Ranch gegeben, da wird doch wohl dieser Käse drin sein." Wütend funkel ich Dassano an: „Außerdem, bevor du zu Sheela gehst, werde ich gehen. Mir langts, wegen einer solchen Bagatelle wie zwei Schulkinder heruntergeputzt zu werden."

Dassano starrt mich hilflos, sprachlos an. Ich wende mich ab, nicke Premmati auffordernd zu. Ich gehe. Sie folgt mir, nicht ohne die Dose vom Tisch zu nehmen. Mein Abgang bleibt ohne Triumph. Kaum habe ich das letzte Wort ausgesprochen, überfällt mich die Scham. Ich schäme mich entsetzlich für mein Verhalten, für die Erwähnung des Geldes, für meine Wichtigtuerei.

Aber als ich Premmati sehe, die reichgefüllte Dose unter den Arm geklemmt, muß ich lachen. Welch eine Komödie!

Am nächsten Tag läßt Padma mir ausrichten, daß ich vorsichtiger mit meinen Worten umgehen soll. Viele hätten ihr gesamtes Vermögen an die Kommune gegeben, das würde aber nicht dazu berechtigen, sich nicht an die Regeln zu halten. Noch einmal schäme ich mich zutiefst. Und Scham ist für mich das schrecklichste aller Gefühle. Vieles vergesse ich im Leben, aber die Momente der Scham bleiben.

Premmati und ich sind unzertrennlich. Wir arbeiten zusammen, wir essen zusammen. Unsere abendlichen Gespräche setzen die Gemeinsamkeit des Tages fort.

Premmati ist in ihrer Entwicklung steckengeblieben, das Vertrauen zu sich selbst schwach entwickelt. Erstaunlich bei einer Frau, die Ungewöhnliches geleistet hat. Liebevoll stütze ich sie in ihrer beginnenden Eigenständigkeit. Wie immer, ist der erste Schritt die Ablösung vom Partner, den man liebt. Wie oft habe ich das erlebt. Selbständigkeit beginnt mit einer Bewegung in die andere Richtung, mit einer Loslösung aus der Verschmelzung vom ‚Du‘ und ‚Wir‘. Ein ‚Ich‘ auf unsicheren Beinen ist die Folge.

Frauen sind so viel stärker als Männer. Ihre Gefühlswelt ist hochentwickelt. Aber die ‚Herr‘lichkeit der Männer hält die Frauen im Rahmen. Ohne jeden Zweifel ist die Erde vergewaltigt von der Männlichkeit. Um Frauen ihre Stärke bewußt zu machen, ihnen die Größe der Weiblichkeit zu zeigen, hat Bhagwan seit Bestehen der Kommune das Matriarchat aufblühen lassen. In allen verantwortungsvollen Positionen, in allen Bereichen, die die Belange der Kommune vertreten, werden Entscheidungen aus der Intelligenz des Herzens getroffen, aus der Kreativität der Gefühle - von Frauen.

Endlich fallen Lasten, Erwartungen, künstliche Stärke von den Schultern der Männer. Sie lernen die Hingabe an die Frau. Eine Fähigkeit, die sie verloren haben, da ihre eigene weibliche Seite begraben ist unter dem Männlichkeitswahn, einem Wahn, der diese Erde vernichten kann.

Wenn Frauen ihre Stärke erkennen und Männer ihre Schwäche zulassen, dann wird aus ihnen ein vollkommener Mensch. Ein ganzer Mensch, ungeteilt. Der neue Mensch hat alle seine Fähigkeiten, seine Natürlichkeit voll entfaltet. Er ist fähig zur Hingabe an das Leben, und er ist fähig, es mit Liebe zu erhalten. Die Unterdrückung eines Teils unseres Wesens schafft Perversionen, wie Gewalt und Vernichtung, schafft eine aggressive, inhumane Gesellschaft.

Wie alle Frauen, muß Premmati ihre Stärke ‚erkennen‘, sie entfalten. Das Spiel des kleinen Mädchens, ein Lieblingsspiel so vieler Frauen, das dem Mann eine künstliche Macht zubilligt, ist vorbei. Aus dem kleinen Mädchen wird sonst ein spätes Mädchen! Ich stütze ihre ersten Gehversuche, bestärke sie, ihr Nein, das sie fühlt, nicht mit einem unehrlichen Ja zu verdecken.

Und sie ist voll von Neins, die die Beziehung zu Anugraha, dem Mann, den sie so sehr liebt, schwierig machen. Anugraha liebt Premmati seit Jahren, was ihn nicht hindert, auch mit anderen Frauen zu schlafen.

Ein Mensch, der wirklich frei ist, der Liebe *ist* und nicht Liebe sucht, der kann sicher mit vielen Menschen beglückende Begegnungen haben. Doch noch befinden wir uns auf dem Weg der Erkenntnis, daß der andere uns nicht glücklich machen kann.

Im Schmerz um Anugrahas Aktivitäten sucht Premmati

Revanche. In einer Woche sieben Männer sind der Höhepunkt ihrer Rache.

Ich bin neugierig. Ich liege in ihrem Zimmer auf dem Teppich und schlürfe Sekt.

„Sag mal, Premmati, wie ist das? Wie machst du das, was empfindest du, wenn du mit fremden Männern schläfst?"

Gerne gibt sie mir Auskunft, teilt den reichen Schatz ihrer Erfahrungen mit mir, die ich mit nichts weiter als mit einem Mann und einer Frau aufwarten kann.

„Das ist einfach. Beim Essen in *Magdalena* entsteht eine Spannung zwischen mir und einem Swami - besonders wenn ich Anugraha in der Nähe mit einem Flirt sehe. Warum nicht? denke ich, und wir gehen zu ihm oder zu mir."

„Was macht ihr dann?" Ich will alles wissen.

„Wir duschen, gehen ins Bett."

„Das ist doch wohl nicht alles?" frage ich sie.

„Nein. Also gut. Wir blödeln, kitzeln und spielen."

„Waaaaas?"

„Ja. Wir machen halt Blödsinn", gibt sie geniert Auskunft.

„Premmati, du willst mir doch nicht erzählen, daß du deshalb mit einem Mann ins Bett gehst?"

Sie windet sich. „Na ja, wir vögeln auch. Und wenn du's noch genauer wissen willst, wir schlafen dann bis fünf Uhr morgens." Herausfordernd schaut sie mich an - eine gestandene Frau.

„Und das macht dir Spaß?" frage ich sie ungläubig.

„Neihein!" schluchzt sie und ersäuft in Tränen.

Sex ohne Liebe, für mich etwas ganz und gar Unvorstellbares. Nähe und Vertrauen sind die Voraussetzungen für das Sichfallenlassen. Und Zeit, viel Zeit, die man hier nicht hat.

Premmati ist meine jüngere Schwester, deren Heranwachsen ich mit Freude sehe. Täglich wird sie selbstbewußter, entschiedener. Immer weniger fällt sie zurück in die Rolle des hilflosen Mädchens, sucht nicht mehr ihre Bestätigung in kleinen Liebesabenteuern.

Aber ich nehme nicht nur Anteil an ihrem Leben. Premmati ist meine Klagemauer, die nicht müde wird, mein tragisches Schicksal mit mir zu bedauern. Bis meine Gefühle Land in Sicht sehen. In wenigen Monaten werden meine Lieben für einige Wochen kommen. Die Kinder, der Mann, die Frau - die ewigen Perlen meines Rosenkranzes. Ich genieße die Vorfreude. Meine Erinnerungen werden fröhlicher.

Ein sehr intensiver Traum bestätigt meine Ahnung für die Zukunft: Ein schneeweißes Gehirn mit weit aufgeklapptem Haifischgebiß verfolgt mich über die Berge. Es ist mir auf den Fersen, bereit zuzuschnappen. Die Ranch ist überflutet von Gesindel, Gaunern, Halunken, Krüppeln, Einäugigen. *Zarathustra* brennt. Ich muß Hilfe holen.

Ich wache auf. Die Ranch wird nicht ewig sein.

Justine zieht aus unserem Zimmer aus. Der Abschied ist fällig, der Anlaß ist schmerzlich für mich.

In den Zimmern ist das Rauchen verboten. Die Brandgefahr in den Häusern ist groß. Keine zehn Sekunden braucht ein Fertighaus um abzubrennen. Eine Warnung, die wir täglich hören. Zudem verteilt das Gebläse der Heizung den Rauch auf alle Räume. Im Großen und Ganzen halte ich mich an das Verbot, doch Kälte und Regen, die Ungemütlichkeit der Veranda, lassen es mich schon mal umgehen. An einem dieser nassen Abende rauche ich eine Zigarette im Bett, das Fenster weit offen. Welch ein Genuß. Justine trampelt ins Zimmer in meine Entspannung hinein. Ihr Lächeln bremst auf dem Gesicht bei meinem Anblick. Entsetzt starrt sie auf die Zigarette. Entrüstet fährt sie mich an: „Daß so etwas wie du auf der Ranch überhaupt erlaubt ist!"

Jetzt ist es an mir zu erstarren. Ungläubig lausche ich den Worten nach, die in mir niedersinken. Das Kind, das ich mit äußerster Kraft auf die Ranch gebracht habe. Faschismus, Kommunismus, geht es mir durch den Kopf. „Kinder bespitzeln ihre Eltern".

Als aufrechtes Mitglied der Kommune sehe ich meine Tochter ihre Mutter an der dafür zuständigen Stelle melden. In diesem Geiste habe ich sie nicht erzogen.

Mir hat es die Stimme verschlagen. Ich bin so verletzt, daß ich nur noch flüstern kann: „Es ist besser, du ziehst aus, Justine."

Sie wirft den Kopf in den Nacken und antwortet patzig: „Das wollte ich sowieso!"

Am nächsten Tag vollzieht sich die Trennung. Das Entsetzen über ihr Verhalten hält lange an. Erstmalig übergehe ich einen Geburtstag meiner Kinder. Keine Glückwünsche, kein Geschenk. Mir geht es gut dabei.

Justine versteht meine Reaktion nicht. Spitzelei ist ihr fremd. Ans Licht kann nur kommen, was im Dunkeln verborgen ist. In einer Mysterienschule kann nichts unterdrückt werden, in der

Energie eines Buddhafeldes steigt jede noch so gut versteckte Leiche an die Oberfläche.

Premmati und ich arbeiten wieder in der Innenfertigstellung; mit drei Schreinern zusammen bilden wir eine neue Crew. An einem Nachmittag haben wir unseren halben freien Tag. Genau zur richtigen Zeit erhalte ich ein Paket aus Deutschland, etwas Schinken, ein paar Dosen Lachs und Sardinen.

Noch werden die Pakete nicht kontrolliert, so daß der Verstoß gegen das vegetarische Gesetz nicht auffällt. Ich lade meine Arbeitskollegen zu einem Picknick ein. Wir organisieren Wein aus *Howdeedoodee*, versorgen uns mit Lunchpaketen aus *Magdalena* und fahren mit dem Crewbus zum Fluß. Es ist Mitte März, Frühling liegt in der Luft. Wir fahren zum *River-Haus*, das weitab von der Ranch liegt, ein verwittertes Holzhäuschen am schnell dahinfließenden Fluß. Im Hintergrund ein steiles Felsengebirge. Eine bizarre Landschaft, in der das Flußbett sich windet.

Unsere Seite verfügt über weite Felder, die uns ernähren werden im Laufe der Zeit. Die Gemüsefarm *Surdas* ist im Entstehen. Auf der anderen Seite des Flusses unsere Nachbarn, mit einem behäbigen Farmhaus unter alten Laubbäumen. Pferdepferche, Rinderherden. Der Besitz strahlt die Behaglichkeit eines Zuhauses aus.

Beschwingt von der Aussicht auf stundenlanges Nichtstun lagern wir am Ufer. Der Geruch von Sonne, Wasser, erstem Grün gemischt mit Vogelgezwitscher läßt Premmati in Tränen ausbrechen. Der Frühling überwältigt sie, die jahrelang nur den indischen Sommer erlebt hat.

Ich packe alle Köstlichkeiten aus, der Schinken wird mir aus der Hand gerissen. Ich liebe es, wenn Vegetarier die Messer wetzen. Wir öffnen Flasche um Flasche, genießen das Zusammensein, ohne auf die Zeit achten zu müssen. Rashid und Rashida, ein englisches Künstlerehepaar, Premmati und Anugraha, ein australischer Ingenieur, Sugeet, ein amerikanischer Entertainer - alles Leute mit außergewöhnlichen Fähigkeiten, mit einer ungewöhnlichen Intelligenz, deren Stärke die Kreativität ist. Jeder Schüler Bhagwans ragt aus der Masse heraus. Die meisten haben alles erreicht, was ihnen erstrebenswert schien, haben die Sinnlosigkeit des Strebens erkannt, das das Gegenteil von Sein ist. Stein für Stein haben sie, wie ich, alle Arten von ‚Häusern' gebaut, um sie dann einzureißen, denn jedes Haus zwingt zur Seßhaftigkeit, macht bewegungsunfähig.

An diesem sonnigen Frühlingsnachmittag sind es weniger die Geschichten aus der Vergangenheit, die uns fesseln, als die immer noch unbeantworteten Fragen. Warum diese Disziplin? Warum keine Selbstbestimmung von Arbeit und Zeit? Warum keine Künste wie Malerei, Theater und Literatur? Wir alle sind starke Persönlichkeiten, die unter der Fremdbestimmung stöhnen.

Rashid begreift nicht, warum er nicht als Farmer arbeiten darf, obgleich sein Herz danach lechzt. Er erzählt uns, wie er mehrmals unter Tränen Sheela oder Vidya bittet, ihn mit dem Land arbeiten zu lassen. Besonders, da so große Projekte wie *Surdas* geplant sind, wo der Anbau von Gemüse täglich einen immer größeren Raum einnimmt. Tausende von Menschen sollen mit unseren eigenen Produkten ernährt werden. Rashid ist Fachmann. Er hat eine eigene Farm bearbeitet. Und doch - die Antwort ist immer wieder „Nein".

In unserer Crew spürt jeder seine Traurigkeit. Widerwillig paßt er Türen ein, nagelt Leisten. Wie sehr kann ich mit ihm empfinden.

Wir verstehen nicht, warum solche Situationen nötig sind. Und wo kein Verstehen ist von Herz und Kopf, da wächst der Widerstand. Die Blitze des Zweifels schlagen ein.

Das Erwägen von Für und Wider wird immer ausgelassener. Der Wein nimmt unseren Gedanken die Schwere. Die Schönheit des Frühlings, die Freundschaft, der freie Nachmittag - Freuden, die überwiegen. Rashid und Rashida lieben einander, strahlen Einheit aus. Premmatis brauner Lockenkopf ruht an Anugrahas Brust. Trunken träumt sie in den Himmel. Anugraha hält sie zärtlich umfaßt. Die Sonne läßt seine Haare wie Rotgold leuchten, umrahmt mit einem Heiligenschein. Der Wein und das Essen, die Gespräche, das Lachen und Nachdenken haben uns träge gemacht. Traurig fühle ich zwischen den Paaren die Nähe, die ich verloren habe.

Ich spüre Rashidas Blick, ihre dunklen Augen auf mir. Mit tiefer Stimme teilt sie mir mit: „Wenn du jemals die Ranch verlassen mußt, dann stimmt etwas mit dieser Kommune nicht."

Wir alle schrecken hoch.

„Ich hab doch gar nicht die Absicht zu gehen", meine ich abwehrend, auf seltsame Art getroffen. „Wieso sollte ich gehen *müssen*?" Rashida zuckt die Achseln, lacht fröhlich auf:

„Nimm mich nicht ernst. Ich bin ein Zombie. Manchmal sehe ich Dinge ohne jeden Zusammenhang. Vergiß es."

Wochen später wird Rashida nach England zurückgehen. Ihre Liebe zu Bhagwan wird sich in Haß verwandeln.

„Haß und Liebe kommen aus der gleichen Wurzel. Haß und Liebe sind das Wechselspiel des Lebens. Die Seiten einer Münze. Wirft man die Münze hoch und sie zeigt Haß, dann liegt darunter die Liebe. Zeigt sie Liebe, ist der Haß darunter verborgen." (Bhagwan Shree Rajneesh)

Es stimmt. Haß und Liebe sind die gleiche Energie. Eine Erfahrung, die ich so lange machen werde, bis die Münze verschwunden ist.

Alles hat seine Dualität, eines verdeckt immer das andere. Bist du ‚Frau', verdeckst du den Mann, bist du ‚Mann', verbirgst du die Frau. Beides zu fühlen, beides zu akzeptieren, heißt Ganzwerden. Das eine kann ohne das andere nicht die Vollkommenheit erreichen, die im Ganzsein liegt.

Die Freunde drängen zum Aufbruch. Ich möchte die Nacht im *Riverhaus* verbringen. Überraschend beschließt Premmati, mir Gesellschaft zu leisten. Unser Picknick löst sich auf. Umarmungen nach allen Seiten - es war ein wunderschönes Beisammensein.

Anugraha wirft mir den Blick zu, den ich so gut kenne. Alle Männer meiner Freundinnen geben mir die Schuld an ihren mißlungenen Ehen. Nur wenige Männer mögen mich. Ich bin nicht schwach genug, nicht dumm genug, nicht hilflos genug. Ich bin eine ehrliche Frau, die die Rolle des kleinen Mädchens abgrundtief verabscheut. Ich wecke keine Beschützerinstinkte, lasse mich durch nichts blenden.

Ich mag Männer, die nicht ihr Geschlecht betonen, sondern ihre Menschlichkeit. Männer, die ihre feminine Seite zulassen. Wo Zartheit und Spontaneität eine Stärke ist, und die Hingabe an die Frau, die natürliche Frau, zur Selbstverständlichkeit wird.

Wir bleiben allein zurück. Das *Riverhaus* hat einen besonderen Charme. Die Lage am Fluß macht es außergewöhnlich. Es scheint oft benutzt zu werden, die Idylle ist bekannt. In jedem Zimmer liegen mehrere Matratzen. Das Häuschen bietet ungestörte Zweisamkeit, etwas, das auf der Ranch sehr selten möglich ist. Die körperliche Liebe in der Enge des Zusammenlebens unterscheidet sich durch nichts vom gemeinsamen Essen in *Magdalena* - keiner schielt auf den Teller seines Nachbarn.

Wir türmen Matratzen aufeinander, bauen ein Hochbett mit Blick auf den Fluß. In der Dunkelheit können wir wenig erkennen; wir freuen uns auf das Aufwachen.

Wir kuscheln uns auf den schwankenden Matratzenturm, die dunklen Berge sind Silhouetten im Mondschein.

Wir kommen zum Thema, das Premmati unter den Nägeln brennt - Anugraha. Seine unverständlichen Verhaltensweisen. Und wie sehr sie ihn liebt. Ich seufze tief. Alle Liebesbeziehungen drehen sich im Kreis. „Es ist schrecklich, aber...“. Beliebt ist der Griff nach der Vergangenheit, um die gegenwärtige Situation zu untermauern. „Schon damals....“.

Allein die Erinnerung treibt Premmati Tränen in die Augen, als sie von einer zurückliegenden Lieblosigkeit berichtet.

„In Poona, im Ashram, werde ich sehr krank. Wirklich krank. Wochenlang hohes Fieber, ich bin abgemagert und sehr schwach. An einem Nachmittag bitte ich Anugraha, mir eine Schüssel Joghurt und Fruchtsalat aus der Küche zu holen. Bereitwillig zieht er los.“ Ihre Stimme bricht: „Stell dir vor, nach Stunden kommt er zurück. Eine meiner Freundinnen hat ihn im Garten aufgehalten und verführt.“ Pause. „Auf einem Baumhaus,“ fügt sie hinzu.

„Und“, frage ich, „hatte er den Fruchtsalat bei sich?“

Unser Gelächter läßt das Hochbett gefährlich schwanken. Stunde um Stunde reden wir über Liebesleid und Liebesfreud. Premmatis Stimme wird müder, bis sie mitten in einem meiner Geistesblitze einschläft. Ärgerlich rüttle ich an ihrer Schulter: „Heee, Premmati, wach auf!“ Sie öffnet matt die Augen. Ich versuche, sie wachzuhalten. Umsonst. Sie schläft. Ich grolle. Ich kann es nicht ertragen, wenn mein Bettgenosse einschläft. Ich mag dieses Zurückziehen in den Schlaf nicht. Es ist eine plötzliche Trennung ohne Abschied - ich bleibe allein.

In den nächsten Tagen erhalten Premmati und ich ein neues Projekt. Gerne verabschieden wir uns von den Männern, obwohl - Rashid haben wir liebgewonnen.

Unsere neue Aufgabe ist es, in den Häusern die Veranden zu prüfen, ob sie einen neuen Holzanstrich benötigen, gegebenenfalls die Ausbesserungsarbeiten auszuführen. Das Handwerk begeistert mich immer noch nicht, doch es macht Spaß, mit Premmati zu arbeiten. Für diese Gemeinsamkeit pinsele und schleife ich auf den Knien, während sie auf dem Holzgeländer balanciert und die Dachleisten regensichert.

Wir haben unseren eigenen Arbeitsrhythmus. Hast und Eile sind uns fremd. Wichtig ist, beschäftigt auszusehen. Gespräche fallen in der unermüdlichen Geschäftigkeit auf, besonders wenn sie die Pausen weit überschreiten. Wir machen es zur Regel, bei all unseren endlosen, tiefschürfenden Überlegungen eine Leiter zwischen uns zu tragen, die uns den Anschein gibt, wesentlich zum Aufbau der Kommune beizutragen. Bei kürzeren Debatten gestikulieren wir mit einem Hammer, Zuhören wird unauffällig bei gleichzeitigem Prüfen von Schleifpapieren. Wir entgehen so den Blicken der Koordinatoren, die einen feinen Sinn für Bummler und Drückeberger haben.

Der 21. März - Bhagwans Erleuchtungstag und mein Geburtstag, wie ich bescheiden hinzufüge - naht. Tausend Sannyasins werden erwartet. Neue Häuser rollen täglich auf Spezialwagen an. Sie kommen in zwei Teilen. Unsere Leute fügen sie zusammen, auf Grundstücken, die dafür vorbereitet sind. Ganze Siedlungen entstehen so in wenigen Wochen. Wohin man geht, fährt, schaut, rundum Erdbewegung, Brückenbau, Rohrverlegung, Aushubarbeiten, Straßenbau. Bei aller Skepsis, die ich für die Verwirklichung der Stadt empfinde - hier entsteht zweifelsohne etwas Großes.

Wieder einer meiner geliebten Seebrisentage, die mich morgens gerne aus dem Bett springen lassen. Der Himmel hängt voller Federbettwolken, die auf dem hellen Blau flott dahinsegeln.

Premmati und ich lassen den Vormittag gemächlich ‚verstreichen'. Wie immer plaudern wir. Beide sind wir Gegner der derben Sprache, schmutziger Witze und zweideutiger Anspielungen. Unsere Wortwahl ist immer fein und sensibel. Spricht das Gefühl an.

Aber heute hat uns der Unflat in der Kralle. Ein Wort gibt das andere, wir suhlen uns stundenlang in den schmutzigsten Ausdrücken und Beschreibungen. Wir toben uns aus, wir entleeren uns für den Rest unseres Lebens. Wir haben keine Hemmungen, keine Scham, keine Barrieren mehr. Es ist unglaublich, was sich im Laufe eines Lebens an unbenutzten, abgelehnten Worten angesammelt hat. Zu Beginn halten wir noch beim Klang des Gesprochenen erschrocken inne, doch dann schäumt es aus uns heraus. Wir glühen, unsere Augen glänzen. Wir stacheln uns an zu einer Orgie mit Worten, unterstützt vom Gefuchtel unserer Pinsel.

Die Nachricht erreicht uns, daß ein Felsen an der Hauptstraße gesprengt wird, um die Straße zu verbreitern. Wir werden aufgefordert, bei den anfallenden Aufräumungsarbeiten zu helfen. Um uns herum läßt jeder das Handwerkszeug fallen, springt in bereitstehende Autos. Eine willkommene Abwechslung.

Ein Blickaustausch zwischen Premmati und mir macht klar, daß unsere Richtung eine andere ist. Wir schlagen uns in die Büsche. Ich höre Premmati stoßseufzen: „Wie schön wäre jetzt ein Schläfchen!“ Gleichzeitig fällt unser Blick auf einen Wacholderbaum, in dessen Schatten zwei Matratzen auf uns warten.

Sprachlos strecken wir alle Viere von uns, verharren im Schweigen, gleiten in den Schlaf, nicht ohne noch befriedigt den Donnerschlag der Sprengung zur Kenntnis zu nehmen. Schlaf ist eine Kostbarkeit geworden.

Zwei Stunden später tauchen wir ausgeruht an unserem Arbeitsplatz auf. „Mensch, hab ich einen Hunger!“ stöhnt Premmati. In der Küche entdecken wir zwei Scheiben Brot im Toaster. Vorsichtig tippt sie sie an, ob es auch keine Halluzinationen sind.

„Wie beim Tischlein-deck-dich“, murmelt sie. Ich lache etwas unsicher: „Ja, es fehlt nur noch der Wein“, und öffne spaßeshalber den Kühlschrank. Da steht er, eine Flasche Frascati, halbvoll. Da greifen wir zu.

Beflügelt gehen wir an die Arbeit, streichen mit schnellen Pinselstrichen die Dachpfosten. Unsere nassen Pinsel tropfen in die Ärmel. „Shit!“ flucht Premmati. „Wir brauchen Toilettenpapier.“

Entgeistert starren wir auf die weiße Papierschlange, die der Wind auf uns zutreibt. Energiespiele?

Am nächsten Tag hat unsere Selbständigkeit ein Ende. Wir werden Teil einer Crew, die von Geet Govind geleitet wird und harte Arbeit in Aussicht stellt.

Bis Viba zu uns stößt, sind wir die einzigen Frauen in dieser Gruppe, deren Aufgabe es ist, zentnerschwere Plattformen auf den zukünftigen Zeltplätzen aufzubauen. Jedes dieser Ungetüme wird von mindestens sechs Leuten getragen, an einen Platz, der möglichst nicht von der Straße einsehbar ist. Die Sorgfalt, mit der danach gesucht wird, läßt vermuten, daß keine Genehmigung der zuständigen Behörden vorliegt. Über zweitausend Holzböden müssen bis zum Sommerfestival verankert sein, auf denen jeweils ein Zelt für vier bis sechs Personen aufgestellt wird, denn mehr als zehntausend Sannyasins werden erwartet.

Die Männer sind vollauf damit beschäftigt, die Lage zu erörtern, zu diskutieren und die Lasten schweißtriefend auf den Hügeln zu verteilen. Wir Frauen ziehen wie Marketenderinnen hinter ihnen her, die Werkzeugkiste zwischen uns. Unsere Arbeit ist es, die Plattformen mit Pflöcken und Pfosten in der Hanglage auszutarieren, so daß die Standfestigkeit garantiert ist. Eine knifflige Arbeit, mit der Wasserwaage zu arbeiten. Premmatis Blitzeblick bei der von ihr geliebten Tüftelei hält nur kurz an. Meine lustlose Arbeitsweise ist ansteckend. Ärgerlich versuchen die Männer, ihren Arbeitseifer auf uns zu übertragen. Aber wir lassen uns nicht antreiben. Matt nageln wir im Takt, lassen zwischen zwei Schlägen die Zeit verrinnen. Die schrägen Seitenblicke der Männer prallen an unserer Ignoranz ab. Wir machen uns lustig über sie, äffen sie nach. Die Plattform wird unsere Bühne, auf der wir kleine Sketche improvisieren. Wir drei Frauen amüsieren uns prächtig. Bis Premmati sich übermütig zu dem Ausruf hinreißen läßt:

„No tools for fools!" - da platzt Geet Govind der Kragen. Mühsam beherrscht steht er vor uns:

„Könnt ihr mir sagen, wie wir die Stadt bauen sollen mit Leuten wie euch?"

Spöttisch betrachte ich den Mann in meinem Alter, einen bekannten Opernsänger. Sicher würde er nichts lieber tun als mitspielen. Mein Gott, denke ich, ein so intelligenter Mann glaubt, daß hier eine Stadt entstehen wird.

Unsere Bummelei drückt unseren Widerstand aus. Wir möchten nach unseren Vorstellungen arbeiten. Die Wichtigtuerei der Männer geht uns auf die Nerven. Den ganzen Tag sind ihre Körperkräfte im Einsatz. Die Sonne sticht bereits um diese Jahreszeit vom Himmel, doch ungeachtet dessen erstürmen sie Hügel um Hügel. Alles und jedes wird von ihnen debattiert, der Weg, den man nehmen sollte, der Platz, der am schattigsten ist, diesen Hang oder jenen. Jeder weiß es besser. Bis die Männer zu einer Einigung kommen, ist bei manchem Stolz und Eitelkeit verletzt.

Die altvertraute, geballte Männlichkeit macht mich noch unwilliger, mich in den Arbeitsprozeß einzuordnen. Ich bleibe im Schatten, beobachte.

Nadamo, ein chilenischer Schwuler, dessen übertrieben feminines Verhalten einen eigenen Weg hat, sich der harten Arbeit zu entziehen. Gespannt warte ich, wie er es heute schaffen wird. Es ist noch früh am Tag, die erste Teepause vorbei, als Nadamo auf Geet zutänzelt, der in der Werkzeugkiste wühlt.

„Geet, Darling“, säuselt er, „ich bin so verschwitzt, ich *muß* ein Bad nehmen.“ Die Eindringlichkeit seiner Worte läßt Geet gottergeben nicken. Stunden später erscheint Nadamo parfümiert und ausgeruht.

Mega, ein holländischer Arzt - ihm bin ich ein Nagel im Schuh. Mein Schattensitzen reizt ihn sichtlich. Im Vorübergehen spüre ich seine Wut wie eine Woge auf mich prallen. Höhnisch stört er meinen Frieden: „Wollen Gnädigste nicht auch mal ein Steinchen tragen? Oder sind Frau Doktor unabkömmlich?“

Ich kann den Blick schwer von Mega wenden. Er ist der schönste Mann, den ich je gesehen habe. Ein Apoll. Eine Schönheit aus Licht und Schatten. Die Vollkommenheit von Gut und Böse. Die Dekadenz und Verderbtheit im Erlesenen übt eine ungeheure Anziehung auf mich aus.

In einer Pause beklagt er sich bitterlich über seinen Freund, er ist schwul, über dessen starken Wunsch nach Freiheit. „Ich will ja nicht seine Freiheit, ich will ihn“, meint er ärgerlich. Ein Satz, der meine Lachmuskeln strapaziert. Wie viele Tricks benutzen wir, wenn wir ‚lieben‘.

Geet kann meine Verweigerung nicht länger ertragen. Nicht dulden, denn mit Sicherheit haben die Männer sich beschwert. Meist sitze ich ins Gespräch vertieft unter einem Wacholderbaum, die Wasserwaage in der Hand eine Dekoration.

Geet versucht es mit ausgesuchter Höflichkeit: „Ich möchte dich bitten, meine Arbeitsenergie mit mir zu teilen.“ Es klingt wie „Darf ich um den nächsten Tanz bitten?“

Seine absurde Formulierung läßt mich ihm folgen. Er reicht mir den Hammer, er reicht mir die Nägel, er deutet auf die Einschlagstelle, er wartet, bis der Nagel im Holz verschwunden ist, wiederholt den Vorgang. Bis alle Nägel verarbeitet sind. Er weicht nicht von meiner Seite. Seine Beharrlichkeit ärgert mich.

Was bildet der Kerl sich ein, mich zu dominieren! Kurzentschlossen, ohne ein Wort, drehe ich mich um und gehe. Ruhig arbeitet Geet allein weiter.

Ich schließe mich Viba an, einer blonden Märchenschönheit. Mit ihr zusammenzuarbeiten, ist eine Traumstunde. Ich liebe Vibas Visionen: Sannyasins und alle Menschen, die in Bewußtheit leben, werden nicht auf der Erde bleiben. Ein Raumschiff wird zu gegebener Zeit kommen, uns aufsammeln, und glücklich werden wir durchs All schweben. Warum nicht. Die Schüler Bhagwans auf der ganzen Welt, aus allen Himmelsrichtungen, haben eine besondere Sensibilität, sonst könnten sie nicht in einer Mysterienschule leben, in der eine Sprache gesprochen wird, die nicht jeder versteht.

Wieder wird eine Sprengung am anderen Ende der Ranch durchgeführt. Premmati und ich nicken uns zu. Die Männer versuchen, uns mitzuziehen. Wir bleiben mit den Werkzeugen beschäftigt, räumen den Platz auf. „Wir kommen nach!" rufen wir den Enteilenden zu. Ich schüttele Megas Hand von meinem Ärmel.

Der Truck verschwindet in der Ferne. Wir, auch Viba bleibt bei uns, sitzen im Schatten. Ganz ernst meine ich es nicht, als ich vorschlage: „Wie wär's, wenn wir nach der Teepause nach Hause gehen? Die Sprengungen dauern lange, wer weiß, ob die Männer zurückkommen? Aufgeräumt haben wir."

Ich bin überrascht, als Viba, ein mehr als hundertprozentiges Mitglied der Kommune, begeistert zustimmt: „Warum warten? Laßt uns gleich gehen."

Es ist drei Uhr nachmittags. Ein Blick, wir sind einer Meinung. Wir verschwinden für den Rest des Tages. An der Brücke winken wir Viba nach.

Premmati und ich haben den gleichen Weg. Wir wohnen an einem Berg, ich auf der Höhe und sie am Fuß. Fünf Minuten Kletterei liegen zwischen unseren Häusern.

Oft, wenn der Champagner mich müde gemacht hat, übernachte ich bei ihr. Sahajo, mit der sie das Zimmer teilt, stört das nicht. Ich werde nicht satt, Sahajo anzuschauen. Eine Frau wie Milch und Blut, mit Haaren wie Ebenholz, Schneewittchen, die Frau mit den sieben Ärschen, denn davon hat sie wahrlich genug.

Ihr zuzuschauen, wie sie ins Bett geht, läßt meine Unterhaltung mit Premmati stocken. In einem blütenweißen Rüschennachthemd streckt sie sich bolzengerade in weißknirschender Spitzenbettwäsche aus. Faltet die Hände über dem Magen, schließt die Augen und versinkt auf der Stelle in tiefen Schlaf.

Ohne die Stimme zu dämpfen, nehmen wir die Unterhaltung wieder auf. Obwohl Sahajo nichts gegen meine häufige Anwesenheit einwendet, heißt das nicht, daß Premmati die Gegenwart Samarpans schweigend duldet - dem Liebhaber Sahajos, der selten über Nacht bleibt. Taucht er aber auf, verlassen wir hastig das Zimmer, nicht ohne eine spöttische Bemerkung Premmatis, denn sein ‚Vögeln, Schlafen, Schnarchen' nährt ihren Widerwillen gegen ihn.

Eines Abends stehen Premmati und ich im Badezimmer, putzen uns die Zähne. Unerwartet betritt Samarpan das Bad. Er stellt sich breitbeinig vor das Klo, um zu pinkeln. Premmati und ich handeln in stiller Eintracht, rächen uns für seinen Mangel an Feingefühl. Mit kalter Aufmerksamkeit betrachten wir seinen Schwanz. Es spricht für seine Sensibilität - ‚Hier stehe ich und möchte können.' Es ist ein stiller Kampf zwischen ihm und uns. Er dreht und wendet, hebt und senkt, aber so sehr er es auch versucht - die Quelle will nicht fließen. Mit nicht nur hängendem Kopf entzieht sich Samarpan unseren Blicken. Wir haben gesiegt. Lachend stürzen wir ins Freie, bemüht, mit unserem Gelächter nicht das ganze Haus zu wecken.

Am Fuße des Berges angekommen, entscheiden wir uns, zu meinem Haus hinaufzukraxeln, dort die unerwarteten freien Stunden zu genießen und mit Sekt und Käsetoast zu feiern.

Wir sitzen auf der Veranda und lassen genüßlich die Zeit verrinnen. Uns geht der Gesprächsstoff nie aus. die Arbeit, das Leben, die Männer, wir selbst, die Vergangenheit, das Rätseln um die Zukunft - wir langweilen uns nie.

„Was Anugraha wohl macht?" überlege ich laut. Kaum ausgesprochen, steht er vor uns. Er war für einige Wochen geschäftlich in Kalifornien. Seine Begrüßung ist ärgerlich.

„Wißt ihr, daß ihr auf der ganzen Ranch mit Walkie-Talkie gesucht werdet?" Bestürzt schauen wir uns an. Die Crew ist früher zurückgekommen. Das kann böse Folgen haben. Wir rechnen damit, daß unsere Eigenmächtigkeit ein Nachspiel haben wird.

Wir sprechen uns Mut zu, wappnen uns für das Kommende. Wir haben ein schlechtes Gewissen.

Überraschenderweise bleibt unser ‚Streik' ungeahndet. Außer den mißmutigen Blicken der Männer am nächsten Tag trifft uns nichts. Wir lassen es uns eine Lehre sein, den Bogen nicht zu überspannen. Nur noch zwei Tage bis zum 21. März. Die letzten Vorbereitungen verlangen erhöhtes Arbeitstempo.

Ich habe meinen monatlichen Blutsturz. Seit ich auf der Ranch lebe, ist meine Periode beängstigend. Mir bleibt nichts anderes übrig, ich muß *Pythagoras* aufsuchen, meinen Zustand schildern.

Der Arzt schickt mich auf die Krankenstation. *M 6* - M-sick wie wir es nennen.

Unwillig mache ich mich auf den Weg. Sehr viel lieber würde ich mich zu Hause hinlegen, doch das ist streng untersagt. Niemand darf sich während der Arbeitszeit in den Häusern aufhalten. Ich laufe an *Magdalena* vorbei, den schmalen Weg bergauf zu dem Siechen-Haus auf dem Hügel.

Soham, die rotblonde Krankenschwester, informiert sich über die Stärke meiner Blutungen.

„Du legst dich hin. Jede Stunde zeigst du mir dein Tampon." Mir schießt das Blut zurück in den Kopf. Welch eine Unverschämtheit. Ich muß mich zusammennehmen, meiner Empörung nicht Luft zu machen. Mein Blick läßt Soham nicht auf ihrer Forderung bestehen. Ich beschließe die Gelegenheit zum Schlafen auszunutzen. Am Abend möchte ich wieder zu Hause sein, Premmati würde sich sonst Sorgen machen. Türenschlagen, aufgeregte Stimmen reißen mich hoch. Energie- und Schallwellen erreichen mich.

Ich höre Vidyas scharfe Stimme: „Wer bis heute abend nicht aus dem Bett ist, kann am 21. März nicht am Darshan teilnehmen!"

Eine Drohung, denke ich entsetzt. Schon erscheint Vidyas blonder Kopf in der Tür. Bevor sie den Mund aufmachen kann, stoße ich hervor: „Ich will sofort hier raus."

Sie stutzt, dann fährt sie mich an: „Du bleibst!" und ist verschwunden.

Ich springe auf, ziehe mich an und schleiche auf Zehenspitzen aus dem Haus. Mir reichts. Ich hinterlasse Premmati eine Nachricht und strecke mich wenig später wohlig in meinem eigenem Bett. Warum wird hier so merkwürdig mit Krankheiten umgegangen? Um ein paar Tage auf der Krankenstation zu liegen, muß man schon im Koma sein. Fieber, Entzündungen, Verletzungen - nichts zu machen. Jeder wird zurück an die Arbeit geschickt. Versehen mit Antibiotika, die, wie man weiß, nicht gerade aufmunternd wirken.

Unbarmherzig wird der alte Kinderglaube ausgerottet, wer krank ist, bekommt viel Aufmerksamkeit. Das Gegenteil ist hier der Fall. Und es wirkt. Wenn auch nicht gleich sichtbar, so werden wir doch im Laufe der Zeit widerstandsfähiger, gesünder und kräftiger.

Arbeitsunfälle wird es geben. Splitter in Haut und Augen, Finger werden wieder angenäht, Knochenbrüche geheilt. Die eiserne

Haltung der Ärzte trägt dazu bei, daß in höchster Konzentration und Bewußtheit gearbeitet wird. Die Unfallquote ist gering, obwohl kaum ein Sannyasin gewohnt ist, mit hochmodernen technischen Geräten zu arbeiten.

Ein letztes Mal wird der Darshan in *Magdalena* sein. Die zukünftigen Feste werden fortan in dem ‚Gewächshaus' *Mandir* gefeiert werden, mit dessen Bau demnächst begonnen wird.

Der 21. März ist für mich, seitdem ich lebe, ein bedeutungsvolles Datum. Der Tag meiner Geburt, Frühlingsbeginn, und wieder ein Jahr älter. Ich liebe es, älter zu werden. Ich bin ungeduldig, die Zahl meiner Jahre zu vermehren.

Es ist ein stürmischer Frühlingstag. Es hat die ganze Nacht geregnet. Die Sonne hat es nicht geschafft, den Schlamm tagsüber zu trocknen. Die Stunden vor dem Darshan verbringen wir wie üblich mit Warten auf die freie Dusche, das Bügeleisen.

Der Austausch von Neuigkeiten mäßigt die Ungeduld.

Frühzeitig mache ich mich auf den Weg ins Tal. Von weitem ist die rote Schlange vor *Magdalena* zu sehen. Je näher ich komme, um so mehr muß ich lachen.

Die Festtagskleidung stammt noch aus den Poonatagen, wo lange Roben aus Samt und Seide das festliche Aussehen der Swamis und Mas bestimmten. Jetzt ist die einstige Pracht unter Daunenjacken, Mänteln und Gummistiefeln nur zu ahnen. Bärte und Schals flattern im Wind. Eine Hand versucht, die Sicht auf lange Unterhosen zu verhindern, die andere drückt den Cowboyhut ins Genick. Einige hundert Leute haben sich bereits aufgestellt. Die Wartezeit wird mit Lachen und Singen gefüllt. Die Menschenschlange wächst, dehnt sich in die Landschaft, verschwindet hinter einer Biegung. Sehr viele Besucher haben sich diesmal eingefunden. Mehr als tausend Sannyasins warten auf den Darshan.

Sitama keucht die Straße entlang, die Röcke gerafft, um sich vor dem Schlamm zu schützen. Sie gehört zu den wenigen Alten auf der Ranch. Eine kleine Inderin, über siebzig Jahre alt, deren fröhliches Lachen zwei einsame Eckzähne freilegt. Sie humpelt mühsam, sie hat Rheuma in den Knien. Der Klimawechsel macht ihr zu schaffen, doch wie immer strahlt ihr faltiges Gesicht. Sie bewegt sich auf das Ende der Schlange zu, bereit, sich hinten anzustellen.

Da tanzt Justine aus der Reihe, sie gehört zu den ersten, die ihren Platz schon vor Stunden eingenommen haben. Sie läuft auf

Sitama zu, nimmt sie liebevoll bei der Hand und führt sie auf ihren eigenen Platz. Einige Sannyasins klatschen.

Liebe, Zärtlichkeit für meine Tochter überwältigt mich, Tränen der Freude steigen in meine Augen. Erleichtert, daß sie doch nicht aus der Art geschlagen ist. Gleich darauf ist Einlaß in den gelüfteten und ausgeräumten Speisesaal.

Ich habe einen Platz, von dem aus ich alles übersehen kann. Die Lässigkeit Sushilas wirkt wie immer erheiternd. Ihre Fülle in einen pinkfarbenen Anzug gepreßt, läßt sie rosa Kaugummiballons auf ihren Lippen platzen.

Ein jeder hier lebt andere Verrückheiten. Die Einmaligkeit des Einzelnen schält sich täglich mehr heraus. Obwohl alle eine Mala und rote Kleidung tragen, die Versammlung von Schülern um einen Meister ist alles andere als eine homogene Masse. Sie ist genau das Gegenteil.

Die Anwesenheit unseres Meisters im Darshan entzückt wie immer unsere Herzen. Wie gerne würden wir ihn öfter sehen.

Die Entwicklung der Ranch ist rasant. Der Staat Oregon kann nicht umhin, den Antrag auf Stadtrechte zu genehmigen. *Rajneeshpuram* wird geboren, winzig, aber es lebt. Antelope kann man als dazugehörig betrachten, denn mehr und mehr überlassen die sechzig Einwohner uns ihre Häuser zu einem guten Preis, fühlen sich jedoch vertrieben. Die Presse hat gutes Futter. Das weltweite Mitleid für Antelope ist nur ein Anlaß, uns und unsere ‚Machenschaften' zu verteufeln.

Mich läßt das kalt. Ich kenne solche Schachzüge aus der Politik. Sich auszudehnen, Boden zu gewinnen ist eine allgemein übliche Taktik, die meist mit sehr viel Beifall bedacht wird. Ich halte den Aufkauf Antelopes für intelligent und notwendig. Was die Leute wirklich wegtreibt, ist unsere Lebensweise, die ihren Totenschlaf stört. Lachen und Liebe, dazu ein guter Geschäftssinn gefällt den Mumien nicht, die stundenlang hinter den Vorhängen lauern, um Zeuge einer Umarmung zu werden. Das plötzliche Leben erschreckt das Wüstendörfchen.

Portland ist die nächstgrößere Stadt. Dort haben wir ein Hotel gekauft. Sannyasins, die auf dem Weg zur Ranch sind, haben die Möglichkeit, sich nach den langen Flügen aus allen Erdteilen erst einmal auszuruhen, bevor ein Bus sie nach *Rajneeshpuram* bringt.

Unsere Andersartigkeit ist auch in Portland ein Stein des Ansto ßes. Selbst das Bombenattentat auf unser Hotel kann mich nicht erschüttern. Unwissenheit und Gewalt sind Geschwister. Die Bombe in Portland geht im Namen Jesu hoch. Wieviele Morde werden im Namen Gottes begangen und sanktioniert! Du sollst nicht töten, gilt nur für die anderen.

Mehr als das äußerliche Geschehen beschäftigen mich meine eigenen Schwierigkeiten. Meine täglich wachsenden Widerstände gegen die Männercrew. Ihre Aufgeblasenheit, ihre Selbstgerechtigkeit, ihre von Wichtigkeit durchdrungenen Reden. Ihre zur Schau getragene Potenz.

Ich verweigere mich ganz. Die Anspielungen auf mein Nichtstun sind nicht mehr zweideutig - sie sind eindeutig.

Mein Unglück ist sichtbar. Kein Mann wird mir vorschreiben, was ich zu tun habe.

Schluchzend sitze ich in *Magdalena* beim Essen. Ich will mit Männern nichts mehr zu tun haben. Premmati neben mir hat diese Probleme nicht. Für sie sind Männer mit wohldosierter Weiblichkeit leicht zu handhaben.

Dolma schiebt sich durch das Gedränge. Hält vor unserem Tisch. Mitfühlend legt sie eine Hand auf meine Schulter.

„Was ist bloß mit dir los? Warum hast du solche Schwierigkeiten?"

Anscheinend ist sie gut informiert. Dicke Tränen laufen über mein Gesicht. Ich erzähle Dolma meinen Kummer, von meinen Widerständen - ich lasse an der ganzen Crew kein gutes Haar. Während ich mir die Nase putze, fährt Premmati solidarisch mit meiner Erzählung fort:

„Mit diesen Männern zu arbeiten, ist unmöglich!"

Nachdenklich betrachtet uns Dolma. Ihre Aufmerksamkeit tröstet mich etwas. Nach kurzem Nachdenken meint sie: „Gut, ich will sehen, was ich tun kann."

Kaum ist Dolma in der Menge verschwunden, stellen Premmati und ich Überlegungen an, welche Veränderungen uns genehm wären. Natürlich sind wir uns einig: unsere eigene Crew sein. Gleichgültig, welche Arbeit - Hauptsache, wir zwei sind wieder allein. Wir versteigen uns in Träumereien. Das *Riverhaus* renovieren, fernab von allem Geschehen, ungestört am Fluß. Wir werden das Haus in einen Zustand versetzen, das es jeden ersten Preis gewinnen lassen wird. Die Hoffnung auf neue Abenteuer läßt unsere Augen wieder glänzen.

Am nächsten Morgen werden wir zu Dolma ins Büro gerufen. Vergnügt machen wir uns auf den Weg. „Das hat ja schnell geklappt!"

Kurze Zeit später stehen wir erwartungsvoll vor Dolma. Ungläubig sehe ich die gedrungene Frau sich zu ungeahnter Größe aufrichten, Luft holen, und uns zu einem Nichts zerschmettern. Ein Racheengel hat die Mona Lisa verdrängt.

Ihre Worte sind wie Peitschenhiebe, ihre Sätze klirrende Schwerter. Die Wucht ihrer Aussage läßt den Boden unter meinen Füßen zittern. „Ihr beide fallt schon lange auf. Ihr seid auf einem Sondertrip. Ihr haltet jede Arbeit auf. Ihr stört den reibungslosen Ablauf, ihr untergrabt die Gemeinsamkeit. Ihr seid Störenfriede. Ihr seid eine Belastung für die Kommune."

Ist es die Kraft ihrer Wort oder die Kraft unseres Entsetzens, die uns zur Tür hinauswirbelt? Bleich, mit verstörten Augen starren wir uns an. Uns bleibt keine Zeit, miteinander zu reden. Premmati wird von einem Swami auf einen Lastwagen gezogen, mich schiebt ein anderer in Richtung Parkplatz. Ich bin im Nebel. Ich kann nicht denken. Der Schock lähmt jede Reaktion.

Ich finde mich auf dem *Industriegelände* wieder. Hier werden im Akkord die Holzplattformen hergestellt. Sibirien denke ich. Zu mehr reicht es nicht. Ich habe mein Bewußtsein noch nicht wiedererlangt.

Ein blonder Tarzan führt mich zu einem Haufen verknoteter Seile, die, wie er mir bedeutet, zu entwirren sind. Mechanisch mache ich mich an die Arbeit, löse dabei allmählich meine eigenen Knoten, die mir Gehirn und Kehle zusammenschnüren.

Mein leerer Blick fällt auf die kraftstrotzenden Riesinnen, die mit großen Sprüngen über die Holzstapel jagen, dabei mit einer Nagelpistole Bretter zu einer Einheit zusammenfügen. Ungeschützt vor der sengenden Sonne halten sie Höchstleistungsniveau. Der Platz glüht unter der Hitze und ihrem Eifer.

Gruppendynamik bestimmt das Tempo. Das zu Erwartende genügt mir. Ich bin keine zwanzig mehr. Niemand hält mich auf, als ich gehe. Ich laufe ohne Ziel, versuche das Geschehene zu enträtseln. Eins ist klar, Dolma hat mit einem scharfen Hieb Premmati und mich, unsere Gemeinsamkeit zertrennt, die enge Verbindung gewaltsam aufgebrochen. Wieder einmal bin ich von einer kleinen Insel vertrieben.

In Gedanken versunken mache ich bei *Zarathustra* Halt. Auf

dem Lagerplatz werden Plumpsklos für die Zeltplätze hergestellt. Ohne zu fragen, suche ich mir eine Arbeit in einem der Holzhäuschen. Die Sitzfläche muß geschliffen und mit Mattlack eingelassen werden. Ich versorge mich mit einem Stapel Schleifpapier und verschwinde in der Geborgenheit eines solchen ‚stillen Örtchens', das mich jedem Blick entzieht.

Vor der kreisrunden Öffnung kniend beginne ich, hingebungsvoll zu schleifen, die Mala mit Bhagwans Bild schwingt vor meiner Nase im schwarzen Loch - er wie ich in ungewohnter Position. Ich muß lachen, finde meinen Seelenfrieden wieder.

Beim Mittagessen treffe ich eine aufgelöste Premmati. Ihr neuer Koordinator ist Bhavo, ein Mann, den sie abgrundtief verabscheut. „Ein Milchbubi mit Macho-Allüren!" wie sie ihn mir verächtlich schildert.

Als sie hört, wohin ich mich zurückgezogenhabe, entscheidet sie, keine Sekunde länger mit Bhavo zu arbeiten und mit mir die Abgeschiedenheit der Klohäuschen zu teilen.

Nach der Mittagspause hängen unsere Köpfe gemeinsam über der Sitzfläche - soll uns doch sehen, wer will! Ein letztes schwaches Aufbäumen. Aber Dolmas Rede ist nicht spurlos an uns vorübergegangen. Wir wissen, daß unsere gemeinsame Zeit vorbei ist. Wir waren einander eine große Hilfe. Das unverständliche Leben auf der Ranch wurde leichter durch unsere Freundschaft.

„Wir sind ja nicht aus der Welt", lächeln wir uns tröstend zu.

Am nächsten Morgen stellt sich Premmati der Herausforderung Bhavo, und ich mich Vidya, denn ich möchte eine Arbeit, die mir Spaß macht. Das Büro befindet sich im neuausgebauten ersten Stock in *Zarathustra.* In aller Frühe finde ich mich dort ein.

Vidya liegt bei der Arbeit auf einer Matte. Sie hat ein Rückenleiden, das langes Sitzen unmöglich macht. Um sie herum Papiere, Akten, Bücher, Zeitungen. Mehrere Leute erwarten ihre Anweisungen.

Sie blickt auf, als ich vor ihr knie. Nicht unfreundlich fragt sie: „Was möchtest du?"

Ich spüre, daß sie Bescheid weiß über die gestrigen Vorgänge. Ich weiß auch instinktiv, daß sie daran nicht unbeteiligt ist. Ich bitte sie, mich vom Handwerk zu befreien. Erzähle von meinen Schwierigkeiten. Sie hört mir zu, ohne ihre Arbeit zu unterbrechen. Sie unterzeichnet einen Brief, reicht ihn einer Ma. Dann wendet sie sich mir zu.

„Soso, du willst also kein Handwerker mehr sein. Was willst du überhaupt? Seit du hier bist, willst du nicht in die Wäscherei, nicht in die Küche, nicht in *Zarathustra* arbeiten. Nun kommt das Handwerk noch dazu."

Ich schaue betreten. Sie hat ja recht. Was kann ich sagen? Es stimmt.

Energisch fordert sie mich auf: „Sag mir, was du möchtest."

Ich bin überrumpelt, daß sie mir die Wahl überläßt. Mir fällt nichts ein. Ich zucke die Achseln und meine trübsinnig: „Ich weiß es nicht."

Vidya betrachtet mich eine Weile mit zusammengezogenen Augenbrauen, kommt zu einem Entschluß:

„Ok, du hast 24 Stunden Zeit, darüber nachzudenken. Melde dich bei mir, wenn du weißt, was du willst."

Sie wendet sich den Papieren zu. Ich bin entlassen.

Die Freiheit der Wahl versetzt mich in Hochstimmung. Ich trabe durch die Staubwolken, die die vorbeifahrenden Autos aufwirbeln. Bei längerem Überlegen verliert sich allerdings mein Übermut. Was würde mir denn Spaß machen? Gar nichts, wenn ich ganz ehrlich bin. Ich habe genug in meinem Leben getan, habe zur Entstehung der Kommune mit einem tüchtigen Batzen Geld beigetragen, Früchte der Arbeit meiner Vergangenheit. Ich bin über vierzig, ich möchte mich auf das kommende Alter einstellen.

Mit anderen Worten, ich habe nichts begriffen, weiß trotz aller Klugheit nicht, worum es geht. Selbst wenn ich es weiß, ich benutze meine ganze Kraft dazu, die Aufforderung des Meisters zu überhören: „Get out of your own way" - denn genau das möchte ich nicht.

Beim abendlichen Käsetoast gehen Premmati und ich alle Möglichkeiten durch - Garten, Hühner, Kühe, Büro. Wir lassen keinen Arbeitsbereich aus, aber nichts gefällt mir. Bis Premmati erschöpft meint: „Warum wirst du nicht Fahrer? Sitzt den ganzen Tag im Auto, kommst rum, triffst Leute, kannst genug Geschichten hören."

Ja, warum eigentlich nicht? - Ein neuer Lebensabschnitt in der Kommune fängt für mich an.

Straßen-Beleuchtung

Wie sollte es anders sein! Am Beginn meiner neuen Arbeit steht ein Nein. Als ich am nächsten Morgen bei Vidya erscheine, und ihr meinen Wunsch Fahrer zu werden mitteile, meint sie:

„Gut. Du kannst als Busfahrer anfangen. Melde dich bei Venu."

Ich kann mein sofortiges Nein nicht bremsen. Sie blickt hoch und schaut mich stumm an. Dann sagt sie:

„Siehst du, das ist es, was es dir so schwer macht."

Ich möchte ihr erklären. Ich habe Angst, etwas zu fahren, was größer ist als ein normaler Pkw. Ein kurzer Blick in Vidyas Augen und ich beschränke mich darauf, den Raum zu verlassen.

Das Büro der *Buddhafield-Garage* liegt gegenüber der Werkstatt, auf der Hauptstraße. Venu ist eine winzige magere Frau mit dem Aussehen eines 14jährigen Jungen. Sie ist Koordinatorin für alles, was Räder hat. Ebenso untersteht die Autowerkstatt ihrer Leitung. Venus zarter Körperbau steht im Kontrast zu ihrer inneren Stärke. Mit Souveränität und Gradheit trifft sie Entscheidungen, die den großen Fuhrpark funktionsfähig halten. Sie hört Argumenten und Diskussionen zu, kommt aber doch zurück auf ihre Vorstellungen. Als ich eintrete und den engen Raum ausfülle, hebt sie den Kopf, hört, daß ich als Fahrer anfangen soll.

„Ich weiß nicht, ob ich dich brauchen kann. Wir haben bald mehr Fahrer als Autos."

Auf mein erschrockenes Gesicht hin fügt sie hinzu:

„Komm in einer Stunde wieder. Ich unterhalte mich mal mit Vidya."

Beklommen ziehe ich von dannen. Auf der Hauptstraße ist kaum noch ein ungehindertes Laufen möglich. Die ehemaligen Scheunen und Ställe platzen aus allen Brettern. Das Wachstum der Ranch erfordert eine dringende Vergrößerung der Werkstätten. Vor der Schreinerei stehen die Kreissägen, bei den Installateuren stapeln sich die Rohre bis unters Dach, verdunkeln die Fenster, die Autowerkstätte kämpft um jeden Zentimeter mit der angrenzenden Schreinerei. Die Autowaschanlage, ein Gartenschlauch, ist nur mit sehr viel Glück zu benutzen, der Platz ist ständig zugeparkt.

Es ist geplant, diese alten historischen Gebäude abzureißen. Etwas ganz Neues soll entstehen.

Ich winke Gandarvo zu, der an der Tankstelle an der Ecke arbeitet. Ein armenischer Bildhauer, eine herausragende Persönlichkeit, bei dem ich - sofern ich als Fahrer akzeptiert werde - bald das Vergnügen haben werde, zu tanken.

Ich klettere einen Hang hoch, am weißen Holzturm vorbei. Ich überschaue das Land, das bis an die Wurzeln abgegrast ist. Ob diese Berge jemals wieder grün werden? Ich setze mich auf einen Stein und denke nach. Die Geschehnisse der letzten Tage haben mich sehr mitgenommen. Die Trennung von Premmati ist nicht einfach für mich. Zu zweit ist alles leichter zu ertragen.

Lachen dringt zu mir herauf. Ja, die Menschen hier, haben ein gemeinsames Ziel - den Aufbau einer Stadt. Sie sind jung und begeisterungsfähig. Ich gehöre nicht dazu. Die Sehnsucht nach der Vergangenheit ist zwar erträglicher geworden, denn in wenigen Wochen kommen m e i n e Leute, die zu mir gehören, aber die Erkenntnis, daß ich mich nicht in der Kommune einleben kann, belastet mich schwer. Die Disziplin bringt mich um. Nicht eine einzige Stunde, über die ich frei verfüge. Ich muß arbeiten, ich muß pünktlich sein, ich muß in *Magdalena* essen. Ich muß den ganzen Tag. Ich weiß, daß ich die Ranch verlassen könnte, aber wohin? Ich fühle, daß es für mich kein Entrinnen mehr gibt. Nichts entspricht meinen Vorstellungen von Freiheit und Glück, von einer paradiesischen Welt. Der Tag ist Arbeit und Reglement. Und doch weiß ich - dies ist eine Herausforderung für mich, von der ich nicht ahne, wohin sie mich führen wird.

Ich wische meine Tränen vom Gesicht, putze mir die Nase. Busfahren. Auf diesen Straßen während des Festivals. Mich schüttelts. Ich habe Angst vor einer derartigen Verantwortung.

Zurück im Büro, reicht Venu mir einen Schlüssel:

„Hier. Du wirst vorläufig Taxifahrer."

Mein Strahlen würde jede Dunkelheit erhellen.

„Taxi?" versichere ich mich. Der schönste Job auf der ganzen Ranch. Venu lächelt.

„Das Auto steht auf dem Parkplatz, die Nummer steht auf dem Schlüssel."

Ich stürme davon. Ein Bus ist mir vom Herzen gefallen. Als ich vor dem Auto stehe, vergleiche ich die Nummer. Kein Irrtum. Ein Traumauto. Ein weißer, gewaschener Chryssler, mit Klimaanlage, roten Lederpolstern und Radio. Ich werfe mich in den Luxus, drücke alle Knöpfe gleichzeitig. Wie anders sieht plötzlich meine Welt aus. Meine Arbeit ist, die Strecke zwischen *Mahakashyap*, *Zarathustra* und *Pythagoras* Menschen hin und her zu fahren. Das Taxi soll Zeit sparen helfen, denn die Wege sind in der Hitze mühsam zu laufen. Obwohl es erst Anfang April ist, brennt die Sonne vom Himmel. Wie wird es erst im Sommer sein?

Menschen, die den ganzen Tag im Büro sitzen, bevorzugen zu laufen, doch sehr bald läßt die Hitze sie mein kühles Taxi benutzen. Ich lerne viele Mit-Schüler kennen, weiß bald, wie sie heißen, wo sie arbeiten. Ich bekomme ein Gefühl für Zusammenhänge. Der Kontakt zu Menschen ist mir noch nie schwergefallen. Ein paar Worte, ein Lachen, eine Geschichte - das ist die Kommunikation wie ich sie liebe. Meine Fahrgäste steigen ein und nach wenigen Minuten wieder aus. Mein Leben ist bunt und aufregend geworden. Ich bin glücklich. Mein Grinsen wird täglich breiter. Ohne jeden Widerwillen springe ich morgens aus dem Bett. Ein neuer Tag liegt vor mir.

Das Leben und die Menschen auf der Ranch beginnen, mir zu gefallen. Ich bekomme eine Menge Zuwendung den ganzen Tag, die ich hauptsächlich der Klimaanlage verdanke, die die Fahrgäste belebt.

Rundum bin ich von Schönheit umgeben, denn es gibt nur schöne Menschen auf der Ranch. Eine Schönheit, die aus dem Inneren kommt und unwiderstehlich ist, sich jedem mitteilt. Nicht nur Freude, Lachen macht schön, auch der Schmerz und das Leiden haben ihre Reize. Wir gehen durch viele Phasen durch - der neue Mensch ist eine schwierige Geburt.

Dolma winkt. Ich halte. Schwere Aktenbündel unter dem Arm, steigt sie ins Taxi. Stumm sitzt sie neben mir. Nach kurzer Zeit kann ich nicht umhin, sie zu fragen:

„Warum warst du so knallhart zu Premmati und mir?“

Sie wendet mir den Kopf zu und antwortet mit dem Lächeln der Mona-Lisa:

„Glaubst du, es hat mir Spaß gemacht?“

Als sie aussteigt, ist mir warm ums Herz. Der andere ist nur ein Hilfsmittel, um an sich heranzukommen, sich zu sehen und zu lernen. Die richtigen Leute sitzen am richtigen Platz. Dafür sorgt Bhagwans Präsenz. In Poona waren es die Therapeuten, die zur Öffnung beitrugen, Werkzeuge waren, jetzt sind es die Koordinatoren. Der Schlüssel zur Freiheit muß bei mir ein Schraubenschlüssel sein.

Das Taxifahren macht mein Glück anhaltend, seit einer Woche ziehe ich nun schon meine Bahn. Zaghaft wächst in mir ein kleines Gefühl der Zugehörigkeit, das natürlicherweise entsteht, wenn man ein paar Menschen kennt, wenn Gesichter vertraut werden. In meine offensichtlich zur Schau getragene Zufriedenheit erhalte ich die Mitteilung, mich bei Vidya zu melden. Voller Freude eile ich in ihr Büro, bereit mich bei ihr für die tolle Arbeit zu bedanken.

Der Raum ist voller Leute, die tippen, telefonieren, beraten. Ich schiebe mich durch die Schreibtische. Vidya liegt wie immer auf der Erde, umgeben von ihren Sekretärinnen. Sie fordert mich mit einer kurzen Handbewegung auf, Platz zu nehmen. Die Frauen rücken beiseite, ich knie wie üblich nieder. Sofort trifft mich die helle Schärfe von Vidyas Augen.

„Bist du glücklich als Taxifahrer?"

„O ja," stoße ich aus vollem Herzen hervor. Das muß sie doch sehen. Ohne ihre Augen von mir zu lassen, fällt ein Schuß:

„Sei unglücklich - du bist kein Taxifahrer mehr." - Be unhappy, you are no more a taxidriver.

Würde ich nicht knien, ich würde fallen. Unsere Augen sind miteinander verbunden. Aus meiner Tiefe quillt die Wut. Mein Kopf kann die Worte nicht fassen, auf die mein Gefühl sofort reagiert. Reine Wut sprüht aus meinen Augen. Mein Blick umklammert Vidyas Blick, meine Kraft steht gegen ihre. Das ist Ego, was sich bei mir getroffen aufbäumt. In unserem wortlosen Kampf von Auge zu Auge sehe ich bei ihr nicht die Dominanz der Macht. Vidyas Blick ist sauber wie ein Kristall und scharf wie ein edles Schwert. In mir bricht etwas zusammen. Ich bin besiegt von einer größeren, stärkeren Energie. Die Unterwerfung vollzieht sich unsichtbar. Noch steht an der Oberfläche meine Wut, die ein Ventil sucht. Totenstille. Alle Augen sind auf mich und Vidya gerichtet. Ich springe auf, stürme durch den Raum, schmettere gewaltig die Tür ins Schloß. Der Schlag ist leider nicht aus Eiche, doch er genügt mir. Auf der Treppe höre ich Vidyas laute Stimme:

„Homa, nimm ihr die Schlüssel ab!"

Ich warte vor meinem Taxi auf sie. Homa lächelt verlegen, als sie die Hand nach dem Schlüssel ausstreckt. Ohne zu zögern, überreiche ich ihn und mache mich zu Fuß auf den Weg nach *Magdalena.* Meine Wut ist verflogen. Erstmalig empfinde ich die Süße von Hingabe, die nicht aus *der* Liebe kommt, wie ich sie kenne. Es ist eine Hingabe an etwas, was weit über mein Fassungsvermögen hinausgeht.

„Am Anfang ist der Weg bitter", sagt Buddha.

Wie lange ist ein Anfang? Aufgewühlt vom Geschehenen setzt langsam mein Gehirn wieder ein. Was wird meine neue Arbeit sein? Ich bin voller Angst und Unsicherheit, als ich in der Essenschlange stehe. Ein kurzer warmer Druck meiner Hand läßt mich erstaunt umdrehen. Vidya verschwindet im Gedrängel. „Sei unglücklich" - ohne zu begreifen, verstehe ich.

Nach der Mittagspause ist es soweit. Tarda, die sich mit Venu die Organisation des Fuhrparks teilt, läßt mich wissen, daß ich Busfahren werde. Tarda gehört zu den Menschen, denen mein Herz sofort auf den Schoß springt. Sie ist blond, warm, weich und üppig. Eine gelungene Mischung aus Herz und Kopf, eines der seltenen Goldstücke. Jetzt starre ich entsetzt auf die Schlüssel, die sie mir hinhält. Wir haben vier Busse, bis zum Festival werden es über hundert sein. Alte Schulbusse wurden im ganzen Land aufgekauft.

„Tarda, wie soll ich den Bus fahren?"

Sie lacht: „Weißt du nicht, wie man einen Bus fährt?"

„Woher soll ich das wissen?"

Tarda winkt eine Frau zu sich. „Majiba, zeig der Barbara, wie man einen Bus fährt."

Mißmutig nickt Majiba. Ich trotte hinter ihr her. Bald dröhnt ihr tiefes Lachen durch den Bus. Meine Ungeschicklichkeit, meine Unsicherheit amüsieren die amerikanische Jüdin. Endlich mal eine Deutsche, die was nicht kann. Sie erklärt mir die Luftbremse, wieviel Atü, die Schaltung, den Lichtkasten, die Knöpfe, die das gelbe Ungetüm in Bewegung setzen. Ich kann nicht umhin zuzugeben, daß es ein besonderes Gefühl ist, einen so großen Haufen Blech in die gewünschte Richtung zu zwingen. Nur Rückwärtsfahren, die unübersichtliche Länge zurückzustoßen, erscheint mir unmöglich. Flehend drehe ich mich nach Majiba um, in deren Augen eine Spur von Bosheit blitzt.

„Und wie wende ich dieses Trumm auf den engen Straßen?"

Sie zieht tief an der Zigarette, wirft den Kopf zurück, lacht den Qualm heraus:

„Mit Gefühl, Darling, mit Gefühl."

Ich will nicht darüber nachdenken, daß ich während des Festivals Bus fahren soll. Die Straßenarbeiten sind in vollem Gange, Verbreiterungen werden gesprengt, Schlaglöcher gefüllt. *Nirvana-Road*, die Straße, die Bhagwan bei seiner täglichen Ausfahrt benutzt, ist als einzige asphaltiert, alle anderen sind Pisten, die mit Vorsicht zu befahren sind. Ich nehme mir Zeit, um das Busfahren zu üben. Es dauert nicht lange, bis ich ein Liedchen pfeife. Vergnügt lasse ich ‚den Kontinent unter mir ächzen'. Bis Tarda mich stopt.

„Steig aus. Du mußt das Auto waschen, das Mataji zum Arzt nach Madras fahren soll."

Widerwillig parke ich den Bus. Ich hasse Autowaschen. Viele Fahrer lieben es, besonders jetzt in der Hitze. Es ist Teil der täglichen Arbeit, Autowaschen ist für alle Fahrer eine Pflicht. Staub oder Schlamm, die Ranchautos sind schnell schmutzig, müssen oft mehrer Male am Tag gewaschen werden. Ich ziehe die Erledigung meines Auftrags so lange wie möglich hinaus. Ich suche Lappen, finde keinen Eimer, weiß nicht wo ‚Glitter' ist, die Standard-Mischung aus Alkohol und Wasser, drücke meinen Ärger und Widerstand mit der Bummelei aus. Bin ich denn ein Trottel, daß man mich von einer Arbeit zur anderen schicken kann? Mich wie einen Teenager zum Autowaschen abkommandieren? Mein Ärger steht in voller Blüte, als ich endlich vor dem Auto stehe. Blitzblank strahlt es mir entgegen. Eine gute Fee muß mir zuvorgekommen sein. Warum rege ich mich im vorhinein auf? Habe ein Urteil bevor ich der Situation gegenüberstehe. Warum vernichte ich, ehe etwas wachsen kann! Wenn mir etwas nicht paßt, sind es immer die anderen. Betrübt stelle ich fest, daß ich mich in nichts vom Rest der Welt unterscheide. In mir geht es drunter und drüber. Daß man einfach über mich bestimmen kann, mich einsetzen, läßt zu keiner Arbeit ein Ja zu. Bin ich glücklich, wie mit dem Taxi, wird es mir abgenommen. Finde ich Gefallen am Busfahren, holt Tarda mich zum Autowaschen.

Sobald ich anfange, wie ein Waller im Schlamm meiner Unwissenheit zu gründeln, versinkt in der aufgewirbelten Trübheit auch die Sicherheit meiner Gefühle. Ich mache mir alles schwer. Nehme nichts als das was es ist. Am nächsten Tag bin ich wieder Taxifahrer. Allerdings mit beschränkter Freiheit. Ich muß mich an einen Fahrplan halten. Mein Boß wird die Zeit.

Die Route bleibt wie gewohnt. *Mahakashyap*, *Zarathustra*, *Pythagoras*. Hin und zurück eine zwei km-lange Strecke, zehn Stunden am Tag. Ein Leben mit der Uhr, Pünktlichkeit und Konzentration. Mein Zeitplan ist bemerkenswert:

7.00 ab *Mahakashyap* - 7.04 an *Zarathustra* - 7.06 ab *Zarathustra* - 7.08 an *Pythagoras* - 7.10 ab *Pythagoras* - 7.12 an *Zarathustra* - 7.14 ab *Zarathustra* - 7.18 an *Mahakashyap* - 7.20 ab *Mahakashyap* u.s.w.

Zwei Taxis fahren im Pendelverkehr die Strecke. Alle zehn Minuten trifft man sich in der Mitte. Nach meinem ersten Arbeitstag gelingt es Premmati nur mit Hilfe von Eiswürfeln, meine Gesichtszuckungen unter Kontrolle zu bringen.

Mein Leben konzentriert sich auf Raum im Wandel der Zeit. Zwanzig Minuten, die es in sich haben. Ein Schwätzchen mit den Fahrgästen ist unmöglich. Die Uhr und die Straße nehmen meine ganze Aufmerksamkeit in Anspruch. Die Erfüllung meines Plans erfüllt mich. Die Straße scheint für ein Hindernisrennen präpariert. Alle paar Meter wird gegraben, Sandburgen wachsen, neue Absperrungen innerhalb weniger Minuten, Fähnchen markieren Rohrverlegungen, schwingende Kräne, wendende Lastwagen, ein Swami steckt halbleibs in einem Erdloch. Jede Sekunde wird bewußte Wahrnehmung. Meine Sinne schärfen sich zunehmend. Bald tauche ich auf meinen Fahrten in andere Dimensionen ein. Zeitlosigkeit. Die Zeit, von der Uhr portioniert, zerfällt. Bewegung in Zeitlosigkeit ist die sichtbare Veränderung des Moments, macht Gegenwart zur Vergangenheit und gleichzeitig zur Zukunft. Ein unermüdliches Rad zerstört, Neues entsteht - der Moment.

Meine Welt, äußerlich auf zwei Kilometer begrenzt, weitet sich durch Wahrnehmungen, die über mir Bekanntes hinausgehen. Meine Fahrten sind Zeitraffer. Das Öffnen einer Blume am Straßenrand wird durch das Eintauchen in die Zeitlosigkeit eine sichtbare Bewegung. Die Vollendung einer Geste zu erleben, die in all ihren Phasen einem Tanz gleicht. Ein Lächeln wachsen zu sehen, das sich wie ein Schmetterling aus dem Kokon befreit und in die Lüfte schwingt. Das alles läßt mich wissen, das hinter dem Sichtbaren die eigentliche Wahrheit liegt.

Ich stehe bei *Zarathustra* - Zweiminutenpause. Ich beobachte das Geschehen. Mein Blick fällt auf wildes Gehopse, Gestikulieren, ich höre wütendes Gekreische - unverkennbar, Premmati in einem Wortgefecht mit Bhavo, der baumlang vor ihr steht, die Daumen lässig in den Hosentaschen. Das blonde Zweimeter-Baby, ein kanadisches Muskelpaket, hat es wieder geschafft, Premmati in ein Rumpelstilzchen zu verwandeln. Wenn er nicht ihre Zuneigung erhält, dann will er wenigstens ihren Zorn. Ein typisches Verhalten gestörter Kinder.

Ich stoße den Wagen zurück, öffne die Tür, zerre Premmati mit einem Ruck neben mich. Verblüfft bleibt ihr letzter Fluch im Halse stecken. Ich gebe Gas. Im Rückspiegel sehe ich Bhavo. Seine Selbstgefälligkeit von der Wut verdrängt. Beide Fäuste schwingt er hinter uns her, brüllt:

„Es ist keine Teepause. Komm sofort zurück."

Filmreif reißt er sich den breitkrempigen Machohut vom Kopf, wirft ihn auf die Erde, stampft mit den Füßen. Premmati hängt halbleibs zum Fenster hinaus und kreischt nur mir Verständliches:

„Saupreiß, kanadischer."

Wir müssen so lachen, daß ich anhalte. Mein Fahrplan ist vergessen. In Anspielung auf ihre sächsische Abstammung, die sie ungern erwähnt, fahren wir auf ein ‚Scheelchen Heßen' zu *Magdalena.* Die Entführung hat uns wieder zusammengebracht. Einige Tage haben wir uns nicht gesehen. Ich bin so total in meiner Arbeit, daß ich abends senkrecht ins Bett falle. Wir verabreden uns für den Abend zu einer Käsetoastschlacht. Wie in alten Zeiten sitzen wir auf der Veranda in ihrem Haus. Ich lausche ihren Schilderungen. Bhavo, Anugraha und die Trennung von mir. Ich betrachte sie in der Dämmerung. Zwischen uns besteht nicht Liebe, nicht Freundschaft, jedenfalls nicht, wie ich es kenne, wo bei aller Vertrautheit immer eine Fremdheit bleibt, die Fremdheit des anderen. Nicht so bei Premmati und mir. Das ist Selbstverständlichkeit, Wahrhaftigkeit, Natürlichkeit. Eine neue Art der Begegnung. So einfach. Wir reden lange - wir haben viel aufzuholen. Es wird spät. Ich schlafe bei ihr. Sie verspricht, mich um 5 Uhr zu wecken, denn ich habe Frühschicht, die um 6 Uhr beginnt.

Viel zu schnell rüttelt sie mich.

„Wach auf. Es ist 5." Sie fügt hastig hinzu:

„Ich habe von einer Schlange geträumt."

Entsetzt fahre ich hoch. Sie auch? Es stellt sich heraus, daß wir beide den gleichen Traum zur gleichen Zeit hatten, vor dem Aufwachen: Eine schwarze Schlange hat ‚uns' mit einem kreuzförmigen Biß oberhalb des rechten Fußgelenks gebissen. ‚Beide' schlagen ‚wir' die Schlange mit der rechten Hand von ‚uns' ab. Die Übereinstimmung des Traums stürzt mich in tiefe Verwirrung. Eine Gemeinsamkeit, die den gleichen Traum zuläßt, stellt meine Einmaligkeit in Frage. Ich verlasse in Panik das Haus. Tagelang vermeide ich eine Begegnung mit Premmati.

Die Schwierigkeiten der Kommune beginnen. Das Auge des Gesetzes ruht ärgerlich auf uns. In einer Versammlung werden wir Fahrer angewiesen, auf fremde Gesichter zu achten und sie sofort zu melden. Die amerikanische Einwanderungsbehörde ist wachsam geworden. Unsere Aufenthalts- und Arbeitsgenehmigungen sollen überprüft werden. Daß wir ohne Bezahlung sieben Tage die Woche arbeiten, verstößt wohl gegen das Gesetz, selbst wenn es unser freier Wille ist. Auch Antelope hat viel Wirbel gemacht. Die angebliche Verdrängung der Bewohner von einem indischen Guru und seinen rotgewandeten Anhängern, das Anwachsen der Kommune, die täglichen Rolls-Royce-Fahrten Bhagwans aktivieren die ‚1000 Freunde Oregons', eine Vereinigung, die alles versucht, uns zu verdrängen. Unbegreifliches ist bedrohlich für Mittelmäßigkeit und Dummheit, der es leichter fällt zu zerstören, als zu verstehen. Die gesamte Menschheitsgeschichte ist dafür ein Beispiel, drängt die Evolution in eine traurige Richtung.

Mögen wir angegriffen werden, ich fühle mich sicher. Ich weiß, wer wir sind. Einst Akademiker, Künstler, Geschäftsleute, Dichter, Denker, Rebellen, Priester und Rabbis - jetzt Schüler eines Meisters, der uns um sich versammelt hat, um uns von allen Zwängen zu befreien, damit wir lernen, statt zu kriechen zu fliegen. Wir sind ein Schmelztiegel für Intelligenz und Kreativität, Rassen und Nationen, Religionen und Atheismus. Die meisten von uns haben alle Güter dieser Erde besessen. Sie haben erkannt, daß die materiellen Dinge des Lebens der wahren Intelligenz, der Intelligenz des Herzens, nicht genügen. Sie sind nur ein Vehikel zum anderen Ufer. „Ein Boot, dem wir dankbar sind, aber es nicht ein Leben lang auf unseren Schultern tragen". Wie sollen wir das dem amerikanischen Bürger, dem Staate Oregon erklären? Bleibt doch für einen Amerikaner schon ein Mensch, der kein Englisch spricht, unverständlich.

Einige von uns sprechen, wie ich, ein Kauderwelsch aus Muttersprache, Mimik, Gestik und aufgeschnappten englischen Vokabeln, das durch keine Grammatik zusammengehalten wird. Zeuge einer Unterhaltung zwischen einem Deutschen, Italiener und Inder zu sein, läßt ein internationales Kabarett vermuten. Um unsere Umgangssprache einheitlich zu machen, erhalten wir von amerikanischen Sannyasins einen Blitzkurs. Jeden Abend treffen wir uns dazu eine halbe Stunde in *Magdalena*. Meine Lehrerin ist Anusati. Wilde schwarze Locken, durchzogen von weißen Silberfäden, dunkle, leuchtende Augen. Ihre Kleidung so eng, daß niemand übersehen kann, wie sexy sie ist. Im besten Sinne. Sie ist nicht aufgeputzt, nicht aufgemotzt, sie täuscht nicht vor es zu sein - sie ist es. Von ihr lerne ich meinen ersten englischen Satz:

„Jee, I'd like to talk to you, but I'm in a hurry." - Jesses, ich würde gerne mit Ihnen sprechen, aber ich bin in Eile. Ein Satz, der sicher zur Verständigung beiträgt. Ich bin so stolz auf mein Können, daß ich bei zu jeder Gelegenheit anbringe und damit Verblüffung oder brüllendes Gelächter hervorrufe. Mit der gleichen Unnachgiebigkeit prägt Anusati mir die Wörter ‚elevator' und ‚escalator' ein, Vokabeln, deren Anwendung sicher niemals nötig wird, denn von ‚Rolltreppe' und ‚Fahrstuhl' sind wir weit entfernt.

So ausgerüstet, sehe ich ruhig den Einwanderungsbeamten entgegen, bereit, ihre Fragen mit dem Gelernten zu beantworten. Wie alle anderen auch, habe ich natürlich ein gültiges Visum, worauf offensichtlich weniger Wert gelegt wird. Ich habe nichts zu verbergen. Wir erwarten täglich die Beamten. Eine nervöse Spannung breitet sich auf der Ranch aus, ähnlich wie bei einem Räuber-und-Gendarm-Spiel.

Ich bin mit dem Taxi unterwegs, fahre planmäßig. Eine Ma läuft über die Straße, stopt mich. Ich kurble das Fenster herunter. Sie beugt sich zu mir, flüstert eindringlich:

„Muktas laundry."

Verständnislos blicke ich sie an. Sie wiederholt:

„Muktas laundry."

Ihre Beharrlichkeit irritiert mich. Barsch fahre ich sie an:

„Was habe ich mit Muktas Wäsche zu schaffen?" und fahre weiter. Wenig später werde ich informiert, daß ‚Muktas laundry' der Code ist, der das Kommen der Beamten ankündigt.

Sie sind also da. Ein Felsbrocken auf der Straße gibt uns Zeit, uns darauf einzustellen. Die Arbeit wird niedergelegt. In kaum einer halben Stunde ist die Ranch wie leergefegt. Die amerikanischen Schüler versuchen einen Eindruck von Geschäftigkeit aufrecht zu erhalten. Die Mehrheit der Kommune spielt das Spiel und ist in den Häusern verschwunden. Unbeirrt halte ich meinen Fahrplan ein. Fahre unverdrossen meine Route. Halte mich an die Wartezeit von zwei Minuten in *Zarathustra.* Vidya stürzt aus der Tür, stutzt, als sie mich sieht. Ärgerlich fährt sie mich an:

„Was machst du denn noch hier?“ Ich begegne ihrem Blick zuverlässig-ordentlich-pünktlich und antworte mit fester Stimme.

„Ich habe keine Angst.“

Sie holt tief Luft und faucht:

„Verschwinde. Aber schnell. Du bist nicht alleine. Du bringst die ganze Kommune in Gefahr.“

Ich gebe Gas und schieße davon.

Die Hausgenossen sind vollzählig versammelt. Die Vorhänge sind zugezogen. Aufgeregtes Lachen, sie debattieren über das Ungewöhnliche der Situation. Bei einigen Schweigen und Blässe. Nirdosh stürmt ins Freie. Schweratmend, würgend, wirft er sich auf die Veranda.

In einer Mysterienschule werden wir mit Situationen konfrontiert, die hochschwemmen, was verborgen ist, so wie jetzt, Angst, Verfolgung, Flucht, Gewalt, Zerstörung. Ich bleibe frei davon. Mir ist klar, wenn die Amerikaner uns vernichten wollen, zerquetschen sie uns wie eine Laus zwischen ihren Fingern. Sie haben Hiroshima und Vietnam im 20. Jahrhundert zerstört, sie haben den Geschmack von Blut noch auf den Lippen. Was bedeuten da ein paar Verrückte, die in der Wüste mit einem Meister leben? Aber warum sollten sie es tun? Weil wir Rot tragen und arbeiten, ohne dafür bezahlt zu werden? Weil wir ein neues Lebenskonzept entwickeln und leben, oder weil eventuell ein paar Pässe eine verzögerte Ausreise zeigen?

Ich falle ins Bett. Zusätzlicher Schlaf ist ein willkommenes Geschenk.

Meine Welt, mein Horizont wird weiter. Meine Fahrtroute ist geändert. Mein Radius ist um einen Kilometer verlängert, von *Mahakashyap* zu *Magdalena.* Ohne Unterbrechung sieben Minuten Fahrzeit, sechs Minuten Halt, zurück in sieben Minuten. Nach dreiwöchigem Schritt-Tempo befinde ich mich im Geschwindigkeitsrausch von erlaubten zwanzig Meilen. Dabei sehe ich zu, wie *Mandir* wächst. Eine kühne Stahlträgerkonstruktion - das größte

Gewächshaus der Welt, das in wenigen Wochen Tausenden von Schülern die Begegnung mit ihrem Meister möglich machen wird. Auf weißen Eisenträgern, die sich vom Blau des Himmels schwungvoll abheben, turnen Männer und Frauen, fügen die Stahlteile zu einer Halle zusammen. Anerkennend stelle ich fest: „Wir können alles".

In den Wochen vor dem ersten Sommer-Festival 1982 folgt eine Versammlung auf die andere. Mit scharfen Worten fordert Sheela mehr Totalität in der Arbeit.

„Bhagwan ist enttäuscht."

Um die Pyramiden zu bauen, braucht es die Peitsche. Ihr Sausen über unseren Köpfen genügt, um die Anstrengung zu erhöhen. Das reicht, um die Energie zu verdoppeln.

Nicht bei mir. Diese Aufforderungen im rüden Ton vergrößern mein Nein. Die Anrede „Hi, you guys", mit der Sheela wie auch Vidya auf Distanz gehen, empört mich. Ihre Art zu befehlen, anzuordnen muß aus Eins Zwei machen, schafft ein ‚oben' und ‚unten'. Zwischen ihnen, den Verantwortlichen und uns ‚Niggern', wie wir uns ironisch nennen, reißt ein Graben auf, der mit der Zeit breiter und breiter wird.

Mein Urteil über die ‚Damen' ist noch warm, als wir spätabends eine Fahrerversammlung im Büro haben. Müde, erschöpft, mit eingefallenen Augen, nehmen Vidya, Sheela und Dolma Platz. Wir erhalten Instruktionen für unser Fahrverhalten. Vidya blafft mich an:

„Du fährst viel zu schnell."

Ich reagiere nicht, fällt mir auf. Ich weiß, wer mich überholt, in wessen Staubwolken ich sitze. Sie fährt zu schnell. Wie üblich, werden wir aufgefordert, mehr Einsatz zu bringen. Positiver zu sein. Dazu der immer wiederkehrende Hinweis:

„Wem es hier nicht paßt, der kann jederzeit gehen."

Sheela erzählt uns von finanziellen Schwierigkeiten. Die Vorbereitung und Ausstattung des Festivals kostet immense Summen. Busse und Autos sind gekauft worden, 2.500 Zelte und vieles mehr. Als sie Bhagwan darüber informiert, meint er schmunzelnd:

„Sheela, ich möchte drei neue Rolls Royce."

Das ist Bhagwan. Um das Ziel zu erreichen, wird das Tempo nicht vermindert, es wird erhöht. Auch für Sheela nicht einfach. Unerwartet bricht es aus ihr:

„Warum muß ich diesen Job machen, ich habe mich nicht danach gedrängt."

„Ja," seufzt Dolma „ich wäre auch lieber wieder ein Cleaner."

„Und ich ein Taxifahrer", lacht Vidya.

Diese Stoßseufzer kommen so tief aus dem Herzen, daß ich erstmalig darüber nachdenke, was diese Frauen leisten. Ihr Tag ist mit Sicherheit kein 12-Stunden-Tag, es ist ein rund-um-die-Uhr-Job. Antrieb sind nicht Ehrgeiz und Erwerbsinn, wie ein solcher Einsatz vermuten läßt, nein, es ist ihre Liebe zu Bhagwan. Er hat sie an diesen Platz gestellt, sie geben seine Wünsche an uns weiter. Neue Projekte, mehr Arbeitszeit, mehr Rolls Royce, das sind nicht ihre persönlichen Forderungen an uns. Es ist der Meister, der diese Situation von ‚mehr' und ‚schneller' schafft. Er hat diese Frauen eingesetzt, weil sie fähig sind, seine Vorstellungen durchzusetzen. Ich wäre es mit Sicherheit nicht.

Ein neuer Fahrer ist aufgetaucht. Ein Musiker aus Kalifornien, Lalit. Er wird mit der Aufgabe betraut, für die kommende Verkehrssituation Busfahrpläne zu entwerfen. Während meiner sechsminütigen Haltezeit beobachte ich ihn. Sehe ihn im Garten vor *Magdalena* brüten, sich voller Wichtigkeit durch das Papier wühlen, das täglich mehr wird. Am zweiten Tag beginnt seine Verwirrung, seine Verzweiflung. Am dritten Tag seine Auflösung. Sein Gehirn ist verdampft. Als ich ihn wenige Tage später frage, was aus den Plänen geworden ist erzählt er mir:

„Vidya wirft einen kurzen Blick auf die perfekten Ausführungen und wirft sie in den Papierkorb."

Wir lachen schallend. So ist das hier. Das Ego wird aufgeblasen, bis es platzt. Dort wo es nicht platzt, wird es zertrümmert.

Tarda hat Erbarmen mit mir, gibt mir eine Autowaschumgehungsarbeit. Von den täglichen eintreffenden Schulbussen schleife ich die alten Nummern ab und klebe neue Plastiknummern auf. Ich habe meine Arbeitsutensilien auf dem vorderen Kotflügel aufgebaut: Pinsel, Lack, Säure, Lappen, die Schachtel mit den Nummern. Vorsichtig reibe ich die Zahlen ab, um den Lack nicht mehr als nötig zu beschädigen. Ein Swami joggt an mir vorbei und zischt durch die Zähne:

„Verschwinde. Die Beamten sind da."

Diesmal halte ich mich nicht auf. Ich lasse alles liegen und renne. Die Aussicht auf ein Schläfchen erfreut mich.

Nach wenigen Stunden wird entwarnt. Wieder nichts. Es

scheint eine Übung zu sein, die uns in Trab bringen soll. Als ich meine Arbeit aufnehmen will, hat der Wind mein Arbeitsmaterial davongetragen. Tarda ist sauer, als sie das hört. Material ist kostbar, besonders die Plastiknummern sind nicht billig. Ärgerlich schickt sie mich los, sie zu finden. Die Suche führt mich in die Ferne.

Ein kräftiger Wind bläst. Bald ist der Sinn meiner Wanderung vergessen. Ich nutze die Gelegenheit, gehe spazieren, schau mich um. Ein freier Tag. Wie schön ist das Land, unsere Hügel, unsere Berge, ja unser Himmel. Eine unfruchtbare Hochwüste von wilder Schönheit. Sehr viel weiter als das Auge reicht gehört alles uns. Ob es doch gelingen wird eine Stadt - eine Oase in der Wüste - zu schaffen? Wenn ich sehe, mit welch einer Energie die Ranch eine Form annimmt, schon ein kleines Dorf ist, in dem fünfhundert Menschen leben und bald Tausende zu Besuch kommen werden, dann denke ich: Warum eigentlich nicht?

Natürlich bleibt die Suche erfolglos. Doch ich habe etwas anderes gefunden - eine Beziehung zu dem Land, auf dem ich lebe. Meine Abneigung gegen die Berge schwindet.

Eine neue Variante in meinem Fahrerdasein. Ich werde Cargo-Fahrer. Das heißt, ich bin der Lieferant, der die Pausensnacks zu den Teeräumen fährt. Gleichzeitig überbringe ich Botschaften, Akten, Mitteilungen, die in bereitstehende Boxen sortiert werden. Bei dieser Arbeit bin ich nicht an einen minutiösen Zeitplan gebunden, die Route ist nicht abgesteckt, dafür fahre ich pausenlos im Kreis.

Der neue Job ist mit sehr viel Tragen und Heben verbunden, nichts für meinen labilen Rücken. Aber ich liebe die Fahrerei zu sehr, als das ich darauf verzichte. Meine erste Cargo-Fahrt geht zu *Jesus Grove*. In *Magdalena* lade ich die Boxen mit den Lieferungen ein. Meine Augen quellen über: Köstlichkeiten, die ich lange nicht gesehen habe, geschweige denn gegessen. Butter, echte Butter, Erdbeeren, Sahne, Torten, Pralinen, richtigen Kaffee. Wie hören wir auf jedem Meeting beschwörend: „Nobody is special!" *Jesus Grove* ist die Ausnahme, die die Regel nicht bestätigt. Ich trage die Kiste ins Haus, selbstverständlich durch den gewohnten Eingang. Ein Swami, mit dem Aussehen und Auftreten eines Butlers hält mich freundlich auf.

„Bitte nicht hier hinein. Es macht keinen guten Eindruck auf die Besucher", fügt er erklärend hinzu. Mit einer Handbewegung bedeutet er mir, den Hintereingang zu benutzen. Gutmütig folge ich seinem Wink.

Auf der hinteren Veranda sitzt Sushila. Genüßlich leert sie eine Melonen-Käseplatte mit Crackers. Huldvoll winkt sie mir mit der Gabel zu, als ich mich schwerbepackt an ihr vorbeischiebe.

Der Butler öffnet die Hintertür, jetzt nimmt er mir die Kiste ab. Für meine Mühe entlohnt er mich mit einem Schokoladenkeks. Lächelnd betrachte ich mein Trinkgeld. Er spielt seine Rolle wirklich gut. Jeder bekommt die Möglichkeit auszuleben, was die Einsicht blockiert. In *Jesus Grove* gibt es Privilegien, die ein Oben sich immer nimmt. Eine Mysterienschule konfrontiert mit allen weltlichen Situationen, um Reaktionen sichtbar zu machen.

Als immer-noch-Sozialist kaue ich an ‚oben' und ‚unten', habe die Gelegenheit zu sehen, wie es entsteht. Durch das Verhalten von ‚unten'. ‚Unten' macht ein ‚Oben', läßt es zu. Die Verantwortung für die Kommune tragen damit einige Wenige.

Um das Leistungsniveau so hoch wie möglich zu schrauben, ist die Arbeit eines jeden auf einen Bereich konzentriert. Somit wird Totalität erreicht, die nicht durch tägliche Notwendigkeiten zersplittert. Kochen, Waschen, Nähen, Putzen sind eigenständige Arbeitsbereiche. Arbeitsenergie wird so effektiver. Das Ergebnis ist sichtbar - die Kommune wächst schnell. Und damit ein Problem, das sich ausbreitet, Geschlechtskrankheiten. Der großzügige Partnerwechsel hat seinen Preis.

Auf einem Meeting wettert Sheela über Zügel- und Verantwortungslosigkeit. Sie bezeichnet den abendlichen Treffpunkt *Magdalena* als einen ‚Fleischmarkt', der eine Schande für die Kommune wäre. Sehr energisch fordert sie dazu auf, sich an die Monogamie zu erinnern, die weitaus gesünder wäre.

Das sind neue Töne, denke ich. Nach der grenzenlosen sexuellen Freiheit der Poona-Ära ein solcher Tritt auf die Bremse. Sheela erwähnt namentlich einen Swami, der in einer Woche mit mehr als siebzig Frauen geschlafen hat. Eine Rückfrage bei meinem Nachbarn bestätigt, daß ich mich nicht verhört habe. Trotz Sheelas offener Empörung lachen alle, denn ein jeder kennt den Swami. Kein Wunder! Ich bin erstaunt, daß die Leute überhaupt noch Zeit für Sex haben. Aber sie sind jung, vital. Ich empfinde nichts mehr. Mein Körper ist verstummt. Aus und vorbei.

Die Arbeit als Cargo-Fahrer ist eine körperliche Anstrengung. Das ständige Rein und Raus, Einladen, Ausladen, Boxen und

Kisten in die Gebäude tragen ist mühsam. Dazu kommt, daß es immer heißer wird. Es ist Juni. Unvorstellbar daß für Juli-August eine noch größere Hitze erwartet wird. Der Hochsommer in Deutschland ist eine kühle Brise verglichen mit dem Klima hier.

Es ist Mittagszeit. Ich beliefere *Koshuan*, die Schule unserer Kinder, einst Küche der ersten Tage. Ich wanke mit gefüllten Töpfen und Blechen, Saftkanistern und Obstboxen ins Haus, komme mit hochgestapeltem Leergut heraus, das ich im Wagen verstaue. Auf dem Platz spielen Kinder, im Schatten der Bäume pausieren einige Schichtarbeiter. Vorsichtig stoße ich den Wagen zurück, um zu wenden. Es kracht. Entsetzt steige ich aus. Ich muß ein Kind auf dem Fahrrad überfahren haben. Lachend springt ein kleines Mädchen hinter dem Auto hervor, sie hat mit der Faust gegen das Blech geschlagen. Ich setze zitternd mich ins Auto, unfähig, etwas anderes zu tun.

Die Kinder im Arbeitsgeschehen, im Verkehr, sind eine Behinderung und Gefahr. Natürlich haben sie Vorrang, aber in der Fülle von Arbeitsabläufen, in der Enge der Straßen, erfordern sie vom Fahrer ein Höchstmaß an Beachtung, das kaum noch eine Fahrt zuläßt. Sie sind überall, aus jeder Lücke springen sie.

Mir sitzt der Schreck in den Gliedern. Die Vorstellung, daß es hätte sein können, läßt meine Zähne klappern. Endlich schaffe ich es, zurück ins Office zu gehen, das Auto lasse ich stehen. Ich stottere eine Berichterstattung, teile Venu mit, daß ich nach Hause gehe. Sie nickt Zustimmung. Die Aufregung hat mich so mitgenommen, daß ich im Bett auf der Stelle in einen Tiefschlaf falle, aus dem mich bald ein sanftes Schütteln weckt. Tarda kniet neben mir:

„Wach auf. Komm, wach auf. Vidya hat darauf bestanden, daß du weiterfährst."

Ihre Stimme klingt mitleidig. Die Liebe zu Tarda läßt mich aufstehen und ihr folgen. Venu reicht mir stumm die Autoschlüssel.

Ruhig erkläre ich nachdrücklich:

„Nein. Ich fahre heute keinen Schritt mehr. Ich kann nicht."

Keiner hält mich auf, als ich den Raum verlasse. Ich schlafe ungestört fünfzehn Stunden, am nächsten Morgen bin ich pünktlich bei meiner Arbeit. Von nun an dürfen Kleinkinder nur noch unter Aufsicht Erwachsener auf dem Hauptplatz spielen. Eine Erleichterung für alle Fahrer.

Ich habe die Erlaubnis erhalten, Vanda in Los Angeles abzuholen. Tageland freue ich mich, in die Welt hinauszugehen. Aber je näher der Tag rückt, umso weniger fühle ich mich einer solchen Reise gewachsen. Ich schlage Wurzeln auf der Ranch. Es wäre unsinnig, sie jetzt auszureißen. Ich teile Vanda mit, daß sie ohne Aufenthalt auf die Ranch kommen soll. Ich werfe den Brief ein, als Vidya neben mir hält. Ohne mich anzusehen meint sie leise:

„Es ist besser für dich, wenn du nicht fährst."

Ich nicke zustimmend. Sie geht. Ohne Erstaunen über meine unübliche Sanftmut. Ich fühle mich beachtet.

Weder Bhagwan noch die ‚Damen' nehmen mich sonst zur Kenntnis.

Ich, der ehemals strahlende Mittelpunkt, bin zu einem glanzlosen Nichts zusammengeschmolzen. Ich erhalte keine Aufmerksamkeit, keinen mich wahrnehmenden Blick. Man schaut durch mich wie durch ein Fenster. Mache ich den Mund auf, um einen Vorschlag zu machen, werde ich unterbrochen, überhört - so als wäre ich nicht anwesend. Ich bin ein Nichts ohne Stimme, nicht einmal eine ‚Geisel' bin ich.

Das Festival rückt näher. Der rote Strom fließt in den Ozean. Täglich treffen Hunderte Sannyasins aus aller Welt ein. Die Vorfreude hat mich ausgelaugt, als mir endlich Babette, Achim und Vanda in die Arme fallen. Die Menschen, die ich am meisten liebe. Aruna folgt in wenigen Tagen.

Babette - mehr als ein halbes Jahr habe ich sie nicht gesehen. Mein Herz birst vor Liebe, Mutterliebe, die reinste Quelle, die fließt. Ich atme ihren Geruch, eine besondere Mischung von Haar, Haut und Herz, der köstlichste Duft, den ich kenne. Da preßt mich Achim an seinen Brustkorb, mein Gesicht an seinem kratzbürstigen Bart, fühle ich seine unerschütterliche Festigkeit. Danach die Weichheit Vandas, deren Freudentränen ich warm an meinem Hals fühle. Ich bin der glücklichste Mensch auf der Erde. Stolzgeschwellt, tiefbefriedigt lauf ich in ihrer Mitte. Meine Welt ist wieder in Ordnung, wir sind zusammen.

Jetzt erst sehe ich Babettes Kleidung und Aussehen. Stachlig sind die Haare aufgerichtet, stehen ab. Sie trägt eine schwarzgraue Kleidung, deren Löchrigkeit mit Sicherheitsnadeln zusammengehalten wird. Noch mehr punkige Protesthaltung. Wie auch immer, ihre Augen strahlen in der vertrauten Unschuld. Ihren Widerstand gegen Bhagwan und die ‚Roten' demonstriert sie bei der täglichen Ausfahrt des Meisters. Während wir den Straßenrand säumen, um ihn zu grüßen, sitzt Babette auf der gegenüberliegenden Straßenseite, auf der Ladefläche eines Trucks, eine Kippe im Mundwinkel, die Coladose lässig auf dem Knie. Unübersehbar. Sie gewinnt das Herz der Sannyasins, die sich an ihre eigenen Jugendjahre erinnern. Lange hält Babette das Nichtstun nicht durch, sie fängt an zu arbeiten, hilft meinen Kollegen beim Cargo. Sie bringt Milch und die Post in Bhagwans Haus, bis man Anstoß an ihrer unorthodoxen Kleidung nimmt.

Aruna ist angekommen. ‚Sonne der Liebe' ist im Gießener Center auf die Hälfte geschrumpft. Arunas Arbeitseifer, ihr Einsatz ist ohne jede Zurückhaltung, wie ich sehe. Ich packe das blasse dünne Kerlchen in mein Bett, wiege es an meinem Herzen. Mutter und Tochter, die engste Verbindung, die es gibt.

Die Besucher überfluten in Sturzbächen die Ranch. Das Festival beginnt in wenigen Tagen. Die Ankömmlinge sind überwältigt von dem, was entstanden ist. Es sprengt ihre kühnsten Erwartungen. Die Schönheit und Weite des Landes, die Ranch, die Zeltplätze, die Großküchen, *Mandir*, das Gewächshaus - die elegante Halle, in der noch der weiße Linoleumfußboden verlegt wird. Überall liegen sich Menschen in den Armen. Freunde begrüßen sich atemlos, Liebende können nicht voneinander lassen. Lachen und Weinen werden eins.

Die Ausfahrten Bhagwans sind der sehnlichst erwartete Höhepunkt des Tages. Über ein Jahr haben die Schüler den Meister nicht gesehen. Nach dem indischen Ashram begegnen sie ihm jetzt in einer amerikanischen Hochwüste. Ein Szenenwechsel, der verdaut werden muß.

Mir bringt das Festival unerwartete Freiheiten. Ein Niemand zu sein, hat seine Vorteile. Ich bin übersehen worden, bin zu keiner Festivalarbeit eingeteilt. Als Tarda meiner ansichtig wird, trägt sie mir auf, einen Tourenbus zu fahren, der den Besuchern die Schönheiten der Ranch zeigt und mit einer Fahrt zum Fluß beginnt. Seit Wochen wird die Straße von grundauf neu gestaltet, sie führt zu *Surdas*, der Gemüsefarm und wird somit stark befahren. Es ist früh am Morgen. Die möglichen Fahrgäste sitzen noch beim Frühstück. Ich zuckle mit einem leeren Bus los. Die Arbeiten an der Straße sind in vollem Gange. Bulldozer kommen mir entgegen, auf einer sandhügligen Straße, die wenig breiter ist als die Straßenbaumaschinen. Sie schieben Berge Sand auf mich zu. Rechts von mir der Abgrund. Jetzt verstehe ich die mexikanischen Busfahrer. Wo sind meine Heiligen? Ich gebe Gas. Bleich, entsetzt, pressen sich die Straßenarbeiter an den Hang. Ich mache es möglich, auf einer Straße zu fahren, die es noch gar nicht gibt. Allzuweit können die Heiligen nicht gewesen sein.

Es ist soweit. *Mandir* ist fertig für das erste Festival in *Rajneeshpuram*. 15.000 Sannyasins sitzen in dem weißen Raumschiff in der Hintergründigkeit der Berge. Wir warten. Ich fröstle in der Kühle des Morgens. Neben mir sitzt Vanda, nicht weit entfernt Aruna. Die Anwesenheit derer, die ich liebe, gibt mir eine innere Gelassenheit. Die Musik wird lauter, das Klatschen der Hände schneller. Bhagwan betritt prunkvoll gekleidet das Podium, auf dem der obligate Sessel wartet. Ein Seufzen geht durch die Menge. Tausende von übervollen Herzen schlagen ihm entgegen. Bewegt sehe ich ihn nach allen Seiten lächelnd *Namaste* grüßen. Er ist ein Geschenk des Universums an die Menschen. Für alle, die mit dem Herzen sehen und hören. Davon bin ich überzeugt. Süße Flötentöne ziehen durch *Mandir*. Bhagwan setzt sich mit der Leichtigkeit, die keine Knochen hat, schlägt die Beine übereinander, jetzt - wir warten darauf - fällt die Sandale. Aufbrausendes Gelächter. Die aus Poona vertraute Geste läßt uns wissen, daß die Begegnung mit ihm kein Traum ist.

Musik fließt in mich hinein. Satsang, eine Meditation, die verschiedene Phasen hat. Ein Ritual aus Musik, Gesang und Schweigen. Ich schließe meine Augen und - schlagartig tauche ich ins Nichts. Mein Bewußtsein trennt sich von der Körperlichkeit. Es gibt keine Ich-Identität mehr. Kein Rausch, kein überströmendes Glücksgefühl, keine Auflösung in Seligkeit. Nein, es ist stille Bewußtheit im Sein. Mein Körper liegt wie eine Hülle, die verlassen ist. Steif, starr, kalt. Meine Hände auf den Knien fühlen keine Wärme. Die Verbindufng ist unterbrochen. Eine endlose Zeit. Bis eine feine Energie nach mir tastet, nach mir angelt, mich behutsam in den Körper zieht. Satsang ist lange vorbei, die Halle ist leer. Vanda hält mich umschlungen, in meinem Schoß liegt hingegossen Aruna. Ihrer beider Liebe hat mich zurückgeholt. Liebe, das Gefühl, das belebt und wärmt. Meine erste Erfahrung, mein erstes Eintauchen in Meditation verwirrt mich. Mir ist, als ob meine

Drähte und Kontakte durcheinander sind. Wir verlassen *Mandir.* Ziellos laufe ich von einer Richtung in die andere, immer wieder vor und zurück, bin unfähig eine Entscheidung zu treffen.

Der Hunger springt mich an wie ein Tiger. Essen, alles essen, viel essen, gleich essen. Vanda zerrt mich entschlossen hinter sich her. In *Magdalena* kaufen wir in der Bäckerei Croissants, die ich gierig verschlinge. Danach schleppe ich mich nach Hause, auf den Berg. Ich bin zu keiner Arbeit eingeteilt, aber wenn, ich wäre unfähig, mich darauf zu konzentrieren. Ich falle aufs Bett, ohne jeden Gedanken. Ich bin schwach, erschöpft. Unerwartet überflutet mich Sexenergie. Ich zittere unter der Wucht der Woge, die mich von Kopf bis Fuß erfaßt. Nachdem sie befriedigt verebbt, falle ich in einen schwarzen Schlaf.

Nach der Erfahrung des mir neuen Seinzustandes Meditation greift das Leben mit doppelter Kraft nach mir: Essen, Sex, Schlaf. Die drei Grundbedürfnisse des Menschen.

Das Festival ist für uns eine Hoch-Zeit. Die schweigende Kommunikation mit dem Meister hinterläßt rundum entspannte, glückliche Gesichter.

Ich genieße meine freie Zeit mit Vanda. Wir haben uns auf einem Bergplateau, wenige Meter von meinem Haus, ein Bett gebaut. Unter dem Sternenhimmel, der so dicht über unserer Nase hängt, daß unsere Köpfe fast mit dem Mond zusammenstoßen. Aneinandergeschmiegt vergessen wir die Klapperschlangen, die es in dieser Gegend gibt. Immer wieder beteuert die Frau, die ich liebe, daß sie alles versuchen wird, mir auf die Ranch zu folgen. Ich will es glauben.

Das Festival geht nach einer Woche mit einem rauschenden Darshan zu Ende. 15.000 Schüler feiern ihren Meister in *Mandir.* Am nächsten Morgen fließt der rote Strom zurück in die Welt. Sie werden wiederkommen, denn *Rajneeshpuram* läßt sie nicht mehr los. Einige bleiben, um als Sommerarbeiter die geplanten Projekte zu verwirklichen helfen. Wenige werden als Gäste eingeladen, der Aufenthalt in der Kommune kostet Geld. Auch Vanda und Babette fliegen nach Deutschland.

Wenige Tage später werde ich überraschenderweise zu Karuna gerufen, die mir kühl mitteilt, daß Justine und ich die Ranch zu verlassen haben. Unsere Visa sind abgelaufen. Der Schreck fährt mir in die Glieder. Bin ich nicht ein freier Mensch, kann ich nicht entscheiden, wo ich leben möchte? Gehört die Erde nicht allen Menschen? Offensichtlich nicht. Ich muß gehen. Jetzt, wo ich die Bereitschaft fühle, mich auf das Kommuneleben einzulassen. Jedenfalls mehr als bisher. Premmati stürmt aufgeregt an der Bushaltestelle auf mich zu. Schon von weitem ruft sie mir die Neuigkeit entgegen. Unglaublich, auch sie muß gehen. Bis Ende Juli können wir noch bleiben. Warum warten? In unseren Augen blitzt bereits die Abenteuerlust. Premmati hat Bedenken, sie hat keinen Pfennig Geld. Mit der Selbstverständlichkeit unserer Freundschaft löse ich das Problem:

„Mädel, mach dir keine Sorgen. Bis wir zurück auf heiligem Boden sind, übernehme ich deine Ausgaben."

Wir fallen uns in die Arme, brüllen yes, Bhagwan, yes stülpen entschlossen die Hüte tiefer in die Stirn. Wir packen. Ich bespreche mit Achim die nächsten Schritte. Ich werde die Stadtwohnung auflösen. Sein Entschluß, auf der Ranch zu leben, ist felsenfest.

Ich bin glücklich. Ein Leben in Saus und Braus erwartet mich. Noch einmal zurück in die vertraute Welt. Vanda, die mir bei der Arbeit helfen wird, Babette wieder unter mütterlicher Obhut. Auch Premmati strahlt. Die Aussicht, ihre Kinder wiederzusehen, läßt sie leichten Herzens Abschied nehmen. Justine geht widerwillig. Ihre Freunde, wenn auch nur für kurze Zeit zu verlassen, macht sie traurig.

Frankfurt. Nach der Weite *Rajneeshpurams* erscheint es mir schmächtig. Ich bin aufgeregt, möchte Premmati mein altes Leben zeigen, von dem ich ihr soviel erzählt habe. Die Herrschaftswohnung liegt in der Mitte der Stadt, umgeben von alten Parkanlagen. Die Wohnung hat Größe und Stil, Flügeltüren und Stuck. Der richtige Rahmen für kostbare Antiquitäten.

Ich erstarre an der Schwelle. Aus der ‚Belle Etage' ist ein Pennerwohnheim geworden. Entsetzt schweift mein Blick über die Diele, die, ehemals Eßraum und Bibliothek, jetzt ein Müllhalden-Inferno ist. Ein Fahrrad schiebt an mir vorbei, begleitet von einem nackten Jüngling. Ein blonder Kopf zieht sich bei meinem Anblick in die Sicherheit des Zimmers zurück. Katzen jagen in großen Sprüngen an mir vorüber. Wohin ich schaue, Flaschen, Kippen, Konservendosen, Pappteller, übervolle Aschenbecher, Töpfe mit Speiseresten.

Verlegen begrüßt mich meine Tochter Babette.

Ich komme zu mir. In wenigen Stunden sind ‚Untermieter', Katzen und Fahrräder aus der Wohnung entfernt. Für den Dreck brauchen wir Tage. Wie konnte Achim so leben? Die Selbstverwirklichung dieser Tochter hat ihre Anfänge im Widerstand gegen unseren Ästhetizismus, in der Zerstörung von Schönheit und Harmonie. Nur aus dem Chaos kann Neues erwachsen. Ein langes Gespräch mit Babette macht klar, daß ich ihren Wunsch nach einer eigenen Wohnung unterstützen werde, läßt aber auch keinen Zweifel aufkommen, daß ihr Aufenthalt in Deutschland begrenzt ist. Widerspruchslos fügt sie sich in meine Bestimmtheit, daß sie mit uns nach Amerika gehen wird. Nicht noch einmal werde ich sie alleine zurücklassen.

Ich respektiere, daß sie nicht auf der Ranch leben möchte, aber ich werde etwas für sie finden, was ihrer 17jährigen Lebensauffassung entspricht - Abenteuer.

Meine Vorstellung einer gemeinsamen Arbeit mit Vanda erfüllt sich nicht. Sie hat ein Verhältnis, dessen Neuheit sie weitaus mehr beschäftigt als der Wunsch, mir zu helfen.

Wieder bricht mir das Herz. Wie lange wird mich meine Liebe zu ihr im Würgegriff halten, mich umklammern. Verzweifelt suche ich die Weite, in der ich meine Schwingen ausbreiten kann und bleibe gleichzeitig stur auf dem morschen Ast der Hoffnung hocken.

Noch einmal bin ich mit Achim und unserem gemeinsam aufgebauten Leben konfrontiert. Die Kinder, die Wohnung, der letzte Besitz: Bücher, Musik, Bilder, Möbel. Gemeinsamkeiten, die uns den gleichen Weg gehen ließen und uns zum gleichen Ziel brachten - Bhagwan. Selbst die Scheidung kann mich nicht von Achim trennen, er ist Teil meines Lebens.

Ich habe mich in Mann und Frau verloren, verteilt, geteilt. Ich habe mich verschleudert. Die durch den Meister vollzogene Trennung setzt mich in neuer, ursprünglicher Form zusammen. Aber immer noch klebe ich an Vergangenem, will die Menschen, die ich liebe, festhalten. Liebe kann doch kein Ende haben.

Premmatis Freundschaft, ihre Bestimmtheit, ihre Zuverlässigkeit stützen mich in den Tagen des Jammers, wenn mein Herz sich heiser schreit nach der Frau, die unerreichbar bleibt. Sie hilft mir, das Drama zeitweise zu vergessen. Wir stürzen uns in den Ausverkauf meines alten Lebens. Mit wachsender Begeisterung wühle ich in der Vergangenheit, die Begegnung mit Verlorengeglaubtem ist beglückend. Die nachfolgenden Monate erlebe ich anschaulich, das alles, was ich liebe, einen Preis hat. Fröhlichen Herzens trenne ich mich Stück für Stück von den Kostbarkeiten meines Lebens. Gebe sie an Käufer, die mir gefallen. Besonders gerne, wenn ich fühle, daß das, was ich liebe, bei ihnen gut aufgehoben ist. Für die Käufer, die täglich durch die Wohnung strömen, ist mein Verhalten unbegreiflich. Sie können nicht umhin, mich in Gespräche zu verwickeln, Fragen zu stellen. An der roten Kleidung, der Mala, erkennen sie, daß wir ‚dieser Sekte' angehören, die ‚diesem indischen Guru' anhängt. Sie haben ihre Informationen aus den Zeitungen, die genügend Abfälliges über die Entwicklung der Kommune berichten. Was sie aber vor sich sehen, was wir ausstrahlen, ist sehr konträr zu dem Gelesenen. Fröhliche, intelligente Menschen, die sich von ihrem wertvollen Besitz trennen. Es macht sie nachdenklich, daß unsere Entscheidung, ohne Besitz zu leben, aus der Fülle kommt und nicht aus der Not. Mit Respekt zahlen sie den Preis, den ich verlange. Niemals ein kleinliches Feilschen. Wenn ich fühle, daß das Herz des Käufers größer ist als sein Geldbeutel, ist es mir eine Freude, ihm das Gewünschte zu einem geringen Preis zu überlassen.

Ich genieße den Verkauf in vollen Zügen. Die Einnahmen sind erfreulich, nähern sich der 100.000 DM-Grenze. Das Geld quillt aus großen Keramiktöpfen. Wein, Delikatessen, Champagner - jeder Tag ein Fest. So sorglos habe ich noch nie gelebt. Wir werfen das Geld in die Luft, genießen die Freiheit, es zu verschwenden, es mit Freunden zu teilen.

Achim kommt zurück. Wir reichen die Scheidung ein. Das Loslassen des anderen, der Sicherheit bedeutet, ist ein notwendiger Schritt für uns beide. Wir lösen die Lebensversicherungen auf, die ein sorgloses Alter garantieren. Beide, er wie ich, haben erkannt, daß ein Leben in Sicherheit ohne jede Würze ist. Sich der Unsicherheit zu überlassen ist weitaus aufregender als der Allianz. Nicht mehr planen, nicht mehr vorsorgen. Nur noch den Reichtum und die Buntheit des Moments sehen. Ohne zu zögern, zerstören wir die Brücken, die uns und den Kindern eine sichere Zukunft garantieren. Die Kinder werden lernen, aus eigener Kraft zu leben.

Die Monate in Deutschland sind intensiv. Erschöpft vom Luxus, dem Prassen, den Reisen, haben Premmati und ich den Rückflug nach Oregon gebucht. Justine ist bereits heimwehgetrieben alleine zurückgeflogen. Wenige Tage vor der Abreise vereitelt eine Tarotkarte unser Vorhaben. Als ich eine Karte für meine Gesundheit ziehe, durchfährt mich ein scharfer Schmerz im Unterleib. Ich japse nach Luft. ‚Mother of Pearl' besteht darauf, „daß eine Trennung der sexuellen Energie von der Lebensenergie des Herzens notwendig ist."

„Du gehst zum Arzt", bestimmt Premmati besorgt.

Schlag auf Schlag folgen die Untersuchungen. Am Tag der geplanten Abreise werde ich operiert. Ich muß die Gebärmutter opfern. Ein Verlust, der mich tief trifft. Ich habe eine sehr starke Beziehung zu meiner Mitte. Dort ist der Sitz meiner Sinnlichkeit und die erste Wiege meiner Kinder. Das Tor zum Universum. In der sexuellen Ekstase einszuwerden mit dem All, offen für den Empfang alter Seelen. Die bewußte Zeugung. Meine Gebärmutter - sie wird nicht mehr benötigt. Die Seelen haben sich manifestiert, meine Sexualität hat sich verflüchtigt. Zeit für den Abschied. Der Tod meines besten Freundes könnte mich nicht schmerzlicher treffen. Während der Ablösung setzt die Narkose aus. Ich erlebe bewußt die Trennung. Mein Schmerz ist ein Schrei, der ungehört verhallt, ich zerfalle, stürze ins Nichts - Inquisition, Vierteilung, mit Händen und Füßen an Pferde gebunden, die in alle Himmelsrichtungen laufen. Eine grauenvolle Erinnerung, mit der ich aus der Narkose auftauche.

Ich bleibe nur wenige Tage im Krankenhaus. Ich berste vor Kraft und Energie. Ich habe auch das überstanden. Bleibt nur noch der Abschied von Vanda. Sie läßt mich nicht los, ohne meine Hoffnung zu nähren. Wie immer, wenn ich gehe.

Geschafft. Premmati und ich sitzen im Flugzeug, mit einem Punk im Gepäck. Babettes wildaufgerichtete Pomadenfrisur macht uns zum Blickfang, was sie genießt. Ohne viel Murren hat sie ihr Leben in Deutschland aufgegeben. Sie ist bereit für einen neuen Start. Sie wird bei Premmatis Freunden in Kentucky auf einer Farm leben, solange, bis sie eigene Entscheidungen treffen kann.

In Nashville werden wir freudig begrüßt. Die stundenlange Fahrt zur Farm zeigt uns die Weite, die Größe des Landes, die wenig von Siedlungen oder Dörfern unterbrochen wird.

Sam, ein weißhaariger Mann, erwartet uns, reißt Premmati in wilder Freude in die Arme. Ich weiß von ihr, daß Sams Liebestalente sprichwörtlich sind. Ich mustere ihn mißtrauisch. Bei ihm werde ich also meine unschuldige Tochter lassen. Ich vertraue ihrem Instinkt. Sie wird wissen, was sie zu tun hat.

Die kleine Farm liegt fernab von der Stadt, inmitten der weichen grünhügeligen Landschaft Kentuckys. Pferde zum Reiten, Autos zum Fahrenlernen, die Möglichkeit zu werkeln, sowie Gänse und Ziegen, mit denen man sich die Zeit vertreiben kann. Ich verlasse mich auf mein Gefühl. Selbst wenn es zu Babettes Habitus nicht paßt, sie ist gut aufgehoben. Jedenfalls für einige Zeit.

Leicht fällt es mir allerdings nicht, sie inmitten der ländlichen Szenerie abzusetzen, in Gesellschaft eines alten Fauns, dessen lüsterne Bemerkungen dem Glanz seiner Augen entsprechen. Allerdings ohne aus einem Notstand zu kommen, denn seine Lebensgefährtin ist eine attraktive, lebendige Frau.

Der letzte Zweifel schwindet am nächsten Morgen. Die Sonne blinzelt durch die Bretter des Dachzimmers, in dem wir schlafen. Mein Blick fällt auf Babette, die eingeigelt in ihrem blauen Schlafsack nur wenig entfernt von mir schläft. Auf ihrer Schulter sitzt ein ziegelroter Vogel, der mich unverwandt anstarrt. Minutenlang. Welch ein wunderbarer Anblick. Frieden zieht in mein Mutterherz. Babette wird ihren Weg zu Bhagwan finden, wenn die Zeit gekommen ist.

Wir bleiben bei ihr, bis sie sich eingelebt hat. Sam zeigt uns Land und Leute. Als Kuriosität, Amishe - ein Volksstamm, der vor zweihundert Jahren aus Holland eingewandert ist. Sie lehnen Fortschritt und Technik als Teufelswerk ab. Konsequent fahren sie mit Pferd und Wagen, arbeiten ohne maschinelle Hilfe. Neugierig mustern wir uns. Wir in Rot, sie in Schwarz - Jahrhunderte liegen zwischen uns.

Wir fahren weiter. Kentucky ist ein Land voller Kirchen. An jeder Ecke eine andere Religion, die ihren Gott preist. Baptisten, Mormonen, die Heiligen der letzten Tage, die Zeugen Jehovas und zig andere mehr - Gott in vielfältiger Ausführung.

Abschied von Babette. Er fällt uns beiden leicht. Ich weiß, daß ich sie bald wiedersehe. Premmati und ich tauschen blaue Blicke. Endlich... nach sieben Monaten zieht es uns mit Macht zurück zur Ranch. Wir leisten uns zwei luxuriöse Tage in Seattle in einem Hotel, das ins Wasser gebaut ist. Jeder ein Zimmer mit Doppelbett. Ein letztes Mal allein sein. Jetzt, kurz vor dem Ziel, fühle ich mich ausgelaugt. Hinter mir liegt ein Marathon. Mein Energiepegel sinkt auf ein Minimum. Premmati spricht mir gut zu:

„Es wird schon wieder werden, wenn wir erst einmal auf der Ranch sind.“

Wir fliegen Ende Januar ’83 nach Portland. Ein Bus bringt uns spätabends nach *Rajneeshpuram.* Ich steige aus und versinke bis zu den Knöcheln im Schlamm. Der Fahrer bestätigt, was ich vermute: es hat seit Wochen geregnet. Premmati fällt in Anugrahas Arme, mir teilt man mit, daß ich in *Desiderata* wohnen werde.

Ich schleppe meine Koffer zur Bushaltestelle, Schmerzen erinnern mich an die Operation, mein Rücken macht sich unwillig bemerkbar. Müde, naß, dreckig, komme ich in *Desi* an. Ein freies Bett zeigt mir, wo ich schlafen werde. Ich lasse mich auf die Matratze fallen und breche in Tränen aus.

„Ich Idiot, warum bin ich bloß zurückgekommen?“

Mein Zimmergenosse betritt den Raum, in seiner Hand hält er mir eine Dose Bier entgegen, lächelt freundlich:

„Ich bin Sarpan. Wer bist du?“

Ich muß dankbar lachen. Die Mysterienschule hat mich wieder.

Magdalena - meine Hölle

Am nächsten Morgen melde ich mich in Padmas Büro. Es gibt kein Warmwerden, Umschauen, Einleben. Ankommen auf der Ranch heißt, auf der Stelle an die Arbeit zu gehen.

Padma hat in der Zwischenzeit eine Sekretärin - Pritam. Sie selbst ist mittlerweile für weitaus mehr verantwortlich als für Küche und Cleaning. Ich werde von Pritam sachlich zur Kenntnis genommen, ohne jegliches Zeichen des Wiedererkennens. Die ‚Champagnerlady', deren wöchentliche Order sie einst reizten, ist in Vergessenheit geraten.

„Du kannst in *Raidas* anfangen", meint sie ohne Ausdruck in der Stimme.

Sofort wehre ich ab. Putzfrau? „Nein, ich hatte eine Unterleibsoperation. Ich kann nur leichte Arbeit tun." Hastig füge ich hinzu: „Ich möchte in die Küche. *Magdalena* ist sicher besser für mich."

Achselzuckend gibt sie ihr Einverständnis. Ich lerne es nie - „get out of your own way". Mir fehlt das Vertrauen. Ich vertraue nur mir, nur ich weiß, was für mich das Richtige ist. In den folgenden Monaten werde ich täglich schmerzhaft daran erinnert: ich bin die Kuh, die ihren Metzger selber wählte.

Mit schmerzendem Rücken, in den seit Betreten der Ranch der Blitz eingeschlagen hat, schlendere ich über den Hauptplatz, um die üblichen Wieder-da-Formalitäten zu erledigen. Sieben Monate sind eine lange Zeit. Vieles hat sich verändert, vergrößert. Die Ranch zeigt ein neues Gesicht. Aus dem alten Wohnhaus, in dem der ehemalige Verwalter lebte, ist ein Restaurant geworden. Nagarjuna. Im Schatten der Ulmen und Eschen, der einzigen Laubbäume weit und breit, stehen weiße Tische und Stühle. Ein einladendes Gartenlokal, es lockt zum Verweilen. Die alten Ställe sind abgerissen. Eine überdachte Einkaufsstraße ist im Entstehen. Geplant sind Restaurant, Boutiquen, Buchladen, Reisebüro und ein Supermarkt, in dem bald unter anderem Wein und Käse zu kaufen sein werden. Nichts davon ist fertiggestellt, aber die Arbeiten sind in vollem Gange. Es wird zementiert, vermessen, gehämmert und genagelt. „Keep out - we are building a building!" Bis zum Sommerfestival muß die neue Geldquelle fließen.

Die Handwerksbetriebe sind umgesiedelt. In weiträumige, neue Hallen im Industrieviertel in der Nähe des Flugplatzes, dessen Ausbau ebenfalls geplant ist. Das Wachstum der Stadt scheint garantiert, ist unübersehbar. Wie ich erfahre, hat man mit der Produktion von ‚A-frames' begonnen, A-förmige Holzhäuser, die einen Teil der Ranchbewohner beherbergen sollen. Wohin ich schaue - Arbeit und rege Geschäftigkeit. Es sieht aus, als ob das Leben auf der Ranch noch intensiver geworden ist. Nicht nur das Stadtbild hat sich verändert. Auch die Menschen. Die wilden Bärte sind verschwunden, die langen Locken einer modischen Frisur gewichen. Der Cowboylook bleibt den Neuen überlassen. Vom Halleluja-Freak über den Westernhelden ist nun der neue Adam da, sympathisch, kultiviert. Bei den Frauen ist die Verwandlung noch auffallender. Der Rauschegoldengel der Poonatage hat Mae West hinter sich gelassen - die Lady ist im Kommen. Und damit auch ein neuer Umgangston, wie ich erleichtert feststelle. Höflichkeit macht das Zusammenleben einfacher, besonders wenn sie aus dem Herzen kommt.

Pythagoras ist von der neuen Welle noch nicht erreicht. Im üblichen barschen Ton werde ich aufgefordert, mich auszuziehen. Wie jeder Neuankömmling werde ich auf Läuse und Geschlechtskrankheiten untersucht. Ich berichte von meiner Operation. Ungerührt werden alle Daten in mein Karteiblatt eingetragen. Wozu noch von meinen Rückenschmerzen reden, die mich beinahe bewegungsunfähig machen? Ich erhalte eine braune Holzkugel, die ich sichtbar an der Mala zu tragen habe. Sie weist mich als Mitglied der Kommune aus. Ich verlasse schnell die Stätte, die jeder gerne meidet. Den Rest des Vormittags lasse ich mir Zeit für Begrüßungen und herzliche Umarmungen: „Wie schön! Da bist du ja wieder! Waaas? Sieben Monate warst du weg?"

Keiner kann es glauben, denn hier lebt man in der Zeitlosigkeit. Interessiert höre ich die Neuigkeiten. Die Arbeitsstunden sind auf vierzehn erhöht worden. Der halbe freie Tag alle drei Wochen ist schon lange gestrichen. Es gibt keine Unterbrechungen, keine Leerläufe. Die Pausen sind nur noch an den Mahlzeiten erkennbar. Die Erzählungen ernüchtern mich. Statt einfacher, scheint das Leben schwieriger geworden zu sein.

Die Zahl der Leute, die mittlerweile hier leben, hat sich verdoppelt. Ein Großteil davon sind Zeitarbeiter aus aller Welt, die für einige Monate ihre Arbeitskraft zur Verfügung stellen dürfen. Noch immer ist der Zutritt zur Ranch einer strengen Auslese unterzogen. Aufgefordert wird nur, wer bereit ist, sich total in den Arbeitsprozeß einzufügen.

Nach dem Mittagessen stelle ich mich frühzeitig an die Straße, um Bhagwan bei seiner Ausfahrt zu grüßen. Ich bin aufgeregt, ihn nach so langer Zeit wiederzusehen. Ob ihm meine Abwesenheit aufgefallen ist? Mein Blick wandert über die Wartenden, die Schlange ist um so viel länger geworden, mehr fremde Gesichter als vertraute.

Bhagwan kommt. Er fährt an mir vorbei ohne ein Zeichen des Erkennens. Was habe ich erwartet? Ein Lächeln? Wie sehr wünsche ich mir, daß er mir ein einziges Mal zulächelt, mir zeigt, daß er mich sieht, mich mag. Nichts. Ich bin für ihn nicht vorhanden. Er lächelt mit anderen, aber niemals mit mir. Es schmerzt, von ihm so übersehen zu werden. Er ist meinen Blicken entschwunden. Ich lasse meine Hände sinken. Erstaunt fühle ich, wie die untere Hälfte meines Körpers kribbelt, bitzelt, warm wird. Ich bewege mich heftig - ja, der Rückenschmerz ist verschwunden. Der Stau ist aufgelöst. Was hat das mit Bhagwan zu tun? In Poona preßte er mir für kurze Zeit seinen Daumen auf die Stirn, danach hatte ich kein Gefühl mehr in den Beinen, mußte weggetragen werden. Es gibt so vieles, was ich nicht verstehe. Mit Bhagwan, um Bhagwan passiert Neues, Ungeahntes, Ungewohntes. Alles Gedachte und Gelebte steht plötzlich auf dem Kopf. Nichts bleibt mit einem Meister an Ort und Stelle, ist zuverlässig oder gar sicher.

Der schmerzfreie Zustand hält einige Stunden an. Ich kann den Beginn der Arbeit nicht länger hinausschieben. Zögernd mache ich mich auf den Weg zu *Magdalena.* Die Küche hat sich ebenfalls vergrößert. Ein neuer Speisesaal ist angebaut worden, der Vorraum so verbreitert, daß endlich Schuhe und Taschen abgestellt werden können. Die Außenanlage ist gärtnerisch gestaltet, das Essen im Garten wird bald möglich sein.

Es ist Februar, winterlich kalt. Ich freue mich, in die Wärme der Küche zu schlüpfen.

Magdalena wird von drei Frauen geleitet und organisiert. Von Patipada und ihren Helfershelferinnen. Sie hat die Küchenschürze schon längst an den Nagel gehängt, ist über die Grenzen der Küche hinausgewachsen. Andere Arbeitsbereiche nutzen ihre Talente und Fähigkeiten für eine effektivere Entwicklung. Natürlich hat sie ihren Nachwuchs trainiert und behält die Oberaufsicht, trifft alle wesentlichen Entscheidungen.

Ihre rechte Hand ist Jivan Kavia, kurz Jäkä genannt. Eine blonde, fischkalte junge Frau, die sich am süßen Gift der Nacht berauscht. Jäkä wird die Achse meines Seins für die nächsten Monate.

Patipadas linke Hand ist Yogini, die sich mit Jäkä die Verantwortung für das Entstehen und Gelingen der Mahlzeiten teilt. Sie ist eine kuhäugige, breithüftige Mexikanerin, deren Trägheit täuscht. Jäkä nimmt mich ohne Interesse zur Kenntnis. Wie jeden Neuling teilt sie mich den Gemüseschneidern, den Choppern zu. Willig folge ich ihr an den langen Tisch, der in der Mitte der Küche steht. Sie stellt mich knapp vor:

„Das ist Barbara. Sie wird mit euch arbeiten."

Blitzschnell heben sich die Blicke meiner zukünftigen Freunde, tasten mich ab. Unübersehbar thront Taru, ein indisches Gebirge, die Sängerin der Kommune. Mit einem Küchenmesser in der winzigen Faust deutet sie auf den freien Platz neben sich.

„Du kannst dich neben mich setzen." Energisch bringt sie zwei Mas in Bewegung. „Priya, eine Schüssel! Alankar, ein scharfes Messer und ein Brett." Sofort werden ihre Anweisungen befolgt.

Ich sitze mittenmang im warmen Indien. Eine große Liebe beginnt.

Für den Arbeitsablauf am Gemüsetisch ist Samveda zuständig. Sie erscheint mit einer Kiste Lauch, die sie vor mir abstellt. Ich kenne Samveda aus Poona. Sie ist Tänzerin. Sie hat ‚Nataraj' geleitet, eine Tanzgruppe, deren Teilnahme ich Arup zu verdanken hatte. Ich tanze nicht gerne. Die vorgeschriebenen Bewegungen empfinde ich als Zwang, besonders wenn es sich um die üblichen Gesellschaftstänze handelt. Widerwillig beugte ich mich Arups Beschluß. Ich erinnere mich: Gleich zu Beginn fällt die Elektrizität aus. Eine Tanzgruppe ohne Musik. Spontan entwickeln die Gruppenteilnehmer einen Rhythmus ohne Instrumente. Sie schlagen mit Händen, Füßen und Stöcken auf den Holzfußboden. Die dumpfe Monotonie elektrisiert mich. Meine Widerstände fallen. Zu meiner Verblüffung springe ich in die Mitte des Kreises, der sich gebildet hat. Das Trommeln wird schneller, lauter. Ich zucke, stampfe, vibriere, bis ich jede Kontrolle über meinen Körper verliere. Einer Ohnmacht nahe breche ich zusammen.

Samveda nickt mir freundlich zu, türmt mehr Lauch vor mir auf. Sie hat mich erkannt. Pausenlos sorgt sie für den Nachschub der diversen Gemüse. Riesige Mengen werden für die vegetarische Küche benötigt. Parmita, eine rundliche, weißhaarige Amerikanerin erklärt mir, daß ich ihren Platz einnehmen werde, sie hat um Versetzung gebeten.

„Die Arbeit in der Küche ist mir zu schwer", seufzt sie. Betreten nehme ich das zur Kenntnis.

Jede volle Gemüseschüssel wird von den Choppern zu den Köchen getragen. Es fällt mir nicht leicht, um Hilfe zu bitten, aber die Schüsseln sind zu schwer für mich. Die Unsicherheit, die ich ausstrahle, läßt manch guten Willen, mir zu helfen schwinden.

Warum kann diese starke Deutsche keine Schüssel tragen?

Ich bilde mir ein, diese Frage in allen Augen zu lesen. Lange bevor die Schüssel voll ist, schaue ich mich um, wen ich um Hilfe bitten könnte. Gebe lange Erklärungen über meinen Zustand ab. Schwach zu sein, Hilfe zu brauchen. Eine neue, unangenehme Erfahrung für mich. Ich bekomme zurück, was ich signalisiere - Zögern, Unsicherheit, Widerwillen.

Die Küche summt wie ein Bienenschwarm. Die Chopper schneiden emsig Gemüse. An den Nachbartischen wird der Reiseproviant zusammengestellt, für die Schüler, die tagsüber außerhalb der Ranch für *Rajneeshpuram* arbeiten. Wenig weiter wird auf riesigen Blechen der Auflauf für das Abendessen vorbereitet. Eine kleine Gruppe von Köchen bespricht mit Patipada den Speiseplan. Yogini schiebt sich durch die Herdreihen und kostet aus allen Töpfen, läßt mit einer Handbewegung Salz und Pfeffer nachschütten. Die Küchencleaner schrubben mit Zahnbürsten die Stühle im Speisesaal. Fenster werden geputzt, die Kaffee-und Saftmaschinen neu aufgefüllt. Die Schichtarbeiter machen Pause. Die Bäcker stapeln frischgebackene Brote auf die fahrbaren Regale. In der Spülabteilung scheppern Töpfe und Teller. Der einzige Geschirrspüler kennt kein Halten. Ein quirliges Leben. Der Bauch der Kommune arbeitet unter der scharfen Aufsicht Jäkäs. Schon die wenigen Stunden haben mich erschöpft. Eine halbe Stunde vor Arbeitsende steigt die Energie noch einmal gewaltig an. Es ist Cleaning-Time. Das gesamte Personal packt mit an, denn jeder möchte pünktlich aus dem Bau. Selten gelingt es, in der Küche gibt es immer Überstunden.

Die Gruppenordnung löst sich auf. Mop, Schrubber, Besen,

Lappen wirbeln über den Boden, von heißer Discomusik angetrieben. Müde Glieder werden wieder munter. Jäkä wacht mit Adleraugen, daß jede unbeschäftigte Hand einer Bestimmung zugeführt wird. Ihre klirrende Stimme durchdringt die laute Musik. Ich versuche, mich der Geschäftigkeit zu entziehen. Eine Hand fällt auf meine Schulter. Jäkäs Stimme läßt mein Trommelfell erzittern: „Mop the floor! - Wisch den Boden!"

Mit einem Ruck befreie ich mich vom Zugriff ihrer Hand, drehe mich um und schieße der Fassungslosen mein „Nein!" ins Gesicht.

Dir werd ich's zeigen, Freundchen, denke ich. Nicht in diesem Ton.

An der Tür blicke ich zurück. Unbeweglich steht sie mit halboffenem Mund, der ausgestreckte Arm weist in meine Richtung. Jäkä - schon diese Abkürzung ist wie ein offenes Haifischmaul - wird der Schlüssel zu meinem Schreckenskabinett.

Gleich am ersten Tag bestehe ich darauf, aus *Desiderata* auszuziehen, mehr in die Nähe der Küche. Die Busfahrten auf schlaglöchrigen Pisten verschlimmern meine Rücken- und Unterleibsschmerzen. Allerdings bemerke ich auch, daß ich versuche, aus meiner Operation Vorteile zu ziehen. Ich habe mich in die Idee verrannt, daß ich besondere Schonung brauche. Ich werde in eines der schmalen Holzhäuser hinter *Magdalena* ziehen, in dem zwei Leute auf engstem Raum zusammenleben. Mein Gepäck muß aus *Desiderata* geholt werden. Ich fühle mich zu schwach, die schweren Koffer zu transportieren. Achim läuft mir über den Weg. Als ich ihn bitte, mein Gepäck zu holen, lehnt er schroff ab. „Ich muß mich um meinen eigenen Umzug kümmern."

Tief getroffen betrachte ich den Mann, der mich so im Stich läßt. In Sekundenschnelle ziehen alle Situationen an mir vorüber, in denen er mich allein ließ, kein Verständnis zeigte. Ich bin den Tränen nahe. Der Mann, den ich liebe, der Vater meiner Kinder läßt mich abblitzen. Gebrochen sitze ich auf einer Bank vor *Magdalena.* Ein Arm legt sich um mich, einer warme Stimme meint: „Komm, ich helfe dir die Koffer holen."

Eine schöne, hochgewachsene Frau mit dem Aussehen eines arabischen Wüstensohnes begleitet mich. Chandrika - ihre Freundlichkeit und Hilfsbereitschaft tröstet mich, fällt auf. Hier sind alle mit sich beschäftigt. Oft kommen Ruppigkeit und Schärfe aus Hilflosigkeit. Hilfsbereitschaft ist kein Muß, das gesellschaftlichen Regeln entspringt. Erst wenn sie vom Herzen kommt, ist sie auch Hilfe. Das gilt auch für ein Nein, das helfen kann, klarer zu sehen.

An diesem Abend breche ich vollends zusammen, als ich beim Einzug feststelle, daß auf meiner Zimmergenossin ein Mann liegt. Und das Haus keine Toilette hat.

Ich hab es gründlich satt, dieses *Rajneeshpuram.* Nur Unbequemlichkeit, keine Rücksichtnahme auf Schwache, nur Forderungen, Druck und Leistung. Schluchzend eile ich in die Küche, um Patipada von diesen unerträglichen Zuständen zu berichten. Wieder begegne ich Achim. Er würdigt mich keines Blickes. Meine Tränen sind ihm peinlich. Er verabscheut es, wenn ich die Haltung verliere. Patipada ist nicht da. Ich setze mich in ihr Büro, warte auf sie, die Hände vors Gesicht geschlagen, kummergeschüttelt. Wenig später hört sie sich meine Klagen ruhig an. Ohne jedes Mitgefühl oder Verständnis für meine Lage gibt sie mir zu verstehen:

„Du solltest froh sein, in einem Buddhafeld leben zu dürfen. Gleich, wie du dich fühlst und unter welchen Umständen du wohnst."

Ich verabscheue sie zutiefst. Diesmal sind es Tränen der Wut, die aus mir fließen. Mitleidig bleiben einige Frauen vor mir stehen. Patipada schiebt sie nachdrücklich durch die Tür. Ich höre sie sagen: „Laßt sie allein. Sie wird sich beruhigen."

Das habe ich zu meinen Kindern auch immer gesagt. Der Gedanke an Haus und Hof, Kinder und Hund, der Gedanke an Geborgenheit verstärkt meinen Tränenfluß. Eine Ma schiebt mir einen Zettel mit einer Telefonnummer zu. „Ruf Krishnaprem in *Raidas* an. Er ist für die Umzüge zuständig. Schildere ihm deine Situation."

Dankbar schaue ich die Ma aus nassen Augen an. Wenigstens eine, die ein Herz hat. Sofort rufe ich ihn an. Ich habe Glück, er ist noch im *Raidas*-Büro. Gerührt darüber, daß endlich einer meinen Klagen zuhört, weine ich meine traurige Geschichte ins Telefon.

„Weißt du was", höre ich ihn antworten, „wenn du mich immer so schön bittest, bekommst du alles von mir."

Auf der Stelle versiegen meine Tränen. Männer! denke ich. Sobald eine Frau eine Schwäche zeigt, sind sie bereit, ihr jeden Wunsch zu erfüllen. Ist sie dagegen stark und eigenwillig, dann pfeifen sie darauf.

Am nächsten Tag ziehe ich nach *Allan Watts*, Triumph im Herzen. Wieder einmal habe ich mich durchgesetzt, schwimme gegen den Strom. Eine feine Wohngegend ist *Allan Watts*, vier Holzhäuser sind als Quadrat miteinander verbunden. Jedes Haus hat zwei Zimmer für jeweils zwei Leute, sie teilen sich ein Bad. Eine Nacht bin ich allein. Am nächsten Abend donnert es gegen die Tür, die unter Druck aufspringt. Mitzi, die ‚Liberty', meine neue Zimmerfrau füllt den Raum, sprengt den Rahmen. Ihre zwanzig Plastiktaschen wirft sie aufs Bett und ihre hundert Kilo auf mich. „Ich bin Mitzi", ist eine Vorstellung.

Ohne zu zaudern, übernimmt Mitzi das Zimmer. Unter meinen entsetzten Augen packt sie ihre letzte Habe aus: Plastikblumen in allen Farben, Plastikschmuck in Pink und Lila, lüsterartige Ohrgehänge. Pfauenfedern schmücken die Bilder ihrer Kinder, die, an die Wand gehängt, fortan ernst auf mich herunterschauen. Mitzi füllt den winzigen Schrank mit Pluderhosen, Flatterblusen, Zipfelkleidern und zahllosen Seidenschals in noch grelleren Farben. Kleiner und kleiner werde ich unter dieser Flutwelle, die mich an die Wand drückt. Aus Mitzi fließt der Strom des Lebens, der mich ertränkt. Ohne Zeitverlust klärt sie mich auf. Sie hat einen Supermarkt geleitet, hat eine Sex-Universität besucht, mit Männern und Frauen ihre Erfahrungen, sie hat ein Satori gehabt - was sie Bhagwan suchen und finden läßt.

Als der Meister ihren Namen ‚Mitzi' hört, muß er lachen.

„Das habe ich noch nie gehört. Du bleibst Mitzi!"

Benommen schlafe ich ein. Was ist ein Satori?

Am nächsten Abend kündigt der zitternde Boden ihre Ankunft an. Fröhlich platzt sie ins Zimmer. Sie hat die Arbeit bekommen, die sie wollte. Nach einem langen Stadtleben zieht es sie zur Landarbeit. Sie wird gärtnern.

„Und, weißt du was?" verkündet sie aus voller Brust. „Ich habe auch schon die Männer gefunden, mit denen ich ein Verhältnis möchte." Nach kurzer Pause mit Blick auf mich fährt sie fort: „Es gibt auf der Ranch zwei ungewöhnlich schöne Männer. Einer davon wird mein Lover."

Ich bin neugierig: „Wen meinst du?"

Gerne gibt sie mir Auskunft: „Vinod, der Inder, und Parishuta, der Holländer."

Ich nicke beifällig. Ich muß zugeben, sie hat einen ausgezeichneten Geschmack. Amüsiert betrachte ich sie. Füllig, derb-deftig - ein wirklich pralles Leben. Eine Bäuerin mit dem Hang zur Royalität. Beide Männer sind wirklich schön. Sie sind begehrte Wunschobjekte vieler Frauen.

Nach wenigen Tagen komme ich um Mitternacht von der Spätschicht. Aus meinem Zimmer tönt Meditationsmusik. Ein Blick in den Raum genügt, Mitzi hat es geschafft. Sie vögelt mit Parishuta. Die beiden werden ein Liebespaar. Ich kann nicht umhin, Mitzis Zielstrebigkeit zu bewundern. Fortan höre ich schon an der Bushaltestelle, was mich erwartet. Ist es Meditationsmusik, gibt sie sich Parishuta hin, ist es Harry Belafone, der singt - der Schönheitspflege. Ausgerechnet Harry Belafonte. Alles, was ich zu sein glaube, sträubt sich gegen Mitzis lautstarke Vitalität, die keine Rücksicht kennt. Dazu vergewaltigt sie täglich meinen Ästhetizismus. Ich beginne, Mitzi abgrundtief zu hassen. Ich fühle mich macht- und wehrlos gegen ihre Dominanz. Alles, was sie in den nächsten Monaten tut, schürt meinen Haß. Ihr Anblick, ihre Stimme, ihr Verhalten lassen mich schaudern. Jeden Morgen fällt mein Blick auf ihren weißleuchtenden Arsch, dessen Aufgang ich nicht entgehen kann. Eine innere Uhr weckt mich. Die Betten sind nur durch einen schmalen Gang getrennt - ich kann diesem Ereignis nicht entrinnen. Ich liebe Ärsche, aber nicht wenn sie mir aufgezwungen werden. Bald weiß ich mit geschlossenen Augen, was um mich herum geschieht. Wolken von Fußpuder lassen sich auf dem Teppich nieder, reizen nicht nur meine Atemwege. Harry Belafonte wünscht Guten Morgen. Der Duft von billigem Parfüm füllt den Raum. Spätestens jetzt halte ich mich an der Matratze fest. Ich benutze teure, edle Parfüms, die nur eine Ahnung hinterlassen.

Seitdem ich Mitzi kenne, weiß ich, was Haß ist. Ich schaffe es nicht, mich gegen sie zu behaupten, gegen sie anzugehen. Sechs Monate warte ich darauf, daß sie spürt, wie es mir geht, sich zurücknimmt, mir Platz läßt. Vergebens.

Tagsüber verliere ich mich in der Zauberwelt der verschiedenen Gemüsearten, ihrer Vielfalt, ihrer Farbenpracht, bin fasziniert von den bizarren Formen. Welch eine Schönheit liegt in allem. Im rötlichen Blau des halbierten Rotkrauts den feingeästelten, weißen Baum zu bewundern, an dessen Stamm ich träumen möchte. Wie schön sind die Sonnenräder der in Scheiben geschnittenen Karotten oder die Tropfsteinhöhlen des Paprika, wo Stalaktiten und Stalagmiten sich leicht brechen lassen. Wieviel Lachen rufen die erotischen und sexuellen Eindeutigkeiten von Kürbis und Tomaten hervor, mit denen die Natur sie bedacht hat. Ganz zu schweigen von den verschiedenen Karottenformen, deren Zweideutigkeit Inhalt mancher Witze ist.

Taru und ich werden Freunde. Sehr verschieden, verbindet uns das gemeinsame herzliche Lachen, das aus uns bricht und die Menschen unwiderstehlich anzieht. Taru ist die heimliche Herrscherin über alle Inder, nicht nur die, die in der Küche arbeiten. Keine Entscheidung ohne ihren Rat. Auf ihrem gewaltigen Leib sitzt ein kleiner Schildkrötenkopf, aus dessen dunklen Knopfaugen eine uralte Weisheit funkelt. Auffallend sind ihre winzigen Hände und Füße, die den schweren Körper im Gleichgewicht halten. Taru ist ein Mittelpunkt. Gewohnt, daß man sich um ihn dreht. Mein offensichtlicher Widerstand, mein Aufbegehren, mein Unwissen sind für sie eine Quelle der Heiterkeit. Sie ist schon seit mehr als zwanzig Jahren eine Schülerin Bhagwans, ist ihm ergeben. Dazu kommt ihre indische Mentalität, die ein Aufbegehren nicht kennt.

Während ich Blumenkohl in kleine Sträuße zerlege, mache ich mir meine Gedanken über das Ego. Was ist eigentlich Ego? Ich frage Taru: „Weißt du, Taru, ich dachte immer, Ego ist, wenn einer das letzte Stück Kuchen aus dem Eisschrank nimmt."

Ungläubig trifft mich die Tiefe ihrer Augen. Ihre Lider flattern. Dann sinkt der Kopf auf den Rand der Schüssel, die mit Tomatenvierteln halb gefüllt ist. Tarus Körper zuckt und bebt in lachender Erschütterung. Sie widerspricht mir nicht.

Mit Besorgnis beobachten sie und ich die Entwicklung der ‚Schwiegermutter', wie wir Jäkä nennen. Unser fröhlicher Tisch ist ihr ein Dorn im Auge.

Nur vom Hörensagen kenne ich die Geschichten von der Schreckensherrschaft Deekshas, die in Poona die Küche leitete und dabei allen Gefühlen freien Lauf ließ. Im Wechsel ihrer Launen gab es Küsse und Schläge, Gebote und Verbote. Ihre Willkür konnte jeden treffen. Ihre Wutausbrüche waren sprichwörtlich. Sie ließ den Leuten die Haare scheren, schlug auch mal Köpfe an die Wand. Erzählungen dieser Art lassen mir das Blut in den Adern stocken. Fassungslos frage ich: „Das habt ihr mit euch machen lassen?"

Jeder, der bei ihr gearbeitet hat, beteuert, daß er eine Menge bei Deeksha gelernt hat. Wer das Glück hatte, zu ihren Favoriten zu zählen, schwärmt von der mütterlichen, liebevollen Seite der Italienerin, die ebenso stark sein mußte wie die dunkle.

Jivan Kavia - Jäkä - und auch Latifa sind aus dieser Schule hervorgegangen. Von Latifa weiß ich, daß sie ein Liebling Deekshas war. Bei unserer gemeinsamen Ankunft auf der Ranch muß sich Latifa einem ‚Reinigungsprozeß' unterziehen. Sie wird von Sheela aufgefordert, sich schriftlich von den Werten und Verhaltensweisen Deekshas zu befreien. Latifa kotzt für Stunden - psychisch und physisch. Ich bin Zeuge dieser Prozedur und sehr beeindruckt von der Methode, eine Deeksha in Latifa auszurotten, nicht hochkommen zu lassen. Latifa erhält einen sauberen Start. Ihr unaufhaltsamer Aufstieg in den europäischen Kommunen ist für mich von großem Interesse. Sie ist bald der Kopf der Sannyas-Organisation in Europa, entfaltet ihre eigene Macht. Unter ihrem ‚Regime' entwickeln sich die europäischen Kommunen in Windeseile, werden eine starke wirtschaftliche Kraft, die entscheidend zur raschen Entwicklung der Ranch beiträgt. Auf dem Höhepunkt ihrer glanzvollen Karriere wird Latifa über Nacht von Sheela entmachtet und nach *Rajneeshpuram* abgeschoben. Wer oben sitzt, fällt schmerzhaft. „Wer sich selbst erhöht, wird erniedrigt werden."

Es ist besser, sich an diesen Satz zu erinnern, als ihn zu erfahren. Wir haben die Entwicklung Jäkäs täglich vor Augen. Ihr Machtrausch ist besonders für mich fühlbar. Sie hat die Befehlsgewalt über sechzig Leute. Ihrer scharfen Aufsicht entgeht nichts.

Selbst ein Gang zur Toilette wird in ihrem Hirn gespeichert. Bei zu langem Ausbleiben wird sie die Toilettenräume überprüfen. Sie wird ohne Skrupel einen eventuellen Schwatz beim Händewaschen stören. Mit einem kalten Blick oder einer eindeutigen Aufforderung: „Es ist Zeit, an die Arbeit zu gehen."

Eingeschobene Zigarettenpausen sind ihre Vorliebe. Wie ein Schüler schleiche ich mich um das Gebäude, auf der Suche nach einem sicheren Winkel. Ein unsichtbares Band zieht Jäkä hinter mir her. Sie stöbert mich immer auf. Erstaunt beobachte ich meine täglich wachsende Unsicherheit, deren Anlaß diese Frau ist. Bei allem, was ich tue, behalte ich Jäkä im Auge. Bald ist sie mein einziger Gedanke.

Das Lachen am Gemüsetisch dröhnt durch die Halle. Die Episoden aus dem Leben eines jeden von uns sind oft so komisch, werden so pointiert erzählt, daß wir darüber in nicht endenwollendes Gelächter ausbrechen, das bis in die hintersten Ecken dringt. Nach solchen Ausbrüchen, die oft in schneller Folge die ganze Küche zum Mitlachen zwingen, werde ich von Jäkä aus der

Gruppe abgesondert. Alleine, in der Nähe des Büros und der Öfen sitze ich unter ihrer besonderen Obhut und schäle Tonnen von Zwiebeln. Erinnert an meine Schulzeit, wo ich im Blickwinkel des Lehrers sitzen mußte, weil ich den Unterricht störte. Die Zwiebel in solchen Mengen, säckeweise geschält, reizt auch den Unfähigsten zur philosophischen Betrachtung. Ihre Reinheit, ihre saftigen Hüllen, eine nach der anderen abgelöst, offenbaren letztlich, daß sie nichts verhüllt. Die Zwiebel hat keinen Kern, kein Inneres. Ich komme zu dem Schluß, daß die Seele der Zwiebel der Geschmack sein muß.

Eine Arbeit, der ich gar nichts abgewinnen kann, ist das Tofuschneiden für über tausend Leute. Tofu ist nicht nur vom Geschmack fade, auch seine Substanz ist einschläfernd. Weiß, ohne Formen oder Muster, ist Tofu ein gepreßtes Nichts.

Nach einigen Stunden Isolation kehre ich zu den Gemüseschneidern zurück, denn zu schweren Arbeiten werde ich nicht herangezogen. Meine Rückkehr an den Tisch, ein paar Bemerkungen über die ‚Schwiegermutter' - schon wackeln die Schüsseln. Für meine indischen Freunde werde ich durch die ständigen Verbannungen ein Volksheld, dessen Rückkehr große Freude auslöst.

Es ist März geworden. In dicken Flocken schneit es seit Tagen. Es ist märchenhaft schön, wohin das Auge blickt. Die sonst so herbe Landschaft ist in flauschiges Weiß gehüllt, die Felsen haben ihre scharfe Kantigkeit verloren. Obwohl die Inder frierend schlottern, selbst die Daunenjacken wärmen sie nicht, erfreuen sie sich an der ungewohnten Pracht. Es ist schön, sie mit den Schneeflocken tanzen zu sehen.

Über Nacht schlägt der Schnee in Regen um. Der Frühling setzt sich durch. Die Ranch versinkt im Schlamm, mehr als knöcheltief. Ich wate frühmorgens über die Straße, überquere die Holzbrücke, werfe wie immer einen liebevollen Blick auf *Mandir*, dessen leichte Eleganz in der Bergwelt überrascht, laufe zur Bushaltestelle. Es sind nur zwei Stationen bis zu *Magdalena*, aber ein Spaziergang durch den Regen ist mühsam und rutschig.

Ein neuer Arbeitstag. Ich hänge meine Jacke an den Haken, stopfe meine Tasche ins Regal. Vermisse das Baumeln der Mala beim Hinunterbeugen. Ein schneller, prüfender Griff - meine Mala ist weg. Ich erstarre. Unvorstellbar. Ich habe die Mala verloren. Das sichtbare Zeichen, ja der sichtbare Stolz, ein Schüler Bhagwans zu sein. Wie habe ich sie in den ersten Tagen bekämpft, wie schwer fiel es mir, sie zu tragen. Gekettet und gegängelt fühlte ich mich. Jetzt versetzt mich ihr Verlust in Panik. Ich liebe ihren matten Glanz, ihre holzige Wärme in der Hand. Wie oft umschließe ich verzweifelt mit feuchten Fingern das Locket mit dem Bild Bhagwans, das mich daran erinnert, mich zu beobachten.

Sheela auf einem Meeting. Scharf treibt sie uns zu größerer Anstrengung an. Plötzlich verliert ihre Stimme das Peitschende, wird weich, ja zärtlich: „Wenn es zu hart wird für euch, haltet euch am Locket fest. Fühlt Bhagwan." Mir fällt auf, wie oft ihre Hand zur Mala greift.

Was nun? Tränen schießen mir in die Augen. Ich bin unfähig zu handeln. Wo ist meine Mala, die selbst im Schlaf meine Hand umfaßt? Rashid und Nivedita kommen auf mich zu. Beides gute Freunde. Meine Wahl fällt auf Rashid. Nivedita um Hilfe zu bitten, wäre zwecklos; ihre indische Mentalität ist für das Akzeptieren einer jeden Situation. Rashid hilft sofort. Er eilt davon, macht sich auf die Suche. Wenig später bringt er das verschlammte Locket und einige Perlen, die noch am Faden hängen. Er hat sie draußen vor der Tür gefunden. Erleichtert nehme ich sie entgegen, glücklich über das Wenige. Ich lehne im Vorraum an der Wand, reinige die Überbleibsel. Arbeiter mit ihren Frühstückstabletts ziehen an mir vorbei. Ich stiere auf das Unmögliche - jeder ihrer Schritte bringt mir meine Malaperlen zurück. Sie fallen aus den schlammigen Stiefelsohlen. Ich brauche sie nur noch aufzulesen. Plop, plop, plop - bis die letzte Perle in meiner Tasche ist. Einhundertundacht. Ich kann es nicht glauben. Überwältigt, mit weichen Knien muß ich mich setzen. Welch ein Magnet ist doch die Liebe!

Jäkä hat Mittel und Wege gefunden, mich an den üblichen Reinigungsarbeiten zu beteiligen. Sie überträgt mir ‚Oliver', die Brotmaschine als tägliche Pflicht. Eine Aufgabe, die ich mehr und mehr zu Stunden ausweite. Denn ich verliebe mich in ‚Oliver'.

Die konzentrierte Aufmerksamkeit, die Tüftelarbeit mit der Zahnbürste, die auch in die geheimsten Federn und Klappen fährt, bringt bald eine Vertrautheit mit sich, die ich noch niemals für eine Maschine empfunden habe. ‚Oliver' ist groß und breit wie ich selber. Die Maschinc hat Räder und wird dorthin gefahren, wo sie benötigt wird. Sie schneidet das Brot für alle Mahlzeiten. Gegen Abend ist sie krümel- und mehlstaubbedeckt. Ich schiebe sie in den Hof, in die Sonne. Mit einer ganz neuen Sorgfalt, mit wirklichem Interesse lerne ich ihre Technik, ihr Leistungsvermögen, ihre Tricks kennen. Je mehr ich über sie weiß, um so stärker werden meine Gefühle für sie. Ungeduldig wie ein Liebhaber warte ich auf meine tägliche Begegnung mit ihr.

„Es ist gleichgültig, was du liebst, die Hauptsache ist, daß du liebst." (Bhagwan Shree Rajneesh)

Ich stehe in der Frühlingssonne, der Hektik der Küche entronnen, den Blicken Jäkäs entzogen, tätschle mit kundigen Händen die kalten Eisenteile. Unter meiner liebevollen Zuwendung strahlt ‚Oliver' nicht zu schnell in neuem Glanz. Ich lasse mir Zeit.

Draußen im Hof ist ein ganz anderes Leben. Menschen schieben Kisten, zerren Säcke auf die Laderampe, Bäcker steigen in wattierte Anzüge, um die Kälte in den Kühlhäusern ohne Schaden zu überstehen. Pappkartons werden entfaltet, in einer Ecke aufgestapelt, Tofueimer ausgespritzt und pisagetürmt. Neben mir auf einem Hocker zerbricht ein Swami tausend Eier für das morgige Frühstück. Flaschen rumpeln in einen Container, hastig ziehen Köche an einer schnellen Zigarette.

Ich poliere mit einem Lappen ‚Olivers' Glanzstücke. Manch einer bleibt stehen, schaut meiner Hingabe zu. Oft genug ein warmes Lachen für meinen Eifer, meine Versunkenheit.

Jäkäs Stimme schnarrt durch den Lautsprecher Anweisungen. Behaglich lasse ich sie an mir herunterrieseln. Meine Gedanken sind mit etwas ganz anderem beschäftigt.

Seit Tagen verstärkt sich der Wunsch, meinen Namen zu ändern. Die Identität ‚Barbara' ist wie eine Schlangenhaut von mir abgefallen. Der einst geliebte Name ist schal geworden. Ich bin seit knapp drei Jahren Sannyasin, aber erst jetzt wird der Wunsch drängend. Natürlich kreischt mein Kopf in wilder Ablehnung, aber wie immer siegt das Gefühl.

Ich habe meinen ersten Brief an Bhagwan geschrieben: „...ist für mich die Zeit gekommen, dich um einen Namen zu bitten. Auch möchte ich dir für alles danken, obwohl es wirklich nicht leicht mit dir ist."

Von nun an warte ich stündlich auf Antwort. Welchen Namen wird er mir geben? Ich kann nicht sagen, daß der Klang der Sannyas-Namen mich begeistert, sind sie doch gar zu ungewöhnlich für deutsche Ohren. Die Vorstellung, Prabhu Rabindranath oder Santosh Digambara zu heißen, ist nicht unbedingt verlockend. Ebensowenig halte ich eine Bedeutung wie ‚Ekstatisches All' oder ‚Göttlicher Rausch' für attraktiv. Ich warte nervös. Die Spannung steigt. Mehrere Male am Tag prüft Nivedita für mich den Antwortkasten. Einen Namen zu wechseln, den man so lange getragen, ja geliebt hat, mit dem für Freunde und Partner eine Assoziation verbunden ist, ist eine einschneidende Veränderung. Das Loslassen meines Namens ist ein ganz bewußter Schritt.

Um den neuen zu erfahren, werde ich ins Büro von *Zarathustra* gerufen. Es ist eine Geburt. Geeta, die unsere Briefe an Bhagwan weiterleitet, zieht die Namensurkunde vorsichtig aus dem Umschlag: „Nisha. Wie schön!" Ohne Übergang bin ich Nisha. Der Name gefällt mir, ich zieh ihn mir an. Auf der Urkunde lese ich: „Veetnisha - Jenseits von Nacht". Für mich und meine Freunde bleibt es bei Nisha. Für Achim, das weiß ich, werde ich bis ans Ende seiner Tage ‚Bärbchen' bleiben - eine Vertrautheit aus glücklichen Tagen. „Jenseits von Nacht, bedeutet das Guten Morgen?" Taru lacht. Eine deutsche Ma, der ich die Bedeutung in Englisch sage - „Beyond night" -, meint mitleidig: „Oh, hast du damit Probleme?" Ich verstehe nicht gleich. Aber dann muß ich schallend lachen: „Nein, nein - mit ‚Neid' habe ich keine Probleme."

Meine tägliche Angst in *Magdalena* beginnt, mich zu überwuchern. Mein Verfolgungswahn wächst ins Unermeßliche, bricht aus. Ich kenne mich nicht mehr. Mein Tag endet und beginnt mit dem Haß auf Mitzi, mit dem ich einschlafe und aufwache. Noch um Mitternacht spielt ihr Radio. Dazu der weiße Arsch am Morgen. Selbst wenn ich den Kopf auf die andere Seite drehe, das Gesicht in die Kissen presse - ich entgehe diesem Anblick nie. Eine Macht zwingt mich, die Augen zu öffnen. Haß und Wut schütteln mich. Schweigend leide ich.

Auf dem Weg zu *Magdalena* verdrängt die aufsteigende Angst den Haß, verästelt sich in meinem Kreislauf, bis ich davon durchdrungen bin. Ich bin mir eine Unbekannte. Aber etwas in mir läßt mich wissen: wir sehen, was wir fühlen, wir sehen, was wir denken; wenn wir sehen, was wir sind. Ich bin Angst. Ich erkenne Zusammenhänge nur durch Erfahrung.

Unser Leben besteht aus Ängsten. Angst macht unfrei, ist der Gegner von Freiheit. Lüge ist Angst, Feigheit ist Angst, Schweigen ist Angst, Leistung ist Angst, Macht ist Angst, Liebe ist Angst, Tod ist Angst. Kurz, unser Leben ist Angst. Meine Ängste werden sichtbar, greifbar durch Jivan Kavia - Jäkä. Sie löst aus, was in mir ist. Ihr Verhalten zerrt meine Ängste ans Tageslicht. Ich beginne zu flüstern, wenn sie in der Nähe ist. Bevor ich rede, schaue ich mich nach allen Seiten um. Mit Sicherheit begegne ich ihrem Blick. Alles, was sie tut, läßt meine Angst schwellen, sich blähen. Der militärische Drill, ihre schneidende Stimme, mit der sie durch das Mikrofon die Teepause beendet - oft bevor die Zeit abgelaufen ist. „Teabreak is over!“ ein Befehl, der uns alle widerwillig in Bewegung bringt. Dazu meine heimlichen Zigarettenpausen, bei denen sie mich unbarmherzig aufstöbert und vor sich in die Küche treibt: „Das ist bereits deine dritte Zigarette in einer Stunde!“

Ihre eisigen Augen verfolgen mich in jeden Winkel. Beobachten, was ich arbeite, mit wem ich rede, wo ich mich länger aufhalte. Ich bin entsetzt darüber, was diese Frau in mir bewirkt. Mein Mut, mein Selbstbewußtsein, meine Eigenständigkeit, meine Ehrlichkeit, ja mein Lachen - sie stellt all das in Frage. Ich muß mir beweisen, daß es mich noch gibt.

Es ist ein klarer, sonniger Morgen, als ich bei Arbeitsbeginn vor Jäkä stehe. Meine Augen begegnen ruhig ihrem wasserkalten Blick. Mit gefühlloser Bestimmtheit höre ich mich sagen:

„Jäkä, ich gehe jetzt einen Kaffee in *Nagarjuna* trinken.“

Sofort schmettert sie mich ab:

„Du bist wohl verrückt geworden! Du kannst in deiner Mittagspause auf die Ranch fahren, aber ganz sicher nicht während der Arbeitszeit.“

Ihre Stimme ist schrill. Sie ahnt nicht, daß es um mein Leben geht. Ich bin ein freier Mensch. Ich trinke Kaffee, wann und wo ich will. Ohne den Blick von ihr zu nehmen, antworte ich unnachgiebig: „Doch. Ich gehe jetzt.“

Jäkä bleibt hart, obwohl ihre Augen eine Spur von Unsicherheit zeigen: „Du wartest, bis Patipada kommt. Sprich mit ihr.“

Empört wendet sie sich von mir ab. Ich rauche im Garten einige Zigaretten, bin von allen Fenstern aus zu sehen. Ich werde diesen Kaffee in *Nagarjuna* trinken, auch wenn die Konsequenz ist, daß ich die Ranch verlassen muß. Ich kann meinem Verfall nicht länger zusehen. Jäkä spricht erregt auf Patipada ein, die in der Küche aufgetaucht ist. Sie deutet dabei mehrmals in den Garten. Ich durchquere sehr langsam die Küche, alle meine Gedanken auf mein Ziel gerichtet - den Kaffee in *Nagarjuna.* Ich bin nicht ärgerlich, nicht wütend, nein - ich fühle mit jedem Schritt die Angst, die ich überwinden muß. Patipadas Augen mustern mich scharf. Sie läßt sich Zeit. Dann fragt sie: „Was möchtest du?“, obwohl sie bereits weiß, was ich will.

Sie läßt es mich aussprechen: „Ich möchte jetzt zu *Nagarjuna* gehen und einen Kaffee trinken."

Mit einem Anflug von Lächeln sagt sie: „Geh."

Ein Strahlen fliegt über mein Gesicht, drückt aus, was ich empfinde. Dankbarkeit für die Feinfühligkeit Patipadas, Erleichterung über die Bestätigung meines freien Willens.

Wie gut schmeckt mir der Kaffee unter den Bäumen. Schluck für Schluck genieße ich. Wenig später sitze ich vergnügt am Gemüsetisch.

Jäkäs Wille ist ungebrochen. Im Gegenteil - verschärft spielt sie mit ihrer Macht. In allem, was sie tut, anordnet, befiehlt, sehe ich die unnachgiebige Härte. Mir fällt schwer, mitanzusehen, wie sie die schmächtigen Inderfrauen zu den schwersten Arbeiten einteilt. Frauen, die wie zarte Blumen in diesem Klima oft matt die Köpfe hängen lassen. Priya, die vor Rippen- und Magenschmerzen kaum noch atmen kann, schickt sie in den Potraum, in die Spülabteilung, in der sie die schweren Töpfe zu schrubben hat. Mitleidig nehme ich die Schluchzende in den Arm.

Gandarvo ist heulend zusammengebrochen. Eine zierliche Japanerin in meinem Alter. Sie putzt seit Wochen die Toiletten. Ihr großer Wunsch ist, als Köchin zu arbeiten. Jäkä läßt die an Dienerschaft gewöhnte Frau Tag für Tag die sanitären Anlagen putzen.

Natürlich weiß Jäkä, daß unser Tisch die Klagemauer für viele ist. Von einem Moment zum anderen versetzt sie mich zu den verschiedensten Arbeiten. Jede Stunde arbeite ich an einem anderen Platz. Sie schiebt mich wie eine Schachfigur nach ihren Wünschen.

Ich wasche Gemüse, fülle Regale, rühre Suppen, entflecke Küchenschürzen, sortiere Bestecke. Nur noch eine Sicherheit bleibt in meinem Leben: ‚Oliver'.

Zwischendurch gelingt es mir, zu den Choppern zu entwischen. Wir flüstern uns unsere Bedenken, unser Unbehagen zu, wohlwissend, daß die ‚Schwiegermutter' um uns herumschleicht. Als Jäkä Priya wegen einer Bagatelle - Unpünktlichkeit - herunterputzt, habe ich genug. Am nächsten Morgen sitze ich vor Padmas Tür. Die ehemalige Wäscherei, in der ich meine ersten Ranchtage verbrachte, ist in ein Wohnhaus zurückverwandelt, in dem Padma lebt. Ich warte auf einem Stein, bis sie ihr Liebesleben geordnet hat. Drei Tage sitze ich jeden Morgen vor der Tür, erkläre Padma, daß die Küche ein unzumutbarer Arbeitsplatz ist: Drill, Kaserne, Militär, Horror, Unterdrückung, Deeksha, Jäkä und immer wieder

Jäkä und noch einmal Jäkä. Ich imitiere ihre schnarrende Stimme. Padma hört mir zu. Sie läßt mich reden. Sie verpricht, mit Patipada darüber zu reden und mir einen anderen Arbeitspaltz zu suchen.

Jeden Morgen erwartet mich der Gemüsetisch. Ich muß an Jivan Kavia vorbei, mein Zuspätkommen erklären. „Padma? Schon wieder?“ Ich werde so lange auf diesem Stein vor Padmas Tür sitzen, bis sich etwas an dem Küchenterror geändert hat. Leise informiere ich Taru über den neuesten Stand. Was ich gesagt habe, was Padma gesagt hat. Taru wiegt den Kopf. Ob sich etwas ändern wird? Sie hat ihre Zweifel. Und ich? Will ich wirklich eine neue Arbeit? Kann ich vor meiner Angst davonlaufen, die aus allen Höhlen und Windungen meines Seins hervorkriecht? Angst, die aus tiefsten Tiefen quillt, mir so neu ist, mich so entsetzlich beutelt.

Wir beobachten erwartungsvoll, daß Vidya und Padma durch die Küche eilen. Hoffnung schlägt Wurzeln. Aber es bleibt nur bei einem Versuch, Jäkä und mich milder zu stimmen. Padma versucht, im gemeinsamen Gespräch die Fronten aufzulösen. Ich bemühe mich, Jäkäs Verhalten zu verstehen. Ich sehe ein, daß es nicht einfach ist, so viele Leute bei der Arbeit zu halten, und ich weiß, daß die Fertigstellung der Mahlzeiten keine leichte Aufgabe ist. Aber ich beharre auf der Ablehnung ihrer diktatorischen Methoden. Jäkä schüttelt meine Vorwürfe ab, tut, als ob sie meiner Einbildung entwüchsen. Wir kommen nicht weiter. Der Versuch, uns näherzubringen, ist gescheitert.

Padma meint resigniert: „Umarmt euch. Im Grunde seid ihr beide Softies.“

Ich stehe auf, bereit zu einer Versöhnung. Da begegnen sich unsere Blicke, zwei Judasse umarmen sich. Diese Frau ist dazu da, mich in die Abgründe meiner Angst zu werfen. Ich treffe innerlich die Entscheidung, mich dem zu stellen und in *Magdalena* zu bleiben. Tage später fragt mich Padma im Vorübergehen: „Wie gefällt dir die neue Arbeit?“

Ich zucke die Achseln. Die Mitteilung von einem Wechsel hat mich nicht erreicht. Meine indischen Freunde sind glücklich, daß ich ihnen erhalten bleibe. Sie lieben meine Aufregung über Jäkäs tägliche Auswüchse. Sie lieben meine kompromißlose Geradheit, mit der ich ausspreche, was ich fühle.

An meiner gespannten Aufmerksamkeit spüren sie sofort, wenn ein Konflikt in Sicht ist. Nachdem die Hoffnung auf paradiesische Zustände durch eine eventuelle Versetzung Jäkäs zerbrochen ist, wird jeder Versuch, meiner Empörung Luft zu machen, von Tarus Händchen erstickt. „Shanti, Shanti, Nisha!"

Lange Zeit glaube ich, das heißt „Halt's Maul!" in Hindi, bis ich erfahre, daß es „Frieden" bedeutet, aber „Halt's Maul" meint.

Die indische Mentalität ist zum Dulden, zum Gehorsam ohne Murren fähig. Auch wenn meine Freunde ein Nein fühlen, so nikken sie ein Ja. Oberflächlich gesehen bleiben ihnen viele Schwierigkeiten erspart, doch auf die Dauer werden auch sie mit ihren Widerständen konfrontiert. Aus den kleinen zarten Gewächsen, die aus der Wärme Indiens in diesen kargen Boden umgepflanzt wurden, die ständig mit dem Schlaf kämpfen, denen Klima und Nahrungsumstellung noch zusätzlich zu schaffen machen, werden im Laufe der Zeit Frauen, die ihre Stärke entdecken. Wobei Jäkä keine unwesentliche Rolle spielt.

Indische Frauen müssen arbeiten lernen. Besonders die Oberschicht weiß nicht, was Arbeit ist. Für sie bedeutet das Hätscheln der Kinder oder der Besuch von Freunden schon eine Anstrengung, nach der man am besten für einige Stunden die Augen schließt. Ihre Beziehung zu Bhagwan ist völlig anders als meine. Wenn ich überhaupt eine habe. Für meine indischen Freunde ist Bhagwan ein Gott. Für sie ist er der Wunderbare, Gute, der alles zum Besten wenden wird. Selbstverständlich hat er von den Vorgängen in der Küche keine Ahnung, sonst würde er Einhalt gebieten. Ich denke darüber anders.

Was für mich Jäkä ist, ist für Taru Patipada. Die Begegnung dieser beiden Frauen ist nur mit dem Aufeinanderprallen zweier Planeten zu vergleichen. Schweigend vollziehen sich innere Explosionen. Zwei energetische Urgewalten aus verschiedenen Welten. Das Auftauchen von Patipada in der Ferne läßt Taru die Augen gen Himmel werfen. Ein Schwall Hindi folgt, aus dem selbst ich die Verachtung höre. Das ist der Moment, wo ich Taru die Hand auf den Mund presse und „Shanti, Shanti, Taru" murmle. Stürmisches Gelächter ist die Folge. Hindi ist die Tür, hinter der die Inder verschwinden, dahinter sind sie sicher. Ungestört werden Geheimnisse, Klatsch, Vermutungen ausgesprochen, wohlwissend, daß keinem Effendi getraut werden darf. Ich nehme mir fest vor, diese Sprache zu lernen.

Vielleicht ist es das Leben mit meinen indischen Freunden, das meinen Atheismus ins Wanken geraten läßt, meine Abneigung gegen Gott aufweicht.

Bei den Ausfahrten Bhagwans halte ich seit Tagen die Augen offen. Ich sehe ihn vorbeifahren, seine Hand grüßend erhoben. Wie vollkommen, erlesen ist diese Hand. Überirdisch, unweltlich.

Ein Blitz des Zweifels durchzuckt mich. Sollte er doch ein Gott sein? Meine Überzeugung - es gibt keinen Gott - bröckelt.

Gesegnet sei der Zweifel, der alles unsicher macht. Der uns nicht einschlafen läßt. Der Zweifel klopft die Härte der Gewißheit weich. Ich glaube für kurze Zeit an Gott. Mit siebzehn schrieb ich in mein Tagebuch: „Und gäbe es keinen Gott, man müßte ihn erfinden". Eine Überlegung, die sicher nicht von mir kam. Ich setze diese Aussage in die Tat um. Für einige Tage halte ich Bhagwan für einen vom Himmel gefallenen Gott. Ich brauche eine Erklärung für ihn, den Unerklärlichen.

Mein Gehirn ist nicht mehr in Ordnung. Alles Gedachte fällt in sich zusammen. Illusionen ziehen wie Seifenblasen vorbei, schillern, platzen. Ideale sind nur noch Rauchsignale, die sich in Luft auflösen. Alles bleibt ungreifbar, unbegreiflich.

Zu meiner inneren Turbulenz kommt Mitzi, immer wieder Mitzi. Sie spürt die Wucht meiner Ablehnung nicht, wie Efeu hat sie mich umrankt. Ich atme ihren Fußpuder, ich rieche nach ihrem billigen Parfüm. Auf meiner Matratze eng an die Wand gedrückt lauere ich auf ihr Erscheinen. Ich brülle nicht, schreie meinen Zorn nicht hinaus. Ich lasse sie gewähren. Hypnotisiert, wie das Kaninchen von der Schlange? Nein, ich warte. Warte darauf, daß diese Frau fühlt, wie sie mir meinen Lebensraum nimmt. Ich verstehe nicht, daß sie nicht sieht, was sie mit mir macht. Ich warte verzweifelt darauf, daß sie sensibel und rücksichtsvoll auf meine Anwesenheit reagiert. Ich fühle doch auch ihre Bedürfnisse, lasse sie gewähren, auch wenn der Haß mich dabei zerfrißt.

Jäkä und Mitzi haben mich auf den Höhepunkt meines Leidens getrieben. Ich kann nicht mehr. Tränenüberströmt sitze ich vor Pritam, die mittlerweise über die Umzüge entscheidet. Flehend stoße ich unter Tränen hervor:

„Bitte, Pritam, nimm Mitzi oder mich aus dem Zimmer raus. Mir ist egal, mit wem ich lebe, nur keine Stunde länger mit Mitzi."

Ohne auf meine Klage einzugehen, antwortet sie kurz: „Nein." Keine Erklärung, keinen Zuspruch, keine Hoffnung? Es bleibt bei ihrem Nein.

Auf dem Weg in die Küche erinnere ich mich an eine Gruppensituation. In einem engen Therapieraum, der gummigepolsterte

Wände hat, toben, springen, rennen zwanzig Menschen. Jeder schubst jeden aus dem Weg. Sie alle haben Spaß an dem Spiel, das Kraft und Geschicklichkeit erfordert. Nur ich, ich bin unfähig, jemanden aus dem Weg zu räumen. Ich nutze meine Intelligenz, um jeder Bedrohung aus dem Weg zu gehen. Mit blitzschnellen Bewegungen weiche ich Berührungen aus, peile die Mitte an, weiß, daß ich dort sicher bin und keine Angriffsfläche biete. Dem Therapeutenauge Krishnadevas entgehe ich nicht. Er zerrt mich aus meiner engen Sicherheit. „Los, schaff dir Platz, nimm dir, was dir zusteht. Das ist für dich doch ein Leichtes."

Ich heule auf: „Ich kann nicht!" und trudele in die Mitte zurück. Es ist zwar eng dort, aber ich bleibe unbehelligt. Da packt er mich und stößt mich in die Menge. Ich habe keine Zeit nachzudenken, ich hole tief Luft ... und in Sekunden steht mir der ganze Raum zur Verfügung. Jeder macht mir Platz. Zufrieden grinst Krishnadeva mir zu.

Warum kann ich bei Mitzi nicht tief Luft holen? Warum erwarte ich, daß meine Mitmenschen fühlen, was ich brauche? Wenn ich mich einfühlen kann, warum kann sie es nicht? Die beklemmende Situation mit Mitzi, die immer subtiler werdende Angst vor Jäkä wird zu einer Mixtur, die mich in die Knie zwingt. Noch dröhnt das Lachen der ‚Giganten' durch die Halle. Noch sind Taru und ich nicht ganz am Boden.

Mit einem Seufzer meint Ida nach einem Plausch: „Der Gemüsetisch ist der einzige warme Platz in der Küche." Und das soll er auch bleiben. Jeder kommt zum Quatschen, Heulen, Lachen, Erzählen. Obwohl den beharrlichen Angriffen Jäkäs ausgesetzt, bleibt er auf geheimnisvolle Weise unzerstörbar. Die spannenden Autobiografien lenken mich ab von meiner Qual. Jeder Mensch ist ein aufregendes Buch, das ich ungern aus der Hand lege, bevor ich nicht die ganze Geschichte kenne.

Auch das turbulente Treiben in der Küche zu beobachten, ist so faszinierend wie ein Blick ins Meer. Die Vielfalt von Leben, von Arten, von Wesen, ihre Buntheit und schillernde Farbenpracht - alles Ausdrucksformen der Individualität. Jedes Leben ist einmalig, unwiederholbar, nicht zu kopieren.

Ich bin, wie so oft, das große Auge. Lasse an mir vorbeiziehen, was sich ständig ändert. Leben ist Bewegung. Gierig verschlingt das Auge das Gebotene. In der Küche sind die stärksten Persönlichkeiten. Die Schüler mit dem dicksten Ego - die Künstler. Hier können sie schmoren, köcheln, braten, verdampfen, bis alle Schichten der Persönlichkeit, der Ich-Stärke abfallen.

Es geschieht mit mir, doch sehe ich diesen Prozeß auch gerne bei anderen. Die verschiedenen Phasen der Auflösung, den wechselnden Ausdruck der Gesichter. Eben noch heiter und offen, plötzlich düster, abweisend, in sich versunken. Die Tür ist zu. Dahinter beginnt die Metamorphose.

Oft dauert es einige Tage, bis die Maske auseinanderfällt. Durch die geborstene Schale dringt das Licht. Aufgelöste Starrheit, die Weichheit der Natürlichkeit bringt einen Glanz ins Auge, offenbart eine Reinheit, der man sich nicht entziehen kann.

Wie oft bin ich Zeuge eines solchen Vorgangs, der mich berauscht. Menschen, die aus dem Dunkel ans Licht tauchen, es gibt nichts Aufregenderes. Auch die Finsternis hat ihre Schönheit, unwiderstehlich aber ist der Sonnenaufgang. An mir selbst beobachte ich, daß das Eintauchen in meine Dunkelheit, in meine Ängste durch andere ausgelöst wird. Oft ist es nur eine Geste, ein Satz, ein Geruch, der meine Angst sichtbar macht. Alles um mich herum konfrontiert mich mit mir selbst. Nicht eine Minute am Tag bin ich ohne ein Gefühl. Alle meine Emotionen haben ihr tägliches Solo.

Das Mitleiden und Zuhören tut ein Übriges. Ich reagiere auf alles. Meine Fühler sind nach außen gerichtet, bestärken den Wunsch vieler, sich bei mir zu erleichtern. Oft trage ich einen Ballast, den sein Besitzer bei mir abgeladen hat, noch nach Tagen.

Patipada ruft mich zu sich. Mürrisch folge ich ihrem Aufruf durch das Mikrofon. Bin stachelig, daß sie mich zu sich zitiert. Wir sitzen uns in ihrem kleinen Büro gegenüber. Eindringlich spricht sie auf mich ein:

„Nisha, ich war genau so wie du. Du gibst dich zu sehr weg. Du mußt dich mehr für dich behalten. Du verteilst dich so, daß nichts mehr für dich übrigbleibt.“

Ich weiß nicht, wovon sie spricht. Ich liebe Menschen. Was sonst soll ich tun, als ihnen zuhören, mit ihnen lachen und weinen? Mißmutig betrachte ich die schöne, starke Frau, die vor mir sitzt. Was will sie von mir? Ich verstehe sie nicht - doch die Sätze dringen wie ein Angelhaken in mein Herz, bringen sich bei jeder Gelegenheit schmerzhaft in Erinnerung. Ich will nur das Äußere sehen, halte Patipadas Rat für einen persönlichen Angriff, der zudem noch von ‚oben‘ kommt. Ich bin in einer ständigen Abwehrhaltung. Ich lasse mich nicht vertrauensvoll fallen, um Teil des Ganzen zu werden. Meine gesamte Energie geht in den Widerstand. Ich bin ein störrischer Esel, der mit Gewalt auf den Pfad gezerrt werden muß.

Oft besuche ich in der Mittagspause Parmita, deren Platz ich bei den Choppern eingenommen habe. Sie arbeitet jetzt bei den Hühnern. Sie hat mir ihren kleinen Wohnwagen zur Verfügung gestellt, der in der Nähe von *Magdalena* steht. Ohne ein kurzes Nickerchen könnte ich den Tag nicht überstehen. Auch wenn es nur zehn Minuten sind, so erfrischen sie doch.

Auch Parmita kommt mittags nach Hause. Aber wie. Die kleine Steinpilzfrau wankt erschöpft in Hut, Stiefeln und Daunenjacke ans Bett, kippt wie ein gefällter Baum hintüber. Sofortiges Schnarchen läßt keine Frage über ihren Zustand offen.

Sie steht morgens um vier Uhr auf, kommt abends um sieben, ohne zu essen, nach Hause. Die fünffache Großmutter kniet den ganzen Tag in niedrigen Hühnerställen und kratzt den Shit von den Stangen.

„Gemütlich im Warmen sitzt eine junge indische Ma und zählt die Eier", seufzt Parmita. Wenige Tage später erzählt mir die junge Inderin, was es für sie bedeutet, die Eier zu zählen, für die sie eine tiefe Abscheu empfindet. Sie kommt aus einer Jaina-Familie, wo Fleisch wie Eier zu den ekelerregenden Produkten gehören.

Parmita und ich nutzen die wenigen wachen Minuten, um das Warum zu diskutieren. Warum dieser Arbeitsstreß auch für die Leute, die schon ein arbeitsreiches Leben hinter sich haben? Sie, wie ich, haben andere Vorstellungen von einem glücklichen Leben. In unserem Alter noch einmal eine solche Knochenarbeit.

Alle Meister dieser Erde hatten ihre schmerzhaften Mittel, um ihre Schüler aufzuwecken, denn nur der Schmerz macht wach. Die Zen-Meister versetzten ihren Schülern eine kräftigen Schlag mit dem Stock auf den Kopf. Bhagwans ‚Knüppel' sind Menschen und Situationen, die die ständige Einsicht in sich selbst ermöglichen. Auch wenn es wehtut. Wir sind gewohnt, den Splitter im Auge unserer Mitmenschen zu sehen, den Balken im eigenen nehmen wir ungern wahr.

Bhagwans ‚Zen-Stöcke' - das sind die richtigen Leute am richtigen Platz. Er kennt unser aller Potential. Er läßt geschehen, was geschieht. Er bringt Peiniger und Opfer zusammen, einzig zu den Zweck der Selbsterkenntnis. In seiner Präsenz kann nur ausbrechen, was in uns steckt. Wir sind nicht die, die wir zu sein glauben.

Aber er ist der, der er ist. Authentisch.

Obwohl ich nicht verstehe, was mit mir in der Küche geschieht, ändert es nichts an meinem grundsätzlichen Vertrauen, gerade weil es mir so schwer fällt, in Bhagwans Mysterienschule zu leben. Mit einem Meister zu leben, heißt, die Herrschaft über sich zu verlieren. Und das schmerzt.

Maitreji, ein alter Schüler Bhagwans, arbeitet seit einigen Tagen an unserem Tisch. Er ist über siebzig Jahre alt, ein würdiger, weißhaariger Greis, der ehemals mit Gandhi zusammengearbeitet hat. Bei seiner Ankunft auf der Ranch bricht er sich ein Bein. Eine wochenlange Ruhepause im Krankenhaus ist die Folge. Seitdem er entlassen ist, bewegt er sich vorsichtig mit Hilfe eines Stocks.

Während er mit uns Zwiebeln und Lauch schneidet, erzählt er gerne. Er ist eine Fundgrube für Geschichten aus den frühen Zeiten mit Bhagwan. Die Inder bemühen sich liebevoll um ihn, verwöhnen ihn mit kleinen Leckerbissen, über die er wie ein Kind strahlt. Essen ist Liebe in Indien. Er dankt mit gefalteten Händen. Maitreji ist ein Mann, den das Alter mit natürlicher Würde bedacht hat. Er erhält von jedem Liebe und Respekt.

Heute ist er verstört. Die Ärzte haben ihm den Stock weggenommen und ihm mitgeteilt, daß er keinen Anspruch mehr auf ein Taxi hat. Und die Arbeitszeit sei für ihn die gleiche, wie für alle anderen Kommunemitglieder. Wir wechseln Blicke in stummem Entsetzen. Diesen zerbrechlichen alten Mann ohne Stütze und Halt auf den Geröllpisten sich selbst überlassen? Ein Schwall Hindi verrät durch Tonfall und Mimik, daß diese menschliche Entartung diskutiert wird.

Wenige Wochen später läuft Maitreji wie ein Hase. Was wie Härte, ja Grausamkeit aussah, erweist sich als Liebe. Alles, was uns stützt, macht uns zu Krüppeln. Erst wenn man haltlos ist, kann man fliegen, ist man frei.

Als ob mein Leben nicht schwer genug ist, beschließe ich nach 25 Jahren, das Rauchen aufzugeben. Die beharrliche Verfolgung Jäkäs hat mir bewußt gemacht, wieviele Zigaretten ich aus emotionalen Schwankungen heraus rauche. Daß ich mich damit Schwierigkeiten und scherzhaften Betrachtungen zu entziehen versuche. Ich setze sie in Dunst um, hülle sie in Rauchwolken, mache sie unsichtbar. Die wenigsten Zigaretten rauche ich aus Lust, aus Vergnügen.

Die Kommune bietet einen Entwöhnungskurs an. Ned, eine auffallend schöne Erscheinung, ein Italiener mit schlohweißen Haaren und himmelblauen Augen, hat eine Methode entwickelt, die Gift mit Gift bekämpft. Wie unser Meister.

Drei Wochen werden wir bis zum Erbrechen rauchen. Neds Motto: „Rauche so viel wie möglich, unter täglich erschwerten Umständen." So rauchen wir im Stehen, im Laufen, beim Essen. „Raucht so viel ihr könnt, es sind die letzten Zigaretten in eurem Leben!" hämmert er uns jeden Abend ein. Nach der Arbeit noch einmal drei bis fünf Stunden Raucherkurs. Die Yoga-Übungen und der Erfahrungsaustausch brauchen Zeit.

Dank Neds Methode schaffe ich es, das Rauchen aufzugeben. Mir hilft dabei die Beobachtung, daß ich mir beim Rauchen ausweiche.

Die zusätzlichen Stunden am Abend tragen wesentlich dazu bei, daß ich weicher werde. Achtzehn Stunden auf den Beinen, wenig Schlaf - jetzt können Angst und Verfolgungswahn ungehindert aus allen Ecken springen.

Ich lebe mit Jäkäs Blick, der auf mir ruht, der mich wissen läßt, daß sie immer bei mir ist. Hinzu kommen die Anzeichen einer seltsamen Krankheit. Hände und Füße sind zuerst davon betroffen, doch bald breitet sich der stechende Schmerz über den ganzen Körper aus. Noch nehme ich es nicht ernst, halte es für vorübergehend, denn meine Aufmerksamkeit gilt meinem schmerzenden Rücken. Ich versuche, Rückgrat zu bewahren, Haltung.

Bei einem Drive-by am Mittag treffe ich Premmati. Ich habe sie lange nicht gesehen. In der Gluthitze stehen wir zusammen und warten auf Bhagwan. Meine Schauergeschichten aus der Küche, mein Gruseldrama lassen sie mit einer Gänsehaut reagieren. Doch als ich beginne, Jäkä zu imitieren, ihren Krakengang, ihre schrille Stimme „Teabreak is over!" nachäffe, ja, ihre kalten Fischaugen auf Premmati hefte, biegen wir uns vor Lachen.

Mit aufgerissenem Mund, mit geweiteten Augen, den Oberkörper vorgebeugt, die Hände in der Luft sehe ich den Rolls Royce langsam auf mich zurollen. Ich versteinere in der Bewegung. Stille. Die Zeit löst sich auf. Ewigkeit. Bhagwan schaut mich an. Schaut durch mich durch, fährt an mir vorbei. Ich empfinde tiefe Freude - diesmal muß er mich wahrgenommen haben. Aber warum erstirbt mein Lachen, wenn er mich ansieht? Die Begegnung mit ihm macht mich starr vor Staunen. Was ist ein Meister? Ein Gott? Nein, ich glaube nicht, daß er ein Gott ist, ich weiß, daß er kein Gott ist. Er ist ein einfacher Mann. Nur wissen wir nicht, was ein einfacher Mann ist. Wir haben das Gefühl für Einfachheit verloren. Wir setzen Armut mit Einfachheit gleich. Das ganze Gegenteil ist Einfachheit - es ist der wahre Reichtum.

Einfachheit ist göttlich.

Nach dem Raucherkurs wird klugerweise gleich ein Beobachte-dein-Gewicht-Kurs angeboten. Viele Frauen glauben, sie sind zu dick. Oft fühlen sich schlanke Frauen gewichtig und dicke Frauen wohl. Ich habe akzeptiert, daß ich den Rest meiner Tage verdoppelt leben werde. Vierzig Jahre war ich schlank, jetzt lebe ich die andere Seite. Seitdem ich Sannyasin bin, nehme ich zu. Ich lebe gefühlvoller, lasse Emotionen zu, die ich früher kontrolliert habe. Aber Taru, sie hat ihre körperliche Beweglichkeit verloren. Sie hat ein paar Kilo weniger dringend nötig. Stündlich versuche ich, ihren Widerstand zu brechen.

„Komm Taru, laß uns zusammen in den Kurs gehen. Ned wird dir gefallen.“ Nur ihretwegen bin ich bereit, diese abendliche Tortur noch einmal auf mich zu nehmen. Sie sträubt sich mit winzigen Händen und Füßen. Beleidigt spricht sie kein Wort mehr mit mir.

In der Mittagszeit stürme ich in ihr Zimmer.

„Taru, jetzt ist Schluß mit diesen Kindereien! Du bist zu dick. Seitdem du auf der Ranch lebst, bist du noch keinen Kilometer gelaufen. Und du wirst auch keinen mehr laufen, wenn du den Kurs nicht machst. Denn mit Sicherheit bist du bald tot.“

Vorsichtig rutscht die Decke vom Gebirge. Zwei dunkle Augen lugen aus einem Spalt hervor. Stumm schüttelt der Berg den Kopf, zieht die Decke wieder hoch. Wütend stampfe ich mit dem Fuß auf: „Du blöde Kuh,“ - für einen Inder sicher verstärkt beleidigend - „dann stirb doch!“ Und damit ziehe ich mich zurück.

Wenig später sitzen wir uns am Gemüsetisch gegenüber. Wir schneiden Gurken. Unsere Augen treffen sich. Tarus Augen funkeln mich fröhlich an. Kokett nickt sie ihr Einverständnis. Ich melde uns bei Ned an. Wir zwei dicken Frauen, bei allem Leiden haben wir immer noch unseren Spaß. Wir sind eine Insel im Meer der Tränen. Mein Lebtag habe ich mir Inseln geschaffen, auf denen ich ungestört lebte. Taru und ich, wir haben unser Lachen, unsere verständnissinnigen kurzen Blicke, die alles sagen, unser Tuscheln über Vorkommnisse, die uns entsetzen. Wir verkörpern Ost und

West, die zusammengekommen sind, um dem Erdball hin und wieder einen Schubs zu versetzen.

Ich werde zu Vidya gerufen. Ich erwarte nichts Gutes. Sie hat ihr Büro in *Sokrates*, wo auch die Telefonzentrale und die Bank untergebracht sind. Ich lasse mir Zeit, laufe den Weg von *Maggies* nach *Sokrates.* Aus welchen Gründen auch immer, es ist zu schön, der Küche für einige Zeit zu entrinnen.

Die Hitze ist kaum erträglich. Autos brausen mit zwanzig Meilen vorüber, hüllen mich in Staubwolken, die für kurze Zeit eine Sicht unmöglich machen. Was kann mich bei Vidya erwarten? Ich habe mir nichts vorzuwerfen. Ich beschleunige meine Schritte. Ich möchte die Ungewißheit hinter mich bringen. An der nächsten Haltestelle springe ich in den Bus. Ich brauche nicht lange zu warten, bis ich vor ihr stehe.

Bei meinem Anblick runzelt sie die Stirn. Erstmalig erlebe ich sie stehend und nicht wie sonst auf dem Boden liegend. Ihr Arm schnellt vor - Moses, der das Wasser teilt - ihre Worte fliegen wie ein Pfeil auf mich zu: „Taru ist nicht dein Guru!“

Es braucht einige Sekunden, bis ich, verblüfft über das Unerwartete, den Pfeil zurückschleudere: „Taru ist nicht mein Guru - sie ist mein Freund.“

Ich warte. Nichts. Vidya wendet sich ab. Ich kann gehen. Seltsam. „Taru ist nicht dein Guru.“ Was wird denn nun gespielt? Auf keinen Fall kann ich davon berichten. Den Rest des Tages sind Taru und ich sehr schweigsam. Sie weicht meinen Blicken aus. Forschend betrachte ich sie, die in sich versunken ihrer Arbeit nachgeht. Warum weicht *sie* mir aus?

Am nächsten Tag haben wir unseren unbefangenen Ton wiedergefunden. Am Abend sitzen wir bei ihr auf der Veranda. Einige Cognacs, der Alkohol löst unsere Zungen. Wir lüften unser Geheimnis. Während ich in *Sokrates* war, hat Patipada versucht, Taru zu einem Abstand von mir zu bewegen. Gemeinsam sehen wir angewidert die Verworfenheit dieser Welt. Cheers! Unsere Freundschaft ist nicht zu zerstören. Wir bleiben die anziehenden Frauen, deren Persönlichkeit in der Küche nicht zu übersehen ist.

Vor einigen Wochen sind die Gachchhamis eingeführt worden, ein religiöser Gesang, der morgens vor und abends nach der Arbeit gesungen wird. In kniender Haltung. Aus den Kleinbetrieben werden ‚Tempel‘, aus der Arbeit ‚Worship‘ und aus uns allen ‚Worshipper‘, Betende.

Eine übliche Frage: „In welchem Tempel worshipst du?“

Bei mir drückt die neue Pflicht der Gachchhamis ebenso wie die neue Ausdrucksweise sämtliche Knöpfe.

Drei Jahre Klostererziehung mit ihren Zwängen taucht schmerzhaft in mir auf. Wie sehr verabscheue ich Kirche und Priestertum, die ich für *das* Verbrechen am Menschen verantwortlich mache. Sie schüren einen obskuren Glauben, der die Menschen heimisch werden läßt in Vorstellungen, die ihre wahre Bestimmung verhindern.

Alle Religionen haben die Erde zu einem Tränen- und Jammertal gemacht, damit das Jenseits verlockender wurde als das Diesseits.

In *Rajneeshpuram* höre ich unerwartet alte Töne neu verpackt. Bhagwans Lehre wird über Nacht zum *Rajneeshismus*, seine Schüler zu ‚Rajneeshies‘. Meine Intelligenz sagt mir, daß es Zugeständnisse sind, die wir machen müssen, um zu überleben. In Amerika gibt es ein Gesetz, das die Religionsfreiheit garantiert und uns damit die Einwanderung sowie das Anwachsen der Kommune möglich machen würde.

Bhagwan ist gegen jede Religion, gegen jede Art von ‚-ismus‘, da wird er uns kaum zum unaussprechlichen ‚Rajneeshismus‘ bekehren wollen. Ich bin weder ein ‚Rajneeshie‘, noch Anhänger einer Religion. Ich bin bei einem Meister, der sein Spiel spielt. Mit uns, mit der ganzen Welt. Ein Meister ist der gesamten Menschheit so überlegen, daß alles, was er macht, nur ein Spiel sein kann. Nur wir nehmen es ernst.

Ich nehme alles sehr ernst. Meine Ablehnung verbraucht eine Menge Energie, nur um mich vor dem Morgengebet zu drücken. Mir wird übel, niederzuknien und den Gesang anzustimmen. Ich bringe die Worte ‚Tempel‘ und ‚Worship‘ nicht über die Lippen. Als ich endlich die Harmonie des Gesanges fühle, ist das Spiel aus. Wie sagte doch Bhagwan vor Jahren zu mir - das einzige, was er je zu mir sagte:

„So intelligente Leute wie du müssen ihr negatives Bild von Religion aufgeben.“

Wieviel Kopfzerbrechen bereitet mir dieser Satz. Wie lange wird es dauern, bis ich fühle, was er meint, bis ich weiß, was Religion ist und daß sie nichts, aber auch gar nichts mit ‚Religionen‘ zu tun hat. Religion ist der Seinszustand eines jeden einfachen, natürlichen Menschen, der das Leben lebt und liebt. Der sich vom

Strom des Lebens treiben läßt. Er hat nichts mit künstlich geschaffenen Religionen zu tun, die ‚Gott' so in den Mittelpunkt des Lebens stellen, daß der Mensch sich selbst vergißt.

Ich bin in meine Kämpfe verstrickt, in meine Widerstände. Rundum sehe ich das Klischee von ‚Religion' erfüllt. In *Magdalena* werden nur noch Bhagwan-Lieder gespielt, gegen die meisten bin ich allergisch, das Halleluja peinigt mich.

Ein Altar wird im Speisesaal errichtet - Kerzen, Blumen, Bhagwan-Bild. Yogini stolpert über mich. Sie drückt mir einen weichen Lappen in die Hand und fordert mich, ausgerechnet mich auf, für den Altar Sorge zu tragen. Ihn zu pflegen und zu schmücken. Ich bin stumm vor Wut. Ungesagte Worte drücken meine Kehle zusammen. Ich gebe den Lappen an die nächstbeste Person weiter, deute stumm auf den Altar. Glückstrahlend übernimmt eine Ma die Aufgabe.

Die Inder dagegen fühlen sich heimisch in der neuen Pflicht. Jeden Morgen singt Taru bei Arbeitsbeginn die Gachchhamis. Davor spricht Jäkä oder Yogini den täglichen Leitfaden, der unser Verhalten beeinflussen soll.

„Bewußt bei der Arbeit zu sein, damit Unfälle vermieden werden, liebevoll miteinander umzugehen, Wasser zu sparen, Essen nicht zu vergeuden und nicht zu schnell zu fahren." Diese morgendlichen Belehrungen tragen nicht dazu bei, mir das Leben leichter zu machen. Dazu kommt Schichtarbeit, denn das bevorstehende Festival erfordert mehr Energie, die Arbeit wird intensiver.

Seit einiger Zeit werde ich regelmäßig in *Pythagoras* behandelt. Die schleichenden Schmerzen breiten sich aus, sind mittlerweile in Knien und Schultern. Ich schlucke ohne zu zögern die verordneten täglichen 25 Aspirin. Indivar, der Arzt, meint unbeteiligt: „Wenn deine Ohren klingeln, mußt du weniger nehmen."

Noch klingelt es nicht.

Ich schleppe mich zur Arbeit. Drei Tage Frühschicht, d.h. von fünf Uhr morgens bis abends um sieben. Drei Tage Normalschicht von sieben Uhr bis acht Uhr abends und drei Tage meine Horrorschicht von zehn Uhr Morgens bis weit nach Mitternacht. Ich versuche, meine Mittagspause um einige Minuten zu verlängern, um im Schatten eines Baumes zu schlafen, bis es Zeit wird, Bhagwan an der Straße zu grüßen.

Jedem in der Küche gelingt es, ein paar Minuten eher zu gehen. Die meisten nutzen die kurze Zeit, zum Baden zu fahren, fünfzehn Minuten zu schwimmen. Mir gelingt es nie. Sobald ich heimlich verschwinde, mich durch das hektische Mittagszeit- Durcheinander schlängle, kann ich sicher sein, von Jäkä oder Yogini mikrofonisch ausgerufen zu werden. Bis unter meinen Baum höre ich sie nach mir plärren.

Die Verwarnungen von Patipada werden schärfer. Vermehrt werde ich zu Vidya gerufen, bin häufig auf dem Weg zu *Sokrates.* Ich weiß jetzt, was mich erwartet. Neuankömmlinge, um Vidya geschart, bringen Informationen aus den Centren, bitten um einen Aufenthalt in *Rajneeshpuram.* Ich gehe durch eine Gasse vielfarbiger Augen, die mir neugierig folgen. Alles ist öffentlich. Jedes Gespräch verstummt, wenn Vidya ihre Schläge auf mich niedersausen läßt:

„Du paßt nicht rein, du fließt nicht mit, du hältst nur auf, du störst den reibungslosen Ablauf, du verstehst nicht, worum es geht." Bei aller Mühe, die ich mir gebe, sie zu verstehen - ich weiß nicht, worauf sie hinaus will.

Kopfschüttelnd entläßt sie mich. Zurück durch die Gasse erschreckter, mitleidiger Augen. Erinnerungen steigen auf:

Ich bin zehn Jahre alt, ein heimwehkranker Bettnässer im Kloster. Um mich zu ‚kurieren', hängen mir die Nonnen frühmorgens vor der Fünfuhrmesse das nasse Bettuch um die Schultern. Mit Schnuller und Babyflasche versehen muß ich vor meinen Mitschülern die ‚Ehrenrunde' drehen. Eine neue Variante - statt Purpurmantel, Kreuz und Dornenkrone - sie haben aus der Geschichte gelernt.

Die Kraft, die mich damals unzerstörbar machte, ist am Schwinden. Es stimmt, ich weiß nicht, was Vidya oder Patipada von mir wollen. Ich passe hier nicht rein. Ich habe noch niemals irgendwo reingepaßt. Ich halte fest an meinen selbstgeschaffenen Inseln, will nicht sehen, wie begrenzt sie sind. Nachdenklich humpele ich die Straße entlang. Bin ich nicht auch in meiner vermeintlichen Freiheit überall angestoßen? Wirr im Kopf, weiß ich nicht, warum all dies mir geschieht. Ich bin so müde, so erschöpft. Mein rechter Fuß wird immer schwächer, knickt bei jedem Schritt zur Seite. Die Gelenkschmerzen sind stechend.

Bei *Mandir* treffe ich Samda, die ich aus Frankfurt kenne. Sie hat niemals Schwierigkeiten mit der Kommune. Sie fügt sich ein, tut, was man von ihr verlangt, ja mehr. Sehr blond, sehr gewissenhaft, sehr zuverlässig, sehr positiv ist sie immer in verantwortungsvollen Positionen. Sie ist durchdrungen vom Aufbau der Stadt, von Richtlinien und den einzuhaltenden Regeln. Zu Samda paßt mit Sicherheit kein Widerstand. Als sie mich sieht, tritt sie kraftvoll in die Pedale ihres Fahrrades, bremst vor mir. Bei ihrem Anblick geht mir durch den Kopf: Jung, progressiv, dynamisch muß unser neuer Mitarbeiter sein. Ich schaue an mir herunter, innerlich und äußerlich ein Wrack.

Samda springt vom Rad. Mitleidig betrachtet sie mich: „Dir geht's wohl nicht besonders?"

Ich schüttele den Kopf, den Tränen nahe. „Sag mal, Samda, weißt du, warum ich hier nicht reinpasse?"

Sie lächelt mich liebevoll an: „Ach, Nisha, du bist halt das berühmte Sandkorn im Getriebe." Mit dem Bild kann ich was anfangen. Sandkörner lassen gutgeölte Maschinen stoppen. Es lohnt sich, darüber nachzudenken. Aber was hat das mit Mitzi, Jäkä und Vidya zu tun?

Immer häufiger muß ich zu *Sokrates*. Oft liegen keine zwei Tage zwischen einem solchen Gang. Der gezielte Beschuß einer Ruine, die nicht begreift, daß sie keine Festung mehr ist. Mir wird alles gleichgültig, ich schleppe mich unter Schmerzen zu *Sokrates*. Schlafe beim Warten fest ein. Sushila schüttelt mich an der Schulter. Ich schrecke hoch.

„He, Nisha! Vidya ruft nach dir."

Ja, ja ich weiß, ich verstehe nichts. Vidyas Litanei rieselt an mir runter.

Zurück in *Magdalena* ruft man mich ans Telefon. Vidya. Ihre Stimme klingt besorgt. Eindringlich fragt sie mich:

„Hast du mich verstanden?"

Sie tut mir leid mit ihren erfolglosen Versuchen, mich einsichtig zu machen. Um einen leichten Ton bemüht, um ihr eine Freude zu machen, bejahe ich die Frage.

„Doch, doch - jetzt ist mir alles klar." Was bloß?

Meine Freunde betrachten mich mitfühlend. Taru schnalzt mit der Zunge, wiegt den Kopf, wenn ich mich mit schmerzverzerrtem Gesicht am Tisch niederlasse. Die Augen gen Himmel, so daß nur das Weiße noch sichtbar ist, stößt sie hervor: „Ooooooh, wenn Bhagwan das alles wüßte!"

Ich bin anderer Meinung: wenn i c h bloß wüßte - er weiß.

Obwohl nicht der kleinste Funke der Erkenntnis meine Dunkelheit erhellt, fühle ich, daß dieser seelisch und körperlich schmerzhafte Prozeß von ungeheurer Bedeutung ist, mich zur Aufgabe zwingt.

Die Küche ist ein Irrenhaus, lauter Verrückte, Ver-rückte, von ihrem bisherigen Platz. Die Arbeit in *Magdalena* ist eine Therapie. Hochintelligente Menschen sitzen und schneiden täglich Tonnen Gemüse, andere putzen mit der Zahnbürste die Stühle, rühren Stunden mit langen Holzlöffeln die Suppe, mit leeren Augen, die nach innen gerichtet sind.

Mein Blick sucht Nivedita. Sie wiegt den Teig für jedes einzelne Schokoladenplätzchen, tausende kleiner Bällchen gehen täglich durch ihre Hände. Das Gesicht verklärt, belegt sie die Bleche mit dem plattgeklpften Teig. Meine Augen wandern weiter zu Shabdanur, einem bekannten Jazz-Musiker. Versunken schleift er schwungvoll Küchenmesser, tagelang, wochenlang, monatelang. Zwölf Stunden. Alle Arbeiten sind monoton. Es gibt kein Auf und Ab. So fällt jeder Schüler auf die Dauer nach innen. Und genau das bezweckt der Meister.

In der Monotonie der Arbeit wächst meine Angst. Sie wird durch nichts mehr verhindert. Wieviele Schutzwälle müssen sie eingedämmt haben, daß sie jetzt so unaufhaltsam aus mir bricht? Mehrfach stelle ich mir die Frage: Wer ist diese Frau? Ich erkenne mich nicht. Ich bin eine andere. Angst macht unsicher. Wie oft habe ich das gelesen. Erst meine eigene Erfahrung überzeugt mich. Und je mehr Angst ich zulasse, desto mehr strömt nach.

Nachts schrecken Mitzi und ich hoch. Ein Swami reißt die Tür auf, blendet uns mit einer Taschenlampe. Das Licht fällt in unsere schreckgeweiteten Augen. Er schließt die Tür. Im Nachbarzimmer wird gerückt, geschoben, gerumpelt. Nachts um zwölf Uhr ein Umzug, ohne Erklärung, ohne Vorankündigung, ohne Entschuldigung.

Jede Situation konfrontiert uns mit uns selbst. Mitzi stößt schweratmend hervor: „Wie im KZ!" Sie ist Jüdin. Ich wohl auch.

Ich nutze das ausgeräumte Zimmer, schiebe morgens meine Matratze hinein. Eine Nacht alleine schlafen. Welch ein Luxus! Ich freue mich den ganzen Tag darauf. Ich habe Spätschicht, komme nach Mitternacht nach Hause. Um zehn Uhr morgens beginnt die neue Schicht. Mein Schlaf ist ruhiger, entspannter, wenn ich allein im Zimmer bin. Gegen Morgen, ich befinde mich zwischen Wachheit und Schlaf, wecken mich knirschende Schritte auf dem Kies. Kommen näher, näher, sind ganz nah. Meine Körperhaare sträuben sich. Das Knirschen wird überscharf, wird zum prasselnden Hagelschlag. Der Schweiß rinnt mir über die Haut. Angst, Todesangst. ‚Sie' kommen mich holen. Poltern, Stampfen auf der Treppe, die Tür wird aufgerissen. Ich schreie, schreie, schreie.

Verständnislos hält mich Achim in den Armen. Er arbeitet in der Nähe, ist beim Wegebau, wollte sehen, ob ich zu Hause bin.

Was schwappt alles aus mir? Je elender es mir geht, umso schärfer wird meine Wahrnehmung.

Pünktlich um zehn Uhr morgens erscheine ich zum Schichtanfang. Anamas herrische Stimme ruft mich durch den Lautsprecher an ihren Schreibtisch. Eine eher unauffällige Frau, die mit der Handhabung des Mikrofons einen Trennungsstrich zieht zwischen sich und der Welt. Seltsam, denke ich, schon eine solche Geringfügigkeit genügt, um sich abzusondern. Wie schnell ist der Mensch zu korrumpieren.

Anama händigt mir einen an mich adressierten Brief aus. Ungewöhnlich, denn die Post kommt erst am Mittag. Man sucht sie sich selbst aus einer Box heraus. Vielleicht ein Brief von den Kindern? Hastig reiße ich ihn im Gehen auf. Das Blut weicht aus mir. Voller Grauen stiere ich auf das Bild, das mir in die Augen springt - eine grüne Kobra wickelt sich um ein schwarzbestrumpftes Bein. Ihr Maul ist weit aufgerissen, zeigt die spitzen Giftzähne. Eine Hand hält ein scharfes Messer an den bißbereiten Kopf. Darunter steht geschrieben: „Wenn du dich nicht benimmst, wird es dir so ergehen wie dieser Schlange."

Ich mache einen Versuch zu denken. Wer haßt mich so, daß er mir so etwas schickt? An diesem Ort, mit einem Meister, der die Vision vom neuen Menschen hat. Ich betrachte noch einmal den Umschlag. Ja, er ist für Veetnisha, kein Zweifel. Der Schock macht der Angst Platz, die höher und höher kriecht. Der Blick auf Schlange und Messer genügt. Selbst wenn mich jemand hassen sollte, wie kann man zu einem so makabren Mittel greifen. Den Kopf im Nebel, die Knie aus Watte, bewege ich mich auf Patipadas Büro zu. Es muß herausgefunden werden, wer der Absender ist. Eine Arbeit für die Peaceforce, die für unsere Sicherheit sorgt. Patipada ist nicht da, aber Jäkä kreuzt meinen Weg. Zitternd, aufgelöst zeige ich ihr wortlos das Bild. Sie wirft einen Blick darauf und

bricht in schallendes Gelächter aus: „Von wem hast du denn das?"
„Ja, das möchte ich auch wissen!"
Beim Ton meiner Stimme fällt ihr das Lachen aus dem Gesicht. Ich bestehe darauf, daß sie Patipada die Karte zeigt und die Sache untersucht wird. Sie zuckt verständnislos die Schultern:
„Komm, komm, das ist doch nur ein harmloser Spaß."
So unterschiedlich kann die Wirkung ein und derselben Situation sein. Die Gewalttätigkeit der Karte läßt mich noch lange verstört. Auch als ich höre, daß sie nicht für mich bestimmt war, sondern für eine Veetnisha, die in einem anderen Tempel arbeitet. Ich sehe aber auch, daß ich nur noch reagiere, mich mit der Situation identifiziere. Ich sehe nicht, fühle nicht, daß die Situation und ich nichts miteinander zu tun haben. Ich bin ein Nervenbündel. Ich zucke zusammen, wenn man mich unerwartet anspricht. Es kostet mich Mühe, bei der Wahrheit zu bleiben. Lügen kreuzen mein Hirn, Ausreden quellen in mir hoch. Meine Wahrheitsliebe schwankt. Ein Blick von Patipada oder Jäkä läßt mich sofort tiefer in meinen Stuhl rutschen. Bloß außer Sichtweite sein.
Ich brauche dringend einen Haarschnitt. Ich gehe nicht zu *Chiyono*, dem Schönheitssalon. *Magdalena* ist der einzige Tempel, in dem die Zeit für Haareschneiden vor- oder nachgearbeitet werden muß. Auch die Wartezeit in *Pythagoras* wird einer Prüfung unterzogen - jedenfalls passiert es mir.
Ich fühle mich von allen Seiten eingekreist. Flucht ist unmöglich. Nachts falle ich angezogen ins Bett. Ich bin zu müde, zu ausgelaugt, um meinen Körper von den Kleidern zu befreien. Der Schichtdienst ist mörderisch. Dazu meine Schmerzen. Seit Tagen spüre ich einen penetranten Geruch, der aus meiner Matratze steigt. Obwohl meine feine Nase auf Untersuchung drängt, habe ich nicht die Kraft, dem faulig-süßen Geruch nachzugehen. Ich falle auf der Stelle in einen bleischweren Schlaf, den ich bis zur letztmöglichen Minute ausdehne. In Hast wasche ich mir morgens Gesicht und Hände und schlurfe zur Arbeit, vergesse, nach der Ursache des Gestanks zu suchen. Nachts kippe ich ins Bett, obgleich der Geruch nun Tote weckt.
In dieser Nacht werde ich vom Teufel besessen. Sind es die Verwesungsschwaden, die mich wecken, oder die fremde Kraft, die mich durchdringt? Ich tauche aus dem Schlaf, komme aus Abgründen, aus schwarzer Finsternis höher und höher - bis ich mich sehen kann. Ich bin nicht mehr. In meinem Bett liegt der Leib-haftige, ist

meines Leibes haftig. Ich bin der Beobachter, fühle aber, was mit mir geschieht. Eine ungeheure Ungeheuer-Energie durchströmt mich. Übermenschlich. Vom Kopf zu den Füßen, durch die Erde zurück in meinen Körper, fauchende Entladung aus dem Mund, aus dem der Geifer spritzt. Ich sehe ‚mich', die Eckzähne sind lang und spitz, das Gesicht ist schmal, rauh-runzlig, schwarz. ‚Meine' Hände haben sich in Klauen verwandelt, mit scharfen, überlangen Hornnägeln, die sich gekrümmt in die Bettdecke krallen. Mein Unterleib zuckt in kraftvollem Rhythmus auf und ab. Ich spüre keine sexuelle Erregung. Dieses Schnellen ist der Überschuß einer mächtigen Energie, die durch mich schießt. Jede meiner Zellen ist Energie und Kraft. Ich bin mir bewußt, ‚ich' bin der Teufel. Ich genieße das Gefühl grenzenloser Macht, das mich erfüllt. Die Bewegungen verebben. Der ‚Beobachter' schlüpft zurück in den Körper, der seine alte Form wieder angenommen hat. Sanft gleite ich in den Schlaf. Mein letzter Gedanke ist, das glaubt mir keiner.

Am Morgen ist der Gestank so bestialisch, daß ich aufspringe und mit einem Ruck die Matratze anhebe. Eine verweste Ratte klebt am Kopfteil. Gefühllos starre ich auf das ausgetrocknete Tier. Ich zerre die Matratze vor das Haus. Die Ratte bleibt festgeklebt. Innerlich und äußerlich bewege ich mich im Zeitlupentempo. Das nächtliche Ereignis, der Gestank, die Ratte - da gibt es keine Erklärung. So wenig ich an Gott glaube, noch weniger glaube ich an einen Teufel. Welche Mächte treiben ihr Spiel mit mir?

Unter Schmerzen gekrümmt, rundum morbide schleppe ich mich zur Arbeit. Die Krankheit übernimmt mich. Ich fühle mich vergiftet. Von einem Gift, das langsam aber beharrlich arbeitet, meine völlige Zerstörung anpeilt.

Die Vorkommnisse der letzten Tage, die Schritte auf dem Kies, die Giftschlange, der Teufel. Dunkle Mächte benutzen mich. Wir sind nicht zum ersten Mal auf dieser Welt. Mit Sicherheit sind Bhagwans Schüler Zeiten- und Weltenbummler. Wir sind die Summe jahrtausendealter Entwicklungen und Erfahrungen, die unser System gespeichert hat. Vielleicht muß ich den gesamten Ablauf einer uralten Vergiftung bewußt durchleben und abschließen. Alle Stadien.

Ich bin sehr in mich gekehrt. Taru versucht, mich zu erreichen, aber ich kann mich ihr nicht mitteilen. Wozu, wenn ich nicht verstehe, was mit mir geschieht, wie soll es dann sie?

Am nächsten Morgen komme ich nicht mehr aus dem Bett. Ich

bin eingesperrt in meinen Körper. Ich kann mich nicht mehr bewegen. Hilflos, beschämt, pinkle ich ins Bett.

Haben die dunklen Mächte gänzlich von mir Besitz ergriffen? Ich schreie um Hilfe, schmerzgepeinigt. Es dauert lange, bis ein Swami erscheint, denn die Arbeit hat längst begonnen. Er erschrickt bei meinem Anblick. Er wird die Ambulanz benachrichtigen.

Wenig später heben mich zwei Pfleger auf die Bahre. Ich bin steif wie ein Erfrorener. Die geringste Bewegung scheint einen Nerv zu treffen. Dazu kommt Indivar, der Arzt. Dieser düstere, schwarze Mann paßt zu meinem Krankheitsbild, ist eine zusätzliche Belastung. In meiner angstvollen Situation keine Wärme, kein Trost, kein Zuspruch. Er ist ein Jude, geht mir durch den Sinn, der sich bewußt-unbewußt an einer Deutschen rächt. Seine Hände sind grob, sie versuchen, meine Glieder und Gelenke geradezubiegen. Er vergrößert meinen Schmerz. Vielleicht ist er auch nur ganz einfach ein Sadist, denke ich aufschreiend weiter. Ich frage ihn, was sein Name bedeutet.

„Lotus aus dem Schlamm", antwortet er kurz. Er spritzt in meinen Schmerz eine tüchtige Menge Cortison, denn er hält meine Beschwerden für rheumatisch. Und dann schickt er mich an die Arbeit.

Entsetzt frage ich: „Arbeiten? Ja, wie denn?"

Er zuckt die Achseln. Ich kann es nicht fassen. Zurück in einen straffen Arbeitsablauf, obwohl ich mich nicht bewegen kann?

„Indivar, gib mir eine Notiz für die Küche, die mich vom Schichtdienst befreit. Die Normalschicht ist einfacher."

Er schüttelt den Kopf. „Die Schichten haben mit deinen Schmerzen nichts zu tun. Denk daran", fügt er hinzu, „du bist verantwortlich für deinen Körper."

Damit bin ich entlassen. Ich kann gehen. Aber wie?

Wieder draußen in der Sonne sinke ich auf einen Stein. Tränen laufen über mein Gesicht. Schmerz, Wut, Haß, Selbstmitleid ergeben eine Mischung, die mich langsam zur Bushaltestelle schiebt. Kopfschüttelnd hilft der Fahrer mir einzusteigen.

„Du kannst doch so nicht arbeiten", meint er mitleidig.

In mir ist Stolz und Trotz mobilisiert:

„Denen werd ich's zeigen!" Ein Gefühl aus den Kindertagen. „Wie wird meine Mutter heulen, wenn ich erst tot bin."

Jäkä ist irritiert, als sie mich sieht.

„Was machst du denn hier? Ich denke, du bist im Krankenhaus."

Mit erhobenem Kopf presse ich mühsam durch die Lippen: „Nein, ich bin zum Arbeiten zurückgeschickt worden."

Ärger überfliegt ihr Gesicht. Sie ist es wohl leid geworden, mich in Trab zu bringen.

„Du gehst sofort zurück ins Krankenhaus. Du bist nicht mehr verantwortlich für deinen Körper, das ist jetzt die Kommune."

Wäre es nicht so traurig, müßte ich lachen. Jeder hat seine eigene Wahrheit. Ich werde solange geschüttelt werden, bis ich *meine* finde.

Die Freunde starren mich entgeistert an, als ich am Gemüsetisch auftauche, meine schmerzenden Glieder in eine Sitzposition zu bringen versuche. Taru wirft die Augen gen Himmel: „Oh Bhagwan, oh Bhagwan!" Kurz darauf holt mich auf Jäkäs Veranlassung die Ambulanz ab.

Ich teile mit Ned ein Zimmer. Ned ist in schrecklicher Verfassung. Abgemagert, ausgezehrt. Der Glanz seiner blauen Augen ist erloschen. Verdacht auf Lungenkrebs. Erschüttert betrachte ich den Mann, dem ich verdanke, daß ich nicht mehr rauche.

Kaum im Bett, falle ich in einen tiefen Schlaf. Todesähnlich. Ich nehme nichts mehr wahr. Ich möchte nie wieder aufwachen. Nach zwei Tagen komme ich zurück ins Leben. Die Schmerzen sind unverändert.

Die Krankenstation ist überbelegt. Sehr viele von uns haben einen kranken Rücken. Eine Ma kommt hereingewankt, läßt sich auf einer freien Matratze im Aufnahmezimmer nieder.

„Ein Pfeil steckt in meinem Schulterblatt", murmelt sie. Schon ist sie eingeschlafen. Schlaf ist rar.

Harte, harte Zeiten sind der Aufbau einer Stadt, die eine Mysterienschule verbirgt. Hart wie der Bau der Pyramiden. Die Krankenstation wird von einem kleinen deutschen Dragoner, Anshu, beherrscht. Mit energischer, markiger Stimme verteilt sie Essen, Tabletten, gibt Spritzen. Selbstverständlich geht bei den Männern ihr Schnarren in Gurren über.

Frauen haben Schwierigkeiten im Umgang mit Frauen. Die jahrhundertealte Rivalität ist schwer auszutreiben. Anshu zu erleben, macht mich noch elender, als ich bereits bin.

Ned macht sich kraftlos stadtfein. Bei offiziellen Ausgängen stellt die Kommune die Kleidung. Ned sieht sehr elegant aus - neuer Anzug, neue Schuhe, Hemd, Krawatte, alles ist rostrot. Er wird in Madras einen Arzt konsultieren.

„Wenn es Krebs ist, dann gehe ich zu meiner Mamma nach Italien. Sie wird für mich alle italienischen Köstlichkeiten kochen. Und nach dem Essen werde ich eine Zigarre nach der anderen rauchen."

Wir lachen beide. Seit vielen Jahren hilft er den Menschen, von dieser Sucht loszukommen, und noch immer hat er Lust auf blauen Dunst.

Ned versteht nicht, daß er für die anfallenden Arztkosten aufkommen soll. „Hat nicht die Kommune die Pflicht, für uns zu sorgen?" Ich weiß nicht. Die einen bekommen alles bezahlt, andere müssen Kopfstände machen, um eine dringend benötigte Summe aufzutreiben. Jeder erhält die Situation, aus der er lernt, und nicht die, die er sich wünscht.

Ich weiß, daß die Leute, die alles, wirklich alles gegeben haben, auch immer das erhalten, was sie brauchen. In Bhagwans Präsenz geschieht für jeden das Richtige.

Eine weitere Nacht in der Krankenstation. Ein Auto fegt knirschend über die Auffahrt, bremst hart. Hastige Schritte im schlafenden Haus. Im Lichtschein des Flurs sehe ich Vidya vorbeilaufen. Hebe ich den Kopf, kann mein Blick ihr folgen. Sie kniet vor Bodhi, ihrem langjährigen Gefährten. Sie liegt mit geschlossenen Augen an seiner Brust. Sie sprechen kein Wort. Eine halbe Stunde Liebe und Hingabe. Das ist alles, was an Zeit bleibt. Mir tut es gut, Vidya mal anders zu erleben. Eine ganz normale Frau, die liebt.

Der nächste Morgen macht mir klar, warum der Aufenthalt im Krankenhaus vermieden oder aber sehr kurz gehalten werden muß: Ich habe Zeit. Mein Blick fällt auf die Berge, ihre Kargheit. Ein beklemmendes Gefühl breitet sich aus. Ich atme schwer. Was mache ich hier? Bin ich wahnsinnig? Warum liege ich nicht am Meer, faulenze, lese, esse und trinke mit Freuden? Meine Gedanken springen im Kreis wie eine Tanzmaus. Das Nichtstun ist gefährlich. Daß ich diese Schinderei auf mich nehme - ich muß nicht mehr bei Sinnen sein. Ich fühle, daß ich gleich schreien werde. Ich muß hier raus.

Ein Patient überbringt mir einen Brief Tarus:

„Darling! Genug ist genug! Komm zurück, wir vermissen dich."

So schnell ich kann, jede überflüssige Bewegung meidend, packe ich meine Tasche. Anshu nickt mir kurz zu. Ins Hospital zu kommen ist schwer, es zu verlassen einfach.

Ich werde mit Jubel in der Küche empfangen. Drei Tage sind eine sehr lange Zeit. Sofort verschwinde ich in der Welt der Geschichten. Lola, eine ältere Frau mit einem Käte-Kruse-Puppengesicht weint bitterlich. Es dauert nicht lange, bis ich weiß warum. Vorausgegangen ist ein Gespräch mit Anuradha, die schon lange nicht mehr die Straßenmaschinen fährt. Sie gehört nun zum Management, trägt Verantwortung. Lola schildert ihr, daß die Vorgänge in Antelope sie bedrücken. Sie kann nicht verstehen, daß die Kommune Land und Häuser aufkauft, die Einwohner ihrer Meinung nach verdrängt. Auch sie kommt aus einem ähnlichen Ort, ist dort geboren und aufgewachsen.

„Das ist doch ihre Heimat!" schluchzt sie auf.

Anuradha hört ihr zu und meint, daß Lola jederzeit die Kommune verlassen kann. Für Mitleid sei keine Zeit. Die Belange, das Wachstum der Kommune seien vorrangig. Lola fällt in meine Arme und weint sich das Herz an meiner Schulter aus. Ich tröste sie, empfinde ihren Schmerz.

‚Slowly, slowly', wie die Inder sagen, beginne ich, mein Verhalten zu sehen. Ich bin immer für andere da. Ich verweigere mich nie. Es scheint, daß es das Wichtigste in meinem Leben ist, den anderen zuzuhören, ihre Gefühle, ihr Verhalten zu verstehen. Ich bin das große Ohr, das große Herz, das sich anfüllt mit dem Leben anderer. Ich leide mit an der richtigen Stelle, lache, wenn es was zu lachen gibt. Vor allen Dingen die Schwachen. Sie scheinen meine Leidenschaft, ja mein Hobby zu sein. Sie zu stärken, ist meine Aufgabe, für sie einzutreten, der Sinn meines Lebens. Mutter. Und noch einmal Mutter. Alle Kinder nehmen bedenkenlos, was sie bekommen können. Bin ich wirklich nur Mutter? Zaghaft fange ich an zu sehen, wie einfach es ist, mich zu benutzen. Meine Liebe, meine Energie wird genommen. Ich bleibe als Schutthalde zurück.

Ich stelle mich in Frage. Mein Wesen, meine Natur - ist mein Verhalten Ausdruck meiner Individualität oder Ausdruck meiner Persönlichkeit? Eines wird mir aber bald klar: Keiner braucht meine Hilfe, und schon mal gar nicht in *Rajneeshpuram*. Mit meiner ‚Hilfe' stehe ich nicht nur mir selbst im Wege.

„Gib der Welt einen Tritt in den Arsch", klingt es in meinen Ohren.

Wieder einmal wälzen sich die Menschenmassen auf die Ranch. Das Sommerfestival 1983 kündigt sich an. Noch mehr Menschen als im letzten Jahr werden erwartet. Wir sind darauf eingerichtet. Eine Feldküche in der Nähe *Zarathustras* kann für 15.000 Menschen kochen. *Magdalena* wird zur Großbäckerei.

Rajneeshpuram ist ein Magnet geworden, der alle Schüler Bhagwans anzieht. Das bunte, fröhliche Leben während der Festivalzeit bringt frischen Wind in unsere kleine Stadt. Alle Sprachen, viel Musik, auffallende Kleidung, Menschen in allen Hautfarben. Die Welt kommt zu uns.

Ich fahre im Bus. Hinter mir unterhalten sich ein deutscher und ein italienischer Swami über ‚die Frau'. Der Deutsche meint ernsthaft, daß ‚die Frau' naturgegeben mehr zur Monogamie neigt als der Mann. Der Italiener ist verblüfft über die gewagte Behauptung. „Wie kommst du denn darauf?"

Der deutsche Swami lacht: „Ist doch klar. Männer können mehr Frauen haben als Frauen Männer." Kunstpause.

„Eine Teekanne füllt viele Tassen. Eine Tasse braucht aber nur eine Teekanne, um gefüllt zu werden."

Ich falle in das herzhafte Gelächter mit ein. Das ist Logik. Ich steige bei *Mandir* aus, um noch einige Schritte am Bach zu laufen. Eine tiefschwarze, glatzköpfige Gestalt kommt mir entgegen, rennt, um den Bus zu erwischen.

Hier wird's wirklich immer bunter, geht mir durch den Kopf, als ich eine vertraute Stimme hinter mir höre: „Mami!" Ich bleibe stehen, drehe mich um, reiße im allmählichen Erkennen die Augen auf.

„Babette?" flüstere ich mit versagender Stimme. Sie lacht breit. Jetzt erkenne ich sie wieder. Die schwarze Gestalt ist meine Tochter. Eine kräftige, muskulöse Frau, in diverse Schwarztöne gehüllt, blitzblanke Militärstiefel glänzen. Ein glattrasierter Kopf, den eine Locke über der Stirn ziert, an Verlorenes erinnert. Der Mutterschocker hat wieder zugeschlagen. Stumm nehme ich sie nach einer Tast- und Geruchsprobe an der Hand. Kein Zweifel, sie ist es. Wir fahren zum *Zarathustra-Cafe.* Dort gibt es Getränke aller Art sowie Obst als Zwischenmahlzeit.

Ich bin unfähig zu reden. Vor meinem inneren Auge schnurrt die Erinnerung in schneller Bildfolge ab.

Babette, das dralle Baby, das auf dreizehn Arten lachen konnte, das bezaubernde Kleinkind, das abenteuerliche Schulkind. Wie einfach und unkompliziert war diese Tochter im Gegensatz zu ihren Schwestern, die sich in Unfällen und seltsamen Krankheiten überboten. Aber jetzt, jetzt holt sie alles nach.

Fröhlich plaudernd genießt sie mein Schweigen. Es hat ihr auf der Farm gefallen, doch nun möchte sie eine neue Erfahrung machen. Sie strahlt den Mut und Protz einer Siebzehnjährigen aus, die wenig von der Welt weiß. In deren Vorstellungen das Wort Arbeit noch nicht einmal am Rande auftaucht. Wie anders ist Aruna, die, kaum auf der Ranch angekommen, sofort in die nächstbeste Arbeit springt. Seitdem Aruna im Kölner Center lebt, wird mir ihr Arbeitseifer unheimlich. Für Babette dagegen ist die Faulheit eine der Schönheiten des Lebens.

„He, Mom." Babette tippt mir auf die Schulter. Ich zucke zusammen. Habe mich in Gedanken verloren. Verschmitzt blitzen ihre Augen mich an, begeistert über meine Sprachlosigkeit. Wenn ich diese Augen sehe, bin ich versöhnt. Liebe, Wärme, Unschuld und Lachen sehe ich. Irgendwann wird sie den Sprung in Sannyas wagen. Mein Herz weiß das unerschütterlich. Niemand teilt mit mir dies Wissen, denn ihr Widerstand gegen alles, was rot ist, ist ungebrochen.

Ich arbeite während des Festivals als Mixer in der *Zarathustra-Küche.* Meine Schmerzen sind durch Spritzen und Tabletten gedämpft, lauern im Hintergrund. Hilfswillige Festivalteilnehmer verstärken die Küchenmannschaft. Ein Heer Gemüseschneider sitzt im Freien, in allen Sprachen kommt die Verständigung zustande.

Die Feldküche ist eine weitläufige Halle. In vier Reihen stehen je zehn Gasöfen in Kniehöhe. Davor sitzen die Mixer und wenden mit langen Metall-Löffeln die verschiedenen Gemüse, die in einer ausladenden Wok-Pfanne gedünstet werden. Der Koch füllt die Pfannen, Hilfskräfte kippen das Gegarte in bereitstehende große Metalltöpfe.

Die Küche ist ein begehrter Arbeitsplatz für alle Nationalitäten. Viele wollen helfen, denn gemeinsames Kochen hat eine eigene Sprache. Das Gelächter der Chopper dringt zu uns herein, mischt sich mit dem unsrigen. Sannyasins sind glücklich, auf ‚ihrer' Ranch zu sein. Ihren Teil dazu beitragen zu dürfen, daß das Festival wieder zur schönsten Erinnerung wird, die sie durch das Jahr begleitet. Sie bringen eine frische, neue Energie mit, die der Begeisterung. Sie staunen über die Neubauten, die Disco, den Biergarten, das Pfannkuchenhaus, über die vielen Möglichkeiten zu tanzen und zu trinken, ja sogar ein Spielsalon lockt. Das Einkaufszentrum ist eröffnet und wird überflutet von Käufern, die sich mit der neuesten roten Mode einkleiden. Über all dem steht die Freude, täglich ihren Meister zu sehen. Es ist schön mitzuerleben, wie sich die blassen, angespannten Gesichter, die den Streß des Jahres und der Reise hinter sich haben, innerhalb weniger Stunden bereits verwandeln. Schnell sind es blühende, strahlende, glückliche Menschen, die kopfüber in das abenteuerliche Leben einer Mysterienschule springen.

Viele von ihnen arbeiten in den europäischen Kommunen. Obwohl der öffentliche Widerstand wächst, mausern sie sich zu blühenden Unternehmen, die die immense Entwicklung *Rajneeshpurams* mitermöglichen.

Die Liebe zu Bhagwan, zur Ranch, fällt beim Kochen ins Essen. So ist es kein Wunder, daß sie alle einstimmig erklären, daß es in *Rajneeshpuram* das beste vegetarische Essen der Welt gibt. Ihre Euphorie verklärt. Ich kann mir Besseres vorstellen. Ich lasse mir von den Neuen erzählen, in welchen Restaurants sie was gegessen haben. Besonders die Geflügel- und Fischgerichte finden mein Gefallen, lassen mir das Wasser im Mund zusammenlaufen. Schiefe Blicke treffen mich - ein Vegetarier, der vom Hähnchen träumt? Meine unorthodoxen, kritischen Bemerkungen ziehen so manch einen aus den Wolken. Zweifelnd betrachten sie mich. Unverständlich, daß so ein Miesmacher und Nörgler Kommunemitglied ist, auf diesem ‚heiligen Boden' leben darf.

Ich erschüttere zu gerne ihre gläubige Seligkeit, verstöre ihren Zuckerwatteblick. Ich genieße es, Säulenheilige zum Wackeln zu bringen.

Ein Festival ist voll praller Geschichten, die mir den ganzen Tag die Ohren füllen. Ohne mich vom Hocker zu rühren. Meine Mixgehilfen rechts und links wechseln schnell - zu viel Neues reizt die Neugier der Gäste. Mit Entzücken lausche ich den Jazz-Songs einer blonden, runden Italienerin, die aus ihr swingen. Sie ist wirklich gut. Plötzlich schubst sie mich mit dem Ellbogen an, wispert mir eindringlich zu:

„Nisha, ich muß dir ein Geheimnis anvertrauen."

Ich beuge mich zu ihr.

„Ich bin die Heilige Mutter Maria."

Verdutzt sehe ich in die zwingenden Augen der Frau. Tatsächlich, sie meint es ernst. Ohne mit der Wimper zu zucken, hebe ich grüßend meinen Wendelöffel:

„Hi, Mom". Ich kann mich nicht beherrschen. Ich falle vor Lachen beinahe in die Pfanne. Unberührt davon teilt sie mir mit, daß sie ‚das' auch an Bhagwan geschrieben hat. Mich wundert nichts mehr. Vielleicht ist sie es.

In der Ferne sehe ich Taru. Ich winke ihr mit beiden Löffeln zu. Sie winkt mit Tomaten zurück. Sie ist umringt von Indern, die Neuigkeiten aus der Heimat bringen.

Alankar, meine Seelenfreundin, zart und brüchig wie eine alte Seidenstoffblume, karrt auf einem Wagen die großen Metalltöpfe, gefüllt mit verschiedenen Salatsaucen, durch die Halle. Diese kleine indische Prinzessin, die niemals auch nur einen Handschlag in ihrem Leben tat, deren Hauptbeschäftigung das Schlafen unter einem Seidenbaldachin war, rührt gleichmütig die Dressings an. Die Schweizerin Anugraha, hinter ihrer Brille kaum zu sehen, hilft ihr dabei. Ein ungleiches Paar, zwei Rassen - eine Sauce. Die beiden verstehen sich bestens. Ich bin beim Mixen versunken in meine Beobachtungen. Das Treiben in einer Großküche ist atemberaubend. Alles ist bis ins Detail durchorganisiert, und doch ist es ein Chaos, aus dem wunderbarerweise die Mahlzeiten für Tausende hervorgehen. Ein unübersichtliches Gerenne, Gewusele, Geschiebe von Karren und Menschen. Neuankömmlinge stehen hilflos herum, bis sich ein Vorübergehender erbarmt, sie zu irgendeiner Arbeit schiebt. Ihnen geduldig die Handhabung der Maschinen zeigt, besonders vor der Käsemaschine warnt, ein scharfes Monster, das nach Menschenfleisch lechzt.

Ein plötzlicher Sandsturm, der durch die Küche wirbelt, reißt die Mixer aus ihrer Versenkung. Tief über die Pfannen gebeugt schützen wir den Inhalt mit unseren Körpern. Ein Stapel Eier fällt vom Karren, zwei Hitzköpfe fangen einen lauten Streit an. Eine Seltenheit, deshalb um so schöner. Unfälle gibt es wenig. Aber einer davon reißt eine alte Wunde bei mir auf:

Karuna, offiziell die Bürgermeisterin von Antelope - in der Zwischenzeit umbenannt in *Rajneesh City* - ist in der Küche als Aushilfe eingesetzt. Sie rutscht beim Absieben des kochenden Spinats aus, die Brühe schwappt über sie. Ihr Aufschrei durchfährt mich wie ein Elektroschock, setzt schmerzhaft Erinnerung frei, Schrekkensbilder steigen in mir hoch. Schmerz und Schuldgefühl überfallen mich: Meine achtjährige Tochter erleidet bei einem Grillunfall - verursacht von dem ältesten Sohn Vandas - solche Verbrennungen, daß ihre Beine verunstaltet bleiben. Muß meine Tochter den Preis für die Leidenschaft ihrer Mutter zahlen? Ich schüttele mich in die Gegenwart, atme tief durch. Es gibt kein Was-wäre-wenn.

Die Ambulanz fährt mit Karuna davon, die Sirenen heulen. Patipada ruft über Lautsprecher das erschreckte Küchenpersonal für gemeinsame Gachchhamis vor den Öfen zusammen. Der inbrünstige Singsang beruhigt. Mit geschärftem Bewußtsein gehen wir zurück an die Arbeit.

Das tagelange Mixen ist anstrengend. Der ganze Körper ist verkrampft. Hitze, Staub und Kochdünste tun ein übriges. Es gibt keine Klimaanlage wie in *Magdalena.* Ich döse. Erst leise, dann lauter schluchzt Priya neben mir. Eine Inderin, die weint? Helle Tränen purzeln über ihr Gesicht. Shailendra, ihr geliebter Freund, ein Bruder Bhagwans, ist wegen einer Nierengeschichte in ein auswärtiges Krankenhaus eingeliefert worden. Er muß operiert werden. Priya hat Puja, die den gesamten medizinischen Bereich leitet, gebeten, ihn begleiten zu dürfen. Natürlich lehnt sie ab. Puja, das ist für mich ein Drachen, der einen imaginären Schatz bewacht. Mit ihr möchte ich um nichts in der Welt zu tun haben. Ich gehe ihr erfolgreich aus dem Weg. Ich fühle Priyas Widerstand deutlich - etwas, was die Inder sonst nicht zulassen. Selbst wenn sie mit der Nase auf der Erde laufen, ist alles in Ordnung. Wie halten sie das durch? Niemals habe ich von einem Inder etwas anderes gehört als: „I'm fine".

Bei Priya geht es heute an die Substanz - Shailendra.

Ich rate ihr: „Priya, du telefonierst jetzt mit Puja. Das ist besser, als mit ihr persönlich zu reden. Am Telefon sagst du ihr nochmals, daß du Shailendra ins Krankenhaus begleiten willst."

Priya erhebt sich entschlossen vom Hocker und geht. Strahlend kommt sie wieder. Geschafft. Sie darf ihn zwar nicht begleiten, aber besuchen. Wenigstens ein kleiner Erfolg.

In der Teepause sitze ich mit Alankar auf den Holzstufen der Laderampe. Wir reden über Priya.

„Wenn Shailendra etwas zustoßen würde, dann könnte Priya nicht mehr leben", meint sie bestimmt. Ja, Priya würde freiwillig ins Feuer springen.

Witwenverbrennung?

Ich muß lächeln. Jeder glaubt, seine Liebe ist einmalig, unsterblich. Glaubt an den gemeinsamen Stamm, aus dem eine Blüte wächst. Keinem Meisterschüler bleibt die Erkenntnis erspart, daß man auch zu zweit alleine ist.

Eine Woche Satsang. Schon im Morgengrauen stehen viele Schüler wartend vor *Mandir.* Einen Platz in den ersten Reihen, noch näher beim Meister zu sein, ist der Wunsch vieler. Für uns Arbeiter erfüllt er sich leichter. Wir erhalten einmal in der Satsang-Woche einen numerierten Platz in den vordersten Reihen. Satsang ist etwas sehr Besonderes für uns alle.

Zusammengehörigkeit zu fühlen ist neu für mich. Tausende von rotgekleideten Sannyasins, auf die die Morgensonne fällt, die sich abheben vom weißen Fußboden *Mandirs.* Sie sitzen mit gekreuzten Beinen, mit geschlossenen Augen, versunken in sich selbst, warten auf die Liebe ihres Lebens - ihren Meister Bhagwan. Flötentöne stimmen uns ein, das Orchester übernimmt. Schneller und intensiver wird die Musik, drückt unsere Freude aus. Bhagwan erscheint auf dem weißen Podest, in gold- und silberdurchwirkter Robe, funkelnder Mütze - ein Operettenfürst oder ein Wesen von einem anderen Stern? Was auch immer, unser aller Herzen fliegen ihm wie ein Vogelschwarm entgegen. Wir schmiegen uns an sein Herz, lassen uns fallen in seine Liebe. Zarte Klänge tragen uns in die Zeitlosigkeit. So viel Liebende, Tausende - das ist die Energie, die eine neue Welt möglich machen kann, in der die Menschen natürlich leben, erfüllt sind vom Sein.

Bhagwan nimmt auf dem Sessel Platz, für kurze Zeit blicken seine Augen über uns hinweg, dann schließt er sie, zieht sich zurück. Ohne eine Regung verweilt er. Er ist nah, aber auch gleichzeitig fern. Ein Wanderer zwischen den Welten. Der unsere Welt nur betritt, um sie zu erschüttern.

„Ihr baut eure Hütten an den Straßen. Ich muß sie zerstören, denn ich will euch einen Palast zeigen." (Bhagwan Shree Rajneesh)

Die Küchenarbeiter müssen nach dem Satsang sofort in der Küche erscheinen. Nach einer Meditation ist jeder weich und gelöst. Es ist nicht einfach, an die Arbeit zurückzugehen. Ein Auto steht bereit, um uns schnell zu transportieren.

Ich ziehe Vanda, die vor wenigen Tagen angekommen ist, hinter mir her. Auch sie arbeitet im *Zarathustra-Cafe.* Sie liebt die körperliche Arbeit, die Hektik, das Tempo der Spülabteilung. Ich freue mich, sie den ganzen Tag um mich zu haben, es macht mir das Leben leichter. Ihr Lächeln, ihre Umarmungen zwischendurch sind ein warmes Bad für Leib und Seele.

Ich beziehe meinen Posten auf dem Hocker. Die Hände mixen mechanisch, die Augen blättern in einem Märchenbuch. Um mich herum Geschichten in Hülle und Fülle.

Santosh-Ma ist eine winzige Inderin. Sie ist während des Festivals der Oberkoch. Mit der Energie einer Dampflok bewegt sie sich ohne Pause zwölf Stunden am Tag. Sie ist verantwortlich für das Gelingen der Mahlzeiten. Ohne eine Spur Nervosität gibt sie ihre Anweisungen. Sie, eine Frau, die noch vor wenigen Monaten verschüchtert bei Anusati Englisch mit mir lernte. Je mehr sie aufgepackt bekommt, um so mehr Energie entwickelt sie. Klar und selbstbewußt trifft sie Entscheidungen. Mit Bewunderung sehe ich diese Frau, die vom Gift der Macht unberührt bleibt. Eine Ausnahme. Ihre Totalität nötigt mir Respekt ab. Einsichtig stelle ich fest, daß ich die Energie, die Santosh in die Arbeit steckt, für meinen Widerstand benutze.

Ich beobachte Videh, deren Anblick das Auge erfreut. Eine schöne Inderin, in England aufgewachsen, wirkt sie europäisch. Viele Tage hat sie mit uns an den Öfen gesessen und gemixt, bis Santosh sie auf ihre Seite zieht. Videh wird Würzer, schreitet durch die Reihen der Pfannen, wirft schwungvoll die Gewürze ins Gemüse. Die Vertrautheit, die Gemeinsamkeit mit den Mixern ist verschwunden. Die Distanz ist sichtbar - Öfen stehen zwischen uns. Als Würzer ist sie eigenmächtig, das heißt, sie hat eigene Macht, selbst wenn es nur die über Pfeffer und Salz ist. Ich bin fasziniert. Macht ist ein winziger Virus, der sich blitzschnell zur Seuche ausbreiten kann.

In einer Mysterienschule bricht alles aus. Nichts ist zu bemänteln, zu verstecken, zu unterdrücken, zu verheimlichen. Alles, was in uns ist, drängt ans Licht. Bescheidene Aschenputtel werden zu strahlenden Königinnen, mächtige Königinnen werden zu staubbedeckten Aschenputteln. Bis wir zu der Erkenntnis kommen, weder das eine noch das andere zu sein.

Neben mir erzählt ein Swami eine Zen-Geschichte, die ich liebe. Mit Vergnügen höre ich zu:

Ein König entdeckt bei seiner Ausfahrt einen Bettler, der ein berühmter Meister ist. Er bittet ihn in sein Schloß, denn er hält das armselige Leben für einen großen Meister sehr unpassend. Ohne zu zögern, nimmt der Meister die Einladung an. Er richtet sich im Palast heimisch ein, gibt große Feste, kleidet sich in Samt und Seide, beschenkt großzügig die Gäste. Er ißt und trinkt in vollen

Zügen. Kurz, er lebt in Saus und Braus. Der König wird unwirsch. Wie kann ein Meister, der ein Bettler war, sich so der Prasserei ergeben. Bald hat er genug von der Unmäßigkeit des Meisters. Er wirft ihn aus dem Palast. Ohne Murren schlüpft der Meister in seine Bettlerkleidung und verläßt vergnügt den Hof. Neugierig folgt ihm der König.

„Bist du nicht böse auf mich, daß ich dich hinauswerfe? Warum gehst du so fröhlich in dein Bettlerleben zurück?" fragt ihn der König. Der Meister lacht herzlich:

„Ich genieße, was mir das Leben gibt. Ist es ein Palast, gut. Ist es eine Bettelschale, gut."

Es ist früher Mittag. Jäkä hat mich von meinem Hocker geholt, damit ich beim Knoblauchschälen helfe. Am Abend gibt es Spagetti mit Sugo. Ich sitze mit mehreren Leuten am Tisch. Vor uns ein Berg Knoblauch. Wir werden Stunden damit beschäftigt sein. Satsang klingt nach. Wir sind vertieft in die Arbeit. Ich blicke hoch. Babette steht fröhlich vor mir. Ihre schwarze Kleidung zeigt Risse und Löcher, die ich gottergeben zur Kenntnis nehme, es schaffe, kommentarlos zu bleiben. Jeder starrt sie an.

„Komm, setz dich. Hilf uns beim Knoblauch, dann hab ich mal richtig Zeit, mit dir zu schwätzen."

Bereitwillig zieht sie einen Stuhl herbei, zwängt sich neben mich. Bald lachen wir lauthals über ihre Erzählungen aus dem Leben mit Sam und Satpritti auf der Farm.

Wie immer kommt es unerwartet. Patipada steht vor uns. Wolkenbruchartig prasseln ihre Worte auf uns nieder. Sie deutet auf Babette:

„Raus hier! Aber ganz schnell. So dreckig, wie du bist, hast du nichts in der Küche zu suchen."

Wie der Blitz ist Babette verschwunden.

Ein Knüppel ist mir auf den Kopf gekracht. Benommen, die Welt im Nebel, höre ich mich sagen: „Aber Patipada, hast du nicht ihre Augen gesehen?"

Mir ist, als ob die Buchstaben aus meinem Mund fallen und erst in der Luft Worte bilden. Dann wieder Dunkelheit, Leere. Ich kann nicht denken, ich kann nicht fühlen. Patipadas Antwort erreicht einen Teil meines Gehirns:

„Ich habe keine Zeit, in Augen zu sehen. Das interessiert mich nicht. Mich interessiert nur, wie ich für 15.000 Leute das Essen zusammenbringe." Ihre Stimme hebt sich. „Und vor allen Dingen interessiert mich, was die Presse, die ein- und ausgeht, über die Küche schreibt."

Wir erreichen beide die Tür. Hat sie mich hinausbegleitet? Ich stehe in glühender Sonne. Mein Herz und mein Kopf sind bewußtlos. Meine Tochter, mein Goldstück von meiner Seite gerissen. Mit welchem Recht greift diese Furie Patipada zu solchen Maßnahmen? Langsam regt sich das Leben in mir. Wut schäumt hoch. Das wird Folgen haben, das geht zu weit. Die Tochter, die ich so selten sehe, aus der Küche zu werfen.

Ich mache einige unbeholfene Schritte durch die flimmernde Hitze. Was tun? Wohin? Ein Auto hält an der Straße. Es steigen aus - Vidya, Arup und Sue. Aus den Augenwinkeln sehe ich Patipada auf sie zugehen, ein paar Worte wechseln. Instinktiv weiß ich, daß der Aufmarsch mir gilt. Die Frauen kommen auf mich zu. Ihre Stiefel knirschen auf dem Kies. Ihre Kleidung wirkt militärisch. Ihre Gesichter sind unbeweglich, ohne Regung. Langsam kommen sie im Gleichschritt näher. Ich weiche entsetzt zurück. Angstschweiß rinnt über meinen Rücken. Acht Augen haften auf mir, spießen mich auf. Vor mir bleiben die Frauen stehen. Sue beugt sich vor. Ihr Gesicht wie weiß gepudert, grausam. Der schmale Mund spannt sich, schleudert mir den Speer entgegen:

„Nimm deinen dreckigen Punk und verlaß die Ranch. You don't get it."

Ich bin zur Statue erstarrt. Ich kann mich nicht mehr bewegen. Angst, Entsetzen, Grauen mischen sich in mir. Nein, ich begreife nichts - und das schon gar nicht. Die Frauen schauen mich an. Ohne jede Bewegung. Aus ihrer aller Augen strömt eine klare, unbeugsame Kraft. Unter diesem Ansturm zerbreche ich. Eine Festung fällt zusammen. Dies ist mehr, als ich ertragen kann. Da geschieht etwas sehr Eigenartiges. Ich spüre einen warmen, mich durchflutenden Energiestrom. Ich recke mich aus meiner zerschmetterten Haltung, höher, höher. Mir ist, als ob eine liebevolle Hand mich stützt. Bis ich den Frauen auf gleicher Höhe in die Augen sehen kann. Da gehen sie.

Einsichtig weiß ich, daß diese Frauen mir eben einen entscheidenden Schlag versetzt haben. Sichtbar bleibt vorerst nur meine Reaktion. Mein Gehirn ist ganz mit dem Geschehen beschäftigt. Selbst wenn ich meinen „dreckigen Punk" nehme und mit ihm die Ranch verlasse, wonach Wut, Trotz, Ärger, verletzter Stolz lautstark verlangen, wem ist damit gedient? Ganz sicher nicht Babette oder mir. Mein Kinder müssen ihr Leben leben, alleine ihre Entscheidungen treffen. Ich muß mich ebenso von ihnen lösen, wie sie von mir.

Aber der Speer „Nimm deinen dreckigen Punk", steckt schmerzend in meinem Mutterherzen. Muß nicht hier ein Platz für Babette sein? Sie hat keine Familie mehr, kein Geld, keine Heimat, keine Eltern, kein Zuhause. Wir haben nichts für unsere Kinder zurückbehalten. Sie sollen lernen, auf eigenen Füßen zu stehen, aber doch nicht so.

Babette ist gekränkt. Sie möchte schnellstens die Ranch verlassen. Wie erleichtert bin ich, als Aruna sich entschließt, mit ihrer Schwester zusammen Amerika zu entdecken.

Von meinem letzten Geld kaufe ich einen alten, billigen Cadillac von einer Ma, die ihn nicht mehr braucht, da sie auf der Ranch bleibt. Welch ein Drama, welch eine Komödie: Ein glatzköpfiger Punk, dessen verbliebene Locke sich keck in die Luft reckt, strahlend am Steuer eines Luxuswagens, daneben Aruna, die sich um Mitleid für ihre tränenüberströmte Mutter bemüht.

Die Kinder loszulassen, ist mein größter Schmerz. Keine Verantwortung mehr für sie zu tragen, ihrem Leben keine Richtung mehr zu geben. Obwohl ich ihnen vertraue und weiß, daß sie ihre eigene Kraft entdecken müssen. Nur noch mein Leben leben, ohne sie. Der Traum, mit ihnen zusammen auf der Ranch zu sein ist aus.

Der ‚Schlag' der Frauen hat bewegende Folgen für mich. Welch eine Kraft muß ich sein, daß es vier Frauen dieses Kalibers benötigt, um mich zu zerschmettern. Mir fällt Marks Brief ein, den er nach unserer ‚Reise' an den gemeinsamen Freund schrieb: „Ich mußte alle tibetanischen Jungs bemühen, um Barbara zu bezwingen."

Das Festival ist vorbei. Die Ranch leert sich. Von einkehrender Ruhe ist jedoch nichts zu spüren. Bhagwans Aufenthalt in Amerika ist gefährdet. Mit allen Mitteln versuchen wir, eine Aufenthaltsgenehmigung für ihn durchzusetzen. Keiner von uns kann begreifen, warum ein solcher Mann, der eine seltene Kostbarkeit in Jahrhunderten ist, Schwierigkeiten hat, in einem Land zu sein, das die Freiheit glaubt gepachtet zu haben. Jeder ehrliche Mensch, der sich ein eigenes Urteil bilden möchte, muß zu dem Schluß kommen, daß Bhagwan ein außergewöhnlicher Mann ist, auch wenn er den Meister in ihm nicht erkennt.

Alle Sannyasins werden aufgefordert, an die amerikanische Regierung zu schreiben und darum zu bitten, ihn im Lande zu lassen. Eine Idee, die mich begeistert. Weniger, weil ich den Bittbrief für erfolgversprechend halte, sondern weil ich einen Anlaß habe, der Küche zu entrinnen. Dieser Brief wird mir einige freie Stunden einbringen, und wenn er hundert Seiten lang wird, nehme ich mir vor. Im hintersten Winkel *Zarathustras* versteckt, schreibe ich an die amerikanische Regierung. Wo hätte ich mir das jemals träumen lassen.

„Mir ist unbegreiflich, warum in einem Land wie Amerika, in dem religiöse Freiheit in der Verfassung garantiert ist, über die Ausweisung eines Mannes diskutiert wird, dessen Lehre ein Leben in Bewußtheit ist.

Für Amerika bedeutet er seit Kolumbus das größte Abenteuer der Geschichte. Er bedeutet Frieden für die Welt, Frieden und Freiheit, das, was Amerika seit Jahrhunderten der ganzen Welt geben möchte. Durch Bhagwan wird Amerika zum Pilgerland für alle, die den Klang der Wahrheit kennen. Bhagwan und seine Mysterienschule ist nicht mehr aufzuhalten. Sie ist eine Arche Noah in einer Welt, die von der Zerstörung bedroht ist. Für die Menschheit ist die einzige Möglichkeit zu überleben, ein verändertes Bewußtsein. Erst dann ist ein Leben in Frieden, Freiheit und Liebe möglich.

Bhagwan in Amerika - man kann die Wahrheit nicht aus dem Land werfen. Bhagwan in Amerika - welch eine Ehre für ein großes Land."

Befriedigt lehne ich mich zurück - ich habe mich von meiner Begeisterung davontragen lassen. Vielleicht kann man mit einer Flut solcher Briefe doch mehr erreichen, als ich glaube. Obwohl Politiker sicher die allerletzten Menschen sind, die den Klang der Wahrheit kennen.

Am nächsten Tag ziehen wir zurück nach *Magdalena.* Das *Zarathustra-Cafe* wird in seine Bestandteile zerlegt - bis zum nächsten Festival. Nach der Weitläufigkeit der Feldküche fällt die Enge *Magdalenas* verstärkt auf. In der Zwischenzeit hat sich hier einiges verändert. Die Öfen sind umgestellt worden, die Gemüsewaschanlagen so vergrößert, daß mehrere Gemüsesorten auf einmal gewaschen werden können, und im Potraum steht tatsächlich ein zweiter Geschirrspüler. Was mir aber sofort ins Auge sticht, ist der Umbau des Büros, das jetzt - von allen Seiten verglast - eine ungetrübte Rundum-Aufsicht ermöglicht.

Die Crew der Gemüseschneider findet magnetisch zur gewohnten Einheit zurück. Schon in den ersten Minuten der Wiedervereinigung sorgt Taru für Gelächter. Mit ungewohnter Kraft hebt sie die Tomatenschüssel, zeigt sie einem erwartungsvollen Publikum, läßt sie krachend fallen und ruft:

„Genug Tomaten! Anderthalb Jahre Tomatenschneiden reicht."

Immerhin haben die Tomaten Taru an ein Nein geführt.

Einige hundert Sannyasins sind nach dem Festival dageblieben, um zu arbeiten oder Therapien zu machen. Seit kurzem ist die Universität eröffnet. Dort werden verschiedene Programme angeboten: Therapien, Massagen, Astrologiekurse und vieles mehr.

Die Sommerarbeiter haben die Möglichkeit, drei bis sechs Monate zu bleiben. Dafür zahlen sie 400 Dollar monatlich für Unterkunft und Verpflegung. Aber ein Meister ist unbezahlbar.

Neu ist das Austauschprogramm zwischen der Ranch und den europäischen Centren, die sehr schnell wachsen. Um ihnen Stärke, Nachdruck und Durchsetzungsvermögen zu geben, hat man die kleinen Centren, die meist noch die Eierschalen ‚Poona' an sich kleben haben, aufgelöst. Die so entwurzelten Sannyasins suchen Aufnahme in den Großcentren Köln, Zürich, Berlin, München. Es kommt nicht von ungefähr, daß die Hauptcentren in Deutschland sind. Die Deutschen lieben Disziplin, Gehorsam und die Arbeit. Sie lieben es, geführt zu werden. Wohin das führte, ist bekannt.

Aber ob Liebe oder Haß, ob Gut oder Böse, ob Hitler oder Jesus - es sind die beiden Seiten einer Münze. Es ist eine Energie. Bhagwan zeigt seinen Schülern den Weg, ihrem eigenen inneren Gesetz zu folgen, das nur durch Bewußtheit sichtbar wird. Dazu benutzt er die Sprache, die sie verstehen. Die Größe der Kommunen läßt ein zur Schau getragenes Gefühl von „uns gehört die Welt" entstehen. Aber würde sie das, wir würden mit neuen Kleidern in alten Schuhen stecken.

Ich nehme die Schwierigkeiten, die wir in *Rajneeshpuram* haben, ernst. Sie sind nicht durch positives Denken unsichtbar zu machen. Fakten verschwinden ebensowenig wie Felsen durch Streicheln. Unsere Anstrengungen, uns den oregonischen Gesetzen anzupassen, sind für mich durchsichtig. Der Versuch, mit meinen Freunden über die Tatsache von 1+1=2 zu reden, scheitert an ihrem Glauben. Für sie ist *Rajneeshpuram* schon Teil der Ewigkeit. Logik und intelligente Beweisführung prallen an der Mauer ihrer Ignoranz ab. Vielleicht trägt mein trauriges Erscheinungsbild dazu bei, daß ich nicht überzeugend wirke. Ich, der Ritter von der traurigen Gestalt, der - so kann man daraus schließen - gegen Windmühlen kämpft. Meine schleichende Krankheit hinterläßt deutliche Spuren, aber mein Gefühl und meine Beobachtungsgabe sind ungetrübt.

Margo ist eine saftige Bereicherung am Gemüsetisch. Sie ist eine alte Freundin Tarus, aus den seligen Tagen der Poona-Vergangenheit. Die beiden wispern und tuscheln überaus vertraulich. Ich kann nicht umhin, Taru zu necken: „Na Darling, frischst du dein Wissen auf?“ Denn Margo ist eine bekannte Tantra-Therapeutin, das heißt, in der Kunst der Erotik sehr bewandert. Und es ist längst kein Geheimnis mehr, daß Puneet, ein Cargo-Fahrer und ehemaliger Schauspieler aus New York mit Taru mehr verbindet als die täglichen Teepausen. Die beiden sind wahrlich ein auffallendes Paar. Puneet verschwindet in Tarus Weite wie ein Perlhuhn in der Ebene. Nicht die körperlichen Qualitäten ziehen die beiden an, es sind die herzlichen. Ihre Liebe füreinander zeigt sich im gemeinsamen Funkeln der Augen, dessen Innigkeit keinen Zweifel an ihrer Zuneigung läßt. Sobald sich die Unterhaltung zwischen Taru und Margo in Tarus Ausrufen „Oh Bhagwan, oh Bhagwan“, im Wiegen des Kopfes, im Blick gen Himmel erschöpft, zieht Margo sich zurück zwischen ihre Kopfhörer. Ohne Rücksicht auf die entsetzt zusammenfahrenden Mitmenschen kreischt sie die indischen Lieder mit. Indische Musik ist nicht jedermanns Geschmack, doch eine Kostprobe ihrer Interpretationen läßt jeden Ansatz von Interesse schwinden.

Wo immer ich kann, beobachte ich Margo. Sie interessiert mich. Sie strahlt Sicherheit und unerschütterliches Selbstvertrauen aus. Jäkäs Anweisungen nimmt sie kaum zur Kenntnis, lassen sie kühl die Augenbrauen hochziehen. Die herrschende Disziplin prallt an ihr ab. Sie tut, was sie möchte. Noch jemand, der nicht begreift.

Wenige Tische weiter sitzt, auch neu, Chaitanya, der ‚geniale‘ Musiker. Er verpackt unter den Tönen seiner Musik den Proviant für die Reisenden. Auch er hat eine starke eigene Welt. Immer wieder versucht er, auf der Ranch bleiben zu dürfen, eingeladen zu werden - zu seinen Bedingungen, die für ihn seine Musik sind. Zehn Jahre hat er Bhagwan auf dem Schoß gesessen. Bhagwan hat ihn tüchtig aufgepustet, jetzt zuckt Chaitanya zurück in der Vorahnung der kommenden Nadel.

Für ihn sind es die ‚Weiber', Sheela, Vidya, die ihm den Zutritt verwehren. Er rüttelt an den falschen Stäben. Er könnte bleiben, wenn er die Musik an den Nagel hängen würde. Niemand arbeitet hier in der alten Profession. Chaitanya ist Musiker, und wie Bhagwan sagt, sind das die Schlimmsten. Ihr Ego läßt sich nicht von der Musik trennen. Wenn ich Chaitanyas Entzücken beim Hören seiner Kompositionen sehe, verstehe ich das gut. Aber einen Meister bekommt man nicht umsonst. Gleich, was man hat, man muß alles geben - Geld, Begabung, Erfolg, Wissen. Wer einem Meister folgt, läßt alles fallen. Je leichter die Bürde, umso leichter der Weg. Ein Meister nimmt alles, aber er gibt so viel mehr. Auf diesem Weg kann man nur sich selbst betrügen - aber niemals ihn.

Ich bin ruhiger geworden. Meine Sinne werden immer schärfer. Die Welt um mich herum verändert sich in Intervallen, für andere unsichtbar. Ich habe Tage, da zerreißt der Schleier, der die Vergangenheit verbirgt. *Magdalena*, eine Theatertournee durch die Jahrhunderte. Die Küche ein Königshof. Prinzen und Könige, Hofnarren, Minister schreiten gravitätisch zum Ball, eröffnen ihn mit einem Menuett. Alles, worauf mein Blick fällt, ordnet sich ein in die königliche Charade. Die Küchenschürze wird zum Ballkleid, der Besen zum Zepter, ein Lappen zum Pompadur, das Stirnband zur Krone, die Haarnetze der Köche funkeln silbrig im Kerzenlicht. Eben noch königliche Eleganz, verändert sich die Szene: Französische Revolution. Die derben Revolutionäre, die aufgerissenen Mäuler der Ankläger, die kraftvollen Fäuste der Schergen. Die Stille der Guillotine, die lüsterne Geilheit der Strickweiber, das Warten, daß die Köpfe rollen. Der Henker und der Delinquent. In schneller Folge wechseln die Gesichter und die Gestalten, zu Seeleuten, Piraten, Kapitänen, Bauern, Hirten, Priestern, Kardinälen. Tagelang bin ich dem Zauber meiner Vorstellungskraft verfallen.

Verwundert starren meine Freunde mich an, wenn ich versuche zu beschreiben, was ich sehe. Sie folgen meinen Augen, meinen Gesten. Sie lachen unsicher, werfen sich verständnislose Blicke zu.

Ich weiß, es ist mein Theater.

Alankar ist besorgt um meinen Geisteszustand. Sie lädt mich in der Mittagspause ein, mit ihr nach Hause zu gehen, um mich mit der Musik Reshmas, einer Pakistani-Sängerin, deren Wildheit mir ins Blut fährt, wieder auf den Boden der Wirklichkeit zu bringen. Ich komme gerne. Alankar lebt im Haus von Mataji, der Mutter Bhagwans, die ihre Familie um sich braucht. Die Brüder und Verwandten Bhagwans sind wie wir seine Schüler, arbeiten wie wir. Aber eine indische Familie aufzulösen, ist ein hoffnungsloses Unterfangen, denn schon zwei Inder sind ein Clan.

Wir liegen auf dem Bett, die kehlige Stimme Reshmas ist für ein Schläfchen denkbar ungeeignet. Ich liebe Alankars süßen Geruch, den auch meine Kinder haben, den Duft der Unschuld. Den Glanz ihrer alten Augen, ihre knochenlose Feinheit. Sie ist einer der wenigen Menschen, deren Körperlichkeit ich zulasse, als angenehm empfinde. Alankars Lächeln, die Tiefe ihrer Augen erinnern mich an Bhagwan.

Meine Besuche in *Pythagoras* werden häufiger. Meine Arme hängen jetzt in einem blauen ‚Ruhebett'. Das Mixen hat mir den Rest gegeben. Mit schmerzenden Fingern zupfe ich Petersilie. Zusammen mit Maitreji pflücke ich mich durch Berge dieses satten, feuchten Grüns, das tonnenweise auf der Farm geerntet wird. Zu allen Mahlzeiten kaut die Kommune ihre grünen Vitamine.

Für Jäkä bin ich unbrauchbar, ich bleibe am Gemüsetisch. Meine indischen Freunde erzählen. Einmal angefangen, kennen sie kein Ende. Die Farbenpracht und Schönheit ihrer Heimat, die Größe indischer Kunst, Malerei und Musik, die religiösen Stätten - sie malen ein Bild vor meinen Augen, das mich so sehnsüchtig macht, daß ich in Tränen ausbreche. Ich reise mit ihnen nach Jabalpur, Mount Abu, Delhi, Benares und Madras, sehe grünen Marmor im Mondschein glänzen.

Obwohl kaum vorstellbar, die Disziplin wird schärfer. Ich sitze in einem Schraubstock, der täglich fester angezogen wird. Das Arbeitstempo wird auf immer neue Höhen getrieben. Sinkt die Energie auf den Normalstand, gibt es plötzlich Wagenladungen Bohnen zu schneiden oder ein Über-Fluß Milch muß zu Pudding verarbeitet werden. Ein rasch veränderter Speiseplan sorgt für Hektik. *Magdalena* wird zum Kraftfeld, dem sich keiner entziehen kann. Die Sinne erzittern im ständigen Countdown dieser Raketenabschußbasis.

Hinter meinem Petersilienberg verschanzt, bin ich das Einauge. Meine mysteriöse Krankheit hat mich fest im Griff. Zu den 25 Aspirin kommen Schmerztabletten und gegen Abend Valium zur Entspannung, Valium um sechs Uhr abends hat eine Wirkung, die viele bereichert. Ich gebe Bier aus. Jedem Kommunemitglied steht ein Glas Bier zu. Natürlich gibt es viele, die gerne zwei oder drei Gläser trinken. Ich hänge apathisch am Tresen, vor mir die Reihen vollgezapfter Gläser - ein jeder nehme, was er möchte. Schläfrig genieße ich das Feierabendtreiben um mich herum. Es ist Ende August, die Abende sind lau.

Die Busse spucken fröhliche, lärmende Menschen aus. Die Kommune ist gewachsen. 1.500 Menschen sind es bald, ein großer Teil davon ‚Gast'arbeiter. Wo immer Sannyasins sind, ist Musik, Lachen, spontane Kreativität. Flöten, Trommeln und Gitarren finden zusammen. Auf einer Bank jongliert ein Swami mit Äpfeln und Apfelsinen, ein anderer verblüfft mit seinen Zaubertricks. Lautes Gelächter um eine Drei-Mann-Show, die pantomimisch den Arbeitsstreß der Ranch darstellt.

Völlig verrückt sind heute die Küchenarbeiter. Grellgeschminkt, mit aus Schürzen und Handtüchern gewundenen Turbanen, füllen sie die Schüsseln mit Gegartem und Gesottenem.

Ida geht vorbei, erntet bewundernde Pfiffe, anerkennendes Schnalzen von Männern wie Frauen, für ihr gewagtes Rückendekolleté und ihr schwungvolles Hutmodell. Ida ist eine Dame, an deren Eleganz man sich erfreut. Sie zeigt nicht die Künstlichkeit, sondern die Kunst, eine Dame zu sein.

Wenn mein Blick über das abendliche Theater unseres Lebens schweift, wenn ich den Gesang und das Lachen höre, dann weiß ich, daß der ‚neue Mensch' keine Illusion bleiben muß. Vielleicht gibt es eine Chance für diese Erde, deren größte Katastrophe der ‚alte' Mensch ist. Kein Erdbeben, keine Flut, kein Vulkanausbruch bringt so viel Tod und Zerstörung, so viel Leiden und Schmerz, wie der Mensch, dieses arrogante Wesen, das glaubt, seine Größe an der Vernichtung messen zu müssen. Um allerdings von einem Meister geweckt zu werden, muß die Bereitschaft zum Aufwachen da sein.

Jeden Sonntag ist Küchen-Meeting. Wir werden informiert, was die Kommune-Verantwortlichen in *Jesus Grove* am Vormittag beschlossen haben. Mehr Regeln, noch positiveres Verhalten, stärkerer Energieeinsatz usw. Ich verabscheue diese Zusammenkünfte noch mehr als die großen Vollversammlungen in *Mandir*. Alle Frauen, die diese Meetings leiten, sind ein Hammer. Ein Vorschlaghammer. Die Art und Weise, wie Padma, Patipada oder Jäkä sich in den Stühlen räkeln, uns zu ihren Füßen, wie sie auf unsere Kosten ihre Späße treiben, die Art, wie sie Anweisungen weitergeben, lassen mir alle Haare zu Berge stehen.

An diesem Nachmittag wird ein Swami aufgefordert, sich bei Jäkä zu entschuldigen. Er hat das ausgeprochen, was ein jeder über sie denkt - machthungrige Hexe. „Um die Harmonie wiederherzustellen", fordert Padma ihn auf, Jäkä um Verzeihung zu bitten. Was er tut. Mein Adrenalin springt Hürden.

Das Hauptthema ist das neue Austauschprogramm. Wenige von uns verlassen gerne die Ranch, um beim Ausbau der europäischen Centren zu helfen. Keiner möchte die Nähe des Meisters missen.

Yogini, deren Süßlichkeit ich tief mißtraue, teilt uns mit, daß Praveeta, eine japanische Köchin, nach Deutschland gehen wird, nach Berlin. Ihre Stimme trieft: „Berlin ist eine Stadt, von der ihr sicher gehört habt. Sie hat eine Mauer, die die Stadt trennt. Auf der einen Seite wohnen die guten Deutschen, auf der anderen Seite die bösen." Eine Kuh, die solchen Blödsinn muht. Ich kann diese Dummheit nicht ertragen. Ich springe auf, um mir Luft zu machen. Eine Hand drückt mich fest und bestimmt auf den Boden. Zwei kleine Hände verschließen mir den Mund. „Shanti, Shanti", wispert mir Taru ins Ohr.

Oh, diese Yogini. Sie ist für mich eine der ganz Gefährlichen. Ihre vermeintliche Hingabe an Bhagwan und Kommune, die sie auf jedem Meeting zur Schau stellt, ist nichts als blinder Gehorsam. Sie ist eines jener Schafe, die jedem Hirten folgen. Die Wahl zwischen ihr und Jäkä fiele mir leicht. Jäkä ist gerade. Obwohl ich hoffe, nie das Muß einer solchen Entscheidung zu erleben.

Wieder steht ein Abschied von Vanda bevor, die sechs Wochen auf der Ranch war. Sie hat aufgehört zu arbeiten und genießt die Tage am *Krishnamurti-See*. Wir haben eine verträgliche Zeit miteinander, die kaum eine Stunde am Mittag und am Abend übersteigt. Unsere Beziehung hat sich weit von dem entfernt, was sie einmal war. Aber mir genügt, daß Vanda da ist. Sie ist für mich ein Treibholz, an das ich mich mit letzter Kraft klammere. Ich versuche, Halt zu finden, obwohl wir beide in der gleichen Strömung treiben.

Wieder hat die Ranch Vandas Aufnahme abgelehnt. Sie wird nun nach Zürich ins dortige Center *Kota* gehen. Vielleicht gelingt es ihr, über diesen Weg nach *Rajneeshpuram* zu kommen. Ich gebe die Hoffnung nicht auf. Eine letzte tränenreiche Nacht. Wie sehr werde ich die Vertrautheit, die Wärme ihres Körpers vermissen, der im Schlaf mit dem meinem verschmilzt. Nur der Schlaf löst die Barrieren zwischen uns auf. Ich bin entschlossen, sie am nächsten Morgen zum Flughafen zu bringen. Erschrocken wehrt sie ab:

„Aber du kannst nicht. Du hast Frühschicht."

„Das wäre ja noch schöner, wenn ich nicht die Freiheit habe, einen Freund zum Flughafen zu bringen." Ich kuschle mich an sie. Ganz wohl ist mir nicht bei der Entscheidung. Aber ich beschwichtige schnell das unangenehme Gefühl: Zwei liebe Frauen, Nartan und Devaprem, leiten die Frühschicht. Von ihnen habe ich sicher keine Schwierigkeiten zu erwarten. Und wozu bin ich schon zu gebrauchen? Ich bin für die Petersilie zuständig, die erst am Mittag benötigt wird. Über meinen Überlegungen schlafe ich ein.

Um 4.45 Uhr hupt das Frühschichtauto, das die Arbeiter abholt. Einmal, zweimal, dreimal, endlich fährt es weiter. Für mich ist die Frühschicht gelaufen. Vandas Arme halten mich fest.

Der Abschied am Flughafen ist herzzerreißend. Wir werden uns lange nicht sehen. Sie wird im *Kota* einer ähnlichen Disziplin unterworfen sein, wie ich hier. Wir halten uns die letzten Minuten fest, unsere Tränen fließen reichlich. Ich fühle, daß wir beobachtet werden. Über Vandas Schultern hinweg sehe ich Padma. Ihr Blick ruht sinnend auf mir.

Bald hebt sich das kleine Flugzeug in die Luft. Ich winke, bis es in den Bergen verschwunden ist. Noch tränenfeucht erreiche ich *Magdalena.* Es ist acht Uhr, das Frühstück wird bereits abgeräumt. Die langen Tischreihen werden für die erste Teepause vorbereitet. Brot, Marmelade und Obst.

Nartan, eine Japanerin, kommt auf mich zu: „Wo warst du denn? Warum bist du nicht zur Frühschicht erschienen?"

Ich sage ihr die Wahrheit. Ich habe keinen Grund, etwas zu verheimlichen. Für mich ist die Sache damit erledigt.

Um so erstaunter bin ich, als ich nach der Teepause zu Patipada gerufen werde. Yogini und Jäkä flankieren sie mit ausdruckslosen Gesichtern. Patipada schießt los:

„Wie kannst du dir solche Eigenmächtigkeit erlauben! Ständig tanzt du aus der Reihe. Deine Extratouren sind bekannt. Deine

Widerstände ermüden. Die Kommune ist es leid, dich hinterherzuziehen." Ihre Augen funkeln zornig. Sie läßt mich nicht erklärend zu Wort kommen.

Auch gut. Ich zucke die Achseln und gehe. Ich kenne diese Vorwürfe zur Genüge.

Die Kommune, wer ist schon die Kommune. Patipada und die ‚Damen'? „They and them" - das ist ihre Kommune. „They" sind die ‚Damen', und „them" sind wir Arbeiter. „Hi you guys", ist das die Kommune?

Zwischen ihnen und uns hat eine tiefe Spaltung stattgefunden. In mir grummelt der Ärger über Nartan und Devaprem. Warum mußten sie meine Verspätung ins Büro tragen. Meine Vorstellung von Solidarität sieht anders aus.

Selbstmitleidig suche ich Trost bei meinen indischen Freunden und finde ihn auch. Zumal Taru erst gestern ihren Zusammenstoß mit Patipada hatte - Taru und Maitreja wurden von ihr beim Kauen ‚ertappt'. Barsch verlangte sie, daß die beiden in die Komposttonne spucken. Das Gesetz, in der Küche nicht zu essen, ist damit drastisch demonstriert. Wenn Blicke töten könnten. Tarus Augen glitzern gefährlich bei der Erzählung.

Wenige Tage später ist der Festtag mit dem unaussprechlichen Namen. Mahapurim... Ich gebe es auf, ihn zu lernen. Es ist der 8. September. Beim abendlichen Darshan erhalte ich einen Platz in der zweiten Reihe. So nahe vor Bhagwan zu sitzen, ist neu für mich. Es wird eine Tortur. Mit schmerzenden Gliedern auf engstem Raum, gerade so viel, wie ein Mensch mit gekreuzten Beinen benötigt. Ich versuche eine Stunde Meditation zu überstehen, ohne die Versunkenheit um mich herum zu stören. Einige Male begegne ich Bhagwans leerem Blick. Ich bin froh, als der Darshan endlich vorüber ist.

Am nachfolgenden Fest nehme ich nicht teil. Ich bin müde, erschöpft, elend. Ich wandere durch die Nacht, bleibe auf der Holzbrücke stehen, die über den Wildbach führt. Die Nächte werden kälter, der Frühherbst ist zu fühlen und zu riechen. Die Schönheit des Sternenhimmels interessiert mich wenig. Mich beschäftigen einige Fragen. Wie lange wird es noch Petersilie auf den Feldern geben? Was werde ich tun, wenn es nichts mehr zu zupfen gibt? Wie wird es mit meiner Krankheit weitergehen? Werde ich eines Tages im Rollstuhl landen? So schlimm dieses Leiden ist, bin ich doch sicher, daß es vorübergehend ist. Diese Krankheit ist für mich ein langer, dunkler Tunnel, durch den ich reisen muß. Ich bin durchdrungen von Giften, die ausbrechen müssen, damit ich endgültig gereinigt werde. Immer wieder beobachte ich fasziniert, daß das Wissen meines Herzens mich leitet. Immer dann, wenn der Kopf sich zur Herrschaft aufschwingt, bin ich in allergrößten Schwierigkeiten. Das ist nicht gerade selten.

Am nächsten Morgen, das gewohnte Kräuselgrün vor Augen, ist der gestrige Darshan das Thema. Bhagwans Kleidung, sein Aussehen, das eigene Gefühl. Taru ist befriedigt:

„Er war wieder so schön." Mit der Freude einer Mutter fügt sie hinzu: „Gesund sieht er aus."

Margo stürmt, wie immer zu spät, an unseren Tisch. Laut lachend erzählt sie, wie sie Jäkäs Reglement entwischt ist. Sie hat den gestrigen Tag mit einem Freund in den Bergen verbracht. Ich höre ihr amüsiert zu. Ihre Untertöne über ihre gelungenen Abenteuer sind unüberhörbar. Nur sie ist so gescheit und so mutig, sich den nötigen Freiraum zu schaffen. Wie sehr spiegele ich mich in ihrem Widerstand, in ihren Eigenmächtigkeiten, die sie für Freiheit hält.

Dröhnendes Lachen folgt auf ihre Erzählungen. Natürlich freuen wir uns, daß sie die ‚Schwiegermutter' ausgetrickst hat. Ein gemütlicher Morgen, denke ich, während mein Blick über die lachenden Gesichter zieht. Zärtlichkeit erfüllt mein Herz für meine kleine Insel, den Gemüsetisch, dessen Liebe und Wärme meine Leiden mildert.

Sushila betritt die Küche. Nanu, was will denn sie in der Küche? durchfährt es mich. Ein wahrlich ungewohnter Besuch in diesen Gefilden. Ihr Blick sucht mich. Ihre Augen fordern mich auf, ihr zu folgen. Ich erhebe mich. Am Gemüsetisch ist es still geworden. Alle Augen folgen uns. An einem Tisch am Ende des Speisesaals nehmen wir Platz. Ich sitze Sushila gegenüber. Sie schweigt, ich bin gespannt.

Endlich öffnet sie den Mund: „Nisha, ich habe dich auf die Ranch eingeladen. Jetzt muß ich dir sagen, daß du die Ranch verlassen mußt. Du paßt hier nicht rein." Als Nachsatz kommt nach einer kurzen Pause:

„Geh und beende Vanda."

Ich bin im Schock. Mit aufgerissenen Augen betrachte ich Sushila eindringlich. Habe ich richtig gehört? Ich soll die Ranch verlassen? In mir rauscht es wie in einem schlecht eingestellten Radiosender. Bruchfetzen von Gedanken erweisen sich als unbrauchbar. Sushilas Augen lassen mich nicht los. Ich sehe mir zu. Meine Hand schiebt sich aus der Schlinge, legt sich über Sushilas Hand auf dem Tisch. Ich drücke sie leicht. Sehr sanft höre ich mich sagen:

„Sushila, du bist nicht mein Schicksal.“ Tränen steigen in ihre Augen, ich fühle den warmen Gegendruck ihrer Hand, die sie beim Aufstehen aus der meinen löst. Sie geht. Ich bleibe sitzen. Starre vor mich hin. „Du mußt gehen. Beende Vanda.“ Was hat das zu bedeuten? Tiefer und tiefer sinkt das Geschehen in mein Bewußtsein. Ich muß die Ranch verlassen. Wie in Trance stehe ich am Gemüsetisch. Dunkle Augen starren mich fragend an. Taru, wie immer ein Messer in der kleinen Faust, faßt sich zuerst: „Was?“

Ich nicke mehrere Male Anlauf, bis ich antworte: „Ich muß gehen. Ich muß die Ranch verlassen.“

Betroffen starrt die Tischrunde mich an. Keiner spricht ein Wort. Ich schiebe den Berg Petersilie vorsichtig auf Maitreji zu, hebe die Hand zum Gruß und verlasse die Küche.

Um mich zusammenzusetzen, laufe ich am Bach entlang. Welch ein Tag. Der Vorhang hebt sich. Wie schön ist dieses Land, wie herrlich die Menschen, die hier leben und arbeiten, wie atemberaubend ist Bhagwan. Der Taumel des Lebens erfaßt mich. Der Jubel platzt aus mir mit einem Schrei:

„Yippiee, die Welt hat mich wieder, ich verlasse die Ranch.“

Verblüfft betrachte ich, was da aus mir bricht, Glück und Seligkeit. Zentner, Tonnen, Berge fallen von mir ab. Ohne Überlegung, ohne Plan ist mir klar: Ich gehe nach Indien. Gesundwerden an Leib und Seele in der Wärme Mutter Indiens. Ich dehne mich, recke mich, alle Fesseln sind von mir abgefallen. Die plötzliche Freiheit, das unerwartete Glück - ich muß mich am Straßenrand setzen.

Wie ein Lauffeuer hat sich die Nachricht verbeitet, daß ich die Ranch verlassen muß. Die Reaktion aller ist Erschrecken. Muß sie gehen, weil sie krank ist, oder weil sie voller Widerstände ist? Jeder hat Angst, der nächste zu sein. Eine Vorstellung, die für die meisten unerträglich ist. Ein Leben ohne Bhagwan ist für sie keinen Gedanken wert.

Nivedita stürmt auf mich zu, während ich auf den Bus warte. Aufgeregt zerrrt sie an meinen Armschlingen.

„Du wirst doch nicht gehen? Du kannst deinen Meister nicht verlassen. Niemand auf der ganzen Welt hat die Macht und das

Recht, dich von seiner Seite zu reißen. Auch nicht die Kommune."

Voller Liebe betrachte ich die Aufregung meiner indischen Schwester. Sie zieht mich kraftvoll hinter sich her, strebt in Richtung *Jesus Grove.* „Komm, komm schon! Du gehst sofort zu Sheela, fällst auf die Knie und bittest sie, dich bleiben zu lassen."

Ich muß lachen über ihren Eifer. Ich, vor Sheela auf die Knie fallen? Außer Bhagwan wird mich nichts auf dieser Erde Kopf und Knie beugen lassen. „Nivedita, hör doch mal zu. Ich will ja gar nicht hierbleiben. Ich möchte gehen. Ich fahre nach Indien."

Entsetzt weicht sie zurück: „Indien? Was willst du denn in Indien?" Auch bei meiner Erklärung bleibt ihr Blick verständnislos.

Sie steigt in den Bus, ich winke ihr nach. Ich laufe nach *Alan Watts.* Hinter mir höre ich in weiter Ferne:

„Mom, Mom, warte auf mich."

Meine Jüngste, Nirala - auch sie hat seit kurzem einen neuen Namen, erreicht mich schnaufend. Sie umarmt mich, lacht und strahlt:

„Mensch, Mom, ist das nicht ein tolles Geschenk von Bhagwan an dich, daß du gehen mußt. Endlich kannst du wieder etwas ganz für dich allein machen."

Meine Tochter - sie ist die einzige, die versteht.

Ganz anders ist die Reaktion Achims. Als er von meiner Ausweisung aus seinem Paradies hört, treibt es ihn auf der Stelle zu *Jesus Grove.* Er stürmt hinein, kommt gleich zur Sache:

„Warum muß eine Frau wie die Nisha die Ranch verlassen?"

Verwirrt über Achims Ausbruch, seine Tränen, schieben ihm die Frauen die Kleenex-Box zu, versuchen ihn zu beschwichtigen. Er fährt sie ärgerlich an:

„Ich will nicht getröstet werden, ich will eine Antwort von euch!"

Vidya antwortet ihm: „Wir lieben sie auch, aber sie paßt hier nicht rein. Es ist besser für sie zu gehen."

Ich bin zu Tränen gerührt, als er mir von seinem Einsatz erzählt. Liebe ist nicht schöne Worte, Liebe ist im richtigen Moment das Richtige zu tun. Ich beruhige ihn, erzähle ihm, wie gerne ich gehe. Allerdings ist mir eines klar, ich gehe nicht ohne Geld. Ein Leben als Bettler - noch bin ich nicht so weit, bewußt besitzlos zu leben.

Achim übernimmt es, zu Savita zu gehen, die die Finanzen der Kommune verwaltet. Ich erhalte fünftausend Dollar und das Versprechen, mehr zu bekommen, wenn ich mehr brauchen sollte. Ich bin mit dieser Regelung einverstanden. Mein Vertrauen in die Kommune ist damit um ein großes Stück gewachsen. Ihre Redlichkeit steht außer Frage.

Als ich nach diesem ereignisreichen Tag nach Hause komme, hat Mitzi schon gepackt. Jetzt falle ich endgültig überwältigt aufs Bett. Mitzi muß aus geschäftlichen Gründen die Ranch verlassen. In *Rajneeshpuram* geht es weiß Gott nicht mit rechten Dingen zu.

Daraufhin beeile ich mich nicht mit meiner Abfahrt. Ich genieße es, für einige Tage das Zimmer für mich allein zu haben. Ich trödle, schlafe lang, mache Rundfahrten mit dem Bus. Ich sehe zum ersten Mal die neuentstandenen Gebäude wie *Surdas* und das *Industrieviertel.* Wonneschauer durchrieseln mich. Mit einem Fuß auf der Ranch, angle ich mit dem anderen nach dem Globus.

Der Abschied naht. Ich möchte gehen. Nicht, ohne mich bei den Damen in *Jesus Grove* verabschiedet zu haben, besonders von Sheela, die das Oberhaupt der Kommune ist. Sie soll sehen, daß ich nicht als armer Sünder die Ranch verlasse.

Als ich dort eintrete, treffe ich Sheela, Vidya und Vivek im Gespräch an. Sudipo kocht im Hintergrund Kaffee. Sheela betrachtet mich konsterniert, als ich mich verabschiede.

„Du verläßt die Kommune, fährst nach Indien?“ Sie scheint keine Ahnung zu haben, daß ich gehen *muß.*

Sudipo schreit aus dem Hintergrund:

„Nisha nach Indien? Mysterie, Mysterie!“

Vivek, Bhagwans Vertraute, die seit Jahren für sein leibliches Wohl sorgt, betrachtet mich aufmerksam. Täusche ich mich, oder haben sich Vidyas Lachfalten bewegt? Steinern nickt sie mir zu.

Ich grüße mit dem *Namaste,* ziehe mich zurück.

Jetzt bleibt noch der Gemüsetisch. Stapelweise haben meine Freunde mir Briefe an ihre Familien mitzugeben, die mich sicher machen, in einem fremden Land nicht verloren zu gehen. Viele Umarmungen, gute Wünsche, sehr viel Liebe begleiten mich. Taru und ich, ein letztes homerisches Lachen. Dann umfaßt mein Blick die Küche, bleibt genießerisch an jedem Winkel hängen. Ich atme die Atmosphäre *Magdalenas* ein - und zutiefst erleichtert wieder aus. Der Hölle entronnen. Meiner Hölle.

Am nächsten Tag bringen mich Achim und Premmati in aller Frühe zum Flugplatz. Am gleichen Tag wird Jäkä nach *Rajneesh City* an die Schule versetzt.

Indien

Ich werfe einen letzten tränenverschleierten Blick aus der kleinen Sportmaschine auf die unter mir liegende Ranch. Es ist ein Abschied. Nicht lange hält die Trauer an, der Rausch der Freiheit ist zu mächtig. Ich fliege nach Sacramento, besuche meine Töchter.

Ein strahlendes Wiedersehen. Seit einigen Wochen schlagen die beiden sich abenteuerlich durch. Aus der Geborgenheit der Familie, ohne elterlichen Zuschuß, müssen sie von heute auf morgen für sich selbst aufkommen.

Das einzige, was unsere Töchter von uns mitbekommen haben, ist Liebe. Eine Liebe, die sie hat wachsen lassen. Ich vertraue ihrer Stärke, ihrer Intelligenz und ihrem Herzen. Ich bin sehr neugierig, was sie daraus machen werden.

In Sacramento angekommen, ziehe ich mit ihnen in ein freundliches Motel mit Schwimmbad. Eine Woche verbringen wir miteinander, hauptsächlich im Bett. Ich genieße die faulen Tage mit ihnen. Wir erzählen, lachen, kuscheln uns aneinander, ich habe beide Arme voll mit geliebtem Leben. Ich atme ihren Geruch und ihre Wärme. Gesättigt voneinander verabschieden wir uns. Wer weiß, wann wir uns wiedersehen.

Für sie, wie für mich, ist das Leben ein Abenteuer. Unsere kleine Familie hat so glückselig ihr Leben auf hübschen, kleinen, selbstgebauten Inseln verbracht, daß ein jeder von uns zu lernen hat, in der Welt ohne den Schutz dieser Liebe auf eigenen Füßen zu laufen. Sehr jung habe ich Achim geheiratet. Die silbernen Träume sind zersprungen, ich habe viel nachzuholen.

Meine Ankunft in Frankfurt erschüttert Vanda. Was nun?

Unerwartet treffen wir uns am gleichen Ausgangspunkt - sie hat sich für die Schweiz entschieden. Natürlich versuche ich alles, sie zu bewegen, mit mir nach Indien zu kommen. Dem Himmel sei Dank für ihr Nein.

Uns bleiben einige gemeinsame Tage. Mein Rausschmiß aus *Rajneeshpuram* ist das wiederkehrende Thema. „Beende Vanda“, davon kann keine Rede sein. Wie kann ich Liebe beenden? Ich vermeide es, darüber nachzudenken. Die Notwendigkeit dieser Aufforderung wird sonst zu durchsichtig.

So packen wir beide. Streben in verschiedene Richtungen. Je näher die Trennung rückt, desto schwindeliger wird mir. Bei der Vorstellung allein nach Indien zu fahren, packt mich das Grausen. Ich bin noch nie alleine gereist und nun gleich ein solcher Schritt. Was auf der Ranch noch Sehnsucht war, erscheint mir jetzt als pure Großmäuligkeit.

Ich liebäugle doch noch mit der Schweiz - klein und übersichtlich, Vanda leicht erreichbar. Entsetzt wehrt sie ab. Ja, ich weiß, sie liebt mich um so heftiger, je mehr Kilometer zwischen uns liegen. Sie fährt mir liebevoll durch die Haare, lacht: „Du geh mal schön zu deinem Tiger von Eshnapur, das steht für dich an."

Wir bewohnen im Frankfurter Center, im *Mada*, ein Zimmer. Die letzten Tage im Luxus, Delikatessen und Wein, ganz nach Epikurs zweitem Lehrsatz „natürlich, aber nicht notwendig". Wir feiern unseren jeweiligen neuen Start mit altvertrauten Gesten.

Ich gehe einkaufen. Es ist Herbst, ein früher Nebelabend in Bockenheim, dem Studentenviertel. Ich mag diesen Teil Frankfurts, der die Intimität einer Kleinstadt hat. Geschäfte aneinandergereiht, eine Hauptstraße, von der schmale Gassen abzweigen. Seit kurzer Zeit wird zum Kummer der Anwohner die U-Bahn gebaut, zerreißt den Charme, zerstückelt das bunte Leben dieses Stadtteils.

Ich komme aus dem Fischgeschäft, nicht weit vom Center entfernt. Es ist Freitagabend, gleich werden die Geschäfte schließen. Ich bin mir nicht schlüssig, welchen Weg ich einschlagen soll. Um das Warten an der Ampel zu umgehen, entschließe ich mich für den Holztunnel, der als Passage über den aufgerissenen Straßenabschnitt führt. Es ist dunkel geworden. Eine gelbe Petroleumfunzel beleuchtet den Eingang des Tunnels. Ein Angstgefühl hält mich zurück. Ich gebe mir einen Ruck und tauche in die Schwärze ein. Wie will ich nach Indien reisen, wenn mir die Leipziger Straße schon Angst macht.

Der Gang ist lang. Eine weitere Lampe unterstützt den Versuch, ans andere Ende zu gelangen. Ich bleibe stehen. Ich höre dumpfe Schläge. Noch ist Zeit umzukehren. Ein unwiderstehlicher Zwang schiebt mich voran. Ich muß hier durch. Das Geräusch wird heller. Da sehe ich: Ein Mann, der ein aufblitzendes Messer in die Holzwand wirft, es aus dem vibrierenden Holz reißt, durch die Luft schwingt. Als er mich sieht, gibt er dem Messer eine andere Richtung. Ich fühle die Klinge in meinem Rücken.

Ein scharfer Schrei: „Ich will dich ficken!" Schmerzhaft drückt das Metall durch den Mantel. Seine Augen reißen an mir. Der Schock macht mich zum Beobachter. Ich bin gelassen, ruhig. Mit einer Hand drücke ich seinen Arm herunter.

„Warum nicht?" höre ich mich antworten. „Komm! Laß uns gehen!"

Seine Rasierklingenaugen starren mich an. Er klappt das Messer zusammen, steckt es in die Hosentasche. Ohne einander loszulassen, bewegen wir uns aus dem Gang. Mit jedem Schritt füllt mein Kopf sich mit rasenden Gedanken. Polizei, Menschen, Hilfe. Ich atme tief durch, als der dunkle Schlauch hinter uns liegt. Ich sehe mich um. Ich muß in einer anderen Welt sein, auf einem menschenleeren Planeten. Obwohl es Freitagabend ist, Geschäftsschluß, sehe ich keine Menschenseele auf der Straße. Leergefegt. Es gibt kein Entrinnen für mich, ich bin allein mit diesem Mann. Er hält mich fester, drängt sich gegen mich.

„Los, gehen wir zu mir", krächzt er heiser vor Erregung.

Mit sicherer Stimme höre ich mich sagen: „Laß uns erst ein Bier trinken, dort drüben in der kleinen Kneipe." Meine Ruhe dominiert ihn. Er nickt. Wieder atme ich durch. Das ‚Pinocchio' ist einen Steinwurf vom *Mada* entfernt. Dort treffen sich Sannyasins zum Bier, ich werde sicher sein. Das Lokal ist leer. Längere Zeit ist noch nicht einmal ein Kellner zu sehen. Wir setzen uns an einen runden Tisch, er drängt sich neben mich. Ich betrachte ihn näher. Seine Augen sind voller Gewalt und Gier. Hungrig nach Sex. Er ist Mitte zwanzig, groß, kräftig. Gutaussehend, wenn man das Rohe, Kantige mag. Er spielt mit dem Messer in seiner Hosentasche.

„Komm. Wir gehen aufs Klo", fordert er.

Der Kellner taucht auf. Eindringlich bestelle ich zwei Bier. Gleichgültig fällt sein Blick auf uns. Für ihn sind wir zwei Gäste. Um ins Gespräch zu kommen, Zeit zu gewinnen, frage ich den Gewalttäter: „Wie heißt du?"

Seine schnelle Antwort trifft mich ins Herz: „Achim." Ein Name, der mir so vertraut ist, wie kein anderer. Ein Name, mit dem warme Gefühle verbunden sind.

Achim trinkt sein Bier, preßt seine Hand auf mein Knie. Sein Blick ist scherbenscharf. Herausfordernd meint er: „Leute wie du, würden mich niemals küssen."

Ohne meine Augen von ihm zu lassen, lege ich meinen Arm um seinen Hals, ziehe ihn sanft an mich. Ich küsse weich seine Lippen, die sich öffnen - vor Verwunderung, Unsicherheit, Staunen. Da hake ich ein, bringe ihn unter Kontrolle.

Ich frage ihn nach seinem Leben, während ich seine Hand halte. Keine Arbeit, kein Geld, kein Zuhause.

„Nutten kann ich nicht bezahlen", meint er ehrlich. Ich höre ihm zu, lasse ihn reden. Mit jedem Wort sinken seine Aggressionen. Er fragt nach meinem Leben.

Ich erzähle ihm von Amerika, von den Töchtern, daß ich auf dem Weg nach Indien bin. Seine Augen werden zunehmend weicher. Wir trinken ein zweites Bier. Sein gewalttätiges Vorhaben schwindet.

Vor mir sitzt ein liebenswürdiger Junge, der mich verlegen anlächelt. Ich weiß, jetzt kann ich gehen. Ich küsse ihn auf beide Wangen, umarme ihn. Bezahle am Tresen das Bier.

Noch einmal drehe ich mich nach ihm um. Mit erhobenen Daumen ruft er mir zu: „Viel Glück, Nisha."

Mir kommen die Tränen. „Dir auch, Junge."

Die Tür fällt hinter mir zu. Ich durchquere den Hof. Die Knie zittern, ich bebe wie das bekannte Espenlaub. Mein Körper reagiert. Gleichzeitig erfüllen mich Freude und großes Glück. Ich bin von einer jahrtausendealten Angst befreit, der Angst vor der Gewalt des Mannes. Wie lange habe ich mich davor gefürchtet. Sie hat mein Verhalten bestimmt, ist an meine Töchter weitergegeben. Wieviel hat sie in mir blockiert. Jetzt bin ich durch diese Angst, die gleichzeitig Hoffnung war, gegangen. Mit Bewußtheit. Niemand kann mir Gewalt antun. Ich bin unverletzlich, unzerstörbar.

Von dieser Erkenntnis überwältigt erfüllt mich Dankbarkeit für diesen Mann, der mir durch sein Verhalten Gelegenheit gab, mich von dieser Urangst zu befreien. Wir mußten uns begegnen. Ein Zusammentreffen, das zum Schlüsselerlebnis für mich wird.

Tage später, auf dem Flughafen in Bombay, komme ich zur Besinnung. Tauche aus dem Strudel der Ereignisse auf. Ich habe es geschafft, ich bin in Indien. Die Hitze flimmert. Scharen von Taxifahrern und Bettlern wehre ich mühsam ab. Ich fühle mich elend, halte mich nur kurz in Tarus Familie auf, die wenig an meinen Erzählungen interessiert ist. Der Schmerz um Tarus Weggang ist noch nicht verheilt. Eine indische Frau, die ihre Familie verläßt, wird ungern erwähnt.

Ich möchte allein sein. Ich muß zur Ruhe kommen. Ich glühe, bin matt vor Erschöpfung. In meinem Kopf schwirren Gedanken wie aufgestöberte Kaulquappen in einem Tümpel.

Mit einem Taxi suche ich eine Unterkunft. Gerne würde ich mich in den Luxus des ‚Taj Mahal' werfen - des berühmten Hotels doch meine Gelder müssen vielleicht Jahre reichen. Um aber dort zu frühstücken, bleibe ich in der Nähe.

Ein verfallenes Haus im Kolonialstil, dessen ehemalige Herrlichkeit noch zu ahnen ist, findet mein Gefallen. Im dritten Stock erhalte ich zu meiner Überraschung ein großes, helles Zimmer. Ein alter Mann bringt mir mit zahnlosem Lächeln meine Reisetasche, prallgefüllt ist sie mein einziger Besitz. Ich nehme meine Umgebung nur noch durch einen Schleier wahr. Ich falle auseinander, die Stücke purzeln ins Bett. Die Temperatur meines Körpers scheint höher zu sein als die Glut der Sonne, und doch schlottere ich fröstelnd unter der leichten Decke. So bin ich also am Ziel meiner oregonischen Träume angekommen: krank, elend. Kummer und Schmerz brechen sich Bahn. Sehnsucht nach nicht Bestimmbarem, Heimweh nach nichts Greifbarem, mein Geist verwirrt sich im Aufruhr meiner Gefühle. Mehr als zwei Tage verschwinde ich in der Traumwelt des Fiebers, unterbrochen von kurzen Spannen der Bewußtlosigkeit, in deren Schwärze ich schaukle.

Der Alte hat wortlos meine Pflege übernommen. Er stützt meinen Kopf, gibt mir zu trinken. Flaschenweise Sodawasser. Er stopft kleine Stücke Banane in meinen Mund, geschälte Apfelsinen liegen auf meinem Nachttisch. Das Aufflackern meines Willens läßt mich davon essen. Ich entziehe mich der Dumpfheit des Fiebers. Ohne Hast tauche ich zurück ins Leben. Der Nebel ist gewichen. Kopf und Herz fühlen sich frisch, Gelenke und Knochen schmerzen, sind aber zu benutzen. Ich prüfe meinen Körper auf seine Funktionsfähigkeit. Er gehorcht mir wieder.

Neugierig sehe ich das große Fenster, durch das Sonnenlicht flutet. Ich stehe auf, lehne mich hinaus. Hinterhöfe, auf denen das Leben quirlt. Lachen, Lärmen, Qualm zieht zu mir hoch. Nicht weit blitzt grün das Meer. Zwei biegsame Palmen bilden über den Dächern ein Portal, durch das rot die Sonne im Meer versinkt. Mein Herz schlägt freudig, meine Augen leuchten. Mutter India lockt mit ihrer Schönheit, ihrem Leben, ihrem Charme: „Nun komm schon. Ich warte auf dich.“

Ich verabschiede mich dankbar von dem Alten, der sich über meine Großzügigkeit freut. Ich fahre nach Poona. Ich möchte die vertraute Stadt wiedersehen. Das versteckte Hotel, in dem ich lebte, mich wohlfühlte. Ich genieße die Fahrt im Taxi, einer Bahnfahrt fühle ich mich nicht gewachsen. Buntbemalte Lastwagen ächzen mit letzter Kraft die Steigungen hoch, brechen altersschwach am Straßenrand zusammen. Hindernisse, die eine besondere Kunstfertigkeit erfordern, sie zu überholen, ohne in den Gegenverkehr zu donnern. Karren, zweirädrig, dreirädrig, vierrädrig, verlangen unbeirrt Anpassung an ihr Tempo. Ein solches Chaos benötigt die Hilfe der Götter. Gewonnen werden sie mit Räucherstäbchen, deren süßer Duft sich mit den Auspuffgasen mischt.

Gerüttelt und geschüttelt erreiche ich nach langer Fahrt spätabends das Hotel Apeksha. Ich bin gerührt von der Freude der Besitzer, die mich wie einen langvermißten Freund ans Herz ziehen. Ich bekomme das schönste Zimmer zum höchsten Preis. Schnell sind meine Habseligkeiten ausgepackt. Wie immer hauptsächlich Bücher.

Vom Balkon aus betrachte ich Poona bei Nacht. Entzückt über den tiefblauen Sternenhimmel, mit einem Mond, dessen Sichel auf diesem Teil der Erde eine andere Lage hat. Ich schnuppere die milde Luft, lausche dem leisen Rascheln der Papayabäume, zucke zusammen beim Aufkreischen eines im Schlaf gestörten Vogels. Genüßlich gehe ich ins Bett. Alle Zeit dieser Erde gehört mir. Ein Ozean liegt zwischen mir und *Rajneeshpuram*. Mögen sie dort bauen, arbeiten, erleuchtet werden - was auch immer, ich möchte nicht mit ihnen tauschen.

Ich schlafe ein. Irgendwann höre ich das ‚Tock, Tock, Tock.‘ des Nachtwächters, der mit dem Stock fest auf die Erde pocht, damit die Diebe ihn hören und so gewarnt von ihrem üblen Tun ablassen.

Am nächsten Morgen blinzle ich ausgeschlafen in die Sonne, die mich beharrlich weckt. Schnell ziehe ich mich an, stürme aus dem Haus. Eine Riksha wartet. „Zum Ashram.“ Der Fahrer lacht: „Bhagwan kommt zurück?“ Ich schüttle den Kopf, lache auch.

An der Rückenlehne des Fahrersitzes fällt ein Schild auf: Gib Respekt und Du bekommst Respekt. So einfach könnte unser Leben sein. Wir brausen über die Mahatma Gandhi Road, die unverändert ist. Mein Herz klopft schneller, als wir uns dem Ashram nähern. Die breite Straße, die alten Prachtvillen, in parkähnlichen Gärten, in denen der Reichtum heimisch ist.

Ein paar Händler wecken die Erinnerung an vergangene Zeiten. An Gruppen, an Menschen, an Freunde. Erinnerung vergoldet. Wir sind da. Das vertraute Holztor glänzt in alter Schönheit. Der Wachtposten lächelt mir zu, winkt mich hinein. Langsam bewege ich mich. Nichts hat sich verändert, doch, die Stille ist neu. Der Garten ist zugewachsen, läßt wenig Licht hinein. Eine warmfeuchte Wildnis. Vögel singen, in der Ferne Lachen.

Ich bleibe an der niedrigen Backsteinmauer stehen. Jetzt sehe ich, daß die ehemaligen Geschäfte abgerissen sind. Der Ashram ist in seinen ursprünglichen Zustand zurückversetzt. Vorübergehende betrachten mich neugierig. Ich laufe zum Büro, möchte mich über den Ashram, welche Aufgaben er hat, informieren. In einem Sessel warte ich, bis eine schöne, mollige Inderin ihr Telefongespräch beendet hat.

Mangala begrüßt mich herzlich. Als sie hört, daß ich aus Oregon komme, stößt sie einen überraschten Schrei aus. Noch einmal werde ich umarmt. Sie zieht mich in den Raum, in dem die beiden Ashramleiter sitzen. Prem und Jantibey sind neugierig. Jemand, der aus *Rajneeshpuram* nach Poona kommt, eine unbegreifliche Geschichte. Erst als sie hören, daß ich die Ranch verlassen mußte, leuchtet Verstehen in ihren Augen auf. Ein Schüler also, der einen kräftigen Stoß brauchte. Ich stimme in ihr Lachen ein.

Sie bestehen darauf, daß ich im Ashram lebe, mich zuhause fühle. Mir wird warm ums Herz bei dieser Einladung. Endlich ein Platz, wo ich willkommen bin. Als ich in den Ashram einziehe, die schwere Tasche schleife ich hinter mir her, stolpere ich über eine kleine Frau, die hastig die neue ‚Rajneesh Times' durchblättert. Ich beuge mich zu ihr.

„Kann ich mal sehen? Vielleicht finde ich ein Bild von meiner Tochter".

Sie lacht: „Ich suche auch. Hier ist meine". Sie deutet auf Sheela, die neben Bhagwan steht. Im Nu sind wir ins Gespräch vertieft. Manibey und ich mögen uns. Ihr Mann stößt zu uns, der Koloß von Baroda, wie ich ihn bald nenne. Sein Name ist Ambalal. Volltönend der Klang, ist er wie ein Siegel, das nur zu ihm paßt. Er preßt mich mit dröhnendem Gelächter an seinen Brustkorb, schiebt mich von sich. Er betrachtet mich lachend, zieht mich an sein Herz. Ein Mensch mit überschäumender Energie. Der Vitalität und Sinnlichkeit eines Alexis Zorbas, dem der Überfluß aus jeder Pore dringt. Ich erhalte ein Zimmer im *Krishna Haus*, mit Blick in die Bäume, und auf das *Lao-Tzu-Tor*, durch das man Bhagwans ehemaligen Garten betritt. Einst lebten hier nur bevorzugte Schüler. In der Geborgenheit des Ashrams komme ich endlich zur Ruhe. Ich dehne mich wohlig in der Wärme und Liebe, die mich umgibt. Ich bin der Mittelpunkt vieler Gespräche, denn alle freuen sich, meinen Geschichten aus *Rajneeshpuram* zu lauschen. Staunen und Ungläubigkeit ist oft die Reaktion.

Jubel bricht aus, wenn ich ihre Freunde schildere. Alankar, Taru, Aruna, Vinod, Priya, Maitreja und viele mehr. Sie werden vor ihren Augen lebendig. Ich erzähle vom Abenteuer *Magdalena*, vom Ächzen und Stöhnen, vom Lachen und Weinen. Beispiele von Jäkäs Kälte lassen sie schaudern. Wiederholt muß ich von Tarus Gewichtsabnahme erzählen. Sie prusten vor ungläubigem Lachen. Taru und abnehmen?

Meine Berichte lassen Amerika näherrücken. Ich fühle ihre Sehnsucht, ihren Meister wiederzusehen, der so unerreichbar ist. Mit Vergnügen sehe ich mit ihnen die Videos, die auf der Ranch gedreht wurden, das dortige Leben zeigen. Ich gewinne den Eindruck, daß mir einiges entgangen ist. Schwimmen, segeln, reiten, Tanz und Gesang in endloser Folge. In den Pausen etwas Arbeit wie Straßenbau, Brückenbau, Dammbau, Häuserbau. Heitere Menschen lassen moderne Maschinen für sich arbeiten.

Von vierzehn Stunden Zwiebelnschälen, Nachtschichten und Powertrips einer Jäkä erzähle ich. Aber mein Herz schlägt freudig, wenn ich die bergige Landschaft und die liebgewonnenen Menschen sehe. Begeistert presse ich meine Wange an die Marmorsäulen der *Rada Halle*, fühle mich sicher vor dem Zugriff Vidyas, Padipadas oder gar Jäkäs, deren Name selbst in der Erinnerung wie eine Kreissäge schrillt.

Auch im Poona Ashram sind die Töne einer Hierarchie unüberhörbar. Die beiden Leiter, Jantibey und Prem, sind die Herrscher eines Imperiums. Ihren Anordnungen wird gehorcht. Jedoch im Vergleich zu *Rajneeshpuram* ist der Ort eine kontemplative Oase.

Man lebt von den Führungen durch den Ashram, hauptsächlich Studenten kommen, in der Hoffnung, noch Spuren von dem berühmt-berüchtigten Sexleben der Sannyasins zu finden. Dazu kommen Spenden reicher Schüler, die ein gutes Leben ermöglichen.

Meine lockeren Reden über *Rajneeshpuram*, meine unorthodoxen Schilderungen bringen mir einen Verweis von Prem ein, die mich in ihr Büro zitiert. Vidya in Indien? Amüsiert höre ich ihre Anschuldigung, daß ich negativ wäre.

Ich antworte vergnügt: „Ja, die Wahrheit hat nicht nur eine Seite."

Sie kann meiner Offenheit nicht widerstehen. Wir sitzen oft beim Tee zusammen, werden Freunde des Moments. Ich liebe ihre Geschichten. Sie ist eine der Erst-Initiierten. Sie weiß viel aus den Anfängen zu berichten. Kein Geld, aufgebrachte Zuhörer, die Bhagwans Reden für ketzerisch hielten, aufreibende Reisen durch Hitze und Monsun. Ohne Pause von einem Ort zum anderen. Dazu Bhagwans unermüdliche Forderungen, die keinen Halt machen vor der Unmöglichkeit. Wie immer bin ich fasziniert. Die Vorstellung, mit ihm so vertraut zu sein, wie mit einem Freund, dem selbst die kleinen Probleme der Schüler nie zuviel wurden. Der sogar alltägliche Entscheidungen für sie traf, ob Brille oder nicht, ob Tanzunterricht für die Tochter, eine Geschäftsübernahme für den Mann. Alles wurde an ihn herangetragen, geduldig gab er seinen Rat. Welch ein Unterschied zwischen den indischen Schülern und mir.

Ich habe nie mit ihm gesprochen, kenne keine körperliche Nähe. Ich weiß nicht, ob er mich wahrnimmt, wenn ich vor ihm stehe. Und doch bin ich durchdrungen von ihm. Seine Kraft führt mich, macht ein Leben möglich, weitaus spannender als alles Vorstellbare. Selbst wenn ich verzweifelt bocke, mich sperre, störrisch wehre - er ist stärker als ich. Er bewegt mich, schafft Situationen, die mich spiegeln, die mich sichtbar machen. Er stellt mich solange in Frage, bis ich keine Antwort weiß, bis es keine Antwort *gibt*. Denn alles ist Schein, alles eine Illusion. Die einzige Realität - Bewußtheit im Sein. Bis ich verstehe, solange wird er mich nicht loslassen. Er wird mich mit allem konfrontieren, bis meine Vorstellungen von mir und der Welt zerbrochen sind. Er wird solange mit seinen Schülern sein, bis jeder das ist, was er ist. Ein einzigartiges Lied der Schöpfung.

Ich lebe im Müßiggang. Nach der Disziplin *Rajneeshpurams* erlebe ich das ersehnte Paradies. Die Abende vergehen mit stundenlangen Melodramen der indischen Filmkunst. Ohne die Sprache zu verstehen, empfinde ich die Ausdruckskraft der Gefühle, die unschwer zu erkennen sind - Haß, Wut und Eifersucht, das ewige Drama der Liebe. Weit nach Mitternacht gehe ich ins Bett, schlafe bis die Sonne auf meiner Nase tanzt.

Zwei Bücher werden zum wichtigen Reisebegleiter. Sie verhelfen mir zur Einsicht. Eines ist ‚Chasm of Fire'. Es sind die Erfahrungen einer 60jährigen Frau mit einem Sufi Meister, den sie in Zentralindien erkennt. Er nimmt sie als Schülerin an. Sie verläßt England, lebt in seiner Nähe. Obwohl ihr Verstand sich aufbäumt, weicht sie nicht von ihm. Tagelang, wochenlang sitzt sie in brütender Hitze vor seiner Tür. Ohne zu essen, ohne zu trinken. Ist es nicht die Hitze, so ist es der gußartige Monsunregen, der sie auflöst. Sie erlebt Höllenqualen. Der Meister scheint nicht interessiert an ihr. In einem Zerstörungsprozeß ihrer Persönlichkeit, in der Zermürbung, verwandelt sich ihre Auflehnung in bedingungslose Hingabe, in wahren Gehorsam, der aus innerer Einsicht kommt.

Nur die Härte und Unnachgiebigkeit eines Meisters, seine Art der Liebe und des Mitleids, können das erreichen.

Das Leiden dieser Frau erleichtert mich. Ihr Ringen, ihre Ängste, ihre Tränen, ihr Schmerz und ihre Krankheit sind mir sehr vertraut. Ich fühle mich verstanden, bin nicht mehr allein. Gehorsam, das ist mein Problem. Ich kann nicht gehorchen. Hingabe kenne ich nur in der Liebe. Vertrauen ist die Voraussetzung. Ich liebe Bhagwan nicht, ich vertraue ihm nicht. Das ist die Schlußfolgerung, die ich aus meinen Schwierigkeiten in der Kommune ziehe. Denn die Kommune ist nicht von Bhagwan zu trennen, wie ich es versucht habe. Das Leben in der Kommune ist seine Arbeit an uns.

Wenn ich ihn nicht liebe, ihm nicht vertraue, warum bin ich dann sein Schüler? Weil meine innere Stimme und Bhagwan die gleiche Sprache sprechen. Die beiden verstehen sich, während ‚ich' wüte. Ich halte fest an dem Ungehorsam, der mein Markenzeichen ist, Ausdruck meiner gesamten Persönlichkeit. In der Welt, in der ich aufwuchs, voll Lüge und Unnatürlichkeit, waren mein Ungehorsam und meine Verweigerung die einzige Möglichkeit für mich zu überleben. Ich blieb gesund unter Kranken, schuf meine Inseln, auf denen ich unbehelligt lebte, hielt so die Krankheit auf Distanz.

Der Ungehorsam, der Widerstand ist zu meiner zweiten Natur geworden. ‚Chasm of Fire' zeigt mir, daß ich aufgeben muß. Warum sollte ich sonst bei einem Meister sein? Ich habe gelebt, was mir möglich war. Bin ich weitergekommen?

Ich habe nach Bhagwans Hand gegriffen, halte mich an ihm fest und versuche gleichzeitig in die andere Richtung zu laufen. Ich will zurück ins Altvertraute, obwohl ich weiß, daß es dort nichts mehr für mich gibt. Ich habe bis an meine Grenzen gelebt. Voller Sehnsucht lese ich das Buch. Von der Frau, die ihre Befreiung in der Hingabe und dem Vertrauen zum Meister findet. Ich bin davon noch weit entfernt. Aber das Wissen, daß es noch andere störrische Schüler gibt, hilft mir, neuen Mut zu fassen. Nicht genug mit dieser Hilfe. Das zweite Buch umarmt mich, hält mich lange fest. Gebadet in Tränen der Liebe und des Mitleids lese ich von Kazantzakis ausdrucksvollen Empfindungen über den Bruder Franz. Er wird eins mit ihm auf der Suche nach Freiheit, nach Göttlichkeit. „Bruder Mandelbaum, sprich mir von Gott." Und der Mandelbaum blühte.

Einfachheit, Klarheit, Schönheit. Alles liegt in uns, doch wir suchen in den entlegensten Winkeln, in den schwierigsten Höhen. Wir krümmen und biegen uns auf der Suche nach Gott, Wahrheit, Paradies, Freiheit oder Erleuchtung, wie immer wir es nennen. Wir suchen das Eine in der Ferne, Leben um Leben. „Und der Mandelbaum blühte." Wir brauchen nicht weit zu gehen - die Göttlichkeit ist in uns. Die Zerstörung des Bruder Franz durch Leiden, seine Auferstehung aus den Trümmern seiner Persönlichkeit, erschüttern mich bis an die Wurzeln. In mir öffnet sich sachte, leise quietschend, eine verborgene Tür.

Die Versuchung im Ashram zu bleiben, nicht weiter über den ‚Gartenzaun' zu schauen, ist groß. Ich fühle mich wohl in der Geborgenheit. Jeden Morgen frühstücke ich mit Homa und Uttama, die in einem angrenzenden Hotel abgestiegen sind. Zwei junge Leute, die nicht genug bekommen von meinen Schilderungen vom Leben auf der Ranch. Aber auch ich habe meine Fragen. Homa ist bildhübsch. Sie ist schon jahrelang Sannyasin, obwohl sie noch sehr jung ist.

„Wie hast du Bhagwan gefunden?" frage ich, wie immer neugierig.

„Am Himalaya, in einer Meditationsschule." Ich bin verblüfft. Homa am Himalaya? Sie lacht.

„Ja, da war ich auf einem besonderen Trip. Sieben Monate saß ich mit einigen Westlern in einer Höhle. Wir haben Tag und Nacht meditiert. Bis ich eines Tages nur noch zwei Dinge im Kopf hatte - Schwänze und Sahnetorte." Es dauert etwas, bis ich die unerwartete Wende verstehe. Unser Gelächter scheucht das Personal auf.

‚Schwänze und Sahnetorte' bestimmen das Leben einer jeden jungen Frau, wenn sie ehrlich ist.

Die Entscheidung, ob ich im Ashram bleibe oder nicht, wird mir abgenommen. Um Mitternacht poltert es gegen meine Tür. Ambalal steht schnaufend vor mir. Ein letztes Mal preßt er mich an sein Herz. Er fährt zurück nach Baroda, nicht ohne mir seine Adresse zu hinterlassen, mit der dringenden Einladung, ihn und seine Frau zu besuchen. Eine letzte Umarmung, unsere Herzen prallen aufeinander. Jetzt habe ich ein Ziel, ich kann weiterreisen.

Wenige Tage später nehme ich Abschied von meinen neuen Freunden. Ich werde umarmt, Hände klopfen meinen Rücken: „Komm zurück zu Bhagwans Geburtstag", fordern sie mich auf. Ich schüttle den Kopf. Ich möchte lange reisen und viel sehen.

Nach nächtlicher Busfahrt komme ich im Morgengrauen in Baroda an. Der Rikshafahrer kennt die Adresse. Über holprige Straßen fahren wir durch die erwachende Stadt. Die Farm liegt außerhalb, ist von Mangobäumen umgeben. Begeistert werde ich begrüßt. Ich bin von ganzem Herzen willkommen. Es ist ein kleiner Besitz, den Ambalal und Manibey bewohnen. Ein ebenerdiges, quadratisches Gebäude, mit einem buntblühenden Innenhof, der von dem lauten Gezeter Manibeys erfüllt ist. Ihre unermüdlichen Anweisungen für das Personal durchdringen Haus und Garten. Es dauert etwas, bis ich herausfinde, daß ihr schrilles Kreischen liebevolle Zuwendung ist. Ihre Art, sich und die Bediensteten in Trab zu halten. Hinter ihrer Barschheit steckt Klugheit und Herzlichkeit. Ich fühle mich wohl in ihrem Haus.

Nach dem üblichen Mittagsschlaf gerät das Haus in Aufregung. Meine Gastgeber machen sich stadtfein. In Poona rotgekleidet, trägt man zuhause weiß. Duftige Baumwollsaris, Baumwollhosen, gestickte Westen. Unter dem Keifen der Hausfrau werden sie noch einmal gebügelt.

Ich warte. Ich werde die beiden in die Stadt begleiten. Diese tägliche Hektik ist das Vorspiel zu Ambalals Spielleidenschaft. Wir fahren mit dem Taxi in den Club, in dem sich angesehene Bürger der Stadt stundenlang dem Kartenspiel hingeben. Schnell bin ich im Bann dieser Energie. Es wird hoch gespielt. Ambalal verliert, bleibt heiter und gelassen. Rundum sehe ich offene und versteckte Gier. Süchtige, deren Stoff die Karten sind. Wieder zu Hause erwartet uns ein köstliches Mahl. Ambalal ist ein guter Erzähler, zeigt dabei eine Offenheit, die in Indien unüblich ist.

Am Morgen weckt mich Manibeys monotones, schrilles Singen, die Verehrung Krishnas, ein morgendliches Ritual. Die Stimme hebt und senkt sich, begleitet vom Gebimmel einer Glocke. In den Singsang eingebettet, Teil von ihm, ist das Gespräch, das sie mit ihrem Mann führt. Gebet, Gesang, Gespräch sind miteinander verwoben, ergeben eine Melodie. Ambalals Gelächter dröhnt durch das Haus.

„Nisha, komm. Ich muß dir etwas zeigen." Er wedelt mir mit einer Ansichtskarte zu. „Post von Sheela."

Ich betrachte die Karte, auf der ein nackter Mann auf dem schneebedeckten Gipfel eines Berges liegt. Ich stutze. Ist das Bhagwan? Die Ähnlichkeit ist frappierend.

Ambalal freut sich über meine Verwirrung. Er reicht mir den Begleitbrief, den ich überfliege: „Lieber Babuji, bitte schick diese Karten nicht mehr durch die Welt. Ich muß täglich erklären, daß es mein Vater ist, der da im Schnee liegt, und nicht Bhagwan." Ambalal schüttelt sich vor Vergnügen. Ja, es ist ein Bild von ihm. Freunde haben ihn so in den kalifornischen Bergen fotografiert, machen sich einen Spaß, damit zu bluffen.

Wir sitzen im Schatten der Mangobäume. Manibey kommt mit den Familienbildern. Welch ein schönes Kind war Sheela. Sensibel, wach schaut mich das kleine Mädchen an. Wo ist es geblieben? Heute leitet Sheela mit fester Hand die intelligentesten Menschen, die die Kommune bilden. Sie steht im Scheinwerferlicht der Öffentlichkeit. Ihr Bild geht mit dem Bhagwans um die Welt. Das kleine Mädchen kann nicht ganz verschwunden sein. Es wartet irgendwo auf seine Zeit. Jetzt ist das Leben Sheelas ein Kampf, um Bhagwan und die Kommune in Oregon zu etablieren. Um jeden Preis.

Am Nachmittag besuchen wir Freunde der Familie. Ein Arjuvede kann mir vielleicht bei der Heilung meiner Krankheit helfen. Zwar tut das faule Leben und die Wärme mir gut, ich fühle das Gift allmählich aus mir weichen, aber immer noch überfallen mich Schmerzen, die mich mit Mühe laufen lassen.

Mit Ambalal autozufahren bleibt für mich ein einmaliges Erlebnis. Nie wieder werde ich mich in eine solche Gefahr begeben. Ich setze voraus, daß Ambalal weiß, wo Gas und Bremse sind - grundlos benutzt er beides. Er folgt Manibeys kurzsichtigen Befehlen, bricht sich Bahn durch das Verkehrschaos, ohne die Zahl seiner Opfer zu bemerken. Sein würdiges Aussehen schützt ihn vor dem

Ärger des Volkes, das leidensgewohnt, ihn am Leben läßt. Wo er fährt, verbreitet er Angst und Schrecken. Er stößt ruckartig aus der Masse der Fortbewegungsmittel aller Jahrhunderte, streift einen Gemüsewagen, bringt eine Kuh ins Wanken. Manibeys Kreischen läßt ihn das Steuer nach links drehen - ein Hund jault ein letztes Mal auf. Er folgt ihrem Befehl zu bremsen, eine Riksha fährt auf uns drauf. Ein Lastwagen schrammt die Riksha. Fahrer fluchen, toben, schütteln die Fäuste. Schweißgebadet klammere ich mich an den Sitz. Wann hat dies Inferno ein Ende?

Unbeirrt strebt Ambalal vorwärts. Ein Radfahrer fällt zur Seite. Ich schließe die Augen. Erst in dem angestrebten Hinterhofmilieu entspanne ich. Kinder, Ziegen, Hunde, Katzen, ein fröhliches Miteinander, durchzogen vom Gesang der Sprache und den Düften der Küche. Respektvoll grüßen die Kinder, Umarmungen mit den Alten.

Hier hat Sheela mit ihrer Familie einst gelebt. Es ist nicht einfach, eine Verbindung zu der selbstbewußten Frau zu finden, die ein utopisches Unternehmen in der Wüste leitet und die engste Vertraute eines Meisters ist. Die mit Schärfe und Intelligenz, mit der Unerbittlichkeit des Willens, mutig die Wünsche des Meisters durchzusetzen versucht. Ich werde vorgestellt. „*Rajneeshpuram*, Oregon, Sheela“, entnehme ich dem schnellen Wortschwall.

Unter Schnalzen der Zungen, Wiegen der Köpfe werden die Bilder von Bhagwan und Sheela bewundert, die die stolzen Eltern mitgebracht haben.

Ein alter Mann sitzt eingemauert in Bücherwände am offenen Fenster. Seine leseerschöpften Augen prüfen mich. Kann er mir helfen? Weiß er einen Rat? Er blättert in Büchern, brummelt, greift in die Schublade, reicht mir eine Handvoll brauner Kügelchen, die an Ziegendreck vom Hof erinnern. Vielleicht auch sind. Ich bedanke mich herzlich.

Wir folgen einer Frau in ein Gärtchen, das von einem knorrigen Baum beschattet wird. An seinem Stamm liegt eine ausgemergelte Gestalt auf einer Matte. Das faltige Gesicht der Blätterkrone zugewandt. Ein Mensch stirbt mit einem letzten Blick auf die Schönheit der Natur. Wie gut ist ein solches Adieu.

Wir verabschieden uns nach dem Genuß der üblichen ‚süßen‘ Gastfreundschaft. Ich warte im Auto, sehe einer Kuh zu, die bedächtig das Altpapier vom Karren frißt. Auch davon kann man satt werden. Zurück auf der Farm erhole ich mich von der Autofahrt unter den Mangobäumen. Höre das Geschnatter der Bediensteten, das Lachen der Halbwüchsigen, die auf der anderen Straßenseite Schlagball spielen.

Meine Gastgeber lieben meine Gesellschaft. Sie laden mich ein, mit ihnen nach Gopaldam zu fahren und dort einige Tage mit Vimala Thakar in einem Meditationscamp zu leben. Ich stimme begeistert zu. Vimala Thakar gilt als erleuchtet, erzählt mir Ambalal. Er kennt sie schon sehr lange und verehrt sie ebenso wie Bhagwan. Sie war eine Schülerin Krishnamurtis, der sie eines Tages fortschickt mit den Worten: „Geh und sing dein eigenes Lied!" Sie beginnt zu reisen, Vorträge zu halten. Sie findet großes Echo im eigenen Land. Sie setzt sich ein für eine Agrarpolitik, die den Bauern eine bessere Lebensqualität ermöglicht. Sie gründet zwei Kommunen, eine davon ist Gopaldam. Der Vergleich mit Bhagwan stört mich. Ich kann mir nicht vorstellen, daß es mehr Wesen wie ihn auf der Erde gibt. Für mich ist er schon unfaßbar.

Meine Freunde sind besorgt, ob ich das primitive Camp ertragen werde, daß eine Woche Unbequemlichkeit verspricht. Sie sind daran gewöhnt. Ich beruhige sie, wenn sie in ihrem Alter eine solche Strapaze auf sich nehmen, kann ich es auch. Meine einzige Sorge ist, ob Ambalal das Auto fährt. Nein, ein Chauffeur ist engagiert, höre ich aufatmend.

Das Haus beginnt zu vibrieren. Eine Reise in Aussicht, wird gekocht, eingekauft, Bestellungen gemacht und geliefert. Mehr und mehr Obstkörbe füllen den Innenhof. Die Dienerschaft wäscht, bügelt, sortiert, stapelt unter den wachsamen Augen der Hausfrau. Mit Indern zu reisen ist ebenso aufregend wie mit ihnen zu leben.

Manibeys Gezeter findet immer neue Höhepunkte. Die ‚Sklaven' jagen aufgeschreckt durchs Haus. Manibey ist Mittelpunkt des Chaos. Sie wehrt die Frageattacken ihres Mannes zufriedenstellend ab, stürzt mich in den Strudel der Ereignisse. Ich schiebe, rücke Decken und Kissen zum Lüften in die Sonne, unterstütze Ambalal in der Auswahl seiner Lungis, Westen und Seidenschals, türme jedes erprobte Stück auf den schnellwachsenden Berg seiner Garderobe. Ohne Zweifel wird das Camp ein Fest.

Am nächsten Morgen brechen wir in der Dunkelheit auf. Was das Innere des Autos nicht mehr faßt, wird auf dem Dach vertäut. Die Dienstboten haben sich aufgereiht, froh über unsere Abfahrt. Letzte Anweisungen von Manibey werden mit stoischem Kopfnikken bedacht. Endlich fahren wir los. Der Auspuff knirscht über den Kies. Unter dem erleichterten Abschiedsgebrüll der Dienerschaft entschwinden wir ihren Blicken. Ich sitze neben dem Fahrer, der eine düstere Ausstrahlung hat. Auf dem Rücksitz hocken Ambalal und seine Frau im Schneidersitz. Seine Goldweste schimmert in der Dämmerung, auch sein Käppchen leuchtet. Kraftvoll quellen religiöse Gesänge aus seinem Brustkorb, deren Monotonie den Fluß der Gedanken hemmt. Unbeirrt davon hat Manibey im Fahrer ein neues Opfer gefunden, dem sie ihre Wünsche vorgebeugt ins Ohr brüllt.

Wir haben die Stadt verlassen. Es wird hell. Wir halten vor einer Wellblechhütte. Mit gerafftem Sari und Lungi streben die beiden Alten zielbewußt auf eine Hütte zu. Vorbei an streunenden Hunden, grunzenden Schweinen, durch einen besser undefiniert bleibenden Schlamm. Ich folge ihnen vertrauensvoll. Ihre Entschlossenheit muß einen Grund haben. Mit unnachahmlicher Grandezza stehen die beiden Freunde im Dreck, schlürfen Chai aus gesprungenen Tassen. Eine erlesene Köstlichkeit, die es nur hier in dieser Güte gibt und deren samtige Milde die Sinne befriedigt.

Jetzt kann die Reise beginnen. Wir fahren durch weite Ebenen und einsame Gegenden auf ungeteerten Straßen. Ziegen- und Schafkarawanen begegnen uns, angetrieben von ihren buntgekleideten Besitzern. Nomaden, deren gesamte Habe auf dem Rükken dieser Tiere schwankt. Zwischen zwei Schafen schaukelt eine geflochtene Matte, auf der die Kleinsten des Stammes gemeinsam einer ungewissen Zukunft entgegenschlafen. Die größeren Kinder tollen mit den Lämmern auf der Straße, werden von den noch Größeren in die Ordnung des Zuges gezerrt. Lärmen, Lachen, Singen, das Scheppern der Glocken, die um den Hals der Tiere hängen, dazu das Klirren des Schmucks, den Männer wie Frauen tragen.

Entzücken füllt mein Herz. Die Buntheit dieses Lebens, in dem der Besitz so gering ist, daß er die Beweglichkeit nicht hemmt. Mutter India - wie schön und lebendig sind deine Kinder.

Am Spätnachmittag ist unsere Reise in einem dürren Gebiet zu Ende. Es ist staubtrocken und heiß. Wenige, weitauseinanderliegende Dörfer, die Vegetation beschränkt sich auf einige saftlose Bäume und Sträucher. Auf einem Hügel bläht sich im leichten Wind ein buntes Zelt. Kunstvolle Batiktücher umspannen die Pfosten. Auf dem gegenüberliegenden Hügel ein weißes

Rundhaus, in dem Vimala bei ihrem Besuch mit engen Vertrauten lebt.

Ihre Kommunen sind ein Versuch, die Wüste urbar zu machen, Natur, Mensch und Spiritualität in Einklang zu bringen. Auch in *Rajneeshpuram* wird das versucht - doch mit gravierendem Unterschied: bei Bhagwans Vision steht die Transformation des künstlichen Menschen zum natürlichen Menschen im Vordergrund. Der alte Mensch muß zerstört werden - das heißt, Ego und Persönlichkeit - damit das ursprüngliche Potential sich ausbreiten kann. Erst dann ist die Einheit zwischen Mensch, Natur und Spiritualität möglich. Der Mensch, aus sich selbst heraus wiedergeboren, ist ohne jede Vergangenheit, ohne Zukunft. Die Gegenwart ist Sein, der Moment das Leben. Aus dem Moment entspringt Spontaneität, die keine Ordnung aufkommen läßt. Kreativität ist natürlicher Ausdruck des Seins.

Im Camp lachende Inder, die sich begrüßen, niederhocken, ausgiebig plaudern. Die Kommune Gopaldam wird von Intellektuellen des Landes unterstützt. Lehrer, Ärzte und Ingenieure bilden eine Truppe, die Vimalas Ideen fördern und leben.

Unser Chauffeur nestelt die Wagenladung, Gepäck und Haushalt auseinander. Ich folge Manibey in eine geräumige Scheune, die als Schlafsaal für die Frauen dient. Ich stelle meine Tasche ab, sehe mich draußen um. Aus der Küche werden Speisen auf einen blankgefegten Platz getragen, der ebenfalls mit bunten Tüchern eingezäunt ist. Auf der Erde liegen Bastläufer, auf denen das Essen abgestellt wird. Wenige Meter weiter tropft ein Wasserhahn, macht das Abwaschen einfach. Etwas abgelegen, die Bambushäuser der Männer. Daneben ein in die Erde eingelassenes Loch, mit Sackleinen vor Einsicht geschützt - die Toilette. Ein Blick dahinter verrät, warum Ambalal mit einem Holzschemel in die Felder zieht. Die Benutzung dieser Einrichtung erfordert ein Höchstmaß an Gelenkigkeit. Bei meinem Rundgang stelle ich aufatmend fest, daß es auf der Anhöhe, wo auch der Brunnen ist, einfache sanitäre Einrichtungen gibt mit Tür und Riegel. Kleine Zugeständnisse an meine westliche Herkunft, die ich zu schätzen weiß.

In Gopaldam lerne ich die Einfachheit des Lebens lieben. Ein Eimer Wasser über den Kopf, kalt und frisch aus dem Brunnen ist um soviel schöner als eine Dusche in einem gekachelten Badezimmer. Der Blick schweift dabei über die Ebene, über lachende Menschen, bunte Zelte. In der Ferne der Silberstreifen eines Sees.

Zurück im Schlafsaal winkt mich Manibey an ihre Seite. Sie wird bei mir im Frauenschlafsaal bleiben. Entgegen dem Willen Ambalals, der zornig von dannen zieht, als er an ihrem Entschluß nicht rütteln kann. Er ist gewohnt, sie immer an seiner Seite zu haben. Ein Mann mehr, der mich mißtrauisch beäugt. Unter den neugierigen Blicken der Frauen und Mädchen richten wir uns ein. Das Gepäck wird aufeinandergestapelt bis es schwankt. In Kopfhöhe sind Schnüre durch den Saal gezogen, so daß Saris und Blusen die Enge knitterfrei überstehen. Stumm bedeutet mir Manibej sie nachzuahmen. Sie grüßt freundlich nach allen Seiten, ohne dabei aufzuhören, ihre Matratze unnachgiebig in eine Lücke zu zwängen.

Ohne den schnatternden Redestrom zu unterbrechen, gewinnt sie Zentimeter um Zentimeter. Mit schnellen Handgriffen bringt sie auch Ordnung in mein Leben. Bewundernd schau ich ihr zu - kein Zweifel, sie ist eine Frau mit viel Erfahrung. Mit 120 Inderinnen einen Schlafsaal zu teilen, d a s ist ein Erlebnis. Ich bin keine Sekunde allein. Ich werde neugierig beobachtet, offen, ohne jede Heimlichkeit. Kicherndes Getuschel „Bhagwan, Bhagwan". Ich fühle keine Ablehnung, Spott oder Distanz. Mit Freundlichkeit, Herzlichkeit nehmen sie mich in ihrer Mitte auf. Gleich in den ersten Stunden nach meiner Ankunft schüttelt mich eine schmerzhafte Erkältung. Ich glühe, der Hals brennt. Mitleidig gibt man Manibey gute Ratschläge, zu denen sie nickt oder sich in lautstarke Debatten verwickelt.

Ambalal poltert herein. Er hat das Obst in den Körben als Prasad, ein Geschenk, in Vimalas Haus getragen. Strahlend erzählt er, wie sehr sie sich gefreut hat, ihn wiederzusehen. Der Gong ertönt zum Abendessen. Wir nehmen Löffel und Becher aus dem Gepäck, eilen zum ‚Speisesaal'. Am Eingang die Teller, geflochtene Blätter. Wie schön, wie ästhetisch davon zu essen. Einmal benutzt, werden sie in den Abfall geworfen. Ich nehme neben meinen Freunden mit gekreuzten Beinen Platz, ohne ihr Beispiel hätte ich mich auf den ‚Tisch', die Bastmatte, gesetzt. Wir sitzen uns in Reihen gegenüber. 250 Schüler Vimalas. Das Kochen und Bedienen haben die Bauern aus der Umgebung übernommen. Aus den Gesprächen, die in Englisch geführt werden, entnehme ich, daß sich nicht nur Vimalas Ideen bei den Arbeitsprojekten durchsetzen.

Gandhiji ist nicht tot. Sein Geist prägt die gemeinsame Anstrengung. Ich höre Einzelheiten über die Arbeit. In Gopaldam wird versucht, das Land der Kleinbauern zusammenzulegen, eine kollektive Bewirtschaftung der Felder zu erreichen, die Anschaffung von Landwirtschaftsgeräten zu ermöglichen, die die Kommune zur effektiven Nutzung braucht. Die Bewässerung der Felder ist das Hauptthema. Die Bewohner dieser Gegend sind so arm, daß es nicht schwierig ist, sie von einem Zusammenschluß zu überzeugen, der auch der Jugend eine Zukunft bietet. Unterstützt werden sie von Spezialisten für Agrarwirtschaft, für Technik und Bodenbestimmung sowie Lehrern und Sozialarbeitern. Der Sozialist in mir ist begeistert, aber was hat das alles mit Vimalas Erleuchtung zu tun? Ich wende mich dem Essen zu, das einfach, aber wohlschmekkend ist. Mit den Fingern zu essen, gelingt mir nicht. Dazu gehört die Eleganz der Inder, die Wendigkeit ihrer Hände. Nach der Mahlzeit werden Becher und Löffel unter dem Wasserhahn mit Sand gereinigt. Immer wieder fällt mir auf, mit welch einer Zutraulichkeit, Liebenswürdigkeit Inder miteinander umgehen.

Mit Sicherheit ist der Schlafsaal voller Frauen keine Erholung. Es wird gesungen, musiziert, erzählt und vor allen Dingen gegessen. Wird der Schlaf wirklich stärker als die laute Umgebung, fällt man für kurze Zeit in sich zusammen. Es dauert nicht lange, da zieht das Lachen und Singen den Schläfer ins Leben zurück. Manibey ist in diese plötzliche Ruhephase gesunken, mitten im Satz. Ich drehe mich unruhig auf der schmalen Matratze, bedacht darauf, meine Nachbarinnen nicht zu berühren. Bis auch ich in die Dunkelheit des Schlafes falle. Mich weckt der Rucksack nicht, der mir ins Gesicht fällt, träge schiebe ich ihn beiseite, aber eine Ratte. Sie zappelt in meiner Hand. Mein verhaltener Schrei weckt Manibey. Sie wälzt sich auf der Matratze, mein Gesicht, meine Reaktion für sie ein pures Vergnügen. Wir lehnen uns gegen die Gepäcktürme zu unseren Häuptern, knuspern bis ins Morgengrauen Kekse und Salznüsse. An dieses Leben muß ich mich erst gewöhnen.

Um fünf Uhr morgens, als auch die Beharrlichste in Schlaf gesunken ist, schwingt ein herrlicher Gesang durch das Camp. Die Frauen aus der Begleitung Vimalas wecken zur morgendlichen Meditation, die um sechs Uhr im Versammlungszelt stattfinden wird. Wie ein auffliegener Entenschwarm stieben die Frauen aus dem Saal. Ich bleibe zurück, meine Glieder sind schwer, ich habe Fieber. Durch die Fenster sehe ich den beginnenden Tag. Blutrotdie Sonne übernimmt die Herrschaft von Himmel und Erde. Eine volle Frauenstimme steigt auf, schwebt über die menschliche Begrenzung hinaus. Niemals habe ich Schöneres gehört. Ich lasse mich in einen ruhigen, festen Schlaf wiegen. Manibeys geschäftiges Geraschel weckt mich. Es muß Vormittag sein. Unwirsch beobachte ich ihr Tun. Sie packt das restliche Obst zusammen. „Ein neues Prasad für Vimala“, meint sie.

Mich durchfährt heftiger Ärger: „Sie hat Körbe voll Obst bekommen. Das kann sie doch gar nicht essen!“

Unbeirrt packt Manibey auch noch den letzten Apfel in den Korb. Mein Verhalten ist auch für mich überraschend: ich nehme mir einen Apfel von dem Obstberg. Ich bin krank, fühle mich elend. In der Hitze ist Obst erfrischend. Warum schleppt sie alles weg? Manibey reißt mir den Apfel aus der Hand.

„Nein, das Obst ist ein Geschenk für Vimala“, beharrt sie, nimmt den Korb in beide Arme und geht.

Ich bekomme einen Wutanfall, schlage mit den Fäusten aufs Bett, Tränen springen mir in die Augen. Der Sturm meiner Gefühle steht in keinem Verhältnis zum Geschehen. Ich bin außer mir, daß Manibey ungeachtet meiner fiebrigen Bedürfnisse, das Obst zu Vimala bringt, deren Haus überquellen muß von fruchtigen Geschenken. Durch mein Schluchzen fühle ich einen sachten Stoß. Tränenverschwommen öffne ich die Augen, Manibey hält mir drei Äpfel entgegen, Staunen und Nachdenklichkeit im Gesicht. Ich betrachte irritiert die Früchte.

„Nimm“, sagt sie, „Vimala hat die schönsten für dich ausgesucht und gesagt: ‚Gib sie Nisha, als ein Prasad von mir‘.“

Die Scham kriecht in mir hoch. Ich falle zurück auf die Matratze, verberge mein Gesicht im Kissen. Wie konnte Vimala wissen?

Zum Mittagessen stehe ich auf, genieße die einfachen Speisen, trinke Lassi, eine kühle Buttermilch.

Nach dem Essen gerät jeder in Eile. Um zwei Uhr beginnt der tägliche Vortrag Vimalas. Ich bleibe im spärlichen Schatten der Scheune auf der Treppe sitzen. Ich kann Vimalas wohltönende Stimme hören, gleichzeitig mich aus ihren Schriften über ihre Arbeit informieren. Kampf der Armut. Das Recht auf Arbeit und Reis. Ihre Vision ist konträr zu der Bhagwans. Sie zieht die Armen an, Bhagwan die Reichen. Wie er sagt: „Ein hungriger Bauch denkt nicht an Spiritualität.“ Ein Satz, der überzeugt. Viele seiner Schüler haben alle irdischen Güter besessen. Sie sind am Ende ihrer Weisheit angekommen. Irdischer Reichtum macht die Seele nicht satt. Wer auf der Suche ist, macht die Erfahrung, daß materieller Besitz keine Befriedigung verschafft. Reichtum ist ein sichtbares Zeichen der Persönlichkeit. Aber: „Geld ist Quantität und Spiritualität ist Qualität." Jeder der mehr möchte, kommt zu dem Schluß. Haben sich alle Träume und Wünsche erfüllt, dann taucht die Frage auf Und nun? Das soll alles sein?

Ich bin vertieft in Vimalas Ausführungen. Schweigen liegt über dem Camp. Der Vortrag ist beendet, die Zuhörer bleiben beeindruckt noch eine Weile sitzen. Ich blicke auf. Aus dem Zelt nähert sich mir eine würdevolle, eindrucksvolle Frau. Um die sechzig, eine mittelgroße stattliche Figur in einem weißen weichfallenden Sari, der einen prächtigen Busen drapiert. Sie bleibt vor mir stehen, unsere Blicke begegnen sich. Prüfend. Im Gegensatz zu Bhagwans Augen sieht sie mich. In seinem Blick ist NICHTS und dieses NICHTS spricht zu meiner Seele. Vimala lächelt: „Komm heute nachmittag in mein Haus!"

Ohne nachzudenken, lege ich meine Arme um ihre Hüften, mein Kopf liegt für Sekunden an ihrem Busen. Sie drückt meine Schulter. Ich lasse sie los, erwidere ihr Lächeln. Sie winkt ihren Begleitern, die im Hintergrund diese kleine Szene verfolgt haben und begibt sich mit ihnen zu ihrem Haus. Ich schaue ihr nach. Verblüfft, verwirrt. Wieso wiederfährt mir eine solche Ehre, denn daß es eine ist, fühle ich. Die Äpfel, die Einladung, eine ungewöhnliche Lektion. Ich weiß nicht, wie man Erleuchtete erkennt. Ich fange an, ernsthaft darüber nachzudenken. Eines aber weiß ich, daß im Umgang mit Erleuchteten höchste Reinlichkeit geboten ist. Am besten innen und außen. Ich kippe eimerweise Wasser über meinen heißen Kopf. Aufgeweicht ruhe ich auf der Matratze, die Mala fest im Griff. Sicher ist sicher. Wer weiß, was noch alles kommt.

Nervös mache ich mich zu gegebener Zeit auf den Weg zum Rundhaus. Vimala sitzt auf der Terrasse, umgeben von Schülern, die sich ihren Rat, ihre Anweisungen holen. Als sie mich sieht, entläßt sie die Leute mit einer freundlichen Handbewegung. Sie winkt mich näher. Ich stolpere die Treppe hinauf. Grüße mit gefalteten Händen, dem üblichen *Namaste.* Sie erwidert meinen Gruß, deutet auf den Stuhl neben ihr. Ungeschickt setze ich mich, meine Augen bohren sich in ihr fest.

Sie fragt nach Bhagwan, wie es ihm gesundheitlich geht. Ob sein Rücken geheilt wäre. Sie stellt Fragen über die Größe der Kommune, welche Arbeiten wir verrichten. Ich bin aufgeregt, habe jedes Wort Englisch vergessen. Die Frau und ihre einfachen Fragen bringen mich aus der Fassung. Meine konfusen Antworten verwirren mich noch mehr. In meinem Kopf verknoten sich die Gedanken. Ich höre mich den größten Schwachsinn reden. Vom Wetter, von den Menschen in *Rajneeshpuram*, von Bhagwan. Idiotisch höre ich mich fragen: „Warum kommst du nicht nach Oregon und schaust dir alles an?"

Ihr Augen ruhen gelassen auf mir. Gleichmütig antwortet sie: „Warum sollte ich?"

Ohne zu denken, frage ich: „Brauchst du denn keinen Meister mehr?"

Sie lächelt leise. Ich bin so verlegen, so beschämt. Immer weiter verhasple ich mich. Verzweifelt versuche ich mein babylonisches Gestammel unter Kontrolle zu bringen, aber mein Gehirn gehorcht mir nicht mehr. Warum kann ich nicht schweigen?

Vimala faltet die Hände zum *Namaste*, ich bin entlassen. Sie macht dem Blödsinn ein Ende. Vernichtet erhebe ich mich. Welch einen Eindruck muß diese Frau von mir haben.

Mit ausgebreiteten Armen kommt mir Ambalal entgegen. Fest drückt er mich an sein Herz. Er ist so stolz auf mich, stolz auf die Einladung, die ungewöhnlich ist, wie er mehrmals betont.

Wenn er wüßte, wie sehr ich mich blamiert habe, denke ich.

Noch am gleichen Abend überbringt mir die Sekretärin Vimalas eine Einladung, nach Mount Abu zu kommen, um von dort aus eine Reise an den Rajastan Kanal zu machen. Dort befindet sich die Kommune, die die Wüste fruchtbar macht. Nach dem Motto ‚Das neue Dorf - der neue Mensch', à la Marx, erst die Umstände verändern, dann verändert sich der Mensch. Wie lange schon ärgert mich dieser Satz. Wenn der ‚alte' Mensch die Umstände verändert, kann nur Altes dabei herauskommen. Nur der ‚neue' Mensch kann neue Umstände schaffen. Ich weiß nicht, wie ich zu der Einladung komme. Alles ist mir ein Rätsel. Ich esse nachdenklich einen der drei Äpfel.

Am nächsten Tag ziehe ich erschöpft und übermüdet aus dem Schlafsaal aus, richte mir ein Lager hinter dem Meditationszelt. Ich wickle mich fest in Decken und Schlafsack, denn die Nächte sind sehr kalt. Ich genieße die Ruhe. Ohne mich zu stören, huschen Gestalten durch die Nacht, ein Hund schnuppert vorsichtig an mir.

Mein letzter Blick fällt in das Juwelengefunkel der Sterne, nehme es mit in meinen Schlaf.

Sehr bald ist Morgen. Die weißen Frauen ziehen singend durch das Lager, wecken zur Meditation. Ich rücke mich erwartungsvoll zurecht, blinzle in die beginnende Dämmerung, die den Glanz der Sterne löscht. Das Lachen, Lärmen, Schnattern, Kichern verebbt. Die Meditation beginnt. Die Stimme Vimalas schwingt sich über alles Irdische, preist die Göttlichkeit mit Gesängen, die aus den weisen Tagen der Menschheit stammen. Ich öffne meine Augen weit. Wie von Fäden gezogen erhebt sich die Sonne am Horizont, taucht den Himmel in Purpurtöne. Mit einem langgezogenen Ton verhallt Vimalas Gesang.

Es ist Tag. Ich bin am Rande meiner Empfindungsfähigkeit. Mehr Schönheit kann ich nicht aufnehmen. Ich möchte sterben. Sterben - dann, wenn sich die Sonne mit einem letzten Ruck von der Dunkelheit befreit, den Himmel tief erröten läßt. Wenn der Gesang auf dem Höhepunkt seiner Kraft ist und ich überfließe vor Liebe und Glückseligkeit. Welch anderen Sinn hat mein Leben als diesen? Veetnisha - Jenseits von Nacht.

Endlich schlüpfe ich aus den Decken. Manibey zetert bereits vertraut mit Ambalal. Wir trinken zusammen Chai, essen die von Baroda mitgebrachten Leckerbissen. Manibey berichtet ausführlich über die Vorkommnisse der letzten Nacht.

Sie hält mich für verrückt, im Freien zu schlafen. Meine Absicht, in der Hitze spazieren zu gehen, läßt sie den Kopf schütteln. Ich möchte das Land sehen, die Felder, die Arbeiter. Es ist eine karge, dürre Landschaft, weitgestreckte Ebenen ohne jede Aufregung. Ein junger Mann schließt sich mir an. Er stammt aus einem der Dörfer. Die Kommune hat ihn zur Ausbildung in die Stadt geschickt. Er wird später sein Wissen an seine Leute weitervermitteln. Er ist voller Eifer und Stolz. Er führt mich zu einem Brunnen, wo eine jahrhundertalte Pumpe keuchend für die Bewässerung der umliegenden Felder sorgt. Die Augen des Jünglings sind voller Hoffnung auf die Zukunft. Noch vor wenigen Jahren wäre ich begeistert in ein solches Projekt gesprungen. Ich finde die Arbeit von Vimala und ihren Leuten großartig, aber mein Leben geht entschieden in die andere Richtung. Ich spüre Distanz.

Ich liebe Vimalas Hindi-Vorträge am Nachmittag. Sitze in der erfrischenden Kühle des Zeltes, lausche dem Klang der Sprache, beobachte die wachen, interessierten Gesichter der Menschen, die ihre Worte aufsaugen. Doch welch ein Unterschied zu den Menschen in *Rajneeshpuram*, deren Leuchten aus der inneren Schönheit kommt und der Liebe zu ihrem Meister. Was dort geschieht, dient der Selbsterkenntnis. Die Frage,Wer bin ich,wird durch Konfrontation mit dem Anderen pausenlos gestellt.

Der Aufbau der Stadt gibt die Möglichkeit der Begegnung mit sich selbst in der Bespiegelung über andere. Die Arbeit ist nur der Handlauf, an dem man sich festhält.

Die Frage in Gopaldam ist, wie die Armut zu überwinden ist. Gemeinsame Meditationen stärken das lautere Ziel. Das melodiöse Auf und Ab der Sprache schläfert mich ein. Ich bin geborgen wie in Großmutters Schoß. Jede Ecke des Camps kenne ich, lasse keine Menschen, keine Gespräche aus. Ich genieße, mich nicht engagieren zu müssen.

In der Küche bin ich eine Attraktion. Fröhlich, neugierig umringt man mich, läßt Chapatis und Kartoffeln fallen. Das Fehlen jeder Aggression macht das Leben in Indien so zärtlich und so liebevoll. Aber auch so verletzlich. Die Frauen befühlen mich kichernd, behängen mich mit ihrem Schmuck. Die unterschiedlichen Gewichtsverhältnisse sind Anlaß zum Staunen. Ihr Beinschmuck paßt an meine Arme, die neben ihren wie Steinzeitkeulen wirken. Verziert mit Silberschmuck drehe ich mich klimpernd. Versuche ihre graziösen Bewegungen nachzuahmen. Entzückt kreischen sie auf. Der Koch verschwindet, um seine Kamera zu holen. Ein uraltes Modell ohne Film. Uns stört das nicht, wir posieren auch ohne.

Das Camp geht mit einem Fest zu Ende. Nach einem Abschiedsmahl versammeln wir uns auf dem Hauptplatz. Die Bauern der Umgebung sind erschienen, geschmückt mit der Tracht ihrer Dörfer - weiße Pluderhosen mit gestickten, knappen Jacken. Wir haben einen Kreis gebildet, sitzen auf steiniger Erde, über uns der sternenbesäte Himmel, ein voller Mond. Die Musik setzt ein. Trommeln, Flöten, Mandolinen bewegen die Tänzer. Alle Männer der Gegend nehmen am Tanz teil, der mit der Musik wilder und schneller wird, sich stetig steigert. Wie die Derwische wirbeln die Männer durch die Luft, überschlagen sich, drehen sich in Sprüngen, berühren kaum die Erde. Ich fühle die Menschen, die Musik, die Natur. Dieser eine Mond bescheint unser aller Gesichter, dieser eine Himmel ist unser aller Dach, dieses eine Lachen ist unser aller Sprache.

Gopaldam. Eine Liebe mehr in meinem Leben.

Am nächsten Morgen nehmen wir Abschied. Ambalal und Manibey zu verlassen, heißt mich aus der Sicherheit zu begeben. Wie schnell baue ich ein Nest. Manibey läßt keine Rührung aufkommen. Unnachgiebig schiebt sie mich auf einen älteren Mann zu, einen Sannyasin. Ein letztes Mal höre ich ihr Keifen, das mich in die Obhut Prawnlals gibt. Er nickt ergeben ein ums andere Mal.

Sie meint im üblichen barschen Ton: „Er wird gut auf dich aufpassen. Halte dich an ihn, du bist immer noch krank." Mit seufzendem Herzen umarme ich die beiden Alten, die ich wahrhaftig liebe.

Ambalal dröhnt: „Wir sehen uns bald wieder - in *Rajneeshpuram.*"

Eine letzte Mahnung Manibeys: „Trink keine Lassi. Sie ist nicht gut bei Erkältungen." Als ich im Bus sitze, winkt mir der ganze Schlafsaal nach. Unter Tränen muß ich lachen.

Ich überlebe mit Zuckerrohrsaft das mehrmalige Umsteigen von einem Bus in den nächsten. Prawnlal zerrt mich und meine Tasche hinter sich her, ich kann mich vor Schwäche kaum auf den Beinen halten. Er preßt mich mit Gewalt auf die vollbesetzten Bänke, schafft es, daß ich sitze. Wer er ist, weiß ich nicht. Ich vertraue Manibey.

Veraval, eine Stadt am Arabischen Ozean, macht sich bemerkbar, lange bevor sie zu sehen ist. Der Gestank ist teuflisch. Zwei Gerüche mischen sich zu einer Beleidigung jeder Nase, jeder fremden Nase. Die Einwohner haben sich daran gewöhnt, wie ich ihren gleichmütigen Mienen entnehme. Veraval fördert Schwefelgas und ist außerdem der größte Fischexporteur des Landes. Unvorstellbar, daß etwas mehr stinkt als diese Stadt. Prawnlal bringt mich in einem Hotel unter, daß den Namen Kakerlaken-Palast verdienen würde. Sie kriechen aus allen Ritzen, wie der Geruch, der durch verschlossene Fenster dringt. Der Blick auf das Grün des Ozeans versöhnt mich.

Prawnlal nimmt mich weiter unter seine Fittiche. Er läßt mich nicht mehr los. Er zeigt mir die Umgebung, die Tempelanlagen von Somnath, die berühmt sind. Ich trotte müde hinter ihm her, bedacht darauf, viel zu trinken. Wir schlürfen eine Unmenge Kokosnußmilch. Er erzählt aus seinem Leben: Bhagwan, immer wieder Bhagwan. Sehnsucht in seinen Augen, den Meister wiederzusehen. Eine Reise nach Oregon wird unmöglich bleiben. Um Krishnamurti und Vimala zu hören, reicht sein Geld. Sie halten ihre Vorträge im Lande.

„Was sie sagen, ist nicht sehr anders als das, was Bhagwan sagt", seufzt er. „Aber es ist nicht er, seine Präsenz, seine Liebe, sein Witz, und sein Mitleid." Tränen laufen über seine Backen.

Am Abend bin ich bei ihm zu Hause eingeladen. Seine Frau hat Fisch gekocht, freut sich, daß es mir schmeckt. Sie bleibt im Hintergrund, serviert. Die Aufmerksamkeit und Gastfreundschaft ist grenzenlos. Bevor ich mich von Prawnlal verabschiede, mich bei ihm bedanke, stecke ich ihm einen Umschlag mit etwas Geld zu. Ich habe erfahren, daß er, um mich zu begleiten, unbezahlten Urlaub genommen hat.

Der Zufall hat mich nach Veraval gebracht. Warum nicht einer Empfehlung Vedants folgen, einem Swami aus Poona, mir den Ashram von Bramvedant anzusehen, der nur zwei Stunden von der Stadt entfernt ist. Dem Gestank entfliehen, der meine Sinne betäubt. Der Bus fährt durch Kokospalmenhaine, hinter denen grüne Splitter des Meeres aufblitzen. Ich bin allein. Niemand mehr, der mich führt. Am staubigen Straßenrand hält der Bus. „Madhaipur" ruft der Fahrer nur für mich. Ich stehe im Nirgendwo. Hilflos sehe ich dem Bus nach. Und nun? Am Horizont eine Staubwolke, die näher kommt. Ein Motorrad mit Anhänger, in dem sich dunkle Männer drängen. Sie fordern mich auf, einzusteigen.

„Ashram?", frage ich zweifelnd.

Sie fuchteln mit den Armen in unbestimmte Richtung. „Ashram, Bhagwan, Bhagwan." Gelächter. An einem Seitenweg halten sie, ich steige aus. Müde, mit starken Gliederschmerzen laufe ich durch den Staub. Ich denke über die Friedfertigkeit der Männer nach. Das Fehlen jedweder gewalttätigen Ausstrahlung fällt noch mehr auf, in Gandhis Land, in Gujarat. Treffe ich auf meiner Reise Mohammedaner, spüre ich Gewalt. Sie sind aggressiv. Wo im Namen Allahs das Schwert geschwungen wird, ist sofort fühlbar. Meine Gedanken wenden sich dem Sichtbaren zu. Vor mir liegt ein Garten, farbenprächtig, gepflegt. Sannyasins können nicht weit sein, denke ich. Ein hübsches Wohnhaus liegt in der Stille.

Ich trete in die Kühle des Hauses, durchwandere auf der Suche nach Menschen luftige Räume. Eine runde Frau mustert mich freundlich. Ich versuche, ihr verständlich zu machen, warum ich hier bin. Sie ruft schnelle Worte in den Hintergrund. Ein junger Mann erscheint, offensichtlich ihr Sohn. Er versteht Englisch.

„Natürlich kannst du Bramvedant sehen. Komm. Ich bring dich zu ihm." Ich folge ihm durch Hinterhofgärtchen, Treppen, mehrere kleine Gebäude, an einem Brunnen vorbei. Gut versteckt hat er sich, der Bramvedant, von dem die indischen Sannyasins glauben, daß er erleuchtet ist. Was immer das ist. Bhagwan muß es sein, denn was um ihn herum, mit ihm, durch ihn geschieht, ist so bewegend, so aufrichtig, daß eine Kraft dahinterstecken muß, die aus anderen Dimensionen kommt als die, die ich fassen kann.

Bramvedant hockt im Lotussitz auf einem hohen Bett. Vor ihm sitzen seine Schüler auf der Erde, blicken zu ihm auf. Er ist in sich versunken. Ich habe Zeit, ihn zu betrachten - seine zierliche Feinheit, seinen eiförmigen, kahlen Kopf. Er öffnet die Augen, sieht mich an, ohne jede Überraschung. Mit einer Handbewegung fordert er mich auf, mich auf die Erde zu setzen. Mich vor i h m erniedrigen? Ich ziehe den einzigen Stuhl heran, setze mich neben das Bett. Sein Sohn flüstert ihm einige Erklärungen über mich zu: „Bhagwan, *Rajneeshpuram*, Amerika." Er stellt die üblichen Fragen, ist interessiert, ob Bhagwan noch im Schweigen verharrt. Der Sohn übersetzt meine Antworten.

Bremvadant schließt die Augen, die Audienz ist beendet. Ich lasse meinen Blick über die wenigen Leute schweifen. Keiner trägt eine Mala oder Rot. Nur Bramvedants Brust schmückt die alte Mala mit dem ovalen Locket, die ihn als frühen Schüler Bhagwans ausweist. Ich mißtraue Bramvedant gründlich. Ein Scharlatan, der den Guru spielt. Der Sohn führt mich zurück durch den Garten. Gerührt bin ich, als mir ein köstlich duftendes Essen auf Bananenblättern serviert wird. Die dralle fröhliche Frau Bramvedants plaudert unverdrossen in ihrer Sprache auf mich ein, währenddessen sie neue Blätter füllt. Aus den Büschen des Gartens taucht ein vergnügtes Gesicht auf. Ein schlaksiger Mann um die vierzig. Schulterlange, fettige, dunkle Haare von grauen Strähnen durchzogen. Lange, dreckige Fingernägel an einer schmalen, auffallend schönen Hand, mit der er eine Banane zum Mund führt. Schimpansenaugen, in denen die Neugier funkelt. Mein Blick wandert zu dem vermutlich einst orangefarbenen Lungi, der um knochige Hüften hängt. Er schüttelt heftig meine Hand, beantwortet meine Frage. Ja, er ist ein Swami, Ramakrishna ist sein Name. Ich bitte ihn, mich in meine Unterkunft zu bringen. Bereitwillig hilft er mir meine Tasche tragen. Wir laufen durch eine Kokosnußplantage. Ich bin zu müde zum Reden.

An einem Brunnen waschen Einheimische ihre Wäsche, schlagen sie auf Steine. Ramakrishna verweilt, erzählt, was er von mir weiß, wie ich aus seinen Gesten in meine Richtung schließe. Wenige Schritte weiter, wir sind angekommen. Ein verwilderter Garten, verwitterte Steinhäuschen. Ramakrishna öffnet eine Tür, zeigt mir sein Zuhause. Eine Lumpenmatratze auf der Erde, zerwühlte dreckige Tücher, einige Bücher, die wie die Kleidungsstücke verstreut auf dem Lehmboden liegen.

„Auf der anderen Seite des Hauses kannst du wohnen", bedeutet er mir. Ein Blick in den Raum läßt die Wut aufsteigen, entlädt sich heftig über ihm: „Wo bin ich denn gelandet? Was ist das für eine Begrüßung? Ich habe eine lange Reise hinter mir. Ich bin gekommen, um einen *Rajneesh Ashram* zu sehen, was finde ich vor - einen Schweinestall. Empfängt man so Bhagwans Schüler?"

Ramakrishna ist erschreckt zurückgewichen bei meinen empörten Worten. Ich sinke auf der Steinmauer nieder. Durch den Swami geht ein Ruck. Im Laufschritt ist er verschwunden.

Bevor ich eine Entscheidung treffen kann, kommt er in Begleitung zweier Helfer angekeucht. Eine saubere Matratze auf dem Kopf, einen Teppich unter dem Arm, eine Kokosnuß in der Hand. Die Jungen sind beladen mit Besen, Lappen, Decken, Kerzen. Im Handumdrehen ist der Raum sauber eingerichtet.

Strahlend zieht mich Ramakrishna von der Mauer, schiebt mich in das Zimmer, das plötzlich hell und freundlich ist. Schluchzend falle ich auf das saubere Bett, sehe die geschmackvolle Decke. Ramakrishna öffnet geschickt die Kokosnuß. Ich trinke die kühle Süße. Bevor ich ihm danken kann, bin ich im Schlaf untergetaucht. Viele, viele Stunden.

Sein Blick weckt mich, zieht mich aus der Tiefe.

Frischgewaschen sitzt er vor mir. Die Locken noch feucht, der Lungi sauber, die Mala um den Hals. Jetzt stelle ich ihm Fragen. Warum heißt der Ashram, *Rajneesh Ashram*, obwohl keine Sannyasins hier leben. Oder aber, warum leben keine hier. Was machen die Leute bei Bramvedant? Wer ist er?

Ramakrishna holt weit aus: Bramvedant hat einen Guru, den er sehr verehrt, dem er viel zu verdanken hat. Er hat die gesamte Plantage von ihm geerbt, so daß er mit seiner vielköpfigen Familie sorglos leben kann, ja, er ist der reichste Mann im Dorf. Aus Dankbarkeit hat Bramvedant den Ashram gegründet. Da er aber Bhagwan sehr liebt, hat er ihn nach ihm benannt. Es kommen viele Sannyasins, um seine Vorträge zu hören, denn er gilt als erleuchtet - im Gegensatz zu mir haben die Inder keine Schwierigkeiten mit der Erleuchtung.

Ramakrishna kommt ins Plaudern, erzählt von sich: „Ich lebe schon lange mit Bramvedant und seiner Familie. Meine Frau hat mich verlassen, sie wollte nicht mehr mit mir leben. Ich war verzweifelt. Bramvedant hat mich aufgenommen, hat mich vor dem Selbstmord bewahrt." Mit Zufriedenheit erklärt er: „Ich brauch nicht zu arbeiten und werde ernährt."

Ja, denke ich verächtlich, ein arbeitsscheuer Schmarotzer bist du. Obwohl ich ihm zeige, daß ich wenig von ihm halte, bleibt er in den folgenden Tagen in meiner Nähe. Hilflos versuchen seine Schimpansenaugen zu verstehen.

Arbeiten? Bramvedant verlassen? Es ist doch ein angenehmes Leben hier. Ja schon, er ist ein Astrologe, aber warum die Widrigkeiten eines Arbeitslebens auf sich nehmen? Ihm geht es gut. Er ist vierzig Jahre alt, hat keine Ansprüche an das Leben.

In *Rajneeshpuram* arbeiten die Schüler rund um die Uhr, bauen eine Stadt, in Indien liegen sie auf der faulen Haut. Die abendlichen Vorträge Bramvedants steigern meinen Ärger. Eine bunte Mischung fällt vor ihm auf den Boden, berührt ehrfürchtig seine Füße mit den Fingerspitzen, spricht ihn mit „Bhagwan" an - was in Indien eine durchaus übliche Anrede für ungewöhnliche Männer ist, wie ich erfahre. Liebevoll legt Bramvedant ihnen die Hand auf den Kopf, berührt das Dritte Auge. Der Kerl macht mir in seiner Nachahmung Bhagwans zu schaffen. Streng und gerecht sitze ich auf meinem Stuhl. Meinem kritischen Auge entgeht nichts. Doch - meine eigene Idiotie. Meine Widerstände lösen sich nicht auf, sie haben sich verlagert. Bramvedants Vorträge erschöpfen sich im Vorlesen einer Zen-Geschichte und der stetigen Wiederholung „Seid bewußt". Eine Beschwörungsformel, deren Wirkung ich nirgendwo sehe. Zu meiner Verblüffung spricht Bramvedant ein gutes Englisch. Warum läßt er die Gespräche mit mir übersetzen? Meine Empörung über diesen Möchtegern-Guru wächst. Je mehr ich zapple - ich kann mich seiner Wirkung nicht entziehen. Um Bramvedant ist etwas, was man nicht greifen kann. Windstille.

Ramakrishna begleitet mich durch die Nacht. Die Kokospalmen rascheln leise im Wind. Seine Faulheit, sein Gleichmut, seine Widerstandslosigkeit ärgern mich. Ramakrishnas Verwirrung wird immer größer. Ich weiß selbst nicht, warum ich so unerbittlich bin. Täglich trete ich ihm in seinen kleinen Hintern: „Beweg dich, mach, daß du hier rauskommst." Warum lasse ich ihn nicht in seinem beschaulichen Leben? Er zuckt zusammen. Meine Reden gegen Bramvedant tun ihm weh. Ich verstehe nicht, daß ein solches Durcheinander im Ashram herrschen kann. Bramvedant - eine Karikatur Bhagwans. Sein mildes Lächeln, sein „Seid bewußt". Ist das alles?

Ich verabrede mich mit Ramakrishna für den nächsten Tag. Er möchte mir einen Tempel zeigen, nicht weit von Madhaipur entfernt, in dem eine Europäerin als buddhistische Priesterin lebt.

Zum Frühstück treffen wir uns bei Bramvedant und seiner Familie. Er sitzt abgesondert an einem kleinen Tisch, erhöht. Seine Frau bedient ihn in lachender Unterhaltung. Sie plaudern, scherzen. Erst als er gegessen hat, beginnt für uns das Frühstück.

Ich beginne, ihn auf den Arm zu nehmen. Ich spotte über seinen Gurutrip, seine ‚Schüler', seine gewichtigen Sprüche. Aufmerksam hört er mir zu, nickt beifällig mit dem Kopf, wirft ihn zurück und lacht schallend. Ob ich will oder nicht, damit gewinnt er mein Herz. Ramakrishna strahlt. Wenig später laufen wir friedlich zum Dorf.

Auf dem Weg bleibe ich fasziniert bei einem Steinbruch stehen, der sich mir bietende Anblick versetzt mich schlagartig ins Jahr Null. Schweißglänzende, elastische Männerkörper graben sich mit Pickeln in die Tiefe, brechen das Gestein, behauen zentnerschwere Quader. Hier wird weißer Marmor gebrochen. Der Klang der Pickel erzeugt eine Musik, die von den Wänden widerhallt. Tief ausgehöhlt ist der Steinbruch in Jahrhunderten. Ungläubig starre ich in den Abgrund. Zwei Männer wuchten Blöcke auf die Köpfe von Frauen, die sich vor dem harten Druck mit einem Bastring schützen. Mit wiegenden Hüften steigen sie bedächtig auf einer steingehauenen Treppe aus der Tiefe. Sklaverei. Wie Ramakrishna mir gleichmütig berichtet, werden die Frauen nicht nach Stunden bezahlt, sondern nach der Anzahl der Quader, die sie befördern. Ein paar Pfennige für jeden Stein.

Ich sehe ein Elend, von dem nichts zu sehen ist. Schönheit, Anmut, Lachen und Singen machen den Zauber dieses Platzes aus. Wachen diese Menschen niemals auf? Was werden sie noch ertragen, bis sie sich auflehnen? Werden sie nie zweifeln an dem Glauben, daß diese Armut ihr Karma ist und geduldig auf ein besseres Leben hoffen - nach der Wiedergeburt?

Gleichzeitig weiß ich, daß Armut, Einfachheit die Menschlichkeit am Leben hält. Armut hat ein starkes Herz. Im Reichtum erstickt es. Ramakrishna bleibt unberührt beim Anblick der Schinderei seiner Landsleute. Ein weiteres Beispiel für seine Stumpfheit und Ignoranz. Unsicher kratzt er sich bei meinen Angriffen in seinen grauen Locken.

An der Bushaltestelle im Dorf vertreiben wir uns das Warten mit dem Genuß von Kokosnußmilch. Die ständige Erfrischung des Tages. Zwei Einheimische kommen auf uns zu. Der Friseur des Dorfes lädt uns ein, Chai mit ihm und seiner Familie zu trinken. Der Bus kommt noch lange nicht. Wir nehmen die Einladung an. Der Friseur lebt auf einem Hügel. In einem Haus, das zu gleichen Teilen aus Wellblech und Lehm gebaut ist. Davor steht ein Stuhl, auf dem die Kundschaft Platz nimmt.

Überglücklich eilt er auf uns zu. Orangegekleidet, ein Sannyasin mit Mala. Er umarmt mich ein ums andere Mal. Frau und Kinder starren mich neugierig an. Auch sie schiebt der Vater in meine Arme. Ich beantworte die Fragen nach Bhagwan. Genau muß ich ihm schildern, wie er aussieht, wie er sich bewegt. Nichts anderes ist den indischen Schülern wichtig, als immer wieder die Gesundheit des Meisters. Dem Friseur rinnen vor Freude die Tränen auf's Hemd. Mehrmals berührt er meinen Arm, um meine Echtheit zu prüfen.

Ich schenke ihm einige Postkarten, die Bhagwan in *Rajneeshpuram* zeigen. Er preßt sie an sein Herz.

Die Nachbarn haben sich um uns versammelt. Ein würdiger, weißbärtiger Alter schiebt sich in den Kreis. Er trägt einen weitausladenden Turban, weiße Pluderhosen, eine kurze weiße Jacke mit enganliegenden Ärmeln, die übliche Tracht der Bauern. Er hockt vor mir, seine bernsteinfarbenen Augen, in denen die Sonne tanzt, sind eindringlich auf mich gerichtet. Ohne den Blick von mir zu wenden, nestelt er unter seiner Jacke eine verwitterte Mala hervor. Ungläubig starre ich auf seinen ‚Zaubertrick'. Er lächelt mit Mund und Augen. Ramakrishna übersetzt ihm meine Fragen:

„Wann hast du Sannyas genommen?"

„Vor achtzehn Jahren in Porbandar. Bhagwan hat dort einen Vortrag gehalten. Und sofort wußte ich, daß dieser Mann mein Meister ist. Ich bin aufgestanden, habe mich vor ihm niedergekniet und ihm gesagt, daß ich sein Schüler sein möchte. Bhagwan hat gelächelt und mir diese Mala umgehängt."

„Was hat er zu dir gesagt?" frage ich aufgeregt.

Das Gesicht des Alten zerfällt mit einem Lächeln in tausend Falten: „Genieße dein Leben."

Die Haltung, die Würde dieses einfachen Bauern, sein Lachen, seine goldgelb funkelnden Augen lassen mich wissen, daß er die Worte seines Meisters befolgt hat.

Ich möchte auf die Knie fallen und seine Füße berühren, ich möchte mich beugen vor seiner Einfachheit, vor seiner Weisheit. Mich beugen vor diesem raren Exemplar der menschlichen Rasse, hier am Ende der Welt. In verborgenen Winkeln blühen seltene Blumen. Wie gerne möchte ich den Segen dieses Mannes, doch meine Scheu und meine westliche Klobigkeit hemmen mich, vor ihm niederzuknien. Obwohl mein Herz nach beseligender Hingabe verlangt, die meine Mauern bersten läßt. Der Alte führt die Hand zur Stirn, verbeugt sich mit einem ‚Salam'. Er und ich, wir wissen - Bhagwan, der Meister. Der Bus hupt mehrmals. Ich löse mich aus der Umarmung des Friseurs.

Eine kurze Fahrt am Meer entlang, dann sehen wir den Tempel. Es ist ein zierlicher, frischgeweißelter Rundbau, der in einem Gärtchen steht. Den Eingang bilden zwei Säulen. Angenehm kühl ist es im Innern und voller Licht. Die Sonne fällt durch die offene Kuppel, durch die die Vögel wie Noten schwirren. Eine Frau mit wilden, roten Haarn begrüßt uns. Sie ist Mitte dreißig. Recht fremdartig sieht sie aus mit ihrem schwarzen Tuch, daß um Oberkörper und Hüfte gewickelt ist. Gesicht, Schultern, Arme und Beine sind mit Asche eingerieben. In Sack und Asche gehen, zieht mir durch den Kopf. Ungewöhnlich helle Augen, kaum noch Blau zu nennen, leuchten aus der Schwärze. Sie ist flink, sehr geschäftig. Matten werden ausgerollt, Teller und Näpfe aufgestellt. Aus der Küchenecke ziehen angenehme Dämpfe. Ich setze mich auf die breite Treppe, die zu einem Podest führt, auf dem ein gewaltiges Bett prunkt. Felle, Kissen, bunte Decken geben ihm ein königliches Gepräge. Ein Kontrast - der Steintisch, in dessen Vertiefung sich die Asche häuft.

Knaben stürmen den Tempel. Gleich werden ihre Hände mit Süßigkeiten gefüllt. Sie machen sich nützlich, helfen kochen, spülen, fegen und Gemüse schneiden. Die Frau wirbelt mit einer stürmischen Energie durch die Halle. Sie verströmt Vitalität, Gesundheit an Leib und Seele. Sie scherzt und lacht mit den Kindern, gibt ihnen schnelle Anweisungen, die sie gerne befolgen.

Eine Schar alter Männer erscheint. Der Rat der Weisen. Still hokken sie sich nieder, sind bald verhüllt vom Rauch ihrer Pfeifen. Aus einer großen Kanne wird ihnen der Tee eingegossen. Die Frau scheint nicht nur Priesterin zu sein, auch die Beraterin des Dorfes.

Pilger treffen ein, werden zum Essen aufgefordert. Auch uns winkt sie einladend zu. Ramakrishna läßt sich nicht lange bitten. Ich bleibe sitzen, um das friedliche Bild zu genießen. Mein Blick fällt auf den Satz „Buddha lebt", den sie mit Asche an die Tempelwand geschrieben hat. Vögel flattern durch die Sonnenstrahlen, brechen das Licht, lassen die Schrift zittern - ja, Buddha lebt. Der Geruch des Tabaks, die feinen Düfte des Essens, das Lachen der Kinder, ihr fröhliches Geplapper, das Saugen an den Pfeiffen, das Schlürfen des Tees, selbst das Schweigen der Pilger sind Ausdruck des Lebens dieser Frau.

Ich schaue in den Garten. Unter einem jungen Baum, der in einer rosa Blütenfülle strotzt, liegt ein schneeweißes Kalb. An den Stamm gebunden mit einem lindengrünen Schal, ist es ein Kontrast zum sichtbar dunkleren Grün des Ozeans. Der Anblick ist von so atemberaubender Schönheit, daß es mir das Herz schmerzhaft weitet.

Endlich hat die Frau Zeit. Sie setzt sich neben mich, lacht mich mit kräftigen Zähnen an, als ich sie auf ihre Geschäftigkeit anspreche.

„Ja, ich liebe die Fülle meines Tages."

Der Frage nach der Herkunft weicht sie aus. „Ist das nicht unwichtig? Ich lebe hier."

Ich erfahre, daß sie seit fünfzehn Jahren in verschiedenen Buddhistenklöstern gelebt hat. „Jetzt habe ich mein eigenes."

„Wovon lebst du?" frage ich sie.

Von den Gaben der Dorfbewohner, die stolz darauf sind, daß sie bei ihnen lebt, ihre Sprache spricht. Auch die Pilger spenden kleinere Beträge. „Und", sie grinst verschmitzt, „wenn es wirklich nicht reicht, dann schickt mir meine Schwester etwas."

Ich bin beeindruckt. Diese Frau ist mit sich und der Welt im Einklang. Sie ist im Fluß. Ist ein intensiver Teil des Ganzen. Ihre Vitalität wirkt stimulierend auf die Trägheit des indischen Gleichmuts. Spontan lege ich meine Hand auf ihr aschiges Knie, ihre geschwärzten Finger bedecken warm die meinen. Unsere Augen treffen sich - wir sind Schwestern in der Suche nach Befreiung.

Sie springt auf, gießt den Alten den Tee ein.

Ramakrishna und ich verlassen den Tempel, vorbei an dem träumerisch malmenden Kalb. Schweigend laufen wir am Strand entlang, ein jeder beschäftigt mit sich selbst.

Es ist Spätnachmittag. Wir beobachten die Fischer bei ihrer ungewöhnlichen Fangtechnik, die sich über Jahrtausende erhalten hat. Mit zwischen den Beinen geknoteten Lungis springen sie mit aufgerollten Netzen in das Turmalingrün des Meeres. Mit geschmeidigen Bewegungen tanzen sie durch das Auf und Ab der öligen Wellen. Der Tanz hat die Schönheit und Präzision eines Balletts. Mit weitem Schwung fallen die Netze silbern ins Wasser. Wie auf ein Kommando ziehen sich die Fischer in eleganten Pirouetten ans Ufer zurück, hoffen auf einen guten Fang. Stundenlang wiederholen sie den Tanz, der sie und die ihren am Leben hält. Bis die Dunkelheit den Vorhang fallen läßt. Blutrot geht die Sonne unter in dem noch einmal aufblitzenden Grün. Immer ist es die indische Sonne in ihrem Auf- und Untergang, die mich mit sich zieht, mich an die Grenzen meines Lebens stößt. Noch muß ich leben, aber eines Tages werde ich schmelzen in ihrer Glut.

An diesem Abend biete ich Ramakrishna an, mich zu begleiten. Ich möchte abreisen. Geht es nicht gut, so bezahle ich ihm die Reise in seinen Heimatort, wo er Familie und Freunde hat.

Ich bin doch überrascht, als er beglückt zusagt. Kein Gedanke mehr an Bramvedant. Im Nu hat er sein Täschchen gepackt mit dem Wenigen was er besitzt. Das Schwerwiegendste, ein Buch von Ousspensky: Die vierte Kraft. Ich weiß nicht, warum ich ihn einlade. Ist er Ausflucht für mich, nicht alleine reisen zu müssen? Andererseits ist mein Gefühl, ihn aus dem Ashram loszueisen, stark. Nisha, der Retter schlägt zu. Unser Abschiedsfrühstück mit der Bramvedantischen Sippe erhält eine besondere Note, als mir die Gunst gewährt wird, an dem erhöhten Holztisch Platz zu nehmen. Einträchtig sitzen Bramvedant und ich zusammen, lassen uns von seiner Frau bedienen. Ich bedanke mich für die Gastfreundschaft, die die Größe indischer Herzen zeigt. Wir verabschieden uns in gegenseitiger Zuneigung.

Ramakrishna und ich reisen nach Mount Abu. Eine Fahrt, wie ich sie liebe. Mit dem Bus, mit dem Volk. Überfüllt, voller Leben, Lachen und Essen. An jeder Haltestelle wird die Überlebensration für die nächste Etappe eingekauft. Bei Händlern, deren Farbenpracht, Geschrei und Glaubwürdigkeit durch nichts zu überbieten ist. Körbe schweben über der Menge, erreichen schwerelos die Reisenden, deren Körper halbleibs aus dem Fenster hängen. Kreischen, Feilschen, Betasten der Waren. Der Bus fährt an. Geldscheine werden hastig der schwindenden Hand entrissen. Zufriedene Gesichter im Bus. Das Erstandene wird mit den Nachbarn geteilt. Wer eine solche Fahrt ohne Übelkeit übersteht, hat in Indien nichts mehr zu befürchten. In meinem Magen rumpelt aufgebracht eine Mischung aus Zuckerrohrsaft, Kokosmilch, Mandarinen und Salzgebäck. Aber wie kann ich den feingeschnittenen Rettich von mir weisen, der mir auf Zeitungspapier mit einem Lächeln gereicht wird. Ich überlebe.

In einem Dorf vor Mount Abu betreibt eine kleine Sannyaskommune Landwirtschaft. Eine Unterbrechung unserer Fahrt ist uns willkommen. Überall in Indien, in den entlegensten Dörfern, die auf keiner Landkarte verzeichnet sind, treffe ich Sannyasins, Schüler Bhagwans. Fröhliche, glückliche Menschen, die mich aufnehmen, bewirten, als ob ich ein alter Freund wäre. Die jedes meiner Worte über den Meister aufsaugen. Wie tief verbunden sind sie mit seiner Körperlichkeit. Ich dehne das wenige, was ich von ihm weiß; wie er läuft, ins Auto steigt, durch die Gegend braust, wie er winkt und lächelt. Ich mache sie damit glücklich. Die Kommune, die Arbeit interessiert sie kaum.

Am Nachmittag folge ich einer Bitte und besuche zwei alte Sannyasins, die die Milchsammelstelle Gujarats leiten, die die Direktoren des modernen Unternehmens sind. Bei meinen Schilderungen kommt Leben in die beiden trockenen Herren. Eine Einladung zum Abendessen lehne ich höflich ab, eine Kommunikation mit ihnen ist zu schwierig.

Wir fahren zurück ins Dorf. Ich möchte Käse, der nicht einfach aufzutreiben ist. Ramakrishna läßt mich allein, macht sich auf die Suche. Ich warte in der beginnenden Dunkelheit.

Ein düsteres Nest, ist mein Gefühl. Eine Schar finsterer Männer kommt näher, zieht im Vorwärtsgehen weitere Männer mit sich. Aus Seitengassen fügen sie sich ein, aus Wellblechhütten treten sie hervor, verstärken die fühlbar finstere Absicht. Ich bin sicher: Mohammedaner. Sie bilden einen Kreis, der mich umschließt, mit jedem Schritt wird der Abstand enger. Kein Wort fällt. Ich habe meine Augen fest auf sie gerichtet. Schwarze Gesellen, die auf Tuchfühlung aus sind. Jetzt kommt Bewegung in mich. Ohne jede Angst mache ich einige Schritte auf sie zu, teile gelassen ihre Reihen. Stumm treten sie beiseite, machen Platz. Ramakrishna ruft nach mir, eilt auf mich zu. Er packt mich bei der Hand, zieht mich eilig zur Riksha. Eine europäische Frau allein in dieser männerorientierten Welt - das ist nicht ungefährlich. Ich kann meine angstfreie Ruhe kaum fassen. Seit Achim, dem Messerwerfer, ist meine Urangst vor Männern verschwunden.

Am nächsten Tag hebt sich ein trockener Baumstamm - die Grenze zwischen Gujerat und Rajastan. Wir nähern uns der Bergstadt Mount Abu, die Zufluchtstätte der Reichen vor der Hitze des Sommers.

Hier hat Bhagwan seine ersten Meditationscamps gehalten.

Der Bus fährt durch eine zerklüftete Berglandschaft, windet sich höher über die enge kurvenreiche Straße. Wir müssen in Jeeps umsteigen, der Bus schafft die steile Auffahrt nicht.

Es wird deutlich kühler. Tiefdunkles Grün der Bäume und Sträucher läßt Fruchtbarkeit vermuten. Eine wildwuchernde Vegetation, in der oft ein Tempel weiß aufblitzt. Selbst Tiger soll es hier geben, meint der Fahrer.

Ramakrishna wird mir lästig. Ich behandle ihn wie einen Sklaven. Seine Demut, sein Gehorsam, sein Dulden lassen meine Handlungen und Reden immer ärgerlicher werden. Obwohl ich mich dabei beobachte, kann ich mich nicht bremsen. Ich suche seinen Widerstand und renne dabei ins Leere. Bald schäume ich. Er ist gänzlich unbrauchbar, warum schleppe ich ihn hinter mir her?

Mount Abu - Endstation.

Während Ramakrishna mit der Tasche wartet, begebe ich mich auf die Suche nach einem Hotel. Meine inneren Tentakel tasten sich durch das Unbekannte, mein Sinn für die schönsten, ungewöhnlichsten, lauschigsten Bleiben braucht seine Zeit. Aber ich gebe nie auf, ich finde immer, was ich mir vorstelle.

Diesmal ist es ein prachtvolles Hotel im Kolonialstil mit Blick in die Berge. Durch einen Boten lasse ich Ramakrishna nachkommen. Für mich nehme ich ein Doppelzimmer mit Bad. Für meinen Begleiter mit perverser Freude eine schmale Kammer ohne Fenster, ohne Licht. Dem Kerl ist doch alles gleichgültig. Ich bereue mein Tun nicht. Im Gegenteil.

Vom Fenster meines Zimmers aus sehe ich ihn kommen. Wut schießt in mir hoch. Er hat sich für die Tasche und seinen kleinen Beutel eine Trägerin genommen. Seine Faulheit übersteigt alles. Ich zahle, zetere mit Ramakrishna. Er versteht meine Aufregung nicht. Die Verständnislosigkeit seiner Augen schürt meinen Ärger. Mit Schadenfreude überreiche ich ihm den Kammerschlüssel. Wenig später sind wir auf der Suche nach einem Restaurant.

Ramakrishna schlottert durch die kalte Nacht, er zittert erbärmlich. In einem Laden deutet er auf eine Wollmütze, möchte, daß ich sie für ihn kaufe.

Hämisch lehne ich ab: „Warum sollte ich das. Du kannst dir ja das Geld mit Koffertragen verdienen."

Er kuscht wie ein Hund. Morgens stürmt er, ohne anzuklopfen, in mein Zimmer, kämmt sich mit meiner Haarbürste seine fettigen Locken. Ich hasse ihn schon in aller Frühe. ‚Parasit, Schmarotzer, Faulenzer', ich schlage mit den Fäusten auf meine Kissen.

Ein matter Blick von ihm, voller Unverständnis. Warum hat dieser Mann keinen Stolz? Warum wehrt er sich nicht, warum schlägt er nicht zumindest die Türe zu und geht.

Unsere letzte Gemeinsamkeit wird der Besuch des Hotels Bikaner, in dem Bhagwan lebte, wenn er in Mount Abu war. Natürlich ist es das teuerste und beste Hotel am Ort. Es liegt auf einem Hügel außerhalb der Stadt, hat eine herrliche Aussicht auf die Kuppeln der berühmten Jaina - Tempelanlage Dilawara. Um diese Jahreszeit ist das Hotel leer. Der Besitzer, ein junger Mann, taxiert uns: „Kommt Bhagwan zurück nach Indien?"

Er hält uns für die Vorboten einer neuen Saison. Als er hört, daß ich aus Neugier Spuren der Vergangenheit suche, ruft er einen alten Dienstboten. Der Alte hat Bhagwan bedient, hat die Aufregung erlebt, die die Meditation ‚Dynamische' hervorrief. Eifrig zeigt er uns die großen Räume, die von recht schäbiger Eleganz sind. Ich stelle mir vor, wie Bhagwan vor dem großen Spiegel stand, sich die Zähne putzte, den Bart kämmte, Kleinigkeiten, die jeder Mensch verrichtet. In den anschließenden Zimmern waren seine Betreuerinnen, Vivek und Lakshmi, untergebracht. Der Alte eilt voraus, um uns den Platz zu zeigen, auf dem die ‚Dynamische' stattfand. Ein alter Tennisplatz, auf den ein mächtiger Baum seinen Schatten wirft. Hier hat Bhagwan seine Schüler zum Schreien, Springen und Toben angefeuert, bis ihre aufsteigenden Gefühle sich geräuschvoll entluden, explodierten und sie heiser, erschöpft, leer auf dem Boden lagen. Wen wundert es da, daß die indischen Hotelgäste ob des ungewohnten Lärms fluchtartig ihre Zimmer räumten, zur Freude der bereits wartenden Sannyasgäste.

Unser Erscheinen läßt dem Besitzer keine Ruhe. Er stößt wieder zu uns. Der alte Mann wird von mir mit einem Trinkgeld für seine freundliche Bereitwilligkeit entlohnt. Der Hoteleigner nutzt die Gelegenheit, aus seiner Abneigung gegen Bhagwan keinen Hehl zu machen. Er selbst war noch ein Kind, als dieser ein Gast des Hauses war. In Europa erzogen, ist seine Sicht fixiert auf das Notwendigste für das Volk: Reis und Schulbildung. Natürlich hat er recht. Die Schüler Bhagwans hält er für übersättigte Verrückte. Auch da hat er recht.

In den kommenden Tagen verfalle ich dem Zauber der Tempelanlage, die wohl einzigartig auf der Welt ist. So wie wahre Schönheit immer einmalig ist. Sie ist nicht zu kopieren. Vom Morgen zum Abend, bis der Tempel geschlossen wird, sitze, laufe, liege ich in vollkommener Harmonie. Weißer Marmor wohin das Auge fällt. Säulen, Innenhöfe, Steintreppen, Skulpturen. Ich atme mich voll mit Erlesenheit. Steinmetze aus vielen Jahrhunderten haben daran gearbeitet, haben ein Ganzes geschaffen, in dem keine Brüche und Sprünge die Ablösung sichtbar machen. Die Vervollkommnung eines Kunstwerkes über Generationen. Die Marmorschnitzereien sind von einer Feinheit, die nur verständlich wird, wenn man weiß, daß die Steinmetze das Gewicht des anfallenden Marmorstaubs in Gold ausbezahlt erhielten. An eine Säule gelehnt höre ich das bewundernde Gemurmel der Besucher, das schnell, überwältigt von soviel Schönheit, verstummt. Viele Stunden verbringe ich in der Stille der Vergangenheit, möchte zu Stein werden, Teil einer unzerstörbaren Geschichte. Nach einigen Tagen verlassen wir Mount Abu.

Ich verabschiede mich von Ramakrishna, gebe ihm eine knappe Summe für die Weiterfahrt und lade ihn zu einem Abschiedsessen ein, das leicht und heiter wird. Von ihm befreit kann ich wieder lachen. Mit Sicherheit hat Ramakrisna mehr bei mir in Bewegung gebracht, als ich bei ihm. Er hat mich die Beherrschung verlieren lassen, hat mir Einblicke in meine Peinigerseite gegeben, meinen sadistischen Zug gezeigt, der gut verborgen war. Er hat mich zu dem Punkt gebracht, wo die Fassade bröckelt. Schließlich kann nur zum Vorschein kommen, was ist.

Lange noch verfolgt mich sein hilfloser Blick. Ich schäme mich.

Meine Reise führt mich nach Jaipur. Die rosarote Stadt. Bis noch vor einigen Jahrzehnten, durften sich dort nur Bürger ansiedeln, die sich an das Gesetz, ihre Häuser rosa zu streichen, hielten. Endlich habe ich es geschafft, allein zu sein. Die bisherigen Erfahrungen helfen mir sehr. Ich bin sicherer geworden, bewege mich ohne Zögern auf neue Ziele zu.

Nach einer langen Busfahrt halten wir am Bahnhof. Mein Blick wird gebannt von einer gespenstischen Szene. Männer verfolgen wutschnaubend einen filzigen Bettelknaben, der beim Laufen seine Lumpen verliert. Sie werfen fluchend Steine nach dem Flüchtenden. Passanten halten den Knaben fest. Einer der ‚Jäger' packt den Jüngling an seiner struppigen Mähne, schlägt mit einem faustgroßen Stein auf ihn ein, umringt von einer schnellanwachsenden Menge.

Das Blut quillt dem Burschen aus der Stirn, rieselt über sein Gesicht. Niemand greift ein. Das Geheul der Meute wird lauter. Impulsiv bewege ich mich auf das Geschehen zu, will den Jüngling aus brutalen Händen befreien. Eine unsichtbare Hand packt mich am Kragen, läßt mich innehalten. Meine innere Stimme überzeugt mich:

„Nein. Der Sinn deiner Reise ist nicht, im Mittelalter zu Tode geprügelt zu werden. Diese Männer sind von ihrem Recht überzeugt. Sie strafen einen Dieb."

Ich wende mich ab und springe rasch in eine wartende Riksha. Im Schrittempo fährt der Fahrer durch das Gewühl. Im Vorbeifahren sehe ich eine Mala auf einem Pullover. Kopf und Beine sind von der Riksha verdeckt. Spontan greife ich nach dem Malaträger, ziehe einen jungen Mann neben mich, der ebenso verdutzt schaut wie ich. Ein Sannyasin in der Wüste Thar. Auch hier, wo Kamele, Lamas, Büffel und Kühe das Straßenchaos vergrößern. Mein Griff hat mir einen gutaussehenden jungen Burschen beschert. Ein stiller, verträumter Typ, der mich schüchtern anlächelt. Ich entführe ihn, ohne auf sein Einverständnis zu warten. Er heißt Arpan und verkauft am Bahnhof Bhagwan-Bücher. Jaipur ist eine Universitätsstadt und manchmal, wenn auch selten, verlangt ein Student eines seiner Bücher als Reiselektüre. Er liebt diese Arbeit, von der er allerdings nicht leben kann.

Der Rikshafahrer bringt uns ins Hotel Rajastan. Ein altes Luxushotel mit einem Englischen Garten, dessen saftiggrüner Rasen in dem Wüstenklima überrascht. Während der Entführte an einem der Gartentische Platz nimmt, buche ich ein Zimmer, laß es mir zeigen. Wieder ist es ein Doppelzimmer. Seit ich unterwegs bin, schlafe ich in Doppelzimmern. Jeden Morgen den Anblick eines leeren Bettes, das mir mein Alleinsein eindringlich vor Augen führt. Ich versäume nicht, das unbenutzte Kissen zärtlich zu klopfen. Allein. Frei. Ohne jedes Zugeständnis aus ‚Liebe'. Vierundzwanzig Stunden am Tag gehören mir. Keine Debatten, ob rechts oder links, ob Stadt oder Land, ob Baden oder Berge, ob Fisch oder Fleisch, ob Lieben oder Laufen. Zweiundvierzig Jahre alt mußte ich werden, um das zu genießen.

Arpan wartet auf mich unter einem Sonnenschirm. Verlegen hält er seine Aktentasche zwischen den Knien. Ein echter Buchhalter. Ich bestelle Spiegeleier und Bier. Er möchte nichts, nein, auch keinen Tee. Seine Augen sind auf mich gerichtet, keine Sekunde verlassen sie mein Gesicht. Stockend erzählt er mir sein Leben, beginnt mit Madlab jeden Satz. Ich werde nie erfahren, was das heißt. Ich höre Madlab zu. Ich mag ihn. Sein Vater besitzt eine Kamelfarm, er ist der einzige Sohn. Zum Entsetzen seiner Familie hat er vor einem halben Jahr Sannyas genommen. Er hat nach Poona geschrieben und seine Mala mit der Post erhalten. Ohne die Stimme zu heben, erzählt er, daß er sterilisiert ist, seine Eltern es niemals erfahren dürfen, denn sie möchten ihn verheiraten und Enkel haben.

„Madlab. Ich möchte keine Kinder in diese Welt setzen. Ich möchte eine Freundin. Willst du mit mir schlafen?"

Die letzte Frage unterscheidet sich durch nichts von der Monotonie seiner Erzählung. Ich brauche einige Sekunden, bis ich verstehe. Mir fällt das Spiegelei von der Gabel. Versonnen betrachte ich das geplatzte Eigelb. Ich muß mich verhört haben. Nein, seine Augen bitten, während er weiterspricht:

„Madlab. Wie soll ich denn Sex ausleben. Hier. Bhagwan sagt, daß das notwendig ist, denn nur durch das Ausleben der Sexualität wird sie überwunden. Ich aber muß sie unterdrücken. Bitte, schlaf mit mir."

Ich kann es nicht glauben. Dieser Kameltreiber ist wohl nicht ganz richtig im Kopf. Laut aber sage ich: „Junge, ich könnte doch deine Mutter sein."

Das sagt man wohl in solchen Situationen. Ich bitte ihn zu gehen. Erst nach einer nochmaligen entschiedenen Aufforderung erhebt er sich traurig und schlapft von dannen. Ich esse nachdenklich meine Eier. Du guter Gott, was ist denn bloß mit den Nachfahren des ‚Kamasutras' geschehen? Indien, einst berühmt für die Kunst der Erotik, der Vervollkommnung der Sinnlichkeit. Wo ist sie geblieben? Jetzt ist Sexualität Schuldbewußtsein, ist in der Heimlichkeit verschwunden. Der Naturtrieb wird mit Macht unterdrückt, findet keine kreative Ausdrucksmöglichkeit mehr. Während ich über die verlorene indische Liebeskultur sinniere, schlendert Arpan zurück an den Tisch. Beharrlich bleibt er bei seiner mehr Forderung als Bitte:

„Madlab. Ich möchte Sex mit dir haben."

Es klingt wie die Frage nach einer Zigarette. Freundlich, aber sehr bestimmt, lehne ich nochmals ab.

„Also Junge, so geht es nicht. So wirst du dein Problem niemals lösen. Du mußt doch deine Partnerin erst einmal kennenlernen. Ich bin sicher nicht die Richtige für dich, auch wenn wir beide Sannyasins sind."

Mit gesenktem Kopf, hängenden Schultern trottet er durch den Park. Ein Bild des Jammers. Ich gehe auf mein Zimmer, werfe mich auf das Bett. Madlab, was für eine Geschichte.

In meinem Kopf fängt es an zu flackern. War doch ein hübscher Bursche! Warum sträube ich mich gegen ein kleines Techtelmechtel? Es wäre doch an der Zeit, daß ich meine Treue überwinde. Ein Mann, eine Frau - ist das wirklich normal?

Ich habe nie das Bedürfnis nach Abwechslung verspürt. Im Gegenteil, für mich liegt der Reiz der Liebe darin, immer vertrauter mit dem einen Partner zu werden, immer näher zu kommen, so nah wie möglich. Jetzt, wo ich alleine bin, Achim und Vanda in weite Ferne gerückt sind, könnte ich doch... - meine Phantasie macht Sprünge. Es klopft. Ich springe auf, entriegle die Tür. Madlab. Da steht er vor mir. Greif zu - ein Geschenk? Unsere Augen treffen sich. Ich prüfe mich genau. Nein, er mag meine Phantasie reizen, aber nicht meinen Körper. Ich fühle nichts. Wie werd ich diesen Burschen los? Eine plötzliche Eingebung läßt mich ihn fragen: „Arpan, welche Bedeutung hat dein Name?"

Er antwortet: „Einer der sich Gott anbietet."

Ich lache herzlich. „Siehst du, Arpan, genau das solltest du auch tun."

Erleichtert schließe ich die Tür. Ich bin nicht für solche Abenteuer geeignet. Noch nicht.

Der Rikshafahrer hat auf mich gewartet. Er kennt das Geschäft mit den Touristen. Er zeigt mir die Stadt, fährt mich zu den Läden, die eine Provision für ihn abwerfen. Silber, Wolle, Seide, Batik, ziehen an mir vorbei. Behaglich lasse ich mir Zeit, denn davon hab ich genug.

Ja, auch eine Teppichweberei möchte ich sehen. Beflissen führen mich verschiedene Verkäufer durch das weiträumige Haus, das kein Tourist verläßt, bevor er nicht wenigstens eine Kaufentscheidung getroffen hat. Es ist der Besitzer selbst, der meinen Widerstand brechen möchte. Er zeigt mir die Herstellung kunstvoller Teppiche. Ich traue meinen Augen kaum. Knaben im Alter von vier, fünf Jahren sitzen vor den einfachen Webstühlen. Kichernd nehmen sie mich zur Kenntnis. Nur kurz stockt die Arbeit. Schnell bewegen sich die Fingerchen unter den rhythmischen Anweisungen eines nur wenig älteren Jungen. Er ist fähig, die Farbmuster zu lesen und den Kleineren zu vermitteln. In diesem zarten Alter sind die Kinder schon mit den Webstühlen verwachsen. Glücklich giggeln sie über jede Störung ihrer konzentrierten Arbeit. Sie können nicht verstehen, was mit ihnen geschieht. Sie leben im Moment. Sie sind mit keiner Vergangenheit behaftet, machen sich keine Gedanken um eine Zukunft. Willig folgen sie den Anweisungen, freuen sich über jeden Spaß, jede Abwechslung.

„Was geschieht mit den Kindern, wenn sie älter sind. Gehen sie zur Schule?" frage ich den Händler.

„Ja, sobald ihre Hände zu groß werden für diese Arbeit. Dann haben sie meistens genug verdient, daß sie zur Schule gehen können", bekomme ich zur Antwort.

Er lügt. Das fühle ich. Er weiß, daß die Familien das Geld dieser Kinder brauchen, um leben zu können. Er überreicht mir einen kleinformatigen Teppich und meint spöttisch:

„Bringe ihn Bhagwan nach Amerika. Sag ihm, daß die Kinder von Jaipur ihn geknüpft haben."

Ich spüre seine Ironie, lehne kopfschüttelnd ab. Ich weiß, daß sie Bhagwan nicht verstehen können. Sie sind mit dem Sattwerden beschäftigt, dem Grundrecht eines jeden Menschen.

Ich kaufe zwei Batiktücher, deren Farben aus Gemüsesäften gewonnen werden. Der Rikshafahrer, der sich Terry nennt, um seinen westlichen Kunden im Gedächtnis zu bleiben, fährt mich durch die nächtliche rosarote Stadt. Beim Abschied besteht er darauf, daß ich mich in sein Notizbuch eintrage, das sein ganzer Stolz ist. Reisende aus aller Welt, in allen Sprachen, haben sich für seine Dienste bedankt. Ein deutscher Satz springt mir entgegen: „Terry hat den größten Schwanz, den die Erde je hervorgebracht hat." Ich kann nicht umhin, meinen verwunderten Blick über den mageren kleinen Kerl wandern zu lassen. Ob er wohl weiß, was in seinem Buch steht? Ich fange mein herausplatzendes Lachen mit der

Hand ein und schreibe ein paar Grüße auf die letzte Seite. Ich beschließe den Tag mit einem ausgiebigen, köstlichen Dinner. Lehne die Gesellschaft eines australischen Globetrotters ab. Ich genieße mein Alleinsein, das ungestörte Nachhängen meiner Gedanken, meine neue Freiheit.

Am nächsten Morgen erforsche ich die Weitläufigkeit des Hotels. Das Reisebüro fällt mir auf. Es ist leer - nur zwei Frauen, nicht mehr die Jüngsten, telefonieren, trinken Tee. Mehrere Male laufe ich daran vorbei. Die Frauen ziehen mich auf geheimnisvolle Weise an. Die Schärfe ihrer Blicke zwingt mich, das enge Büro zu betreten. Ich möchte nach Agra, das ganz in der Nähe liegt. Warum soll ich mich nicht beraten lassen, ist es doch ein Anlaß, die Frauen näher kennenzulernen. Sie begrüßen mich lächelnd. Ich sitze noch nicht, da werde ich schon mit Fragen nach Bhagwan bombardiert. Ihre scharfen Raubvogelgesichter zeigen eine ungewöhnliche Wachheit. Sie kennen Bhagwan aus Mount Abu. Sie möchten mehr wissen von meinem Leben in Amerika und laden mich zu sich nach Hause ein. Ihre Eltern werden sich freuen, mich kennenzulernen, beteuern sie.

Es wird ein herrlicher Abend. Meine erste Begegnung mit Kashmiris läßt mich mit Schlagfertigkeit, Witz und viel Gelächter als Gast unter Gleichen fühlen. Ihre Direktheit gefällt mir. Sie stellen die richtigen Fragen, nach der Arbeit und den Zielen *Rajneeshpurams*, nach der Entwicklung der Kommune und nach Bhagwans Möglichkeiten, im Lande zu bleiben. Gerne gebe ich Auskunft, genieße eine intelligente Diskussion über die Arbeit eines Meisters. Später möchten sie alles über meine Indienreise wissen, welche Pläne ich habe. Sie überzeugen mich, daß ich das berühmte Taj Mahal in Agra nicht zu sehen brauche. „Es gibt genügend schöne Postkarten davon." Eindringlich empfehlen sie mir, ein Tigerreservat zu besuchen, das von einem Mann verwaltet wird, mit dem sie aufgewachsen sind, und den sie wie einen Bruder lieben und bewundern.

„Du mußt ihn kennenlernen. Er ist außergewöhnlich. Das Reservat auch. Laß dir das nicht entgehen." Eine Bemerkung, daß das Reservat ein Dschungel sei, läßt meinen schwachen Widerstand schwinden. Warum nicht.

Am nächsten Morgen reise ich ab. Nach einem halben Tag in einem Bummelzug komme ich in dem beschriebenen Ort an.

Nichts läßt auf eine verborgene Schönheit schließen, es ist ein schmutziges Dorf. Ich steige in eine Holzkutsche, der klapprige Gaul verliert das Gleichgewicht. Mit gutem Zuspruch kommt er wieder auf die Beine. Nach kurzer Fahrt hält der Kutscher vor einem langgestreckten Flachbau. Ein lebensgroßer Tiger, mit aufgerissenem Maul, blitzenden Fangzähnen, zeigt anschaulich auf Pappe was mich erwartet. Forsch betrete ich das Gebäude, öffne eine Tür. Hinter einem ausladenden Schreibtisch sitzt ein MANN. Für Sekunden verhaken sich unsere Augen. Der erste Akt eines Theaterstücks beginnt. Vorhang auf.

Mit einer knappen Handbewegung zwingt er mich auf den Stuhl. „Remy Martin?“ fragt er höflich. Ich nicke, verberge mein Erstaunen. Mit Klingeldruck ruft er einen Dienstboten, gibt ihm den Auftrag, einige Sandwiches für mich zuzubereiten. Ich richte ihm die Grüße seiner Freunde aus, die er ohne sichtbare Gemütsbewegung entgegen nimmt. Er betrachtet mich. Ich bin froh, daß ich sitze. Zum zweiten Mal in meinem Leben beeindruckt mich ein Mann. Dieser Mann ist meine Traummischung, mein Traum-Mann. Vom ersten Augenblick ist mir das klar, bin ich mir dessen bewußt. Der Raum ist voll von uns beiden.

Während er ein Gespräch mit London anmeldet, beobachte ich ihn. Ohne jeden Zweifel ein auffallender Mann. Sein Haar ist sehr kurz, braune, kluge Augen, in denen der Geist Funken sprüht. Ein Mund, wie ich ihn liebe - voll und sinnlich, von einem gepflegten Schnauzer betont. Ohne Scheu verfolge ich sein Tun. Aktivitäten in schneller Folge. Telefon, Akten, Anweisungen, Knopfdruck, Bandaufnahmen, wieder Telefon: „Geben Sie mir Paris.“ Seine Hände sind kräftig, gepflegt. Die Stimme befehlsgewohnt, aber ohne die Schärfe der Überheblichkeit.

Ich schlürfe den dritten Cognac, kaue krachend Gemüsetoast. Was geschieht hier? Mit seinen Handlungen demonstriert er mir seine Macht, seine Vielfältigkeit, das breite Spektrum seiner Fähigkeiten. Die Telefongespräche mit der anderen Seite der Welt gehören dazu. In diesem Haus, versteckt in hinterwäldlerischer Abgelegenheit, residiert ein Mann mit der Lässigkeit europäischer Manager. Er läßt mich warten. Ich weiß nicht worauf. Aber ich warte. Er ist der zweite Mann, auf den ich warte.

Ich blättere in Büchern, die er geschrieben hat, in Bildbänden, die er fotografiert hat. Sein Thema - der Tiger. Ich stehe auf, betrachte die Bilderserie an der Wand. Er und die englische Königin bei seiner Ordensverleihung. Er im Frack, die Hand der Königin an seinem Revers. Instinktiv weiß ich, daß dieser Mann alles repräsentiert, was mich anzieht, Intelligenz, Reichtum, Macht, Ruhm und Abenteuer. Einer solchen Mischung bin ich noch niemals begegnet. Unerwartet finde ich es in der indischen Pampas. Und nun?

Mehr als drei Stunden warte ich geduldig, bis sich seine Art zu balzen erschöpft hat. Abrupt steht er auf. Wir haben die gleiche Größe. Seine Kleidung ist die der ehemals Herrschenden, der Maharadschas. Altmodisch, doch unterstreicht sie seine Männlichkeit. Die Hosen sind an den Oberschenkeln weit wie Reithosen, verengen sich vom Knie zur Wade. Die taillierte Jacke ist bis zum Hals mit kleinen Knöpfen geschlossen. Ein kurzer Stehkragen hält den Kopf gerade. Ein weicher englischer Stoff, Pepitamuster, geben dem Stil Klasse. Ohne eine Aufforderung folge ich ihm. Sein Sekretär trägt meine Tasche zu einem Jeep. Ich nehme auf dem Rücksitz Platz. Mr. Singh fährt, ohne mich zu informieren los. Ich bin für ihn nicht mehr vorhanden.

Der Dschungel, durch den wir fahren, hat eine andere Kraft als die Üppigkeit des mexikanischen Urwaldes, dessen Energie überschwappt. Hier überwiegt trockene Wildnis. Savanne, Steppe. Es ist Spätnachmittag, eine träge Ruhe liegt über dem Wald. Die Tierwelt hält Siesta. Verträumt - meine Augen sind mehr nach innen als nach außen gerichtet - lasse ich die Landschaft an mir vorüberziehen. MANN beschäftigt mich voll und ganz. Worauf lasse ich mich ein? Wir halten mit ruckartigem Bremsen vor einem Sandsteinpalast, der in der Abendsonne rötlich schimmert. Riesige Bäume, Urwaldgiganten, beschatten den Bau. Pfauen stolzieren gravitätisch auf mich zu, hacken neugierig nach meinen nackten Zehen in den Sandalen.

Dienstboten eilen herbei, rangeln lachend um meine Tasche, ich folge dem Sieger auf mein Zimmer. Ich bin überwältigt. Ich bin in einer Märchenwelt gelandet. Die Tür der Realität fällt mit einem lauten Knall hinter mir zu.

Vor mir liegt ein See, auf dem die Sonne Gold- und Silberfäden spinnt. Weiße, hochbeinige Vögel, mit geschwungenen, langen Schnäbeln, stelzen über einen Teppich aus schwimmenden Lotusblättern. Vögel von niegesehender Farbenpracht und Schönheit spiegeln sich im Glanz des Wassers, der zitternd zerspringt, wenn ihre Schnäbel ihn berühren. Borkige Baumstämme liegen am

Ufer, klappen unerwartet auseinander, zeigen eine zweischneidige Schärfe - Krokodile. Weiße Reiher schießen wie ein Pfeilhagel durch das wolkenlose Blau des Himmels. Stimmen reißen mich aus der Bewunderung. Mehrere Gäste leben in diesem Palast. Fotografen, Tierforscher, Tigernarren. Sie kommen zurück von einer Fotosafari. Zweimal am Tag, sehr früh am Morgen und am Nachmittag stehen einheimische Führer zur Verfügung, die mit den Jeeps stundenlang die Gäste durch die Wildnis fahren. Sie alle sind im Jagdfieber. Ziel des Tages ist, einen Tiger zu sehen, Bilder von ihm zu schießen. Um den Verwalter dieses Gebietes reißen sie sich alle, es ist der Mann, der mir gefällt. Mr. Singh. Er ist ein weltbekannter Experte, der ein immenses Wissen über den Herrscher aller Tiere hat. Nur er kennt die Schleichwege Ihrer Majestät.

Als ich auf die Terrasse heraustrete, werde ich von den vier Paaren neugierig betrachtet. Rote Kleidung, Holzkette, keinen Fotoapparat. Wohin soll man mich stecken? Ein englisches Ehepaar setzt sich zu mir an den Tisch. Mike und Janet, Fotografen, die die ganze Welt bereisen, um ihre Tierfotos an Zeitungen zu verkaufen.

„Ist es nicht schön hier?“ fragt mich Janet.

Ich nicke. Jede Antwort ist überflüssig.

„Wir haben viele schöne Plätze gesehen, aber nirgendwo ist es so paradiesich wie hier“, stellt sie fest.

Davon bin ich überzeugt. Sie kommen mehrere Male im Jahr an diesen Ort. Sie kennen Mr. Singh sehr gut.

„Er ist ein ungewöhnlicher Mann. Seiner hervorragenden Arbeit, seinen Beziehungen zur indischen Regierung, ist es zu verdanken, daß dieses Reservat vorbildlich ist. Es ist mit keinem anderen zu vergleichen“, klärt Mike mich auf.

Auf meine Frage, wo Mr. Singh wohnt, deutet Janet auf einen Turm, der über die Baumwipfel ragt. „Er hat sich den Turmpalast nach seinen Ideen bauen lassen. Das Dorf daneben gehört ihm auch. Er kommt aus einer sehr reichen Familie.“

Der Gong unterbricht unser Gespräch. Es ist Dinnerzeit. Ich ziehe mir einen Pullover über, die Abende sind kalt. Das Abendessen gibt es an einer überdachten Feuerstelle, die wenige Minuten vom Haus entfernt liegt. Die Gespräche drehen sich nur um den Tiger. Wann und wo man ihn gesehen hat. Selbst der Schatten dieses Tieres gilt schon als Erfolg. Die, die ihn nicht erspäht haben, sind geknickt. Sie fragen die Glücklicheren nach der Route, dem Ort, der Zeit. Morgen wird man die gleiche Strecke fahren.

Mr. Singh erscheint, steht mit einer Flasche Whiskey im Feuerschein. Im Nu ist er umringt. Ich bin angezogen von der magnetischen Kraft des Whiskeys, der in dieser Gegend nicht seinesgleichen hat. Ich warte. Beobachte die gackernde Hühnerschar der Fotografen, die sich überstürzt, einen guten Eindruck zu machen. Noch einmal werden die aufregendensten Momente des Tages an Mr. Singh weitergegeben. Das Buhlen um seine Gunst ist im vollen Gange. Der deutsche Fotograf, bisher wortkarg, ist nicht wiederzuerkennen. Mit einem Wortschwall versucht er, Mr. Singh zu einer gemeinsamen Tour am nächsten Tag zu bewegen. Als er ablehnt, bittet er ihn beinahe demütig, ihm den besten Fahrer zu überlassen.

Die Frauen bleiben auch nicht untätig, sie bemühen ihren Charme, um Mr. Singhs Aufmerksamkeit auf sich zu lenken. Er lacht lauthals, gießt rundum Whiskey ein. Seine Augen suchen mich. Unvermutet beginnt er einen lauten, aggressiven Monolog über Bhagwan. Die Wendung des Themas irritiert die Paare. Sie werden aufgeklärt über einen Mann, von dem sie noch nie gehört haben. Mr. Singh ist nicht mehr zu halten:

„Ich war in Mount Abu Gebietsverwalter. Bhagwan hat damals versucht, das Land zu kaufen, um dort eine Kommune zu gründen. Ich habe das verhindert“, brüstet er sich triumphierend. „Für mich ist dieser Mann ein Schwindler und Scharlatan“, fügt er nachdrücklich hinzu, damit mir nicht verborgen bleibt, was er von meinem Meister hält.

Ich muß lachen über seinen Ausbruch. Die Paare brechen gelangweilt auf, sie sind nicht interessiert an einem Guru, der den Tiger als Thema in den Hintergrund drängt. Ich möchte mich Mike und Janet anschließen, mit ihnen nach Hause laufen, doch Mr. Singh hält mich zurück.

„Bleib!“ fordert er bestimmt. „Laß uns zusammen trinken. Ich werde dich nach Hause bringen.“

Ich teile seine Vorliebe für schottischen Whiskey. Fortan nenne ich Mr. Singh, Scottie, eine Vertraulichkeit, gegen die er nichts einzuwenden hat. Ich lasse Scottie reden. Beobachte sein lebendiges Gesicht im flackernden Feuerschein. Er erklärt mir, warum ich am Nachmittag so lange warten mußte. Ich habe es längst vergessen.

„Gestern Nacht ist ein Tiger in einem Dorf eingebrochen und hat eine Kuh gerissen. Die Bauern sind in Angst und Schrecken. Sie fürchten um ihr Leben. Es ist selten, daß ein Tiger einen

Menschen angreift, aber wenn er großen Hunger hat, weiß man nie."

Zur Untermalung der Geschichte hören wir einen Tiger nicht allzuweit entfernt brüllen. Ich bin nicht wild auf eine Begegnung mit ihm, selbst nicht mit Scottie in der Nähe. Er schürt mein Entsetzen:

„An den Fußspuren ums Haus kannst du erkennen, daß sie am See saufen."

Erfreuliche Aussichten. Scottie schmunzelt vergnügt: „Morgen früh lasse ich dich wecken. Wir werden zusammen eine Tour durch die Wildnis machen. Ich werde dir den Tiger zeigen."

Seine Bestimmtheit läßt mich zustimmend nicken. Wir laufen durch die Nacht. Mir ist unheimlich bei jedem Ast, der unter meinen Füßen knackt. Vor dem Sandsteinpalast verabschieden wir uns. Er greift nach meiner Mala, wiegt das Locket mit dem Bild Bhagwans in der Hand und meint kopfschüttelnd: „Wie kann eine Frau wie du darauf reinfallen?"

Ich halte es nicht für nötig, ihm eine Erklärung zu geben.

Es muß noch sehr früh sein, als es an die Tür klopft. Es ist stockdunkel draußen, mir wird der Tee ans Bett gestellt. Vorsichtig taste ich danach. Heiß und süß belebt er mich. Wie ein Stehaufmännchen springt als erster Gedanke ‚Scottie' in mein Gehirn. Ich ziehe mich schnell an.

Draußen scheint noch der Mond. Die ersten Vögel krächzen ihre Stimmen klar. Die Fotografen schlafen. Scottie taucht in der Dunkelheit auf. Er winkt mir zu, in den Jeep zu steigen. Ich fröstle. Er wickelt mich fest in eine Felldecke, so, daß nur noch Nase und Augen beweglich bleiben. Wir fahren los. Erleben das Aufwachen des Dschungels im Morgengrauen. Scharen von Vögeln heben sich aus den Bäumen, fliegen aufkreischend in den beginnenden Tag. Wie Silberblitze schießen Affen von Baum zu Baum, keckern ihre Morgengebete. Aufgeschreckt von den Geräuschen des Jeeps brechen Rehe und Hirsche durch das Dickicht. Eine Hundertschaft Pfauen schwingt sich aus dem Baumkronen-Nachtquartier. Mit dunklem Rauschen fliegen sie als schwarze Wolke davon. Ich schaue ihnen verwundert nach. Das Pfauen fliegen können? Wir halten. Die Sonne geht über dem See auf. Still genießen wir den Ablick so intensiver Schönheit.

Scotties Nasenflügel beben im Jagdfieber. Er ist entschlossen, mir den Tiger zu zeigen. Es bleibt bei Spuren, die er sorgfältig untersucht. Zu meiner Erleichterung führen sie zu nichts. Ich kauere während der Fahrt ängstlich im offenen Jeep. Springen Tiger nicht auch aus Bäumen?

Wir sind einige Stunden unterwegs. Ich dehne und strecke mich. Die Gefahr ist vorüber. Ich werfe die Decke ab, die Sonne brennt vom Himmel. Wir haben Hunger. Scottie hält vor seinem ‚Adlerhorst', dem Turmpalast. Er lebt allein. Er zeigt mir das ganze Haus. Mir gefällt die männliche Note der Zimmer. Bücher, Pfeifen, Flaschen, ein großes Bett und überall Tigerbilder. Eine sympathische Unordnung, von der man weiß, daß sie mit einem Griff das Gewünschte hergibt. Auf dem Schreibtisch ein Bild von Frau und Kindern. Die Frau ist auffallend schön. Ich sage ihm das.

„Ja", meint er verschlossen, „schön ist sie." Und leise fügt er hinzu: „Wie ein Diamant. Und auch so kalt."

Seit langem lebt er getrennt von ihr, wie er mir erzählt. Die Kinder besuchen ihn oft. Sein Vater und seine Mutter blicken streng aus einem Silberrahmen. Der Vater war ein Maharadscha. Ein Palast in der Wüste wird immer noch von der Familie bewohnt.

Nebenbei meint Scottie: „Ich werde dir das alles zeigen."

Seine Dominanz stört mich nicht, kommt sie doch aus der Kraft seiner Persönlichkeit, die mich anzieht. Der Blick vom Turm geht weit über den See. Ich atme tief, soviel Schönheit ist kaum zu ertragen.

Der Frühstückstisch ist bereits gedeckt. Eine Fülle von Leckerbissen, Getränke vieler Art. Und immer mehr trägt ein Diener auf. Scottie bedient mich mit einer selbstverständlichen Vertrautheit. Allein mit mir ist er weicher, offener, ohne seine faszinierende, männliche Ausstrahlung zu verlieren. Seine entschiedene Sprechweise, seine sparsamen Handbewegungen, sein über-mich-Verfügen, gefallen mir außerordentlich. Zu meiner eigenen Verblüffung. Er läßt eine Saite in mir klingen, die gänzlich verrostet ist - kokette Weiblichkeit. Das, was ich zutiefst verabscheue, das Spiel der Geschlechter, spiele ich stündlich gekonnter.

Ich genieße Scotties Stärke, seine Entschiedenheit, die mir keinen Platz läßt. Dafür kann ich ihn zappeln lassen. Wie eine junge Katze halte ich ihn am Genick. Ich lasse mich auf ihn ein, stoße ihn zurück, warte, bis er mir folgt. Folgt er, ziehe ich mich zurück. Folgt er nicht, ist störrisch, gehe ich ein wenig auf ihn zu. Greift er nach mir, lege ich lachend Distanz zwischen uns. Fassungslos sehe ich mir zu - kein Weibchen beherrscht das Spiel besser als ich. Ich sehe bestätigt, daß das, was mit Vehemenz abgelehnt wird, letzlich sehr vertraut ist. Die größte Angst ist gleichzeitig die größte Hoffnung.

Ich spüre die Kraft des Mannes ebenso stark wie meine. Wir sind zwei ebenbürtige Partner in diesem Spiel. Ich lasse mich total darauf ein, vergesse jedoch nicht für den Bruchteil einer Sekunde, der Beobachter zu bleiben. Ich weiß um meine Macht, ich weiß, daß ich gewinnen werde. Ich bin sanft, nachgiebig, verständnisvoll, weiß, wie ich ihn erreiche. Er schmilzt dahin, mein ‚Tiger von Eshnapur'. Sofort mache ich mich lustig über ihn, spotte über seine Waffen, die die Welt beherrschen, Ehrgeiz, Erfolg, Reichtum, Ruhm. Seine Männlichkeit reagiert verärgert. Um auch mich zu treffen, fällt er über Bhagwan her. Ich lasse ihn wüten, lächle unberührt bei seinen Tiraden. Als er kein Ende findet, gehe ich, lasse ihn allein.

Viele Stunden sitze ich auf der Terrasse des Sandsteinhauses, versuche zu lesen. Aber ich bin mit Scottie beschäftigt und dem ‚Spiel'. Der Mann ist ein Prachtexemplar seiner Gattung. Am Nachmittag steht er mir in der Sonne. Sein Schatten fällt auf mich. Ich fühle ihn, ohne den Blick zu heben. Ich lese, blättere die Seiten um. Er wartet - bis ich nicht umhin kann, ihn wahrzunehmen. Meine Augen wandern an ihm hoch. Er sieht hinreißend aus. Zum gewohnten Punjabanzug trägt er einen Humphrey Bogart Hut. Hinter seinem Rücken schlagen die Pfauen Rad. Er greift nach meiner Hand, zieht mich langsam aus dem Liegestuhl. „Komm!"

Wir fahren durch die flirrende Hitze durch eine trockene Steppenlandschaft, durch Wälder, an Seen vorbei. Ich rutsche tiefer in meinen Sitz. Ich spüre seine Entschlossenheit, mir den Tiger zu zeigen. Das macht mich nervös. Nach einer langen Fahrt hält er. Vor uns liegt weites, dürres Land. Wir warten. Scotties Konzentration geht auf mich über. Dann folgt mein Blick seinem Zeigefinger - keine fünf Meter von uns entfernt kräuselt sich das hüfthohe gelbe Gras. Gemächlichen Schrittes, würde-voll, royal zeigt sich der Tiger. Ich vergesse zu atmen. Welch ein Anblick. Kein anderes Tier hat diese überlegene Ausstrahlung. Sein leerer Blick streift mich im Vorübergehen. Wie Bhagwan kommt mir in den Sinn. Meine Angst ist verschwunden. Ich empfinde Achtung und Respekt für dieses Tier, das lautlos in den Büschen verschwindet.

Stolz leuchten Scotties Augen.

Ich beuge mich zu ihm, küsse ihn leicht auf die Wange. „Ich danke dir. Ich danke dir für den Tiger, für den Dschungel, für den Palast, für die herrlichen Tage."

Er lacht auf: „Na, na. Das klingt ja wie ein Gebet zu Gott."

Er zerstört meine Dankbarkeit. Spöttisch revanchiere ich mich: „Sag bloß, du bist keiner!"

Seine Miene verdüstert sich. Er weiß, daß ich ihn treffen will. Wir fahren weiter. Neben einem der ‚Baumstämme' kommt der Wagen zum Stehen - ein platter Hinterreifen. Ein Krokodil mit weitgeöffnetem Rachen lauert bewegungslos im Sand. Scotties Beruhigung, daß sie das Maul nur öffnen, um ihre Körpertemperatur zu regulieren, mißtraue ich. Ich bin nicht bereit, auch nur in Gedanken den Wagen zu verlassen. Scottie lacht, springt über die Kühlerhaube und zieht den Wagen mit kleinen Rucken aus der Gefahrenzone. Er hat den Schaden schnell behoben.

Es dämmert, und schon ist es Nacht. Der Wechsel der Tageszeiten vollzieht sich ohne Übergang. Wir fahren durch den nächtlichen Dschungel zu einem See, den Scottie besonders liebt. Der Mond ist eine feine Silbersichel und die Sterne schimmern über uns wie verstreuter Zucker. Ich genieße den Mann an meiner Seite, seine Kraft, seine Sicherheit, seine Persönlichkeit. Gerne würde ich mit ihm im Jeep von der Erde abheben und die Fahrt in der endlosen Weite des Himmels fortsetzen. Er wäre der richtige Mann dafür.

Als wir sehr verspätet zum Abendessen am Feuerplatz erscheinen, begegnen uns forschende Blicke. Scottie demonstriert sofort, daß sich zwischen ihm und mir nichts verändert hat. Er beginnt auf Bhagwan zu schimpfen, versucht mich zu reizen. Ich gehe seinen Aggressionen aus dem Weg, setze mich zu Mike und Janet, höre ihren Tageserlebnissen zu. Scottie folgt mir. Er stört das Gespräch, erzwingt Aufmerksamkeit. Sein Ausbruch ist voller Haß:

„Das ist ein ganz Schlauer, dieser Bhagwan", erklärt er den gelangweilten Gästen. „Der hat es geschafft. Als armer Teufel geboren, lebt er heute durch die Dummheit seiner Leute als Millionär."

Ich kippe Öl ins Feuer: „Vergiß nicht, daß er die Wahl zwischen mehr als sechzig Rolls Royce hat."

Er verliert die Beherrschung, schreit mich an:

„Und du vertraust diesem Betrüger."

Ich verstehe Scottie. Er hat alles erreicht, ist verwoben mit dem Weltlichen, hat die Schalheit noch nicht erkannt. Er muß gegen einen Meister sein, der all das, was er sich aufbaut, zerstört. Ich habe genug von seinen ärgerlichen Querelen. Er will mich damit zwingen, über Bhagwan zu argumentieren. Das ist das Letzte, was ich möchte. Es gibt keine Argumente. Einen Meister hat man im Gefühl. Ich gehe mit Janet nach Hause. Scottie bleibt allein am Feuer, starrt in die Glut.

Als mir am nächsten Morgen in aller Frühe der Tee in die Nase zieht, grinse ich befriedigt. Hastig schlüpfe ich in die Kleider. Wieder eine Fahrt durch den noch dunklen Dschungel. Scottie möchte mir Nilghais zeigen, sehr seltene Tiere. Seit langem versucht er, den Begattungsakt der Tiere zu filmen. Es ist Brunftzeit, vielleicht gelingt es ihm heute. Er erzählt mir, daß das Weibchen ein Sekret aus ihren Backentaschen an die Bäume streicht, damit die Männchen sie finden. Ich bringe Scottie Glück. Schon nach kurzer Fahrt stoßen wir auf drei dieser raren Tiere. Sie stehen auf einer kleinen Lichtung, sind gut zu sehen. Sie haben ein sehr ungewöhnliches Aussehen. Schwere, plumpe Körper mit einer blauschimmernden Haut. Ihre Köpfe sind zierlich, die kleinen Ohren zucken unruhig. Sie sind in Paarungsbereitschaft. Das Weibchen dreht auffordernd das Hinterteil. Hinter ihr das Männchen - bereit zum Sprung. Wenige Meter weiter wartet ein zweiter Anwärter auf ihre Gunst. Um die Kamera in den richtigen Winkel zu bringen, beugt sie Scottie zu mir, sein Körper berührt mich, ich atme seinen männlichen Geruch. Über dem Platz liegt Anspannung, eine fühlbare Energie. Das Nilghai-Weibchen bebt - ich auch - der Bock springt. Wenige Sekunden und es ist vorbei. Scottie hat seine langersehnten Aufnahmen. Das zweite Männchen nähert sich dem bereitwilligen Weibchen. Springt. Scotties Wärme neben mir, fühle ich mich einem Stromkreis angeschlossen. Wellenartig durchflutet mich Sexenergie, ohne mich zu erhitzen. Ich spüre die Kraft der Tiere, die Männlichkeit neben mir, bin verbunden mit beidem, schwinge mit. Krampfhaft starre ich auf die zur Ruhe gekommenen Tiere, um nicht Scotties Blick zu begegnen, der seine Kamera wegpackt. Seine Hände zittern. Ich lehne eine Einladung zum Frühstück ab. Ich möchte allein sein. Das Erlebte beschäftigt mich. Das Weibchen in mir ist unruhig. Die Anziehungskraft Scotties ist ungemein. Ich fühle keine Liebe, jedoch zieht seine Männlichkeit meine Weiblichkeit an, sie haben eine gemeinsame Wurzel - Vitalität. Was das Spiel so reizvoll macht, ist der wortlose Kampf, den nur Hingabe beenden kann.

Gegen Abend treffen sich alle Gäste auf Einladung Scotties in dem kleinen Backsteinhaus neben seinem Wohnturm. Hier soll ein gemeinsames Abendessen stattfinden. In der Mitte des Raumes ist eine Vertiefung, in der das Feuer brennt. Die Gäste greifen nach den Stühlen und rücken sich in der Wärme zurecht. Sie sind vollzählig um das Feuer versammelt. Scottie ist noch nicht da. Er hat den Nachmittag mit einer Delegation der Regierung verbracht, die an einer Erweiterung des Reservats interessiert ist. Ich schaue mich um. Mache es mir in dem breiten, ausladenden Sessel bequem, der am Feuer steht. Ich genieße die Behaglichkeit, die Gemütlichkeit von Wärme und Sessel, starre ins knisternde, funkensprühende Feuer.

Die Gespräche verstummen. Eine Gereiztheit im Raum läßt mich ahnen warum. Frevel. Sakrileg.

Der deutsche Fotograf kann sich nicht zurückhalten, er spricht aus, was alle denken:

„Das ist der Sessel von Mr. Singh."

Die Worte fallen spitz und scharf in die Stille. Das Feuerholz knackt.

Scotties Stimme füllt kraftvoll den Raum:

„Wenn diese Frau möchte, kann sie ein Leben lang in meinem Sessel sitzen."

Mir bleibt das Herz stehen. Durch den Feuerschein kommt er auf mich zu, kniet vor mir nieder, legt seinen Kopf in meinen Schoß. Ich habe gewonnen. Um mich herum versinkt die Welt. Nur er und ich bleiben. Ich bin erfüllt vom Sieg. Jahrhundertelang habe ich darauf gewartet, wieder ist eine Fessel gesprengt. Ich bin frei. Der Kampf ist zu Ende. Liebe durchströmt mich, das Weibchen ist geschlagen. Sanft lege ich meine Hände um Scotties Kopf, meine Liebe fließt in ihn, den Schwächeren, der alles hat und doch verhungert. Lange verweilen wir so. Das Klappern des Geschirrs, die Hast der Dienstboten, bringt uns in die Wirklichkeit zurück.

Alle Augen sind auf uns gerichtet, jeder fühlt das Ungewöhnliche. Es wird ein wundervoller Abend. Selbst die beiden Fotografen, die sich bisher wie zwei Wölfe in scharf-knurrender Konkurrenz befanden, sind friedlich wie die Lämmer. Scottie bleibt auf der Erde hocken, eng an mich gelehnt. Er strahlt, leuchtet. Sein Charme als Geschichtenerzähler verzaubert mich. Den ganzen Abend spreche ich kein einziges Wort. Ich höre ihm zu. Jede Geste, jede Pointe, jedes Lachen ist Ausdruck seiner Hingabe.

Der Abend endet mit vielen Trinksprüchen auf den Gastgeber und seine ungewöhnliche Arbeit, seinen Einsatz, der der Erhaltung der Natur gilt und dem Versuch, ihre Ursprünglichkeit zu bewahren. Ich verabschiede mich mit den anderen. Er versucht, mich zu halten. Doch ich entziehe mich einer Umarmung. Ich laufe mit der Gruppe nach Hause. Unsicheres Lachen soll die Tiger verscheuchen.

Ich dusche im Dunkeln. Elektrizität gibt es nicht. Ich taste mich in mein Bett, der Mondschein hilft mir, es zu finden. Ich zünde eine Kerze an, um in ihrem Flackern, den Abend zu bedenken. Die Anspannung ist von mir gewichen. Ich bin müde und doch hellwach. Noch einmal lasse ich das Geschehn an mir vorüberziehen. Es klopft. Sofort weiß ich, daß dieser Abend eine Fortsetzung hat. Um Zeit zu gewinnen frage ich: „Wer ist da?“

Seine Stimme dröhnt, ein Tritt läßt die Tür aufspringen:

„Ich bin der Tiger.“

Da steht er im Kerzenschimmer, der Traum einer jeden Frau. „Der Tiger von Eshnapur“ - Vandas Voraussage hat sich erfüllt.

Er steht vor mir im Regenmantel, die weiche Hutkrempe im Gesicht. Sein Schatten zittert an der Wand.

„Ich möchte mit dir schlafen.“

Fest und bestimmt äußert er seinen Wunsch, ohne die Bitte darin zu unterdrücken. Mit der gleichen Festigkeit höre ich mich antworten:

„Ja, zieh dich aus.“

Der Satz springt aus mir wie der Korken aus der Flasche. Ich atme tief. Entzücken über Entzücken durchrieselt mich. Welch eine Befreiung. Einem solchen Mann zu sagen, „Zieh dich aus“, offenbart die Überlegenheit des Gebenden und sprengt alte Tabus. Ich genieße jedes seiner Kleidungsstücke. Den Hut legt er in die Fensternische. Der Mantel fällt, das Jacket, das Hemd, die Stiefel, die Strümpfe, die Reithose. In weißer Seidenwäsche leuchtet er in der Dunkelheit. Ich bin hingerissen von der Situation.

Er zieht das Hemd über den Kopf - die Kerze erlischt. Seine gänzliche Nacktheit bleibt leider nur eine kurze Ahnung.

Er schlüpft neben mich. Wachsam beobachte ich meine Premiere. Nach Achim, dem Vater meiner Kinder, ist er der erste Mann in meinem Bett.

Und was für einer.

Es bleibt mir nicht lange verborgen - statt in den Pranken eines Tigers befinde ich mich in den Fangarmen eines Oktopus, die mich hastig abtasten.

Außer meiner Beobachtung ist nichts scharf. Meine Sinne bleiben kalt. Er schießt auf das angestrebte Ziel los. Ich halte ihn zurück. „Nein, so nicht." Ich brauche einige Kraft, ihn abzuhalten, zurückzuschieben. Aber meine Entschlossenheit ist größer als seine Begierde. Ich kann nicht. Mir fehlt die Liebe, das Vertrauen, die Vertrautheit. Ich bitte ihn zu gehen. Er respektiert meinen Wunsch, ohne ärgerlich zu werden. Nach geraumer Zeit zieht er sich im Dunkeln an, küßt mich und geht.

Wie schön ist das Alleinsein. Ich strecke alle Viere von mir und schlafe glücklich ein.

Der Duft des Tees weckt mich. Es dämmert. In der Fensternische liegt Scotties Hut. Ich habe nicht geträumt. Die Erinnerung kommt. Das Lachen perlt aus mir, erst leise, dann lauter, bis ich mich auf dem Bett wälze, jeder Blick auf den Hut steigert mein Gelächter.

Janet erscheint in der Tür. Ich beantworte ihre fragenden Augen mit einer Handbewegung auf den Hut, mehr brauche ich nicht sagen. Sie sinkt aufs Bett. Unser Lachen dröhnt durch das Haus. Frauen verstehen so schnell ohne Worte.

Nach dem Frühstück taucht Scottie auf, weicht den ganzen Tag nicht von meiner Seite. Wir reden, gehen spazieren, er zeigt mir das Dorf, das verfallene Fort. Er versucht mir näherzukommen. Er ist offen, bereit mich zu verstehen.

In der Nacht besucht er mich, ohne die Tür einzutreten. Er weint. Seinen Kopf auf meiner Brust bricht sein ungeliebtes Leben aus ihm heraus, das er versucht, durch Erfolg und Leistung zu vergessen. Die Energie seines Herzens ist schwach wie eine leere Batterie. Er hebt den Kopf:

„Ich weiß nicht, was mit mir durch dich geschieht. Ich schaue in deine Augen und möchte nichts anderes mehr auf dieser Welt, als in ihrem Blau verschwinden." Er fleht: „Geh nicht zurück zu deinem Guru. Bleib bei mir. Lebe mit mir. Teile alles mit mir was ich habe. Wenn du möchtest, werde ich die Scheidung durchsetzen und dich heiraten."

Ein verlockendes Angebot. Herrin eines Dschungels zu sein, im Reichtum zu wühlen, von Schönheit und Glanz umgeben. Achim ist glücklich auf der Ranch, lebt sein eigenes Leben, Vanda ist eine Hoffnung, die sich nie erfüllen wird. „Beende Vanda." Ist das der Sinn, daß ich Scottie heirate? Einen aufregenden, interessanten Mann, der mir alles bietet, was das Leben an Sonnenseiten hat.

Der über Intelligenz und Fähigkeiten verfügt, die ich schätze, und zu alldem Herr über eine endlose Wildnis ist.

„Bitte, Scottie, laß mir Zeit. Ich muß das bedenken."

Er küßt mich. Ach, seine Zunge ist so kalt!

Er flüstert: „Sag ja, du wirst es nicht bereuen."

Auf meinen Wunsch läßt er mich allein. Geht zu seinem Turm zurück durch die Dunkelheit des Dschungels. Ich zucke zusammen, als ein Tiger brüllt.

Früh am Morgen sitze ich auf der Terrasse. Ich warte auf Janet, die bald von der Fototour zurückkommen muß. Ich brauche ihren schwesterlichen Rat. Sie ist weitaus erfahrener als ich, hat mehr Durchblick. Ich schaue über den See. Auf einem Krokodil landet ein Silberreiher. Neben mir die naschhaften Pfauen, die ich mit Rührei füttere. Ein gelbblauer Pagagei fliegt auf meine Hand. Welch ein zauberhaftes Leben könnte ich führen. Als Janet endlich kommt, fällt sie neben mich auf den Stuhl. Sie lockert ihr Kopftuch, fuchtelt mir damit ins Gesicht:

„Hallo, Misha, was ist los? Gibt's was Neues?"

Ich liebe die weiche Variante meines Namens, die Zärtlichkeit, mit der sie ihn ausspricht. Sie, die englische Lady, neben der ich der mollige, bäuerliche Trampel bin. Doch Frauen wie wir sind instinktiv Schwestern. Wir sind klug. Jede von uns ist auf einem anderen Gebiet erfahren, wir akzeptieren die jeweilige Überlegenheit. Nur die Unsicherheit kennt Rivalität. Ich erzähle ihr in knappen Sätzen von Scotties Wunsch, seiner Bitte. Und meiner Versuchung. Ihre wasserblauen Augen weiten sich vor Erstaunen.

„Mischa", säuselt sie unter heftigem Wimpernklimpern, „ist das wirklich wahr? Er will dich? Wie wundervoll." Pause.

Ihre Stimme sackt in die Tiefe:

„Sag bloß, du machst das wirklich - mit einem *Inder*!" Bedenklich wiegt sie den Kopf, lacht vergnügt auf: „Dafür spricht, daß ich dich dann jeden Frühling für einige Wochen sehen werde."

Wir lachen. So gerne ich sie habe, wird das meine Entscheidung nicht begünstigen. Janet wird ernsthaft: „Ich bin schon oft hier gewesen, ich kenne Scottie gut, aber so wie jetzt habe ich ihn noch nie erlebt. Ich glaube, Mischa, er wird dich auf Händen tragen."

Mit einem Entsetzensschrei fährt sie vom Stuhl hoch:

„Mischa, willst du es wirklich tun?"

Ich zucke die Achseln. „Ich weiß nicht, Janet. Es ist ein aufregendes Abenteuer."

Die Erinnerung läßt mich zusammenfahren. Vanda und ich am Strand, sie ärgerlich über meine Maßlosigkeiten, fährt mich an: “Du bist nicht nur ein Abenteuer, du bist auch ein Morgen- und Mittagteuer.“

Janet unterbricht den Lauf meiner Gedanken. Sie fragt mit unverhohlener Neugier: „Habt ihr schon....“, sie deutet diskret in Richtung Zimmer.

„Naja“, murmle ich ausweichend. Ich möchte mein Bild als große Verführerin nicht zerstört sehen. Sie tätschelt meine Schulter. „Überleg dir das gut!“

Sie zieht sich zurück ins Haus.

Lange Zeit sitze ich, suche die Antwort im See.

Mit Staunen fühle ich die Antwort, die mein Kopf nicht geben kann, aus meinem Herzen steigen. Es schwillt, wird größer und weiter, dehnt sich, durchströmt mich von Kopf bis Fuß mit einer übermächtigen Liebe für Bhagwan, die ich noch niemals zuvor gefühlt habe. Ich ringe unter der Stärke dieser Kraft nach Luft. Mein Herz schlägt wie eine Nachtigall: „Bhagwan, Bhagwan.“

Wie konnte ich nur annehmen, daß ich noch eine Entscheidung treffen werde. Nichts kann mich mehr aufhalten. In zwei Tagen ist Bhagwans Geburtstag, in zwei Tagen bin ich zurück in Poona. Strahlend falle ich stürmisch in Janets Zimmer ein:

„Ich fahre morgen früh nach Poona, in den Ashram, Bhagwan hat Geburtstag“, sprudle ich hervor.

Verblüfft läßt sie ihr Buch sinken.

„Na, du bist vielleicht ein Schätzchen. Eben noch Maharani und nun Nonne deines Gurus.“

Ich eile lachend davon. Ich packe, klettere an der vom Himmel gefallenen Liane schleunigst aus dem Dschungel der Versuchungen. Scottie steht in der Tür, grau im Gesicht.

„Du fährst“, stellt er fest.

Ich versuche, ihm zu erklären. Er läßt mich nicht aussprechen. „Nein, du wirst nicht zurückkommen. Niemals.“

Ich weiß, daß er recht hat, doch immer wieder beteure ich, daß ich ihn nur für kurze Zeit verlasse. Er schüttelt verschlossen den Kopf. Ohne ein Abschiedswort verläßt er mich. Ich sehe ihn nie wieder. Respekt bleibt. Ein Mann, der weiß, wann er verloren hat, der mit seinem Schmerz allein bleibt.

Am nächsten Tag sitze ich im Zug nach Bombay. Ich flattere vor Glück und Erwartung. Der Dschungel wird zu einem schwarzen Punkt auf der Landkarte, doch in meinem Herzen bleibt er ein goldener Fleck.

In Bombay stürze ich zum Taxistand. Meine Ungeduld wird teuer. Über dem Ashramtor ein Transparent „Welcome Lover". Tausende indischer Sannyasins sind aus dem ganzen Land angereist, um den Geburtstag des Meisters zu feiern. Ich falle in viele Arme. Ich bin zu Hause - in Sicherheit. Aufatmend sitze ich im Satsang am äußeren Rand der *Buddha-Halle.* Mit dem Rücken zum Garten. Musik zieht durch mein Herz. Wie süßvertraut ist die Stimme Tarus, die die Gachchhamis singt, die jeden Schrecken für mich verloren haben, ja, die ich voller Inbrunst fühle.

Buddham Sharanam Gachchhami
I go to the Feet of the Awakened One.
Shangham Sharanam Gachchhami
I go to the Feet of the Commune of the Awakened One.
Dhammam Sharanam Gachchhami
I go to the Feet of the Ultimate Truth of the Awakened One.

Ich berste vor Dankbarkeit „Danke, Bhagwan, für das, was du mich lehrst, für alles, was du mir gibst und Danke für alles, was du mir nimmst". Sanfte Berührungen lassen mich die Augen öffnen - ein Baum überschüttet mich mit roten Blütenblättern.

Statt der geplanten Jahre bleibe ich nur einige Monate in Indien, aber wieviel habe ich gesehen, erlebt und gelernt. Meine mysteriöse Krankheit habe ich im Dschungel verloren. Bald darauf verlasse ich rundum satt und glücklich Mutter India, deren Liebe mich begleitet, wo immer ich bin. Ich weiß, daß ich wiederkommen werde. In Indien ist mein Herz und auch mein Tod zu Hause.

Raidas

Winterstürme am Pazifik. Ich bin in Amerika an der Nordküste. Aus der Geborgenheit einer Fischerhütte blicke ich in das Toben des aufgewühlten Meeres. Höre das Aufklatschen der Wellen auf bizarre Felsen, die wie schwarzer Kandiszucker aus dem Wasser ragen. Wie unterschiedlich sind die Meere. Vor wenigen Wochen berauscht vom sanften Grün des Arabischen Ozeans, genieße ich jetzt das wilde Röhren des Pazifiks.

Ich drehe nachdenklich den eleganten Goldring an meinem Finger, der meine Verbindung mit Vanda demonstriert. „Beende Vanda" - erst wenn ich am Ziel bin, kann ich es hinter mir lassen. Immer noch liebe ich sie, liebe die Erinnerung an eine Leidenschaft, die es schon lange nicht mehr gibt. Mir bleibt der Wunsch, daß die Nähe, die wir einmal hatten, in ihren Augen sichtbar ist. Ich bin müde geworden, Mauern einzutreten, die mich vom anderen trennen. Die Liebe - ein Moloch, den ich mit meinen besten Kräften füttere, der niemals sattzukriegen ist. Ob Mann, ob Frau, die Hoffnung auf das Einswerden mit dem ‚Du' hat mich Jahre meines Lebens gekostet. Verzweiflung, Leiden, Schmerz, ja Wahnsinn - bis zum Erkennen, daß es unmöglich ist. Nur Körper können sich treffen. Unnachgiebig führe ich einen aussichtslosen Kampf. Ich möchte die Vereinigung, die die Zweisamkeit auslöscht. Ich möchte die Süße der Hingabe dehnen bis ans Ende meines Lebens. Auflösung in der Energie des Universums, diesen orgiastischen Zustand, den ich über den anderen erreiche, und der mir einen Geschmack davon gibt, was reines Bewußtsein, Egolosigkeit ist.

Aber der Preis ist zu hoch für diesen flüchtigen Moment. Die Liebe ist die Hölle. Je größer sie ist, um so verzweifelter ist der Wunsch, den anderen zu erreichen, ihn seine Seele zu treffen. Ein Leben lang auf der Stelle zu treten, mit einem Ziel vor Augen, das niemals zu erreichen ist, das eine Fata Morgana bleibt - welch eine Qual.

Ohne einen Meister, ohne Bhagwan, wäre ich in dem Liebesgestrüpp meines Lebens erstickt. Er hat mich herausgerissen. Eine schmerzhafte Prozedur, verschärft durch meinen Widerstand. Meine Wunden bluten, bis sie sich gereinigt schließen. Die Heilung braucht Zeit. Ich akzeptiere schrittweise, daß ich alleine bin. Fühle, daß ich alleine bin. Ein Alleinsein, das nichts mit Einsamkeit zu tun hat. Ich entdecke das Sein. Bisher war mein Leben eine Kette von Tun. Wenn kein Tun mehr ist, wenn die Suche, das Fragen ein Ende hat, dann ist Freiheit, dann ist Sein, ist All-es.

„Spiritualität ist ohne Freiheit nicht möglich. Buddha verließ seinen Palast, die Jünger Jesu ihre Familien. Jede Fessel ist zu sprengen, dahinter liegt der Weg, der sonst verborgen ist." (Bhagwan Shree Rajneesh).

Ich möchte das, was mich hält, hinter mir lassen. Ich habe gelebt und geliebt, aber ich will MEHR. Ich möchte den Weg gehen, den mir Bhagwan zeigt, den alle Meister ihren Schülern gezeigt haben: den Weg der Gnade, den Weg, der zur Erleuchtung führt. Die wahre Einswerdung, die die Trennung der Geschlechter aufhebt. Wo der eigene innere Mann und die eigene innere Frau zusammenfließen, um Teil des Kosmos zu werden, Teil der Urenergie aus der sie kommen um in die Ewigkeit des Lebens zurückzugehen.

Ich bleibe einige Tage in der kraftvollen Energie des Ozeans, versuche, in das Durcheinander meiner Gedanken Ordnung zu bringen.

Was tun? Indien liegt hinter mir, die Schweiz, in der Vanda sich aufhält, ist mit Sicherheit nicht das Land meiner Träume.

Zurück nach *Rajneeshpuram*? Obwohl mein Kopf verzweifelt versucht, Herr über meine Gefühle zu werden, weiß mein Herz, daß *Rajneeshpuram*, die Kommune, der Meister, die wahre Herausforderung für mich ist. Daß das Leben dort meine Begrenzungen einreißt.

Tagelange Spaziergänge am Strand durch Regen und Sturm lassen mein Gefühl sicher werden. Selbst der Gedanke an Jäkä oder Mitzi kann mich nicht aufhalten. Wenn es denn sein muß, und sei es für den Rest meines Lebens, gehe ich zurück in die Küche.

Wieder beende ich eine Reise sehr viel eher als geplant.

In Hast und Eile packe ich meine Tasche. Plötzlich kann es nicht schnell genug gehen, eine entschiedene Energie schiebt mich gegen meinen ‚Willen'. Meine innere Stimme hat die Führung übernommen. Ich beschwichtige meinen Kopf, daß ich Nirala,

Achim und alle meine Freunde nur ‚besuchen' werde. Ich habe kaum Geld, so daß ich mir den Aufenthalt nur einige Tage in der Kommune leisten kann, beruhige ich den Aufgeregten.

Es ist Januar 1984.

Wie jeder Besucher stehe ich in *Mirdad.* Ein neues Gebäude, das weiträumig-elegant, die Wohlhabenheit der Kommune ausdrückt. Die Atmosphäre ist sachlich-freundlich. Mein Gepäck wird untersucht, der Schäferhund schnüffelt nach Drogen.

Niemand kennt mich. Alles neue Gesichter, die hier arbeiten. Ich nehme an der Anmeldung Platz. Eine Ma fragt mich nach meinem Namen, nach meinen Absichten.

„Warst du schon einmal auf der Ranch?" fragt sie gleichmütig. Ich nicke bestätigend. „Ja, ich bin die Mutter von Nirala." Schlau füge ich hinzu: „Wäre es möglich, die drei kostenlosen Elterntage in Anspruch zu nehmen?"

Sie bittet mich, einen Moment zu warten. Sie muß nachfragen ob mir die Tage zugestanden werden. Während sie telefoniert, bin ich mit meiner Unsicherheit und Betroffenheit beschäftigt. Fünf Monate war ich unterwegs. Eindeutig hat sich die Welt in *Rajneeshpuram* ohne mich gedreht. Mein Fehlen hat keine Lücke hinterlassen. Die Kommune hat sich prächtig entwickelt. Das Sandkorn war auf Reisen.

Die Ma kommt zurück. „Ist in Ordnung. Du brauchst für die drei Tage nichts zu bezahlen."

Erleichtert nehme ich zur Kenntnis, daß ich nicht als ‚unerwünscht' abgewiesen werde. Es war geschickt, mich als „Niralas Mutter" vorzustellen. Tricks in einer Mysterienschule?

Ich werde in *Walt Whitman* untergebracht, einer einfachen Aframe-Siedlung in den Bergen. Wer sich das neue *Hotel* nicht leisten kann, der lebt hier. Gemeinschaftsduschen, Toiletten, Wäscherei - eine Unterbringung mit einfachem Komfort. Mein Haus liegt an der Bushaltestelle. Fürs erste bin ich allein im Zimmer. Auch als Gast muß man mit einem Zimmergenossen rechnen. Herzklopfen und Nervosität überfallen mich. Wie wird es nun weitergehen? Werde ich bleiben dürfen? Werde ich bleiben wollen? Fragen, die ich nicht beantworten kann. Ich zwinge mich zur Ruhe, packe meine Tasche aus. Mittendrin lasse ich alles fallen, stürme aus dem Haus. Ich möchte meine Freunde sehen, jedenfalls das, was davon übriggeblieben ist. Ob sich noch jemand an mich erinnert? Ich laufe den Weg zur Ranch, am Flughafen vorbei. Nach wenigen Minuten überwältigt mich die Wiedersehensfreude beim Anblick der vertrauten Landschaft. Die Berge, der Wacholdergeruch, der Himmel mit den puffigen Qualmwolken geben mir das Gefühl von Heimat. Bald laufen von allen Seiten schöne Menschen auf mich zu, springen aus dem Auto, winken aufgeregt aus dem Bus, halten mit dem Fahrrad neben mir. Ich werde umarmt, geküßt, getätschelt, gepreßt, beklopft.

„Mensch, Nisha, du bist wieder da?" Ich werde überschüttet mit Liebe, Freude und Begeisterung.

„Bleibst du jetzt hier?" ist die Frage, die jeder stellt. Ich weiß es nicht. Ich lasse mich in alle Arme fallen.

Wieder und wieder höre ich, wie betroffen sie von meinem Rausschmiß waren.

„Aber jetzt bleibst du, ja?" Ich kann keine Antwort geben.

Nirala fällt mir um den Hals. Sie ist noch schöner geworden, stolz verweilt mein Auge auf ihr. Auch Achim kommt auf mich zu. Unsere Umarmung ist distanziert. Obwohl wir den gleichen Weg gehen, trennen uns Welten.

Als ich ihm meinen Besuch telefonisch ankündige, ihm von meiner Überlegung erzähle, eventuell wieder auf der Ranch zu leben, meint er: „Ich weiß nicht, ob sie Leute wie dich nehmen, sie sind jetzt sehr wählerisch." Auch eine über zwanzigjährige Beziehung birgt noch Überraschungen, hat Pfeile im Köcher.

Ich kann es nicht erwarten, in die Küche zu kommen. Zu Taru, zu meinen indischen Freunden. Ich entziehe mich den nicht endenwollenden Umarmungen und mache mich auf den Weg zu *Magdalena.*

Ich denke an die Briefe Tarus, die mich in Indien, in Deutschland erreichten: „Komm zurück, wir alle vermissen dich." Oder: „Jetzt ist es aber genug. Komm. Dein Platz ist bei Bhagwan." Wie schön war es, draußen in der Welt die unsichtbaren Fäden zu spüren, die mich mit *Rajneeshpuram* verbinden.

Tarus Worte träufeln Honig in mein Herz.

Magdalena scheint unverändert. Ich nähere mich vorsichtig, blicke durchs Fenster. Tarus Gewichtigkeit springt wie eine Feder aus dem Stuhl, fliegt mir in die Arme. Taru. Unsere Herzen schlagen zusammen, begrüßen sich. Wir schieben uns auf Armeslänge, sehen das lachende und weinende Geglitzer unserer Augen. Die

Küche klatscht Beifall, nimmt Teil an der Freude. Unsere Tränen versiegen, das Lachen steigt hoch, platzt aus uns, mischt sich mit dem Gelächter aller. Die Küche lacht, *Magdalena* zittert.

Ich weiß, daß ich hier nicht mehr weggehen kann. Dies ist die Welt die ich liebe, dies sind die Menschen, die den gleichen Weg gehen. Wir sind Freunde auf einer gemeinsamen, unglaublichen Reise, wir alle sind Schüler eines Meisters. Die Liebe zu ihm beflügelt unsere Schritte.

Ich halte mich nicht lange auf. Zerrupft, aufgelöst von soviel Liebe, laufe ich am Bach entlang, zurück zur Ranch. Premmati hat von meiner Ankunft gehört. Sie kommt mir entgegen. Wir liegen uns in den Armen, doch ich spüre, wir sind getrennt marschiert. Die Vertrautheit der Gemeinsamkeit ist verschwunden.

Sie mustert mich besorgt: „Mein Gott, Nisha, wie siehst du denn aus? Geh nach Hause und leg dich hin. Das ist zuviel auf einmal."

Sie hat recht. Ich brauche Ruhe und Besinnung, um nach diesem emotionalen Gipfeltreffen wieder ins Gleichgewicht zu kommen. In *Walt Whitman* lasse ich mich aufs Bett fallen, weit entfernt von Ruhe. Die Explosion meines Herzens flaut ab, die Entladung findet nun im Kopf statt. Durch meinen Hirnkasten blitzen und donnern die Gedanken. Ich habe eine Bildstörung. Mein Kopf kreischt: „Du wirst doch nicht hierbleiben wollen! Hast du nicht gesehen, in der Küche - alles wie gehabt. Selbst der Gemüsetisch steht an der gleichen Stelle, die gleichen Leute sitzen dran. Willst du nach all dem Schönen, was du gesehen hast, nach der Buntheit dieser Welt, dich einordnen in diese entsetzliche Disziplin? Die, wenn möglich, noch verschärft ist. Bist du wahnsinnig, dich so zu reduzieren?"

Ich werfe mich hin und her unter dem Aufprall solcher Niederschläge. Ich weiß von ganzem Herzen - ich kann hier nicht mehr weg. Mein Gehirn tobt weiter: „Ja, meinst du denn, die Kommune nimmt dich wieder auf? Warum sollte sie? Kein Mensch braucht dich hier. Die Kommune wächst auch ohne dich. Vergiß nicht, daß man dich rausgeworfen hat."

Ja, ja, ja. Ich springe auf, schaue in den Spiegel. Irr-Sinn in meinen Augen, der meinen Zustand widerspiegelt. Eine Woge hat mich hinausgespült ins abenteuerliche Leben. Ich habe ein Paradies gesehen, habe die Freiheit im Alleinsein entdeckt. Alle Türen waren für mich offen.

Doch die Woge hat mich auch zurückgespült in die Mysterienschule, in der das innere Leben geweckt wird. Nur unter Meisterlicher Obhut kann ein Mehr wachsen, das über weltliche Dinge hinausgeht. Die Kommune, in der jeder einzelne seine Wahrheit lebt und durch sein Dasein eine Situation entstehen läßt, die mich spiegelt, die meine Wahrheit reflektiert, ist das notwendige Hilfsmittel.

Wie sehr habe ich nach *der* Wahrheit gesucht. Ich habe Billionen Wahrheiten gefunden. Ich habe endlich begriffen, daß jedes Leben seine Wahrheit hat. Wahrheit ist kein Massenbegriff, Wahrheit ist individualistisch. Jeder Mensch, jedes Lebewesen hat seine eigene Wahrheit, die es gilt zu finden und zu leben.

Zum ersten Mal seitdem ich ein Schüler Bhagwans bin, fühle ich ein totales Ja für ihn *und* die Kommune. Ich bin bereit für seine Arbeit.

Entschlossen mache ich mich auf den Weg zu *Jesus Grove.* Ich werde Sheela bitten, mich wieder in die Kommune aufzunehmen. Dabei ist mir klar, daß ich Sheela aufsuche, um Vidya zu umgehen. Ich fürchte Vidyas Schwerthiebe, ihre schmerzhafte Schärfe.

Sheela, bekannt für ihren Spott, tut weniger weh.

Jesus Grove hat sich verändert, ist um einige hundert Quadratmeter vergrößert. Ich ziehe im Vorraum die Schuhe aus, stelle sie wie üblich ins Regal. Ein vertrautes Keifen nähert sich. Manibey. Welch eine Freude. Wir können uns nicht aus der Umarmung lösen. Nach Gopaldam sehen wir uns hier tatsächlich wieder. Als sie hört, warum ich ihre Tochter sehen möchte, begleitet sie mich in den großen Raum. Wir setzen uns Hand in Hand auf das Sofa. Sheela ist vertieft in das Gespräch mit einem Mann, dessen Bedeutung sicher besser von seinem Bankkonto abzulesen ist als von seinem Gesicht. Er ist der Vater eines Swamis, der auf der Ranch lebt, wie ich mit halben Ohr mitbekomme. Ich entziehe mich Manibeys Geschnatter und höre interessiert Sheela und dem Vater zu. Der Swami ist Teil der ‚Hollywood Clique', die großen Wert darauf legt, Abstand zur Kommune zu halten. Millionen Dollar helfen ihnen dabei. Sie fahren einen Rolls Royce, den sie aus dem Wagenpark Bhagwans gekauft haben. So zeigen sie, wohin sie gehören.

Der Vater wird von Sheela gekonnt umgarnt. Ihr Erfolg liegt im Fordern. Sie macht keine Zugeständnisse, keine Kompromisse. Auf Schritt und Tritt fordert sie, gleichgültig was - Geld, Energie, Positivismus, Arbeit, Land usw. Ihr bleibt keine Zeit zu geben. Unter ihren unnachgiebigen Forderungen blüht die Kommune, steigt die Zahl der Rolls Royce monatlich, entwickeln sich die Geschäfte in Europa zu Goldeseln. Ich bin fasziniert, erlebe sie erstmalig in einer geschäftlichen Aktion. Offensichtlich versucht sie, dem Vater Sohn und Geld abzugewinnen.

Sie preist die Qualitäten des Sohnes in Tönen, die ich noch niemals auf der Ranch hörte: „Er ist so wunderbar, so schön, so intelligent, so kreativ. Er ist eine Bereicherung für uns alle. Ich verstehe, daß sie ihn vermissen."

Geschickt kommt die Wende: „Wie wäre es, wenn sie sich hier ansiedeln würden, bauen? Wir stellen ihnen Land und Leute zur Verfügung. Sie sind der Kommune jederzeit willkommen." Der Vater nickt geschmeichelt. Die Aufmerksamkeit einer so schönen Frau erfreut ihn offensichtlich.

Sheela zögert keine Minute, den schwankenden Vater zu fällen. „Sie vermissen einen Tennisplatz?" Der Vater nickt. „Aber ich bitte Sie, Sie haben doch gesehen, wozu wir fähig sind, was wir in zwei Jahren aufgebaut haben. Ein Tennisplatz ist für uns eine Arbeit von vierundzwanzig Stunden."

Überrumpelt erbittet der Vater Bedenkzeit. Der clevere Geschäftsmann ist beeindruckt von der Selbstsicherheit der Frau, die ihn nun mit ihrem liebenswürdigsten Lächeln verabschiedet.

Sheela ist eine Schönheit, vor der ich wie in einer Bildergalerie Platz nehmen möchte, um mich daran zu erfreuen. Nachdem der Vater entschwunden ist, wendet sie sich mir zu: „Wartest du auf mich?" Ich bejahe beklommen.

„Ach so, ich dachte, du besuchst meine Mutter. Was möchtest du denn?"

Aus engem Hals stoße ich hervor: „Ich möchte wieder auf der Ranch leben."

Ohne den Ausdruck ihrer Augen zu verändern, meint sie sachlich: „Damit habe ich nichts zu tun. Dafür ist Vidya zuständig." Kleinmütig nehme ich es zur Kenntnis. Ich habe gewußt, auf diesem Platz ist es unmöglich, krumme Wege zu gehen. Ich weiß doch, daß ich Vidya fragen muß.

Ängstlich, flattrig stehe ich wieder auf der Straße, mache mich sehr langsam auf den Weg zu *Sokrates.* Mir hängt die Nase am Boden, so schwer sind Kopf und Herz. Ein Auto fährt hinter mir, schiebt sich an mir vorbei, hält Schritt mit mir. Ein Kopf streckt sich durchs Fenster. Erstaunt begegnen meine Augen Vidyas.

Ihr Gesicht ist warm, mit ehrlicher Freude ruft sie mir in

Deutsch zu: „Nisha, wie schön, daß du wieder da bist." Gibt Gas und stiebt davon.

Verblüfft schaue ich dem Auto nach. Habe ich richtig gehört? Sie freut sich? Mein Herz füllt sich mit Liebe, mit Mut. Diese Frau, die mich in der Vergangenheit so oft zertrümmert hat, begrüßt mich beinahe zärtlich. Gestärkt beschleunige ich meinen Schritt, steuere auf *Sokrates* zu. So schlimm kann es nicht werden.

Es wird schlimmer.

Ich melde mich in der Rezeption an: „Ich möchte Vidya sprechen."

Nach wenigen Minuten werde ich hinaufgerufen. Die vertraute Mulmigkeit beschleicht mich. Ich rede mir gut zu.

Auf der letzten Stufe sehe ich sie alle. Schlagartig weiß ich, was ein Gang nach Canossa ist. Ich gehe auf die mir bekannte Gruppe zu, die unbeweglich im Schweigen verharrt, alle Augen auf mich gerichtet: Vidya, Pratima, Sagun, Padipada, Sue, Arup - mit all diesen Frauen lag ich im Clinch. Sie alle werde ich bitten müssen, mich wieder in die Kommune aufzunehmen. Ein starker Drang, in die entgegengesetzte Richtung zu laufen, Angst. Aber es gibt für mich kein Zurück. Ich weiß, daß ich hier leben *muß*.

Ich fühle die bekannte Wärme, die meinen Rücken stärkt, eine unsichtbare Hand, die mich hält und vorwärtsschiebt, Schritt für Schritt. Kein Lächeln weit und breit. Die Schärfe von sechs Augenpaaren durchdringt mich. Die Frauen treten beiseite, lassen mich durch. Ein Spalier der Gerechten. Vor Vidya bleibe ich stehen. Ihr Blick packt mich. Von der vorangegangen Freundlichkeit und Wärme ist nichts, aber auch gar nichts, übriggeblieben.

Mit kleiner Stimme höre ich mich sagen: „Ich war in Indien. Ich habe viele Abenteuer erlebt....." Die schneidende Stimme Vidyas unterbricht meine Ausführung.

„Wir sind nicht an deinen Abenteuern interessiert."

Ich zucke unter dem Schlag zusammen, beende aber ruhig meinen Satz „...bin wieder gesund und möchte in der Kommune leben."

Da wettert Vidya los, drischt mit Worten auf mich ein. „Du wieder...? Du noch einmal...? Deine Widerstände... Deine Alleingänge... Das letze Mal..." Und ohne ihren Ton zu ändern: „Geh und melde dich an."

Ihre Vorwürfe sind auf mich niedergehagelt, jedes Licht ist in mir erloschen. Es dauert, bis ich die Aufforderung begreife, bis sich ihr Inhalt in mir setzt. Angst und Unsicherheit sind verflogen. Freude steigt in mir auf. Ich darf bleiben. Meine Lehrzeit ist noch nicht beendet.

Ich habe meinen Stolz überwunden, ich habe darum gebeten, in der Kommune aufgenommen zu werden, ich habe die aufgebauten Hindernisse übersprungen. Schauen wirklich alle Augen milder?

Rundum ist es für mich auf einmal sonnig und warm, obwohl eben noch die eisigen Winterstürme tobten. Ich möchte meinen starken Schwestern mein Herz zu Füßen legen. Immer wieder schaffen sie es, mich zu erschüttern, mir Schläge zu versetzen, die meine Mauern einstürzen lassen.

Meine neue Bereitwilligkeit, meine Dankbarkeit zeige ich, indem ich sofort nach Arbeit frage. Pratima möchte mich zu den Bauarbeitern nach *Chuang Tzu* stecken, aber Vidya fällt ihr ins Wort: „Nein, sie geht nach Raidas."

Mein Schicksal erfüllt sich letztlich ohne einen Widerspruch von meiner Seite. Von Anfang an war ich für *Raidas* vorgesehen. Zweieinhalb Jahre habe ich mich gesträubt. Alles, bloß nicht Putzen.

Nach einem langen Umweg, der notwendig war, bin ich bereit zu dienen. Mein Glück ist für jeden sichtbar. Ich eile auf ‚ambrosischen' Sohlen, um mich anzumelden. Fröhliche Zurufe begleiten mich. Ich fülle an einem Schreibtisch meine Anmeldeformulare aus. Eine Frau bleibt vor mir stehen, fragt schrill: „Was machst *du* denn hier?" Ich schaue auf, blicke in Jäkäs Augen.

Ruhig antworte ich: „Na, was wohl? Das gleiche, was *du* hier machst."

Eine kleine Genugtuung für sieben Monate Schinderei in der Küche - ohne die ich allerdings niemals meine Abgründe, meine Finsternis entdeckt hätte. Aber es wird Zeit brauchen, bis ich die Dankbarkeit für Jäkä empfinde, wie ich sie für Achim, den Messerwerfer, fühle. Beide haben mich mit meinen Ängsten konfrontiert. Meine Gegner, meine Feinde haben in meinem Leben grundlegenderes bewirkt, als meine Freunde. Mit Feinden bleibt man in Bewegung, mit Freunden ruht man sich aus.

In den nächsten Tagen segle ich auf Wolken der Euphorie.

Ein Telefonanruf Arunas bringt mich in Bodennähe. Meine Töchter hat das Leben in Amerika gut gebeutelt. Sie sind am Ende ihrer Kraft, haben die Orientierung verloren. Ohne zu wissen, wie ich ihren Aufenthalt finanzieren werde, lade ich sie auf die Ranch ein. Das glückliche Inselleben ihrer Kindheit hat die Töchter stark gemacht für die Liebe, die Freude, das Geben, das Lachen.

Die Realität des Lebens ist Festland, dort geht es anders zu. Ich weiß aber, daß sie die Kraft haben werden, sich dem Würgegriff einer kranken Gesellschaft zu entziehen. Je bewußter sie leben, umso unzerstörbarer werden sie.

Doch nun, nach den Monaten des Überlebenskampfes, sollen sie sich aufwärmen, auftanken in der Energie von Meister, Mutter und Kommune. Allerdings weiß ich nicht, woher ich das Geld nehme. Für jede Tochter 400 Dollar im Monat, vorausgesetzt, daß sie ins Arbeitsprogramm aufgenommen werden. Ohne zu arbeiten, als Besucher, kostet es dreimal soviel. Sollen sie erst einmal kommen, und wenn es nur für ein paar Tage ist.

Die Ranch hat sich in meiner Abwesenheit erstaunlich vergrößert. Das Prunkstück der Kommune ist nach *Mandir*, das neuerdings rundum verglast ist, um es auch im Winter nutzen zu können, das *Hotel*. Es gibt keinen, der nicht davon hingerissen ist. Besonders aber die Leute, die es gebaut haben.

In den Tagen meiner Ankunft wird es fertig, nach meiner Abreise wurde es begonnen. Ein Riesenkomplex mit 145 Gästezimmern ist in vier Monaten fertiggestellt worden. Die Augen der Freunde, die in der Hotelcrew gearbeitet haben, leuchten stolz. Ein beinahe antarktischer Winter hat die Arbeit bei Tag und Nacht erschwert. Wenige Stunden Schlaf, verkürzte Mittagszeit mit Broten an der Baustelle, in Eile verschlungen. Die Schilderungen lassen mich an den Aufbau Rotchinas denken, nach der Revolution: Als einer Crew bei einer Terminarbeit die Zementmaschine ausfällt, springen Hunderte von Arbeitern mit Kleidern in den flüssigen Brei und mischen ihn mit dem Körper. Der gleiche Geist durchdringt die Kommune, bringt sie voran. Überall auf der Ranch ist er zu fühlen.

Das Einkaufszentrum ist erweitert, 100 neue Häuser, in denen jeweils zwanzig Menschen leben, bilden einen eigenen Stadtteil. Die *Townhäuser*, die um Bhagwans Terrain entstanden sind, werden von den Kommunemitgliedern bewohnt. Die Zeit der Zelte, Trailer, aber auch A-frames ist vorbei, sie bleiben den Besuchern, Sommerarbeitern und Gruppenteilnehmern überlassen.

Die *Townhäuser* sind weiße, einstöckige Reihenhäuser, ohne

jeden Komfort. Erstmalig lebt eine 20-köpfige Gruppe auf engem Raum zusammen.

Ich bin voller Bewunderung für das, was in wenigen Monaten entstanden ist. Und froh, daß der Kelch an mir vorüberging.

Mein Einstieg in *Raidas* ist undramatisch. Jeden Morgen ergießt sich das Putzvölkchen in einen Raum der *Universität.* Bevor die Gachchhmis gesungen werden, eine kurze Erinnerung an Gebote und Verbote. Die Kommune hat den täglichen Arbeitsablauf als Ausdruck einer Religion überzeugend gestaltet.

Die Disziplin, die Sauberkeit, die Größe, der Wohlstand der Kommune sind der Beweis eines beispielhaften neuen Lebensmodells, das mit einer kapitalistischen Struktur den wahren Kommunismus möglich macht. Daß sich hinter der beeindruckenden Fassade die eigentliche Absicht verbirgt - die spirituelle Arbeit eines Meisters - ist für Außenstehende nicht sichtbar. Aber der Respekt der Amerikaner für Religionen gibt uns Spielraum, läßt uns Zeit für die notwendige Entwicklung. Für mich ist der ‚Rajneeshismus' ein Witz. Ein Meister, der Bewußtheit lehrt, der jede Religion für Hokuspokus hält, jeden ‚-ismus' als gefährlich ablehnt, scheut sich nicht, eine neue Religion zu gründen, die, wenn auch konträr zu herkömmlichen Ansichten, als ‚Rajneeshismus' propagiert wird.

Wieder zerschmettert er Erwartungen, Illusionen über ihn und uns. Auf meinen Reisen gefragt, ob ich ein ‚Rajneeshie' sei, antworte ich empört mit Nein. Ich war so vieles, ich möchte nicht schon wieder ein neues Etikett. Ein Meister beraubt uns der Kleidung, aber sobald wir nackt sind, greifen wir bereitwillig nach dem nächsten wärmenden Mäntelchen.

Nach den Gachchhamis drängen sich die Cleaner neugierig um die beiden Moms. Jeden Morgen neue Spannung - was bringt der Tag. Es gibt viele Möglichkeiten, verschiedene Bereiche, in denen man eingesetzt werden kann. Mal ist es der medizinische Bereich, *Pythagoras*, mal der bürokratische, *Sokrates*, oder der geschäftstüchtige, die *Mall*, die Einkaufsstraße. Es ist ein Unterschied, ob *Jesus Grove* oder *Buddhafield Garage*, überall lernt der Cleaner eine andere Welt kennen.

Sushma und Hamido, die Moms, entscheiden über unseren täglichen Einsatz. Sie treten bei mir die Nachfolge von Padipada und Jäkä an. Die einzige Gemeinsamkeit, die eine ist blond, die andere dunkel. Hamido ist der verbale Vordergrund. Sie lacht, schimpft mit liebevollem Spott, antwortet, hört zu, sie kommuniziert. Sushma ist der schweigende Hintergrund. Sie fühlt. Ihre feinen Tentakel tasten uns bis auf den Grund ab. Sie trifft die wahren Entscheidungen mit einem Wimpernzucken. Monatelang beobachte ich die Frau bei ihrer Arbeit. Ich liebe Hamidos Schnelligkeit, ihren Witz, ihren Geist, ihre Fairneß. Sushma jedoch ist ein Kleinod, eine Rarität. Ihre Intuition ist jeder Sprache überlegen. Ihre sparsamen Bewegungen, ihr Augenaufschlag, jedes seltene Wort von ihr wird für mich zu einem göttlichen Hinweis. Mein Vertrauen in sie ist absolut. Ihre Sensibilität kommt aus einer geheimnisvollen Quelle.

Meine Karriere als Putzfrau, als Cleaner beginnt. Die Zeit meiner Auflösung ist gekommen. Ganz natürlich mit Angst und Unsicherheit verbunden. Ich werde *Townhaus*-Cleaner. Meine ersten Häuser heißen *Harry* und *Eileen*, später erhalten die Häuser Nummern. Ich habe ein Leben als Hausfrau hinter mir, kenne die Organisation eines großen Haushalts. Doch was ich jetzt erlebe, hat mit meinem ehemaligen Können nichts zu tun.

Susanne, eine sehr schöne, kieselsteinglatte junge Frau, ist die Mom in den *Townhäusern*. Sie weist die Neuen in die Arbeit ein. Sie ist die 24-Stunden-Frau von Karmayogi, der auf seiner Reise fand, was er so sehnlichst suchte. Der Großteil der 24 Stunden geht bei der Arbeit drauf, doch er scheint mit dem Rest vollauf zufrieden.

Susanne ist eine ‚Waage', was hilfreich ist, *mich* zu belehren, denn mein altes Wissen vom Putzen kann ich über Bord werfen. Ruhig gleitet sie mit mir durch alle Räume. Jedes Haus hat zehn Zimmer, in dem jeweils zwei Leute leben. Dazu vier Bäder, vier Toiletten, eine Küche, ein Wohnzimmer, ein Vorraum, in dem Waschmaschine und Trockner stehen, sowie ein wandfüllendes Schuhregal. Meine Nervosität, meine Hektik prallen an Susanne ab, gelassen beantwortet sie meine Fragen. Sie erklärt mir sämtliche Reinigungsverfahren. Die gründlichen wie die flüchtigen. Ausgiebig führt sie mich in die Kunst der Bäderreinigung ein. Ein Anliegen, das ihr aus dem Herzen kommt. Sie offenbart mir das Rezept von Geheimmixturen, auf die ein jeder Cleaner stolz ist. Zählt die Anteile von Glitter, Ammoniak, Backpulver und Zep auf, „deren jeweilige Variation die ganz persönliche Note eines jeden Cleaners ist", beeilt sie sich hinzuzufügen.

Unaufhörlich plätschert der gleichmäßige Strom ihrer Informationen über mich. Sie zeigt mir das Auffüllen der Flaschen im Bad mit Seife, Shampoo, Conditioner, Körperlotion, Mundwasser, Olivenöl. Eine Arbeit von großer Wichtigkeit, wie sie betont, denn die Bewohner haben ein Recht darauf, volle Flaschen vorzufinden, die eine gründliche Körperreinigung ermöglichen. Susanne geht weiter, ohne ihren Redefluß zu unterbrechen. Hier die Besenkammer, der Staubsauger, wie zu handhaben, wie zu reinigen. Die Vorratsregale, für deren Bestände ich Sorge zu tragen habe. Zwischendurch kleine Einlagen über die Wäschebehandlung.

Für mindestens zwanzig Leute wird die Wäsche im Haus gewaschen, oft aber auch noch die Kleidungsstücke der über Nacht gebliebenen Liebhaber. Die Bewohner werfen die schmutzige Wäsche, die sie täglich wechseln, in eine Tonne, die zwischen den Maschinen klemmt. Meine Aufgabe ist, wie Susanne mir bedeutet, sie nach Stoffbeschaffenheit, Baumwolle oder ‚Plastik', nach Verschmutzung - Socken oder Unterhosen - zu sortieren. Niemals vergessen: „Wolle nicht in den Trockner!" Und: „Sieh zu, daß die Maschinen ohne Unterbrechung laufen. Sonst wirst du bis zum Abend nicht fertig."

Mir ist nicht klar, wie ich aus der Unübersicht des Morgens, die zwei Häuser bis zum Abend schaffen soll.

Ohne auf meine Bedenken einzugehen, zeigt Susanne mir die Kunst des Wäschefaltens. Sauber gefaltete Wäsche, darauf hat jedes Kommunemitglied ebenfalls ein Recht.

„Mein Gott, Susanne, wie soll ich mit allem fertig werden? Zwei Häuser, das sind 40 Leute!" frage ich verzweifelt.

Sie lacht beruhigend: „Du wirst sehen, bald hast du alles im Griff!"

Sie verabschiedet sich von mir, verspricht noch einmal hereinzuschauen. Sie hat noch mehr Neue zu betreuen.

Hilflos sehe ich ihr nach. Was hat sie mir erklärt? In welche Flaschen was, welche Wäsche wie, welche Bestände wann? Fange ich oben oder unten an. Sinnlos zerre ich Besen und Schaufel ans Licht, verteile das Staubsaugerzubehör im Wohnzimmer, der Schlauch kringelt sich über der Wäsche, deren Signierung ich suche und wenn gefunden, zu enträtseln trachte. Der Trockner summt, das Flusensieb muß....., ich sitze inmitten der zehn eingesammelten vollen Papierkörbe und gebe auf. Das schaff ich nie.

Als Susanne wenig später auftaucht, findet sie mich in einem Chaos das meinem Innern entspricht. Zum ersten Mal bin ich zu blöde, das Beste aus einer Situation zu machen. Alle meine Putzfrauen sind auferstanden. Nette ordentliche Frauen, die ohne viel Aufhebens mich unterstützten, Sauberkeit und Ordnung in unsere jeweiligen Häuser zu bringen.

Nach einigen Tagen habe ich einen Überblick. Ich arbeite ein System aus, denn ohne System ist, wie ich bald erfahre, ein deutscher Cleaner nicht funktionsfähig. Keine andere Nation besteht so sehr auf einem System. Als ich anfange, mich zurecht zu finden, bekomme ich noch ein Haus dazu. Drei Häuser - 60 Leute.

Die Arbeitszeit ist von 7 Uhr morgens bis 7.30 Uhr abends, vorausgesetzt, daß die Häuser in ordentlichem Zustand sind. Zwei kurze Teepausen fördern die Kommunikation unter den Cleanern. Mittagspause ist von 12.30 Uhr bis nach der Ausfahrt Bhagwans, das heißt kurz nach 2 Uhr. Die Arbeit zwingt zur Pünktlichkeit, denn für ein solches Pensum braucht man jede Minute.

Und doch spüre ich die Freiheit, die mir diese Arbeit läßt. Die Möglichkeit, ich könnte, wenn ich wollte, ist mir genug, überläßt mir die Entscheidung. Anders als in der Küche, wo Kontrolle und Überwachung Jäkäs Lebensinhalt waren.

Cleanen ist anstrengend, aber es befriedigt mich, ist ein täglicher Appell an meinen Ehrgeiz - ich werde es schaffen.

Dazu kommt die noch kleine Flamme der Freude am Dienen, die ich mit Erstaunen wachsen sehe.

Ein Gruppenspiel in Poona. Ich bin der ‚Herr', mein Partner ist der ‚Sklave'. Ich hetze ihn von einer Wand zur anderen, treibe ihn erbarmungslos an. Seine Langsamkeit macht mich rasend. Männer sind so langsam. Bevor er zusammenbricht, befreit ihn Turiya aus meiner Tyrannei. Wir stehen im Kreis, fühlen, was das Spiel bewirkt. Nichts, mir geht es gut. Wir wechseln die Rollen. Mein ‚Herr' rächt sich nicht. Er behandelt mich freundlich, läßt mich Kissen von einer Stelle zur anderen tragen, ein wenig Cancan-tanzen, Schattenboxen. Mir macht der ‚Sklave' Spaß. Bis ich im Kreis stehe, da bricht es aus mir hervor. Ich kotze, würge, bis ich auf der Matratze zusammensinke. Ich bin kein Sklave.

In *Raidas* - Raidas war ein Erleuchteter Meister aus der niedrigsten indischen Kaste, der der Unberührbaren - erfahre ich täglich, daß Freiheit im Dienen ist. Im Dienen bin ich mein eigener Herr - im Herrschen Herr über andere. Wer aber Herr über sich ist, kann nicht über andere herrschen.

In der Mysterienschule brechen Konditionierungen wie Kartenhäuser zusammen. Sind sie bereits manifestiert, werden sie auf jede erdenkliche Weise zertrümmert, zermalmt. Je mehr in mir zusammenbricht, umso mehr erkenne ich mich selbst. Wieviel künstliche Gebäude habe ich errichtet, um mehr zu scheinen, als ich bin - dabei bin ich so viel mehr. Wie friedlich ist es, nur die Verantwortung für sich selbst zu tragen, Königin meines eigenen Reiches zu sein.

Ich tauche in den Zauber meiner Arbeit ein. Tür um Tür öffnet sich, läßt mich Blicke auf mich selber werfen. Während ich die Häuser putze, poliere, schrubbe, bürste, komme ich klarer und klarer zum Vorschein. Ich reinige mich selbst.

Nicht, daß ich keine Widerstände mehr hätte. Der Rückenschmerz ist scharf und schrill. Ich habe Angst mich zu verlieren, in einer Welt, die ein Mysterium ist.

Mutter Sorge hält Zwiesprache mit mir. Wie soll ich den Aufenthalt meiner Töchter auf der Ranch bezahlen? Keiner meiner Freunde hat noch soviel Geld, um mir eine solche Summe zur Verfügung zu stellen. Ich zermartere mein Gehirn nach einer Lösung, während ich die Böden wische. In diese Überlegungen hinein erhalte ich die Aufforderung, nach *Chaitanya* zu kommen in die Buchhaltung. Ich weiß nicht, was man von mir will.

Ich suche Anusati auf. „Jee, I'd like to talk to you, but I'm in a hurry", kann ich nicht umhin, sie zu begrüßen. Mit schallendem Gelächter erinnern wir uns an die alten Zeiten.

Sie kommt zur Sache, schiebt mir ohne Erklärung eine Quittung zu, die ich unterschreiben soll. Mehrere Male muß ich lesen, bis ich begreife, daß ich mit meiner Unterschrift den Empfang von 7.000 Dollar bestätige. Eine Summe, die ich als nichtzuverbuchende Spende zurückerhalte.

Anusati verschwindet aus meinem Blickfeld. Ich bin in Trance. Der Himmel ist mir auf den Kopf gefallen. Eine Mysterienschule, in der im richtigen Moment das Richtige geschieht, wenn man es nicht erwartet. Jetzt können die Mädels kommen. Mit ihrem Aufenthalt erhält die Kommune das Geld zurück. Das Leben auf der Ranch ist teuer. Ein Vermögen kostet es, wenn Therapien an der *Universität* dazukommen. Besonders teuer für die Deutschen, die für den Dollar zu der Zeit mehr als DM 3,50 zahlen müssen.

Geld ist Energie. Gleich in welcher Form - Energie braucht die

Kommune. Um hier zu leben, hier zu arbeiten, um die Vision vom natürlichen Menschen zu verwirklichen, braucht es ein starkes Energiefeld aus Liebe, Arbeit und - Geld. In Poona nutzte Bhagwan Sex als eine transformierende Kraft, in *Rajneeshpuram* die Arbeit.

Sannyasins auf der ganzen Welt arbeiten nur noch mit einem Ziel - auf die Ranch zu kommen. Sie müssen die dreifache Energie aufbringen, um sich das Leben hier leisten zu können. Nicht nur in der Kommune wird über die Grenzen der Leistungsfähigkeit hinausgegangen, die Energie eines jeden Schülers in der Welt wird angetrieben. Die Liebe und das Vertrauen zu dem Meister versetzen Berge. Die Wüste verwandelt sich unter unseren Händen in eine grüne Oase, sichtbar für jeden Besucher. Mit jedem ‚Inch', den wir bebauen und bepflanzen, entdecken wir unseren eigenen inneren Reichtum, den Palast, der in uns liegt. Nicht nur, daß wir das Geld zum Aufbau der Stadt brauchen. Auch unser Meister ist uns teuer. Rolls Royce - es sind bald einhundert, Juwelen, Stoffe, aus denen prunkvolle Gewänder für ihn geschneidert werden, Uhren, deren Namen man ehrfurchtsvoll flüstert. Mich amüsieren seine Forderungen, deren Erfüllung für einen Erleuchteten ein wahres Vergnügen sein müssen, da er frei von jedem Besitzdenken ist. Zugleich zerstört es unsere Vorstellungen von der Bedürfnislosigkeit eines Meisters und - es treibt unseren Arbeitseifer höher. Er feuert uns mit seinen Wünschen an. Die Liebe zu ihm läßt uns alle Hindernisse überspringen.

Dabei ist er ein einfacher Mann. Er hat keine Bedürfnisse - deshalb kann er verlangen, was ihm einfällt. Er spielt mit allem, weil er nichts zu verlieren hat. Er lebt in einem schmucklosen Fertighaus, er schwimmt in einem schlichten Schwimmbassin, er blickt in einen Garten, der für ihn angepflanzt wurde. Seine Mahlzeiten sind Reis, Gemüse, Tee. Er ißt auch einfach.

Er, das Dornröschen hinter der Hecke von Rolls Royce, an der Brillanten, Rolex-Uhren und Seidenroben blühen. Kein Ungerufener wird das Dickicht durchdringen. Nur wer mit dem Herzen versteht, wird nicht darin hängenbleiben. Er wird darüberspringen und den größten Schatz auf dieser Erde finden - Bhagwan, den mutigsten, unkonventionellsten Meister, den es je gab.

Rajneeshpuram ist eine Mysterienschule, jedes Center in Europa ist ein Teil davon. In dieser Schule geschieht nur, was für den Einzelnen und sein Wachstum wichtig ist. Was nach außen wie eine religiöse Sekte aussieht, ist in Wirklichkeit eine geheime Brutstätte für Atlaten, denen in der Abgeschiedenheit Flügel wachsen, die sich auf ihren Flug vorbereiten.

In dieser Schule wird das Individuum befreit von den Zwängen des Egos, das die Natürlichkeit erstickt und das den Menschen versklavt. Je stärker eine Persönlichkeit, umso stärker die Versklavung. Wo dagegen Natürlichkeit ist, da ist die Freiheit. Persönlichkeit ist künstliche Individualität und der größte Feind der Freiheit, die wir suchen. Um soweit vorzudringen, eine solche Erkenntnis zu haben, muß die Persönlichkeit erst ihre volle Kapazität entfalten, erst dann stößt sie an die Begrenzung. Jetzt beginnt die Suche nach sich selbst, denn Persönlichkeit ist nichts anderes als ein Betrug an der Natur - ein Trugbild seiner selbst. Mit Hilfe des Meisters gehe ich durch diesen schmerzhaften Ablösungsprozeß. Um die Perle zu finden, muß die Schale der Auster zerbrochen werden.

Zu den wenigen Aufgaben, die ich noch im Leben habe, gehört es, den Traum zu erfüllen, der mir bedeutet, die Töchter in Sicherheit zu bringen. Erst wenn sie Sannyas genommen haben, bin ich frei für ein eigenes Leben. Aruna und Nirala haben den Sprung gemacht. Babette bleibt noch im Widerstand. Erfreut sehe ich ihre Verwandlung, als ich sie bald darauf im Arm halte. Aus dem „drekkigen Punk" ist ein goldlockiger Teeny geworden, ein Prototyp der amerikanischen Jugend.

Nun wirft sie kokett die Locken über die Schultern, bevor sie als Mutterschocker tätig wird - was mein Entsetzen um nichts mindert. „Ich bin wahrscheinlich schwanger. Ich will das Kind", fügt sie mit schrägem Blick auf mich hinzu.

Ohne nachzudenken, handle ich. Meine Geduld, mein Verständnis hat ein Ende. Ich packe diese Tochter buchstäblich am Kragen, ziehe ihn fest unter ihrem Kinn zusammen, halte sie auf Augenhöhe und schieße ihr meine Meinung ins verblüffte Gesicht: „Schluß. Mir reicht's. Für den Rest meines Lebens reicht's mir mit dir. Deine Spiele sind vorbei. Du gehst und meldest dich in der *Universität* zu Gruppen an!"

Mit festerem Griff lasse ich sie meine Entschiedenheit spüren: „Und was das Kind betrifft - du kannst ein Kind bekommen, wenn du die Verantwortung für dich selber trägst, einen Mann dazu hast, den du liebst und die äußeren Umstände so sind, daß dein Kind eine ebenso herrliche Kindheit hat wie du und deine Schwestern."

Ich starre in ihre aufgerissenen Augen, lockere meinen Griff. Weich fällt sie in meine Arme: „Ja, Mom", flüstert sie erleichtert unter Tränen. Befreit atme ich über ihre Nachgiebigkeit auf.

Seit drei Wochen bin ich auf der Ranch, Indien liegt weit zurück. Wie anders ist nun mein Leben als in den vergangenen Jahren. Satt von der Liebe Indiens, dazu die Anwesenheit meiner drei Töchter, und eine Arbeit, die täglich neue Einsichten bringt. Mein Leben ist reich.

Stehe ich mit meinen Töchtern am Straßenrand, um Bhagwan zu grüßen, schlägt mein Mutterherz Purzelbäume: Sind sie nicht schön, meine Kinder? frage ich stumm den vorüberfahrenden Meister.

Mit behaglicher Zufriedenheit genieße ich die Tage, schaukle auf den glatten Wogen meines Lebens dahin. Ein Bote unterbricht mich bei der Arbeit. Ohne jeden Schrecken höre ich, daß ich zu *Sokrates* kommen soll. Das kann warten, ich habe mir nichts vorzuwerfen, mein Gefühl schlägt nicht Alarm.

Wenig später beginnt es in meinem Kopf zu kreiseln. Was kann diese Aufforderung bedeuten? Vielleicht einen Arbeitswechsel? Jetzt, wo ich endlich mit meiner Arbeit zufrieden bin, in einen anderen Tempel versetzt werden? Mehr Verantwortung? Hinterhältig hebt mein Ego seinen Drachenkopf. Cleaning ist ja ganz schön, aber doch eine untergeordnete Arbeit. Domestik. Zu putzen garantiert keine Platzkarte in den ersten Reihen, denn nach der Rangordnung des ‚alten' Menschen gilt immer noch das Gesetz von ‚oben' und ‚unten'.

Trotz aller gegenteiliger Beteuerungen sitzen Sheela und der Frauentrupp eindeutig ‚oben'. Ihre Hierarchie lenkt uns in die gewünschte Richtung, die Bhagwans Ziel ist. Ich habe meine Zweifel dort, wo meine Intelligenz aufschreit, mein Gefühl sich schüttelt. Ich lerne, meine Zweifel für mich zu behalten, denn niemand ist an ihnen interessiert. Sheela ist die Herrscherin über ein Imperium, das weit über die Grenzen *Rajneeshpurams* hinausgeht. Ich dagegen bin ‚unten', gehöre zu denen, die mit „Hi, you guys" angesprochen werden. Eine Anrede, die die Herablassung deutlich macht.

Ich aber bin der Herrscher in meinem Reich. Ich möchte mit niemandem tauschen. Wirklich nicht? Will ich wirklich nicht Glanz und Gloria einer hohen Position? Keine Verantwortung, kein Mitspracherecht, keinen Beifall mehr? Kein schillerndes Radschlagen?

Zu dieser Überlegung gelangt, läßt mir die Aufforderung nach Sokrates zu kommen, keine Ruhe. Ich möchte Gewißheit, die meinen Spekulationen ein Ende macht. Ich mache mich auf den Weg, fühle erstmalig keine Angst. Ich melde mich an, nehme auf den mir vertrauten Sesseln Platz. Träume vor mich hin, als Bhagwati vor mir stehen bleibt. Bhagwati, die Schöne, die Warme, die Herzliche, die ich aus Deutschland kenne. Sie lächelt mir zu. Aus heiterem Himmel fallen ihre Worte wie Regentropfen auf mich: „Nisha, denk dran, was auch immer kommen mag, es kommt von Bhagwan."

Ich schaue ihr nach. Warum sagt sie das? Weiß sie Bescheid? Ich komme zu dem Schluß, daß es um etwas Großes gehen muß. Der Gedanke an eine ‚Beförderung' macht es sich in mir bequem. Er verstärkt sich, als ich in ein Zimmer gerufen werde, in dem sich außer Pratima und Sagun auch ein Sessel befindet, auf dem ich Platz nehmen darf. Alleine mit den beiden, wird die Tür von Sagun geschlossen, die Öffentlichkeit hat keinen Zutritt. Eine ungewöhnliche Variante. Ich rücke mich erwartungsvoll zurecht, begegne aufmerksam den Blicken der beiden Frauen.

„Warst du gestern gegen 3 Uhr nachmittags in *Mirdad*?" fragt mich Pratima zu meiner Überraschung.

„Ja", antworte ich ruhig. „Ich habe meine Tochter vom Bus abgeholt." Dabei fällt mir ein, daß Vidya an mir vorüberging, mich musterte. Es hat mich nicht beunruhigt. Ich habe die Wartezeit vorgearbeitet, keine Mittagspause gemacht. Allerdings habe ich mich nicht bei Sushma abgemeldet. Die Mißachtung der Gebote flakkert als Möglichkeit dieser Zusammenkunft in mir auf. Die hellen Augen der Frauen zeigen keine Gefühle, als sie gemeinsam über mich herfallen. Sie wechseln sich im Gebrauch der ‚Steinschleuder' ab. Felsbrockengroß fallen ihre Worte auf mich:

„Du bist voller Gift. Du paßt hier nicht rein. Du gefährdest die Kommune. Du verstehst nicht, worum es geht. In einer Woche verläßt du die Ranch. Die Kommune hat genug von dir."

Entsetzt starre ich die beiden Frauen an, die mein kleines „Aber" aus der Luft wischen. „.....die Ranch verlassen. Voller Gift, voller Gift", hallt das Echo in mir. In meinen Augen muß der Irrsinn stehen. Mit einer Spur Milde fügt Pratima hinzu:

„Wir sind alle voller Gift, bevor wir erleuchtet sind. Wach auf!"

An mir gibt es nichts mehr aufzuwachen. Ich bin vernichtet. Ich höre mich mit schaler Stimme sagen:

„Ich gehe gleich. Sofort. Ich möchte die Kommune nicht gefährden."

Die Augen der Frauen bleiben leer. Sie sind unbeteiligt an dem Geschehen, doch fühle ich, daß da Liebe ist.

Ein „Nein" fällt in meine Finsternis.

„Du gehst nicht. Melde dich in einer Woche bei mir."

Pratima hält meinen Blick. Die Frauen stehen unbeweglich, ihre Augen auf mir. In mir ist kein Blut, keine Tränen, kein Haß, keine Liebe, kein Widerstand. In mir ist nichts mehr. Noch nicht einmal ein Herzschlag. Ich bin tot.

Ich weiß nicht, wie ich aus dem Zimmer komme. Mir ist, als ob man mich verdächtigt hat, die silbernen Löffel gestohlen zu haben. Obwohl ich weiß, daß es nicht der Wahrheit entspricht, fühle ich sie in meiner Hosentasche klimpern. Mit jedem Schritt fängt zaghaft mein Gehirn zu arbeiten an. Ohne Worte - ich weiß, daß mein Ego den mächtigsten Schlag seines Lebens bekommen hat.

Ich bin voller Gift, ich muß wiederum die Ranch verlassen. Statt Beförderung - Hinausbeförderung. Wie immer im Schock - es gibt kein Außen mehr, die Welt ist verschwunden. Ich laufe durch einen Leer-Raum.

Ein bekanntes Gesicht taucht auf, bleibt körperlos. Anusatis weißes Gesicht schaukelt vor mir wie ein Lampion.

„Um Gotteswillen, was ist passiert? Nisha? Wie siehst du aus?"

Ich gehe an ihr vorbei, ohne eine Reaktion. Warum antworten, ich weiß nichts mehr zu sagen. Von meiner satten Selbstzufriedenheit ist nichts geblieben. Auf der Straße taumle ich. Ein Hilfeschrei formt sich in meinem Herzen, steigt an die Oberfläche: Teertha, du mußt mir helfen. Verblüfft betrachte ich den Rettungsring, der mir da zugeworfen wird. Teertha? Was habe ich mit ‚Gottvater' zu schaffen, wie ich den Startherapeuten und Lieblingsschüler Bhagwans nenne. Seine Gruppen sind berühmt, er ist als Therapeut hochqualifiziert. Seine Fähigkeiten als Mensch zeigen sich nicht unbedingt im Umgang mit uns Arbeitern. Ich halte nicht viel von Therapeuten. Sie haben ihre eigene Welt, stehen lässig auf dem Altar der Anbetung, sie alle sind herausragende Psychologen, die Werkzeuge eines Meisters sind, der sich ihrer bedient. Die tägliche Bewunderung der Groupies kräftigt ihre Persönlichkeit, verhindert, daß sie sich einfach, offen und herzlich benehmen. Nicht umsonst ist ihr Wirkungsbereich zur *Universität* deklariert, sie sind die Akademiker mit dem dazugehörigen Standesdünkel. Ich habe ungern mit ihnen zu tun. Nun steigt ein solches Flehen aus meinem Herzen: Teertha. Er wird mir helfen, zu verstehen. Zwei Tage muß ich warten, bis ich einen Termin bei ihm bekomme.

Erstmalig halte ich mich stur an die Regeln, melde mich ab, erbitte mir von Sushma genügend Zeit für diese Sitzung. Denn alle meine Freunde haben mir erzählt, daß sie bei ihren Gesprächen mit ihm die übliche Stunde weit überschritten haben. Der Stolz ist nicht zu überhören, daß die Qualität ihrer Fragen soviel Zeit in Anspruch nahm. Daran soll es bei mir auch nicht fehlen.

In den zwei Tagen stelle ich ihm, während ich putze, alle Fragen aus meiner Vergangenheit, meiner Gegenwart und meiner Zukunft. Als ich dann endlich vor seiner Türe stehe, weiß ich nichts mehr zu fragen. Verlegen stehe ich in dem kleinen Raum. Im Dämmerlicht erkenne ich Teertha, der mit geschlossenen Augen in einem Sessel sitzt. Ich fühle mich wie ein kleines Mädchen, scheu. Beinahe scharre ich verlegen mit dem Fuß auf dem Teppich. Ich gehe zögernd auf ihn zu. Bleibe vor ihm stehen. Er öffnet die Augen und fragt: „Und?“

Hastig sprudle ich hervor: „Pratima und Sagun haben mich zu sich gerufen. Sie haben mir gesagt, daß ich voller Gift bin und eine Gefahr für die Kommune sei. Ich soll die Ranch in ein paar Tagen verlassen. Schon wieder. Ich mußte erst vor einem halben Jahr gehen.“

Er hat bei meiner Rede die Augen geschlossen. Angespannt starre ich auf ihn. Weich höre ich seine Stimme in der Dunkelheit: „Vergiß Sokrates. Ich kann keine Spur von Gift in dir sehen.“

Ich falle bei diesen Worten überrascht in den zweiten Sessel. Fassungslos blicke ich in seine Augen. Dann lachen wir los, bis uns beiden die Luft ausgeht. Keine fünf Minuten hat meine 100-Dollar-Sitzung mit Teertha gedauert. Aber sie war es wert.

Gift oder nicht Gift, ich fühle mich leicht, neu. Mit dem Kopf gibt es keine Erklärung für das Vorgefallene, aber ich fühle, wie das Frische und Neue in mir wächst, nachdem das Alte zerstört ist. Der Stärke und der Unerschütterlichkeit der von Bhagwan eingesetzten Frauen habe ich es zu verdanken, daß diese Drachentöterinnen meinem Ego die Vielzahl seiner Köpfe abschlagen, so daß ich an den Schatz gelange, der hinter diesem Drachen liegt.

Sie schaffen es, daß meine Konditionierungen, Hauptbestandteile meiner Persönlichkeit, unter ihrem Angriff zusammenfallen. Aus dieser Einsicht kommt meine Dankbarkeit für sie, deren Liebe meine Zerstörung ist.

„Get out of your own way" - jetzt verstehe ich. Ich verlasse die Welt meines Willens und meiner Vorstellung, die die wahre Einsicht verhindern. Die Egosprengungen in *Sokrates* machen den Weg frei für ein neues unbekanntes Leben, bringen mich meiner Ursprünglichkeit näher, lassen mich verstärkt den Meister fühlen. Ich vertraue ihm, er lehrt mich die bedingungslose Hingabe an das Leben.

Ich warte keine Woche. Ich suche Pratima auf. Als sie mich sieht, fragt sie voller Wärme: „Alles klar, Nisha?"

Ich nicke. Wir lächeln, es braucht keine Worte mehr.

Endlich wird es ruhig um mich. Ich versinke in meine Welt, aus der ich nur noch selten auftauche. *Raidas* umschließt mich für die nächsten Monate wie eine Fruchtblase. Meine Metamorphose zum spirituellen Cleaner beginnt. Jeder Tag ist ein Abenteuer. Der Morgen beginnt mit der Arbeitsverteilung. Täglich stehe ich vor Sushma, höre ihr „the same" - das Gleiche. Selten streift sie mich mit einem Blick. Mir genügt, wie sie es sagt, welche Schwingung ihre Stimme hat. Ich weiß, daß sie mich wahrnimmt, auf einer anderen Ebene.

„Das Gleiche, das Gleiche, das Gleiche". Sieben Monate wird mich dieses Mantra in Sicherheit wiegen, Vertrauen wachsen lassen. Wird das Geheimnis der Einweihung offenbaren. Das Gleiche, das sind meine drei Häuser, 37, 38, 39 - es bedeutet, für mindestens 60 Menschen die Wäsche, 12 Bäder, 12 Toiletten und vieles mehr. Jede Sekunde wird zum Handgriff.

Meine Häuser sind wie wilde Pferde, die ich mit Liebe und Bestimmtheit zähme. Jedes ‚Pferd' fordert ein hohes Maß an Zuwendung, die ausgewogen sein muß. Gebe ich dem einen mehr, spüre ich den Widerstand des anderen. Es bäumt sich auf, bricht aus der Ordnung aus. Ich reite sie bald so gekonnt, daß sie mir gerne aus der Hand fressen. Nur eines darf ich nicht - Schwäche zeigen. Schon nutzen sie es aus und diktieren mir die Richtung.

Haus 38 übernehme ich im Chaos. Es ist verwildert, verwahrlost. Mit Staunen erlebe ich wie meine Liebe, meine Energie die Atmosphäre reinigt und verändert. Es ist ein Haus, das meine Beharrlichkeit am meisten braucht, denn starke Persönlichkeiten leben darin - Querköpfe und Querulanten, also Künstler, Dichter, Maler, Musiker. Um ihre Egozentrik zu sehen, braucht es keine Lupe.

In diesem Haus steht im Wohnzimmer ein Klavier, füllt den Raum. Ist der Zündstoff vieler Streitgespräche. Die einen wollen es benutzen, die anderen möchten Ruhe im Haus. Das Hin und Her um das Piano füllt das Haus mit Leben. Die Taxifahrer, die die *Vimalkirti*-Box abholen, die Kiste mit den abgelegten Kleidern, spielen schnell ein Solo, Kinder tauchen auf, klimpern schrille Töne, Joyce erscheint, übt unverdrossen Bachsonaten. Ich sorge für täglich frische Rosen, die ich kaufe, und befriedige meinen Schönheitssinn - Klavier und Rosen gehören zusammen.

Asakti lebt in diesem Haus. Eine Frau wie ein Mädchen, obwohl sie auf die Vierzig zugeht. Traumverloren wie ein Teenager hinterläßt sie ihre Spuren. Für den Cleaner ist alles Dreckige und Grobe Frevel. So wundert es nicht, daß ich entsetzt zusammenzucke, als ich ihre verschlammten Tennisschuhe in der Waschmaschine finde.

Ich sammle die schwarzen Steinchen aus der Maschine, fülle sie in eine weiße Schale, die ich Asakti neben ihre nassen Schuhe ans Bett stelle. Ein stummer, aber stilvoller Vorwurf, der mehr erzieht als Worte.

Buddhas kleine Müllhalde. Jeder noch so zarte Wink bleibt bei ihm vergebens, prallt ab an seiner Ignoranz. Seine Beharrlichkeit ist beharrlicher als meine. Sein Zimmer ist mein täglicher Adrenalinstoß. Hemden, Unterwäsche, Socken, verstreut über seinem ungemachten Bett. Spuren von Fußpuder führen ins Bad. Ich gebe die Hoffnung, ihn zu erziehen, auf. Ich versetze sein Zimmer in Hochglanz, falte seine Wäsche, mache sein Bett. Lange dauert es, bis sich kleine Erfolge einstellen, er bleibt ein schwieriges Kind.

Meine besondere Sorgfalt gilt den Badezimmern. Kraftvoll tobe ich mich am Nachmittag aus. Sie noch weißer, noch glänzender, noch makelloser zu hinterlassen ist mein Bestreben. Streifenfreie Wände, an denen kein Wassertropfen mich zusammenfahren läßt.

Haare im Waschbecken, Zahnpastaspuren, Seifenspritzer auf dem Spiegel sind Feinde, gegen die ich erbarmungslos vorgehe. Ihre tägliche konsequente Vernichtung sorgt dafür, daß sie in der Minderheit bleiben, ja bald ausgerottet sind.

Mein täglicher Flirt sind die Böden in den Vorräumen. Sie sind mein letzter Auftritt vor Feierabend. Ich werfe mich auf die Knie, neben mir einen Eimer Wasser, der einige Spritzer meiner ‚Geheimmixtur' enthält. Mit der ganzen Zärtlichkeit einer Liebenden streichle ich mit einem feuchten, besonders weichen Lappen die glatte Fläche. Es ist ein unauffälliger, heller, nichtssagender Linoleumboden, für mich wird er durch die tägliche Zuwendung exquisit. Auf dem Bauch liegend sehe ich zu, wie er bei offener Tür in der Sonne trocknet. Wie die nassen Inseln Festland werden. Wie meine Liebe sich im Boden spiegelt. Der wahre Cleaner ist ein Künstler, seine Arbeit ist reine Kreativität.

Bevor ich die Häuser am Abend verlasse, sitze ich einige Minuten in ihnen, um sie zu fühlen. Sie müssen rund sein, satt von meiner Liebe und Energie. Nichts darf diesen Eindruck stören. Oft ist es nur eine Obstschale, die nicht am richtigen Platz steht, ein Bild, das schief hängt, etwas Blumenerde in der Ecke. Für niemanden sichtbar, sind es für mich vergrößerte Ausschnitte, die den Gesamteindruck in Frage stellen. Je feiner ich werde, je subtiler meine innere Welt wird, umsomehr fühle ich die Dissonanzen.

Mit Sicherheit sind Cleaner ein besonderes Völkchen, sind eine Gilde für sich. Wir leben in unserer eigenen Welt, die auch eine eigene Sprache hat. Die nur ein einziges Thema kennt: Die Arbeit als Kunst der Vervollkommnung.

Ohne zu ermüden - im Gegensatz zu den verbliebenen Freunden - ergeht der Cleaner sich in Schilderungen von Begebenheiten, Situationen, deren Inhalt immer nur Sauberkeit und Unordnung ist. Seine leuchtenden Augen sind nicht auf die Erfüllung geheimer Wünsche zurückzuführen. Anlaß ist mit Sicherheit eine neue Seifenmischung, die einen noch streifenfreieren Glanz verspricht. Sein bewundernder Aufschrei gilt nicht dem Geliebten, sondern einer Faltmethode, die Löcher in den Socken geschickt verbirgt.

Seine Koseworte „Vinegar", „Dishsoap" und „Zep", zeugen von einer Liebe, deren Größe am totalen Einsatz zu erkennen ist.

Einen Cleaner zu lieben, oder ihn zum Freund zu haben, heißt zu akzeptieren, die Nummer Zwei zu sein.

Wir sind für Andersartige nicht zu begreifen. Freunde entziehen sich mir und meiner Begeisterung durch schnelle Flucht. Ich bin gezwungen, meine Freundschaften auf Gleichgesinnte zu beschränken.

Denn nur ein Cleaner versteht, ist zu einer echten Kommunikation fähig und bereit.

Freudig sehe ich die Neuen in unsere Welt hineinspringen. Mit funkelnden Augen sprudeln sie ‚ihre' Erfindungen über den Mittagstisch. ‚Neue' Systeme, ‚neue' Seifenmischungen, ‚neue' Rationalisierungsideen. Noch einmal erfinden sie das Rad, noch einmal das ABC.

Je länger ich diesem Gewerbe nachgehe, umso wunderlicher werde ich. Ich liebe meine Welt so sehr, daß ich die Menschen meide. Ich gehe nicht mehr zum Essen. Ich falte in der Mittagspause Wäsche, fülle die Maschinen, damit sie nicht faul herumstehen, sitze auf der sonnigen Treppe vor dem Haus - lausche auf die Töne der Windharfen, die in den Bäumen hängen und Erinnerungen an Tibet aufkommen lassen, obwohl ich niemals dort war.

Wie ausgestorben sind die Straßen um die Mittagszeit, wie schön ist diese Ruhe. Im Kopf rollt mein Programm für den Nachmittag ab. Welche Böden, welche Bäder heute besondere Aufmerksamkeit erhalten. Mich interessiert nichts anderes mehr. Musik oder Bücher sind aus meinem Leben verschwunden, obwohl sie in den Häusern reichlich zur Verfügung stehen. Mozart, Bach, Vivaldi, einst geliebt, sind nicht mehr tonangebend in meiner neuen Welt.

Das Jahr 1984 wird in *Rajneeshpuram* das Jahr ‚Schlag auf Schlag'. Die Kommune wird gerüttelt, bis sie den Boden unter ihren Füßen buchstäblich verliert.

Es beginnt harmlos. Die Folge des harten Winters, der erhöhten Arbeitszeit und extremer Wetterverhältnisse ist eine Bindehautentzündung, die den größten Teil der Kommune überfällt. In wenigen Stunden wird die Hälfte der Kommune isoliert. In allen verfügbaren Räumen drängen sich die Menschen und fallen auf der Stelle in einen Tiefschlaf. Die Erschöpfung ist unübersehbar. Nach einem Hoch folgt ein solches Tief.

Ich gehöre zu den gesunden Restcleanern, denn mein Winter war alles andere als hart. Ich bekomme einige Häuser mehr. Ich liebe Katastropheneinsätze, geben sie mir doch noch einmal das Gefühl von Wichtigkeit.

Eine Bindehautentzündung ist ansteckend, also werden Umarmungen und Küsse untersagt. Ich freue mich darüber, denn es ist eine Unsitte geworden, jeden in die Arme zu reißen und mit ihm reglos in der Landschaft zu stehen. Die Schneckenküsse der Liebenden sind mir schon lange zuwider, sicher, weil ich nichts mehr zu küssen habe. Ohne zu Murren hält die Kommune sich an die neue Regel, obwohl es Sannyasins schwerfällt, Gefühle nicht mit einer körperlichen Berührung auszudrücken.

Wenige Tage später schlägt der Blitz ein. In einer Vollversammlung verkündet Sheela der Kommune, daß beim Geschlechtsverkehr Kondome und Gummihandschuhe getragen werden müssen - Aids.

Ich höre das Wort im Frühjahr '84 zum ersten Mal. Wir leben so abgeschieden, und doch lauert eine tödliche Gefahr auf uns. Aids ist eine Seuche, die sich über die ganze Welt ausdehnen wird, denn sie wird durch Sex übertragen.

Sheela macht uns darauf aufmerksam, daß unsere Einstellung zum Sex, nicht darüber zu reden, sondern es zu tun, gefährlich ist. Das Sommerfestival ist nicht mehr weit. Zigtausend Menschen sind eine Gefahr, besonders, da Sannyasins selten zögern, wenn es um eine schnelle Verbindung geht. Die Kommune muß sich schützen, das ist Bhagwans Wunsch. Stille liegt über Mandir. Jeder ist in Gedanken. Viele Männer sind abgerückt von ihren Freundinnen. Sie sehen ihre fleischlichen Bedürfnisse bedroht, fürchten um ihre Lust.

Mit diesen Schutzmaßnahmen geht die Natürlichkeit des Grundtriebes Sex verloren. Lieben im Astronautenlook, Freuden einer Plastikliebe. Flammend steht Sheela auf dem Podest, ihre Worte erreichen jeden:

„Nachdem was ich über diese Krankheit gehört habe, kann ich nur sagen: „For me that's it." Mit dieser kühnen Behauptung beendet sie ihr Liebesleben?

Aber zielt es nicht darauf hin? Werden mit dieser Maßnahme nicht gleich mehrer Absichten verwirklicht? Zum ersten fordert sie noch mehr Disziplin und damit Bewußtheit. Zum zweiten wird die Sexenergie eingedämmt und durch Arbeit sublimiert, denn ausgetobt hat sich wohl jeder, wenn man von den ganz jungen absieht. Und drittens ist sie ein wirksames Mittel, um die wachsenden Geschlechtskrankheiten aufzuhalten. Zusätzlich wird eine gesunde Geburtenkontrolle betrieben, denn Schwangerschaften sind in der Kommune nicht erlaubt. In diese auf der Kippe stehende Welt unbewußt Kinder zu setzen, hat wenig mit Liebe und Verantwortung zu tun, denn diese Welt steht vor dem Abgrund.

Noch einmal macht Sheela klar, daß, wer sich nicht an die neuen Schutzmaßnahmen hält, oder halten will, auf der Stelle die Kommune zu verlassen hat.

In sich gekehrt streben die Mas und Swamis aus *Mandir* hinaus. Eine letzte Nacht Haut an Haut, denn schon am nächsten Tag werden die Häuser mit dem Plastik-Zubehör beliefert. Dazu Kartons mit Gleitcreme.

Beim Anblick der Lieferung, die morgens ins Haus getragen wird, empfinde ich tiefe Erleichterung, daß mein Sexleben beendet ist. Welch ein Aufwand wird nötig sein für die spontanste aller Lebensäußerungen.

Für die Cleaner bedeuten diese Maßnahmen zusätzliche Arbeit. In jedem Bad wird ein Extra-Behälter für die benutzten Gummi-Accessoires aufgestellt. Ihr Inhalt wird in Sonderbeuteln täglich auf der Müllanlage *Gorak* verbrannt. Wir werden aufgefordert, zu prüfen, ob der gesamte Schutz-Set benutzt wurde. Eine Zumutung, der ich nicht nachkomme. Ich habe ein sehr ausgeprägtes Ekelempfinden. Menschliche Ausscheidungen sind für mich etwas Abstoßendes. Schon Haare im Waschbecken verursachen mir Brechreiz. Der Geruch einer benutzten Toilette läßt mich würgen. Meine Ablehnung ist so stark, daß sie mich vor wirklich Ekligem bewahrt. Mit wenigen Ausnahmen, die mich noch lange schütteln. Tagelang gibt es kein anderes Thema in der Kommune mehr als die neue Sex-Disziplin. Im Bus, beim Essen, im Haus - die Kondome. Ihre Ursache und ihre Wirkung werden heftig diskutiert.

Erst ein weiteres Meeting verdrängt dies Thema für kurze Zeit in den Hintergrund. Diese Neuigkeit verblüfft mehr als sie schockt. Wir erfahren, daß Bhagwan im Alter von vier Jahren von Sheelas Vater, meinem Freund Ambalal, auf Rat eines Astrologen adoptiert wurde.

Die Mitteilung löst Freudengeheul aus. Nun steht einer Einwanderung Bhagwans nichts mehr im Wege, denn Ambalal ist schon seit vielen Jahren ein amerikanischer Immigrant. Eine Aufenthaltsgenehmigung für Bhagwan muß nun ein Leichtes sein. Sofort wird der Begeisterung durch Musik und Tanz Ausdruck verliehen. Sannyasins feiern alles. Selbst wenn es absurd ist. Auch ich habe Grund zur Freude, Babette wird Sannyas nehmen.

Am nächsten Abend erscheinen meine Freunde zu diesem Ereignis in der *Universität.* Der glückliche Moment wird dadurch verstärkt, daß die ganze Familie daran teilnimmt. Obwohl wir nicht nebeneinander sitzen, fühlen wir uns durch die Fäden der Liebe verbunden.

Wie gerne würde ich Padipada zeigen, was aus dem „dreckigen Punk“ geworden ist, der jetzt vor Teertha kniet. Ein Bild voller Unschuld und Vertrauen. Mir klopft das Herz in den Augen. Endlich. Teertha hängt ihr die Mala um den Hals und spricht:

„Dein Name ist Deva Mariam. Das bedeutet ‚Göttliche Rebellion‘.“

Brausendes Gelächter. Jeder kennt Mariam. Glücklich drehe ich mich nach Taru um, die ich in den hinteren Reihen weiß. An der Tür steht Padipada.

Bei einer Flasche Sekt mit Taru lasse ich meine letzte Tochter vom Stapel. Später laufe ich alleine durch die Nacht. Mit Mariam ist für mich ein weiteres Tau durchschnitten. Alle Töchter segeln nun in der Obhut eines Meisters in das offene Meer des Lebens. Sie werden schnell und intensiv leben. Werden mit Sicherheit der Aufforderung ihres Meisters folgen: „Squeeze life“. So werden sie schnell wachsen. In jungen Jahren eigenständig, selbstverantwortlich und bewußt. Niemand wird sie benutzen können. Sie werden durch alles, was das Leben bietet, hindurchgehen, werden sich nicht aufhalten. Sie sind anders als ihre Mutter, die noch an einem Knochen nagt, wenn er schon lange kein Fleisch mehr hat.

Die Lebenslust meiner Töchter, ihre Neugier auf Abenteuer, entzückt mich. Ich seufze auf dem Weg nach Hause. Niemand wird je wissen, wieviel Kraft es mich gekostet hat, wieviel Energie, sie unbeschadet von kranken Einflüssen aufwachsen zu lassen. Niemals wird einer die ungeheure Leistung auch nur ahnen.

Ich höre Schritte hinter mir. Ein Arm legt sich um meine Schultern. Das freundliche Chinesengesicht Maneeshas grinst mich mit tausend Falten an, wissend blinzeln ihre Augen im Mondschein:

„Ich war heute Abend dabei, als deine Tochter Sannyas nahm. Du hast eine großartige Arbeit an deinen Töchtern geleistet. *Wir* sind stolz auf dich.“

Sie winkt mir zu, verschwindet in der Dunkelheit. Minutenlang starre ich ihr nach. Gibt's denn sowas. Ihre Worte wirken wie ein Aphrodisiakum auf mich.

Am nächsten Tag ziehe ich aus *Walt Whitman* aus. Mehr als sechs Wochen habe ich alleine gelebt, ein Geschenk, daß ich täglich genossen habe.

Mein neues Zuhause ist ein Trailer, in der Nähe *Magdalenas.* Taru lebt wenige Häuser weiter, wir sind Nachbarn. Das, was ich einst als Übergangslager ansah, gehört nun zu den begehrtesten

Wohnkomplexen. Viele der ‚Alten' ziehen ungern in die Reihenhausatmosphäre der *Townhäuser.* Nostalgie. Die ersten Häuser auf der Ranch sind ‚in'.

Als ich mein neues Zimmer betrete, leuchtet mir ein großer weißer Arsch entgegen. Welches Karma habe ich mit Ärschen? Er gehört Devapriya, die damit die Nachfolge von Mitzi antritt. Der Arsch ist die einzige Gemeinsamkeit der beiden, aber für mich wird es wieder eine Hölle, eine andere.

Devapriya - fünfzehn Monate werde ich mit dieser Nonne leben, jede Minute mit ihr wird ein Dorn in meinen strengen Augen sein. Meine Ungläubigkeit wird sich aufbäumen unter ihrem blaßblauen Religionslehrerblick, ihre Belehrungen und ihre Bescheidenheit werden meinen Zorba mit Füßen treten, ihre zerlumpten Kittel, die ihre Blöße nicht bedecken, werden meine Moral beleben. Wortlos werde ich gegen sie wüten. Meine Abneigung wird jedes Pflanzenleben in unserem Zimmer vernichten. Bei Devapriya ist nichts greifbar, anders als bei Mitzi, deren lärmende Fülle mich erschlug. Bei ihr ist es die Sanftheit, die Demut, die betonte Unaufdringlichkeit, ja die Rücksichtnahme, die mich rasend macht.

Devapriya ist das Gegenteil von Mitzi, und auch das ist mir nicht recht. Ich bin ein scharfer Richter, der urteilt und verurteilt. Ich kann nichts und niemand akzeptieren, ohne ihm meine Erwartungen wie Stempel aufzudrücken. Welches Recht habe ich, die Andersartigkeit zu kritisieren? Mitzi zu laut - Devapriya zu leise. Das bin *ich* - ein Monster.

Das Nicht-Akzeptieren dieser Frau erschöpft mich. Was immer sie tut, ich hasse sie. Ich vermeide das Zimmer zu betreten, wenn sie abends noch wach ist. Als ihr Liebhaber morgens mit den Kondomen raschelt, ist es um meine Beherrschung geschehen. Ich verbiete ihr, einen Mann mitzubringen. Für mich ein Fortschritt, mich so energisch zu widersetzen.

„Soll ich wie eine Nonne leben?" fragt sie demütig. „Ich habe jahrelang ohne Mann gelebt. Erst kürzlich habe ich mich auf Bram eingelassen."

Mein Blick trifft die Entscheidung. Sie bringt nie wieder einen Mann ins Haus. Obwohl sie dieses Zugeständnis macht, auf meinen Wunsch eingeht - ihre Existenz schürt meine Wut.

Ihre zuckrige, betuliche Freundlichkeit macht mich verrückt. Ich renne zu Pritam, die über die Umzüge entscheidet und wer mit wem lebt. Aufgeregt schildere ich ihr meine Aversionen gegen Devapriya. Es vergeht etwas Zeit, bis sie mir ruhig antwortet:

„Sag mal, Nisha, fällt dir nicht auf, daß du dich wiederholst? Letztes Jahr paßte dir Mitzi nicht, nun ist es Devapriya. Eins kann ich dir versprechen, wenn ich dich umsiedle, etwas Besseres kommt nicht nach. Doch wenn du willst - bitte!"

Mißbilligend betrachtet sie mich. Ich verschwinde eilig. Auf dem Weg zur Bushaltestelle rumort es in mir - etwas Besseres kommt nicht nach?

Ich weiß, daß ich versuche, mich hinter künstlichen Hindernissen zu verschanzen. Was kümmern mich Devapriyas Lumpen, ihre aufreizende, zur Schau gestellte Nacktheit, ihr Nonnenblick, der in keinem Gegensatz zu ihrem Exhibitionismus steht, ist er doch Ausdruck einer unterdrückten Sexualität. Aber ihre Bescheidenheit, ihr sich Kleinmachen, reizen mich aufs Blut.

Ich bin mein eigener Schrecken. Wohin ich bei mir sehe: Erwartungen, Vorstellungen, Illusionen, Träume. Ich ächze unter meiner Last. Warum akzeptiere ich nicht, was ist? Erschüttert über meine Einsichten über mich selbst, hetze ich zurück zu Pritam. Bevor ich etwas sagen kann, winkt sie beinah verächtlich ab:

„Ja, ja, ich habe dich schon auf die Liste gesetzt. In den nächsten Tagen kannst du packen."

Aufgeregt schüttle ich den Kopf: „Nein. Laß mich wo ich bin. Ich habe Wichtiges zu lernen."

Sie lacht kurz auf, streicht mich von der Liste.

Mein Blick für mich wird schärfer. Das Nicht-Akzeptieren ist ein festverwurzelter Grundzug bei mir.

Meine Arbeit in *Raidas*, in den *Townhäusern*, macht mich täglich feiner, empfindlicher. Die Intensität, die Totalität, mit der ich putze, löst viele Schichten bei mir, gleicht einer archäologischen Ausgrabung. Das Unterste stülpt sich zuoberst. Bekanntes verschwindet, Unbekanntes taucht auf. Über Nacht werden meine Freunde zu meinen Feinden. Ich sehe sie in einem anderen Licht. Und was ich sehe, bringt Abscheu hoch. Was ist aus Navjot geworden? Sie, die ich wie eine Schwester liebe, deren Witz in unbewußten Redewendungen liegt. Sie, über deren Geschichten ich noch nach Stunden lachen kann, wird zum Objekt meiner Verdammung.

Ich warte auf den Bus. Navjot fährt auf dem Fahrrad an mir vorbei, grüßt fröhlich. Auf ihrem Kopf ein flacher, roter Filzhut, der, unter dem Kinn gebunden, die Ohren verdeckt. Sie sitzt sehr gerade, die Arme gestreckt, in exakten Bewegungen tritt sie die Pedale. Ihr Äußeres drückt etwas aus, das in mir den Haß wie eine Sprungfeder hochschnellen läßt - Mutter Äbtissin. Tagelang meide ich Navjot, ihre gläubige, selbstgerechte Haltung wirkt auf mich wie der Knoblauch auf den Vampir.

Inula schwebt die Straße hoch. Auch sie ist einer der Menschen, die ein Zimmer in meinem Herzen haben. Angewidert blicke ich zur Seite, entziehe mich ihrem Gruß und Anblick. Ihr ungesäumter Umhang flattert um den verhungerten zerbrechlichen Körper. Eine Sicherheitsnadel hält sie und den Mantel zusammen. Inula, die Märtyrerin. In ihrer prallen Schultertasche weiß ich die Reste vom Abendbrot, die sie in der Teepause mit mir teilen wird. Beim Gedanken an ihre grauschleirigen Fingernägel überläuft mich eine Gänsehaut. Was ist bloß mit mir los? Usha sitzt vor mir im Bus. Ihr lila Hut, der weich auf die Schultern fällt, läßt mich an Schergenmützen denken, bringt die Inquisition in mir hoch. Entsetzt fliehe ich aus dem Bus.

Der Schleier der Liebe ist von meinen Augen gefallen. Ich sehe, was ich niemals sehen wollte - Unaufrichtigkeit, Heuchelei, Selbstgefälligkeit, Überheblichkeit, Anmaßung. Die Attribute des Pharisäertums. Ich sehe die andere Seite, eine Realität, die nicht nur schön und warm und gut ist. Wohin ich auch sehe, alles um mich herum ist dunkel. Ein schwarzer Spiegel. Ich versuche den Strom von Abscheu und Haß aufzuhalten, suche verzweifelt eine Erklärung für diese zerstörerische Energie, die jede Liebe in mir verdrängt.

Wache ich morgens auf, gilt mein erster Gedanke Achim. Der Funke genügt, um ein prasselndes Feuer zu entfachen. Jede Situation, in der er mich verletzte, gekränkt hat, steigt auf, mag sie auch zwanzig Jahre zurückliegen. Wie sehr habe ich den Schmerz verdrängt. Ich habe mir den Traum vom Mann meines Lebens geschaffen und lange erhalten. Noch einmal weine ich mir das Herz aus dem Leib über unsere Hochzeitsreise. Der Mann, der darauf besteht, seine Zeit zwischen mir und der Malerei zu teilen. Soviele Stunden für mich, soviele Stunden für den Skizzenblock. Ich weine über den Mann, dem ich als Jungfrau ins Bett falle, und der mich und meine natürliche Begeisterung über seine männliche Schönheit verlegen zur Seite schiebt: "Du benimmst dich ja wie eine Nutte." Zwanzig Jahre später hasse ich ihn für all diese Wunden, die er mir in seiner Rüstung geschlagen hat.

Es dauert Monate, bis ich aufwache und der Haß verschwunden ist. Die schwarze Wolke hat sich verzogen. Meine Liebe zu ihm ist geklärt.

„Es ist sehr leicht für Liebende, Hassende zu werden. Freunde werden zu Feinden, Feinde werden zu Freunden. Es ist sehr leicht, denn beides ist eine Beziehung, nur eine kleine Drehung, eine kleine Änderung der Situation." (Bhagwan Shree Rajneesh)

Auch meine Freunde haben wieder ihren Platz in meinem Herzen eingenommen. Navjot ist die Frau, deren Intelligenz und Humor ich liebe, deren Leichtigkeit durch das Leben zu tanzen, ich bewundere. Inula, deren zauberhafte Geschichten so einmalig sind und deren Großzügigkeit sich in der Freude am Freudemachen zeigt.

Ich weiß jetzt, daß der Haß mein Haß ist, der aus meiner Quelle kommt, der andere ist der Auslöser. Ich habe zu lernen, beide Seiten in den Menschen zu sehen und zu akzeptieren. Denn Gut und Böse gehören zusammen, sind eine Einheit. Das ‚Wahre, Schöne, Gute' ist nicht möglich ohne ‚die Lüge, das Häßliche und das Böse'. Alles auf dieser Erde hat zwei Seiten, die zusammengehören.

Ich habe einseitig gelebt auf meinen Inseln, auf denen die Häßlichkeit und die Lüge keinen Platz hatten. Bis Vanda in mein Leben trat. Mit ihr erfahre ich, daß das, was ich ablehne, die größte Faszination auf mich ausübt. Ich liebe Abgründe, ich liebe es schaudernd in sie hineinzuschauen. Auf den ‚moralischen' Achim folgt die ‚unmoralische' Frau. In mir fügen sich zwei Hälften zusammen. Das Leben ist ein genialer Lehrmeister. Wenn man es läßt.

Ende Mai trifft der Zen-Knüppel uns alle. Es ist ein lauer Frühsommerabend. So anders als in Deutschland. Hier gibt es keinen Blütenrausch, kein pralles Wiesengrün, keine Vogelkonzerte, die mich morgens wecken. Aber der Himmel ist weiter, hat Platz für gewagte Wolkenkonstruktionen. Das Wasser der Bäche sprudelt kristallklar, Wasserschlangen tummeln sich, Libellen mit silbrigen Flügeln tanzen über feuchtglänzende Steine, Schwäne brüten auf ihrem Nest.

Jedes Jahr wird das Land grüner. Die Landschaftsgestalter sind Künstler, die dem geschundenen Land ihre ganze Liebe geben.

Ich gehe an *Mandir* vorbei, am Bach entlang zum Abendessen. Gerührt sehe ich, daß die frischgepflanzten Trauerweiden austreiben. Enten schwimmen quakend bei meinem Kommen ins Schilf. An einer aufblühenden Distel bleibe ich stehen. Blumen sind selten.

Von *Maggies* dröhnt Lachen zu mir herüber, daß mich bald schneller laufen läßt. Ein so anhaltendes Lachen ist ungewöhnlich. Beim Näherkommen erkenne ich, daß sich Gruppen gebildet haben, die immer wieder in Gelächter ausbrechen.

Ein Swami klärt mich auf: „Bhagwan hat vor wenigen Stunden 21 Leute für erleuchtet erklärt."

Ich betrachte den Swami zweifelnd. Entweder er scherzt, oder er hat den Verstand verloren. Aber nein, es gibt rundum kein anderes Thema, von Gelächter unterbrochen. Schweigend esse ich, höre zu. Namen fliegen durch die Luft: Taru, Vinod, Maitreji, Satyananda, Nartan, Joyce und viele mehr - alles Leute, die ich kenne, zum Teil mit ihnen befreundet bin.

Ich kaue nicht nur an meinem Salat. Das kann doch nicht sein, daß ein einziger Mensch diesen Unsinn glaubt. Es ist doch eindeutig, das Bhagwan uns auf den Arm nimmt, ganz besonders die, die man als Betroffene bezeichnen muß.

Arme Teufel, denke ich, damit müssen die jetzt leben.

Die Reaktion der Leute, ihre Begeisterung über die endlich in Gang gesetzte Erleuchtung, irritiert mich. Alle Namen werden durchgegangen. Die, die man mag, da hat man es immer schon vermutet, und die, die man nicht mag, da bleibt eine gute Chance für einen selbst.

Sie glauben es. Sie wollen es glauben. Denn wozu sonst ist man schließlich hier, als für die Erleuchtung. Irgendwann muß doch ein Ergebnis zu sehen sein. Und jetzt ist es tatsächlich passiert. Diese 21 Erstlinge sind die Hoffnung auf eine um sich greifende Entwicklung. „The goose is out", jubelt die Menge. Der Geist der Erleuchtung liegt über *Rajneeshpuram.* Endlich ist man der Sache einen Schritt näher.

Nachdenklich gehe ich nach Hause. Glaube, Liebe und Hoffnung - die drei größten Betrüger der Menschheit. Der Glaube an Gott betrügt uns um die Selbsterkenntnis, die Liebe um die Freiheit und die Hoffnung auf Morgen um das Jetzt.

Die Arme unter dem Kopf verschränkt liege ich im Bett, lausche dem Gelächter in der Ferne. Ich denke nach. Bhagwans Trickkiste ist unerschöpflich. Mit der Erleuchtung treibt er die Energie gewaltig hoch, was für das bevorstehende Festival nur von Nutzen sein kann. Es gibt neuen Schwung und spornt die Schüler an. Das Ziel wird greifbar. Immer wieder konfrontiert der Meister uns mit unserer Gläubigkeit, unserer Bereitschaft zu glauben, was wir uns wünschen. Ich weiß nicht, woran man Erleuchtung erkennt, aber eines weiß ich mit Sicherheit, daß keiner dieser ‚Erleuchteten' im Zustand der Egolosigkeit ist. Eher im Gegenteil.

In meine angestrengten Überlegungen hinein öffnet sich vorsichtig die Tür. „Nisha. Nisha? Nisha!" höre ich Tarus Stimme eindringlich flüstern. Dann liegt sie neben mir. Ihre Arme schlingen sich um mich, ihr Kopf wurschtelt sich an meinem Busen zurecht. Ihr süßer Pangeruch, eine Mischung aus Betelnuß und Tabak, steigt mir vertraut in die Nase. Ich liebe ihren besonderen Duft. In der Dunkelheit erkenne ich verschwommen ihr Gesicht. Ihre Hände umfassen meinen Kopf, sie wispert in mein Ohr:

„Nisha, du weißt und ich weiß, daß es nicht stimmt."

Das Lachen gluckert in uns hoch, platzt aus uns, reißt uns mit. Wir rollen uns in enger Umarmung im Bett und lachen Tränen. Welch eine Kraftquelle hat diese Frau. So dick und unförmig sie ist, ihre Schönheit kommt aus ihrer überschäumenden Vitalität. Wahre Schönheit hat keinen Körper, wahre Jugend kennt keine Jahre.

Als sich die Tür hinter Taru schließt, schlafe ich mit einem letzten Gedanken ein:

„Selbst wenn einer von euch erleuchtet wäre, ich würde es euch niemals sagen, denn ihr würdet ihn töten." (Bhagwan Shree Rajneesh)

Die Ranch summt im Erleuchtungsrausch. Nicht nur die Begegnung mit dem Meister wird der Höhepunkt des Festivals. Für die Schüler aus der ganzen Welt werden die ‚Erleuchteten' eine anziehende Attraktion. Täglich erhöht sich die Zahl derer, die den Zustand höchsten Bewußtseins erreicht haben. Sie sind auf einer täglich längerwerdenden Liste erfaßt, die in *Jesus Grove* aushängt. Ich schüttle über soviel Idiotie nur noch den Kopf. Warum nicht Erleuchtungs-Lottoscheine einführen? Man kreuzt sechs Schüler an, bei denen man die ersten untrüglichen Anzeichen zu erkennen glaubt. Der Gewinner darf mit Freunden kostenlos im Restaurant dinieren. In einem Meeting erfahren wir, daß es Unterschiede gibt in der Erleuchtungsskala. Die ‚Blüten' sind erleuchtet, der ‚Stamm' wird es in diesem Leben und die ‚Wurzeln' werden in ihrer Todesstunde den Zustand höchsten Seins erreichen. Über die jeweilige

Zugehörigkeit geben Zertifikate Auskunft, die die Auserwählten sich übers Bett oder in die Büros hängen können. Neben dem Doktordiplom oder dem Gesellenbrief die Erleuchtungsurkunde. Zu Beginn der Kampagne wehren die Ernannten noch bescheiden die Aufmerksamkeit ab, doch bald beginnt das Gift der Eitelkeit zu wirken. Es dauert nicht lange und sie sind davon verseucht. Wie soll man aber auch soviel Bewunderung und ehrfürchtigem Staunen widerstehen? Um davon unberührt zu bleiben, distanziert, muß man tatsächlich erleuchtet sein. Die Auserwählten sind nicht mehr von den Therapeuten zu unterscheiden. Sie werden nur noch übertroffen von erleuchteten Therapeuten oder der erleuchteten Hollywood Clique.

Die Kommune spricht über nichts anderes mehr. Die Erleuchtung hat mit klarem Vorsprung die Kondome verdrängt. Ganz kann ich mich dem Theater nicht entziehen. Eine Einladung in Matajis Haus, anläßlich der Ernennung zu ‚Blüten' ist zu reizvoll, als das ich mir das entgehen lassen möchte. Vielleicht treffe ich wenigstens einen, der wie ich den Witz in der unglaublichen Geschichte sieht.

Mataji, die Mutter Bhagwans lebt mit ihren Söhnen und ‚Schwiegertöchtern' in einem kleinen einfachen Haus, in der *Townhaus-Siedlung*. Der Clan lebt zusammen, aber Tür und Herzen sind für alle offen. Bhagwans Mutter ist eine kleine, rundliche Frau, die man auch um ihrer selbst willen lieben kann. Ich bin sehr oft bei ihnen zu Gast, gehöre zu ihnen, bin Teil der Familie, wie alle Inder auf der Ranch. Wie immer, so auch an diesem Abend. Ich sitze an der Wand zwischen Mataji und Sitama. Sitama ist ein Schatz. Ebenso alt wie Mataji, um die siebzig, sind die beiden Frauen befreundet. Die zwei alten Damen haben die Quirligkeit von kleinen Mädchen, die Geheimnisse und Puppenstube miteinander teilen. Zwei Frauen, die ich von Herzen gerne habe. Und sie mich. Von beiden Seiten werde ich getätschelt, beklopft und mit kleinen Häppchen gefüttert - denn Essen ist Liebe. Ich bin frühzeitig gekommen, um den Einmarsch der ‚Blüten' nicht zu versäumen. Sitama, deren Eckzähne als einziges Überbleibsel beim Lachen blitzen, scheint von all dem ebensowenig zu verstehen wie ich.

Der enge Raum füllt sich mit Gästen. Bei jedem Eintretenden schubst mich der knochige Ellbogen Sitamas, begleitet von der

Frage: „Erleuchtet?" Ich nicke bei allem was kommt, bis wir vor Lachen nicht mehr weitermachen können. Mataji hat Mühe, ihren würdevollen Gesichtsausdruck zu bewahren. Der kleine Raum kann die Pracht und Herrlichkeit kaum unterbringen. Doch Bescheidenheit läßt zusammenrücken. Gespannt lausche ich den einzelnen Erleuchtungsgeschichten. Sehr unterschiedlich haben die ‚Blüten' davon erfahren. Die einen wurden persönlich von Bhagwan über ihren Zustand unterrichtet, andere erfuhren es in Jesus Grove von Sheela. Meine Meinung bestätigend, daß das Ganze ein Witz ist, erfuhr es Joyce, eine englische Lady. Ihr ruft auf einem Spaziergang ein Knabe zu:

„He Joyce, weißt du, daß du erleuchtet bist? Du stehst auf der Liste. Wie fühlst du dich?"

Indische Feste sind ein großes Geschnatter. Alle sprechen gleichzeitig. Pausenlos werden Schüsseln und Teller herumgereicht: Snacks, sehr salzig, sehr süß, sehr scharf. Vedant bittet um Ruhe, um eine Ode vorzutragen, die Mataji aus Freude über die Erleuchtung verfaßt hat. Sie erhält liebevollen Beifall. Mir fällt auf, daß nur 20 ‚Blüten' erschienen sind. Satyananda, ein Deutscher, fehlt. Sollte er über wahre Einsicht verfügen? Vinod, der einstige Favorit Mitzis, der eine ‚Blüte' ist, rückt näher zu mir. Seine Augen glänzen feucht:

„Weißt du, warum Bhagwan gerade 21 für erleuchtet erklärt hat?"

Jetzt kommt's, denke ich. Hoffnungsvoll schaue ich ihn an. Sollte sich seine Meinung mit der meinen decken?

Weit gefehlt. Geheimnisvoll gibt er mir zu verstehen:

„Damit aus Zwei Eins werden."

Er drückt verschwörerisch meine Schulter und geht.

Heiliges Arschloch! schicke ich ihm stumm hinterher.

Doch es ist ein gelungener Abend. Ich bin entzückt, Zeuge eines historischen Ereignisses zu sein. Die Bewunderung für unsere neuen Helden erreicht mit der Eistorte ihren Höhepunkt. Indische Feste machen Augen, Herz und Magen satt. Müde von der emotionalen Anstrengung verabschiede ich mich. Ich küsse Mataji auf beide Wangen, hebe sie zärtlich in die Luft und schwenke sie lachend hin und her. Eine Geste, die ihr immer wieder gut gefällt.

Als wir am nächsten Tag durch den Lautsprecher erfahren, daß ein Meeting für den Abend vorgesehen ist, denke ich entsetzt: Was denn noch?

Sheela teilt uns mit, daß Bhagwan unzufrieden ist mit unserer Energie, mit unserer Arbeit. „Ihr seid nicht total. Ihr seid nicht positiv. Ihr seid nicht offen für ihn. Ihr blockiert seine Arbeit. Sollte sich daran nichts ändern, so denkt er daran, seinen Körper zu verlassen."

Das letzte Räuspern in der hintersten Reihe erstirbt. Totenstille. Ein Windhauch ist zu hören. Oder ist es Sheelas Atem im Mikrofon?

Die Kommune ist unter dem Peitschenhieb zusammengezuckt, ist tot umgefallen. Warum glauben diese Menschen alles? Warum? hämmert es in meinem Gehirn. Warum halten sie sich nicht an sich selber. An ihr Wissen, ihre Gefühle, an ihr Gesetz.

Wie kann Bhagwan seinen Körper verlassen? Eine angefangene Arbeit einfach hinwerfen. Ich bin noch nicht soweit, daß ich ohne ihn auf diesem Weg laufen kann. Er wird nicht so mies sein, mich allein zu lassen. Mein Vertrauen zu ihm ist grenzenlos. Ich weiß, daß er niemals gehen wird, bevor er seine Arbeit beendet hat. Besonders ein Meister hat seine Verpflichtungen.

So läßt mich die Androhung seines Todes kalt.

Weitaus mehr regt mich die Mitteilung auf, daß bei seinem Tod alle Schüler im Umkreis von dreißig Meilen erleuchtet werden. Für wie blöde hält man mich? Rundum schwirren Spekulationen, ob die Schüler, die im Hotel in Portland arbeiten, oder in Madras geschäftlich unterwegs sind, im Falle eines Falles von der Energiewelle erfaßt werden.

Wenn die Erleuchtung eine so einfache Sache ist, müßte unsere Welt anders aussehen. Entgeistert stelle ich fest, daß die Menschen nach jedem Köder schnappen. Der Glaube ist ein Angelhaken, der immer fette Beute bringt.

Sommerfestival 1984. Die Neuigkeiten der letzten Wochen haben auch den trägsten Schüler in Bewegung gesetzt. Ein breiter, nicht endenwollender Strom von Besuchern ergießt sich auf die Ranch. Die frische Energie läßt das Herz *Rajneeshpurams* kraftvoll schlagen. Die Freude und die Begeisterung der Ankömmlinge reißt uns Alte aus dem Alltagstritt. Festtagsstimmung überall. Wie erwartet sind die ‚Erleuchteten' umringt. Gut, daß jede Nationalität ihren Landesheiligen hat. Bhagwan hat darauf geachtet, daß alle Länder vertreten sind.

Die Inder sind in ihrem Element. So mancher fällt vor Maitreji oder Taru der Länge nach auf die Erde, berührt die Füße der

Erwählten. Für sie eine übliche Ausdrucksweise, die Respekt und Hochachtung einem hohen Seinszustand erweist.

In diesen turbulenten Tagen besuche ich Taru. Immer weniger lasse ich mich bei ihr sehen. Sie ist beschäftigt, hat wenig Zeit für einen alten Freund. Bei meinem Anblick ist sie hocherfreut.

„Warum kommst du so selten? Du fehlst mir", klagt sie unglaubwürdig.

Ich kenne die indische Höflichkeit. Sie bietet mir einen Cognac an. Sie nimmt sich Zeit für ein Gespräch. Die Tür geht auf, eine ältere Inderin wartet auf der Schwelle. Ungeduldig über die Störung deutet Taru auf ein Bhagwanbuch auf dem Tischchen und fordert die Ma mit einer Handbewegung auf: „Nimm das Buch und meditiere über Seite 230."

Die Ma folgt dem ersten Teil der Aufforderung, verbeugt sich respektvoll vor Taru und geht. Taru grinst mir verschmitzt zu. Ich kann ihrem Charme nicht widerstehen und muß herzlich lachen.

Im Trubel des Festivals wird die Ranch täglich reicher an Pseudo-Gurus. Die Eitelkeit treibt groteske ‚Blüten'.

Beim Mittagessen höre ich, wie eine kuhäugige Besucherin ihrer Freundin voller Stolz mitteilt: „Ich habe die Nacht mit einem Erleuchteten verbracht. Du glaubst nicht, welch ein Unterschied das ist."

Als ich an einem Abend eine Cleanerin bitte, mir bei der Arbeit zu helfen, lehnt sie mit den Worten ab: „Es tut mir sehr leid, aber ich habe eine Verabredung mit einem erleuchteten Wesen."

Sie meint ihren Mann, der zu den ‚Blüten' gehört.

In der Wäsche finde ich einen Pullover, an den ein Zettel geheftet ist „Wolle! Bitte Vorsicht beim Waschen. Bodhisatva Maneesha." ‚Bodhisatva' macht den neuen Seinszustand deutlich, ist ein Titel den die 21 ‚Blüten' zu ihrem Namen hinzufügen dürfen.

Ich schwanke zwischen Lachen und Weinen. Sieht denn niemand, wie absurd das ist? Auch für Achim und Nirala gibt es keinen Zweifel an der neuen Daseinsform.

Die Ranch vibriert unter der Energie der Neuankömmlinge. Ihre Hilfe ist unerläßlich. Gerne setzen sie sich mit ihrer Arbeitskraft für das Gelingen des Festivals ein. Die Geschäftigkeit steigt fieberhaft, viele Cleaner werden in anderen Bereichen eingesetzt. Sie helfen aus, wo immer man sie braucht: in der Gastronomie, im Transportwesen oder an den Verkaufsständen.

Für die verbliebenen Rest-Cleaner, zu denen ich gehöre, beginnt ein Marathon, der für mich alles bisher Dagewesene in den Schatten stellt.

„Wenn du glaubst, du kannst nicht mehr, mach weiter. Wenn du denkst, du fällst tot um, geh durch. Du wirst sehen, deine Energie ist grenzenlos. Sei total, gib nicht auf. Du nutzt nur ein paar Prozent der Energie, die dir zur Verfügung steht."

So ungefähr höre ich den Meister flüstern, wenn ich zusammenbrechen drohe.

Um vier Uhr morgens stehe ich auf, um vor der zu erwartenden Hitze die Zelte mit kleinen Regalen auszustatten. Ohne eine Pause bis zehn Uhr. Im Dauerlauf zurück zu meinen Häusern, die sich auf mindestens fünf erhöht haben.

Ein Non-Stop-Programm. Pausenlos trabe ich treppauf-treppab, von Haus zu Haus.

Bevor ich für wenige Stunden in die Schwärze des Schlafes tauche, gereizte Auseinandersetzungen mit Vanda, die mit dem Schweizer Center zum Festival gekommen ist. Wir schaffen keine Nähe mehr. Die Kluft ist zu breit.

Täglich nur noch drei Stunden Schlaf. Am fünften Tag beharre ich auf meiner Begrenzung, mag dahinter auch eine noch so große Kapazität liegen - ich kann nicht mehr. Ein Blick genügt und Hamido schickt mich zum Ausschlafen. Gegen Sushmas Willen, wie ich bemerke. Doch in diesem Fall bevorzuge ich die Entscheidung Hamidos. Wenige Wochen später, ohne die Belastung einer sich auflösenden Liebe, werde ich Energieschübe erleben, die alles Vorstellbare übertrifft. Ich werde erfahren, was wir leisten können, wenn der Kopf ausgeschaltet ist und Gefühle und Probleme sich wie Seifenblasen verflüchtigen.

Wenn wir leer sind - nur noch reine Energie, dann gibt es keine Hindernisse und Barrieren. Wenn kein Ich mehr ist, ist grenzenloses Sein.

Das offizielle Fest beginnt mit Satsang. Eine Woche lang das morgendliche Schweigen mit dem Meister. In der Frische des Morgens treffen sich Tausende rotgekleideter Menschen, schlängeln sich in roten Bächen, münden in die Weite *Mandirs.* Wie Rosenknospen sitzen sie auf der weißen Fläche, warten mit geschlossenen Augen auf die Ankunft des Meisters. Mein Blick schweift über den samtigen Haarteppich, den die Schüler beim Erscheinen Bhagwans durch ein Neigen des Kopfes in sekundenschnelle vor ihm ausbreiten. Auf dem Sessel - Bhagwan, der Duft der roten Rosen.

Die Musik trägt mich davon. Ich verlasse diese Welt, versinke in mir. Ich bin eins mit mir, eins mit der Kommune, eins mit dem Meister, eins mit dem Universum. Ich bin nichts und ich bin alles.

Die nachmittägliche Ausfahrt Bhagwans wird eine Ovation der Liebe. Eine kilometerlange rote Schlange windet sich über die Hauptstraße. Sie beginnt bei *Lao Tsu* und endet bei *Desiderata*, ist etwa acht Kilometer lang. Menschen aus fünf Kontinenten grüßen ihren Meister. Wohin ich schaue, Gesichter von einer solchen Lebendigkeit, Empfindsamkeit und Intelligenz, wie man sie sehr selten findet. Was sich hier trifft, was hier lebt, gehört zu den wenigen Gesunden in einer kranken, desolaten Welt.

Ignoranz und Dummheit sind historisch.

Mich wundert es nicht, daß wir, Bhagwan und seine Schüler, auf Unverständnis stoßen, bedroht werden, denn Dummheit kennt nur die Zerstörung. Aber - Bhagwans Lehre ist nicht zu vernichten, seine Schüler nicht zu packen. Eine Welt mit Regeln, die das Individuum erstickt, die Buntheit des Lebens in Uniformen zwängt, die statt der Freude, die Angst fördert, ist nicht die unsere. Wer seinen Meister erkannt hat, hat den Weg aus allen Zwängen gefunden.

Wir stehen am Straßenrand und warten in glühender Hitze auf Bhagwan. Flugzeug und Hubschrauber schütten tonnenweise Rosenblätter über ihn und uns, die Glücklichen dieser Erde. Sanft wie eine Brise fährt Bhagwan durch unser Herz.

Allmählich glätten sich die Wogen der Begeisterung bei den Ankömmlingen. Freunde begrüßen sich, gehen essen, tauschen Neuigkeiten aus. Eine Woche ist zu schnell vorbei. Mit dem ‚Master's Day' geht das Festival zu Ende. Ein letzter Höhepunkt. Sieben Tage Satsang haben uns geöffnet, uns weichgemacht. Eine Kommunikation mit jedem ist möglich. Glücklich mit sich selbst, wird die Begegnung mit dem anderen leicht und unbeschwert. Ein Lachen, eine Geste, ein Blick, eine Zärtlichkeit - 16.000 Menschen haben zurückgefunden zur Natürlichkeit des Ursprungs. Der Gelöstheit nach dem Orgasmus. Eines universellen Orgasmus. Das Leben mit einem Meister ist ein Ur-Sprung.

In den kommenden Tagen schwappt die rote Flut zurück in die

Welt. Auch Vanda geht. Meine Hoffnung, daß sie bleibt, ist schwach, doch immer noch ein Funke, der nicht erlischt. Der Abschiedsschmerz fließt tränenreich in die Wanne, vor der ich knie, um sie zu schrubben.

Diese fürchterliche Liebe, die Rad und Achse meines Lebens ist. Ihre Endlichkeit ist erreicht. Ich stoße an ihre Grenzen. Es *muß* doch mehr als Liebe geben. Meine Liebe ist erschöpft, sie erfüllt nicht mehr. Sie ist der Lehm an meinen Füßen, der mich nur schwerfällig laufen läßt, vom Fliegen ganz zu schweigen. Ich bin fertig mit der Liebe, die Schmerz und Leiden ist, Unfreiheit und Kompromiß. Aus wieviel Fesseln muß ich mich noch befreien. Sterben, Tod - das muß die Große Freiheit sein. Dann fallen Bindungen und Besitz endgültig ab. Alles erlöscht.

Leben *ist* Unfreiheit. Wir werden nicht lächelnd geboren. Ein Schrei des Entsetzens ist unsere erste Lebensäußerung. Nur wenn wir das Glück haben, einem Meister zu begegnen, der uns zeigt, daß die Freiheit, die wir suchen, in uns selbst zu finden ist, dann geschieht das Wunderbare - wir sterben mit einem Lächeln.

Ich höre auf zu schluchzen. Vanda wird niemals auf der Ranch leben. Mit gleich welcher Liebesbeziehung den spirituellen Weg zu gehen, ist unmöglich. Wer die Welt der Illusionen verlassen will, kann nicht mit Illusionen reisen.

Ich kühle mein verheultes Gesicht, werfe einen Blick in den Spiegel. Zucke zurück - entsetzlich.

Wie anders ist der Abschied von meiner Tochter Aruna, die mit drei verschiedenfarbigen Rosen, „eine für jede deiner drei Töchter" ihrer Mutter dankt. Seit der Aufforderung, „nimm deinen dreckigen Punk", kann ich meine Kinder loslassen. Das dickste meiner Taue ist durchtrennt.

Aruna liegt hingebungsvoll in meinen Armen. Wir weinen ein wenig, weil es so schön ist, die Süße des Abschieds zu kosten. Es gehört dazu. Sie geht zurück ins *Wioska*, ins Kölner Center, das sie liebt und in dem sie geliebt wird. Ihr fällt es am schwersten, die Familie zu überwinden, ohne uns zu leben. Sie hält fest, versucht mit ihren Kräften uns zusammenzuhalten. Aber auch sie lernt loszulassen.

Ich schaue ihr voller Zärtlichkeit nach. Winkend verschwindet sie hinter der Brücke. Das erste Kind ist etwas Einmaliges, ihre Geburt gehört zu meinen tiefsten Gefühlen. Das Wunder, Leben zu kreieren, meine Liebe zu Achim lebendig werden zu sehen.

Einen Menschen bewußt zu empfangen und ihn zu gebären ist die höchste Kreativität. Gab es deshalb nie einen weiblichen Michelangelo, einen weiblichen Sokrates, einen weiblichen Mozart und niemals einen weiblichen Jesus? Keine Musik, keine Malerei, keine Philosophie, keine Religion ist so lebendig und so vielfältig wie ein Mensch.

Ich stürze mich in die Arbeit. Etwas anderes gibt es in meinem Leben nicht mehr. *Raidas* ist meine einzige Liebe, die Häuser mein Königreich.

Das Chaoshaus steht meinem Herzen am nächsten, es ist voller Leben. Haus 37 ist ein sachliches Haus ohne jeden Schnickschnack. Seine Bewohner leben zurückgezogen, halten sich an die Regeln. Haus 39 stößt mich ab. Ein kaltes, arrogantes Haus, in dem die Bürokraten leben.

Jedes Haus hat eine Seele, seinen Charme, seine Eigenheiten. Sie sind lebendige Einheiten, auf die ich mich einstellen muß. Sie sind wie Kinder, die geliebt werden, aber auch manchmal einen Klaps brauchen.

Jeden Tag drei Häuser, dazu kommt, daß ich in den umliegenden Häusern oft genug als Hilfe einspringen muß. Jede Bewegung, jeder Handgriff, jeder Blick, jeder Schritt ist Teil meiner Arbeit, hat einen Effekt, geschieht mit Bewußtheit.

Es ist ein zwölfstündiger Tanz, in dem ich mich auflöse. Ich bin nicht mehr die Ausführende, ich bin das Tun. Meine Persönlichkeit schwindet wie in der Meditation, verwandelt sich in Bewußt-Sein, je totaler ich bin. Dieser Zustand, den ich täglich durch die Arbeit erreiche, ist so neu, so ungewöhnlich, so unverständlich für mich, daß ich, sobald ich Bewußt-Sein bin, darüber so erschrecke, daß mich Panik und Entsetzen überfallen. Was geschieht mit mir? Der Verlust meiner Identität macht mir Angst. Meine Alarmglocken schrillen. Ich verlasse mir bekanntes Terrain. Verzweifelt zapple ich, um zurück in meinen Kokon zu schlüpfen.

Ein Blick in den Spiegel zeigt mir Nietzsche vor dem Zusammenbruch. Ich stürze auf die Straße, suche Menschen, die mich wiedererkennen. Suche eine andere Begegnung, als die mit mir.

Aber bald gewöhne ich mich an das Neue. Tauche gerne ins Nichts. Es genügt, einen Lappen in die Hand zu nehmen und weg bin ‚ich'. Es geschieht, daß ich meinen Namen nicht weiß, kein Geburtsdatum habe, ja einfach keine Erinnerung an mich. ‚Ich' bin ausgelöscht. Ich beginne diesem Zustand zu trauen, überlasse mich der Energie, die mich durch den Tag trägt. Endlich weiß ich, was ‚worship' ist.

Zu den Freuden meines Tages gehören auch die seltenen Begegnungen mit Menschen, denn die *Townhäuser* sind tagsüber leer. Es ist ein Vergnügen für mich, wenn Joyce, die englische weißhaarige Lady das Haus betritt, um Klavier zu spielen. Eine Unterhaltung mit ihr ist multidimensional, sie spricht gleichzeitig auf mehreren Kanälen. Umständlich richtet sie sich am Klavier ein, sucht immer größere Gegenstände, um die Notenbücher aufrecht zu halten. Von meinen Essigschwaden unbeeindruckt, spielt sie Bachsonaten, zwingt mich für kurze Zeit auf die Treppenstufen. Ich höre zu, die Glitterflasche zwischen den Knien, die Seifen-Essig-Lauge dampft zu meinen Füßen. Ich habe den Kopf gegen den Handlauf gelehnt und lausche dem barocken Geklimper. Bis mir plötzlich die Komik des Bildes, das wir bieten, bewußt wird. Eine alte tütelige Lady und die deutsche Frau Saubermann in einer Mysterienschule. Bevor mein Lachen ihre Versunkenheit stört, mache ich mich schleunigst an die Arbeit.

Besonders freue ich mich, wenn Komala, meine runde Zauselfreundin, ihre Fahrpausen im Haus verbringt. Sie arbeitet in verschiedenen Schichten als Bus- und Taxifahrerin. Komalas Aussehen wie auch ihre Ausstrahlung sind die eines Samurai - ritterlich, treu, ehrenhaft. Dazu ein Salzburger Nockerl-Herz. Sie stürzt ins Haus, zerrt die Popcorn-Maschine aus dem Schrank. Bald knattern und prasseln die Körner, verwandeln sich in Puffwölkchen und schmecken auch so.

Wir lachen oder weinen zusammen, denn etwas bewegt uns immer. Wahrhaftigkeit ist die alleinige Umgangsform in der Kommune. Es gibt keine Hintertüren. Mit wem immer man zusammentrifft, man nähert sich durch den Haupteingang. Lügen zerfallen in der Präsenz eines Meisters zu Staub.

Meine ‚Pferde' haben sich an ihren ‚Reiter' gewöhnt. Sie ziehen gut. Meiner Energie kann man nicht entrinnen, obwohl es eine wortlose Kommunikation zwischen den Bewohnern und mir ist. Wenn ich morgens die Häuser betrete, haben sie schon das Haus verlassen. Und abends bin ich gegangen, wenn sie kommen.

Ich gebe nicht auf, die haarverstopften und seifenverschmierten zahnpastaschlierigen Bäder in einen royalen Zustand zu versetzen, bis auch die verschlafensten Arbeiter meiner Beharrlichkeit nachgeben. Sie werden ordnungs- und sauberkeitsbewußter. Bei hartnäckigen Wiederholungstätern bewirkt eine Rose im frischen Glanz des Badezimmers Wunder. Die Menschen sind so sensibel, daß sie eine solche Botschaft sofort verstehen.

Bin ich in einer unguten Verfassung, bin ärgerlich, unzufrieden, habe schlechte Laune oder einen dieser sperrigen Tage, so kann ich sicher sein, daß die ‚Pferde' scheuen. Am nächsten Tag die Reaktion auf meine Negativität: überquellende Papierkörbe, dreckiges Geschirr in der Küche, Toilettenpapier, das sich über die Böden ringelt.

Meine Welt ist voller Wunder. Fasziniert beobachte ich die Kraft meiner Gedanken. Oft genug gibt es in den Zimmern Dinge, die mich stören. Trockene Pflanzen, Kisten, Kleidersäcke, alte Zeitungen - unnütze Häßlichkeiten, Staubfänger, die den Gesamteindruck eines Zimmers gewaltig stören. Meine Abneigung gegen solche Störenfriede bleibt unausgesprochen, doch nach und nach entfernen die Besitzer alles, was mein Auge reizt. Auf die gleiche Weise gelingt es mir, zwei Hausbewohner aus dem Wege zu räumen, die nicht in die Energie des Hauses passen, die sich nicht in den gemeinsamen Herzschlag einfügen wollen. Sie ziehen in andere Häuser um.

Ich kann nicht umhin zu erkennen, daß unsere Welt von uns gestaltet wird, daß es die Energie unseres Herzens und unserer Gedanken ist, die die Welt widerspiegelt.

Wenn ich meine Häuser abends verlasse, ist jedes Haus ein Kunstwerk, in dem sich meine Liebe und Totalität ausdrückt.

Mit einem Blick erkenne ich am Morgen, wie vorsichtig die Bewohner damit umgegangen sind. Sie haben es benutzt, doch nicht zerstört. Sie geben mir die Möglichkeit, mich neu auszudrükken. Ihr Verhalten ist eine Antwort auf meine Energie. Wir befinden uns im gleichen Stromkreis.

Eine ganz neue Überlegung taucht auf. Wie, wenn ich mein Leben nicht einem gütigen Schicksal zu verdanken hätte? Wenn dieses geliebte, schmerzliche, herrliche Leben die Antwort auf meine Wünsche und Vorstellungen ist? Eine Theorie, die ich täglich bestätigt sehe.

Hätte die gesamte Menschheit eine positive Lebenseinstellung, sähe die Erde anders aus. Dann wären Liebe und Lachen die Hauptbestandteile unseres Lebens, dann wäre die Erde eine Tanzfläche für alles, was lebt. Und nicht eine Stätte der Zerstörung, des

Hasses und der Selbstverleugnung, die die Negativität zur Grundlage hat.

Der Sommer geht dem Ende zu. Viele Neue - Sommerarbeiter - sind nach dem Festival bei *Raidas* gelandet. Auch einige Mitglieder der Kölner Kommune bleiben auf der Ranch. Sie sind eifrig, fleißig und gehorsam. Der ‚Kölner Kirchenchor' singt, wenn sich der Taktstock hebt. Ihr eilfertiger Gehorsam ist oft penetrant.

Auch ihnen wird der Teufel mit dem Belzebub ausgetrieben. Mit Drill, Schliff und sehr viel Arbeit erhalten sie Gelegenheit, sich in Organisation und Systemen auszutoben, bis ihr Deutschtum von ihnen abfällt, und auch ihrer Schwerfälligkeit Flügel wachsen.

In einer Mysterienschule werden irgendwann aus allen Raupen Schmetterlinge.

Es ist ein selten grauer Spätsommermorgen. Ich steige bei *Mandir* aus, verharre im Schritt. Den Mann kenne ich doch. Das kann nicht sein. Ist er es wirklich? Ich gehe auf ihn zu. Fassungslos frage ich:

„Mensch, Bahro, was machst du denn hier?"

Mit einer abstrusen Selbstverständlichkeit antwortet er: „Ich bin eben angekommen und muß zu *Pythagoras*."

Vor mir steht ein geistiger Führer der Linken, Rudolf Bahro, dessen Buch Die Alternative meiner Generation wohlbekannt ist. Und dieser Bahro „muß zu *Pythagoras*". Das erscheint mir derart komisch, daß ich in Lachen ausbreche.

Bahro bleibt für drei Wochen. Er bemüht sich zu begreifen, was auf der Ranch vor sich geht. Er macht einige Gruppen, aber seine Kopflastigkeit ist zu stark. Auch er ist in der Politik, in seinen Vorstellungen am Ende, auch er sucht nach Mehr. Seine Angst vor Gefühlen ist sichtbar. Da, wo der Kopf der Herr ist und das Herz der Diener, da wird man keinen Blick hinter die Vorhänge einer Mysterienschule werfen. Nur das umgekehrte Verhältnis erlaubt die Einsicht. Bevor er die Ranch veläßt, treffen wir uns zu einem kurzen Gespräch. Er ist soviel weicher geworden, die verkrampfte Breitmäuligkeit ist verschwunden, er sieht aus wie ein Botticelli-Engel. Er erzählt mir, daß er zu einem politischen Treffen nach LA fährt, rechtfertigt, warum er nicht Sannyas nehmen kann. Schade, er hat einen mutigen Schritt getan, aber er bevorzugt, ein Guru zu sein, statt ein Schüler zu werden - die einzige Alternative für ein Mehr. Eines aber ist sicher, wer auch nur ein einziges Mal Bhagwan gesehen hat, setzt sich auf geheimnisvolle Weise in Bewegung. Und allein das zählt.

Das letzte Festival hat den Drive-by in ein Volksfest verwandelt. Die tägliche Ausfahrt Bhagwans vollzieht sich in fröhlicher Jahrmarktatmosphäre. Kleine Musikgruppen bilden sich in der immer noch langen Schlange am Straßenrand, Kleidung und Hüte werden immer bunter, immer phantastischer. Die Kreativität der Narren setzt sich durch. Selbst die Rolls Royce haben ihre Vornehmheit verloren. Buntbemalt begeistern sie uns. Ob Regenbogenfarben, Pfauen, Schwäne oder Blumen die Autos zieren, sie finden unseren lauten Beifall, passen sie doch in das Bild, das sich jeden Mittag auf der Straße bietet. Die Disziplin ist ein wenig gelockert. Die festliche Stimmung läßt uns die Mittagspause etwas dehnen.

Sobald Bhagwan vorbeigefahren ist, tanzen seine Schüler hinter ihm her, begleiten ihn singend und musizierend auf seinem Weg. Bis die mörderische Hitze sie schweißüberströmt und keuchend an der Kreuzung innehalten läßt.

Ist er in der Ferne in einer Staubwolke verschwunden, versammelt sich ein Teil von uns im Schatten eines alten Wachholderbaumes. Unter der Leitung von Taru und Nivedita singen wir monotone indische Hymnen auf Allah, Krishna oder Shiva, deren ständige Wiederholung verbunden mit der Hitze, uns in einen tranceähnlichen Zustand versetzt. Das Klatschen der Hände, das gleichmäßige Auf und Ab des Gesangs, machen das Gehirn angenehm leicht und das Herz friedlich. Der Singsang steigert sich, wird schneller, wilder, die Füße stampfen, die Oberkörper schwingen. Auf dem Höhepunkt stoppt die Musik abrupt. Eine angenehme Mattigkeit und Gleichmütigkeit ist die Folge. Rufe werden laut: „Taru, Joti, Nivedita - erzählt eine Geschichte von früher, als ihr mit Bhagwan gereist seid." Sie, die zu den ersten Schülern gehören, zieren sich nicht lange, gerne teilen sie ihre Erinnerungen mit uns.

Wir hängen an ihren Lippen, wenn die kleinen Episoden vor unseren Augen lebendig werden. Diese Minuten gehören zu den schönsten des Tages.

Um mich herum glühende Gesichter, wache Augen, zärtliches Lächeln. Die scharfen Konturen der Berge am hellblauen Himmel, der trockene Geruch von Wacholder steigt würzig in die Nase. Die weiche Stimme Jotis erzählt von Bhagwan, wie es einmal war.

Menschen und Geschichten - das ist mein Paradies. Joti erzählt meine Lieblingsgeschichte:

„Ich war zu der Zeit, als Bhagwan noch durch Indien reiste, seine persönliche Betreuerin. Ich sorgte für sein leibliches Wohl. Unsere Reisen führten uns in abgelegene Gegenden, täglich waren wir an einem andern Ort, einer anderen Stadt, in der Bhagwan seine Vorträge hielt.

Eines Morgens entdecke ich, daß Bhagwan die leere Zahnpastatube in den Abfall geworfen hat. Ihr wißt ja, daß Bhagwan nur eine Zahnpastamarke seit Jahren benutzt - selbst hier in Amerika muß sie aus Indien geschickt werden. Entsetzt stelle ich damals fest, daß wir keine Ersatztuben mitgenommen haben. Also was tun? Ich fische die Tube aus dem Abfall und rolle den Rest der Creme in den oberen Teil. Am nächsten Tag finde ich die Tube wieder im Abfall. Ich wiederhole den Vorgang, was sonst kann ich tun? Und natürlich, noch einmal, ich finde die Tube im Korb. Bhagwan ruft mich zu sich und meint: „Joti, hör auf, die Tube so zu malträtieren, ich kann die Gewalt nicht ertragen."

Wie sehr versteht das mein Cleanerherz. Dann öffnet Taru den Mund. Alles lacht. Taru ist immer Lachen. Sie erzählt von den frühen Bombaytagen, als Bhagwan dort mit wenigen Schülern lebte.

Bhagwan fordert Taru auf, in die Stadt zu gehen und ihm ein Uhrenarmband zu kaufen. Bereitwillig zieht sie los, das letzte Geld im Täschchen. Sie geht auf den Markt und kauft für 100 Rupis das Band. Bhagwan wirft einen kurzen Blick drauf, schüttelt unwillig den Kopf. Es ist ihm zu billig. Wieder schickt er sie los. Taru leiht sich Geld von Freunden, kauft ein teueres. Bhagwan bleibt unzufrieden, es gefällt ihm nicht. Verzweifelt gesteht Taru ihm, daß sie kein Geld auftreiben kann. Er lacht: „Das ist einfach, Taru, du mußt betteln gehen." Was bleibt ihr anderes übrig, als die Forderung ihres Meisters zu erfüllen. Sie tut es, kauft ihm das teuerste Band in der Stadt.

Wir lachen, erkennen wir doch darin Bhagwan, der immer das Unmögliche möglich macht.

Seine täglichen Ausfahrten sind ein gesellschaftliches Ereignis. Man trifft sich, verabredet sich, tauscht Neuigkeiten aus. Ich habe Zeit, ein paar Worte mit Nirala zu wechseln und Zeit, meine Beobachtungen zu machen. Eine halbe Stunde am Tag, in der man sehr viel Spaß aber auch Ärger hat. Ein Splitter in meinem Auge ist die Hollywood-Schickeria, deren täglicher Auftritt mich in Rage bringt. Wenige Minuten bevor Bhagwan aus dem *Lao Tsu* Tor fährt, kommt die Clique im eigenen Rolls Royce, nimmt die für sie von Taru freigehaltenen Plätze ein, die zu den bevorzugten gehören, da sie in unmittelbarer Nähe der Musiker sind. Jeder von uns steht lange in der Mittagshitze, um einen Platz am Wegesrand einzunehmen. Oft genug ist alles besetzt. Sobald ein Greenhorn unwissend versucht, sich in der oberen Reihe einzuordnen, wird es unnachgiebig weggeschoben. Es bleibt ihm nichts anderes übrig, als einen langen Marsch durch die glühende Hitze anzutreten, bis sich eine mitleidige Seele seiner erbarmt und ihn in eine Lücke zwängt.

Die Auftritte der Schickeria sind für mich ein rotes Tuch. Alles auf der ‚Arche Noah' hat seinen Platz, erfüllt eine Notwendigkeit, spiegelt wider, drückt Knöpfe, macht Vorurteile und Urteile sichtbar. Das tut die Hollywood Clique bei mir. Ihr Anblick, die Überheblichkeit ihrer Distanz, ihre gekünstelten Auftritte stoßen mich ab. Sie arbeiten nicht, sie unterliegen nicht der üblichen Disziplin. Ihre Mahlzeiten nehmen sie im Restaurant ein, ihre Kommunikation ist auf *Jesus Grove* und *Lao Tsu* beschränkt, in denen die Leute arbeiten, die um Bhagwan herum leben. Für mich sind sie Parasiten, die am üblichen Kommuneleben vorbeisehen. Und sie drükken das aus, was Leute ihres Schlages immer zur Schau stellen - die Macht des Geldes. Als alter Sozialist mißtraue ich ihnen gründlich. Sie wirken wie Höflinge und Hofschranzen, denen die Intrige sehr vertraut ist.

Um ihre Verbundenheit mit der Kommune auszudrücken, sorgen sie dafür, daß wir ein monatliches Taschengeld von 10 Dollar erhalten, das uns die Gelegenheit gibt, sie im Restaurant dinieren zu sehen. Alles, was sie tun, bringt mein Blut in Wallung. Und genau dazu sind sie da.

Die ‚Erleuchteten' sind ein fester Bestandteil der Kommune. Sie haben den Glanz der Neuheit verloren, sie sind etabliert. Sie genießen ein besonderes Ansehen, die Disziplin hat sich für sie entschieden gelockert. Wer will schon einem ‚Erleuchteten' sagen, was er zu tun hat.

Meine Tochter Nirala irritiert mich mit ihren Überlegungen, wann sie das ersehnte Ziel erreichen wird. Als ich 17 war, träumte ich davon, auf die Schauspielschule zu gehen - von Erleuchtung hatte ich noch nie gehört.

Täglich, in den Teepausen, die Spekulationen der Cleaner, wie man am schnellsten diesen Zustand erreicht. Kopfschüttelnd höre ich die eifrigen Debatten, fühle mich wie so oft in meinem Leben ‚unter lauter Betörten'. Wie sehr habe ich Gleichheit gesucht - Gleichheit im Geist. Habe Gesunde gesucht mit der Intelligenz des Herzens. In *Rajneeshpuram*, der versteckten Mysterienschule, abgelegen in den Bergen Oregons, habe ich all das gefunden. Aber auch hier bin ich allein.

Die Töchter haben die Ranch verlassen, mein Geld ist verbraucht. Ich werde mich damit abfinden müssen, ohne Geld zu leben.

„Sehet die Lilien auf dem Felde..." oder „Vertraue Existence", soweit bin ich noch nicht. Ich gerate in Panik bei dem Gedanken, auf die käuflichen Freuden verzichten zu müssen, meine Freunde nicht mehr zu Wein und Pizza einladen zu können.

Geld ist Freiheit. Solange das Geld noch in der Tasche klimpert, ist es leicht, von Besitzlosigkeit zu reden. Meine Angst vor der vermeintlichen Enge einer solchen Situation, läßt mich meinen Stolz überwinden, macht mich zum Pumpgenie. Meine Freunde schlagen mir meine eindringlichen Bitten nicht ab. Ich kann nichts anderes mehr denken als an die Beschaffung von Geld. Vom Morgen bis zum Abend wälze ich im Kopf, wen ich um die nächste Gabe bitten könnte, entschlossen, mir die Armut solange wie möglich vom Leibe zu halten. Meine Gier nach Geld nimmt monströse Formen an, bis sie, auf den Höhepunkt getrieben, so fett vor meinen Augen steht, daß ich sie beim besten Willen nicht mehr übersehen kann. Ich gebe meine letzten Dollar aus und akzeptiere endlich meinen geldlosen Zustand. Im Nu ändert sich meine Sicht. Ich stehe auf der anderen Seite. Ich bin draußen. Ich sehe durch die Scheiben des Restaurants wie die Reichen prassen. Empfinde, was die Armen für sie empfinden.

So ist das also, wenn man nichts mehr kaufen kann. Eine starke Energie nach außen entfällt. Wir leben in einer Kauf-Welt. Wir kaufen uns alles. Wir kaufen, statt zu leben. Kaufen ist die Ersatzhandlung. Wir kaufen Freunde, wir kaufen Lachen, wir kaufen Liebe, wir kaufen Leben. Wie würde unser Leben ohne ‚kaufen' aussehen? Ich brauche nicht lange nachzudenken, ich erfahre es. Nach einigen unsicheren Tagen lasse ich mich in den ungewohnten Zustand fallen. Es ist phantastisch. Ich entspanne. Die kleinen Dinge des Lebens erhalten einen anderen Wert. Ein Tag ist voller Überraschungen, wenn es kein Ziel, keine Wünsche mehr gibt. Ich lerne, mich über alles zu freuen. Sehr bald sehe ich die Schönheit, die Leichtigkeit der Armut, bin entzückt über die intensive Lebensweise, die sie beinhaltet. Alles, was kommt, wird zum Geschenk. Ein kleines Stück Käse, von einem Freund geteilt, ein ‚richtiger' Kaffee von einem Hausbewohner gekocht, eine ungewöhnliche Geschichte in einer spontanen Teepause.

Ich plane nicht mehr, was ich mit wem am Abend mache. Ich falle in die Gemeinschaft *Magdalenas*, der ich mich lange genug entzogen habe. Wie aufregend ist es, sich treiben zu lassen, wie spannend, mit Leuten zusammenzusein, mit denen man nicht befreundet ist. Ich lasse Begegnungen zu, die sich als prall und bunt erweisen. Ich überlasse mich dem, was sich ergibt. Und erkenne bald, daß das Leben sehr viel einfallsreicher ist als meine begrenzten Vorstellungen. Gedanken und Sorgen um das Geld verschwinden aus meinem Leben.

Eines Morgens ist es soweit. Nach sieben Monaten „the same" - das Gleiche - meine *Townhäuser* 37, 38, 39 - höre ich Sushma ohne eine Veränderung in der Stimme sagen: „Nisha, *Rumi* 1, 3 und 5."

Es dauert, bis die Bedeutung der Worte mein Hirn erreicht. Ich soll die Sicherheit meiner Häuser verlassen? Entsetzt fühle ich, daß ich Wurzeln geschlagen habe.

Rumi? In meinem Kopf rumpelt es. Ein neues Wohngebiet, das erst vor wenigen Tagen bezugsfertig wurde, das noch näher an Bhagwans Haus liegt, wo nur die besten Cleaner eingesetzt werden. Drei von ihnen sind mir so zuwider, daß es mich nicht wundert, mit ihnen arbeiten zu müssen. Natürlich löst sich meine Abneigung in den kommenden Wochen auf. Wir werden niemals Freunde werden, das muß auch nicht sein. Wichtig ist, daß ich erkenne, warum ich sie ablehne. Wir sind alle vier Deutsche, alle vier Powerfrauen, alle vier Supercleaner, alle vier haben einen ausgeprägten Eigen-Sinn. So müssen wir uns abstoßen. Wir bleiben im eigenen Bereich, kommen uns nicht in die Quere. Ein stilles Übereinkommen, das uns miteinander leben läßt.

Ich nehme Abschied von den ‚Pferden'. Ich packe meine Lieblingslappen ein, deren sorgfältige Wahl für mich ein Kult ist. Sie sind die wichtigsten Werkzeuge meiner Kunst.

Denn man tau, min söten Deern, spreche ich mir gut zu. Auf zu *Rumi*. Es sind die gleichen Bauten wie die *Townhäuser*. Sie stehen an einer steilen Straße, die in die Einsamkeit der Berge führt. Aus den Frontfenstern blickt man in Bhagwans Garten.

Rumi ist eine Villengegend, Beverly Hills von *Rajneeshpuram.* Gestandene Leute leben hier, alte Sannyasins, Moms, Sicherheitsbeamte - viel Bürokratie, Rechtsanwälte und Buchhalter.

Rumi ist Stille, *Rumi* ist Schweigen, *Rumi* ist noch mehr Alleinsein und noch mehr Arbeit für mich.

Wochenlang ist mein Tagespensum fünf Häuser. Ich laufe den ganzen Tag im Kreis, um die Maschinen mit Wäsche zu füttern. Für die Schönheit der Landschaft bleibt keine Zeit, und doch spüre ich ihre Kraft. Wie anders leben und arbeiten die Sannyasins in den europäischen Centren. Im Gestank und der nervösen Energie der Städte.

Ich mache mir Sorgen um Tochter Aruna, die täglich sechzehn Stunden arbeitet, sieben Tage in der Woche. Sie ist Köchin im vegetarischen Restaurant und Disc-Jockey in der neueröffneten Disco in Köln. Ihre Briefe klingen erschöpft, aber begeistert. Aruna liebt das Kommuneleben, liebt das *Wioska*, in dem sie ihre unbegrenzten Fähigkeiten entdeckt.

Turiya, aus Köln stammend, richtet mir Grüße von ihr aus. „Na, deine Tochter gehört ja auch zu dem Heer der grauen Mäuse dort." Nachdenklich schaue ich ihr nach. Ansichten sind Einsichten.

Rumi ist eine Steigerung meiner Energie. Für hundert Leute die Wäsche, zwanzig Bäder, zwanzig Toiletten ...., ich höre auf zu rechnen. Ich bin in Bewegung, mein Tempo steigert sich mit den Aufgaben.

Haus 3 nimmt mir die Freude am Sein, ist mein täglicher Ärger. Jeden Morgen bekommen wir Cleaner zu hören, daß die Häuser hell und leicht sein müssen. Dieses Haus ist voller Pflanzen, dunkel, jedes Licht wird von der Pflanzenwelt verdrängt. Sie hängen von der Decke, stehen im Bad, füllen die kleine Küche. Ein botanischer Garten. Der Besitzer ist Doug, ein Millionärssöhnchen. Er scheut sich nicht, wird von den Mitbewohnern nicht aufgehalten, das Haus zu seinem eigenen zu machen. Wo immer ein freies Plätzchen ist - Doug füllt es. Teile seines Wasserbettes stehen hinter der Waschmaschine, im Besenschrank zwei Gitarren, ein Plastikregal erschlägt sein Zimmer. Jedes Kommunemitglied muß sich platzmäßig beschränken, nicht so Doug, er nimmt sich, was er braucht. Ohne jede Rücksicht. Er ist gewöhnt, zu bekommen, was er will. Ohne je ein Wort mit ihm zu wechseln, fühle ich seinen Widerstand gegen meine Energie, die ihn bedroht. Ich versuche, ihn zu verdrängen, dem Haus die Freiheit wiederzugeben, vergebens, er holt zurück, was immer ich entferne.

Erstmalig bitte ich Sushma um Hilfe. Einige Tage vergehen, bis sie endlich in der Türe steht. Anklagend deute ich auf das ‚Gewächshaus', erwarte ihre Unterstützung, Doug Einhalt zu gebieten. Ihr verhangener Blick fällt auf das Grün. Unerwartet fährt sie mich an: „Du mit deiner deutschen Gründlichkeit, mit deiner Ordnung, deiner Sturheit gehst mir auf die Nerven. Ich liebe Pflanzen. Diese hier sind schön, gesund, gepflegt. Komm bloß runter von deinem deutschen Trip."

Benommen schüttle ich mich bei der unerwarteten Wendung. Ein Gefühlsausbruch von Sushma. Zusammenhängende Sätze - eine Rede hat sie gehalten. Ich muß lachen. Nicht Doug wird zurechtgewiesen, nein ich, der Supercleaner. Verrücktes Spiel.

Wozu die Regeln, Anordnungen, die wir jeden Morgen vor den Gachchhamis hören: „Tu dies, tu das, tu jenes" - die Moms sind die ersten, die sie vergessen.

In den Anfängen 1981 haben wir ein Meeting mit Padma. Sie meint: „Die lockeren Tage von Poona sind vorbei. Wir sind jetzt in Amerika. Wir wollen nicht auffallen. Haltet euch zurück mit euren Liebesspielen auf der Straße. Keine Zungenküsse, keine beischlafähnlichen Umarmungen. Schockiert unsere Besucher nicht, benehmt euch dezent, zurückhaltend."

Eine halbe Stunde später sehe ich sie am Straßenrand auf Bhagwan warten, in einer engen Umarmung mit einem Swami. Ihre Hand in seiner kurzen Hose, streichelt sie versonnen seine Arschbacken.

Ich mag diese menschlichen Unvollkommenheiten, die meine Erwartungen von Regeln und Vorschriften zerstören. Ich liebe es, wenn Sushma ihre morgendlichen Vorträge über das Sortieren der Wäsche hält, uns eindringlich mahnt, wozu wir die Bewohner anhalten sollen: die Wäsche einzeln in die Tonne zu werfen und nicht an einem Stück. Mit amüsiertem Lächeln höre ich ihr zu, weiß ich doch, daß sie ihre Wäsche wie eine zweite Haut ablegt. Ein Griff und man hat die ganze Sushma in der Hand. Hosen, Sokken, Unterhosen, die Kniewärmer, ja den Gürtel.

Nirgendwo erfährt man soviel über den Menschen, wie im Cleaning. Nirgendwo ist der Mensch so unverhüllt, wie in seinem Lebensraum. Er kann nichts mehr verstecken, zurückhalten, vormachen. Sein Bett, sein Schrankinhalt, seine Bücher, seine Energie sind eine wortlose Selbstdarstellung. Der Cleaner sieht bis auf den Grund einer Seele.

Man kann es auf Dauer nicht verbergen, selbst wenn vermieden wird, darüber zu reden - die Kommune hat Existenzschwierigkeiten. Die Oregonier versuchen mit Macht, den roten Fremdkörper abzustoßen. Wir sind und bleiben für sie unverständlich. Unser rasches Wachstum, unser Reichtum, unsere Festivals ängstigen sie. In den umliegenden Städten gehören wir bereits ins Stadtbild. Vertreter der Kommune kaufen dort ein, handeln um gute Preise. Überall machen die ‚Roten' ihre erfolgreichen Geschäfte. Wo soll das hinführen?

Die größte Waffe, die sie gegen uns haben, sind unsere Aufenthaltsgenehmigungen, unsere Visa. Ein Drittel der Kommune sind Amerikaner, der Rest kommt aus der ganzen Welt.

Die Absurdität von Grenzen wird deutlich. Mit welchem Recht verbietet man Menschen, in dem Land ihrer Wahl zu leben, wenn sie dem jeweiligen Staat nicht zur Last fallen? Jeder Mensch hat ein Recht auf die ganze Erde, und nicht nur auf die Parzelle, auf der er geboren wurde.

Für die Oregonier sind wir eine Gefahr für ihre Gewohnheiten und Ansichten. Sie werden versuchen, uns zu zerstören, das ist sicher.

Es ist Mitte September, als die Kommune von Sheela auf einem Meeting von einer Aktion erfährt, die mehr Festigkeit in unsere Entwicklungschancen bringen soll, die aber vorerst die Kommune schwanken läßt:

Obdachlose werden auf die Ranch eingeladen. Sie kommen mit Bussen aus allen Städten. Sie dürfen mit uns leben, wir heißen sie willkommen. Share-a-home-Leute werden sie fortan genannt. Stadtstreicher, die wir in Deutschland ‚Penner' nennen.

Sheela betont, daß es keine politische Aktion wäre und nichts mit den kommenden Wahlen in Oregon zu tun hätte. Womit sonst? Bhagwan lehnt jede Form von Charité ab. Je mehr Amerikaner auf der Ranch leben, umso größer sind die Überlebenschancen *Rajneeshpurams.*

Über *Mandir* liegt Spannung. Keiner kann begreifen, was da eben von Sheela verkündet wurde. Mit Clochards zu leben ist außerhalb jeder Vorstellung. Viele ablehnende Gesichter lassen ahnen, daß manch einer an diesem Brocken kaut. Überwiegend aber ist die Freude über das Ungewöhnliche, das wir zu erwarten haben.

Manch einer schluchzt über unsere vermeintlichen Güte, die uns auf eine Stufe stellt mit Mutter Theresa.

Vor mir sitzt Kavisha, ekstatischer Mittelpunkt der ‚Hollywood Clique'. Sie weint vor Rührung über die Einladung. Tränen laufen durch die vors Gesicht geschlagenen Hände. Zusammengekauert, aufgelöst, mit roter Nase sieht sie aus wie einer der zu Erwartenden. Schon mag ich sie. Meine labilen Stimmungsschwankungen machen mir zu schaffen.

Ich liebe Penner. Ich kenne sie gut, habe in Frankfurt ihren Geschichten zugehört. Sie sind für mich die einzigen, die ehrlich und konsequent leben. Sie sind aus dieser Gesellschaft ausgestiegen, haben Beruf und Familien verlassen. Viele von ihnen haben einen sehr soliden Hintergrund, kommen aus ‚guten' Familien. Sie saufen, streiten, helfen einander. Sie leben kriminell im Kleinen und nicht, wie Politiker und Wirtschaftsbosse im Großen. Im Gegensatz zu den großen Gaunern kosten sie den Staat sehr wenig. Ich habe mit ihnen in ‚Kurtchens Parkcafe' gesessen, rotgekleidet mit Mala. Auf der Eisenstange, die die Grünanlage einzäunt. Im Schatten der alten Bäume höre ich ihren tragik-komischen Geschichten zu, schüttle mich vor Lachen, schlage eine Einladung zum Schnaps nicht aus. Nie höre ich ein böses Wort gegen meinen ‚Guru.'

Sie respektieren mich. Sie sind wie ich anders. Auch sie leben im Moment. Jetzt werden sie also nach *Rajneeshpuram* kommen. Mein Gehirn schlägt Großalarm. Auch wenn ich Penner mag, so weiß ich doch, wie schwierig sie sind, wie mißtrauisch. Sie sind immer auf der Lauer nach dem nächsten Hieb. Wie wollen wir das Vertrauen dieser Leute gewinnen? Ihr Verständnis für das, was wir machen? Sie sind keine Vegetarier, sie brauchen Alkohol. Zur üblichen Reinlichkeit kann man sie sicher erziehen, aber sonst....? Das kann nicht gutgehen. Wie sollen diese Menschen, die die Gosse gewählt haben, ohne jede Disziplin leben, hier heimisch werden?

Andererseits, sie haben nichts zu verlieren, sie haben kein Ziel. Beginnt nicht an diesem Punkt die Suche? Sicher, wenn man Mehr sucht und nicht, wie sie, weniger.

Dann sind sie da. Sie kommen zu Hunderten. Bis es einige Tausend sind, die uns aus der Mehrheit verdrängen. Der rasch publizierte Artikel in unserer hauseigenen Zeitung über die Voraussagen des Nostradamus, gibt den Zuwanderern eine pikante Note, läßt uns wissen, „daß die Schlafenden unter den Brücken erwachen werden."

Sollte das Universum seine Hand im Spiel haben?

Aus allen Tempeln werden Leute abgezogen, um der hereinbrechenden Flut wilder Gestalten, bärtiger Gesellen Herr zu werden.

Sonderwohnbereiche werden geschaffen. Die zerlumpten, verkommenen Menschen werden geduscht, entlaust, ärztlich betreut, neu eingekleidet. Alle Farben stehen ihnen zur Verfügung. Käpt'n Hook und seine Piraten haben unser Schiff geentert.

Wir versuchen, die Fassung zu bewahren und vor allem den Überblick. Wilde, gefährliche Typen sind angeschwemmt worden, lassen unsere feine Welt nervös erzittern. In schnell aufeinanderfolgenden Meetings werden sie stets aufs neue willkommen geheißen.

Sheela hält beschwörende Reden.

„Wir freuen uns, daß ihr gekommen seid. Laßt uns unser Zuhause mit euch teilen. Wir leben gewaltlos, wir arbeiten, um eine große Stadt in der Wüste zu bauen. Es gibt keine Drogen, keinen Alkohol, keine Waffen. Unsere Frauen und Kinder gehen ohne Angst durch die Nacht und das soll auch so bleiben. Ihr habt eine einmalige Chance, euer Leben zu ändern. Lebt mit uns, fügt euch in unsere Ordnung ein. Wir teilen mit Euch was wir haben - *Rajneeshpuram*, die Stadt die wir lieben.

Wir sind zu Tränen gerührt, *unsere* geringen Widerstände fallen. Die Neuankömmlinge begreifen nicht. Wie sollten sie. Sie streiten um das Mikrofon, eifern gegeneinander, gieren nach Beifall. Sie nutzen jede Gelegenheit, sich zur Schau zu stellen. Oft sind sie kaum der Sprache mächtig, aber wir hören ihrem Gestammel geduldig zu.

Der Gestank in *Mandir* ist schwefelartig und zwiebelscharf. Meine Nase bebt im Schock. Wir sind nicht mehr gewöhnt, Derbes zu riechen. Wir duschen mehrmals täglich, waschen die Haare, wechseln jeden Tag die Kleidung. Neben mir sitzt ein Clochard, graubärtig, dessen Socken einen alten Camembert geruchlos machen. Sheela ist umringt, eingekeilt von erhitzten Rednern, die sie umarmen und küssen. Sie, die jeden Körperkontakt meidet, deren Distanz ein jeder kennt. Sie versucht, die Stoppelgesellen zum Zuhören zu bewegen, ihre Stumpfheit zu durchdringen.

In diesen ersten Meetings mit den Pennern ist ihr Herz dabei, ihr Wille, ihre Energie mit der sie spricht, um diese Meute irgendwie zu erreichen und an ihre Einsicht zu appelieren.

Ihre Worte bleiben den meisten in den Kleidern hängen. Wie sollen diese Menschen, deren Gefühlswelt schon lange zerstört ist, die Offenheit unserer Herzen und Hände verstehen?

Was immer die Hintergründe dieser Aktion sind - die, die sich noch ein Gefühl für Echtes bewahrt haben, werden die einmalige Chance der Veränderung ergreifen. Sie werden den Schmutz der Straße abschütteln.

Beneidet von vielen Sannyasins in der ganzen Welt um die Möglichkeit eines kostenlosen Lebens in *Rajneeshpuram.* Ich bin nur auf den Meetings mit den ‚Share-a-home'-Leuten konfrontiert, höre aber bei allen Mahlzeiten unglaubliche Geschichten über ihre Zerstörungswut. Meine Welt ist die Abgeschiedenheit *Rumis*, die ihnen nicht erlaubt ist zu betreten. Unsere Wohngebiete sind Sperrgebiete für sie. Eine Garantie für uns, das wir nicht bestohlen werden oder Schlimmeres. Erst als ich eines Tages zur Post laufe, die im Herzen der Stadt liegt, bekomme ich einen Geschmack davon, was es heißt, täglich mit diesen Rowdies zusammen zu sein, sie im Auge zu behalten.

Die wenigsten wollen sich in den Arbeitsprozeß einordnen. Hunderte lümmeln auf der *Mall* herum, gierig ihre Augen auf die vorbeigehenden Frauen geheftet. Saftige Kommentare schwirren durch die Luft.

Die Schönheit, die Offenheit unserer Frauen macht sie meschugge.

Ein junger Mann mit einem rohen, zusammengeschlagenen Gesicht, wiegt sich auf der Bank und kreischt: „Ich will 'ne Frau, ich will 'ne Frau."

Für uns ist das Verhalten dieser Leute ebenso neu wie unseres für sie. Der Drive-by am Mittag ist eine Co-Produktion Fellini-Buñuel, ölig-nackte Neger, gerade noch mit einem Lendenschurz bedeckt, Halbblut-Mischlinge, Schwarze, Weiße, Graue, Rote. Federn im fettigen Haar, Bänder um die Stirn, Augenklappen, Krücken und Prothesen. Kahlköpfig und unrasiert, Bärte und Narben, feminine Schwule, Transvestiten, muskelschwellende Machos, Mafiosi, Gangster und Ganoven. Es gibt nichts, was hier nicht vertreten ist. Es ist der Bodensatz der Städte. Mehr als 3.000 verwahrloste und kriminelle Möglichkeiten.

Einige sind aber auch sehr schön. Neger haben sich oft ihre Natürlichkeit, ihren Witz und eine gewisse Moral bewahrt. Sie fallen auf neben den zerstörten, oft vom Alkohol verblödeten Gesichtern der Weißen. Die Schwarzen haben sich auch in der Gosse ihre Vitalität erhalten.

Ihre unzerstörbare Lebensfreude äußert sich in Musik und Tanz. Betroffen sehen die Swamis, wie manche Ma wieder munter wird. Paare bilden sich. Nicht wenige Frauen werden von der offensichtlichen Sexenergie angezogen. Wer noch sexuelle Wünsche, Phantasien hat, erhält Gelegenheit, sie sich zu erfüllen.

Die Welt der Swamis ist feiner geworden. Sie sind nicht mehr so sehr am Sex interessiert. Spätestens seit der Kondomregelung wird die Monogamie, die Ruhe einer Partnerschaft bevorzugt. Sehr viele Männer sind aber auch ganz einfach nicht mehr sexuell aktiv, sie haben sich in sich selbst zurückgezogen.

Aber das Männchen in ihnen wird wachsam, als der Nebenbuhler zu balzen beginnt. Für die Frauen ist es ein gewaltiger Schritt, sich zu einem Share-a-home-Partner zu bekennen. Zu dem Wunsch zu stehen, mit einem ‚solchen' die Nacht zu verbringen, sein Bett zu teilen. Das heißt, alle Vorurteile hinter sich zu lassen. Der Sextrieb ist stärker, löst den Elite-Wahn auf, läßt Klassenschranken fallen. Auch äußere Hindernisse müssen überwunden werden.

Die Streetpeople leben in abgesonderten Wohngebieten, die bewacht werden. Eine Frau, die die Absicht hat, die Nacht im Sperrgebiet zu verbringen, muß sich bei der Wache anmelden, ein Formular ausfüllen mit ihrem und des Partners Namen, ebenso den Tempel angeben, in dem sie ‚worshipt'. Danach folgt eine Aufklärung des Wachhabenden über die Notwendigkeit von Kondomen. Durch ein Spalier neugieriger Augen strebt die Energiebeflügelte in das Zimmer des Begehrten, das dieser mit mindestens vier Männern teilt. Wer diese Hürden übersprungen hat, für den versinkt endlich die Welt. Es ist auffallend - nicht wenige Frauen erstrahlen im neuen Glanz.

Die Situation auf der Ranch wird zunehmend schwieriger. Auswüchse übelster Art greifen um sich. Überfälle auf Frauen, Diebstähle, Schlägereien, Saufgelage mit verdünnten Reinigungsmitteln. Ja, es werden in den Unterkünften selbstgebastelte Waffen gefunden. Angst breitet sich unter uns aus. Die Disco ist von den

Schwarzen übernommen worden, in *Mandir* werden James-Bond-Filme gezeigt. Sannyasins bleiben mehr und mehr abends zu Hause. Ein Meeting folgt auf das andere. Sheelas anfängliche Freundlichkeit, ihre ungewöhnliche Sanftmut hat sich zurückverwandelt in die bekannte Schärfe und Entschiedenheit. Sie hämmert auf die ‚Share-a-home-Leute' ein. Zornig versucht sie, ihnen klar zu machen, wie sie unser Vertrauen mißbrauchen, uns bestehlen und das zerstören, was wir uns aufgebaut haben - eine gewaltfreie Gesellschaft ohne jede Kriminalität.

Auch uns läßt sie nicht ungeschoren: „Ihr zieht euch zurück, überlaßt unsere Stadt diesen Rowdies. Was ist mit euch los? Eure Anwesenheit in der Disco, in *Mandir*, würde so manche Schlägerei verhindern."

Wie sollen wir, die wir seit Jahren nicht mal ein lautes oder gar böses Wort mehr hören, mit einer solchen Invasion von Aggressionen fertigwerden? Es dauert nicht lange, bis Sheela kurzen Prozeß macht und während eines Meetings wahllos eine Menge dieser Leute hinauswirft. Sie werden mit bereitstehenden Bussen sofort aus unserer Stadt befördert. Tumult in *Mandir*. Die Ganoven versuchen, sich zu rechtfertigen, keiner will was mit Drogen, Schlägereien oder Diebstählen zu tun haben. Jeder, der den Mund aufmacht, wird von Sheela aufgefordert, sofort die Stadt zu verlassen.

Unschuldig oder schuldig ist nicht mehr die Frage. Ich atme auf. Endlich eine verständliche, sehr notwendige Reaktion. Bei diesen Leuten helfen nur drakonische Maßnahmen, das ist die Sprache, die sie verstehen. Die Aufnahme weiterer Straßenleute wird gestopt. Der Rückzug angetreten. Viele von ihnen verlassen freiwillig die Ranch. Das Leben mit uns ist ihnen zu fremd, unbegreiflich. Die Freiheit der Straße lockt. Zu Beginn erhalten die Rückwanderer noch eine Fahrkarte, die sie zu ihrem gewünschten Ziel bringt. Später werden sie in den umliegenden Städten abgesetzt, sehr zum Ärger der Stadtverwaltungen, was uns die offene Feindschaft Oregons einbringt. Zudem hat uns diese Aktion ‚Share-a-home' Millionen gekostet. Das Ziel, auf die Wahlen Einfluß zu nehmen, wurde gleich in den ersten Tagen fallengelassen.

In großen Schüben gehen die Streetpeople in ihre Welt zurück. Ein Leben ohne Fleisch, Alkohol, Drogen sowie die Unmöglichkeit krimineller Handlungen, ein Leben in der Wüste, ist für sie unerträglich. Aber das Experiment war sein Geld wert. Die Unterwelt, das Gemeine, das Böse, das Gewalttätige in die Mysterienschule zu holen, uns damit zu konfrontieren, uns die Gelegenheit zu geben, unser Verhalten in so ungewöhnlichen, extremen Situationen zu sehen, hat den Aufwand gelohnt. Eingefahrene, ruhige Gleise sind erschüttert worden. Viele Frauen hatten tiefe Liebesgeschichten mit manch einem der Streetpeople, Vorurteile sind vernichtet, Einsichten gewonnen.

Nach dem Mißerfolg, die Penner in unser Leben zu integrieren, greifen wir zum nächsten Strohhalm. Die Kommune versucht, die amerikanischen Sannyasins zu aktivieren, lädt sie ein, kostenlos in der Kommune zu leben. Eine naheliegende Lösung unseres Problems. Die amerikanischen Schüler erhalten damit die Möglichkeit, die Arbeit ihres Meisters zu unterstützen, und die Kommune am Leben zu erhalten.

Sie sind eine Enttäuschung. Sie sind nicht bereit, aus Solidarität zu handeln. Die herrschende Disziplin auf der Ranch stößt sie ab. Für sie ist Freiheit die Freiheit ihrer Väter, an der Biegung des Flusses sich am offenen Feuer ein Steak zu braten. Dabei Bhagwan zu zitieren, zu diskutieren, zu kritisieren. Sie sind Schwätzer, wie alle Amerikaner lieben sie die Hohlheit großer Worte.

Unser neues Lebensmodell, aus Intelligenz und Kraft geschaffen, die Tatsache, daß wir die dürre Landschaft in eine üppige Oase verwandelt haben, daß *Rajneeshpuram* ein grüner Flecken in der Unfruchtbarkeit der Berge ist, wird stets ein heißdiskutiertes Thema bei ihnen sein, ist alles, womit sie ihre Zugehörigkeit bekunden.

Wir leben auf einem Pulverfaß - selbst, wenn ich nichts davon in meiner *Rumi*-Einöde spüre. Die wenigen Informationen, Sheelas scharfe Wortgefechte mit den Kommunalpolitikern genügen mir. Ich kenne diese Art der Politik.

Obwohl Sheelas Sprache und ihre Methoden rüde sind, hat sie den Beifall der Kommune. Sie wird für ihre schneidende Wortwahl, für ihre Schlag-Fertigkeit bewundert. Ihre Stärke drückt aus, was die Leute fühlen: „Zeig's ihnen, gib's ihnen". Sheela wird zur Heldin. Auch das ist mir vertraut. Solange man erfolgreich ist, jubelt die Menge, wehe, man macht Fehler, verliert. Dann ist alles vergessen, man bleibt allein, zahlt die Zeche.

Keinem kommt der Gedanke, daß *Rajneeshpuram* eine Frage der Zeit sein könnte. *Rajneeshpuram*, die Stadt, die niemals stirbt!

Ich denke anders. Sheelas Verhalten gibt mir Auskunft, bestätigt meine Vermutung. Ein Mensch, der sicher ist zu gewinnen, verhält sich ruhig, überlegen. Ist er unsicher, hält er lange Reden, will überzeugen. Weiß er aber, daß er verlieren wird, dann greift er an, wird aggressiv. Und nichts anderes tut Sheela.

Die Übernahme Antelopes, dem winzigen Dorf, die Share-a-home-Aktion, Sheelas Beleidigungen der Politiker, tragen nicht dazu bei, uns beliebt zu machen. Auch unser offensichtlich anwachsender Wohlstand fördert nicht die Freundschaft, sondern nur den Neid der Nachbarn. Bhagwans Visa, Sheelas Beleidigungsprozesse - das alles spitzt sich so zu, daß der Oberste Gerichtshof auf einer Zeugenvernehmung Bhagwans besteht. Er soll zu den Vorgängen Stellung nehmen.

Um Sheela und der Kommune beizustehen, bricht Bhagwan nach zweieinhalb Jahren sein Schweigen.

Eine neue Ära bricht an. Wir sind im Freudentaumel. Kein größeres Geschenk für seine Schüler, als seinen Reden zu lauschen. Er ist ein Mann, der die Show liebt, den Wirbel genießt, den er hervorruft. Die Verschrecktheit, die Verstörtheit der Masse amüsiert ihn. Nichts mag er mehr, als zu provozieren, alles Herkömmliche in Frage zu stellen. Er baut nicht neue Straßen, er reißt die Zäune ein. Ich bin sehr gespannt. Ich werde nach vier Jahren Lehrzeit erstmalig meinen Meister reden hören.

Am 30. Oktober 84 beginnt er mit einer Reihe täglicher Vorträge, die er jeden Abend in seinem Haus vor einem vertrauten Auditorium hält, vor Schülern, die schon lange bei ihm sind. Wir haben die Gelegenheit, den Vortrag am nächsten Abend als Video in *Mandir* zu sehen, der um 18.30 Uhr beginnt und gegen 21.00 Uhr beendet ist.

Das heißt für uns alle - gleichbleibende Arbeit in drastisch verkürzter Arbeitszeit. Zwei Stunden fehlen zu dem, was vorher schon beinahe unmöglich war. Es geht. Ein neuer Energiesprung. Ich werde ein Wirbelsturm, eine Lawine, die donnernd über alles hinwegrollt.

Ich bin nicht mehr aufzuhalten, keine Gedanken, keine Widerstände durch Körper und Geist - ein völliges Ja zu dem, was geschieht. Ich löse mich auf als Person, ich bin nur noch Energie, die täglich über die Unmöglichkeit hinauswächst. Ich arbeite mit einer Schnelligkeit, die ohne Hektik ist. Die Harmonie der Bewegungen wird nicht durch Planung gestört. Es ist ein Tanz durch die

Häuser, der von keinem ‚Außen' mehr aufgehalten wird. Mein Energiepotential ist unerschöpflich. Ich sehe mir atemlos zu, erfahre, wozu Hingabe und die Bereitwilligkeit, sich auf Unmögliches einzulassen, führt. Für Außenstehende ist das Was und Wie ich arbeite, nicht faßbar. Keiner meiner alten Freunde aus der Vergangenheit würde mir die Schilderung meines Arbeitstages glauben.

Mein Leistungsvermögen wird nicht nur durch die verkürzte Arbeitszeit gesteigert, auch durch unvorhergesehene Umstände. Auf der Höhe meines Schaffens wird in einem der Häuser, Sushmas Haus, die Experimentier-Waschmaschine als Versuchsmodell aufgestellt. Die Daniel-Düsentrieb-Anlage soll Wasser sparen.

Sie wird der einzige Inhalt meines Hirns. Sie fällt nicht nur durch ihre komplizierte Häßlichkeit auf sondern mehr noch, wenn sie funktioniert. Sie bringt mein harmonisches Energiespiel aus dem Takt. Ihr Arbeitswille bleibt in den Ansätzen stecken.

Ich lerne Drähte zu verbinden, wenn verzweifelte Fußtritte nicht helfen. Mit Sicherheit fällt sie aus, wenn ich Vertrauen zu ihr fasse. Im Laufe der Zeit werden der Monteur und ich Freunde. Diese Maschine gibt mir den entscheidenden Kick in meiner Transformation durch Arbeit. Da sie sich meistens verweigert, bleibt mir nichts anderes übrig, als die Wäsche auf die umliegenden Häuser zu verteilen. Tonne um Tonne wirble ich aus dem Haus. In höchster Konzentration, denn die richtige Wäsche muß gewaschen wieder an den richtigen Platz. Die Farbe meines Gesichtes ist oft nicht mehr von der roten Wäsche zu unterscheiden. Mein plötzliches Ableben würde mich nicht wundern.

Wieder wird eine Vorstellung zerstört. Um das Anwesen, in dem Bhagwan lebt, wird ein hoher Elektrozaun gezogen. Nach den Schnellfeuergewehren und den Pistolen, die einige unserer Leute tragen, um Bhagwan bei seinen öffentlichen Auftritten zu schützen, ein weiteres Objekt unserer Abneigung. Das Attentat in Portland, die täglichen anonymen Drohungen, die Angst um Bhagwans Leben, sind der Anlaß zu solchen Maßnahmen.

Bhagwan und seine Schüler sind gegen jedwede Gewalt - warum solche Verteidungsmaßnahmen?

Für mich ist klar - Bhagwan verwickelt uns so in Widersprüche, bis wir nicht mehr urteilen können, was richtig oder falsch ist. Wir werden Zeuge des Geschehens, ohne darin verstrickt zu sein. Aber der Zaun stört mich. Genau wie die Steinskulpturen Gandarvos, die über Nacht überall auftauchen. Ausdruck seines ungehemmten Schaffensdranges sind. Bei *Lao Tsu* grüßt ein tonnenschwerer Sandsteinfrosch mit aneinandergelegten Flossen *Namaste*, den Aufgang zu *Rumi* ziert ohne Vorwarnung ein Riesenarsch, der als Herz gedacht, eine Liebeserklärung für *Rumi* sein soll. Nicht nur ich bin irritiert, wenige Tage später ist die monströse Scheußlichkeit verschwunden.

Wann werde ich aufhören, in ‚richtig' und ‚falsch' einzuteilen. Wann als Beobachter durchs Leben gehen und nicht mehr als Richter. Wann das Ganze nicht trennen, sondern als Einheit akzeptieren.

Auch wenn ich mich bei meiner täglichen Arbeit in schwindelerregenden Höhen tummle, für etwas habe ich immer Zeit - für einen Schwatz mit meinen Freunden. Nie muß man mich zu einer Teepause überreden, ich weiß, ich hole die verlorene Zeit mit einem Zuschlag an Energie wieder auf.

Inula kommt zum Frühstück. Auch sie arbeitet halbtags in *Rumi*. Sie breitet den Reichtum ihrer Beuteltasche vor mir aus. Schätze, die wir teilen. Käsereste, eine halbe schwärzliche Avocado, ein angebissener Rest Pizza, dazu Inulas unvermeidlicher Chinatee. Ich trage Gemüsebrühe und Tartex aus Deutschland bei. Bei gemächlichem Schmausen höre ich die 1001. Variante ihrer tragischen Liebesgeschichte - eine Frau zwischen zwei Männern.

Gandarvo und Samudaya, beide Künstler, beide Egomanen - zwei Lokomotiven zwischen denen Inula steht. Wie schön ist sie in ihrem Leid. Inula, eine knallzarte Kameliendame, die beide Männer bestens handhabt.

Ihre Auffassung von Arbeit ist konträr zu der meinen. ‚Worship' ist für Inula Entspannung, Nickerchen und Beinehoch, um Erschöpfungszuständen vorzubeugen. Dazu viele Tassen Tee, die das Behagen steigern. Meine Arbeitsweise ist für sie die pure Vergewaltigung des Seins. Ich kann nicht umhin, ihre Gelassenheit im Chaos zu bewundern. Sie ist durch nichts aus der Ruhe zu bringen. Selbst wenn es überquellende Wäschetonnen versuchen.

Sie widmet sich hingebungsvoll einem dreckigen Stück Pappe, das im Eingang liegt, um das Linoleum vor zu großer Verschmutzung zu schützen. Stunden wird sie es vorsichtig bürsten, bis die Pappe wieder fleckenlos glänzt.

Ist es nicht Inula, so ist es Susanne, mit der ich der Verlockung zu pausieren erliege. Nach den ausgiebigen Freuden ihres 24-Stunden-Mannes kommt in kleinen Schritten das Leiden angetippelt. An Susanne sehe ich deutlich, wohin die Kraft der Frauen geht, wenn sie lieben. Ihr Leben, ihre Energie, ihre Intelligenz ist auf das Objekt ihrer Liebe ausgerichtet - ist ein Tanz um das goldene Kalb. Ihn glücklich zu machen. Das kenne ich. Das ist der Anfang vom Ende. Frauen, die einen Mann lieben, sind Sonnen in Streichholzschachteln. Wie angenehm für die Männer, so geliebt zu werden, wie einfach, wie wenig schmerzlich.

Nach einer eingelegten Plauderstunde jage ich mit erhöhter Geschwindigkeit durch die Häuser. Nichts kann mich abhalten, sie in einen Zustand zu versetzen, der mich zufrieden macht. Ich bemerke in meinem Höhenrausch nicht, wie grau, erschöpft und vernachlässigt ich aussehe. In meinem Leben gibt es *Rumi* und sonst nichts. Zu der ungeheuerlichen Arbeit kommen die zweieinhalb Stunden abends in *Mandir*, die Reden Bhagwans. Danach falle ich ins Bett - eine leere Batterie, die sich in sechs Stunden auflädt für die Inbetriebnahme.

Ich gehe nicht mehr zum morgendlichen Appell der Cleaner, nur um ein paar Minuten zu gewinnen. Die Pausen streiche ich auf ein Minimum zusammen, ein Kaffee genügt.

Meinen Haarschneidetermin schiebe ich hinaus. Wer soll meine Häuser übernehmen, die Wäsche, die Experimentiermaschine?

Als ich nichts mehr sehen kann, die Haare über die Augen hängen, füge ich mich ins Unvermeidliche. Melde mich bei Sushma ab. Irgendwie muß es gehen.

Chiyono, der Schönheitstempel ist eine Stätte der Entspannung. Liebevoll wird jeder Kunde dort neu entdeckt. Ein Abenteuer, das seine Zeit braucht. Die Leute, die dort ‚worshipen' sind Künstler, die ihrer Kreativität Ausdruck verleihen möchten. Dazu brauchen sie Zeit und Muße. Ich bin kein entspannter, dankbarer Kunde. Ich rutsche unruhig auf dem Stuhl, schaue ständig auf die Uhr. Bis ich es nicht mehr aushalte. Nach einer Stunde stürme ich mit noch feuchten Haaren aus der Tür. Der Gedanke an die Häuser macht mich verrückt.

Zwei Stunden fehlen mir zur Vollendung meines Werkes. Im Laufschritt zurück zu *Rumi*, werfe ich in jedem Haus die Maschinen an. Ich bin zittrig, nervös. Soviel Bettwäsche. Seit der Kondomdisziplin muß sie nach jedem Liebesvergnügen gewechselt werden. Der Schweiß bricht mir aus - wie soll ich diese Wäscheberge heute abtragen? Ich hetze zu Sushmas Haus, bringe mit wilden Flüchen die Experimentiermaschine in Gang.

Ein Blick in die Küche läßt mich innehalten. Was macht die kleine Teekanne aus Sushmas Zimmer hier unten? Ich lese den Zettel, der daneben liegt. „Nisha, für dich ist es Zeit, eine Pause zu machen. Sushma." Sushma, mit der ich neun Monate lang kaum ein Wort gewechselt habe. Sie, die vor meiner Power zurückschreckt, deren Feinheit bei meinem barschen Poltern zusammenzuckt, sie muß meine Erschöpfung, meinen täglichen Kampf mit der Experimentiermaschine wahrgenommen haben. Sie fordert mich auf, eine Pause zu machen. Ich bin überwältigt von soviel Einfühlungsvermögen.

Ich sitze im Sessel und lese immer wieder den ‚Zettel-im-Schnabel-von-der-Mutter-einen-Gruß'.

Der Wasserkessel pfeift. Ja, ich werde Tee kochen, ihn genießen, ganz lange, so wie Inula. Als ich den Teebeutel in die Kanne werfe zucke ich zusammen - starre in blitzartiger Erkenntnis auf die Malerei, falle aus der Gegenwart in die Vergangenheit:

Meine zweite Poona-Reise im März '81. Immer wieder höre ich: „Du bist ein Schmetterling." Ich, ein dicker runder Schmetterling? Treu, seßhaft, verantwortungsbewußt. Ein Schmetterling, der festumrissene Vorstellungen von richtig und falsch hat.

Purna, die ich ins Restaurant einlade und die bei der Heimfahrt in der Riksha lacht:

„Wenn du deutsche Eiche einmal fällst, was glaubst du, kommt dann hervor?" Vergnügt patscht ihre Hand auf mein Knie. „Ein Leberblümchen, ein zartes hellblaues Leberblümchen."

Ich falle in ihr Lachen ein, sicher aus einem anderen Grund. Schmetterling und Leberblümchen - ich?

Zurück aus Indien, in unserem Landhaus im Vogelsberg, schwirren diese Feststellungen wie Glühwürmchen durch meine Finsternis. Blitzen auf, verschwinden. Meine Poona-Euphorie verflüchtigt sich schnell. Seit ich Schüler eines Meisters bin, ist der Spatz in der Hand davongeflogen und die Taube auf dem Dach unerreichbar. Ich bin ins Loch der Hoffnungslosigkeit gefallen.

Es ist Juni, ein kühler Frühsommer, aber ein sonniger Morgen. Mein Gemüt ist düster. Mit neuen Einsichten das alte Leben zu führen, läßt mich in der Ausweglosigkeit zappeln. Ich laufe tränenblind durch das Grün der saftigen Wiesen. Wie soll es weitergehen, wie kann das Neue mit dem Alten leben. Was soll ich mit den Geistern tun, die ich rief?

Der Schmerz überwältigt mich, ich falle heulend in eine Wiese. Mehr Aussichtslosigkeit gibt es nicht. Etwas zwingt mich, meine verquollenen Augen zu öffnen. Ungläubig schließe ich sie. Halluzinationen? Vorsichtig öffne ich sie wieder. Es ist wahr - über mir schaukelt eine Schmetterlingswolke, farbig, bunt, leicht. In allen Größen tanzen sie eine Antwort auf meine stummen Fragen. Fassungslos drehe ich den Kopf zur Seite - ich liege in einem Bett aus Leberblümchen. Welch eine tröstliche Botschaft. Leid und Schmerz verwandeln sich in zärtliches Staunen. Wie zauberhaft ist doch das Leben. Wenige Wochen später ruft Bhagwan mich nach Oregon.

Die Porzellankanne in meiner Hand nimmt Form an. Auf ihrem Weiß gaukeln Schmetterlinge über Leberblümchen. Jetzt weiß ich, daß die Kanne ein Geschenk ist und nicht der Zettel „Mach mal Pause." Sushmas Sprache hat mit Worten nichts gemein.

Gestärkt stürze ich mich in meine täglichen Abenteuer.

Rumi. Ich habe meine Schallmauer durchbrochen. Ich gebe die Hoffnung auf weniger Arbeit auf. Was nicht heißt, daß nicht ein Leuchten über mein Gesicht geht, wenn sich ein Helfer ankündigt oder gar tatsächlich auftaucht.

Dann ist meine Begeisterung so groß, daß der Helfer schon an der Tür erstarrt, meine Hand übersieht, die ihn ins Schlachtfeld ziehen will. Aus Erfahrung weiß er, was auf ihn zukommt. Alle Arbeiten, für die der Cleaner niemals Zeit hat. Schränke, Fenster, Leisten und „unter den Matratzen saugen".

Aber Helfer sind ausnahmslos Menschen, die der Schonung bedürfen. Die krank sind oder sich in der Rekonvaleszens befinden. Meist umsorge ich sie, die auf dem Sofa liegen und auf den Tee warten. Ich träume davon, daß irgendwann einmal ein Helfer wirklich eine Hilfe ist. Und als es dann tatsächlich geschieht, wird es ein unvergeßliches Erlebnis.

Pratho, löwenmähnig, gutgelaunt und kerngesund durchbricht eines Tages meinen Alltagstrott. Mit allumfassender Energie bringt sie frischen Wind in mein *Rumi*-Dasein. Verschwindet kopfüber in ‚Bädern - Leisten - und Matrazen'. Fröhliches Pfeifen begleitet ihre Entschlossenheit. Ihr Schwung reißt mich mit, wir fliegen durch die nächsten Stunden. Später sitzen wir beim Tee, ich bin hingerissen von Prathos Leuchtkraft. Mit selbstverständlicher Vertrautheit reden wir über unsere Vergangenheit, gelebtes Leben.

Am nächsten Tag finde ich in meiner Post die dichterische Umsetzung unseres Nachmittags.

Teepause mit Nisha

Meine Partnerin ist Deutsche,
mit rundem Gesicht und jenen saphirblauen Augen
die mit dem Feuer von Juwelen funkeln.

Sie hat die Tücher aufgeschichtet
ich habe alle Becken ausgewischt.
Jetzt wollen wir sitzen, sagt sie,
ihr großer Körper fällt bequem zurück
ins Sofa, die Füße von der Erde abgehoben
wie Kinderfüße im Moment des Tanzens, Springens, Flüchtens.

Wir übergehen den Tee, der Duft des Augenblicks
ist stark und süß genug. Dies Putzen,
sagt sie, ihr Gesicht bereit, die Geschichte vorzutanzen,
die eben aus der Tiefe ihres Herzens steigt -
dies Putzen, Tag für Tag, immer für mich allein
bringt mir mein ganzes Leben vor die Augen,
jeden Augenblick - sie führt mich eifrig Folgende
ins Haus an einer Kopfsteinpflasterstraße
irgendwo in Deutschland
die Kinder überall, und Töpfe auf dem Herd
ein Nachmittag ermüdend wie ein Gast, der
ohne Sinn für Anstand schon zu lange verweilt.

Da kommt der Gatte durch die Tür,
mit ihm Champagner, Rosenduft,
und seiner Liebe Widerschein erhellt
den grauen Nachmittag, bringt Sternenglanz in jeden Winkel.

Zurück ins Hier und Jetzt - doch ihre Saphiraugen
funkeln fort, wie hinter Wasserschleiern jetzt -

Manchmal möcht ich's wiederhaben,
und ihre Hand faßt in die Luft, und greift und drückt.
Ja, dieses Leben möcht ich wieder haben!

Dann löst ihr Grimm sich auf in einem Lachen
so weich und daunenfederzart; verflüchtigt sich
ins Sofa, in den Raum. Für einen Augenblick
verharrt die Welt im sanften Licht.

Ihr Leben kommt zurück - und ich darf mir
ein Stückchen nehmen von dem süßen Schatz
und darf's mir einverleiben.

In Liebe von Pratho

Wenn auch die Wiedergabe meines Lebens, meiner Vergangenheit, spätestens beim Gatten, der mit ‚Champagner und Rosenduft' das Zimmer betritt, nicht mehr erkennbar ist, so bin ich doch gerührt von der Poesie, von der sprachlichen Anmut, von Prathos Liebe und Zärtlichkeit.

Unvergessen bleibt Lazarus als mein Helfer. Seine Nonchalance läßt erst nach Tagen die Häuser in die gewohnte Ordnung fallen. Lazarus, unübertroffen bei der Herstellung von Chaos. Nie werde ich das Entsetzen vergessen, das seine tropfnasse Seidenunterwäsche bei mir hervorrief, als ich sie leise schwingend am Wohnzimmerfenster hängend vorfinde. Langärmlig, langbeinig pendelt sie im Luftzug, näßt den Teppich. Unberührt davon sitzt Lazarus in einem Berg frischer Wäsche, den er in kleinen Klumpen abträgt, zusammenknäuelt und neben sich stapelt. Wäschefalten, für jeden Cleaner eine sakrale Handlung, für Lazarus ein anarchistischer Akt. Als er Monate später an Aids stirbt, läßt mich die Erinnerung an ihn schmunzeln. Wie schön, wenn nach dem Tode eines Menschen ein Lächeln bleibt.

Durch die abendlichen Vorträge, durch die noch intensivere Arbeit, ist die Kommune näher zusammengerückt. Lebendiger Beweis für die Worte des Meisters: „In einer Kommune wächst langsam, langsam eine Seele. Wenn die Seele fehlt, dann ist die Kommune keine Kommune. Dann ist es Masse. Masse hat keine

Seele. Wenn Masse eine Seele hat, dann ist es eine Kommune. Dann ist dort eine Mitte, wo sich alle treffen. Ich bin deine Mitte. Du bist meinetwegen hier. Ihr seid alle meinetwegen hier. Jeder von euch ist tiefverbunden mit mir. Ich funktioniere als eure Mitte. Und wenn ihr alle mit mir verbunden seid, dann ist es selbstverständlich, daß ihr alle miteinander verbunden seid. Jeder ist mit jedem verbunden. Ich bin die Brücke, von wo aus du den anderen triffst."

Unsere Verbundenheit miteinander zeigt sich in kleinen Gesten, in stiller Vertrautheit, in verständnisvoller Zuneigung.

Mir scheint, daß wir das Leiden hinter uns gelassen haben. Die alten Wahrheiten, Vorstellungen, Illusionen haben sich aufgelöst, die Persönlichkeit ist am Schwinden. Natürliche Menschen begegnen sich ohne Rivalität. Es ist um so viel einfacher geworden, miteinander zu kommunizieren. Die Zeit des schmerzlichen nach-innen-Gehens, wird abgelöst von dem sich-nach-Außen-öffnen.

Durch einen Boten erfahre ich, daß ich am Abend in *Lao Tsu* eingeladen bin. Ich werde Bhagwan ‚life' zu Füßen sitzen. Außer den ‚Blüten', ‚Stämmen' und ‚Wurzeln' sind auch normale Schüler dabei, die täglich wechseln.

Das zu Erwartende macht mich arbeitsunfähig. Ich bin aufgeregt. Es wird meine erste persönliche Begegnung mit dem Meister, meine erste Lecture, bei der ich vor ihm sitze. Die Geladenen treffen sich um sechs Uhr in *Jesus Grove.* Warm angezogen, denn jeder kennt die Vorliebe Bhagwans für Kälte. Wir fahren in einem Kleinbus zu seinem Haus, passieren die Wachtposten, erstmalig bin ich in seinem üppigen Garten. Vor dem schlichten Haus steigen wir aus. Über eine Holztreppe betreten wir einen kleinen, eiskalten Raum. Ich versuche, einen Platz an der hintersten Wand einzunehmen, um meinen Rücken zu entlasten. Unnachgiebig werde ich von den Nachfolgenden geschoben, bis ich in der vordersten Reihe sitze. Unter einem scheußlichen Ölbild, dessen Holzkante mir bei jeder Bewegung schmerzhaft in die Schulter zwickt. Fünfundzwanzig Schüler haben Platz genommen. Eng zusammengedrängt sitzen die Erleuchteten, einige Therapeuten und natürlich die Hollywood Clique.

Bhagwan betritt den Kühlraum. Lächelnd, in einem weiten glitzernden Gewand, nimmt er in dem Sessel Platz. Wie üblich fällt die Sandale. Würde ich mich vorbeugen und die Hand ausstrecken, so könnte ich ihn berühren. Er beginnt sofort zu sprechen. Ich suche wie immer seine Augen, deren Phänomen mich so beschäftigt. Dieses Nichts, diese Leere in seinen Augen. Was ist das?

Er spricht sehr langsam über den Tod. Seine Worte träufeln, ohne meinen Kopf zu passieren, in mein Herz. Ich versinke in mich selbst, vergesse die Kante des Ölbildes. Ich bin Bewußtsein, reines Bewußtsein, ohne Vergangenheit, ohne Zukunft. Ich bin.

Ein Zustand, der nicht mehr mein Erschrecken hervorruft. Im Gegenteil. Ruhe. Frieden. Die Welt, in der wir leben, ist eine Illusion, die wahre Realität liegt in uns.

Behutsam steige ich zurück an die Oberfläche. Sofort gilt meine ganze Aufmerksamkeit Bhagwan. Werde ich jemals aufhören mir die Frage zu stellen „Wer ist dieser Mann?“ Welche Kräfte hat er, daß sie solche Veränderungen in uns bewirken? Wie ist es möglich, daß seine Präsenz unsere Persönlichkeiten zerstört?

Ich habe ihn nicht gesucht. Wie kann ich etwas suchen, von dem ich nichts weiß. Oder? Weiß ich mehr, als ich zu wissen glaube. Eindringlich suche ich in seinem Gesicht nach einer Antwort. Wir sind nicht die, die wir sind. Nur ein Meister ist der, der er ist. Seine Wahrheit, sein Sein, erzeugt ein Energiefeld, in dem im Schnellverfahren seine Schüler vom Ballast der Konditionierungen befreit werden. Wir lassen unsere alten Kleider fallen, sind nackt, ursprünglich, natürlich - frei.

Bhagwan steht auf, lächelt noch einmal, grüßt und geht. In meinem Kopf blubbert es. Wenn einer nichts weiß, dann macht er sich Gedanken.

Meine erste ‚life‘ Lecture ist für meine indischen Freunde Anlaß zum Feiern. Nach langer Zeit sitzen wir zusammen, Taru, Nivedita, Tiger - Aruna und ich. Eine geballte Ladung Frauen. Es wird ein von Gelächter durchzogener Abend. Meine ständigen Fragen über das Wie und Was eines Meisters an sie als alte Schüler, lassen sie mich tätscheln und mit kleinen Leckerbissen füttern. Es gibt keine Erklärung für einen Meister.

Der Besuch in Navjots kleinem Tempel, der im Kern der Ranch liegt, von alten Bäumen beschattet ist und einen Einblick in das emsige Geschehen der Ranch gibt, gehört zu meinem Tagesbeginn. Diese kleine Freiheit genieße ich, seit die Cleaner in der *Mall* im ersten Stock zur Arbeit eingeteilt werden.

Navjot wäscht und bügelt für die Damen aus *Jesus Grove.* Sie tut es hingebungsvoll. Auch das Abbürsten der Hundehaare aus Padmas Bettwäsche läßt sie nicht aufbrausen. Ich bin froh, die Putzfrau fürs Volk zu sein und nicht die Kammerzofe am Hof.

Padmas Hund. Der einzige Hund in *Rajneeshpuram.* Vor Jahren hat Padma eine Ma und deren Liebe zu einem der damals noch erlaubten Hunde öffentlich lächerlich gemacht. Jetzt lebt sie mit einem. Der andere ist immer ein Spiegel, besonders dann, wenn uns etwas an ihm stört.

Ich sitze auf einem wackeligen Hocker, schaue Navjot zu, wie sie Rüschen und Biesen behandelt.

Wir unterhalten uns über die gestrige Handlesesitzung bei Vedana, die uns beide beeindruckt hat. Es hat mich überrascht, daß die sonst so kühle, distanzierte Frau mich nach einem Blick in meine Hand lachend umarmt und meint: „Du bist noch einmal auf die Welt gekommen, um Sex auszuleben. Und das hast du wirklich getan. Du bist frei davon, du brauchst ihn nicht mehr." Ich nicke verblüfft, sie hat recht. Sie flüstert mir zu: „Du weißt, daß du ein Seher bist?" Ich starre sie an. Außer mir, weiß es jetzt sie. Ich spreche eine Sprache, die keiner kennt.

Zu Navjot gewandt höre ich sie sagen: „Du mußt die Kraft deines Willens der Kraft deines Herzens unterordnen. Das ist deine Aufgabe in diesem Leben."

Handlesen ist Intuition, und die hat Vedana, die langjährige Freundin Teerthas.

Obwohl Achim und Nirala in meiner Nähe wohnen, sehen wir uns nur kurz. Jeder ist mit seinem Leben beschäftigt. Wir winken uns beim Essen zu, halten ein Schwätzchen beim Driveby.

Die letzte meiner Töchter nabelt sich ab. Alle meine Töchter haben mich gehaßt. Es ist natürlich, den Sprung ins eigene Leben mit der Stärke des Hasses auf die Mutter zu beginnen. Wie soll man sich in Liebe lösen? Haß ist das Messer, das trennt, Liebe die Nadel, die zusammenhält. Aber Haß und Liebe haben eine Wurzel, sind die gleiche Energie. Erst wenn die Töchter sich behaupten, auf ihren eigenen Füßen stehen, aus ihrer eigenen Stärke leben, dann ist die Kraft der Mutter keine Bedrohung mehr. Wenn sie sich aus der mütterlichen Abhängigkeit befreit haben, aus ihrem Schatten getreten sind und eigene Sonnen sind, dann kommt Verstehen, dann kommt Dankbarkeit für die Frau, die sie empfangen hat. Meine Töchter wachsen schnell, mit

Hilfe des Meisters. Sie sind schöne, lebendige Menschen, die das Leben als ein Abenteuer sehen. Ihre Augen leuchten, ihr Herz bestimmt die Richtung, ihr Lachen eilt voraus. Sie sind natürlich.

Nirala arbeitet seit Monaten mit den Kindern der Kommune, betreut die Kleinen. Welche Einsichten hat diese Siebzehnjährige bereits in das Leben. Sie, die jüngste von drei Schwestern, kennt die Welt der Kleinen noch sehr gut, ist noch nicht allzuweit von ihrer eigenen Kindheit entfernt. Sie wird von den Kindern sehr geliebt, versteht mit ihnen umzugehen.

Auf meine Frage, wie sie es schafft, so viele Kleinkinder zu betreuen, meint sie fröhlich: „Weißt du, Mom, ich mache es so, wie du es mit uns gemacht hast. Viel Spaß, viel Freiheit, viel Phantasie und Nein, wenn es ein Nein ist."

Zu Beginn meines Kommunelebens habe ich argwöhnisch die Erziehung der Kinder betrachtet. Heute sehe ich sie als ein gelungenes Experiment. Die Kinder leben getrennt von den Eltern, was sichtlich beiden Seiten sehr gut bekommt. Wenn die Kinder auf der Ranch ankommen, sind sie sehr schwierig. Aber schon bald entwickeln sie sich, der Verantwortung der Eltern entzogen, zu selbstbewußten, fröhlichen, meist hochintelligenten Kindern. Sie werden von Erziehern betreut, die mehr Abstand zu ihren Verhaltensweisen haben, als die meisten Eltern. Schon mit fünf Jahren werden die Kinder in den Arbeitsablauf mit einbezogen. Für einige Stunden am Tag ‚arbeiten' sie in verschiedenen Tempeln. Der Umgang mit immer neuen Menschen, die liebevoll mit ihnen umgehen, geduldig ihre Fragen beantworten, ihre Neugier befriedigen, dient der frühzeitigen Förderung von Können und Verantwortung und erweitert sehr schnell ihren Horizont. Zehnjährig arbeiten sie bereits an Computern, werden zu Fotografen ausgebildet, sie schreinern, gärtnern, schneidern, lernen was immer sie interessiert. Geetika, als Dreizehnjährige macht sie die Buchhaltung für die Kommune und ist mit siebzehn eine hochqualifizierte Kraft. In jedem Bereich arbeiten die Kinder aufgeschlossen und mit Vergnügen.

Unsere Gesellschaft erstickt die Lebendigkeit der Kinder, stillt ihren natürlichen Wissensdurst mit dem staubigen Wissen der Vergangenheit. Sie tötet damit die spontane Kreativität des Individuums. Das Lehren wird zu einer Massenabfertigung. Jeder Kopf wird mit dem gleichen Stroh gefüllt.

Ein Abend mit Nirala läßt mich Tränen lachen über ihre Kindermundgeschichten, von denen sie viele weiß.

Ein Sechsjähriger fragt einen Gleichaltrigen: „He, du, bist du erleuchtet?"

„Nein. Warum?"

„Na, wenn du nicht erleuchtet bist, dann mußt du arbeiten, wie alle anderen auch."

Das Vokabular der Kinder in *Rajneeshpuram* ist oft sehr komisch.

Nirala beobachtet zwei Bürschchen von knapp fünf Jahren beim Schulbuswaschen. Sie schrubben das Auto mit all ihren Kräften. Versonnen meint einer der Knaben: „Glaubst du, wir bekommen irgendwann einmal Geld dafür?"

Von meinem Lachen angespornt, erzählt Nirala mir noch eine letzte Episode.

Immer mehr Reporter kommen, um aus unserem außergewöhnlichen Leben Negatives zu berichten. In einem Blitzkurs werden die Kinder zu einem höflichen Benehmen angehalten. Das Wörtchen ‚bitte' erlebt eine Renaissance. Um auch sicher zu gehen, daß kein Kind dieses Wort vergißt, prüft beim Mittagessen ein Größerer die Kleinen: „Wie heißt das magische Wort?" Bereitwillig bekommt er Auskunft, „bitte", schreien oder wispern sie. Nur ein kleines Mädchen bleibt stumm. Sie kauert mit hochgezogenen Beinen auf einem Stuhl. Mürrisch betrachtet sie den Frager, der sie nochmals auffordert, das magische Wort zu nennen. Mit gerunzelter Stirn antwortet sie nachdrücklich: „Fuck you."

Nirala und ich verabschieden uns lachend.

Der Winter ist kalt. Eine eisklare Landschaft. Ich komme aus einer abendlichen Video Lecture, hänge meinen Gedanken nach. Bhagwans Reden werden immer schärfer. Er ist gegen alles. Besonders aber gegen Politiker, die er verantwortlich macht für die Zerstörung der Erde. Er möchte die Wissenschaftler in der Verantwortung sehen, damit sie ihre Erkenntnisse zum Wohle der Menschheit einsetzen können.

Er spottet über Jesus, über den Papst und Mutter Theresa, deren weltweit bekannte Nächstenliebe die Mißstände des Landes gesellschaftsfähig macht. Ob Juden, Katholiken, Hindus, Amerikaner, Italiener, er hämmert auf alles ein. Ganz besonders aber geht er gegen die oregonischen Politiker an.

„Wenn dich einer auf eine Backe haut, hau ihm gleich auf beide

Backen, damit er weiß, daß er das nicht mit dir machen kann."

Und das von einem Mann, dem der Druck auf eine Zahnpastatube schon gewalttätig erscheint. Noch immer falle ich auf seine Widersprüchlichkeiten rein. Mit diesem Satz unterstützt er eindeutig Sheelas aggressives Verhalten, deren Auftreten in der Öffentlichkeit mir eine Gänsehaut verursacht. Ebenso wie der Jubel im *Mandir*, wenn die Kommune Sheelas scharfe Angriffe mit begeistertem Klatschen unterstützt. Ich ahne, daß uns nicht mehr viel Zeit bleibt.

Ich surfe in meiner Energie, bin eines Abends auf dem Gipfel meiner Leistungsfähigkeit angelangt - sieben Häuser glänzen, 140 Menschen haben saubere Wäsche auf ihrem Bett liegen. Am nächsten Tag ist *Rumi* meine Vergangenheit.

Sushma kippt mich aus dem Aquarium in den Ozean - ich werde Ranchcleaner mit täglich einem Projekt. Der Wechsel ist so unerwartet, daß ich unsicher auf der *Mall* stehe, im Trubel der Geschäftigkeit. Ein Jahr Alleinsein hat mich geprägt. Ich muß mich an den Umgang mit Menschen wieder gewöhnen.

Meine tägliche Arbeit ist auf ein Projekt konzentriert. Mal ist es der Tiefkühlraum der Pizzeria, der Holztresen und die Wände des Postamtes, die Regale im Buchladen, der Fußboden der Boutique oder anderes. Einzelprojekte, die mir die Zeit und die Gelegenheit geben, mich in der Kunst des Cleanens zu vervollkommnen. Endlich kann ich mit einer Gründlichkeit arbeiten, die ich mir in den Häusern oft gewünscht habe.

Unter meinen Händen verwandelt sich Häßliches in Schönes. Ich verändere mit meiner Energie, meiner Zuwendung graue Stahlträger in gefällige Glanzstücke. Was immer ich anfasse, wo immer ich meine Werkzeuge, Lappen und Zahnbürsten einsetze, verändere ich. Ich arbeite mit einer neuen Leichtigkeit, einer neuen Sicherheit. Wo ich auftauche, freut man sich. Mein Ruf als Cleaner eilt mir voraus.

Auf der Suche nach mir selbst finde ich die Kunst des Saubermachens. Ich bin durchdrungen von diesem Können, das meinem Wesen entspringt, und ganz sicher nicht meiner Persönlichkeit.

Über Nacht bin ich aus dem Muß, dem Zwang zur Höchstleistung entlassen. Meine Welt ist weiter. Ich habe Zeit für alles, was sich ergibt, mir über den Weg läuft. Ein Schwätzchen auf einer Bank, ein Tee mit Freunden, ein Schaufensterbummel. Ich bekomme ein Verhältnis zur Größe der Ranch, sehe Zusammenhänge der verschiedenartigen Arbeiten, die das Ganze erhalten. Ich fühle eine Gemeinsamkeit, die im Alleinsein verlorengeht. Ich genieße mein neues Leben. Die Selbstverständlichkeit, mit der ich über die *Mall* flaniere, ohne Angst vor einem indignierten Blick, ist Ausdruck meines neuen Selbstbewußtseins. Ich bin kein Sandkorn mehr im Getriebe.

Es ist Frühjahr 1985. Mit dem Frühling kommen verschärfte Regeln für die Entrümpelung der Häuser. Panik packt die Bewohner. Sich vom letzten Besitz trennen zu *müssen,* ist für die meisten eine Katastrophe. Mit der Bekanntmachung, daß die Cleaner die Entscheidungsgewalt über Sein oder Nichtsein erhalten, lichten sich die Räume schnell.

Hätte ich nicht mit meinen eigenen Augen gesehen, wozu der Mensch, in seiner Angst besitzlos zu sein, fähig ist, ich würde es nicht glauben. Auf wenigen Quadratmetern hortet er ein ganzes Leben. Schläft in dem Konzentrat der Vergangenheit. Mir fallen die Augen aus dem Kopf, als ich ein ‚Wiener Zimmer' betrete, herübergerettet aus Europa. Nicht der Bet-Stuhl ist die Krönung, es sind zwei Barockengel, die von der Wand auf mich herunterlachen. Es gibt soviele Tricks, die Nacktheit zu bemänteln.

Auf einem Unterbau aus Kleidern, Büchern, Decken, schwanken oft Matratzen. Rundum Wälle aus Regalen, die das letzte Eigentum beschützen. Cleanertruppen im Sondereinsatz helfen den Besitzern, sie einzureißen. Ich bleibe nicht davon verschont. Ich, die ich die Schönheit so sehr liebe, schaudere, wenn ich mein Zimmer betrete, das mein Verhältnis zu meiner Zimmergenossin Devapriya ausdrückt - düster und dunkel. Meine Beziehung zu ihr hat sich, wenn überhaupt möglich, noch verschlechtert, seit sie in der Pestbekämpfung arbeitet, das heißt Ungeziefer, wie Ratten und Mäuse vernichtet. Arjuna, dessen Arbeit sie übernommen hat, erzählte mir davon, welche Faszination der Moment zwischen Leben und Tod in seiner Hand auf ihn ausübt. Eben noch voller Lebensenergie ist die Ratte plötzlich nur noch eine schlaffe Hülle. Wie kann Devapriya eine solche Arbeit übernehmen? Jeden Abend spüre ich die Vernichtung, die sie ins Zimmer trägt.

Govindo, ein blonder Teutone, leitet einen Entrümpelungs-Sondereinsatz. Mit Begeisterung reißt er mein ungeliebtes Zimmer an sich, glücklich, mir Supercleaner zeigen zu können, was

Cleaning wirklich ist. Seinem Schwung, seiner Entschlossenheit und seinen Geheimmixturen widersteht nichts. Im Nu ist der Teppich mit Backpulver eingestäubt, wir warten hustend bis die Wolken sich verzogen haben, sich als grauer Belag auf dem Teppich niederlassen. Mit elegantem Schwung führt er den Staubsauger in alle Ecken. Nun noch die Wände mit Essigwasser abgerieben und das Zimmer ist wie neu. Hartnäckig versucht er mich von meinen Koffern zu trennen. Ohne Erfolg. Denn wenn ich etwas weiß, dann dies: Wenn du einen Meister hast, dann trenne dich vor allem aber niemals von deinen Koffern, denn die wirst du brauchen.

Gegen mein Gefühl lasse ich mir die rote Blechkiste von ihm abschwatzen. Um Platz zu gewinnen, bestellt er sofort ein Lasttaxi.

Am Abend feiern Govindo und ich die neue Leichtigkeit des Zimmers. Wir trinken Southern Comfort, lachen über unsere jeweiligen Anekdoten, stellen fest, daß wir viele gemeinsame Bekannte haben. Ich fühle mich erstmalig wohl in dem Zimmer, bin bereit, einen neuen Anfang mit Devapriya zu machen. Prasuna platzt herein. Sie reicht mir einen Zettel auf dem ich die lapidare Mitteilung lese: „Du ziehst morgen ins Haus Nr. 52.“ In letzter Sekunde gelingt es mir, die rote Kiste vor dem Zugriff des Taxifahrers zu retten.

So ist es. Kaum setze ich mich mit dem Hintern behutsam auf eine Stuhlkante, wird er mit Schwung unter mir weggezogen. Meine Beziehung zu Devapriya bleibt nicht unerledigt. Wir ziehen beide um, in ein gemeinsames Zimmer. Ich weiß warum. Bis meine Widerstände, meine Vorurteile, meine Geringschätzung sich verflüchtigen, und ich sie akzeptiere und liebe.

Meine Arbeit als Deep-Cleaner ist voller Überraschungen. Jeden Morgen teilt mir Sushma einen neuen Wirkungskreis zu. Der ganze Tag ist voll spannender Situationen, ich treffe aufregende Menschen, die meine Leidenschaft für Geschichten befriedigen. Jeder Mensch erzählt gerne von sich. Wie jeder Geschichtenerzähler bin ich ein guter Zuhörer, denn sonst gäbe es nichts zu erzählen.

Nimedita ist eine sehr junge Brasilianerin mit einem sehr alten Gesicht. Als ich das Haus betrete, fühle ich, daß sie anders ist. Wir verleben einen magischen Tag miteinander. Sie erzählt von ihrer Kindheit in Brasilien, wo Großmutter und Mutter, beides Priesterinnen der Schwarzen Magie, das kleine Mädchen als Medium benutzten.

Blutopfer, Besprechungen, Flüche, Beschwörungen, Tänze und Zauberformeln in der Abgeschiedenheit dunkler Orte prägen ihre Kindheit und Jugend. Erst mit Hilfe Teerthas, in der Therapie, gelingt es, den Teufelskreis zu durchbrechen. Sie nimmt Sannyas, entscheidet sich gegen die Finsternis der Schwarzen Kunst.

Ihr kann ich erzählen, daß ich beim Cleanen unter einem Kissen eine Puppe gefunden habe, deren ‚Herz' von einer langen Nadel durchbohrt war. Wie entsetzt ich vor der Ausstrahlung der Puppe zurückzuckte. Nimedita nickt wissend: „Ja, das ist echtes Woodoo."

Sie wechselt das Thema. „Komm, ich zeig dir, wie ich viel Geld in Amerika verdiene."

Sie drückt mich auf's Sofa. Mit einer raschen Bewegung zieht sie den Pullover über den Kopf, öffnet den Reißverschluß ihrer Hosen, so daß der Bauch sichtbar wird.

Bevor ich weiß was sie vor hat, steht sie auf dem Sofa, mit gespreizten Beinen über mir, zuckt im Rhythmus einer unhörbaren Melodie und läßt Bauch und Brüste vor mir kreisen.

Wenn jetzt Sushma kommt, denke ich. Ihr Gesicht, bei meinem Anblick, einen halbnackten Cleaner über mir. Ich pruste vor Lachen, rutsche vom Sofa, Nimedita fällt auf mich - so trifft uns Satyananda, eine ‚Blüte', der auf einer weiteren Kostprobe Nimeditas Können besteht. Die Tage sind voller Humoresken.

Beim Nachhausegehen kichere ich bei der Erinnerung vor mich hin, als Marion mich im Laufschritt einholt. Sie ist über fünfzig, kommt aus einer deutschstämmigen brasilianischen Familie. Ihr Mann ist Schriftsteller, sie selbst ist Dolmetscherin für mehrere Sprachen. Einer ihrer Söhne lebt auf der Ranch, ein anderer im *Wioska* in Köln. Wir haben manches gemeinsam. Sie hat sich für einen längeren Aufenthalt in *Rajneeshpuram* entschieden. Sie erwartet ihren Mann zu Besuch, der gegen Sannyas ist, aber Bhagwan intelligenterweise für frag-würdig hält. Auf meine Empfehlung hin, hat sie sich für die Arbeit in *Raidas* entschieden, der intensivste Weg, etwas über sich zu erfahren.

Es ist aufregend, die schnelle Veränderung der Neuankömmlinge zu beobachten. Die Angst vor dem Ungewöhnlichen, Unbekannten macht sie hölzern, sperrig, abweisend. Schon nach wenigen Tagen zerbröselt der Schutz, sie werden weich, geschmeidig, leuchtend. Die Abwehr schwindet, die Hab-acht-Haltung verliert sich. Anmut und Schönheit kommen zum Vorschein. Marion überfällt mich mit einem Redestrom, der von Lachen unterbrochen wird: „..... komme ich heute Morgen in das Haus. Da liegen zwei Liebesknochen (eine leckere Spezialität der Bäckerei) für mich auf dem Tisch mit einem Zettel auf dem „Danke, lieber Cleaner“ steht. Ich bin gerührt von der Geste, die so meine Arbeit honoriert. Am Mittag bringe ich den Kuchen in mein Zimmer, stelle ihn mit dem Zettel auf mein Bett. Als ich eben nach Hause komme, rate, was geschehen ist?“

Ich frage gespannt: „Na, was wohl?“

Unter brüllendem Gelächter stößt Marion hervor: „*Mein* Cleaner hat den Kuchen und den Zettel mitgenommen.“

Wir biegen uns beide vor Lachen. Wie ist das Leben doch komisch.

Mein letztes Projekt - stundenlanges Staubsaugen in *Sokrates*. Als ich mich aus der leicht gebückten Haltung aufrichten will, ist es nicht mehr möglich. Mein Rücken ist endgültig im Eimer. Vorsichtig, Schritt für Schritt schiebt man mich zu *Pythagoras*. Nach über einem Jahr betrete ich den Tempel, den ich am meisten verabscheue. Entweder ist Grundlegendes mit *Pythagoras* geschehen oder mit mir.

Ich werde freundlich und liebevoll behandelt, vorsichtig ins Bett gehievt, ja man fragt mich nach meinen Wünschen. Und - Indivar lächelt mir zu.

Der 24-stündige Einsatz der letzten Monate bei den ‚Share-a-home-Leuten‘, deren vielfältige Krankheiten behandelt wurden, hat ganz *Pythagoras* weichgeklopft, so scheint es mir. Ich genieße die Tage im Krankenhaus, überlasse mich den Rückenspritzen eines sanften Indivars. Und schon mag ich ihn.

Jeden Vormittag hören wir über Lautsprecher die Lecture vom Vorabend. Einer der Vorträge trifft bei mir *den* Punkt. Die Frage lautet: „Wie kann man in der Kommune rebellieren?“ Sinngemäß antwortet Bhagwan: „Um mich herum sind die Rebellen aus der ganzen Welt versammelt. Die wahren Rebellen leben hier. Für sie ist es an der Zeit orthodox zu werden. Denn welchen Sinn hat es, wenn Rebellen gegen Rebellen rebellieren. Was in der Kommune zählt, das ist der *Geist* der Rebellion.“

Der ‚Geist der Rebellion‘ zergeht mir auf Zunge und Herz. Rückblickend sehe ich meinen Kampfgeist, meine Widerstände. Ich bin kein Revolutionär mehr, kein Weltverbesserer. Ich bin Teil des Ganzen, Teil dieses Geistes. Ohne mich angepaßt zu haben.

welch ein Unterschied ist zwischen Anpassung und Hingabe. Aus innerer Einsicht handeln ist Hingabe, sich anzupassen ist Gehorsam, und Gehorsam kommt immer aus Angst. In mir ist eine Wachsamkeit, die sich niemals anpaßt. Nie habe ich mich in Verhältnisse eingefügt, die krank und unnatürlich waren. Mit Erfolg habe ich dieser Gesellschaft widerstanden. Jedoch habe ich mein Mißtrauen, meine Ablehnung von Autoritäten in die Kommune eingebracht, bis die Einsicht mir die Hingabe erlaubte. Es war ein langer, schmerzhafter, aber für mich richtiger Weg.

Nach einer Woche werde ich als Schonungsbedürftige entlassen und werde, wie kann es anders sein, ein Helfer. Das Leben läßt nichts aus, mir alle Seiten zu zeigen. Nun zucke ich zurück vor der gierigen Hand des Cleaners, entziehe mich dem Sog seiner flehenden Augen. Bis ich Prasuna zugeteilt werde und nach kurzem Widerstand ihrem Rhythmus verfalle, der normalerweise auch der meine ist. Sie ist in meinem Alter, eine elegante New Yorkerin, deren derbe Schlagfertigkeit berühmt-berüchtigt ist. Sie ist Mom für einen Teil der *Townhäuser*, die den Sommerarbeitern vorbehalten sind. Oft leben dort vier Sannyasins in einem Zimmer, auf alle Fälle aber drei. Mir ist schon eine Zimmerfrau zuviel, die Vorstellung drei löst in mir Mitleid aus.

Prasuna beruhigt mich: „Sollen die Neuen ruhig etwas von dem Pioniergeist der ersten Tage mitbekommen."

Das leuchtet mir ein. Die alten Trailer werden von Prasuna zu „Slums" erklärt und die Bewohner sind für sie die „fuckin' Berlitz School", denn es ärgert einen Amerikaner, wenn ein Japaner japanisch spricht.

Oft genug mustert Prasuna meine schäbige Eleganz - aber mich rettet mein Ruf, ein hervorragender Cleaner zu sein. Meine Behinderung, mein kranker Rücken, sind für sie kein Grund, nicht mit ihr Schritt zu halten. Sie meint es nicht böse und so lasse ich mich mitstrudeln, ich kann mich ihrer Energie nicht entziehen. Mit Schmerztabletten halte ich mich fit. Prasuna entschädigt mich, während wir gemeinsam den Karren ziehen, mit herrlichsten Geschichten:

Ihr Vater war Taxifahrer in New York. Als alter Mann wird er bei einer nächtlichen Fahrt von einem Gangster erschossen. Prasuna stellt seine Asche auf ihr Wohnzimmerbüffet, sie hat kein Geld, den Vater wunschgemäß in seiner alten Heimat, Malaysia, zu bestatten. Ein Jahr lang spart sie jeden Pfennig, um das Geld für die Überführung zusammenzubekommen. „Und dann“, fährt sie fort, „dann komme ich chic und topfit in seinem Heimatort an, Daddy’s Asche unter dem Arm, da springen meine Verwandten aus den Buschhütten.“

Ich biege mich vor Lachen, der Rückenschmerz zwingt mich zu Boden. Mit einer Handvoll Aspirin hilft sie mir gutmütig wieder auf die Beine. Stundenlanges Wäschefalten ist ebenso grausam für den Rücken, wie das Staubsaugen weiter Flächen. Doch ich halte mich gut, übernehme Häuser, in denen kein Cleaner auftaucht. Die Arbeit mit den Neuen ist chaotisch, sie sind nicht motiviert. Ihnen fehlt die Begeisterung zum Putzen, die Liebe, die sie beflügelt. Selten ist ein Naturtalent unter ihnen, wie Swami Lalit.

Für Prasuna ist die Organisation eines solch undisziplinierten Haufens eine Aufgabe, an der sie oft genug verzweifelt. Ich versuche ihr beizustehen, so gut es geht. Obwohl ich mich nicht mehr gerade halten kann. Bei einem Kontrollgang durch die Häuser, bleibt Sushmas Blick erstaunt an mir hängen. Gekrümmt, gegen die Wand gelehnt, falte ich Wäsche. Am nächsten Morgen gibt sie mir die härteste Arbeit, die ich für einen kaputten Rücken kenne - Springer, das heißt, morgens in zwanzig Häusern die Wäsche gebückt in die Maschinen werfen. Ich gebe auf. Nach fünfzehn Monaten *Raidas* spreche ich die mich erlösenden Worte: „Ich kann nicht mehr.“

Sushma nickt: „Ja, geh zu Suruchi, du bist raus aus dem Cleaning. Du brauchst Heilenergie.“

Benommen wandere ich über die Ranch. Wie schon so oft - ein neues Abenteuer wartet auf mich. Ich bin in die nächste Klasse versetzt.

Der zerbrochene Spiegel

Am 1. Mai, dem Tag der Arbeit, melde ich mich bei Shobana. Sie ist verantwortlich für die Sauberhaltung des *Hotels*, dem Lieblingskind der Kommune. Seit seinem Bestehen hat es nur wenige Gäste gesehen, doch gepflegt wird es mit einer Sorgfalt, die die Möglichkeit eines Full House immer im Auge hat.

Shobana ist eine schöne Frau, eine Belgierin mit dem Flair und dem Chic einer Pariserin. Bei meinem Anblick kann sie ihre Verwunderung kaum unterdrücken. Mein Aussehen irritiert ihre Vorstellungen. Wenn ich überhaupt ein Flair habe, dann das der deutschen Gründlichkeit. Sie atmet hörbar auf, als ich ihr erkläre, daß ich nicht beim Cleanen einsatzfähig bin.

„Vielleicht hast du eine Arbeit, die ich im Sitzen machen kann?“ frage ich sie freundlich und gelassen.

Sie nickt erleichtert. Der Gedanke, mich durch die Luxussuiten trampeln zu sehen, wäre eine Beleidigung für ihren Schönheitssinn.

Eilig schiebt sie mich außer Sichtweite in eines der Gästezimmer, das als Lagerraum für die Sexboxen dient. Mit wenigen Worten weist sie mich in eine Arbeit ein, die mich in den nächsten drei Monaten in reine Glückseligkeit versetzen wird.

Um die Gefahren von Aids auch für unsere Gäste abzuwenden, erhält jeder Gast eine kleine weiße Schachtel, die neben seinem Bett steht. Der Inhalt diszipliniert ebenfalls das Sexleben unserer Gäste mit vier Kondomen, je zwei Paar Handschuhen in unterschiedlicher Größe, dazu eine kleine Tube Gleitcreme. Eine Aufklärungsschrift über Aids springt beim Öffnen der Schachtel ins Auge.

Shobana zeigt mir, wie die Handschuhe so gerollt werden, daß sie ihre Aufdringlichkeit verlieren. Mit einigen aufmunternden Worten läßt sie mich allein.

Ich bin in die Abgeschiedenheit und den Frieden eines Zen-Klosters getaucht. Meine ‚Zelle‘ ist ein sonnendurchflutetes Zimmer mit einem großen, runden Bett, vor dem ich kniend meine

Arbeit verrichte. Sehr bald bin ich der Kunst des ‚Zigarrenrollens' verfallen. Ich liebe das zarte, kühle Material, aus dem die Handschuhe sind, das die weiche Nachgiebigkeit eines Kuchenteigs hat.

Ich lasse mich fallen in die Monotonie der Bewegung, die mich nach innen zieht. Die Energiestürme in *Raidas* haben mich leergebrannt. Wenige Gedanken ziehen durch mein Gehirn. Wie schön ist es, mit sich und der Welt in Frieden zu sein. Sich nicht mehr aufhalten im Auf und Ab der Umstände, nicht mehr beschäftigt sein mit Reaktionen, die Anlaß zur Beobachtung sind.

Ich rolle Handschuhe, fülle die Boxen damit. Dabei bleibt mein Blick im Grün des Gartens hängen, das so üppig und saftig ist, wie sonst nirgendwo auf der Ranch. Rundum Bäume und Sträucher, die nicht ihre frühe Kindheit hier erlebten, so groß und stark sind sie schon. Alles, was auf die Ranch kommt, hat eine gewisse Größe.

Die Gartenanlage ist mit einem untererdigen Sprenklersystem versehen, so daß die mörderische Hitze die Pflanzen nicht zerstören kann. Wohin ich sehe, alles ist smaragdgrün.

Die Trauerweiden wiegen sich im Wind, Blumen in vielen Farben lassen die Erinnerung an den deutschen Frühling zu. Inmitten dieses Friedens lausche ich der Stimme Bhagwans. In jedem Zimmer steht ein TV. Es ist ein Mirakel, daß ich alle Lectures, die ich in Poona versäumte, nun frei Haus geliefert bekomme. Ein Non-Stop-Programm, ‚Bhagwan' in Video oder Radio für die wenigen Gäste. Wie offen bin ich jetzt dafür - fünf Jahre später. Jetzt verstehe ich vieles von dem, wovon er spricht, denn ich habe es erlebt. Ich kann nicht genug von seinen Reden bekommen. Ohne Pause sauge ich mich voll wie ein Schwamm.

Ein Meister, das ist wie Sonne, Mond und Sterne. Ein Phänomen. Ein Naturereignis. Seine Präsenz, seine Reden lassen ihn wirklich erscheinen, und doch ist er nicht greifbar. Be-greifbar.

Seine Reden sind für mich Ausdruck seines Genies, seiner Brillianz, seiner ganz und gar außergewöhnlichen Intelligenz. Die Genialität seiner Lehre liegt in der Zusammenfassung aller Philosophien. Sie ist ein Konglomerat, eine Essenz, die das Wesentliche aus allen Jahrtausenden enthält. Wie jeder Wissenschaftler, jeder Züchter, jeder Techniker, jeder Koch, nimmt er die Fakten, die Wahrheiten alles bisher Gewesenen und mischt sie zu einem Extrakt, der uns mit Windeseile stärkt. Seine Worte sind eine unwiderstehliche Medizin, die eigentlich auch Tote beleben müßte. Für mich sind sie Balsam, Labsal. Nur ein verkümmertes

Herz bleibt unempfindlich für die Wahrhaftigkeit seiner Widersprüchlichkeiten.

Alle Meister sind mißverstanden worden. Sie sind gefährlich für die menschliche Gesellschaft, die sich dem Zwang der Masse beugt. Und die Masse ist taub - da hilft auch kein Schreien. Das Ende Jesu ist auf eine solche Hörstörung zurückzuführen.

Erst ein toter Meister wird von der Masse anerkannt - dann erst hat man ihn in der Hand, kann ihn so verdrehen, wie man es möchte. Ein Mensch, dessen Quelle noch nicht verschüttet ist, erkennt den Meister. Einer, der sich erschöpft hat im Leben, der kein Ziel mehr hat, dem die Befriedigung durch irdische Genüsse nicht mehr reicht, dem die Liebe nur nimmt, der durch nichts mehr zu verlocken ist, das ist ein Sucher. Er wird über Jahrhunderte hinweg den Meister finden - er wird ankommen, nur mit dem Ziel, ihn zu treffen. Mit der Beharrlichkeit eines Samenfadens, der das Ei erreicht. Einer unter Millionen.

Ich bin selig mit der Kombination ‚Handschuhrollen - Bhagwan hören'. Nichts und niemand stört meine Kreise. Alles ist von mir abgefallen. Leiden, Kampf, Schmerz, Widerstände. Meine äußere Welt ist klein geworden, nur ein paar Quadratmeter täglich, aber meine innere Welt wird so weit durch das Verschwinden meines Sperrmülls, dessen Vorhandensein mir nie bewußt war. Angefüllt mit Illusionen, Erwartungen, Hoffnungen, Träumen war es kein Wunder, daß ich wie eine Bleiente nach unten sank, bewegungsunfähig wurde, so daß ich beinahe untergegangen wäre.

Manchmal verlasse ich die Einsiedelei, um etwas von der Atmosphäre des *Hotels* zu kosten. Die Weitläufigkeit und die Leere geben der ganzen Anlage eine kontemplative Note. Das *Hotel* ist in zwei doppelstöckige Quadrate geteilt, in denen sich jeweils siebzig Zimmer und ein Innengarten befinden. Verbunden sind die beiden Komplexe durch einen überdachten Gang, ausgelegt mit einem Teppich, der jeden Schritt dämpft.

Beide Gärten sind Zen-gestaltet. Ein Goldfischteich, ein rauschender Wasserfall, über den eine kunstvoll geschwungene Holzbrücke führt, ziert den einen, im anderen laden künstliche heiße Quellen inmitten von Blumenbeeten den Gast zum Baden ein.

Jetzt im Mai betäubt der Duft von Steinnelken, der süß und schwer über dem Garten liegt, den Besucher. Gemächlich bewege ich mich durch die Gänge, verweile hier, halte dort. Es dauert, bis ich in der Lobby ankomme. Ich genieße in vollen Zügen die Muße, die nach dem Muß mein Leben bestimmt.

Die Empfangshalle ist eine andere Welt. Hier gibt man sich den Anschein weltmännischer Gelassenheit, ist vorbereitet auf einen Ansturm von Gästen, die doch irgendwann einmal dieses *Hotel* füllen werden. Gespannte Aufmerksamkeit bei jedem Läuten des Telefons.

Ich trinke in der Snackbar, in der es auch die Spezialitäten der Bäckerei zu kaufen gibt, einen ‚richtigen' Kaffee, den ich mir mit dem Zehndollar-Gutschein, den wir monatlich erhalten, leisten kann. Mein Blick schweift durch die Weite der Halle, bleibt an Gandervos Ausstellung hängen - Steinvögel in jeder Form, in jeder Größe. Ich lächle über seine Vögeleien. Wird die Hundertschaft seiner Kunstwerke, die von seinem kraftvollen Schaffensdrang erzählen, jemals Käufer finden? Hinter dem Tresen werden mir schräge Blicke zugeworfen. Man hat es nicht gern, wenn sich das Personal in der Lobby aufhält, besonders während der Arbeitszeit.

Ich mache mich auf den Rückweg in meine Einöde. Oft werde ich angehalten. Es hat sich rumgesprochen, daß ich die ‚Sexlady' bin, und somit vermutet man, daß ich eine Kapazität in Liebesfragen sei, was mich außerordentlich amüsiert. Ich gebe mir den Anschein größtmöglicher Erfahrung, selbst wenn ich mein Lebtag noch kein Kondom benutzt habe. Betroffen runzle ich die Stirn, als ich höre, daß die Dinger quietschen, und verspreche, mich um eine Verbesserung der Qualität zu kümmern. Ich nehme zur Kenntnis, daß die Japaner führend auf dem Kondommarkt sind, die Feinheit ihrer Produkte unübertroffen.

Das Problem mit der Gleitcreme kommt von vielen Seiten, auch hier verspreche ich, eine Lösung zu finden. So offen über solche Fragen zu reden, ist ganz neu für mich. Mein Liebesleben war niemals ein Thema in der Öffentlichkeit. Jetzt gefällt mir die Leichtigkeit, ohne jede Scheu natürlich damit umzugehen. Bedenkenlos gebe ich die verrücktesten Ratschläge, was Anlaß zu sehr viel Heiterkeit ist.

Auf meinem Weg treffe ich Priya. Die Kleine mit der tiefen Stimme aus New York? Ja, die Priya. Wir haben Dutzende von Priyas auf der Ranch, so erhält jede ihre beschreibenden Erkennungsmerkmale. Priya und ich haben am gleichen Tag mit der Arbeit im *Hotel* angefangen. Beide ausgebrannt und körperlich erschöpft. Ich habe fünfzehn Monate *Raidas* hinter mir, sie zwei Jahre Restaurantbetrieb. Keine Baustelle, keine Küche, keine Putzarbeit ist so hart wie das Bedienen im Restaurant. Ohne Pause zehn, zwölf Stunden laufen, freundlich sein, die Vielzahl der Bestellungen im Kopf behalten.

Zwei Jahre hält Priya durch, dann klappt sie endlich zusammen. Sie erhält ihren Traumjob - Gärtnerin im Hotelgarten, die Verantwortung für das Wachsen und Werden. Sie ist wenig älter als ich. Beide haben wir einen ausgeprägten Hang zum Drama, zur theatralischen Darstellung, die uns gleichermaßen anzieht aber auch abstößt. Das Augenrollen, die Mimik, die Gestik, die ganze Skala der menschlichen Gefühle, die in Tragödien und Komödien enthalten sind, kann zu viel werden. Priya ist immer Theater, erste Reihe. Was ist echt, wer ist *sie* wirklich?

Seit einiger Zeit geht Düsteres von ihr aus. Sie befindet sich in der Phase der ‚Schwarzen Wolke', die ich zu gut kenne. Aber durch jeden noch so dunklen Tunnel kommt man letztlich doch ans Licht.

Wir begrüßen uns herzlich, ich nenne sie den „geizigen alten Juden", sie ruft nach mir: „Wo ist der deutsche Diktator?" Mit der ständigen Wiederholung solcher Reden befreien wir uns von alten Tabus. Verkrampfungen lösen sich. Die alte Kollektivschuld den Juden gegenüber ist endlich von mir abgefallen. Ohne Betroffenheit kann ich die Begrüßung zweier Swamis hören: „Na, du alter Jude, hast du heute schon genug gelitten, oder muß ich nachhelfen?"

Ich stimme in das Gelächter ein. Alte Gewichte fallen ab. Was sind Rassen und Nationalitäten. Wir sind Menschen auf einer Erde, im gleichen Zeitraum, sind Schüler eines Meisters.

Warum Grenzen, Vorschriften, Pässe und Kontrollen. Es ist mein Frankreich, ebenso wie es mein Israel ist, der Boden, auf dem ich stehe, gehört mir. Ich bewege mich, halte ihn nicht fest. Ich liebe jedes Stück Erde, ohne meine Hand darauf zu legen und es zu meinem Besitz zu deklarieren. Die Erde ist mein Planet.

Über Nacht erwacht das Hotel zum Leben. Bebt vor Erwartung. Die Kommune hat die Eltern der amerikanischen Sannyasins, die in *Rajneeshpuram* leben, zu einem verbilligten Wochenende eingeladen. Erstmalig seit Bestehen des Hotels werden mehr als die Hälfte der Zimmer belegt sein.

Shobana hat Premiere. Mit flatternden Röcken stiebt sie durch die Gänge, einen Schwarm ausgesuchter Cleaner hinter sich. ‚Mon general‘ ist in ihrem Element. Selbst erstklassige Cleaner können von ihr lernen. Sie beherrscht die Kunst der Perfektion. Toilettenpapier, pfeilartig gefaltet, wartet auf den Anriß, die Telefonschnur ringelt sich nicht ohne Nachhilfe so elegant neben dem Bett. Ihrer Kunstfertigkeit ist es zu verdanken, daß kein Fußabdruck die Spuren eines Cleaners auf dem Teppich zeigt, daß die Betten faltenlos auf die Benutzung warten. Wer im *Hotel* cleanen darf, schätzt die Makellosigkeit. Trotz der ungewohnten Hektik behält Shobana den Durch- und Überblick. Ihre Anweisungen sind kurz und knapp, befehlsgewohnt. Und doch schafft sie keinen Abstand zwischen sich und den Cleanern. Der Schwarm und sie sind eine Einheit, die aus Schnelligkeit, Planung und Perfektion zusammengesetzt ist. Ein straff geführtes Orchester mit einem hervorragenden Dirigenten, dem nicht nur die Gäste Beifall zollen.

Ich habe es übernommen, die Teepausen für die Cleaner herzurichten. Ich genieße die vertrauten Gespräche, deren Inhalt die ewige Frage ist, ob Essig im Putzwasser oder nicht. Das *Hotel* muß geruchlos bleiben, schon drei Tropfen Essig sind zu riechen. Ganz ohne Essig, das ist für jeden Cleaner der blanke Frust. Shobana gesteht einen Tropfen zu, bei völligem Entzug würde das Gefühl für Reinheit verlorengehen.

Ich fühle mich wohl in der mir so sehr vertrauten Problematik, in der bekannten Hektik - dem Strudelsog der Cleaner, dem man sich nicht entziehen kann. Zur Starbesetzung unter den Hotelcleanern gehört Mandakini. Eine puppenkleine Japanerin, die für mich zum lebenden Anschauungsunterricht wird, wie un-menschlich die japanische Konditionierung ist. Wie Kultur und Tradition die Menschen in ein steifes Korsett pressen, das sie zur Haltung zwingt. Die die Verdrängung von Gefühlen zur Folge hat, die den Menschen zum Roboter machen. Es dauert lange, bis Mandakini zusammenbricht, ihr fernöstliches Lächeln vom Platzregen ihrer Tränen weggewischt wird. Unter einem Berg Wäsche erkenne ich sie an ihren roten Bommelsöckchen, die seitlich herausragen. Sie ist in der Hitze des Tages unter dem Gewicht des Wäschebündels zusammengebrochen. Sie ist ein Opfer ihres Fleißes, ihres Arbeitswillens. Ich klaube die schluchzende Frau aus dem zuckenden Wäscheberg, halte sie in meinen Armen. Meine Zuwendung läßt den Damm gänzlich einstürzen. Es sind die gesammelten Tränen aus Jahrhunderten. Die starre Maske hat einen Sprung. In einer Mysterienschule wird alles zerstört. Nur was echt ist, ist unzerstörbar.

Das Elternwochenende wird ein großer Erfolg. Viele Eltern haben ihre Kinder seit einigen Jahren nicht mehr gesehen. Nur wenige haben Verständnis für den ungewöhnlichen Lebensweg ihrer Söhne und Töchter. Doch das anfängliche Mißtrauen, ihre Distanz ist schnell überwunden. Sie genießen sichtlich den Luxus und die Aufmerksamkeit, mit denen sie verwöhnt werden. Sie sitzen in kleinen Gruppen im Garten, dessen blühende Pracht noch in den letzten Stunden vor ihrer Ankunft erweitert wurde. Mehrere Male am Tag besichtige ich die Alten, die so sehr aus unserem prallen, fröhlichen Leben hervorstechen. Mumien mit weißen, toten Gesichtern, die nur die Liebe ihrer Kinder belebt. Dann zerreißt ein Lächeln die Totenmaske. Mir fällt der Mangel an Würde auf. Würde, die ein hohes Alter rechtfertigt. Amerika ist ein Land ohne Würde. Ein Land, das die ‚ewige Jugend' erhalten möchte, auch wenn sie Falten wirft, in denen die Schminke krümelt. Als die Eltern am Sonntagabend die Ranch verlassen, tun sie es mit dem Gefühl, daß ihre Kinder glücklicher sind als sie, aus Gründen, die sie nicht verstehen. Doch das Lachen und die Liebe ihrer Kinder hat ihre verdorrten Herzen durchblutet, sie werden gerne wiederkommen.

Die Tage gehen dahin. Ich lebe wie eine Seidenraupe in ihrem Kokon. Mein tägliches Futter sind die alten Lectures Bhagwans. Ich rolle Handschuhe, fülle die Sexboxen, die Ausdruck meiner Liebe sind. Durch meine Zuwendung werden sie zu Klein-Oden, die aus vollem Herzen kommen.

Wieder rüttelt ein Meeting uns wach. Bei einigen Kommunemitgliedern sind Aids-Erreger gefunden worden. Da man sehr wenig über diese Seuche weiß, ist die Konsequenz, die Betroffenen aus jedem Verkehr zu ziehen. Sie werden isoliert, leben in *Desiderata*, das sich mit seiner Lage für diesen Zweck anbietet. Auch Puneet gehört zu den Isolierten, er wird endgültig von der Seite Tarus gerissen. Die Schreckensgeschichten über Aids lassen Entsetzen aufkommen. Ich bleibe gelassen. Was immer Aids sein mag, die Pest des Zwanzigsten Jahrhunderts, die zwei Drittel der Menschheit ausrotten wird - ich sehe es als eine Disziplin, die vor allen Dingen die Betroffenen nach innen wirft. Für den Schüler eines Meisters ist nur Eines wichtig, die Reise nach innen. Jeder von uns erreicht diesen Zustand durch verschiedene Methoden.

Auffallend ist, daß wir im Laufe der Jahre trotz der harten Arbeit zusehends gesünder werden. Die Krankheitsphase, eine

Reaktion auf ungewohnte Lebensbedingungen, ist vorüber. Einen angegriffenen Rücken, den haben sehr viele. Der schnelle Aufbau ist getan, die schweren körperlichen Arbeiten sind seltener geworden. In vier Jahren sterben zwei Bewohner der Ranch. Einer ertrinkt zu Beginn bei einer Kanufahrt im Fluß, und Jahre später stirbt Lazarus an den Folgen von Aids. Drei Sannyasins sterben bei ihrem Besuch der Ranch. Einer erstickt an einer Erdnußbutterallergie, einer ertrinkt im See, und aus Kalifornien wird ein Swami sterbend in die Nähe seines Meisters gebracht, um seine Erleuchtung zu ermöglichen. (!)

Rätselhaft bleibt, daß die modernen Maschinen, Trucks, Bagger, Preßluftbohrer, Kreissägen und vieles mehr, deren Handhabung für Künstler und Akademiker ungewohnt, kaum körperliche Schäden verursachen. Der Umgang mit ihnen erhöht die Schärfe unseres Bewußtseins. Als bekannt wird, daß Autounfälle aus eigener Tasche bezahlt werden müssen, sinkt die Unfallrate auf den Nullpunkt.

Die Isolierung der Aids-Verdächtigen läßt uns verstärkt diszipliniert handeln. Nicht nur beim Geschlechtsakt sind Gummihandschuhe Pflicht. Auch beim Cleaning und in der Küche werden sie üblich. Alkoholsprayflaschen gehören zu unserem Alltag. Bevor wir zu Nahrungsmitteln greifen, ist ein Besprühen der Hände selbstverständlich. Eine Toilettenbrille zu benutzen, ohne die vorherige Anwendung von Alkohol, wäre befremdlich. Wir wissen zu diesem Zeitpunkt wenig über die Krankheit. Wir wissen nur, daß Bhagwan schon im Frühling '84 vor den Folgen warnt, zu Vorsichtsmaßnahmen rät, die wir dort befolgen, wo eine Übertragung des Virus möglich wäre. Überall auf der Ranch sind Gummihandschuhe und Alkohol griffbereit. Ihre Anwendung zwingt uns, jede Handlung bewußt auszuführen. Vor Ansteckung geschützt, erhält unsere Wachsamkeit neuen Schliff.

Das Sommerfestival 1985. Bhagwan hat sich entschlossen, die Vorträge jeden Morgen in *Mandir* zu halten. Die Freude ist groß. Jetzt erhält jeder Schüler die Möglichkeit, ihn in seiner Präsenz zu erleben, ein stärkeres Erlebnis als die Videos, so schön sie sind. Bhagwan ‚life' erhöht unseren Pulsschlag, zieht alle Schüler aus der ganzen Welt verstärkt an. Diesmal werden so viele Menschen erwartet, daß große Zeltstädte gebaut werden.

Ich habe im *Hotel* den Teeraum für die Cleaner etabliert. Mir liegt die Fürsorge. Ich liebe es, Menschen eine Freude zu machen. Sie zu überraschen, sie zu verwöhnen. Stundenlang presse ich mit der Hand Orangen aus. Literweise. Für jeden, der hereinschaut, eine kühle, außergewöhnliche Erfrischung. Meine Gastfreundschaft spricht sich herum, zieht die Gärtner, die Müllabfuhr, die Techniker und die Taxifahrer an. Nicht zu vergessen Freunde, die einen solchen Trunk, verbunden mit einem Schwatz mit mir, sehr schätzen.

Großzügigkeit zieht an. Nach den Stunden des Alleinseins, nach der Besinnlichkeit des Handschuhrollens gefällt mir das fröhliche Leben um mich herum. Der Trubel einer Teestube.

Mir muß einiges aus der Hand fallen, ich muß über einiges stolpern, ich muß mehrere Male den Faden einer Geschichte verlieren, bis ich bemerke, daß dies mit einem Mann zusammenhängt, der die Geradheit meiner Gedanken durcheinanderbringt.

Ich bin verliebt. In einen Gärtner. Sein Anblick läßt mein Herz schneller schlagen, wirft mich aus meiner gewohnten Bahn. Erstmalig fühle ich, daß es außer Achim/Vanda noch etwas anderes geben könnte. Satyaprem ist schön, kraftvoll, vital, intelligent. Eine seltene Mischung.

Mein Verliebtsein erschüttert erneut ein Monument in mir. Die Treue. Die Treue der Liebe, die keinen Gedanken an Seitensprünge kennt.

Scottie war eine Begegnung, deren Reiz in der Kraft des Stärkeren lag. Satyaprem berührt etwas in meinem Herzen. Spielerisch. Das Zulassen einer neuen Möglichkeit. Allein die Erwägung genügt, um mich wieder in den Trümmern einer Illusion über mich selbst stehen zu lassen. Das ‚Nie' ist ganz plötzlich verschwunden. Ich bekomme ein Ahnung, was Liebe sein könnte. Eine Begegnung ohne Schmerzen, ohne Leiden, ohne Erwartungen, ohne Hoffnungen. Nur das Genießen des anderen im Moment. Eine Zuwendung ohne die Schwere der Vergangenheit und Träume einer Zukunft.

Über Satyaprem öffne ich meine verklebten Augen. Er stürmt in meinen Teeraum, braungebrannt, mit blitzenden Augen, einem sehnigen Körper, der meinen Schönheitssinn entzückt. Er läßt mich teilhaben an den einzelnen Phasen seiner tragischen Liebesbeziehung zu einer Frau, die versucht, sich seinen fordernden Ansprüchen zu entziehen. Er will sie ganz, rundum, total. Wie vertraut sind mir seine Bedürfnisse, ebenso wie die Flucht der Frau. Durch Satyaprem und seine Probleme sehe ich eine andere Möglichkeit von Liebe. Den Partner loslassen, eine Begegnung mit einem anderen Menschen als eine Bereicherung zu sehen. Die Freiheit zu genießen und die Vielfältigkeit von Liebe zu entdekken, die in der Enge von Monogamie nicht genügend Blüten treiben kann. Ich sehe, wie borniert, eng, fordernd ich gelebt habe, wie mich meine Ausschließlichkeit eingemauert hat. Ich und meine unendliche Liebe, deren Erforschung, warum sie nicht funktioniert, mich so viel Kraft und Leiden gekostet hat. Eine ausschließliche Zweierbeziehung tötet sich selbst, erstickt an unterschwelligem Haß für unterdrückte Wünsche, für ungelebtes Leben.

Woher kommt meine Besessenheit, das Ende einer Liebe nicht zu akzeptieren? Vandas kurzer Besuch zum Festival läßt mich sofort in die Tiefe meiner schmerzlichen Gefühle fallen. Nähe und Zärtlichkeit sind aus dieser Verbindung verschwunden. Mein Wille, Verlorenes zurückzugewinnen, kräftigt sich bei ihrem Anblick. Ich kann nicht verstehen, daß kein Funke mehr ist, wo einmal ein loderndes Feuer war.

Ein Gespräch mit Sangit vermittelt eine Einsicht, die mir den Atem nimmt. Ich erzähle ihr von meinen Versuchen, mich aus einer Beziehung zu lösen, die durch nichts mehr genährt wird als durch sehnsüchtige Träume, und die schon seit Jahren keine Gemeinsamkeit mehr kennt. Während ich rede, steigt ein tiefverschüttetes Bild in mir auf. Ich sitze am offenen Sarg meiner Großmutter, die Liebe meines Lebens ist tot. Mit leeren Augen betrachte ich das sich schon auflösende Gesicht. Wo ist ihre Liebe, ihr Lachen, ihre Wärme? Ratlose Versuche, mich von dem Sarg zu entfernen, der geschlossen werden muß, denn die Leiche beginnt bereits zu riechen. Kein Zureden erreicht mich, kein Wegziehen gelingt, bis ein Onkel mir zwei kräftige Ohrfeigen verpaßt. Da erst komme ich zurück in die Wirklichkeit, akzeptiere den Tod. Sangit läßt mich allein mit einer Erkenntnis, die keiner Erklärung bedarf.

Unverdrossen rolle ich Handschuhe. Stelle neue Sexboxen zusammen, obgleich sie sich bis zur Decke stapeln. Die Gäste im *Hotel* sind weitaus mehr an den Vorträgen Bhagwans und am Leben der Kommune interessiert als an der sexuellen Betätigung.

Eines Morgens unterbricht Padma meinen Frieden. Sie prüft die Boxen, betrachtet desinteressiert mein Lebenswerk. Mit einer umfassenden Handbewegung meint sie trocken: „Pack alles wieder aus. Roll die Handschuhe auf. Wir lassen uns etwa besseres einfallen."

Entgeistert bleibe ich zurück. Tausende von Handschuhen, die Arbeit von drei Monaten wieder aufrollen - Oh, du lieber Gurdjieff! Tagelang lasse ich den Film zurücklaufen. Das ist das Ende der ‚Sexlady'. Ich bleibe im Hotel als die Tea-Mom für die Cleaner. Nebenbei helfe ich in einer der Hotelwäschereien aus. Das Hotel ist vollbelegt. Die Vorträge Bhagwans ziehen verstärkt die amerikanischen Sannyasins an. Bhagwan spricht jetzt zwei Mal am Tag. Morgens in *Mandir* für seine Schüler, und abends in *Jesus Grove* beantwortet er Fragen der Reporter, die aus der ganzen Welt kommen, um ihn über seine Vorhaben, seine Arbeit zu befragen. Große Zeitungen wie Stern, Spiegel und Bunte schicken ihre Journalisten. Sie tragen gründlich dazu bei, uns als militante Faschisten darzustellen. Waffen, Zäune, Rolls Royce, Sheelas und natürlich auch Bhagwans Attacken werden zu einer Mischung zusammengebraut, die die wahre Absicht nicht mehr erkennen läßt. Wie sollen sie auch mit Augen, blind vor Sensationsgier, etwas anderes sehen? Unsere Situation ist nicht nur politisch schwierig. Sich dem Druck Oregons zu widersetzen, kostet sehr viel Geld und Kraft. Unsere Rechtsanwälte kommen nicht mehr aus den Kleidern, haben kaum noch Zeit für einen kurzen Schlaf.

Sheelas Reisen nach Australien tragen nicht dazu bei, die Umstände zu mildern. Mit Spott, Schärfe und wütenden Angriffen reizt sie die Australier mit ihren Auftritten im Fernsehen. Ihre Schmähungen über die Korruptheit und Verklemmtheit der Politiker sowie des australischen Volkes lassen keine Sympathien entstehen. Ein Landkauf zur Vergrößerung der Kommune wird von den Australiern entsetzt verhindert. Unsere Lage muß hoffnungslos sein. Kein Mensch, der Land gewinnen will, verhält sich so, wie Sheela es tut. Unterstützt von Bhagwan, der sie für uns alle hörbar in manch einer Lecture anfeuert. Bei ihren Fernsehauftritten trägt sie ein Gewand, der Papstrobe ähnlich, das ihre Aussage unterstreicht, die Vertreterin einer neuen Religion zu sein. Das Locket mit dem Bild Bhagwans trägt sie oftmals auf der Stirn, damit die Kameraleute es nicht in Brusthöhe abschneiden.

Als sie sich das erste Mal Bhagwan in dem seltsamen Kleidungsstück zeigt, fleht sie ihn an, diese Scheußlichkeit nicht tragen zu müssen. Aber er besteht darauf.

Sheelas aggressive Auftritte in Australien werden als Videoaufzeichnung in *Mandir* gezeigt. Sie erhält von der Kommune überwältigenden Applaus. Für die meisten ist sie eine Übermutter, deren Kampfgeist und Wortgewalt, Schärfe und Angriffslust Ausdruck ihres Mutes sind. Ihre Rückkehr aus Australien wird begeistert gefeiert. Meterhohe Torten werden, verziert mit „Welcome Mom - we love you", zu *Jesus Grove* getragen. Die Kommune hat ihre Heldin wieder. Kritik an Sheela? Niemals in all den Jahren höre ich ein einziges Wort gegen sie. Ich habe nur einen Gesprächspartner, der meine Bedenken teilt. Anubodhi, mit der ich mich so manchen Abend zum Gedankenaustausch treffe.

Besorgt schütteln wir über die Entwicklung die Köpfe. Keiner meiner Freunde ist an meiner Kritik interessiert. Zu groß ist der Wunsch nach Sicherheit, nach der Geborgenheit in der Kommune und der Beständigkeit *Rajneeshpurams*, der Stadt, die niemals stirbt. Die neue Heimat aller Sannyasins. Daddy Bhagwan und Mom Sheela - die Kinder wollen nicht erwachsen werden, eigene Verantwortung für ihr Leben tragen. Ist es nicht angenehm, so gutversorgt mit einem Meister und einer Gruppe Gleichgesinnter durchs Leben zu gehen, an dessen Ende auch noch die Erleuchtung winkt? Ist es nicht aufregend, täglich mit dem Stein der Weisen ballzuspielen?

Die morgendlichen Vorträge Bhagwans sind der Mittelpunkt unseres täglichen Lebens. Es macht mich stutzig, wieviel er über das Alleinsein spricht.Täglich treffen mich Sätze wie Steinwürfe: „Eines Tages, wenn ich nicht mehr bin". „Ihr werdet über die ganze Welt gehen". „Du bist nicht mein Follower". „Die ganze Welt ist dein". Ganz besonders trifft mich seine Aufforderung, „wenn du einen Buddha am Wegesrand triffst, dann töte ihn".

Werde ich es je schaffen, das Tau zu durchtrennen, das mich mit dem Meister verbindet? Ein Tau, das aus Liebe, Vertrauen und Hingabe geflochten ist. Aber die Saat, die er sät, geht in mir auf.

Die Einwohner *Rajneeshpurams* wiegen sich in glücklicher Sicherheit. Das Unternehmen blüht, unsere Geschäfte sind einzigartig erfolgreich. Baupläne für die Erweiterung der Stadt liegen schon lange vor, Pläne von denen man mit glühender Begeisterung spricht. Mir fallen Fundamente auf, die schon lange auf Bebauung warten. Sehr ungewöhnlich für unsere Schnelligkeit, die über Nacht Projekte fertigstellt. Vielleicht doch Schwierigkeiten mit den Baugenehmigungen? Die hauseigene Presse bleibt bei ihrer positiven Berichterstattung, wonach alles nur eine Frage der Zeit und einer zweifelsfreien Einstellung ist.

Irgendwann werden die Politiker ihre Wiederstände gegen uns aufgeben, meint das Blatt hoffnungsvoll.

Als Tea-Mom ist mein Leben ohne Höhen und ohne Tiefen. Nach den Monaten des totalen Einsatzes in *Raidas* Höhenluft, bewege ich mich durch das Tal der Muße. Ich bin frei zu tun und zu lassen, was immer ich möchte. Ich lasse mir bei allem Zeit. Mein Rücken ist empfindlich, erfordert eine genaue Berechnung all meiner Bewegungen. Ich laufe jeden Weg, denn das Busfahren mit seinen Erschütterungen läßt mich oft genug schmerzlich zusammenzucken.

Seit ich auf der Ranch lebe, macht mir dieses Leiden zu schaffen, hat oft genug mein Tun erschwert. Jetzt ist es zu einem Steuer geworden, daß mich durchs Leben lenkt. Ich bewege mich mit Vorsicht und Bedacht, erfreue mich an Kleinigkeiten, die ich in der Eile übersah. Jeder Stein, jede Distel, jede Windung des Bächleins, ein Blatt, das vom Baum fällt, läßt mich in Betrachtung versinken. In der Mittagszeit liege ich am Bach, im Schatten einer Trauerweide. Nach einem erquickenden Kurzschläfchen schaue ich träge dem Spiel der blauen Libellen zu, die auf der Höhe zweier schwankender Grashalme miteinander tändeln. Das stetige Gluckern des Wassers, der zarte Wind, der die langen Ruten der Weide schwingen läßt, die Wolken, die sich gemächlich über den Himmel schieben, drücken aus, was ich fühle - es gibt keine Probleme, Probleme sind künstlich. Mein erster Bhagwan-Satz, den ich vor vielen Jahren hörte und ungläubig aufnahm. Heute weiß ich, daß es stimmt. Zum ersten Mal in meinem Leben bin ich zur inneren Klarheit gekommen. Aber in einer Ecke meines Seins pocht es leise. Ist das alles? Möchte ich so leben? Ohne jede Herausforderung?

Ich ruhe in mir - das macht mich unruhig. Vielleicht eine neue Arbeit? Ich spreche mit Suruchi, einem der Häupter von *Raidas.* Vielleicht ein Wechsel in den Sicherheits-Tempel, die Peaceforce?

Auf dem gesamten Grundbesitz der Kommune sind Wachhäuser verteilt. Tag und Nacht wird beobachtet, wer sich der Stadt nähert. Die Wachtposten schreiben die Nummern der Autos auf, die nicht Eigentum der Kommune sind, sie melden telefonisch dem nächsten Posten die Weiterfahrt eines Besuchers.

Ich stelle mir eine solche Arbeit sehr interessant vor. Wie immer, nimmt man mich in *Raidas* nicht ernst. Das Schicksal aller Narren. Wenige Tage später wird mein Wunsch nach Veränderung so dringend, daß ich *Ramakrishna* aufsuche, das nun für die persönlichen Belange des Einzelnen zuständig ist. Die Zeiten Vidyas, Pratimas und Saguns sind vorbei. Die Verwaltung ist wie in den Anfangszeiten in *Zarathustra*, das in ein modernes Großraumbüro umgebaut wurde. Viele meiner Freunde arbeiten hier. Ich begrüße sie, wir haben Zeit für einen Tee, ein Schwätzchen und für Neuigkeiten.

Später sitze ich vor Manohar, eine Frau, die ich wie Puja immer fürchtete. Sie hört sich meine Bitte um Versetzung lächelnd an. „Warum willst du das *Hotel* verlassen?"

„Es ist so einfach. Die Tea-Mom zu sein ist eine Spielerei und keine Arbeit."

Freundlich meint sie: „Geh zurück, Nisha. Die Leute im *Hotel* brauchen dich. Genieß es, dort zu sein."

Wahrlich, die Zeiten haben sich geändert. Erleichtert atme ich auf. Jetzt, da es offiziell ist, daß ich wenig zu tun habe, gibt mein Gewissen Ruhe. Wenn ich es genau betrachte, dann sehe ich, daß in der Ruhe des Tages, im Gleichmaß, im Nur-wenig-tun, die Herausforderung liegt. Höchstleistung ist für mich einfacher.

Der Austausch zwischen den Kommunen ist mittlerweile eine feste Einrichtung. Jeder von uns kann damit rechnen, eines Tages nach Köln oder Zürich versetzt zu werden. Nicht alle wären glücklich über einen solchen Wechsel. Aber Navjot ist es. Sie wird, natürlich mit dem Mann ihres Lebens, nach Köln ins *Wioska* übersiedeln. Sie und ihr kleiner Tempel werden mir fehlen. Durch die Frische des Morgens zu laufen, ein Ziel zu haben und die Freiheit, einen Schwatz zu halten, bevor ich im *Hotel* meinen Arbeitstag beginne. Navjot ist eine unerschöpfliche Fundgrube zum Thema ‚Eifersucht'. Mit einer immer überraschenden Pointe. Ihre Erfahrungen mit Bodhiprem sind nicht von Zorn und Wut beherrscht, mehr von der unausgesprochenen Frage: „Ich seh das doch richtig, ich hab doch recht, oder?"

Eifersucht ist etwas Schreckliches. Menschen, die sich selbst lieben, sich selbst vertrauen, sind frei davon. Eifersucht ist Mißtrauen, Liebe ist Vertrauen.

Ich bin froh, mit all dem nichts mehr zu tun zu haben. Weder Liebe noch Eifersucht. Wahrscheinlich höre ich ihr deshalb gerne zu. Bevor Navjot nach Köln geht, überläßt sie mir ihr Fahrrad. Schlagartig vergrößert sich mein Sichtwinkel, meine Unruhe findet ein Ventil. Ich tobe mich auf dem Rad aus. Täglich fahre ich zum *Rada River.* Das *Riverhäuschen*, in dem neuerdings die Bienenstöcke untergebracht sind, ist das Ziel.

Die Fahrten zum Fluß sind der Höhepunkt meines Tages. Auf der Schotterstraße zu *Surdas*, am Wachhäuschen vorbei, kommt man in eine Landschaft, die durch ihre Üppigkeit, das satte Grün der Wiesen, auf denen buntgescheckte Kühe grasen, an die Schweiz erinnert. Sprenkler verteilen kraftvoll die biologisch aufgearbeiteten Abwässer der Ranch über die Felder.

Surdas, die Farm, versorgt die Kommune mit allem, was die vegetarische Küche braucht. Nur noch Weniges wird von außerhalb geliefert, muß gekauft werden.

Ich radle an *Surdas* vorbei, die Straße ist eine bergige Sandpiste, die als steiler Abhang zum Fluß führt. Der *Rada River* ist die natürliche Grenze zu unserem Nachbarn, der auf der anderen Seite eine Rinderzucht betreibt. Der Fluß windet sich durch ein gewaltiges Naturmonument, Felsen von atemberaubender Schönheit. Jetzt im Spätsommer hat er wenig Wasser, herausragende Sandbänke laden graublaue Reiher zum Verweilen ein.

Ich schiebe das Fahrrad auf ein Hochplateau. Dann liege ich, den Fluß zu meinen Füßen, in einem gelben Ginsterbusch. Ich rukkel mich zurecht, ein Vogel in seinem Nest. Es dauert nicht lange, bis ich in einen Bewußtseinszustand falle, den ich sonst nur in der Präsenz Bhagwans erlebe. Mein Ich verschwindet, ich verschmelze mit der Natur, ich ruhe im Ganzen. Meist dauert dieser Zustand fünfzehn Minuten, dann setze ich mich wieder zusammen, löse mich behutsam aus der Einheit. Eine scharfe Wachheit bleibt. Über mir der Flügelwind der Adler, Bussarde, Falken, Krähen, in deren Flughöhe ich liege. Ich öffne die Augen, sehe auf dem gegenüberliegenden Ufer die ockerfarbenen bizarren Felsen, eine Steinorgel, die sich vom Blau des Himmels abhebt.

Hier wächst mein Wunsch, in die Welt zurückzugehen. Unerklärlich für mich. Schon wieder? Meine Lehrzeit ist zu Ende. Mit Macht verdränge ich die Einsicht. Ich werde keine Entscheidung treffen.

Mir wird unheimlich, als ich den Wunsch verspüre, tief Luft zu holen, kräftig zu blasen - und *Rajneeshpuram* ist verschwunden.

Die täglichen Lectures Bhagwans bringen mehr und mehr Gäste auf die Ranch. Festtagsstimmung jeden Tag. Rundum Fröhlichkeit.

Nachdenklich betrachte ich meine Tochter Nirala, die in *Mandir* vor mir sitzt und mit geschlossenen Augen dem Meister lauscht. Die Teenager - müssen nicht sie vor allem hinaus in die Welt? In eine Welt, die so bunt und voller Abenteuer ist. Müssen sie nicht raus aus der Sicherheit, das hier Gelernte leben?

Sind nicht Unsicherheit und Chaos Ausdruck der Jugend und die Wurzel jener Kreativität, die das Leben ausmacht?

Niemand läßt sich auf meine Fragen ein. Schon gar nicht Nirala, die sich im äußersten Fall ein Leben in einer europäischen Kommune vorstellen kann. Aber den Meister verlassen? Nein.

Bhagwan ist eine Leiter mit vielen Sprossen. Seine morgendlichen Vorträge lassen nichts Menschliches aus.

Heute spricht er drei Stunden über den Tod. Über die Möglichkeit ihn hinauszuzögern. Warum nicht dreihundert Jahre alt werden, achthundert oder gar tausend. Die Wissenschaftler hätten schon lange den Schlüssel für eine Verlängerung des Lebens in der Hand.

Ich bin gelangweilt. Soll der ‚alte' Mensch auch noch älter werden? Und die Aussicht, Bhagwan einige Jahrhunderte zuzuhören, erfreut mich auch nicht. Ich beschließe, die morgige Lecture ausfallen zu lassen, und mich mal richtig auszuschlafen.

Bhagwan grüßt mit *Namaste* und geht. Ich schwinge mich auf das Fahrrad und radle schnell zum *Hotel*. Ich setze die Kaffeemaschine in Gang, die Teestube wird sich gleich füllen. Wie immer nach den Vorträgen drängen dann hungrige Freunde herein, auf der Suche nach etwas Leckerem. Ich nutze die wenigen ruhigen Minuten, treffe die Vorbereitungen für die Teepause, denke über die langatmige Lecture nach. Das Telefon klingelt. Eine weibliche Stimme fragt: „Bist du gesund?" Erstaunt bejahe ich die Frage. Mir wird mitgeteilt, daß ich am Abend an der Pressekonferenz teilnehmen darf.

Nochmal drei Stunden. Ich muß lachen. Eben habe ich beschlossen, die Lecture ausfallen zu lassen, da bekomme ich noch eine zusätzlich verpaßt. Entgehen lasse ich es mir natürlich nicht. Früh am Nachmittag verlasse ich das *Hotel*, um mich auf die abendliche Begegnung vorzubereiten. Das übliche Duschen, Haarewaschen. Ein langes Gespräch mit dem Hauscleaner. Die meisten Leute kenne ich, wenn nicht, nehme ich mir die Zeit, es nachzuholen. Die Lebensgeschichte eines jeden Schülers ist ungewöhnlich. Viele haben auf mysteriöse Weise Bhagwan getroffen.

Ich verlasse mein Haus. Bin vorzeitig in *Jesus Grove*, so daß mir Zeit für meine Beobachtungen bleibt. Der Weg zum Haus ist mit Rosenblättern bestreut - ihr Duft hängt in der Luft.

Die Schüler, die eine Einladung zum Tanzen und Begrüßen des Meisters erhalten haben, nehmen die Plätze am Wegesrand ein. Diejenigen, die zur Pressekonferenz geladen sind, werden in einen eiskalten Raum geführt. Ich suche mir einen bequemen Platz, lehne mich mit dem Rücken an ein Sofa. Zwanzig Schüler haben sich versammelt. Die Hälfte davon ‚Blüten', die stets in der vordersten Reihe Platz nehmen, der Rest normale Schüler wie ich, oft auch Gäste von außerhalb. Die Musik ist zu hören, die Bhagwans Kommen ankündigt. Begleitet vom Gesang der Schüler und dem rhythmischen Klatschen ihrer Hände. Die Tür geht auf, Bhagwan erscheint, hinter ihm die Musiker, die ihm folgen. Er grüßt verschmitzt, wippt mit gefalteten Händen zum Takt der Musik auf und nieder. Bleibt unvermutet stehen, reißt die Arme auseinander, schnellt auf Abhinava zu, eine rundliche Millionärin aus Texas, die mit einem schrillen Aufschrei, einer Mischung aus Schreck und Entzücken, zurückfährt. Wir lachen. Noch einmal wiederholt Bhagwan das Spiel. Abhinavas Gesicht - im Alltag sicher eine gerissene Geschäftsfrau - zeigt in dem Moment der Zuwendung eine solche Unschuld, daß ich zutiefst davon berührt bin.

Bhagwan setzt sich. Wir rücken uns bequem zurecht. Das Thema des Abends lautet, wie kann es anders sein - der Tod. Diesmal die gegenteilige Version. Wie würdelos die Menschen in ihrer Gier nach Unsterblichkeit sind, und daß nur ein kurzes intensives Leben lohnenswert sei. Daß die Quantität keine Garantie für Qualität ist. Oh, Bhagwan. Die Widersprüchlichkeiten seiner Reden werfen uns aus dem Kopf. Er behauptet einfach alles. Läßt nichts aus. Seine Reden sind ein Kaleidoskop aller Möglichkeiten. Was für mich eine Lüge ist, ist für einen anderen die Wahrheit. Was ich nicht verstehe, begreift mein Nachbar. Was ich nicht erfahren habe, kennt der Freund schon lange. Jedes Leben hat seine eigene Wahrheit. Bhagwan zieht alle Register. Die Widersprüchlichkeiten seiner Reden sind das Geheimnis *seiner Wahrheit*. Er ist an nichts gebunden, also kann er sich alles leisten. Er wird uns solange verwirren, bis wir unser eigenes Gesetz erkennen, unsere eigene Wahrheit leben.

Nur ein Leben in Bewußtheit läßt uns im gleichen Rhythmus schwingen. Die wenigen Male, die ich Bhagwan körperlich nahe bin, sind für mich voller Staunen. Ich erfahre seine Formlosigkeit. Seine liquiden Augen sind leer, ohne ein Ich, sie haben einen Glanz, der keine Ursache hat. Seine Leere fällt durch mich hindurch. Worte können das nicht erklären. Für mich ist Bhagwan ein Weltwunder. Etwas, was über meine Vorstellungskraft, mein Wissen hinausgeht. Ich weiß, daß er mich erkannt hat. „Und er erkannte sie" - ein Satz, der mich schon in meiner Kindheit trifft. Nur ein Meister ist zu solch' einer Erkenntnis fähig. Seine Liebe, die über Begrenzungen hinaus geht, erkennt die Ursprünglichkeit, das Potential seines Schülers. Bhagwan sieht in mir, wovon ich eine Ahnung habe. Er dringt durch das Geröll meiner Persönlichkeit, durch die Sperre meines Ichs. Er ist weich, flüssig, fließend - ich dagegen brockig, sperrig, kantig. Immer noch hält mich ein Gerüst zusammen. Nach Beendigung des Vortrags laufe ich alleine durch die Sternennacht. Erfüllt von Wunderbarem. Mit dem Kopf ist ein Meister nicht faßbar. Selbst der größte Kopf ist zu klein dafür. Sein Dasein erfüllt ein offenes Herz mit Liebe, Vertrauen, Freude und Dankbarkeit. Einen Meister zu haben, ist die Krönung aller Leben. Nur durch ihn sind andere Dimensionen möglich, geschieht das Eintauchen in die wahre Realität, die frei ist von Illusionen und Urteilen. Meine Liebe zu ihm hat andere Wurzeln als die Liebe zu Menschen. Sie hat eine völlig andere Qualität. Sie ist frei von Erwartungen - und somit voller Überraschungen.

Nichts mehr ist wichtig in meinem Leben - nur er und ich.

Unbemerkt strafft sich mein Arbeitstag. Die neue Geschäftigkeit des *Hotels* erfaßt auch mich. Gäste aus aller Welt füllen das *Hotel*, bleiben für einige Tage, um die Reden Bhagwans zu hören.

Die Hotelwäsche nimmt bedrohliche Ausmaße an. Das *Hotel* hat vier Wäschereien, in jedem Stock eine, zwei in jedem Komplex. Meine Aufgabe als Tea-Mom läßt mir Zeit, mich zwar zögernd, aber letztlich doch auf die Mithilfe in den Wäschereien einzulassen. Bald stecke ich bis über beide Ohren drin. Das Verantwortungsbewußtsein, die Pflicht, der Ehrgeiz, die Ordnung - die Monster tauchen aus der Tiefe, schnappen nach mir, der Flüchtenden, holen mich ein.

Sugita taucht auf, sie wird mir helfen, der Teestube und der Wäscherei gerecht zu werden. Sie gewinnt auf der Stelle mein

Herz. Gedrechselt zierlich, ein Madonnengesicht, eingerahmt von schlohweißen Haaren - sie muß Mitte fünfzig sein. Ihr hilfloser Gesichtsausdruck widerspricht ihrer Realität, denn das Teepüppchen aus Mexiko hat es in sich.

Sugita erzählt, ich arbeite. So liebe ich es. Bei ihren Geschichten fliegt mir die Arbeit von den Händen. Mexikanische Indianergeschichten, Dalai Lama-Stories, Reiseberichte aus Indien, mystische Gedichte, mit schnellem Augenklimpern vorgetragen, revolutionäre Gesänge, die Faust auf dem Herzen - welch eine Bereicherung meines Lebens ist diese Frau. Jeden Morgen freue ich mich auf den Tag, versuche fernzuhalten, was unsere Märchenstunden stören könnte. Und das ist nicht wenig. Darshan, eine deutsche Notärztin aus Berlin, hat die Aufsicht über die Wäschereien. Ihr Fleiß, ihre Energie, ihre Ordnungsliebe, ihre Systemfreudigkeit machen sie überaus geeignet für eine kaum zu bewältigende Arbeit, wie es die Wäsche in einem vollbelegten Hotel ist. Darshan, ein kleiner preußischer Zinnsoldat, der es ebenso in sich hat wie das Püppchen aus Mexiko. Sie und Sugita trennen Lichtjahre. Die unterschiedliche Arbeitsauffassung reizt Darshan wie der Torero den Stier. Darshan gibt nicht auf, Sugitas schwache Arbeitsmoral zu kräftigen. Sie beschimpft sie als faul, schlampig, unkorrekt, unzuverlässig, nachlässig, chaotisch, desinteressiert. Sie wirft ihr wutentbrannt die ‚sieben Todsünden‘ aller Fleißigen an den Kopf. Ich bange um mein Glück, versuche Darshans Aufmerksamkeit von ihr abzulenken. Darshan aber wird schon beim Anblick Sugitas unbeherrscht. Der Druck, die anfallende Arbeit zu bewältigen und gleichzeitig keine Verantwortung delegieren zu wollen, sowie ihre Unfähigkeit, andere Arbeitsweisen als die ihren zu akzeptieren, bringen Darshan in Schwierigkeiten, für die sie Sugita verantwortlich macht. Ihre Drohungen, Sugita aus dem Hotel zu entfernen, höre ich ungern. Mitten in unsere Geschichtenstunde klingelt das Telefon, unterbricht Sugitas farbige Erzählungen. Sie preßt den Hörer fest ans Ohr. Ihre Augen werden immer größer. Ein Schwall Spanisch bricht aus ihr, dann hängt sie ein.

„Das war die Universität von Mexiko-City, sie bieten mir eine Professur an.“ Nachdenklich fügt sie hinzu: „Ich wäre damit eine der wichtigsten Leute an der Uni.“

Sie fährt fort, die Lappen für *Mandir* zu falten. Speziell weiche Tücher, die für das Podium benutzt werden, auf dem Bhagwan sitzt. Darshan stürmt herein, fährt Sugita an, sich zu beeilen.

Ich ziehe Darshan auf die Holzveranda. Versuche sie davon zu überzeugen, daß sie Sugita mehr Verantwortung übertragen soll, um sie zu motivieren. Mein Vorschlag „Gib ihr doch die Millionärswäscherei" - so nennen wir die Wäsche aus den Suiten, in denen die Schickeria wohnt, läßt sie mit einem Aufschrei reagieren.

„Die pingeligste Arbeit, wo man keine Falte, keinen Flecken übersehen darf, soll ich der Schlampe geben?"

Sie entscheidet sich, Sugita vorerst in die Fleckenentfernung einzuweisen, die besonders mühsam ist, da die Kommune nur mit kaltem Wasser wäscht, um Energie zu sparen.

Die Fleckenentfernung ist eine Arbeit, die die Besessenheit erfordert, die befleckten Bettücher des *Hotels* in einen jungfräulichen Zustand zu versetzen. Eine Zwangsvorstellung, an der schon viele ihre Neurosen weggerieben haben.Sugita bleibt von der Besessenheit verschont. Die Flecken erzeugen in ihr kein Feindbild. Verächtlich überläßt Darshan ihr weiterhin die niederen Arbeiten. Sugita bleibt stumm in der Defensive. Wie lange kann das noch gutgehen? Gespannt verfolge ich den Ausgang des heimlichen Kampfes. Dann ist es soweit. Verstört steht das mexikanische Teepüppchen vor mir. Hilfeheischend ist ihr Blick. „Nisha, ich wische den Boden in der oberen Wäscherei, da kommt Darshan hineingestürzt und kreischt, daß ich den Boden wischen müßte, er hätte es nötig."

Sie schaut mich ratsuchend an: „Meinst du, ich soll's der Darshan mal geben?" Begeistert nicke ich: „Ja, ja, Sugita. Gib's ihr." Zufrieden schaue ich der Davoneilenden nach.

Jawohl, Darshan hat einen Dämpfer nötig, denke ich, obwohl ich das Rumpelstilzchen mag, denn dahinter verbirgt sich ein liebevoller Freund, mit dem man die berühmten Pferde stehlen kann.

Wenig später taucht Sugita hochbefriedigt auf.

„Und?" frage ich eifrig. „Was hast du ihr gesagt?"

Ein nur als selig zu bezeichnendes Lächeln zieht über ihr Gesicht. Sie hält mir ihren winzigen, steilaufgerichteten Mittelfinger vor die Nase: „Fuck you, Darshan, hab ich gesagt."

Ungläubig starre ich auf die kleine Person, die sämtliche Auszeichnungen für Poesie und Sprache besitzt und immer noch triumphierend den Finger in die Luft hält. Die Komik überwältigt mich. Sugita stimmt in mein Gelächter ein. Ein „Fuck you" beendet den Krieg zwischen einer mexikanischen Literaturprofessorin und einer deutschen Ärztin.

Wie sehr liebe ich die Menschen hier. Auf geheimnisvolle Weise wird jeder um Bhagwan schlicht, simpel. Der eine schnell, der andere braucht seine Zeit. Aber einfach werden wir alle, dank der Geduld unseres Meisters.

Ein Schüler fragt Bhagwan vor Jahren: „Wie hältst du es bloß mit uns aus?" Er antwortet schmunzelnd: „Ich habe leider nichts besseres als euch finden können."

Von heute auf morgen will ich nicht mehr die Tea-Mom sein. Ich bin zur Gewohnheit geworden, von der man mit Selbstverständlichkeit erwartet, daß sie anderen das Leben angenehm macht. Die Hungrigen rufen mir kein „Hallo, Nisha" zu, sondern fordern bereits an der Tür: „Wo ist der Orangensaft?" oder ärgerlich: „Keine Marmelade da?" Es stört mich, daß die Freude über die kleinen Extras, die ich organisiere, verschwunden ist. Ich fülle seit Wochen die Mägen mit Leckereien, die es sonst in keiner Teestube gibt. Der frischgepreßte Saft ist zur Alltäglichkeit geworden, der Dank für meine Arbeit bleibt aus. Ich fühle mich benutzt. Immer bin ich da, höre zu, lache mit, trockne Tränen, helfe. Mutter. Immer wieder Mutter. Ich strafe die Kinder - die Teestube wird wieder zu dem, was sie war, ein Raum wo es Kaffee, Tee und trockene Brote gibt. Ich übernehme stattdessen eine der Hotelwäschereien, melde mich jeden Morgen bei *Raidas* in der *Mall*, mache mit den Cleanern die Gachchhamis. Asta, die die Ranchwäschereien organisiert, ist meine neue Mom. Sie teilt nicht zur Arbeit ein, sie delegiert sie. „Wir deutschen Mädels schaffen das", wobei das ‚wir' rhetorisch bleibt. Ich mag es nicht, wenn sie auf die Klagen der Cleaner, die die Arbeit nicht schaffen, persönlich wird: „Kipp deinen Scheiß nicht auf mich, geh zu Suruchi."

Das morgendliche Ritual in *Raidas* hat auch seine Freuden. Ich schau nach der Post, begrüße Nivedita, die in der Gartenabteilung die Telefone bedient. Der englischen Schrift nicht mächtig, schreibt sie die Mitteilungen für die Gärtner in Hindi, was die Verwirrung immer größer macht.

Nebenan Nirala am Zeichenbrett in der Grafikabteilung. Sie hat die Kinder nur noch nachmittags. Wir umarmen uns herzlich, es tut uns beiden gut. Natürlich versuche ich mein Glück bei Kailash, wie immer ohne Erfolg. Nach 7.30 Uhr verteidigt sie wie eine

Löwin die Kaffeemaschine, verhindert den unmoralischen Vorstoß, vor der offiziellen Teepause eine Tasse Kaffee zu ergattern.

Es ist Mitte Juli. Wie immer um diese Jahreszeit brennt die Sonne vom Himmel, zerschmilzt das Gehirn. Besonders, wenn man nach dem Mittagessen von *Magdalena* nach *Lao Tsu* läuft, um pünktlich beim Drive-by zu sein. Heute bin ich zu spät. Das erste Mal in vier Jahren. Ich werde von den Wachen aufgehalten. Bhagwan ist schon auf seinem Weg. Das ist mir noch nie passiert. Ich gehe nach Hause, ich werde eine Dusche nehmen, denn der Weg zum *Hotel* ist für eine halbe Stunde gesperrt. Ich öffne die Tür zu meinem Zimmer. Devapriya liegt auf dem Bett. Schweratmend, Schweißperlen laufen über ihr Gesicht. Sie ist kalkweiß, ihre Augen sind aufgerissen, voll Entsetzen. Sie versucht zu sprechen, kein Wort kommt über ihre Lippen, nur ein Gurgeln ist zu hören.

Ich laufe ins Bad, fülle ein Glas mit Wasser. Ich stütze ihren Kopf, lasse sie trinken. Die Farbe flutet zurück in ihr Gesicht, die Verkrampfung löst sich. Flehend schaut sie mich an. „Hast du Zeit? Kann ich dir meinen Traum erzählen?"

Ich nicke zustimmend. „Natürlich." Ich fühle, daß etwas sehr Ungewöhnliches kommen muß - sonst wäre ich nicht hier.

„Ich träumte, die Kommune versammelt sich auf dem Platz bei *Mahakashyap* und *Nagarjuna.* Ein Gewoge von roten Menschen bewegt sich aus allen Richtungen auf die Mall zu. Rote Flüsse, die sich in einen roten See ergießen, um den sich ein Ring Staatspolizei gebildet hat, Waffen in den Händen. In der Mitte des Platzes steht ein Fesselballon, dessen Korb über der Erde schwingt. In diesem befinden sich alle Moms, die die Geschicke der Ranch leiten. Der Ballon hebt sich, schwebt höher und höher. Die Moms winken uns zu. Die Gewehre der Polizisten sind auf sie gerichtet. Als der Ballon langsam in der Ferne entschwindet, zielen die Polizisten auf uns."

Devapriya hat sich beruhigt. Die Eindringlichkeit des Traumes läßt mich frieren. Hilflos schauen wir uns an. Wir haben keine Erklärung.

Am nächsten Tag bin ich pünktlich an der Straße, um den Meister nicht zu verpassen. Taru und Nivedita zerren mich in ihre Mitte, schimpfen mit mir, daß ich mich nicht mehr bei ihnen sehen lasse. Zwischen ihnen habe ich den besten Platz für den Drive-by. Wir warten. Es ist schon nach 2 Uhr und immer noch nicht ist Bhagwan erschienen. Bis die Nachricht uns erreicht: „Er fühlt sich nicht wohl, er kommt heute nicht." Seltsam.

Aus dem Schatten der Bäume schiebt sich der Sicherheitswagen, in dem Vidya und Sue mit den üblich unbewegten Gesichtern sitzen. Taru feuert die Musiker an, Nivedita tanzt aus der Reihe, Tiger-Aruna knallt scheppernd die runden Blechscheiben zusammen. Fröhlich werfen wir unsere Rosen auf den Kühler des vorüberfahrenden Jeeps. Uns ist es egal, wer im Auto sitzt, wir feiern jeden gerne. Die starren Gesichter werden weich vor Verwunderung. Hilflos, verletzlich sehen diese überstarken Frauen plötzlich aus, unsere offensichtliche Zuneigung ist für sie unerwartet. Zaghaft lächeln sie. Vidya wischt sich Tränen aus den Augen. Es war der letzte Drive-by. Vier Jahre standen wir bei jedem Wetter auf der Straße und begrüßten den Meister mit *Namaste.*

Eine Gewohnheit ist zerstört.

Ich bin erleichtert. Die tägliche Ausfahrt, die die Zeit zum Essen, die Gespräche mit Freunden begrenzte, gehörte nicht unbedingt zu den Freuden meines Lebens. Obwohl ich den Drive-by nicht allzusehr liebte, verständlich, mit einem Meister, der mir nie auch nur die geringste Aufmerksamkeit schenkte, war er ein inneres Muß für mich. Ein Drang, dem ich folgte, auch wenn ich mich der Begegnung hätte entziehen können. In meinen schmerzlichsten, leidvollsten Zeiten, beinahe bewegungsunfähig, bin ich niemals der Versuchung erlegen, ihn zu versäumen. Ich stehe täglich mit geschlossenen Augen am Straßenrand. Wieviel ist dabei in mir bewegt worden. Täglich fuhr der Meister durch mein schweres Herz.

Durch den Wegfall des Drive-by steht mehr Arbeitszeit zur Verfügung. Im *Hotel* wird auf Hochtouren gearbeitet. Wir sind unseren Gästen verpflichtet, halten, was unsere Prospekte versprechen - einen First Class Service. Während die Gäste in der Lecture sind, werden ihre Zimmer in einen makellosen Zustand versetzt. Nicht nur im *Hotel* hat sich die Regelung durchgesetzt, nur noch schichtweise, jeden zweiten Tag zur Lecture zu gehen. Die eine Hälfte der Kommune sitzt in *Mandir*, die andere arbeitet. Für die Aids-Verdächtigen aus *Desiderata* gilt das nicht, sie sind jeden Tag in *Mandir.* Der erste Schrecken über ihre Isolierung und die Krankheit hat sich verloren. Puneet hat eine auffallende Veränderung durchgemacht, die für das Absondern spricht. Er ist aus dem Schatten Tarus geworfen, strahlt täglich mehr im eigenen Licht. Entspannt und offen hat er besondere Anziehungskraft. Aus seinen braunen Augen strahlt eine wache Intelligenz. Ich begrüße ihn, sitze neben ihm, lasse mir aus seinem neuen Leben erzählen, das mir paradiesisch erscheint. Die Bewohner *Desis* haben jeder ein Zimmer für sich, sie kochen ihre Lieblingsspeisen, sehen Filme, hören Musik, gehen in den Bergen spazieren. Ihre einzige Arbeit ist die Organisation ihres Tagesablaufes. Neidisch könnte man werden.

Ich entdecke *Chiyono*, den Schönheitssalon für mich. Endlich habe ich die Zeit, die eine Verschönerung braucht. Ich lasse mir Locken machen, eine umwälzende Veränderung in meinem sonst so gradlinigen Leben. Eine neue Frau lacht mir aus dem Spiegel zu. Mir gefällt sie. Ich fühle mich leichter. Ich laufe die Treppen zu *Raidas* hoch, möchte mich meinen Freunden zeigen. Vidya kommt mir entgegen. Erst auf der letzten Stufe wird mir bewußt, daß sie zu mir gesprochen hat. „Nisha, die Locken stehen dir gut." Diese leise, beinahe scheue Stimme - Vidya?

Vidya, mein Scharfrichter. Ich bin so verwirrt über ihre ungewohnt menschliche Ansprache, daß ich vergesse, was ich in *Raidas* will. Versunken in Gedanken steige ich die Treppe hinab. Lange schon ist mir aufgefallen, wie isoliert die Oberschicht lebt. Anders als die Schickeria-Scene aus Hollywood, deren Distanz zu uns aus der Arroganz kommt. Die Frauen der ersten Stunde, sie alle, die unsere innere und äußere Entwicklung beschleunigt haben, stehen auf einsamen Posten. Sie haben den Kontakt zu uns verloren. Die Gräben zwischen ihnen und uns sind im Laufe der Jahre so breit geworden, daß sie unüberwindlich sind. Die Gruppe, die die Verantwortung trägt, sucht Halt aneinander. Sie gehen zusammen aus, ins Restaurant, die Pizzeria, sie gehen gemeinsam einkaufen in der Boutique, schlendern über die Mall, essen Eis. Sie wohnen zusammen, lieben zusammen. Vor allen Dingen aber tragen sie die Verantwortung für uns alle. Sie bilden die Vor- und Nachhut bei Bhagwans Ausfahrten, sie laufen keuchend neben seinem Wagen her, sie tragen schwere Pistolen um ihre schmalen Hüften, um den Meister vor einem Attentat zu schützen. Zumindest Sheela zieht das Gewicht der Waffen zu Boden.

Ein Meister, der gegen Gewalt ist, Schüler, die vegetarisch leben, weil das Fleischessen Kanibalismus ist, eine Gemeinschaft, in der die Kinder nicht geschlagen werden, in der es keinen Streit und keine Aggressionen gibt, stehen im Widerspruch zur Bewaffnung. Ein Wort von Bhagwan und jedes Gewehr, jede Pistole wäre verschwunden.

Aber er läßt uns. Auch die Ablehnung von Waffen und Gewalt sind Konditionierungen, die zerstört werden müssen.

Auf der Straße fällt mir wieder ein „Die Locken stehen dir gut, Nisha." Versuchen die Frauen, einen Kontakt zu uns herzustellen?

Es ist nicht lange her, als Latifa mich fragte: „Glaubst du, daß es eine ‚Oben'- und ‚Untenstruktur' in der Kommune gibt?"

‚Oben' und ‚Unten' sind künstliche Begriffe. Sie haben eine lange Geschichte und sind sehr schwer auszurotten. ‚Oben' ist Macht. ‚Unten' ist Ohn-Macht. Gleichgültig wie die Macht heißt, ob Geld oder Liebe, Gott oder Teufel, der Mensch liebt die Autorität und haßt sie. Sie befreit ihn von der Eigenverantwortung, die er mehr fürchtet als den Tod. Ich kann Latifas Frage nur bejahen. Allerdings bin ich sicher, daß sich in einer Mysterienschule ‚Oben' und ‚Unten' nicht halten kann. Sie sind eine Illusion, wir alle leben aus einer Energie.

Neueröffnung der Teestube. Ich habe in meinem Schmollwinkel erkannt, wie unwichtig das Verhalten der Leute ist. Ich wollte sie strafen und habe mich bestraft. Ich liebe es, für Menschen zu sorgen, sie mit kleinen Freuden zu überraschen. Meine Erwartungen zerstören mein Glück. Rundum zufrieden sitze ich morgens im *Hotel* auf der Holzveranda. Das Frühstück ist vorbereitet, Kaffeeduft hüllt mich ein. Ich warte, daß die Lecture aus ist und *Mandir* den roten Laich ausspuckt. Ein Blick auf die herausströmenden Menschen genügt. Kopf hoch, breites Grinsen - die Lecture war vergnüglich. Schwere, schleppende Schritte, Kopf gesenkt - auf wen hat der Meister heute eingedroschen? Fahrräder quietschen, Autos bremsen, wirbeln Staub auf, Freunde winken mir zu. Die Teestube wird von hungrigen Menschen gestürmt. Während sie essen, wird die Lecture interpretiert. Zwanzig Schüler, zwanzig verschiedene Varianten. Das ist meisterhaft. Ich genieße unsere Vertrautheit, das familiäre Necken und den liebevollen Spott. Schlagfertigkeit ist selbstverständlich. Besonders der klare, schnelle Witz der Männer reizt meine Lachmuskeln. Wie komisch sind doch Sannyasins, schon wenn zwei zusammenstehen ist es ein Kabarett.

Anfang August erhalte ich eine Einladung, vor *Jesus Grove* Bhagwan tanzend zu begrüßen. Ich bin nicht sehr erfreut. Hüpfen und Springen, Ekstase zeigen, ist nicht meine Ausdrucksweise. Ich bin schwerfällig. Natürlich lasse ich mir nicht die Gelegenheit entgehen, Bhagwan so nah zu sehen.

Schon am frühen Nachmittag verlasse ich das Hotel, um mich für das Treffen vorzubereiten. Was ziehe ich an, eine Frage, die leicht zu beantworten ist, wenn ich das Wenige in meinem Kleiderschrank sehe. Die Entscheidung fällt auf meinen rostbraunen Indien-Anzug aus Rohseide, der meiner Fülle Ausdruck verleiht. Seitdem ich Sannyasin bin, habe ich mich verdoppelt. Habe mich ausgedehnt, mich gehenlassen, losgelassen. Die schlanke Knabenhaftigkeit, die Achim liebte, rundete sich in der Beziehung zur Frau. Mit Bhagwan quelle ich über. Ich leide nicht unter der Fülle. Meine Gewichtigkeit hilft mir, mich nach innen zurückzuziehen, Äußerlichkeiten als solche zu sehen. Ich kenne das selbstbewußte Körperspiel, das Locken, das Drehen der Schultern, der Schwung der Hüfte. Es ist herrlich, zu wissen, wie schön man ist. Entzückt sehe ich die selbstbewußte Schönheit meiner Töchter, die mir bestätigt, was ich einst empfand. Ein Blick in den Spiegel - der Anzug steht mir gut. Das Rostbraun läßt meine Augen noch blauer leuchten. Mein Blick hat die zweiflerische Schärfe verloren. Das einst stechende Blau ist warm, wie nach dem Liebesspiel, nach dem Orgasmus.

Ich bin rechtzeitig im *Jesus Grove*, um nichts von den Vorbereitungen zu versäumen. Die Gärtner sind bei der Arbeit. Priya winkt mir mit einem dicken Strauß Rosen zu. Tausende werden täglich auf den Weg gestreut, der zum Haus führt. Körbeweise Rosenblätter zu einem Teppich aufgeschüttet, den nur Bhagwan betreten wird. Der Rosenduft ist betörend. Die Geladenen treffen ein. Diejenigen, die an der Pressekonferenz teilnehmen, verschwinden hinter der Tür, um in dem eiskalten Raum Platz zu nehmen. Die, die Bhagwan mit Tanz und Musik begrüßen, reihen sich zu beiden Seiten des Rosenläufers auf.

Ich lasse mir Zeit, wähle, neben wem ich stehen möchte, entscheide mich für Durlari. Sie kommt jedes Jahr für einige Monate aus Indien, um auf der Ranch zu leben. Sie ist in meinem Alter und schon sehr lange Schülerin Bhagwans. Wann immer er Durlari an der Straße sieht, schenkt er ihr eine besondere Aufmerksamkeit. Ein Lächeln, ein Wort, ein Nicken des Kopfes, oft auch eine Rose. Durlari ist schön, edel, kostbar-alt. Ich freue mich, mit ihr auf Bhagwan zu warten. Ein halbes Hundert Schüler haben sich aufgereiht. Es dämmert. Es ist kühl. Das Flüstern geht in Schweigen über. Eine

Begegnung mit dem Meister ist immer Selbst-Besinnung. Die Musik setzt ein. Der Rolls Royce nähert sich, hält. Ein Swami öffnet die Tür. In glitzernder Pracht entsteigt der Kaiser unserer Herzen der Limousine. Die Handflächen nach außen, schlägt er beim Gehen den Takt zur Musik. Er gleitet über den Rosenteppich. Bleibt vor manch einem Schüler stehen, animiert mit seinen Händen zum Tanzen und Springen, geht weiter an einem Spalier freudiger, bewegter Gesichter.

Er bleibt vor Durlari stehen. Die Musik wird heftiger. Kraftvoll bewegt Bhagwan seine Arme. Durlari, hüpft, lacht, weint, ein schneller Wechsel der Emotionen. Ich spüre den Luftzug Bhagwans flatternder Ärmel. Schneller und schneller feuert er Durlari an. Besorgt sehe ich deren Veränderung, ihre braune Haut wird fahl, ihre Augen schließen sich, zeigen das Weiße des Augapfels, sie strauchelt, fällt rückwärts in die Rosenbüsche. Bhagwan und ich schauen uns erschrocken an?

Oder spiegelt er mein Erschrecken wider? Seine Hand streckt sich aus, ich verlängere ohne Nachzudenken seine Bewegung und hebe Durlari aus den Sträuchern. Halte sie, stütze sie, bis sie fest auf den Beinen steht. Ihre Blässe ist auffallend. Noch einmal versucht Bhagwan sie zum Springen zu bewegen. Ein kraftloser Hüpfer, sie lächelt entschuldigend, gibt auf. Diese kleine Szene hat sich in Sekundenschnelle abgespielt. Ohne mich zu beachten, zieht Bhagwan weiter. Ich bin es gewohnt, habe aufgegeben, jemals von ihm wahrgenommen zu werden. Ich freue mich, Zeuge des kleinen Unfalls zu sein, der über das Gewohnte hinausgeht. Immer noch stütze ich Durlari, sie hält Abstand zu ihrem Körper, wie das Lächeln und der abwesende Augenausdruck zeigt. Sie ist woanders.

Das Klopfen hinter unserem Rücken wird hartnäckiger. Ein Trommeln auf der Fensterscheibe. Ein braunes Händchen winkt uns durch die heruntergelassene Jalousie zu. Manibey! Lange habe ich sie und Ambalal nicht mehr gesehen.

Bhagwan betritt *Jesus Grove.* Die Musik wird leiser. Eine Ma kommt, bittet Durlari und mich in das Zimmer Manibeys, die krank im Bett liegt. Von dort aus kann sie Bhagwans Kommen und Gehen miterleben. Sie hat uns beobachtet, freut sich nun, uns mit Tee bewirten zu dürfen. Ich halte die Hand der fiebrig Kranken in der meinen. „Trink bloß keine Lassi", flüstere ich ihr verschwörerisch zu. Wir lachen, erinnern uns an Gopaldam, die Ratschläge der weisen Frauen. Dann, ohne Rücksicht auf mich, verfallen die beiden Frauen in ihre Muttersprache. Ich verstehe „Sheela", „Bhagwan" und die Namen einiger indischer Freunde. Schon zwei Inder bringen eine Verschwörung zustande. Sie wissen immer alles. Sie haben geheimnisvolle Informationen wie kein anderer. Was immer sie in Erfahrung bringen, sie kennen keinen Zweifel. Auch wenn es unbegreiflich ist, sie akzeptieren jede Situation. Ist es Konditionierung oder bereits erlangte Weisheit? Sehr selten habe ich ein Nein bei meinen indischen Freunden gehört. Tarus Weigerung länger Tomaten zu schneiden, Priyas unbeugsamer Wille, Shailendra im Krankenhaus zu besuchen, oder Prateekshas Antwort als sie gefragt wird: „Kannst du mir fünf Dollar schenken, ich möchte mit meinem Freund in die Bar gehen?"

„Warum sollte ich, ich behalte alles für mich selbst" - sind die einzigen Beispiele indischen Widerstandes, den ich erlebe.

Prateeksha, herrliche, verrückte Prateeksha, Schwester Sheelas, ihr Witz ist so hintergründig, daß nur wenige ihn entdecken. Die Inder haben ein einmaliges Geschick, sich sanft und mit unauffälliger Hartnäckigkeit ihre Welt zu erhalten. Gekonnt entziehen sie sich harter Arbeit, bestehen auf ihren indischen Gewohnheiten, bleiben ein unzerstörbarer Clan, der für jeden sorgt, der dazu gehört. Beinahe zwei Stunden sitzen wir bei Manibey. Es ist dunkel geworden. Zeit zum Verabschieden, die Pressekonferenz ist gleich zu Ende.

Durlari und ich nehmen unsere Plätze wieder ein. Die Musik ertönt, der Blütenweg ist von Scheinwerfern bestrahlt. Ohne Anzeichen von Erschöpfung erscheint Bhagwan strahlend in der Tür. Frisch, obwohl er am Tag mehr als sechs Stunden spricht. Er liebt es zu reden. Seine Reden sind Kunstwerke, die geschehen. Sie sind nicht vorbereitet, ohne jede Notizen, ohne Konzept. Seine Reden sprudeln aus ihm wie ein klarer Bach, aus dem Lachse und Forellen silbrig schnellen. Er hebt seine Flügelarme, schlägt den Takt zur Musik. Die russischen Geiger fideln auf Zigeunerart mitreißend. Erwartungsvoll schaue ich Bhagwan entgegen, der vor manch einem Schüler stehenbleibt und ihn springen läßt. Ich bin sicher, daß er vor Durlari noch einmal halten wird.

Mir ist nicht gleich klar, daß er auf *mich* zusteuert. Er kommt wirklich auf *mich* zu. Die Arme weit ausgebreitet, als ob er mich umarmen wolle, nähert er sich mir. Die Welt um mich herum versinkt schlagartig. Er und ich sind allein. Mein Herz und meine

Beine tanzen im Takt. Schwerelos hebe ich mich von der Erde ab, meine Seele zittert wie ein Kolibri. Mein Lachen, meine Liebe werden eins mit dem Meister. Nisha ist verschwunden - ich bin weg. Was bleibt ist Liebesenergie, die unaufhaltsam kraftvoll aus mir strömt. Zeitlos. Aus dem Nichts.

Ich bin in des Meisters Augen gefallen. Seine Leere hat meine Leere aufgenommen. Und während wir uns behutsam voneinander lösen, ich wieder Form annehme, geschieht das Unfaßbare - Bhagwan zwinkert mir zu, wie seinesgleichen. Es ist das Zwinkern der Wissenden.

Ich VERSTEHE. Unerwartet. Unverhofft.

Ich habe das größte Geschenk erhalten, daß ein Meister seinem Schüler geben kann. Fünf Jahre hat er mich übersehen - und nun DAS. Leben, Sterben, alles ist unwichtig. Vorher oder nachher - nichts wird sich an der Größe dieses Moments messen können. Niemals werde ich reicher sein als mit diesem lachenden Zwinkern. Schmerz, Leiden, Widerstände, Trotz, Ärger, Wut, Zweifel, Haß - alles was ich durch ihn empfunden habe, gelebt habe, alle meine Reaktionen, alle meine Gefühle sind verflogen. In den langen Jahren habe ich mich ihm nie entzogen, habe mich gezeigt, wie ich glaubte zu sein, auch war. Ich habe durch ihn gelitten, bin durch Schmerzen gewatet. Niemals hat er meine Hoffnung erfüllt, er hat mich zertrümmert und zerschlagen. Hat mir gezeigt, daß da, wo der Schmerz ist, das Ego sitzt. Er hat mich erniedrigt, meinen Stolz zerbrochen, meine Persönlichkeit zerfetzt. Er hat alles zerstört, was nicht echt war. Und doch - er ist der Einzige auf dieser Erde, der mich wahrhaftig liebt. Heute abend hat er mir die Freiheit gegeben.

Ich VERSTEHE.

Es dauert Stunden, bis ich bewegungsfähig bin, bis die untere Hälfte meines Körpers die Taubheit verliert. Ich hocke, den Kopf an einen Holzpfosten gelehnt auf dem Rosenteppich, eingehüllt in den süßen Duft. Über mir das Blinken der Sterne, das Leuchten eines großen gelben Mondes. Ich bin Seeligkeit.

In den folgenden Wochen dehne und strecke ich mich. Die Welt *Rajneeshpurams* wird mir endgültig zu klein. Meine Kraft drängt in die Weite. Meine täglichen Ausfahrten zum Fluß kompensieren meine überschäumende Vitalität. Mein Adlernest im gelben Ginster, das Einswerden mit Vögeln, Fluß und Felsen, beruhigt. Ich nehme meine Mala ab, betrachte sie versonnen. Ich bin versucht, sie in die Trägheit des Flusses zu werfen. Ein Drang, der so stark wird, daß ich an meiner Zurechnungsfähigkeit zweifle.

Was ist mit mir los? Die Mala - Stolz und Freude drückt sie aus, den Meister gefunden zu haben. Warum will ich sie ablegen? Zärtlich presse ich sie an mein Herz - sie bleibt kalt, ich fühle nichts mehr.

Der Wunsch, die Ranch zu verlassen, die Mala in den Fluß zu werfen, das macht mich unsicher. Tiger-Aruna, meine kluge indische Freundin wird Rat wissen. Ihre Tarotlesungen sind berühmt.

Wir sitzen in ihrem Zimmer, trinken Tee. Sie weiß nichts von meinen seltsamen Gefühlen, sie soll herausfinden, was mit mir los ist. Mit Hilfe der Karten weiß sie es schnell. Vergnügt lacht sie mich an: „Du wirst Anfang Dezember die Ranch verlassen."

Oh nein. Nicht schon wieder. Ich lache unsicher. Wie denn? Wovon denn? Vor allen Dingen warum? Alle sind glücklich hier, keiner möchte die Kommune verlassen. Bin ich der ewige Wanderer, der sogar seinen Meister verläßt? Ich zweifle an Arunas Fähigkeiten, versuche zu verdrängen, was ich letztlich weiß - ich muß mich bewegen.

Golden sind die Tage auf der Ranch. Es ist Anfang September. Die Hitze ist erträglich, es weht ein frischer Wind. Die Arbeit, die Menschen, die Kommune, die Gemeinsamkeit, das Zusammenleben ist harmonisch. Auch wenn es politisch um uns blitzt und donnert. Was haben wir mit all dem zu schaffen. Nach soviel Jahren ist das Leben hier einfach geworden. Jetzt soll ich eine Entscheidung treffen, die mich aus dieser Harmonie löst? Mich in den Strudel des Lebens werfen? Ich will mich nicht entscheiden. Ich möchte mich vom Fluß des Lebens treiben lassen. Doch es gärt in mir.

Es ist ein prachtvoller Tag. Ich schiebe das Fahrrad über den Kiesweg vom *Hotel* zur *Mall*. Es ist Nachmittag, die Teepause ist vorüber. Ich habe Zeit, ich werde Nivedita besuchen.

Ein Arm legt sich um meine Schultern. Shankara, ein Swami den ich gerne mag, hält neben meinem Fahrrad Schritt mit mir. Seine Augen haben einen ungewohnten Ausdruck. Etwas Zittriges, Unsicheres geht von ihnen aus. Mit einer um Festigkeit bemühten Stimme fragt er mich: „Weißt du schon, daß die ‚girls' - damit meint er die verantwortlichen Frauen - eben die Ranch verlassen haben?"

Ich zucke desinteressiert die Schultern: „Na und? Sie reisen doch ständig in der Welt herum."

Shankara beugt den Kopf zu mir und flüstert: „Diesmal ist es aber eine Reise ohne Wiederkehr. Sie verlassen die Kommune."

Ich verstehe immer noch nicht. Ruhig frage ich ihn:

„Wieviele sind gegangen und wer?"

Leise zählt er auf: „Sheela, Vidya, Shantibhadra, Puja. Sowie die dazugehörigen Liebhaber. Sie sind eben abgeflogen. Der Rest folgt morgen."

Er fährt mir liebevoll über den Rücken, schlägt eine andere Richtung ein.

Ich halte mich am Fahrrad fest. Unglaublich. Wahrscheinlicher wäre, daß sich *Mandir* in die Lüfte schwingt.

Alle Frauen, die seit Anbeginn die Verantwortung für *Rajneeshpuram*, für Bhagwan, uns alle getragen haben, verlassen von heut' auf morgen die Ranch. Lassen uns in der Wüste sitzen. Devapriyas Traum ist wahr geworden.

Zwischen der Fassungslosigkeit meines Denkens und Fühlens spüre ich zaghaft meine Begeisterung wie einen Embryo zappeln. Ich brauche nicht zu pusten, ich brauche mich nicht zu entscheiden - es geschieht.

Ein Erdbeben hat die Mysterienschule erschüttert. Aber warum gehen die Frauen? Hängt es damit zusammen, was Visarjana mir gestern erzählt hat: Auf der Pressekonferenz deutet Bhagwan auf Sheela, die erst seit einigen Tagen aus Europa zurück ist und meint nachdrücklich: „Dein Unterbewußtsein möchte mich töten."

Nun, würde er das zu mir sagen, ich wüßte, was ich zu tun hätte. Packen und gehen, denn ich vertraue ihm. Er kennt uns besser als wir selbst. Sheela geht, aber warum folgen ihr die Frauen Vidya, Sue, Sagun, Pratima, Savita und viele mehr. Aus Solidarität? Ich kann es mir nur so erklären - sie alle hatten die Nase voll, die wachsende Verantwortung zu tragen. Den Terror von außen, die Gräben innen, die Angst um Bhagwans Leben. Eine schwere Last ruhte auf ihren Schultern. Während sich die Kommune in Glück und Sicherheit suhlt, sind die Frauen vierundzwanzig Stunden am Tag damit beschäftig das Ganze zusammenzuhalten, damit es nicht aus den Fugen kracht.

Alle, die mir auf dem Weg zur *Mall* begegnen, bemühen sich wie ich um Fassung. Die Köpfe werden zusammengesteckt. Keiner wagt, das Gehörte laut auszusprechen, so unfaßbar ist das Geschehene.

Ich muß Aruna sehen. Sie weiß sicher mehr. Ich lehne das Fahrrad an die Wand des Buchladens, in dem sie arbeitet. Ich blicke hoch. Ihr graues Gesicht mit weitaufgerissenen Augen stiert auf mich herunter. Tiger-Arunas Blick ist erloschen. Sie ist im Schock.

Ich zerre sie aus dem Laden, schiebe sie in die gegenüberliegende Pizzeria, bestelle einen Liter Wein. Hastig kippen wir ihn in uns hinein. Mit jedem Glas beteuern wir, daß alles, alles bestens ist. Die Pizzeria füllt sich zu einer Zeit, in der man sonst nur Besucher von außerhalb antrifft. An allen Tischen wird geflüstert und getuschelt. Ernste Gesichter - jedes Lachen ist verschwunden. Mit verweinten Augen setzt sich Dhiresha an unseren Tisch. Sie ist das Oberhaupt unseres Sicherheitsdienstes. Eine kleine Frau, die den Sheriff-Stern an ihrer Weste trägt, eine schwere Pistole im Halfter. Sie hat im Auftrag der Kommune die Polizeischule besucht, nach dem Bombenattentat auf das Hotel in Portland, hat ihre Scharfschützenprüfung mit ‚sehr gut' bestanden. Ich kenne Dhiresha aus den Anfangszeiten, weiß um die Konflikte, die sie hatte, sich für diese Aufgabe ausbilden zu lassen. Ihre Tränen, ihr Entsetzen, daß sie als Antimilitaristin, Gegnerin jedweder Gewalt, diese Ausbildung zum Schutz Bhagwans und der Kommune machen soll. Auch ihre Konditionierung wurde zertrümmert. Mit welch einer Würde trägt die kleine Frau die Waffe, die an ihr eine Assoziation ‚Gewalt' unmöglich macht. Wir alle sind Gegner der Gewalt, doch was wissen wir, was in uns schlummert. Steckt nicht in allen Menschen der Fanatismus seiner Überzeugung?

Ich bestelle mehr Wein, drücke Dhiresha ein volles Glas in die Hand. Bevor sie zu erzählen beginnt, stoßen wir an - sie hat Geburtstag.

Dann berichtet sie: Mataji hat, als sie von dem bevorstehenden Abflug Sheelas und Vidyas hört - Inder wissen immer alles zuerst - die Frauen zu sich gebeten. Dhiresha fährt sie zu Matajis Haus. Der Raum ist voll, der Clan versammelt. Sheela und Vidya knien vor Mataji, nehmen Abschied. Wieder und wieder fragt Mataji „Warum, warum?"

Unter Tränen antwortet Sheela: „Es geht nicht mehr. Wir müssen gehen."

Jeder im Raum weint. Die Erinnerung läßt Dhiresha laut aufschluchzen. Ein Schluck Wein beruhigt sie. Sie schildert den

Abschied am Flughafen. Auch dort haben sich einige Leute eingefunden. Sie singen ein schnellverfaßtes Abschiedslied für die Frauen, man lacht, man scherzt. Keiner nimmt das Geschehen ernst. Bis Sheela eine Flasche Champagner kreisen läßt, und die Frauen nacheinander daraus trinken. Die Umstehenden werden nachdenklich. Sie, die Gummihandschuhe anziehen, wenn sie nach Lebensmitteln greifen, denen die Disziplin der Aids-Maßnahmen mittlerweile im Blut sitzt, sehen sich damit konfrontiert, daß die Frauen, die diese Regeln aufgestellt haben, sie brechen. Ein Swami kann seinen Ärger nicht unterdrücken. Er macht die Frauen auf ihr Verhalten aufmerksam. Sheela schwenkt die Flasche durch die Luft und ruft lachend: „Aids, wen kümmert Aids?"

Jetzt begreifen die Versammelten - die Frauen verlassen wirklich die Kommune. Aruna hat während Dhireshas Erzählung mehrer Gläser Wein hinuntergespült. Volltrunken lehnt sie auf dem roten Sofa, die Beine von sich gestreckt, wackelt sie mit den Zehen. Ihre monotonen Wiederholungen zeigen ihre Verfassung.

„Wir müssen in unserer Mitte bleiben, wir müssen in unserer Mitte bleiben."

Ja, wohin sonst? Die neuen Tat-Sachen haben uns überrumpelt. Dunkle Wolken an unserem rosaroten Himmel. Ein Taxi fährt Aruna nach Hause, ich schiebe mein Fahrrad durch die Nacht. Gelächter dringt aus der Bar, dem Restaurant, der Disco. Sannyasins feiern alles. Das Leben kommt zurück.

Am nächsten Morgen ruht die Arbeit. Die Kommune - ausgenommen die Wachtposten - geht zur Lecture. Wir sind gespannt auf die Erklärung Bhagwans. Was kommt hat keiner erwartet.

Bhagwan zerstört keine Gerüchte, er bestätigt sie. Er spricht von den kriminellen Handlungen der Frauen, wirft ihnen versuchten Mord und Totschlag vor, ihren ins uferlose gewucherten Machthunger, den Mißbrauch ihrer Kompetenzen. Von Sheelas verderbten Absichten, ihn, Bhagwan, zu verdrängen. Auch von des Bürgermeisters Mordgelüsten spricht er, ihn, den Meister, zu töten. Er erzählt von dem Mordanschlag auf seinen Leibarzt, Devaraj und den geheimen Machtkampf zwischen Sheela und Hasya. Bhagwan stößt Sheela in die tiefste Hölle und preist Hasyas Qualitäten. Deren Schönheit, deren Integrität, deren Hingabe zum Meister, deren Totalität - es ist nicht lange her, da sprach er so von Sheela.

Nach seinen Worten sind es nicht die Politiker Oregons, die die Kommune zerstören, nein, es sind die Frauen, denen wir vertraut haben. Neben mir fällt eine Ma in Ohnmacht. Die Kommune bricht innerlich zusammen.

Ich bleibe der Beobachter, versuche herauszufinden, was Bhagwan bezweckt. In den folgenden Tagen schürt Bhagwan ein Feuer, das zum Waldbrand wird. Der Mob wacht auf. Eine neue Inquisition, eine neue Kreuzigung. Überall quillt Böses, Verderbtes, Krankes aus den Leuten. Die Kommune fühlt sich verraten. Die Beschuldigungen Bhagwans führen zu einer Katharsis. Seine Reizreden sind der Finger in den Hals der Kommune, die sich erbricht.

„Wenn ich Nektar bin, dann bin ich auch Gift", spricht der Meister, das gilt ebenso für seine Schüler. Blitzschnell hat sich die Liebe zu Sheela in Haß und Ablehnung verwandelt. Der Ungehorsam gegen ‚Mom' Sheela kommt spät. Ich werde Zeuge, wie schnell aus ‚Hosiannah' ein ‚Kreuzigt sie' wird. Ich bin zutiefst erleichtert, daß die Frauen gegangen sind, vielleicht sogar von Bhagwan aufgefordert wurden zu gehen. Das Ende ist in Sicht. Obwohl Bhagwan jeden Morgen gegen die Frauen wütet, ist mir klar, daß er sie in verantwortliche Positionen gesetzt hat, weil nur sie das Potential hatten, die Leitung der Kommune zu übernehmen. Seine Empörung über die Mißstände, seine lange Liste von Vorwürfen, dafür wird er seine Gründe haben. Denn wenn ein Meister nicht weiß, was um ihn herum geschieht, wer soll es sonst wissen. Er hat die Frauen für seine Arbeit benutzt. Ihnen und uns hat er dabei die Möglichkeiten gegeben, in die eigenen Abgründe zu sehen. Während wir entsetzt aufschreien über das Unfaßliche, spielt er das Spiel aller Spiele. Ihn kann nichts erschüttern, aber *wir* müssen erschüttert werden. Nur in der Zerstörung entsteht Chaos und nur aus dem Chaos entsteht Neues. Bhagwan hat zum härtesten Schlag ausgeholt, um auch den Schläfrigsten aus seinen Träumen zu reißen. Das Finale beginnt. Nicht Bhagwan schockt mich, nicht die Flucht der Frauen. Mich schockt die Verwandlung der Schüler von Dr. Jekyll in Mr. Hyde. Ich bin verstummt. Ein Katatoniker. Das unerwartete Kotzen der Schüler erzeugt eine schwarze, schleimige Energie, die mich umgibt. Die Wende von Liebe und Respekt, Bewunderung und Zuneigung in Haß, Unflätigkeiten, Verleumdungen, Anklagen, zerstört mit Stumpf und Stiel meine Illusionen über Menschen, vernichtet meine letzte Bastion, die Menschenliebe. Wer sind die Leute, die da geifern?

Ich befinde mich im Sterbezimmer der Bubulina, die, kaum tot, schon gefleddert wird. Diese einstmals schönen Menschen wälzen sich im Schlamm - im eigenen. Es geschieht nicht draußen in der Welt, wo der Mensch krank und verdorben ist, nein, inmitten der Schönheit platzt mein Traum.

Ein Skorpion bittet eine Schildkröte, ihn ans andere Ufer zu schwimmen.

„Warum sollte ich das", meint die Schildkröte. „Kaum sitzt du auf mir, wirst du zustechen und ich gehe unter."

„Aber nicht doch", antwortet der Skorpion, „ich möchte ans andere Ufer, es wäre dumm dich zu stechen."

Das überzeugt die Schildkröte. Sie erlaubt dem Skorpion auf ihr Platz zu nehmen und schwimmt los. In der Mitte des Flusses sticht der Skorpion zu. Fassungslos kann die Schildkrötee noch fragen „Warum?" Der Skorpion erwidert: „Was kann ich gegen meine Natur tun" und geht mit der Schildkröte unter.

Ich muß akzeptieren - schmerzerfüllt - daß der Mensch gut *und* böse ist. Und nur ein erhöhtes Bewußtsein geht darüber hinaus. Jenseits von Gut und Böse liegt die Freiheit.

Die Taten der verantwortlichen Frauen, ihre kriminellen Handlungen, ihre vermeintlichen Mordabsichten lassen kein anderes Thema mehr zu. Man strebt zu *Jesus Grove*, dem Haus, in dem die Frauen lebten, um unterirdische Gänge zu besichtigen. Eine Bazillenkultur, an einem unzugänglichen Platz gefunden, läßt die Phantasie Sprünge machen. Die Verbannung der eventuellen Aids-Kranken wird als Paranoia Pujas abgetan. Man munkelt über die Veruntreuung von Millionen Dollar. Abhöranlagen im Hotel und was es noch an kriminellen Möglichkeiten gibt, wie die Versenkung von Waffen im *Patanjali See*. Eine Lawine Schmutz rollt zu Tal. Verdunkelt die Sonne. Bhagwan geht weit - über Weite hinaus. Er ist absolut. Kennt keine Angst, keine Moral. Er zerstört unsere Grenzen, egal womit. Er konfrontiert uns mit Situationen, denen keine Konditionierung standhält. Er reißt ein, sprengt, bewegt alles was unsere Wahrheit blockiert, unser eigenes Gesetz verhindert. Nur aus den Trümmern unseres Egos kann der natürliche Mensch geboren werden, nur aus der Asche kann Phönix auferstehen.

Bhagwans Größe, seinem Mut ist es möglich, daß er seinen Schülern alle Illusionen über sich selbst und ihre Träume nimmt.

Entsetzt über die Wendung von Guten zu Bösen fällt meine sogenannte Menschenliebe in sich zusammen. Ich trete *dieser* Menschheit in den Arsch. Und weiß gleichzeitig, daß Liebe kein Tun ist, Liebe ist Sein. Liebe ist eine universelle Energie, die nicht auf ein Ziel gerichtet werden kann.

Ich halte dem Ansturm des mich einkreisenden Gegeifers nicht stand. Ich fliehe mit dem Fahrrad zum Fluß. Werfe mich in meinen Ginsterbusch. Hier bin ich sicher.

Um Klarheit bemüht, gebe ich mich meinen Gedanken hin.

Die Frauen, die die Ranch verlassen haben, schufen mit *Rajneeshpuram* in der Abgeschiedenheit der Berge, fernab von jeder Weltlichkeit ein Bollwerk, hinter dem ich wachsen konnte. Sheelas lautes Gegacker war das einer Henne, die von den Eiern ablenkt.

Mit Unterstützung des Meisters hat sie jede Möglichkeit genutzt, die Mysterienschule so lange wie nötig aufrechtzuerhalten. Ihr Gesicht taucht vor mir auf, das Gesicht eines kleinen Mädchens. Mit leuchtenden Augen ruft sie in einem Meeting aus: „Mein Leben gehört Bhagwan!" Ich lächle traurig. Was immer sie an kriminellen Taten begangen haben mag - ich bin kein Richter, ich werfe keinen Stein. Sie *hat* ihr Leben für Bhagwan riskiert. Auf ihrem Weg wird auch sie zur Einsicht kommen. Wer weiß, vielleicht ist sie die Heldin von morgen. Vom ‚Kreuzigt sie' bis zum ‚Hosiannah' ist es wiederum nur eine kleine Drehung.

Der Gärungsprozeß hat seinen Höhepunkt überschritten. Die Gifte sind herausgewürgt, der Abschaum ist versickert. Der Reinigungsprozeß geht dem Ende zu. Nach der Mattigkeit einer überstandenen Krankheit setzt die Genesung ein. Gewaltsam geleert, drängt klar und frisch ein erstes Lachen hoch. Ein sauberer, neuer Anfang. Die Kommune hat Schwierigkeiten mit der Verwaltung der Stadt. Wie soll sie ohne Verantwortliche funktionieren? Die ungewohnte Situation führt zu Unpünktlichkeit, Unzuverlässigkeit, Nachlässigkeit. Die plötzliche Entscheidungsfreiheit, die Selbstbestimmung nach den Jahren einer straffen Führung macht der Kommune zu schaffen. Mit Nachdruck weist Bhagwan darauf hin, daß jeder die Verantwortung für die Kommune übernehmen muß.

Die Hollywood-Clique ist in *Jesus Grove* eingezogen, besetzt die leeren Stühle. Sie übernimmt die Geschäftsführung. Sie hat ihr Ziel, einen Machtwechsel, erreicht. Aber neue Köpfe allein schaffen keine neuen Verhältnisse. Aus *Jesus Grove* wird *Sinai Grove*, eine unbedeutende Veränderung. Nach Lakshmi in Poona, Sheela in *Rajneeshpuram*, jetzt Hasya - eine neue Ära?

Eines Morgens zerfällt unter meinen Händen die Mala. Ich weiß, daß ich sie nicht mehr tragen werde. Zwei Tage später hebt Bhagwan die Disziplin Rot und Mala auf.

Das Leben auf der Ranch pendelt sich ein. Wir gehen unserer Arbeit nach, allmählich legt sich die Aufregung um den Weggang der ‚Damen‘.

Da - ein neues Erdbeben. Der Meister läßt uns sitzen. Heimlich, ohne Abschied, verläßt er mit einem Flugzeug die Ranch. Der Druck auf ihn und die Kommune wurde zu groß. Das Fehlen seiner Aufenthaltsgenehmigung, das undurchsichtige Tun Sheelas und der mit ihr verbundenen Frauen, der Verdacht der Kriminalität sind Anlaß massiver Drohungen der Behörden Oregons.

Ist das ein Grund, uns alleine zu lassen? Ohne eine Erklärung zu verschwinden - mit der Schickeria auf die Bahamas, wie man hört. Sollte wirklich noch ein Schüler geschlafen haben, jetzt ist er wach. Zweifel an dem Meister werden hörbar.

„I teach you doubt“ - Ich lehre dich den Zweifel.

Er hat es geschafft. Rundum platzen Träume wie Luftballons. Bhagwans Verhaftung auf dem Flughafen Charlotte gibt der Kommune den Todesstoß. Der geliebte Meister im Gefängnis, angeklagt, die Vereinigten Staaten betrogen und die Einwanderungsgesetze umgangen zu haben. Beihilfe zu kriminellen Handlungen on top. Bhagwan, der Duft der roten Rose, in Handschellen. Die Gefährlichkeit dieses fragilen Mannes läßt die Polizei mit Kanonen auf Spatzen schießen.

Eine Mysterienschule ist eine Ansammlung von Schülern um einen Meister, der alles versucht, um sie aufzuwecken. Jedes Mittel ist ihm recht. Es hat Meister in der Vergangenheit gegeben, die ihre Schüler töteten, um sie zur Erleuchtung zu führen.

Der Meister Milarepa hetzte, schikanierte seinen Schüler Marpa bis aufs Blut. Mehrer Male verläßt Marpa ihn, gepeinigt von den schmerzhaften Methoden. Bis er VERSTEHT. Da lächel Milarepa. Das Ende der Ranch ist für mich der letzte Beweis, ve nichtet den letzten Zweifel, daß Bhagwan der Meister aller Meist ist, der mutigste und ungewöhnlichste.

Es soweit kommen zu lassen, das jedes, aber wirklich je Potential sichtbar wird, das Gute *und* das Böse. Das er seine Sc ler alles ausleben läßt, ohne einzugreifen. Sie bis an ihre Grenzen treibt, bis sie sich auflösen. Ihnen solche Schocks versetzt, bis sie endgültig wach sind. Er läßt nichts unversucht, ihnen die Augen zu öffnen, damit sie sich selbst erkennen.

Meine dunkle Zeit in *Magdalena*, die das Böse in mir hochspülte, meine Ängste bloßlegte, gab mir Einblick in meine eigene Hölle. Ich werde nie die Schläge vergessen, die mich weckten. Der Härte meines Meisters, seiner Unnachgiebigkeit, die aus seiner Liebe und seinem Mitleid kommen, habe ich es zu verdanken, daß ich VERSTEHE.

„Traue nur deinen eigenen Erfahrungen. Es tut nichts zur Sache, ob ich ja oder nein sage", meint er.

Und er gab mir die Gelegenheit sie zu machen. Ich lernte, daß niemand verantwortlich für mein Leben ist, außer mir. Jeder von uns trägt die Verantwortung für sich selbst. Das eigene Gesetz zu finden, das in der Ursprünglichkeit liegt, in der Natürlichkeit. Alle meine Reaktionen auf die verschiedenen Situationen in der Mysterienschule waren Reaktionen, die mich widerspiegelten. Freude, Haß, Liebe, Glück, Angst - Emotionen sind Reaktionen: „Erkenne dich selbst." Der Meister hält uns den Spiegel vor, bis er zerbricht.

Anfang November wird Bhagwan gegen eine hohe Kaution ausgelöst. Er wird Amerika verlassen, er geht zurück nach Indien, denn kein anderes Land wird ihn vorläufig aufnehmen. Ein Meister ist zu gefährlich für den Tiefschlaf der Massen. Jede Gesellschaft besteht aus Schlafenden - wache Menschen schaffen eine friedliche, natürliche, heitere Welt, in der die Liebe und die Ach-
ung füreinander das Miteinander gestalten.

Bhagwans Ankunft ist gleichzeitig sein Abschied. Zart, zer-
hlich, mitgenommen von den Anstrengungen der letzten Wo-
winkt er uns ein letztes Mal auf dem Flughafen *Rajneeshpu-*
. Die kleine Sportmaschine hebt sich wie eine weiße Taube
lauen Himmel, kreist mehrer Male über unseren Köpfen.
ster Bhagwan hat seine Schüler verlassen. Das Spiel ist
eues beginnt. Wo immer er ist, er hat seine Aufgabe zu
n Meister ist ein Geschenk der Existenz an ihre Kinder,
lerung, endlich aufzuwachen.
r lehrt uns das Laufen ohne jede Bindung. Wenn der
elber ist, dann ist für den Schüler die Zeit gekom-

men, die Hand des Meisters loszulassen. Tut er es nicht, muß der Meister gehen. Was anderes kann er tun? Seine Lehre ist Unsicherheit, Alleinsein, Bewußtheit - das Treibenlassen im Strom des Lebens.

Die Kommune löst sich auf. Eine Zusammengehörigkeit der letzten Tage entsteht. Wir gehen zurück in die Welt, wir nehmen Abschied, wir organisieren unsere Abreise. Die Ranch ist erfüllt von Ideen, Vorstellungen, Plänen wie man ‚draußen' leben wird, nach so vielen Jahren der Sicherheit *Rajneeshpurams.* Das Lachen und die Neugier wachsen. Devapriya und ich verbringen einen letzten Abend miteinander. Ich habe diese Frau lieben gelernt. Ihren Herzenstakt, ihre Sensibilität, ihre Geduld, die sie mit mir leben ließ. Mit Sicherheit für niemanden ein pures Vergnügen. Auf geheimnisvolle Weise hat sie mich gezähmt. So ist es, Leute, die ich verabscheute, liebe ich, Menschen, die ich liebte sind aus meinem Leben verschwunden.

Die letzten Stunden in meinem Zimmer. Ich packe bedächtig meinen Koffer mit dem Nötigsten. Alles andere lasse ich zurück. Lange schaue ich aus dem Fenster. Menschen stapfen durch den Schnee, ziehen kleidergefüllte Pappkartons hinter sich her, denn Koffer sind rar.

Ich bin glücklich - ich besitze nichts mehr. Die Mysterienschule ist geschlossen. Ich habe in harter Arbeit gelernt. Mit Tränen, Angst, Verzweiflung - die das Loslassen aller Illusionen mit sich bringt. Mir ist nicht wichtig, was die Auflösung der Mysterienschule bewirkt hat, wichtig ist, daß sie *meine* Auflösung bewirkt hat. Nicht das Ende *Rajneeshpurams*, nicht die dramatischen Umstände der Zerstörung sind Ausdruck der Arbeit eines Meisters, nein ich, sein Schüler, bin seine Visitenkarte. Fünf Jahre hat der Meister mich zerhämmert und zerklopft - übriggeblieben ist meine Hingabe an das Leben.

Bhagwan, er hat gehalten, was er mir versprochen hat.

„Wenn ich dir nur die Freiheit geben kann, dann habe ich dir alles gegeben. Wenn ich dir helfen kann, dich von allem Unsinn zu befreien. Denn, wenn du einmal frei bist, dann sind dir alle Dimensionen offen - dann kannst du alleine weiterreisen."

Es ist der 28. November 1985 - ein letzter Blick aus dem Bus, über die Ranch, an *Desiderata* vorbei: *Rajneeshpuram*, eine Mysterienschule. Ihr Aufbau und ihre Auflösung ein echtes MEISTER-Stück. Bhagwan lächelt, blinzelt mir zu.

Nachwort

Religion, der letzte Luxus

Du kannst dich nicht mit Freundschaft, mit Liebe, mit Geld, mit Macht betrügen. Du kannst dich nicht fortwährend selbst betrügen, denn es kommt ein Moment - und du siehst, daß alle deine Anstrengungen umsonst waren.

Du bist auch jetzt noch allein, wie du es immer warst.

Du hast es in deinem Leben mit vielen Menschen versucht, hast dich bemüht, auch noch die entfernteste Person zu erreichen, sie an dich zu ziehen, ganz nahe, noch näher, und im letzten Augenblick, nur noch ein Schritt - vergebens.

Religion ist, wenn Liebe versagt hat.

Ich bin für die Liebe, mein ganzes Leben habe ich die Liebe gelehrt. Der Grund ist verrückt, aber ich bin nun mal ein Exzentriker. Ich habe dich die Liebe gelehrt, weil du niemals religiös werden kannst, solange du den entscheidenden Punkt noch nicht erreicht hast - die Einsicht, daß der ANDERE DIE HÖLLE ist.

Ich bin *nicht* für die Liebe, meine ganze Arbeit ist RELIGION. Wenn du immer noch glaubst, durch die Liebe ans Ziel zu kommen, bist du einfach noch unreif.

Wenn du die Existenz erfahren möchtest, kann dies nicht über den ANDEREN geschehen, sondern nur durch einen direkten Sprung in dein Innerstes, nur durch DICH, über DICH.

Nur wenn die Liebe versagt hat, wirst du in dein Innerstes geworfen. Nichts anderes kann das, denn alles andere ist unter dem Niveau der Liebe.

Bhagwan Shree Rajneesh

ICH BIN

Gespräche mit
Sri Nisargadatta Maharaj

Vorankündigung und Subskriptionsangebot

Jede ernsthafte Auseinandersetzung mit spirituellen Fragen endet zwangsläufig in Non-Dualität - Advaita.
Sri Nisargadatta Maharaj vermittelt in sehr direkter klarer und kompromißloser Form die Essenz von Advaita. Dieses Buch ist die Aufzeichnung der Gespräche und Fragen der Wenigen, die glücklich genug waren, diesen wahrhaftig einmaligen Menschen zu treffen. Ein Buch, das man als unakzeptabeles Konzept abtut oder das einen zutiefst packt und nicht mehr losläßt und zum Endpunkt jeder Suche und Auseinandersetzung mit sich selbst wird.

Sri Nisargadatta Maharaj/Maurice Frydman
ICH BIN - Gespräche mit Sri Nisargadatta Maharaj
Übersetzt von Heiner Siegelmann + Gilda Remscheid
ISBN 3-926257-03-2 Erscheint Frühjahr 1989

Subskriptionsangebot bis 31.12.88